개정판

민사기록의 이해

박광서 · 송백현 · 이경호 · 최종원

박영사

개정판 머리말

길은 어디에도 없는데
쉬지 않고 길을 내고
낸 길은 또 미련을 두지 않고 지운다

즐기면서 길을 내고 낸 길을 버리는 물고기들에게
나는 배운다

시인 맹문재 님의 「물고기에게 배우다」[1] 中에서

2021년 2월 새 길을 내는 마음으로 민사기록에 관한 교재를 발간하였다. 법학전문대학원에서 수학 중인 법조 후배들이 민사기록을 이해하고 법률문서를 작성하는 데 미력하나마 힘이 되고 싶었다. 감사하게도 독자 여러분들께서 초판에 보여주신 많은 관심 덕분에 이렇게 개정판 작업에 이르게 되었다. 독자 여러분들께 지면을 빌려 다시금 감사의 말씀을 전한다.

이번 개정판 작업부터 고려대학교 법학전문대학원에서 민사법을 가르치고 계시는 이경호 교수님이 함께 하시게 되었다. 이 교수님의 합류로, 이 책이 변호사시험을 대비해야 하는 법학전문대학원생들의 필요에 더욱 근접하게 되었다고 생각된다. 이 책의 주요 개정내용은 다음과 같다. 첫째, 모의기록을 12개로 확대·개편하였다. 기초적 원리의 설명에 주안점을 둔 초판에 비하여 변호사시험을 준비하는 데 적합하도록 난이도를 상향조정하였을 뿐만 아니라, 대여금, 매매, 채권양도, 취득시효, 채권자대위소송, 임대차, 채권자취소소송, 추심금, 전부금 기록에 더하여, 부동산인도·철거·퇴거청구, 근저당권말소청구, 유치권부존재확인청구 기록을 새롭게 추가하였다. 둘째, 최근에 선고된 판례들에서 다루어지거나 실무에서 자주 등장하는 쟁점들을 초판보다 풍부하게 소개하였고 셋째, 변호사시험의 민사기록형의 형태에 맞추어 소장을 작성하는 것을 원칙으로 하되, 실무 형태에 적합한 답변서와 준비서면, 반소장을 작성하거나 재판연

1 맹문재, 시집 『물고기에게 배우다』 (실천문학사, 2002년), 15쪽

구원들이 작성하는 검토보고서를 연습할 수 있는 문제들도 함께 제시하였다. 넷째, 초판 발간 후 민사합의부 사건의 소가가 상향조정된 점, 민사항소심에서 항소이유서 제출제도가 신설된 점 등을 반영하였다.

어디에도 없는 길을 내는 것도 어려운 일이고 이미 낸 길을 미련 없이 지우는 것 또한 어려운 일임을 다시금 깨닫게 된다. 아무쪼록 이번 개정판으로 독자 여러분들이 민사기록을 독해하고 민사 법률문서를 작성하는 데 있어 조금이라도 도움이 될 수만 있다면, 더할 나위 없이 감사하겠다. 여러 예비 법조인들의 건승을 기원한다.

2025년 11월

박광서, 송백현, 이경호, 최종원 쓰다.

머리말

“그의 가슴에 비수를 꽂았다.” 이 문장을 소설 속에서 만났다면 흥미롭게 긴장감을 즐길 수도 있겠다. 그러나 이 문장을 수사기록에서 만났다면 이야기가 달라진다. 무슨 글이든 문맥이 중요하다. 같은 맥락에서, 독자가 누구인지 생각하지 않고 글을 쓴다는 것은 무모한 행동이다. 법률가의 글쓰기도 마찬가지다. 내가 작성하고자 하는 법률문서가 어떠한 문맥 속에 자리하는지, 그 문서의 독자가 누구인지, 그 문서가 어떤 기능을 하는지를 고려하지 않을 경우 그 문서는 내가 얻고자 하는 목표를 이루는 데 별 도움이 되지 못한다.

필자들은 2017년 2월부터 2020년 2월까지 사법연수원과 법학전문대학원에서 민사재판실무를 비롯한 실무과목들을 가르쳐 보는 행운을 누렸다. 강의현장에서 특히 민사재판실무 강좌에서 느낀 안타까운 점은, 학생들이 배우고자 하는 법률문서, 이를테면 소장, 답변서, 준비서면과 검토보고서가 어떠한 문맥 속에 위치하는지, 그 독자가 누구인지, 그 문서가 어떤 기능을 하는지에 대한 인식이 명료하지 않을 뿐만 아니라 그 문서의 작성원리에 관하여 배울 수 있는 기회가 많지 않다는 사실이었다.

이 책은 민사재판과 관련하여 법학전문대학원 학생들을 비롯한 예비 법조인들이 작성하게 될 소장, 답변서, 준비서면과 재판연구원이 작성하는 검토보고서의 작성원리를 다룬다. 현재 시중에 나와 있는 민사기록 교재는 변호사시험이나 모의시험의 기출문제에 관하여 답안을 제시하고 설명하는 내용이 주류를 이루고 있다. 민사기록을 처음 대하는 법학전문대학원 학생들이 곧바로 복잡하고 다양한 논점이 뒤섞여 있는 기출문제를 접하고 학습하는 것은 쉬운 일이 아니다. 그러나 어려운 문제도 쟁점 단위별로 나누어 살펴보면 쉬운 문제들의 집합이라는 사실을 알 수 있다. 이 책은 실무에서 자주 다루어지는 대표적이고도 전형적인 민사적 쟁점별로 모의기록을 제시함으로써 이에 관한 법률문서 작성의 원리를 이해하고 그 기초를 다지는 데 주안점을 두었다.

이 책의 구성은 다음과 같다. 제1장은 변호사의 입장에서 당사자로부터 제시받은 상담자료들을 검토하는 원리를 다루고, 제2장은 소장, 답변서, 준비서면, 반소장 및 항소장의 작성원리를 설명한다. 제3장은 민사기록을 검토·분석하는 원리를, 제4장은 재판연구원이 작성하는 검토보고서의 작성원리를 다룬다. 제5장에서는 앞서 살펴본 상담자료와 기록의 검토원리를 기초로 소장, 검토보고서 등의 법률문서를 실제로 작성하여 볼 수 있도록 총 10개의 민사 모의기록을 제시하였다. 제5장은 대체로 변호사시험 민사기록형의 형태를 감안하여 상담일지와 첨부자료들을 제시하고 이를 토대로 먼저 소장을 작성하게 하고, 피고의 답변서를 추가로 제시한 후 이를 반박하는 취지의 준비서면을 작성하게 한 다음, 다시 변론조서를 추가로 제시하여 검토보고서를 작성하는 형태를 취하고 있다. 상대방의 주장이나 항변을 예상하여 이를 반박하는 내용도 반영하여 소장을 작성하도록 하는 것이 변호사시험 민사기록형 문제의 주류적 추세이기는 하나, 실제 법조인으로서 작성해야 할 법문서의 형태와는 차이가 있어서 실무를 익히는 데에는 이와 같이 연습하는 것이 필요하다고 보았기 때문이다. 다만, 변호사시험을 대비할 수 있도록 변호사시험 민사기록형 형태와 동일하게 피고의 예상되는 주장이나 항변을 소장 안에 반영하여 기재하도록 하는 문항도 모의기록별로 별도로 제시하여 두었다. 끝으로 제5장 뒤에 [부록]으로 실무상 자주 등장하는 소송물이나 항변에 관하여 요건사실을 어떠한 방식으로 기재하는지에 관하여 기재례를 소개하여 두었다.

지난 2020년 8월에 출간된『형사기록의 이해』에 보내어 준 독자 분들의 성원에 깊은 감사의 말씀을 드린다. 이 책의 기획 역시 사법연수원과 법학전문대학원에서 만난 예비 법조인들의 실무적 학습에 대한 열망에서 비롯되었다고 하여도 과언이 아니다. 지면을 빌려 법학전문대학원에서 수학하고 있는 여러 후배님들과 이 책의 가장 큰 밑거름이 되어 주신 사법연수원을 거쳐 간 여러 교수님들께 감사의 말씀을 드리고 싶다. 이 책의 편집·교정·출판 작업을 맡아 주신 박영사의 여러 관계자 분들께도 감사의 말씀을 전한다.

아무쪼록 이 책이 예비 법조인들에게 민사사건 법률문서를 작성함에 있어 그 원리를 이해하는 데 안내자 역할을 하기를 바라고, 다른 한편 변호사시험에서 민사기록형 시험을 준비하는 여러 후배님들에게 도움이 되기를 기대해 본다.

2021년 2월

수원, 순천, 전주 법원에서

박광서, 송백현, 최종원

차 례

제1장 | 상담자료의 검토

제2장 | 소장, 답변서, 준비서면 등의 작성원리

제3장 | 민사기록의 검토

제4장 | 검토보고서의 작성원리

제5장 | 유형별 기록검토

일러두기

1. 법령 표기

가. 법령의 조문은 집필 당시에 시행되는 것을 기준으로 하였다.

나. 민사소송법은 '법', 민사소송규칙은 '규칙'으로 표기하였다.

다. 그 밖의 법령들은 원칙적으로 약어를 사용하지 않았다.

2. 문헌 약어표

가. 사법연수원 교육발전연구센터, 2020년도 법학전문대학원 민사재판실무
☞ 민사재판실무

나. 사법연수원 2019 민사실무I ☞ 민사실무I

다. 사법연수원, 2023 민사판결서 작성론[주문편] ☞ 민사판결서 작성론[주문편]

라. 사법연수원, 2024 민사판결서 작성론[이유편] ☞ 민사판결서 작성론[이유편]

마. 사법연수원 교육발전연구센터, 2020년도 법학전문대학원 민사재판실무 강의노트 ☞ 강의노트

바. 법원실무제요 민사소송[I][II][III], 법원행정처(2014. 2.) ☞ 실무제요[I][II][III]

3. 각종 서식

본서에 수록된 민사기록에 관련된 각종 서식과 재판연구원의 「검토보고서」 양식은 사법연수원에서 발간된 모의기록과 강평자료 등에서 인용하거나 이를 기초로 적절히 수정하였거나 또는 일선 법원에서 사용하고 있는 양식을 활용한 것임을 밝혀 둔다.

01

상담자료의 검토

민사기록의
이해

제01장

상담자료의 검토

I 서론

다양한 색깔과 모양의 장난감 블록 더미를 가지고 무엇을 만들 수 있을까? 소방차를 만들 수도 있고, 멋진 정원이 있는 집을 만들 수도 있다. 그러나 장난감 블록을 처음 만져본 사람이라면 블록 더미를 가지고 무엇을 만들어 낼 수 있을지 잘 알기 어렵다. 무턱대고 소방차를 만들다가 타이어 1짝이 모자라거나 사다리가 없는 것을 발견하고 상심할 수도 있다. 그러나 블록 전문가라면 다를 것이다. 오랜 학습과 경험을 통해서 웬만한 설계도를 숙지하고 있어서 블록의 모양, 개수, 색깔을 분석해 보면 원하는 모양의 장난감을 완성할 수 있을지 가늠할 수 있다.

당사자로부터 수집된 사실관계가 장난감 블록이라고 한다면, 변호사는 이러한 블록으로 완성품을 만드는 역할을 수행하는 전문가다. 그것이 장난감 블록이라면 얼마든지 이것저것 만들어 보다가 생각했던 대로 되지 않으면 부수고 다시 만들어 보면 되지만, 민사재판에서는 불리한 판결이 확정되면 더는 같은 사실관계를 재료로 다시 판단받지 못하게 될 수 있다. 법률전문가의 도움이 필요한 이유다.

II 의뢰인으로부터 수집해야 할 정보

변호사는 상담을 통해서 의뢰인으로부터 사실관계를 파악하고 의뢰인이 희망하는 바가 무엇인지를 수집해야 한다. 즉, 의뢰인으로부터 사실관계와 희망사항을 수집·정리해야 한다. 법률전문가가 아닌 의뢰인은 여러 가지 사실관계를 장황하게 벌여 놓거나 정리되지 않은 희망사항을 두서없이 토로하는 경우가 많다. 상담을 통해서 변호사는 의뢰인이 처해진 상황과 관련된 사실관계를 주의 깊게 파악하고, 이를 토대로 법률적 검토를 거쳐 그 희망사항을 실현시킬 수 있을지를 판단해야 한다.

1. 사실관계의 파악

의뢰인은 변호사에게 자신의 분쟁과 관련된다고 생각하는 여러 가지 사실관계를 알려 줄 것이다. 그러나 법률전문가가 아닌 의뢰인은 어떤 사실관계가 법적 분쟁의 해결에 필수적인 것인지를 정확히 알 수 없다. 변호사는 그러한 사실관계 중에서 의뢰인에게 유리한 법률효과를 발생시킬 수 있는 것을 골라낼 수 있어야 한다.

법률전문가가 아닌 의뢰인은 유리한 법률효과를 발생시킬 수 있는 사실관계를 누락할 수도 있다. 변호사는 의뢰인으로부터 그 사실관계를 수동적으로 수집하는 것에 그쳐서는 안 되고, 분쟁해결에 필요한 사실관계를 적극적으로 발굴하고 조사해야 한다.

사실관계에 대한 파악을 마쳤다면, 이를 증명할 수 있는 관련 서류 등 증거를 확보하고 검토해야 한다. 의뢰인에게 유리한 사실이 존재하더라도 이를 증명할 자료가 없다면 상대방이 그 불리한 사실을 스스로 인정하지 아니하는 한, 유리한 판결을 받을 수 없다. 어떤 사실에 관해서 어느 정도의 증명이 필요할 것인가는 원칙적으로 법관의 자유심증 영역에 속하는 것이어서 쉽게 판단하기 어렵다. 결국 변호사가 다양한 사건 처리에 관한 경험과 학습을 통해서 이를 가늠할 수밖에 없다. 통상적으로는 관련 당사자가 직접 해당 서류로써 법률행위를 한, 이른바 처분문서(매매계약서, 영수증 등)가 가장 중요하고, 문제되는 사실관계를 직접 경험한 제3자의 진술서 또는 증언이 그다음으로 중요하며, 이를 전해 들었다는 제3자의 진술서나 증언이 그다음으로 가치가 있다고 할 수 있다.

[그림1]의 예를 살펴보자. 김갑동이라는 의뢰인이 변호사 최정의를 찾아와 상담한 내용을 요약한 상담일지이다.

[그림1]

의뢰인 상담일지

변호사 최 정 의 법률사무소

서울 서초구 서초대로10길 11, 1200호 (서초동, 완승빌딩)

☎ : 02-532-3000, 팩스 : 02-532-3001, e-mail : justicechoi@naver.com

접수번호	2025-100	**상담일시**	2025. 2. 25.
상담인	김갑동 010-4563-9600	**내방경위**	지인소개

【상 담 내 용】

1. 김갑동은 관할 지자체의 허가를 받아 폐지 등 폐기물을 수집하고 관리하는 업무를 하고 있던 중 고등학교 동창회에 갔다가 주식회사 현솔제지에서 영업부장으로 근무하고 있던 친구 이을남을 만나게 되었다. 주식회사 현솔제지는 폐지 등을 재활용해서 골판지를 제조하는 회사였다. 이을남은 폐지 등 원재료가 항상 부족하므로 김갑동이 주식회사 현솔제지에 폐지류를 공급해 주면 좋겠다고 하였다. 그래서 김갑동은 이을남의 소개로 2022년 4월부터 주식회사 현솔제지에 폐지류를 공급하는 일을 해오고 있다.

2. 김갑동은 2022. 4. 1.부터 매월 1일에 1회씩 1톤의 폐지류를 공급하고 대금은 1톤당 500만 원을 지급받기로 하였다. 주식회사 현솔제지는 매월 10일에 전월 공급된 폐지류 대금을 지급하여 왔는데, 경기불황과 영업부진 탓에 2023년 1월분부터 폐지류 공급대금을 연체하였다. 김갑동은 친구 이을남과의 인연을 생각해서 계속 대금지급을 유예하여 주었다. 그러다가 도저히 더 이상은 곤란해서 2024. 4. 1. 주식회사 현솔제지 담당자를 찾아갔더니 담당자는 2023년 1월분부터 2024년 3월분까지 폐지류 공급대금 7,500만 원을 2024. 11. 30.까지 지급하여 주겠다고 약속하였다. 그런데 주식회사 현솔제지는 위 지급기일을 지나 현재까지도 대금을 지급하지 않고 있다.

3. 그래서 김갑동은 2024. 12. 10. 주식회사 현솔제지에 위 대금의 지급을 독촉하는 취지의 내용증명을 발송하였다. 그런데 주식회사 현솔제지는, 김갑동이 공급한 폐지류로 인해 최종 생산품 골판지에 하자가 많이 발생하였고 불량률이 계속 증가하고 있다는 사정을 들면서 대금지급을 거절하였다.

【의뢰인 희망사항】

김갑동은 주식회사 현솔제지로부터 지급받지 못한 폐지류 공급대금 7,500만 원을 지급받고 싶다.

김갑동은 주식회사 현솔제지로부터 폐지류 공급대금 7,500만 원을 지급받기를 희망하고 있다. [그림1]의 상담내용에 비추어 볼 때 폐지류 공급계약은 매월 1톤씩의 폐지류를 매도하고 그 대금을 지급받는 내용의 일종의 매매계약으로 보인다. 그렇다면 동산 매매계약에 따른 매매대금청구의 요건사실에 해당하는 ＜매매계약당사자/ 계약일자/ 목적물/ 대금＞을 구성요소로 하는 매매계약 체결사실에 주목하여야 한다. 위 【상담내용】 중 제1항은 매매계약 체결에 이르게 된 경위사실에 불과하다. 【상담내용】 중 제2항에 위 요건사실에 부합하는 정보들이 집중하여 열거되어 있다. 이 부분에서 필요한 요건사실들을 정확히 파악하고 정리하여야 한다.

【상담내용】 중 제3항을 보면, 상대방인 주식회사 현솔제지가 매매 목적물인 폐지류의 하자에 관하여 주장할 것으로 예상된다. 이를 대비하여 의뢰인으로부터 하자 관련 사실관계를 파악하고 있어야 하고 관련 자료들도 수집하여야 한다. 실제 소송과정에서 상대방이 하자 항변을 하여 올 경우를 대비하여야 하기 때문이다.

변호사시험 민사기록형 문제에서는 상담일지 안에 【사건관계인의 주장】란을 두어 의뢰인과 상대방의 주장의 요지를 정리하여 제공하여 주는 것이 일반적이다. 그런 경우에는 【사건관계인의 주장】란에서 해당 주장을 추가 확인하여 관련 요건사실들을 상기하면서 이에 대한 증거들을 탐색하여야 한다.

한편, 의뢰인이 제출하는 상담일지에 첨부되어 있는 서증들에 유의하여야 한다. 앞서 정리한 요건사실에 부합하는 증거들이 있는지 확인하여야 하고 반대로 상대방이 제출할 수 있는 항변들에 부합하는 증거들이 있는지도 점검하여야 하기 때문이다. [그림2]는 김갑동이 상담의뢰시에 소지하고 있던 물품공급계약서를 보여 주고 있다. 앞서 파악한 매매대금청구에 관한 요건사실에 부합하는 내용이 기재되어 있음이 확인된다.

[그림2]

물품공급계약서

주식회사 현솔제지(이하 '갑'이라고 한다)와 김갑동(이하 '을'이라고 한다)은 아래와 같이 폐지류 공급계약을 체결한다.

제1조(공급기간)
을은 2022. 4. 1.부터 5년간 갑에게 폐지류를 공급한다.
제2조(공급방식)
을은 1톤의 폐지류를 매월 1일에 1회 갑이 지정하는 작업장에 공급한다.
제3조(대금지급)
① 폐지류 1톤당 500만 원으로 한다.
② 갑은 매월 10일에 전월 공급대금을 지급한다.
(이하 생략)

2022. 4. 1

[그림3]은 상담단계에서 김갑동이 함께 소지하고 있었던 회신서인데, 상대방인 주식회사 현솔제지가 향후 주장할 것으로 예상되는 '하자항변'에 부합하는 내용이 기재되어 있음을 알 수 있다.

[그림3]

회신서

발신인 : 주식회사 현솔제지
수신인 : 김갑동

1. 귀하의 내용증명을 잘 받았습니다.
2. 귀하가 그동안 공급한 폐지류로 인해 발신인의 최종 생산품 골판지에 하자가 많이 발생하였고 불량률이 계속 증가하고 있습니다. 현재 그 하자로 인해 손실액을 평가하고 있습니다.
3. 본사는 위와 같은 문제들이 완전히 해결될 때까지 귀하에 대한 대금지급을 보류하도록 하겠습니다.

2024. 12. 20.
주식회사 현솔제지
대표이사 장한솔 (직인)

2. 희망사항의 정리

의뢰인에게는 현재의 분쟁을 해결하기 위한 희망사항이 있다. 예를 들어 ① 어떤 사람과 친족관계에 있음을 확인해 달라거나, ② 고용주로부터 부당하게 해고를 당했는데 해고가 무효임을 확인해 달라거나, ③ 부동산을 매도하여 이전등기를 해 주었는데 대금을 받지 못해서 부동산을 되찾고 싶다고 해 보자. 변호사는 이러한 희망사항이 우선 법률적으로 민사소송을 통해서 청구할 수 있는 것인지, 그 희망사항을 법률적으로 어떻게 구현할 것인지부터 검토해야 한다.

위 ①의 예를 보면, 친족관계가 있다 하여 그 자체로써 당연히 어떤 구체적인 권리관계가 존재하는 것은 아니므로 그 친족관계의 존부 자체는 확인의 이익이 없다.[1] 이 경우 의뢰인이 진정으로 확인을 구하고자 하는 구체적인 법률관계를 캐물어 법률적으로 청구가능한 부분이 있는지 확인해야 한다.

위 ②의 예를 보면, 의뢰인이 정년이 지났는지, 또는 소송 중에 정년이 경과될 수 있는지 여부를 검토해야 한다. 해고 무효 확인소송을 제기하였으나 소송 도중에라도 정년이 이미 지났다면 확인의 이익이 없어서 각하될 수 있으므로,[2] 이러한 경우라면 부당해고 이후의 임금을 청구하는 등 법률적으로 가능한 것으로 희망사항을 정리하여야 한다.

위 ③의 예를 보면, 매매에 따라 이전등기를 마쳤다면 그 소유권은 상대방에게 있고 상대방이 대금을 지급하지 않았다고 하더라도 그것만으로 매매가 무효가 되는 것이 아니어서 먼저 매매계약을 무효화시켜야만 비로소 부동산의 등기를 말소시키고 부동산을 되찾아 올 수 있다. 계약을 무효화시키는 방법에는 착오나 사기, 강박 등을 이유로 하여 취소권을 행사하거나 상대방의 채무불이행을 이유로 하여 해제권을 행사하는 경우가 있다. 이때 소유권의 회복만 필요하다면 소유권의 득실변경은 등기가 있어야 하므로, 매매를 원인으로 한 소유권이전등기의 말소를 청구할 필요가 있게 되고, 그 부동산을 상대방이 점유하고 있다면 부동산의 인도를 청구할 필요가 있게 된다. 의뢰인의 '되찾아 온다'는 희망사항을 법률적으로 의미 있고 분쟁을 실효적으로 해결할 수 있는 '소유권이전등기의 말소'와 '부동산의 인도'로 구체화해야 한다.

변호사는 이러한 모색 과정에서 그 희망사항을 현실화시키는 데 필요한 사실관계를 의뢰인으로부터 적극적으로 수집하는 피드백과정을 거쳐야 할 수도 있다. 앞서 본 [그림1]의 예에서 보자면, 【의뢰인 희망사항】란에서 보는 것처럼 의뢰인 김갑동은 폐지류 공급대금 7,500만 원의 지급을 구하고 있는데, 상담과정에서 밝힌 내용대로 김갑동이 2023년 1월부터 2024년 3월까지 계약내용대로 매월 1톤씩 폐지류를 공급한 것이 사실인지 확인되고 이에 관한 증거를 수집할

1 대법원 1971. 3. 9. 선고 70므39 판결

2 대법원 2004. 7. 22. 선고 2002다57362 판결

수 있다면, 담당 변호사로서는 공급대금의 청구를 준비해야 한다.

한편, 지연손해금 등 부대청구에 관하여도 유의하여야 한다. 구하는 원금이 소액일 경우 의뢰인은 이자나 지연손해금에 대하여 크게 신경쓰지 않는 경우가 많다. 그러나 원금의 규모에 따라서는 이자나 지연손해금 자체도 상당한 금액에 이를 수도 있고 금액이 크지 않더라도 이자나 지연손해금 전부에 대해서도 이를 지급받기를 희망하는 당사자가 있을 수 있을 뿐만 아니라, 의뢰인에게 법률상 가능한 최대한의 권리를 회복시켜 주는 것이 바람직하므로 이자와 지연손해금의 발생시기, 적용가능한 약정이율이나 법정이율을 정확히 검토하여야 한다.

III 법적 논증의 검토 순서

의뢰인으로부터 사실관계와 희망사항을 정리했다면, 이를 어떤 순서로 검토해야 할까? 결국 이 과정은 민사법 지식을 종합적으로 총 동원해야 가능한 작업이다. 방대한 민사법에 대한 전체적인 구조와 해당 부분의 구체적인 지식을 갖추어야 한다. 민사법의 전체적 구조에 비추어 다음과 같이 정리해 볼 수 있겠다.

1. 물권의 성립 여부

의뢰인의 희망사항은 보통 돈을 지급받거나 물건에 관한 권리를 취득하는 등으로 어떠한 권리를 실현해 달라는 경우가 많을 것이다. 민사법적인 권리 중 재산권은 크게 물권과 채권으로 나눌 수 있다. 먼저 당사자가 주장하는 사실관계를 통해서 소유권과 같은 물권이 성립하는지를 먼저 검토해 봐야 한다. 우리 민법은 물권에 관해서 성립요건주의를 취하고 있어서 물권의 성립 여부를 판단하는 것이 비교적 쉬울 뿐만 아니라 물권은 대세적 권리이기 때문에 물권에 기초하여 발생하는 소유권에 기한 방해배제청구권과 같은 권리를 행사함으로써 의뢰인의 희망사항을 손쉽게 만족시켜 줄 수 있다.

예를 들어 의뢰인이 아파트를 소유하고 있는데 상대방이 무단히 이를 점유하고 있어서 그로부터 부동산을 되돌려 받고 싶어 한다고 해 보자. 이러한 경우 등기부를 검토하면 아파트의 소유관계를 확인할 수 있다. 그다음 의뢰인이 아파트를 소유한 사실과 현재 상대방이 이를 점유한 사실만 주장·증명하면, 상대방이 점유할 정당한 권원이 있다는 점에 관하여 주장·증명하지 않는 한, 소유권에 기한 방해배제청구권의 행사로써 상대방에게 아파트의 인도를 청구할 수 있게 된다.

2. 채권의 성립 여부

물권이 성립한다고 볼 만한 사실관계가 없거나, 당사자의 요구가 이와 무관한 것이라면 채권의 성립을 검토해야 한다. 채권의 발생원인을 크게 보자면 두 가지, 계약과 법률이라고 말할 수 있다.

가. 계약이 있는 경우

대부분의 민사적 채권관계는 당사자 사이의 계약에서 비롯된다. 당사자 사이에 매매, 소비대차, 임대차 등과 같은 계약을 체결하였다면, 별도의 법률 규정이 없더라도 그 계약에서 정한 바에 따른 권리와 의무가 발생한다는 것이 사적자치의 핵심적 내용이라고 할 수 있다. 따라서 우선 의뢰인이 관련자와 어떠한 계약을 체결하였는지 여부를 검토해야 한다. 예를 들어 의뢰인이 상대방과 매매계약을 체결하였다면 매매계약의 내용이 분석의 핵심 대상이다.

1) 분쟁해결에 관한 약정이 있는 경우

다음으로 해당 문제의 해결에 관한 구체적인 약정이 존재하는지를 살펴보아야 한다.

예를 들어 의뢰인이 상대방에게 부동산을 매도했는데, 그 대금을 지급받지 못하고 있어서 상대방으로부터 대금을 지급받고자 한다고 해 보자. 이때 의뢰인은 부동산에 관하여 특정 대금으로 정한 매매계약이 체결되었다는 사실만을 주장·증명하면 상대방에게 그 대금의 지급을 청구할 수 있다.

만약 의뢰인이 매매계약에 따라 이전등기를 마쳤으나 상대방이 대금을 지급하지 않고 있어서 부동산에 관한 소유권이전등기의 말소를 청구하고 싶다고 하자. 이를 위해서는 앞서 설명한 바와 같이 매매계약을 무효화시켜야 한다. 해제권을 행사하려고 한다면 이제는 해제와 관련된 약정이 존재하는지 살펴야 한다. 가령 의뢰인과 상대방 사이에 "매도인은 매수인으로부터 지급기일에 대금을 지급받지 못하면 매매계약을 해제할 수 있다."고 약정하였다고 해 보자. 이 경우 위와 같은 약정에 기한 해제권의 행사를 통해서 손쉽게 위 매매계약을 무효화시킬 수 있을 것이다.

이처럼 민사분쟁은 이와 관련된 약정이 존재하는지, 그러한 약정을 어떻게 해석할 것인지를 둘러싼 논쟁이 주를 이룬다고 해도 과언이 아니다.

2) 분쟁해결에 관한 약정이 없는 경우

분쟁상황을 규율할 구체적인 약정이 존재하지 아니한다면 이러한 상황에 적용될 수 있는 법률 규정을 찾아보아야 한다. 예를 들어 위의 예에서 매매계약이 체결되었으나 해제권에 관한 위와 같은 약정이 존재하지 않는다고 해 보자. 이때에는 민법이 정한 해제요건을 충족해야 매매계약을 무효화시킬 수 있다. 통상 이를 임의규정이라고 한다. 즉, 민법 제544조에서 정한 절차와 방법, 그리고 이에 관한 법리에 따라 매매계약을 해제시킬 수 있다.

나. 계약이 없는 경우

분쟁 당사자들 사이에 앞서 본 바와 같은 관련된 계약이 없는 경우에는 법률의 규정에 의해서 채권이 발생할 수 있다. 민법이 정하는 사무관리, 부당이득, 불법행위가 대표적인 예이다.

의뢰인이 착오로 송금한 돈을 되돌려 받고 싶어하는 경우 의뢰인과 상대방 사이에는 아무런 법률관계를 맺은 바 없기 때문에 상대방에게 부당이득 반환청구권을 행사하여야 한다. 상대방이 차임을 미지급하다가 임대차관계가 종료되었음에도 목적물을 반환하지 않고 계속 사용하고 있다면, 임대차계약기간 중에 발생한 차임은 임대차계약에 기한 채권에 해당하고, 임대차 종료 이후에 목적물의 사용으로 인한 상대방의 이익은 계약에서 정한 적이 없으므로 부당이득에 해당하여 그 반환을 청구할 수 있게 된다.

상대방이 의뢰인의 물건을 손괴하였다면 상대방의 고의, 과실로 인하여 특정한 금액 상당의 재산상 손해가 발생한 사실을 주장·증명하여 불법행위 책임을 물을 수 있다.

특히 사무관리, 부당이득에 관한 법리는 당사자들 사이에 법률행위가 존재하였으나 그것이 무효로 밝혀지거나 취소된 경우에 둘 사이의 법률관계를 정리할 때 자주 활용될 수 있다.

IV 필요한 의사표시나 절차의 준수 여부

이와 같은 사실관계에 대한 법률적 검토에서 조심해야 할 것은 그와 같은 법률적 효과의 발생에 어떠한 의사표시나 절차를 거쳐야 할 필요가 있는 경우가 있다는 점이다.

예를 들어 어떤 계약이 민법 제103조가 정하는 반사회질서에 해당하여 무효인 경우에는 소송을 통해서 이를 주장하기만 하면 되고 별도로 무효를 선언하는 의사표시는 필요 없다. 이와 달리 사기나 강박을 이유로 취소를 주장한다면, 별도로 상대방에 대한 취소의 의사표시가 있어야 비로소 계약의 효력이 상실된다. 즉, 후자의 경우에는 소를 제기하기 전에 내용증명 등의 수단을 통하여 취소의 의사표시를 하거나, 적어도 소장이나 답변서, 준비서면 등에 사기나 강박을 이유로 취소한다는 취지를 기재하고, 소장이나 답변서, 준비서면 부본의 송달로써 의사표시를 한다는 점을 명시해야 한다.

앞서 본 매매계약의 해제의 경우 자동해제약정이 존재하지 않는 한, 상대방에게 적법하게 해제의 의사표시를 하여야 한다. 이 경우에도 소송 외에서 내용증명 우편 등을 통하여 별도로 해제의 의사표시를 하거나, 적어도 소장 등에 해제의 의사표시를 한다는 취지를 명시해야 한다.

V 상대방의 특정과 사건의 구성

의뢰인으로부터 수집한 사실관계를 정리하고 이로써 어떤 법률적 효과를 발생시킬 수 있다는 분석을 마쳤다면 사건을 구성해야 한다.

적극적으로 권리를 주장하는 것이라면, 그 권리가 발생하기에 필요하고도 충분한 사실관계, 즉 요건사실을 주장하고 그에 따라 누구를 상대방으로 하여 어떠한 청구를 할 수 있을 것인지 정해야 한다. 이 사안에서 누구를 상대방으로 하여 문제 삼는 것이 당사자에게 유리할 것인지, 그를 상대로 물권을 주장할 것인지, 아니면 채권을 주장할 것인지, 채권을 주장한다면 계약상 채권을 주장할 것인지, 불법행위로 인한 손해배상채권을 주장할 것인지 등을 판단해서 당사자에게 가장 유리하고 권리구제에 적합하도록 사건을 구성해야 한다.

소극적으로 권리의 부존재를 다투는 것이라면, 상대방이 주장하는 권리의 발생 요건사실이 충족되지 않았음을 지적하거나, 그 권리가 소멸되었다고 볼 만한 별도의 사실관계를 주장하여야 할 것이다.

사건을 구성할 때 다수의 상대방에 대해서 여러 가지 청구가 가능할 수도 있다. 이때에는 누구를 상대방으로 어떤 청구를 하는 것이 당사자에게 가장 유리한지, 실효적인지, 증명가능한지 등을 고려하여 정해야 한다. 상대방 A에 대해서 손쉽게 계약상 책임을 물을 수 있다고 하더라도 그가 자력이 없다면, 증명의 난도가 높아지기는 하나 다른 상대방 B를 상대로 불법행위로 인한 손해배상책임을 묻는 것이 실효적인 방법일 수 있다(채무불이행 책임을 묻는 경우 채무자가 고의, 과실의 부존재에 관해 증명책임을 지나 불법행위로 인한 손해배상책임을 묻는다면 채권자가 상대방의 고의, 과실의 존재에 관해 증명책임을 진다).

물권에 기한 청구나 채권에 기한 청구가 모두 가능한 때와 같이 권리가 경합하는 경우도 있다. 예를 들어 원고가 소유하고 있는 아파트를 상대방에게 임대하였는데, 상대방이 임대차 기간이 종료되었음에도 이를 반환하지 아니하고 있다고 해 보자. 이 경우 원고는 아파트의 소유권에 기한 방해배제로서 상대방에게 아파트의 인도를 구할 수 있다. 이때에는 의뢰인이 아파트의 소유자인 사실과 상대방이 이를 점유하고 있는 사실만 주장·증명하면 되고, 상대방이 적법한 임차권 등 정당한 점유할 권원의 존재를 주장·증명하지 아니하는 한, 상대방에게 그 인도를 청구할 수 있게 된다. 채권에 기한 청구를 한다면, 의뢰인과 상대방 사이에 임대차계약이 체결되고 임대차 기간이 종료되었음을 주장·증명하여야 한다. 변호사로서는 어떤 권리에 기하여 어떤 청구를 하는 것인지에 따라 소장에 기재할 청구원인사실이 달라질 수 있음을 유념하여야 한다.

VI 예제

다음의 예를 들어 이상의 경우를 검토해 보자.

의뢰인 상담일지

(상담자 : 김갑동, 상담일시 : 2025. 3. 2)

【상 담 내 용】

1. 김갑동은 2022. 3. 1. 이을남에게 김갑동이 소유하고 있는 X점포를 임대차보증금 2억 원, 월 차임 100만 원(선불), 기간 2022. 3. 1.부터 2026. 2. 28.까지로 정하여 임대하였다.
2. 임대차계약서에는 임대인의 사전 동의 없이는 제3자에게 전대할 수 없고, 무단 전대시 임대인은 임대차계약을 해지할 수 있다고 약정하였다.
3. 이을남은 위 점포에서 지물포를 경영하다가 경영이 악화되자 김갑동으로부터 허락을 받지 않고 2024. 2. 1. 오병규에게 X점포 전부를 임대차보증금 1억 원, 월 차임 50만 원으로 정하여 전대하였고 당일 임대차보증금을 지급받은 다음 오병규에게 인도하였다.
4. 현재 오병규는 그곳에서 아이스크림 가게를 경영하고 있다.

【의뢰인 희망사항】

김갑동은 적절한 상대방을 상대로 X점포를 되찾아 올 수 있도록 소를 제기하고 싶다.

김갑동이 X점포를 되찾아 오는 방법과 상대방에 대해서 살펴보자.

우선 현재 X점포를 점유하고 있는 자가 오병규이므로 그를 상대로 어떤 청구를 할 수 있을까? 김갑동은 X점포의 소유자이고, 오병규가 이를 점유하고 있으므로 물권적 청구권을 행사하는 것이 가장 간편할 것이다. 이때 김갑동은 X점포의 소유자인 사실과 오병규가 이를 점유한 사실만 증명하면 소유권에 기한 방해배제청구권을 행사하여 X점포를 인도받아 올 수 있다. 이때 상대방인 오병규는 스스로 점유할 정당한 권원이 존재함을 증명해야 하는데, 오병규가 주장할 수 있는 것은 전대차관계이다. 그러나 김갑동에게서 동의받은 적이 없으므로 결국 전대차 주장으로는 김갑동에게 대항할 수 없다.

다음으로 이을남과의 관계에서 생각해 보자. 이을남은 김갑동으로부터 X점포를 임차하였으므로 X점포를 사용, 수익할 권리가 있다. 또한 전대를 하고 있기는 하나 법률상 X점포를 간접점유하고 있다고 볼 수도 있다. 따라서 이을남을 상대로 X점포의 인도를 청구할 필요가 있을 수 있다. 비록 이을남이 무단히 전대하여 계약을 위반하였으나 계약을 위반한 사실만으로는 임대차계약의 효력에 영향이 없다. 소유권에 기한 물권적 방해배제로써 그 인도를 청구하더라도 이을남은 임대차계약에 기하여 이를 점유할 권리가 인정될 수 있다. 이을남을 상대로 X점포의 인도를 구하기 위해서는 임대차계약을 무효화해야 하고 이를 위해서는 이을남의 무단 전대를 이유로 이을남과의 임대차계약을 해지해야 한다.[3]

결국 정리하자면, 직접 점유자인 오병규와 간접 점유자인 이을남을 공동피고로 삼아서 X점포의 인도를 구하는 청구를 하여야 할 것이고, 이때 오병규를 상대로는 소유권을 주장하여 그 방해배제로 X점포의 인도를 구하고, 이을남을 상대로는 오병규에 대한 무단 전대를 이유로 해지의 의사표시를 함으로써 임대차계약을 해지하고 그 원상회복으로 X점포의 인도를 구해야 할 것이다.

3 대법원 2013. 6. 27. 선고 2011다5813 판결은 "불법점유를 이유로 하여 부동산의 인도를 청구하는 경우에는 현실적인 점유자를 상대로 하여야 하는 것과 달리, 약정에 의하여 인도를 청구하는 경우에는 그 상대방이 직접점유자로 제한되지 아니하며 간접점유자를 상대로 하는 청구도 허용된다. 다만 다른 사람의 직접점유로 인하여 간접점유자의 인도의무의 이행이 불가능한 경우에는 그러하지 아니하며, 이 경우 인도의무의 이행 불능은 단순히 절대적·물리적으로 불능인 경우가 아니라 사회생활에서의 경험법칙 또는 거래상의 관념에 비추어 볼 때 채권자가 채무자의 이행의 실현을 기대할 수 없는 경우를 말한다."고 판시하고 있어서 이에 비추어 보면, 위와 같은 임차인 이을남에 대한 인도청구는 전차인 오병규의 직접점유로 인하여 간접점유자 이을남의 김갑동에 대한 인도의무의 이행이 불가능하지 아니한 경우에 한하여 가능할 것이다.

02

소장, 답변서, 준비서면 등의 작성원리

민사기록의 이해

제02장

소장, 답변서, 준비서면 등의 작성원리

I 소장

1. 소장의 성격

글이란 글을 쓰는 이유를 명확하게 하고 그 독자가 누구인지를 분명히 해야 그 효용을 발휘할 수 있다. 민사소송에 있어서 소장을 법원에 제출하는 이유는 무엇이고, 그 독자는 누구인가?

소는 법원에 소장을 제출함으로써 제기한다(법 제248조). 소장은 원고가 구체적 사건의 사실관계에 관하여 법을 적용하여 원하는 바대로의 권리법률관계를 선언해 줄 것을 요구하는 문서라고 할 수 있다. 따라서 일차적인 독자는 법원에서 권리 유무를 판별하는 업무를 맡은 법관이다. 법관은 기본적으로 법을 알고 있다고 여겨지기는 하나, 법관이 원고의 의도대로 법을 해석하여 적용할 것이라는 보장은 없다. 법관은 사건에 관한 구체적인 사실에 관해서는 아무것도 알지 못한다. 민사소송의 당사자들은 법관을 상대로 어떠한 사실관계가 존재하고 이에 관해서 어떠한 법을 적용하여 최종적으로 어떠한 재판을 해야 하는지를 설득해야 한다. 원고는 소장을 통해서 구체적인 법률관계의 선언을 구할 **당사자**를 밝히고, 법원으로부터 선언받고자 하는 법률관계에 관한 주문, 즉 **청구취지**를 특정하여야 하며, 법원이 그와 같은 청구취지를 선언할 수 있도록 **청구원인**에서 필요하고도 충분한 **법리**와 **사실관계** 및 **법률효과**를 밝혀야 한다. 이것이 소장의 실질적인 최소한이다.

물론 소장의 독자에는 의뢰인인 원고나 상대방 당사자인 피고도 포함되고, 공개된 변론을 거치는 동안 일반시민도 포함될 수 있다. 이 모든 것을 염두에 두고 최적화된 소장을 쓴다면 가장 훌륭한 소장을 작성했다고 말할 수 있겠다. 그러나 아무리 원·피고나 일반시민의 눈시울을 뜨겁게 하는 명문장으로 소장을 작성하여 제출하였다고 하더라도, 유리한 판결을 받기에 필요한 법리나 사실이 일부라도 누락된다면 소장으로서는 자격미달이다.

아래에서는 이러한 관점에서 소장의 필요 최소한이 무엇인지에 관해서 서술하고자 한다. 이를 습득한다면, 법실무가를 양성하는 법학전문대학원 과정의 학습목표를 충분히 달성했다고 볼 수 있을 것이다. 특히 소장의 각 영역별로 어떤 원리에 따라 기술하여야 하는지를 실무상 자주 문제되는 부분을 중심으로 설명한다.

2. 소장의 기본적 구조

[그림1]

소장 ①

원고 나정훈
서울 서초구 서초로 100 (반포동)
소송대리인 변호사 김명변
서울 서초구 서초로 200, 301호 (서초동, 승소빌딩)
(전화번호 : 02-500-3000, 이메일 : lawyerKim@kmail.com)
피고 서영우
수원시 영통구 법조로 100 (하동) ②

매매대금 청구의 소 ③

청구취지

1. 피고는 원고에게 250,000,000원을 지급하라.
2. 소송비용은 피고가 부담한다.
3. 제1항은 가집행할 수 있다.

라는 판결을 구합니다. ④

청구원인

원고는 피고에게 2023. 10. 1. 춘천시 옥천동 111-1 대 100m²를 대금 1억 원에 매도하고, 2023. 11. 1. 춘천시 옥천동 111-2 대 200m²를 대금 1억 5,000만 원에 매도하였습니다.

따라서 피고는 원고에게 매매대금 합계 2억 5,000만 원을 지급할 의무가 있습니다. ⑤

증명방법

1. 갑 제1호증(매매계약서)
2. 갑 제2호증(매매계약서) ⑥

첨부서류

1. 위 각 증명방법 각 2통
2. 영수필확인서 1통
3. 송달료납부서 1통
4. 소송위임장 1통
5. 소장 부본 1통 ⑦

2025. 2. 1. ⑧

원고 소송대리인 변호사 김명변 (인) ⑨

수원지방법원 귀중 ⑩

소장에는 당사자와 법정대리인, 청구의 취지와 원인을 적어야 하고(법 제249조 제1항), 소장에는 준비서면에 관한 규정을 준용한다(법 제249조 제2항). 한편, 준비서면에는 당사자의 성명·명칭 또는 상호와 주소, 대리인의 성명과 주소, 사건의 표시, 공격 또는 방어의 방법, 상대방의 청구와 공격 또는 방어의 방법에 대한 진술, 덧붙인 서류의 표시, 작성한 날짜, 법원의 표시를 적고, 당사자 또는 대리인이 기명날인 또는 서명하여야 한다(법 제274조 제1항).

이와 같은 규정 취지를 반영한 소장의 기재사항은 위 [그림1]의 기재와 같이, ① 표제, ② 당사자(법정대리인 또는 소송대리인 포함), ③ 사건의 표시, ④ 청구취지, ⑤ 청구원인, ⑥ 증명방법, ⑦ 첨부서류, ⑧ 작성일자, ⑨ 작성자의 기명날인 또는 서명, ⑩ 법원의 표시로 나눌 수 있다. 그중 가장 실질적인 부분은 ② 당사자, ④ 청구취지, ⑤ 청구원인이라고 할 수 있다. 이하 실질적인 위 부분을 먼저 살펴보고, 나머지 부분을 설명하기로 한다.

3. 당사자

가. 누구를 당사자로 삼을 것인가?

법원은 민사소송을 통하여 당사자 사이의 구체적인 법률관계를 선언하는 것을 임무로 한다. 따라서 소장에는 누가 누구를 상대로 청구하는 것인지를 우선 밝혀야 한다. 민사재판의 효력은 당사자 사이에서만 미치는 것이 원칙이므로(법 제218조), 당사자를 잘못 지적하여 소를 제기한다면 유리한 판결을 선고받더라도 권리 구제에 아무런 도움이 되지 못할 수 있다. 분쟁의 실효적인 해결을 위해 누구를 당사자로 삼아야 할 것인지를 신중하게 검토하여 정해야 한다.

1) 이행의 소

이행의 소는 현존하는 법률관계를 실현시키는 것을 내용으로 하는 소이다. 원칙적으로 이행의 소에서는 피고로 지목된 자가 당사자 적격을 가지므로[4] 피고를 삼는 데 법률상 제한이 있는 것은 아니다. 다만 원고에게 당면한 문제를 가장 실효적으로 해결할 수 있는 자를 상대로

4 대법원 2005. 10. 7. 선고 2003다44387,44394 판결, 대법원 1994. 6. 14. 선고 94다14797 판결. 예외적으로 판례는 이행의 소 중 하나인 소유권이전등기말소의 소의 피고 적격을 등기의무자로 제한하고 있다(대법원 1994. 2. 25. 선고 93다39225 판결). 따라서 소유 명의자가 아닌 자를 피고로 삼아 그 등기의 말소를 구하는 소는 원칙적으로 부적법하다. 다만 예외의 예외로서 등기부상 진실한 소유자의 소유권에 방해가 되는 불실등기가 존재하는 경우에 그 등기명의인이 허무인 또는 실체가 없는 단체인 때에는 소유자는 그와 같은 허무인 또는 실체가 없는 단체 명의로 실제 등기행위를 한 자에 대하여 소유권에 기한 방해배제로서 등기행위자를 표상하는 허무인 또는 실체가 없는 단체 명의 등기의 말소를 구할 수 있다(대법원 2019. 5. 30. 선고 2015다47105 판결).

해야 한다. 이행의 소는 대부분 그 실현을 위해 강제집행으로 나아갈 수 있으므로 문제를 종국적으로 해결할 수 있는 가장 강력한 수단이 될 수 있다. 따라서 이행의 소를 제기하려는 원고라면 강제집행으로 나아갈 수 있다는 점에 유의해서 상대방의 자력 등을 조사하여 강제집행을 통하여 실효적인 만족을 얻을 수 있는 당사자를 피고로 정할 필요가 있다.

한편 민법 제404조 제1항에 의하면, 채권자는 자기의 채권을 보전하기 위하여 채무자의 권리를 행사할 수 있다. 즉, 채권자는 자신의 채권을 보전하는 데 필요한 경우에는 자신의 권리뿐만 아니라 채무자의 다른 채무자, 즉 제3채무자에 대한 권리를 행사할 수도 있다. 채권자대위권을 행사하는 소에 있어서 채권자는 직접 원고가 되고, 피고는 대위되는 채권(피대위채권)의 채무자, 즉 제3채무자가 된다. 이때 채권자대위권의 행사로 보전되는 채권(피보전채권)의 채무자는 당사자가 아님에 주의하여야 한다.[5]

2) 확인의 소

확인의 소는 현존하는 법률관계의 확인을 구하는 소이다. 다만 적극적으로 이행을 청구할 수 있는 권리가 있다면 이행의 소를 제기하는 것이 강제집행까지 보장받을 수 있으므로, 이행의 소가 가능함에도 확인의 소를 제기하는 것은 분쟁의 최종적 해결을 위해 적절하지 않을 수 있다. 요컨대 확인의 소는 확인의 이익이 있는 경우에만 허용된다.[6] 이러한 제약이 있기 때문에 통상 확인의 소는 채무부존재 확인의 소의 경우와 같이 이행의 소를 제기할 수 없거나 그것이 부적절할 경우에 활용된다. 확인의 소의 경우 확인의 이익이 인정되는 상대방을 피고로 삼아야 그 소가 적법해질 수 있으므로, 이행의 소의 경우보다 당사자의 선택에 더 신중해야 한다.

예를 들어 단체의 대표자나 구성원의 지위에 관한 확인소송은 해당 대표자나 구성원을 상대로 제소하는 경우에는 그 청구를 인용하는 판결이 내려진다 하더라도 그 판결의 효력이 해당 단체에 미친다고 할 수 없기 때문에 대표자 또는 구성원의 지위를 둘러싼 당사자들 사이의 분쟁을 근본적으로 해결하는 가장 유효적절한 방법이 될 수 없으므로, 대표자 또는 구성원 개인을 상대로 한 청구는 확인의 이익이 없어 부적법하게 된다.[7] 따라서 이러한 확인의 소는 해당 단체 자체를 피고로 삼아 제기하여야 한다.[8]

---

5 물론 피보전채권을 같이 청구하는 경우에는 채무자를 당사자로 삼을 수 있고, 이때 채무자와 제3채무자를 공동피고로 삼아 소를 제기할 수 있다.

6 확인의 소에서 '확인의 이익'이란 당사자의 권리 또는 법률상 지위에 현존하는 불안, 위험이 있고 이를 제거함에는 확인판결을 받는 것이 가장 유효적절한 수단일 때에 인정되므로, 이행의 소를 제기할 수 있는데도 확인의 소를 제기하는 것은 특별한 사정이 없는 한 불안 제거에 실효가 없고 소송경제에 반하여 '확인의 이익'이 없다(대법원 1991. 10. 11. 선고 91다1264 판결).

7 대법원 2015. 2. 16. 선고 2011다101155 판결 등 참조

3) 형성의 소

형성의 소는 현재 존재하는 법률관계를 법원의 판결을 통해 변경하는 소이다. 사적자치의 원칙상 민사법적 권리법률관계는 당사자 사이의 계약 등 법률행위에 의해서 형성되는 것이 일반적이다. 형성의 소는 국가기관인 법원이 개입하여 당사자 사이의 법률관계를 변경하는 것이므로 법률이 법원에 그러한 권능을 부여한 경우에만, 그리고 법률이 정한 당사자 사이에서만 그러한 청구가 가능하다. 따라서 형성의 소의 경우 법률이 정한 원고가 법률에 정한 피고를 상대로 법률이 정한 내용의 법률관계의 형성을 법원에 청구할 수 있다는 점에 주의하여야 한다.

예를 들어 채무자 A가 채권자 甲의 금전채권에 기초한 강제집행을 회피하려고 자신의 유일한 재산인 X토지를 동생 B에게 증여한 후 소유권이전등기를 마친 사안에서, 채권자 甲이 B에게 넘어간 부동산을 채무자 A에게 회복시키고자 한다고 가정해 보자. 누구를 상대로 어떤 소송을 제기해야 할 것인가? 이미 A는 B에게 증여를 원인으로 X토지에 관하여 소유권이전등기를 마쳤기 때문에 증여계약을 무효화하지 않고는 X토지에 관한 소유권이전등기를 A 앞으로 원상회복할 수는 없다. 만일 위 증여가 사해행위에 해당한다면 민법 제406조에서 정한 바에 따라 사해행위 취소의 소를 제기하여 위 증여계약을 취소시킬 수 있다. 이처럼 이미 형성된 법률관계를 법원으로 하여금 취소할 수 있도록 허용하는 사해행위 취소의 소는 형성의 소이고, 위 조항의 해석에 따르면, 채권자가 그 법률행위의 상대방인 수익자나 그로부터 전득한 자를 상대로 제기할 수 있다. 이러한 지식을 전제로 하면 원고는 채권자 甲으로, 피고는 수익자 B로 표시해야 한다. 상식에 기대어 채무자 A를 피고로 삼아 사해행위 취소의 소를 제기하였다면 이 부분 소는 부적법하여 각하될 것이다. 결국 어떠한 형성의 소를 제기할 수 있는지, 해당 형성의 소는 누가 누구를 상대방으로 삼아야 하는지, 어떤 법률관계의 형성을 구할 수 있는지에 관해서는 이를 허용하는 법률에 관한 해석을 둘러싼 민사법적 지식이 있어야 올바르게 판단할 수 있다.

4) 공동소송

① 연대채무를 청구하는 것과 같이 소송물인 권리나 의무가 **공통**되거나, ② 하나의 사고에 관하여 여러 사람을 상대로 손해배상책임을 묻는 것과 같이 사실상 또는 법률상 공통된 **원인**에 의해 발생한 것이거나, ③ 소송물인 권리나 의무가 같은 **종류**이거나 같은 종류의 원인으로 말미암은 경우에는 여러 명의 원고가, 또는 여러 명의 피고를 상대로 소를 제기할 수 있다(법 제65조). 통상 공동소송의 경우 소제기 당시에 정하지 않은 당사자를 소제기 이후에 임의로 추가할 수는 없으니 주의해야 한다.[9]

8 이때 청구취지는 "이순규(주소 : 서울 관악구 봉천로 12)가 피고의 대표자 지위에 있지 아니함을 확인한다."라고 쓰면 된다.
9 대법원 1998. 1. 23. 선고 96다41496 판결. 다만 필수적 공동소송이나 예비적, 선택적 공동소송의 경우에는 제1심 변론

나. 어떻게 표시할 것인가?

[그림2]

...

원고 나권리 ①

서울 서초구 서초로 100 (반포동) ②

소송대리인 변호사 김명변
서울 서초구 서초로 200, 301호 (서초동, 승소빌딩)
(전화번호 : ... 이메일 : ...) ③

피고 1. 서채무

수원시 영통구 법조로 100 (하동)

송달장소 수원시 영통구 월드컵로 100 (원천동) ④

미성년자이므로 법정대리인 부 서춘택, 모 이정아 ⑤

2. 주식회사 무상 ⑥

수원시 팔달구 월드컵로 310 (우만동)

대표이사 이정아 ⑦

...

위 ①처럼 당사자 표시의 **첫째 줄**에는 자연인인 경우 **성명**을 기재하고, 법인인 경우는 위 ⑥처럼 그 **명칭**을 표시한다.

민사사건의 판결서에는 성명과 주소로만 당사자를 표시하고 원칙적으로 **주민등록번호**를 기재하지 않는다.[10] 따라서 소장에 주민등록번호의 기재가 필수적인 것은 아니다.[11]

종결시까지 법원의 허가를 받아 당사자를 추가할 수 있다(법 제68조, 제70조).

10 민사판결서의 경우, 개인정보보호법의 취지에 따라 2015. 1. 1.부터는 등기의 의사표시를 명하거나 공유물분할을 내용으로 하는 판결서를 제외한 민사판결서의 당사자 등 표시란에 주민등록번호를 기재하지 않고 성명과 주소만 기재하였었다. 그러나 개정 민사소송규칙(대법원규칙 제2771호)의 시행에 따라 2018. 3. 26.부터는 등기의 의사표시를 명하거나 공유물분할을 내용으로 하는 판결서의 당사자 등 표시란에도 주민등록번호를 기재하지 않게 되었다[재판서 양식에 관한 예규(재일 2003-12)(재판예규 제1687호) 제9조 제1항 참조]. 이로써 등기소에서 집행절차가 이루어지지 않는 자동차등록 등 등록의 의사표시를 명하는 민사판결서의 경우에만 원고·피고 등 표시란에 주민등록번호를 기재한다. 참고로 대법원의 규칙이나 예규는 대법원 종합법률정보(https://glaw.scourt.go.kr)에서 확인할 수 있다.

11 2019 민사실무, 44쪽. 다만 민사집행규칙 제19조 제1항 제4호는 강제집행을 하기 위해서 법원에 집행문을 내어 달라는 신청을 할 때 집행권원에 채권자·채무자의 주민등록번호가 적혀 있지 않은 경우에는 채권자·채무자의 주민등록번호에 관한 사항을 밝히도록 규정하고 있다. 이처럼 강제집행으로 나아갈 경우에는 채무자의 주민등록번호를 밝혀야 하므로, 강제집

위 ②처럼 **둘째 줄**에는 **주소**를 기재한다. 주소는 당사자의 특정뿐만 아니라 소송 관련 서류를 송달할 기준이 된다. 주민등록상 주소와 실제 거주지가 다른 경우는 주민등록상 주소를 우선 기재하고 실제 거주지는 ④와 같이 별도로 **송달장소**라는 항목으로 기재하는 것이 좋다.[12]

다음 줄에는 위 ③처럼 변호사와 같은 **소송대리인**이나, 미성년자와 같이 소송무능력자에 대해서는 위 ⑤처럼 그를 대리할 **법정대리인**, 법인인 경우 위 ⑦처럼 그 **대표자**를 표시한다.

여기서 판결의 효력을 직접 받는 당사자는 첫째 줄에 한꺼번에 표시하는 것이 원칙이다. 파산관재인은 파산선고를 받은 채무자를 대신해서 소송의 당사자가 된다.[13] 따라서 파산채무자에 대한 소를 제기하기 위해서는 파산채무자가 아닌 파산관재인을 소송의 당사자로 삼아야 한다. 즉,

피고 파산채무자 김복동의 파산관재인 박관재
서울 서초구 서초로 200 (반포동)

라고 적어야 한다.[14] 파산관재인은 채무자의 대리인이 아니라 파산관재인이 바로 당사자 적격자이기 때문이다.

4. 청구취지

가. 작성의 원칙

청구취지는 소제기를 통해서 법원으로부터 받고자 하는 판결의 주문이다. 소송의 가장 핵심적인 부분이라고 해도 과언이 아니다. 소를 제기하는 목적이 바로 청구취지와 같은 주문의

행을 염두에 둔다면 소장에 주민등록번호를 쓰지 않더라도 상대방의 주민등록번호를 미리 수집해 둘 필요가 있다. 한편, 전자소송의 경우 피고가 사용자등록과정에서 주민등록번호와 주소를 입력하여야 하므로 위와 같은 문제가 없다.

12 앞서 본 바와 같이 강제집행을 위해서 집행문의 부여를 신청하는 경우에는 채무자의 주민등록번호를 밝혀야 하므로, 만일 피고의 주민등록지와 다른 곳을 주소로 표시된 판결이 확정되어 그에 따라 강제집행으로 나아간다면, 주민센터 등을 통해서 피고의 주민등록상 주소와 주민등록번호를 확인하기 어려워 실제 강제집행이 곤란해 질 수도 있다. 한편 소유권이전등기를 신청하는 경우에는 등기의무자의 주소를 증명하는 정보를 등기소에 제공하여야 하는데(부동산등기규칙 제46조 제1항 제6호 단서), 만일 소유권이전등기를 명하는 판결 상에 기재된 등기의무자인 피고의 주소가 주민등록지가 아니라면, 주민등록등본과 같이 피고의 주소를 증명하는 정보를 확보하거나 그 동일성을 증명하기 어려울 수 있어서 이 경우에도 피고의 주민등록지를 파악하여 이를 주소로 표시할 필요가 있다.

13 채무자 회생 및 파산에 관한 법률 제359조

14 잘못된 예(아래의 예는 당사자가 피고 김복동이고, 파산관재인이 그 대리인이라는 뜻이 되어 부적절하다) :
피고 김복동
파산관재인 박관재
서울 서초구 서초로 200 (반포동)

판결을 선고받고자 하는 것이기 때문이다. 법원은 사건의 심리결과 청구취지 이상의 권리가 존재하는 것으로 확인되더라도 **처분권주의 원칙**(법 203조)에 따라 당사자가 제기하는 청구취지의 한도 내에서만 권리의 존부를 선언할 수 있다. 결국 청구취지를 잘못 적시한 위험은 원고가 부담할 수밖에 없다.

법원이 청구취지와 같은 주문의 판결을 선고하여 그것이 확정되면, 이를 기준으로 당사자 사이의 법률관계가 확정된다. 특히 이행의 소의 경우 이를 토대로 강제집행으로 나아갈 수 있게 된다. 판결에 따라 강제집행을 담당하는 공무원은 원칙적으로 판결의 주문만을 보면서 강제집행 업무를 수행할 뿐이다. 따라서 별도로 청구원인이나 그 밖에 청구취지 이외의 다른 부분을 참조하지 않더라도, 청구취지에 적힌 문장의 해석만으로도 구체적인 강제집행금액이나 강제집행의 대상과 행위를 특정할 수 있도록 하여야 한다. 목적물이 많거나 특정을 위해 기재할 사항이 많아서 청구취지란에 그대로 적으면 너무 길어지거나 산만해져서 청구취지를 한눈에 파악하기 어렵다면 별지를 활용하여 소장 뒤에 첨부하는 방식으로 청구취지를 쓸 수 있다. 이 경우에도 별지 내용은 청구취지의 일부가 된다. 요컨대 청구취지는 오로지 기능적 관점에서 산술적으로나 해석상 빈틈이 없도록 엄밀하게 적어야 한다.

나. 이행의 소의 경우

1) 금전지급의 청구

금전지급을 구하는 청구취지는 그 기재만으로 누가 누구에게 구체적으로 얼마의 지급을 구하는지를 특정할 수 있어서 강제집행에 지장이 없도록 하여야 한다.

① 피고는 원고에게 10,000,000원을 지급하라.
② 피고 이을남, 최병기는 연대하여[15] 원고에게 10,000,000원을 지급하라.
③ 피고들은 원고에게 각 5,000,000원을 지급하라.

위 ①은 누가 누구에게 얼마의 지급을 구하는지 명확하게 특정되어 있음을 알 수 있다. 위 ②는 중첩관계를 표시한 것으로, 피고들 중 누구에게든 10,000,000원을 강제집행할 수 있다는 뜻이 되어 역시 특정에 문제가 없다(다만 원고는 누구에게든 총 1,000만 원을 받으면 추가로 강제집행할 수 없게 된다). 위 ③은 피고들이 피고 A, B인 경우, 피고 A는 원고에게 500만 원을, 피고 B 역시 원고

15 법률상 연대의무를 지는 경우 "연대하여"로 표시하고, 그 외에 부진정연대의무 등과 같이 같은 금액을 공동으로 책임을 지는 경우는 "공동하여"로 표시한다. 다만 어음법 내지 수표법에 따라 그 전액에 관하여 공동책임을 지는 경우는 법률 문언에 따라 "합동하여"라고 표시한다(어음법 제47조 제1항, 수표법 제43조 제1항 참조)(민사판결서 작성론[주문편], 69-70쪽)

에게 500만 원을 개별적으로 지급하라는 뜻이다. 만일 위 ③에서 "각"을 누락했다면, 분할채무의 원칙(민법 제408조)이 적용되어, 피고별로 균등하게 나눈 금액, 즉 250만 원씩을 개별적으로 청구한 셈이 된다. 글자 하나로 인해서 큰 금액 차이가 발생할 수도 있으므로 주의해야 한다.

다음으로는 지연손해금과 같은 부대청구 부분에 대하여 본다.

① 피고는 원고에게 10,000,000원과[16] 이에 대하여 2025. 1. 1.부터 이 사건 소장 부본 송달일까지는 연 5%의, 그다음 날부터 다 갚는 날까지는 연 12%의[17] 각 비율로 계산한 돈을 지급하라.

② 피고는 원고에게 10,000,000원과 그중 3,000,000원에 대하여는 2022. 1. 1.부터, 7,000,000원에 대하여는 2022. 7. 1.부터 각 이 사건 소장 부본 송달일까지는 연 5%의, 그다음 날부터 다 갚는 날까지는 연 12%의 각 비율로 계산한 돈을 지급하라.

위 ①은 실무상 가장 많이 쓰는 유형의 청구취지이다. 원금금액은 특정이 되어 있으나, 연 5%의 비율로 계산할 종기가 "이 사건 소장 부본 송달일까지"로 적혀 있고, 연 12%의 비율로 계산할 종기가 "다 갚는 날까지"로 적혀 있어서 그 특정 여부에 의문이 들 수 있다. 그러나 그 특정은 강제집행시까지 가능하면 족하다. "이 사건 소장 부본 송달일"은 소송 중에 특정될 것이고, "다 갚는 날"은 강제집행 과정에서 특정될 수 있으므로 이 정도의 기재로도 문제는 없다.

위 ②는 원금 중 금액별로 이자나 지연손해금의 기산일이 서로 다른 경우에 관한 청구취지의 기재이다. 어느 경우이든 정확하게 이자나 지연손해금을 계산하여 강제집행에 문제가 없도록 하여야 한다. 시기나 종기가 누락되면 이에 관한 강제집행도 불가능하게 될 수 있다.

다음의 예를 보면서 청구취지에 어떤 문제가 있는지 살펴보자.

---

16 이를 "10,000,000원 **및**"으로 표현할 수도 있다. 다만 "10,000,000원에 대하여"로 표현하는 것은 원본을 제외하고 지연손해금만 구하는 취지가 될 수 있으므로 주의하자.

17 참고로 금전채무의 전부 또는 일부의 이행을 명하는 판결을 선고할 경우, 금전채무 불이행으로 인한 손해배상액 산정의 기준이 되는 법정이율은 그 금전채무의 이행을 구하는 소장 또는 이에 준하는 서면이 채무자에게 송달된 날의 다음 날부터는 연 12%가 된다(소송촉진 등에 관한 특례법 제3조 제1항, 소송촉진 등에 관한 특례법 제3조 제1항 본문의 법정이율에 관한 규정 참조). 따라서 통상 금전지급을 구하는 소를 제기하는 경우, 당사자 사이에 종전에 약정한 이자율 내지 지연손해금률이 연 12%에 미치지 못한다면, 소장 부본 송달일 다음 날부터 다 갚는 날까지는 연 12%의 비율로 정한 지연손해금의 지급을 청구할 수 있고, 그렇게 하는 것이 원고에게 유리하다.

〈연습문제〉

① 피고는 10,000,000원을 지급하라.
② 피고는 원고에게 매매대금 10,000,000원을 지급하라.
③ 피고는 원고에게 10,000,000원과 이에 대하여 2024. 1. 1.부터 연 12%의 비율로 계산한 돈을 지급하라.
④ 피고는 원고에게 10,000,000원에 대하여 이 사건 소장 부본 송달일 다음 날부터 다 갚는 날까지 연 12%의 비율로 계산한 돈을 지급하라.
⑤ 피고들은 원고에게 10,000,000원을 지급하라.
⑥ 피고는 원고에게 10,000,000원과 이에 대하여 2024. 1. 1.부터 2024. 12. 31.까지는 연 10%의, 그다음 날부터 이 사건 소장 부본 송달일까지는 연 5%의, 그다음 날부터 다 갚는 날까지는 연 12%의 각 비율로 계산한 돈을 지급하라.

위 ①은 피고가 이행하여야 할 상대방, 즉 "원고에게"가 누락되어 있어서 부적절하다.

위 ②는 강제집행 자체에는 지장이 없으나, 돈의 성격을 "매매대금"이라고 적은 부분은 불필요하기 때문에 부적절하다. 청구취지에는 오로지 판결의 주문으로 구하는 것만 적어야 하고, 불필요한 군더더기를 기재해서는 안 된다는 점에 유의해야 한다.

위 ③은 연 12%로 계산해야 할 종기의 기재가 없기 때문에 강제집행 금액을 특정할 수 없어서 부적절하다.

위 ④는 그 자체로 잘못된 것은 아니나, 이는 10,000,000원의 원본은 청구하지 아니한 채 이에 대한 지연손해금만 청구하는 뜻으로 이해되므로, 그 진의가 원본의 지급도 구하는 것이라면 잘못된 기재가 된다. 이때에는 "10,000,000원에 대하여"를 "10,000,000원과 이에 대하여"로 수정해야 한다. 청구취지는 한 글자의 누락으로도 큰 차이가 발생할 수 있으므로 오해가 발생하지 않도록 물샐 틈 없이 철저하게 작성해야 함을 주의하자.

위 ⑤에서 여러 명의 피고들을 상대로 1,000만 원을 피고의 수로 분할한 금액만큼을 각각 청구하는 경우라면 그 청구취지의 기재에 잘못이 없으나, 피고들이 연대채무자 또는 부진정연대채무자들로서 피고들을 상대로 총액 1,000만 원을 중첩적으로 청구하는 것이라면 위 ⑤는 "연대하여", "공동하여"를 누락한 잘못이 있게 된다. 여러 명을 상대로 소를 제기할 경우에는 중첩관계의 표시를 누락하지 않도록 유의하여야 한다.

위 ⑥은 위법한 것은 아니지만, 원고가 피고와 이자율을 연 10%로 약정한 경우임에도 변제기 이후의 지연손해금을 약정이율보다 낮은 법정이율을 적용하여 청구하는 것이라면 원고에게 불리한 내용이므로 부적절하다.[18] 따라서 ⑥은 민법 제397조 제1항 단서에 따라 지연손해금에 대

18 대법원 2017. 9. 26. 선고 2017다22407 판결 등 참조

한 비율도 약정이자에 대한 비율을 적용하여 "피고는 원고에게 10,000,000원과 이에 대하여 2024. 1. 1.부터 이 사건 소장 부본 송달일까지는 연 10%의, 그다음 날부터 다 갚는 날까지는 연 12%의 각 비율로 계산한 돈을 지급하라."라고 기재하는 것이 바람직하다.

2) 인도 등 특정행위의 청구

물건의 인도와 같이 특정행위의 이행을 청구하는 경우를 보자. 인도와 같은 대체적 작위의 무의 경우는 강제집행이 가능하므로[19] 강제집행에 장애가 발생하지 않도록 집행 대상물과 이에 대한 행위 내용을 정확하게 특정하는 것이 필요하다.

① 피고는 원고에게 서울 강남구 삼성동 101(선릉로50길 1) 지상 목조 슬레이트지붕 단층 주택 300m²[등기기록상 표시 : 같은 동 101(선릉로50길 1) 지상 목조 기와지붕 단층 주택 250m²]를 인도하라.

② 피고는 원고에게 별지 자동차의 표시 기재 자동차를 인도하라.

자동차의 표시

자동차등록번호 30쿠3030
차종 승용차
용도 자가용
차명 쏘렌타
형식 및 연식 4853A－12 2015
차대번호 KMASFDRE343FE
원동기형식 G4FC

---

19 민법 제389조 제2항 후단

③ 피고는 원고에게 과천시 중앙동 1(관문로 47) 지상 별지 도면 표시 창고 40m²를 철거하라.

도 면

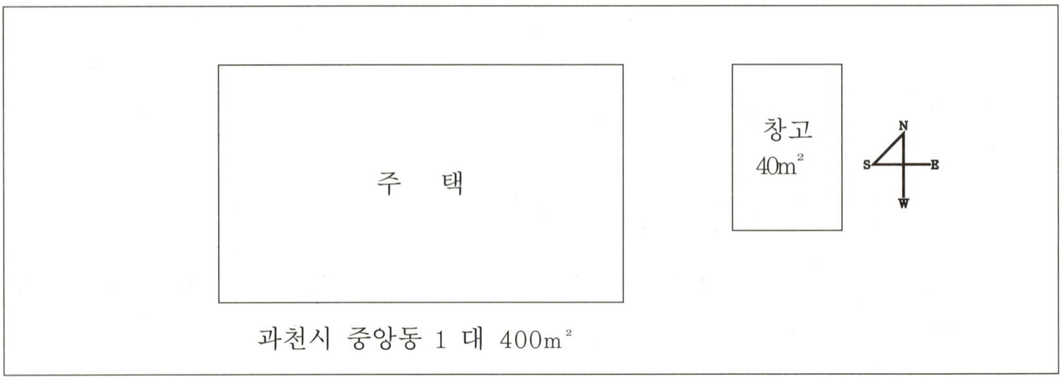

위 ①은 실무상 자주 있는 부동산에 대한 인도를 구하는 청구취지이다. 의무자와 권리자, 집행 대상물과 행위를 특정하면 된다.[20] 주의해야 할 점은 등기부상 표시와 실제 현황이 서로 다른 경우 실제 현황을 중심으로 적어야 한다는 것이다.[21] 집행관은 실제 부동산에 임하여 그 현황을 기준으로 강제집행 업무를 수행할 것이기 때문이다.

위 ②는 자동차의 인도를 구하는 청구취지이다. 자동차등록증에 기재된 주요사항을 활용하여 집행대상인 자동차를 특정했다.[22]

위 ③은 건물의 철거를 구하는 청구취지이다. 도면을 활용하여 강제집행 대상을 정확하게 특정했다.

3) 의사의 진술을 구하는 청구

의사의 진술을 명한 판결이 확정된 때에는 그 판결로 권리관계의 성립을 인낙하거나 의사를 진술한 것으로 본다(민사집행법 제263조). 따라서 상대방의 의무가 특정한 의사를 진술하는 것일 경우에는 달리 강제집행절차가 있는 것이 아니고 의사의 진술을 명한 판결이 확정되면 당사자가 그 주문에 기재된 의사를 진술한 것으로 의제된다. 따라서 원고의 필요에 따라 상대방이 해야 할 의사의 진술 내용을 정확하게 청구취지에 특정해야 한다.

---

20 통상 토지의 경우 "지번"으로 특정하고, 건물의 경우는 지번+"지상"+구조, 층수, 용도, 면적으로 특정한다.

21 민사판결서 작성론[주문편] 77쪽

22 민사재판실무 89쪽

① 피고는 김삼순(주소 : 서울 서초구 방배로 32)에게 2022. 3. 1. 피고와 김삼순 사이에 체결된 임대차계약에 따른 피고의 김삼순에 대한 임대차보증금반환채권 중 1,000만 원이 2023. 5. 1. 원고에게 양도되었음을 통지하라.

② 피고는 원고에게 강원 평창군 평창읍 1 전 100m²에 관하여 2024. 5. 1. 매매를 원인으로 한 소유권이전등기절차를 이행하라.

③ 피고는 원고에게 강원 평창군 평창읍 1 전 100m²에 관하여 춘천지방법원 평창등기소 2022. 10. 1. 접수 제21345호로 마친 소유권이전등기의 말소등기절차를 이행하라.

위 ①은 피고가 원고에게 임대차보증금 반환채권 중 일부를 양도하였으나 그 양도통지의무를 해태하고 있어서 피고로 하여금 채권양도를 통지할 것을 구하는 청구취지이다. 상대방이 해야 할 의사표시의 내용을 그 필요에 따라 적절히 표현해 주면 된다.[23]

위 ②는 매매에 기한 소유권이전등기절차에 관한 의사표시를 구하는 청구취지이다. 여기서 단순히 "~등기절차를 이행하라."라고 표시하여 마치 특정 행위에 대한 청구인 것처럼 보이나, 그 성격은 의사진술을 구하는 청구취지의 일종임에 주의하여야 한다. 부동산등기법은 원칙적으로 등기를 등기권리자와 등기의무자가 공동으로 신청하도록 규정하고 있어서(부동산등기법 제23조 제1항), 부동산에 관하여 매매계약을 체결하고 그에 따라 소유권이전등기를 하려면 매매계약과는 별도로, 매도인이 매수인에게 해당 부동산에 관하여 매매에 따른 소유권이전등기를 신청하겠다는 의사가 필요하다. 매매계약을 체결하였음에도 매도인이 소유권이전등기에 관한 신청의사를 표명하지 않는다면, 위와 같은 청구취지의 소를 제기하여 그 승소판결을 받아 그것이 확정되면 매도인의 소유권이전등기에 관한 신청의사가 있는 것으로 의제된다.[24] 그러면 매수인(등기권리자)은 자신의 신청의사와, 위 판결로 간주된 매도인(등기의무자)의 신청의사를 모두 갖추게 되어 관할 등기소를 통하여 소유권이전등기를 마칠 수 있게 된다.

이 경우 구체적인 청구취지의 내용은 등기사항이 무엇인지에 따라 정해진다. 그러한 등기사항에 대한 등기의무자의 신청의사를 대신하는 것이기 때문이다. 신청의사에는 각종 등기에 관하여 부동산등기법에서 요구하는 내용이 포함되어야 한다. 예를 들어 소유권이전등기에 관하여는 부동산등기법 제48조 제1항에 따라 순위번호, 등기목적, 접수연월일 및 접수번호, 등기원인 및 그 연월일, 권리자를 기재해야 한다. 이때 순위번호나 접수연월일 및 접수번호는 등기신청시에 그 절차에 따라 정해지는 것이므로 매도인의 등기 신청의사에 포함될 필요는 없고,

23 단, 위 판결은 피고의 의사표시만 의제하므로, 실제로 그 확정판결을 해당 채무자에게 보내 주어 도달케 하여야 통지의 효과가 발생한다.

24 따라서 이에 기해서 등기소를 통하여 등기를 실행하는 것은 엄밀한 의미에서 강제집행에 해당된다고 볼 수 없다.

나머지 **등기목적**(가령, 소유권이전), **등기원인 및 그 연월일**(가령, 2024. 5. 1. 매매), **권리자**가 등기의 신청의사에 포함되어야 한다. 따라서 이전등기를 구하는 청구취지에는 이 세 가지가 포함되어야 하고, 이들 중 하나라도 누락되면 승소판결을 받고도 등기를 할 수 없는 경우가 발생할 수 있다.

위 ③과 같이 이미 마쳐진 소유권이전등기를 말소할 것을 구하는 청구취지의 경우, 원칙적으로 말소되는 등기만 특정하면 되고 이전등기의 경우와 같이 말소하게 된 원인을 적을 필요는 없다. 부동산등기법 제57조에 의하면, 해당 등기의 등기명의인 등 이해관계인의 승낙이 있으면 그 등기를 말소할 수 있기 때문이다. 통상 말소되는 대상 등기는 해당 **등기소명칭**, 등기의 **접수일자와 접수번호**, **등기목적**(가령, 춘천지방법원 평창등기소 2022. 10. 1. 접수 제21345호로 마친 소유권이전등기)으로 특정된다.

그렇다면 전세권설정계약에 따라 전세권의 등기를 구하는 청구취지는 어떻게 써야 할까? 부동산등기법 관련 규정을 살펴보아야 답을 알 수 있다. 부동산등기법 제72조 제1항에 따르면, 소유권이전등기의 경우와 같은 위 사항, 즉 등기목적, 등기원인 및 그 연월일, 권리자 이외에 전세금(또는 전전세금), 범위, 존속기간, 위약금 또는 배상금, 민법 제306조 단서의 약정, 전세권설정이나 전전세의 범위가 부동산의 일부인 경우에는 그 부분을 표시한 도면의 번호를 기록하도록 하고 있다.[25] 따라서 전세권의 등기를 구하는 청구취지에는 위 사항이 잘 포함될 수 있도록 하면 된다.

다. 확인의 소

확인의 소는 확인을 구하는 법률관계를 특정하고, 이에 대해서 확인을 구하는 취지를 명시하면 된다.

① 원고의 피고에 대한 2022. 5. 1. 소비대차계약에 기한 원금 10,000,000원과 이에 대한 이자 및 지연손해금채무는 존재하지 아니함을 확인한다.

② 원고의 피고에 대한 2022. 5. 1. 소비대차계약에 기한 채무는 1,000만 원을 초과하여서는 존재하지 아니함을 확인한다.

③ 이순규(주소 : 서울 관악구 봉천로 12)가 피고의 대표자 지위에 있지 아니함을 확인한다.

④ 강원 평창군 평창읍 1 전 100m²가 원고의 소유임을 확인한다.

25 위 사항 중 전세금, 범위 및 전세권설정이나 전전세의 범위가 부동산의 일부인 경우에는 그 부분을 표시한 도면의 번호를 제외한 나머지 사항은 약정이 있는 경우에 한한다(부동산등기법 제72조 제1항 단서).

위 ①은 통상적인 채무 부존재 확인을 구하는 청구취지이다. 부존재의 확인을 구하는 채무를 당사자와 차용일자, 채무내용으로 특정하였다. 그 밖의 법률관계도 통상적으로 당사자와 행위일자, 행위내용으로 특정하는 것이 보통이다.

위 ②는 원고가 2022. 5. 1. 피고로부터 5,000만 원을 빌렸다가 4,000만 원을 갚아서 현재 채무가 1,000만 원밖에 안 남았음에도, 피고가 여전히 5,000만 원의 채무가 남아 있다고 주장하는 경우에, 원고가 변제로 소멸한 4,000만 원 부분의 채무가 부존재함을 확인받고자 하는 청구취지이다. 상식적으로 생각하면 부존재하는 4,000만 원을 청구취지에 명시하여 "피고의 원고에 대한 2022. 5. 1. 소비대차계약에 기한 4,000만 원의 채무는 존재하지 아니함을 확인한다."고 적고 싶을 수도 있으나, 이와 같은 표현은 위 소비대차로 4,000만 원을 빌렸는데 전부 다 갚아서 현재 위 채무가 모두 소멸하였다는 주장으로 읽힐 수 있기 때문에 엄밀하지 못한 표현이 된다. 따라서 어색해 보일 수는 있으나 위 ②와 같이 표현하는 것이 정확하므로 이를 잘 익혀 두어야 한다.

위 ③은 단체를 상대로 특정인이 그 대표자 지위에 있지 아니함의 확인을 구하는 청구취지이다. 이 경우도 그 확인을 구하는 특정인과 확인을 구하는 내용을 명시하면 된다. 앞서 설명한 바와 같이 위 소는 단체를 피고로 삼아야 하고, 그 특정인을 피고로 삼아서는 확인의 이익이 인정되지 않는다.

위 ④는 소유권의 확인을 구하는 청구취지이다. 공동소송이어서 확인을 구하는 당사자가 구별되어야 하는 경우라면, 그 앞에 "원고 김갑동과 피고 이을남 사이에"와 같이 확인을 구하는 당사자를 추가하여 주면 된다.

라. 형성의 소

형성소송의 경우 바꾸고자 하는 대상인 법률행위와 변경을 구하는 취지를 정확하게 명시하면 된다.

① A와 피고 B 사이에 강원 평창군 평창읍 1 전 100m²에 관하여 2025. 6. 2. 체결된 증여계약을 취소한다.

② 피고의 2025. 7. 1. 주주총회에서 김윤상을 대표이사로 선임한 결의를 취소한다.

위 ①은 앞서 예로 든 사해행위 취소의 경우를 청구취지로 표현한 것이다. 취소할 사해행위에 해당하는 증여계약을 당사자와 행위일자, 대상물로 특정한 다음 이를 '취소한다.'라고 적으면 된다.[26] 형성의 소는 법원에 법률관계를 변경할 권한을 부여한 것이므로, 취소의 주체는

26 사해행위 취소의 소는 그 취소를 구하는 형성의 소와 그 재판에 따른 형성의 결과 원상회복을 구하는 이행의 소가 복합적으

법원이다. 따라서 "~를 취소한다."라고 적어야 하고, "피고는 ~를 취소하라."라고 적지 않는다는 점에 주의할 필요가 있다.

위 ②는 상법 제376조에 따라 주주총회 결의 취소를 구하는 청구취지이다. 마찬가지로 취소대상인 결의를 일자와 결의안을 명시하는 방법으로 특정하였다. 결의가 길거나 여러 개인 경우에는 별지를 활용하는 것이 좋다. 즉, 청구취지에 "피고의 별지 목록 기재 각 결의를 모두 취소한다."라고 적고, 별지에 해당 결의를 특정하여 기재하면 된다.

마. 대위청구

앞서 언급한 바와 같이 민법 제404조에 의하면, 채권자는 자기의 채권을 보전하기 위해서 채무자의 권리를 행사할 수 있다. 이에 따라 채권자는 필요한 경우 채무자의 권리를 행사하기 위하여 채권자대위의 소를 제기할 수 있고, 이때 원고는 채권자가 되고 피고는 피대위채권의 채무자, 즉 제3채무자가 된다고 설명하였다. 원칙적으로 보전의 필요성이 인정되고, 그 권리가 채무자에게 전속적인 것이 아닌 한, 대위되는 권리에 특별한 제한이 없기 때문에 앞서 설명한 다양한 청구취지를 채권자대위권의 행사로써 제기할 수도 있다.

① 피고 C는 **소외 B(주민등록번호 : 860921－1928345, 주소 : 용인시 수지구 죽전로 30)에게** 강원 평창군 평창읍 1 전 100m²에 관하여 춘천지방법원 평창등기소 2022. 10. 1. 접수 제21345호로 마친 소유권이전등기의 말소등기절차를 이행하라.

② 1. 피고 C는 피고 B에게 강원 평창군 평창읍 1 전 100m²에 관하여 2024. 5. 1. 매매를 원인으로 한 소유권이전등기절차를 이행하라.

2. 피고 B는 원고 A에게 제1항 기재 토지에 관하여 2024. 6. 1. 매매를 원인으로 한 소유권이전등기절차를 이행하라.

③ 피고는 **원고에게** 10,000,000원을 지급하라.

A가 B로부터 X토지를 매수하고 대금을 전부 지급하였는데, 그에 따른 소유권이전등기를 마

로 결합되어 있다. 따라서 사해행위 취소를 구하고 그 원상회복을 위해서는, "2. 피고 B는 A에게 제1항 기재 토지에 관하여 춘천지방법원 평창등기소 2025. 6. 8. 접수 제1234호로 마쳐진 소유권이전등기의 말소등기절차를 이행하라."와 같은 이행의 소의 청구취지를 추가할 필요가 있다. 만일 종전에 존재했던 근저당권이 사해행위 이후에 말소되어 소유권이전등기의 전부 말소가 불능한 경우에는 일부 취소와 가액배상을 구하는 청구취지를 적어야 하는데(대법원 2002. 4. 12. 선고 2000다63912 판결, 대법원 2001. 9. 4. 선고 2000다66416 판결 등), 이때에는 가액배상의 범위 내에서 취소를 구하여야 하고, 해당 가액의 지급과 취소를 명한 판결의 확정일 다음 날부터 계산한 지연손해금의 지급을 청구할 수 있다. 이 경우 청구취지는 "1. A와 피고 B 사이에 강원 평창군 평창읍 1 전 100m²에 관하여 2025. 6. 2. 체결된 증여계약을 10,000,000원의 한도 내에서 취소한다. 2. 피고 B는 원고에게 10,000,000원과 이에 대하여 이 판결 확정일 다음 날부터 다 갚는 날까지 연 5%의 비율로 계산한 돈을 지급하라."가 된다.

치기 전에 C가 매매계약서 등을 위조하여 X토지에 관하여 C 앞으로 소유권이전등기를 마쳤다고 해 보자. 원칙적으로는 B가 C를 상대로 C 앞으로 마쳐진 소유권이전등기의 말소를 청구하고, A는 B를 상대로 매매를 원인으로 한 소유권이전등기를 청구하여야 할 것이다. 그런데 B가 C 앞으로 마쳐진 소유권이전등기의 말소를 청구하지 않는 경우가 있을 수 있다. 이럴 경우 A는 B를 대위하여 직접 C를 상대로 C 앞으로 마쳐진 소유권이전등기의 말소를 청구할 수 있다.

위 ①은 채권자대위권을 행사하여 원고 A가 피고 C를 상대로 위조된 매매계약서 등을 원인으로 마쳐진 소유권이전등기의 말소를 청구하는 청구취지다. 여기서 실무상 채무자의 표시 앞에 '소외'라고 써 주기도 하는데 이는 채무자가 이 사건의 당사자가 아니라는 뜻이다(다만 '소외'의 표시가 필수적인 것은 아니다).

다만, 부동산등기법 제48조 제2항에 의하면, 등기관이 등기부에 권리자에 관한 사항을 기록할 때에는 권리자의 성명, 주민등록번호, 주소를 함께 기록하여야 하고, 부동산등기규칙 제46조 제1항 제6호에 의하면, 등기신청을 하는 경우 등기권리자의 주소 및 주민등록번호를 증명하는 정보를 등기소에 제공하여야 하므로, 소송의 당사자 아닌 자가 등기권리자가 되는 위와 같은 대위청구의 경우에는 판결문에 등기권리자의 성명, 주민등록번호, 주소가 표시되어야 판결에 따른 등기를 신청할 수 있다. 따라서 청구취지에 등기권리자인 채무자의 성명, 주민등록번호, 주소를 적을 필요가 있다.

위 ②는 채권자대위권을 행사하여 채무자 B를 대위하여 C를 상대로 매매를 원인으로 한 소유권이전등기의 청구와 채무자 B를 상대로 매매를 원인으로 한 소유권이전등기의 청구를 병합하여 소를 제기하는 경우이다. 이때 C에 관한 청구취지 제1항은 채권자대위청구이고, B에 관한 청구취지 제2항은 채권자대위청구가 아니다.

채권자대위의 소에서 채권자의 채무자에 대한 권리, 즉 피보전채권은 채권자의 자격에 관한 문제에 불과하고, 위 소의 소송물은 채무자의 제3채무자에 대한 권리, 즉 피대위채권이다. 채권자대위의 소는 기본적으로 피대위채권의 실현을 목적으로 하므로, 피고인 제3채무자에 대한 의무이행의 상대방은 위 ①과 같이 피대위채권의 채권자, 즉 피보전채권의 채무자로 표시하는 것이 원칙이다. 당사자가 아님에도 청구취지에 그 표시가 필요한 경우이다.

단, 채권자가 자기의 금전채권을 보전하기 위하여 채무자의 금전채권을 대위행사하는 경우 제3채무자로 하여금 채무자에게 지급의무를 이행하도록 청구할 수도 있지만, 직접 대위채권자 자신에게 이행하도록 청구할 수도 있다.[27] 이처럼 대위채권자가 채무자의 제3채무자에 대한 금전채권을 직접 자신에게 이행하도록 청구하는 경우 청구취지는 위 ③과 같게 된다. 그 결과

27 대법원 2016. 8. 29. 선고 2015다236547 판결

당사자 표시와 청구취지만으로는 그 소가 채권자대위권에 기한 것인지 알기 어렵고, 청구원인까지 살펴보아야 비로소 채권자대위권의 행사로 인한 것이라는 점을 알 수 있다.

바. 소송비용 부담

소송비용은 패소자가 부담하는 것이 원칙이고(법 제98조), 법원은 판결을 선고할 때 직권으로 소송비용 부담에 관한 재판을 하여야 하나(법 제104조), 법원에 주의를 환기시키기 위해 실무상 청구취지에 이를 적고 있다. 원고는 승소판결을 구하는 것이므로, 단순히 "소송비용은 피고가[28] 부담한다."라고만 적으면 충분하다.

사. 가집행의 선고

재산권의 청구에 관한 판결은 가집행의 선고를 붙이지 아니할 상당한 이유가 없는 한 직권으로 담보를 제공하거나, 제공하지 아니하고 가집행을 할 수 있다는 것을 선고하여야 한다(법 제213조 제1항 본문). 이때 법원은 직권으로 가집행 선고를 하는 것이지만, 법원의 주의를 환기시키기 위해서 가집행 선고가 가능한 경우에는 청구취지에 가집행할 수 있다는 취지를 적는다. 원래 판결에 따른 강제집행은 그 판결이 확정되어야 가능한 것이나, 이와 같이 가집행할 수 있다는 취지의 주문이 포함된 판결이 선고되면, 그 판결의 확정 전이라도 강제집행으로 나아갈 수 있게 된다.[29]

그러나 신분권과 같이 재산권의 청구에 해당하지 아니하거나, 강제집행을 전제로 하지 아니하는 확인의 소 등과 같은 경우에는 판결이 확정되더라도 집행력이 발생하지는 않으므로 가집행을 선고할 수 없다. 또한 확정이 되어야 비로소 효과가 발생하는 의사진술을 명하는 판결(소유권이전등기절차의 이행을 명하는 판결 등)이나 사해행위 취소 등과 같은 형성의 소에 관한 판결에는 원칙적으로 가집행을 선고할 여지가 없다.[30] 따라서 이러한 경우에는 청구취지에 가집행할 수 있다는 기재를 해서는 안 된다.[31]

28 피고가 여러 명이라면 "소송비용은 피고들이 부담한다."가 될 것이다.

29 민사집행법 제24조

30 가집행선고에 관한 보다 자세한 설명은 민사재판실무 153~159쪽 참조

31 [그림5] 반소장에서 소유권이전등기절차의 이행을 구하는 청구취지에는 가집행할 수 있다는 기재가 없음에 유의하라.

5. 청구원인

청구취지가 권리나 의무의 선언이라면 청구원인은 이를 정당하게 할 이유이다. 즉, 청구취지와 같은 권리나 의무가 발생해야 함을 설득력 있게 논증하는 영역이 청구원인이다. 그러면 어떠한 논리적 과정을 통해서 권리나 의무가 발생하는지를 보자.

기본적으로 민사법적 논증은 3단논법을 전제로 한다. 추상적 **법리**에 구체적인 **사실**관계를 적용하여 결론을 내리면 구체적인 권리 또는 의무가 발생하거나 권리나 의무의 발생이 저지되는 등의 구체적인 **법률효과**가 발생하는 것이다. 따라서 청구원인에서는 ① 청구취지와 같은 법률효과가 발생하기에 충분한 **법리**와 ② 이러한 법리의 법률요건에 해당하기에 충분한 구체적인 **사실**, 그리고 ③ 법리에 사실관계를 적용하여 그 **법률효과**로 발생한 구체적인 권리나 의무를 명시해야 한다. 그래야 법원이 이를 심사하여 청구취지와 같은 주문의 판결을 선고할 수 있게 된다.

구체적인 청구원인의 내용은 어떤 청구취지를 주장하는가에 따라 매번 달라지므로, 이에 관해서 일률적으로 설명하기는 어렵다. 실제로는 민사법 각 영역의 법률요건과 법률효과에 관한 개별적인 학습과 연구에 의하여 결정될 것이다. 다만 이 책에서는 아래와 같은 사례를 예로 삼아 '청구원인'의 기본적인 작성원리를 제시하고자 한다.

> 의뢰인 A와 상대방 B는 평소 서로 농사를 도와주면서 이웃집에 살고 있었다. B가 건강이 나빠져서 농사를 더는 지을 수 없게 되자 B는 A에게 자신이 소유하던 X토지를 매수해 줄 것을 권유하였고, 이에 따라 A와 B는 2024. 3. 1. X토지에 관하여 매매계약을 체결하였다. 당시에 매매대금은 1억 원으로 정했고, 계약금 1,000만 원은 위 계약일에 지급하였으며, 중도금은 없이 잔금 9,000만 원은 2024. 4. 1. 지급하기로 하였다. 위 매매계약에서 당사자 중 일방이 계약을 위반하면 상대방에 대하여 계약금 상당액을 지급하기로 하였고, 소유권이전등기는 잔금을 지급받음과 동시에 이행하기로 약정하였다. A가 잔금기일에 나머지 9,000만 원을 전부 지급하였으나, 상대방 B는 그 배우자가 매매에 반대한다면서 소유권이전등기의무의 이행을 차일피일 미루었다. A는 2024. 5. 1. B에게 2024. 5. 10.까지 이전등기에 필요한 서류를 제공해 달라는 뜻이 담긴 내용증명을 보냈다. 그럼에도 B는 지금까지 소유권을 이전해 주지 않고 있다.

가. 법리

기본적으로 법원은 법을 알고 있다고 여겨지므로, 통상적이고 평이한 법리의 경우는 이를 적을 필요가 없다. 가령 매매나 소비대차 같은 경우, 매매계약이 성립되면 매매대금을 지급할 의무가 있다거나, 돈을 빌려주었으면 갚아야 한다는 법리까지 적을 필요는 없다.

그러나 상법 제376조에서 정하는 주주총회 결의 취소의 소의 경우와 같이, 법률이 그 요건과 절차, 효과를 특별히 정하고 있고, 원고의 청구가 이에 해당함을 주장하는 경우라면, 이에 관한 법리를 법원에 상기시키기 위해서 적어 줄 필요가 있다.

나아가 관련된 법률 문언에 다양한 해석 가능성이 있고, 그것에 관해서 원고에게 유리한 해석이 채택되어 적용될 필요가 있는 경우라면, 원고가 그와 같은 해석을 하게 된 논거부터 시작하여 그와 같이 해석해야 하는 이유를 자세히 논증하여 적시할 필요가 있을 것이다. 결국 어느 정도로 적을 것인가의 문제는 일률적으로 말하기 어렵고 다양한 경험과 학습을 통해서 익혀 나갈 수밖에 없겠다.

위 사안에서 원고가 단순히 매매계약에 따른 소유권이전등기절차의 이행을 청구한다고 하면, 달리 이에 관해 법리[32]를 적을 필요는 없다. 그러나 위 사안에서 원고가 매매계약을 해제하고 원상회복으로 지급된 매매대금의 반환을 구한다면, 매매계약의 해제에 관한 법리와 해제 시 원상회복의 범위에 관한 법리를 적어 주는 것이 일반적인 실무례이다. 원고가 더 나아가 계약금 상당액의 손해배상을 청구하고자 한다면, 손해배상액의 예정에 관한 법리도 적어야 할 것이다. 즉, 이 경우에는,

"당사자 일방이 그 채무를 이행하지 아니하는 때에는 상대방은 상당한 기간을 정하여 그 이행을 최고하고 그 기간 내에 이행하지 아니한 때에는 계약을 해제할 수 있습니다(민법 제544조 본문). 계약이 해제되면 각 당사자는 상대방에 대하여 원상회복의무가 있고(민법 제548조 제1항 본문), 이때 반환할 금전에는 그 받은 날로부터 이자를 가산하여야 합니다(민법 제548조 제2항). 또한 당사자는 채무불이행에 관한 손해배상액을 예정할 수 있고(민법 제398조 제1항), 위약금의 약정은 손해배상액의 예정으로 추정됩니다(민법 제398조 제4항)."

정도로 적을 수 있겠다.

나. 사실

사실관계는 청구원인 중 가장 핵심적인 영역이라고 해도 과언이 아니다. 법원은 원고가 주장하는 사실을 전혀 알지 못하기 때문이다.[33] 사실관계에 관하여는 앞서 적시한 법리를 적용하여 청구취지와 같은 법률효과가 발생하기에 필요하고도 충분한 정도로 그 요건사실을 밝혀야 한다.

32 부동산에 관하여 매매계약이 체결되면 소유권이전등기를 마쳐 주어야 한다.

33 간혹 기록형 시험에서 소장을 쓰라는 문제에 대하여, 사례형이나 논술형 답안과 같이, 사실관계에 관한 언급 없이 쟁점을 밝히고 법리만 적은 답안이 제출되는 경우가 있다. 위와 같은 본문의 내용을 고려해 본다면, 이 같은 답안에 소장으로서의 가치가 있다고 보기 어렵다.

따라서 당사자로부터 수집한 사실을 전부 그대로 나열하는 것은 바람직하지 못하다. 주장의 요지가 흐려질 수도 있을 뿐만 아니라, 필요한 사실이 누락될 수도 있으며, 의뢰인에게 불리한 사실을 자백하는 것이 될 수도 있기 때문이다. 청구취지와 같은 효과가 발생하기에 필요하고도 충분한 사실만을 추려서 기재하고, 불필요한 사실은 적지 않는 연습이 필요하다.

사실관계는 주체, 일시, 상대방, 목적물, 행위의 순서로 적는 것이 좋고, 되도록 권리자를 주어로 적는 것이 자연스럽다.

위 사례에 관하여 보면, 어떤 청구취지를 삼아 소를 제기하느냐에 따라 청구원인에 적어야 할 사실이 달라진다. 만일 A가 B를 상대로 소유권이전등기절차의 이행을 청구한다면, 다음과 같다.

"원고는 2024. 3. 1. 피고로부터 X토지를 대금 1억 원에 매수하였습니다."

이때 피고가 X토지 소유자라거나[34] 계약금이나 잔금일, 그 밖에 위약금을 정했다거나 피고가 소유권이전등기의무를 이행하지 않는다는 등의 사실은 언급할 필요가 없다. 이러한 사실은 상대방의 위와 같은 의무가 발생함에 있어 필수적인 것이 아니기 때문이다.[35]

만일 매매계약을 해제하고 매매대금의 반환과 계약금 상당의 손해배상을 청구한다면 그 청구원인은 다음과 같다.

"원고는 2024. 3. 1. 피고로부터 X토지를 대금 1억 원으로 하되 계약금 1,000만 원은 계약일에 지급하고, 잔금 9,000만 원은 2024. 4. 1.에 지급하기로 정하여 매수하였습니다. 위 매매 당시 일방이 계약을 위반하면 상대방에게 계약금 상당액을 지급하기로 약정하였습니다. 피고는 원고로부터 계약일에 계약금을, 잔금일에 잔금을 전부 지급받았음에도[36] X토지에 관하여 소유권이전등기의무를 이행하지 않았습니다.[37] 원고는 2024. 5. 1. 피고에게 위 의무를 2024. 5. 10.까지 이행할 것을 최고하였으나 피고는 현재까지도 그 의무를 이행하지 아니하고 있습니다. 이에 원고는 이 사건 소장 부본의 송달로써 위 매매계약을 해제하고자 합니다."

단순히 소유권이전을 청구하는 경우와 달리 위와 같이 매매계약의 해제를 주장한다면, 매매계약의 체결, 상대방의 채무불이행 및 동시이행관계에 있는 반대채무의 이행 또는 이행제공, 상대방에 대한 상당한 기간을 정한 채무이행의 최고, 그럼에도 상대방의 상당한 기간 내의 채

34 타인 소유의 매매 역시 유효하기 때문에 토지 소유자 여부는 요건사실에 해당하지 않는다.

35 민사재판실무 326쪽

36 이 경우 상대방의 소유권이전등기의무는 원고의 잔금 지급의무와 동시이행 관계에 있으므로, 원고가 잔금을 지급함으로써 동시이행항변권이 소멸되었음을 밝혀야 상대방의 소유권이전등기의무 불이행이 위법하게 되어 상대방의 위법한 채무불이행이라는 해제의 요건이 충족될 수 있다.

37 통상적으로 상대방의 채무불이행사실 자체는 요건사실로 등장하는 경우가 매우 드물다. 그러나 이 사안처럼 해제를 주장하는 경우에는 상대방의 채무불이행사실이 해제의 요건사실 중 하나를 구성하므로 이를 적어야 한다.

무불이행, 해제 의사표시의 도달이 모두 필수적인 요건사실이 된다.[38] 이처럼 매매계약을 해제하려면 해제의 의사표시를 하여야 하는데, 위 사례에서 A가 해제 의사표시를 한 점이 드러나 있지 않다. 따라서 소장 부본의 송달을 통하여 해제 의사표시를 한다는 점 역시 소장에 기재할 필요가 있다.

다. 결론(법률효과)

결론 부분에서는 사실을 법률요건에 적용하여 그에 따른 법률효과가 발생하는 모습을 보여 주어야 한다. 앞서 적시한 법리 및 사실과 중복되는 듯이 보일 수도 있으나, 법률효과가 발생하는 구체적인 과정을 보여 주어야 하므로 이를 적는 것이 필요하다.

원고의 청구를 인용하는 경우의 법률효과의 결론 부분은 청구취지의 내용과 유사할 수밖에 없다. 다만 이 부분은 청구를 이유있게 하는 원인을 설명하는 부분이므로, 무색투명하게 기재되어야 하는 청구취지와는 다르게 해당 급부의 법적 성질을 가능한 상세히 적어주어야 한다.

우선, 이행의 소의 예를 살펴보자. 위 사례에서 원고가 소유권이전등기절차의 이행을 청구하는 경우라면, 단순히 "따라서 피고는 원고에게 위 매매계약에 따른 소유권이전등기절차를 이행할 의무가 있습니다."라고 적어 주면 충분하다.[39]

그러나 위 사안에서 해제를 주장하여 대금 상당액의 반환과 계약위반으로 인한 계약금 상당액의 손해배상을 청구한다면, 다음과 같이 적는다.

"따라서 위 매매계약은 위 해제의 의사표시로써 적법하게 해제되었으므로, 피고는 원고에게, **원고로부터 지급받은 매매대금** 1억 원과 그중 **계약금** 1,000만 원에 대해서는 **이를 받은 날인** 2024. 3. 1.부터, 잔금 9,000만 원에 대해서는 **이를 받은 날인** 2024. 4. 1.부터 각 이 사건 소장 부본의 송달일까지는 **민법이 정한** 연 5%의 비율로 계산한 **법정이자**를, 그다음 날부터 다 갚는 날까지는 **소송촉진 등에 관한 특례법이 정한** 연 12%의 비율로 계산한 **지연손해금**을 각 지급할 의무가 있습니다.

또한, 피고는 위와 같이 채무를 불이행하였고, 원고와 피고가 위 매매계약에서 정한 계약금 상당액의 위약금에 관한 약정은 손해배상액의 예정으로 추정되므로, 피고는 원고에게 **계약 위반으로 인한 손해배상금** 1,000만 원과 이에 대하여 **원고가 그 이행을 최고하는** 이 사건 소장 부본의 송달일 다음 날부터[40] 다 갚는 날까지 **소송촉진 등에 관한 특례법이 정한** 연 12%의 비

38 보다 자세한 설명은 민사재판실무 327~330쪽 참조

39 이 경우 청구취지는 "피고는 원고에게 X토지에 관하여 2024. 3. 1. 매매를 원인으로 한 소유권이전등기절차를 이행하라."가 될 것이다.

40 위약금 1,000만 원에 대해서는 변제기의 정함이 없으므로 피고는 이행청구를 받은 그다음 날부터 지체책임이 있다(민법 제

율로 계산한 **지연손해금**을 지급할 의무가 있습니다."[41]

여기에서 각 굵은 글씨로 표시한 부분이 상세히 적어주어야 하는 법적 성질에 해당한다.

다음으로, 일정한 권리 또는 법률관계의 존부의 확인을 구하는 확인의 소나, 법률관계의 형성을 구하는 형성의 소에서는 "원고는 별지 목록 기재 부동산에 관한 법정지상권을 가지고 있습니다." 또는 "원고와 피고 사이의 0000. 00. 00.자 금전소비대차계약에 기초한 원고의 채무는 존재하지 않는다고 할 것입니다.", "피고와 A 사이의 0000. 00. 00.자 매매계약은 사해행위로서 취소되어야 합니다."와 같이 법률효과를 기재한다.

사실을 적을 때는 권리자를 주어로 쓰는 것이 바람직한 반면, 결론 부분에서는 상대방에게 어떤 의무가 있음을 선언하는 것이므로, 여기서는 의무자를 주어로 적는 것이 바람직하다.

라. 직권조사사항에 관한 기재

직권조사사항은 당사자의 주장이 없더라도 법원이 직권으로 그 존부를 조사해야 하는 사항을 말한다. 주로 소의 적법요건인 경우가 많다. 즉, 당사자능력이나 당사자적격이 있는지, 단체가 당사자인 경우 대표권이 있는지, 전속관할 위반이 아닌지, 등기말소를 구하는 청구취지인 경우 상대방이 등기의무자인지, 확인의 소의 경우 확인의 이익이 있는지, 형성의 소의 경우 법령에서 소제기가 허용된 당사자인지 등이 실무상 주로 문제되는 직권조사사항이다.

이와 같은 직권조사사항에 관하여도 경우에 따라서는 이를 기재할 필요가 있다. 예를 들어 법인을 당사자로 삼아 소를 제기하는 경우 적법한 대표자를 표시하여야 하는데, 등기부에 현재 그 대표자로 기록되어 있는 자를 표시한다면, 특별히 대표권이 인정되는 이유에 대해 적을 필요는 없다. 그러나 임시지위를 정하는 가처분 등을 통해서 잠정적인 대표자 지위를 얻은 자를 그 단체의 대표자로 표시한다면, 그 당사자가 법원의 적법한 가처분에 의해 선임된 당사자임을 밝힐 필요가 있을 것이다. 등기의 말소를 구하는 소를 제기하면서 그 상대방이 현재 등기 명의자라면 이로써 소의 이익이 있다는 점을 밝힐 필요는 없겠으나, 현재 등기 명의자가 아님에도 그를 상대로 등기의 말소를 구할 수 있는 예외적인 상황[42]이라면 이에 관해 위 소가 적법함을 밝혀 줄

387조 제2항).

41 이 경우 원고에게 가장 유리한 청구취지는 "피고는 원고에게 110,000,000원과 그중 10,000,000원에 대하여는 2024. 3. 1.부터, 90,000,000원에 대하여는 2024. 4. 1.부터 각 이 사건 소장 부본 송달일까지는 연 5%의, 그다음 날부터 다 갚는 날까지는 연 12%의, 10,000,000원에 대하여는 이 사건 소장 부본 송달일 다음 날부터 다 갚는 날까지 연 12%의 각 비율로 계산한 돈을 지급하라."가 될 것이다. 청구취지는 앞서 적은 청구원인 중 권리발생의 이유, 해당 날짜와 돈의 성격을 삭제한 최종 결론과 정확하게 일치하여야 한다.

42 등기부상 진실한 소유자의 소유권에 방해가 되는 불실등기가 존재하는 경우에 그 등기명의인이 허무인 또는 실체가 없는 단체인 때에는 소유자는 그와 같은 허무인 또는 실체가 없는 단체 명의로 실제 등기행위를 한 자에 대하여 소유권에 기한 방

필요가 있다. 결국 직권조사사항에 관하여 얼마나 적어줄 필요가 있는가 하는 점은 사건의 성질에 따라, 그리고 그것이 쟁점이 될 가능성이 있는지 여부에 따라 달라진다고 할 것이다.

법원은 직권조사사항에 관하여 심사를 한 후 특별히 문제가 없거나 상대방이 이를 쟁점으로 삼아 본안 전 항변 등으로 주장하지 않으면 원칙적으로 판결문에 따로 그 적법 여부에 대한 이유를 적지 않는다.

그러나 소장에서는 직권조사사항 중에서 ① 채권자대위의 소에서의 피보전권리 및 보전의 필요성, ② 장래이행의 소에서의 미리 청구할 필요, ③ 확인의 소에서의 확인의 이익은 항상 기재하여야 하는 것으로 이해할 필요가 있다. 그 이유는 다음과 같다. 채권자대위의 소에서 청구원인에 피보전권리 및 보전의 필요성에 대한 언급 없이 피대위채권의 발생에 관한 요건사실만을 기재하면, 피대위채권의 채권자도 아닌 원고가 어떤 자격으로 채무자의 권리를 주장하는지 알 수 없게 된다. 장래이행의 소에서 미리 청구할 필요를 밝혀 주지 않을 경우, 변제기가 도래하지 않았음에도 상대방이 이를 이행할 의무가 있다고 판단하게 되는 이유를 알 수 없게 된다. 또한 확인의 소는 이른바 '확인소송의 보충성' 원리에 비추어 원고가 왜 그와 같은 확인을 구하는지를 밝혀 줄 필요가 있다.[43]

마. 경위사실에 관한 기재

소제기에 이르기까지 당사자를 둘러싼 역사적인 사실관계를 경위사실로 적어 주는 경우가 종종 있다. 가사사건에서 이혼을 청구하면서 상대방의 행위가 이혼의 원인이 된 경우 그 불법행위로 인한 손해배상으로 위자료를 청구하는 경우나, 계속적 거래관계를 전제로 한 청구의 경우 그간의 당사자 사이의 역사적 사실관계를 적어주지 않으면 법원이 사건을 제대로 이해하기 어려울 수도 있다. 이러한 경우에는 요건사실은 아니지만, 경위사실을 적는 것이 사건의 이해에 도움을 줄 수 있다.

그러나 경위사실에 매몰되어 필수적 요건사실을 누락하는 일이 없어야 한다. 특히 법학전문대학원 과정에서의 시험이나 변호사시험이라는 관점에서 보자면, 이 부분은 설득력을 강화시키기 위해 부가하여 기재하는 것일 뿐 필수적인 것은 아니라는 점을 항상 주의해야 하고, 되도록 경위사실을 적지 않고, 필수적 요건사실만 기재하는 연습이 필요하다.

해배제로서 등기행위자를 표상하는 허무인 또는 실체가 없는 단체 명의 등기의 말소를 구할 수 있다(대법원 2019. 5. 30. 선고 2015다47105 판결).

43 이에 관하여 보다 상세한 설명은, 제4장 검토보고서의 작성원리 IV. 단계별 검토요령 2. 소송요건(본안 전 판단)에 대한 검토요령 가. 본안 전 항변이 없는 경우 1) 직권조사사항을 검토한 결과 소송요건의 흠결이 발견되지 않은 경우 참조

바. 상대방의 예상 항변에 대한 주장

법학전문대학원의 기록형 시험에서는 상대방이 주장할 것으로 예상되는 항변에 대한 주장을 소장에 반영하여 적을 것을 요구하는 경우가 있다. 상담자료에서 이미 상대방과 내용증명을 주고받는 등의 방법으로 서로 일정한 주장이 오간 것을 전제로 한 것이다. 1개의 서면으로 다양한 능력을 테스트하기 위한 학습목적에 따라 이루어지고 있는 것으로 보인다.

다만 실무에서 소장에 상대방의 항변을 미리 예상하여 이에 대해 반박하는 내용을 적는 것은 그다지 좋은 전략이라고 보기 어렵다. 소제기 이전에 오간 공방이 소제기된 이후에 그대로 반복된다고 예상할 수도 없고, 오히려 자신의 반박카드를 미리 보여 줌으로써 반격이 무력화될 수도 있으며, 잘못하면 스스로 불리한 사실을 미리 자백하는 경우도 발생할 수 있기 때문이다. 따라서 소장에는 되도록 청구취지를 정당화할 만한 법리와 사실만을 적는 것이 좋다.

다만 학습목적상 시험에서 이와 같은 것을 요구할 필요성이 있음을 부정할 수는 없으므로, 이 경우에는 실제 소송에서 상대방이 그와 같은 주장을 하는 것을 전제로 이를 반박하는 준비서면을 쓴다고 생각하고, 소장의 청구원인란에 그 기재를 추가하면 족하다.

사. 응용형

지금까지는 하나의 소송물에 대한 청구원인의 기본적인 기재방식을 보았다. 그러나 실무에서는 이러한 기본적인 기재방식를 기초로 하여 개별 사건 별로 변형을 가한 여러 응용형 청구원인의 기재방식이 있다.

대표적으로 '당사자들의 관계와 지위'나 '기본적 거래관계'를 먼저 설시해 주는 방식이 있다. 이는 상거래관계, 기본계약에 기초한 개별거래관계, 불법행위 사건 등 필요한 요건사실만을 간략히 기재하는 것만으로는 청구취지를 이유 있게 하는 설명이 부족하게 보이는 경우에 활용된다. 경위사실 기재와 유사하게 당사자의 상호관계 또는 기본거래관계를 먼저 설시해 줌으로써, 요건사실의 일부를 먼저 기재하거나 복잡한 법률관계의 이해를 돕거나 불법행위의 위법성, 책임의 정도를 판단하기 위해 필요한 간접사실을 제시하는 역할을 하게 된다.

예를 들어 계속적 거래관계에 따른 상사 물품대금채무를 구하는 경우, 청구원인의 앞부분에서 "원고는 식자재도매업을, 피고는 00상호로 식당업을 운영하고 있습니다. 원고는 0000. 00. 00.경부터 00식당에 식자재를 공급하였고, 매달 말일에 물품대금을 정산받아 왔습니다.~~"와 같이 요건사실의 서술을 시작할 수 있다.

한편 청구권의 발생과 그 행사범위를 구분하여 기재하는 방식도 실무상 정착되어 있는 응용형의 한 형태이다. 대표적인 예로 손해배상청구소송의 경우 '손해배상채권의 발생'과 '손해배상채권의 범위', 사해행위취소소송의 경우 '사해행위의 성립'과 '원상회복의 방법 및 범위', 부당이득반환청구의 경우 '부당이득의 발생'과 '부당이득반환의 범위'를 나누어 기재하는 경우를 들 수 있다.

이 밖에도 실무에서는 요건사실의 주장·증명책임에 기초한 고전적인 청구원인의 기재방식보다는 '쟁점형 기재방식'이 활용되는 경우가 많다. 즉 '기초사실(기본적 사실관계, 경위사실)'을 먼저 적고, '당사자(들)의 주장'을 다음으로 적고, 그에 따른 '쟁점'을 설시한 후, '판단'으로 들어가는 구조가 그것이다. 판단 단계에서 각 쟁점에 따른 3단 논법을 전개한다. 다만 이러한 신유형은 주장·증명책임에 따른 기본적인 법률문서의 기재방식을 충분히 익힌 후 활용되어야 한다는 점에서 법학전문대학원의 수학 단계에서는 섣부르게 적용하지 않기로 한다.

6. 그 밖의 기재사항 등

[그림1]에 기재된 그 밖의 기재사항은 다음과 같다.

소는 법원에 소장을 제출함으로써 제기하는 것이므로, 위 ①과 같이 이 서면이 소장임을 명시하여야 한다.

위 ③과 같이 사건명을 적는다. 원고가 소장에 적은 사건명은 법원에서 사건명으로 사용하게 되므로 사건의 성격을 잘 드러낼 수 있는 용어를 사용하여 적절히 적어 준다. 여러 가지 청구를 하는 경우에는 대표적인 것 중 1개를 선정하여 "등 청구의 소"라고 적어 주면 족하다.

위 ⑥, ⑦과 같이, 소장과 함께 제출하는 서증 등의 증명방법과 첨부서류를 적어야 한다(규칙 제63조). 이때 증명방법으로 원고가 제출하는 서증은 "갑" 다음에 제출순서에 따른 번호를 붙여서 "갑 제1호증"으로, 피고가 제출하는 서증은 "을" 다음에 제출순서에 따른 번호를 붙여서 "을 제1호증"으로 표시해야 하고, 당사자가 여럿일 경우에는 갑 다음에 가, 나, 다 등의 가지부호를 붙여서 "갑가 제1호증, 갑나 제1호증"과 같이 표시해야 한다(규칙 제107조). 한편 서증을 제출한 때에는 상대방의 수에 1을 더한 수의 사본을 함께 제출하여야 한다(규칙 제105조 제2항 본문). 1부는 법원에 소송기록으로 편철하고 나머지는 상대방 당사자에게 송달하여 주어야 하기 때문이다. 따라서 ⑦ 첨부서류 중 증명방법은 상대방의 수에 1을 더한 수만큼 기재하여야 한다. 통상 나머지 첨부서류로는, 소정의 인지대를 납부하였음을 증명하는 '영수필확인서'(민사소송 등 인지규칙 제29조, 제28조의2 참조), 송달료를 납부하였음을 증명하는 '송달료납부서'(규칙 제19조 제1항 제1호 참조), 변호사 등 소송대리인의 소송대리권을 증명하는 소송위임장과 피고의 수에 상응하는 소장 부본을 기재한다. 다만 통상 시험에서는 위 증명방법이나 첨부서류에 관한 기재는 생략되는 경우가 많다.

소장도 문서이므로, 위 ⑧, ⑨와 같이 문서의 작성일자와 작성 명의자를 밝혀 주어야 한다.

소장의 제출 상대방인 해당 법원도 위 ⑩과 같이 밝혀야 하는데, 민사소송법의 관할 관련 규정에 따라 이 사건에 관하여 관할권이 인정되는 법원 중 하나를 지정해야 한다.

소장은 특별한 사정이 없으면 A4(가로 210mm×세로 297mm) 크기의 용지에 세워서 적되, 위로부터 45mm, 왼쪽 및 오른쪽으로부터 각각 20mm, 아래로부터 30mm(장수 표시 제외)의 여백을 두어야 하고, 글자크기는 12포인트(가로 4.2mm×세로 4.2mm) 이상으로 하며, 줄간격은 200% 또는 1.5줄 이상으로 작성해야 한다(규칙 제4조 제2항).

Ⅱ 답변서

1. 답변서의 기본구조

피고가 원고의 청구를 다투는 경우에는 소장의 부본을 송달받은 날부터 30일 이내에 답변서를 제출하여야 한다(법 제256조 제1항).[44] 답변서 역시 앞서 본 소장과 같이 준비서면에 관한 규정이 준용된다(법 제256조 제4항). 이와 같은 규정취지에 따라 답변서의 기본적 구조는 다음의 [그림3]과 같은 예시 답변서 기재와 같다.

44 피고가 답변서를 제출하지 아니하는 때에는 청구의 원인이 된 사실을 자백한 것으로 보고 변론 없이 판결할 수 있다(법 제257조 제1항).

[그림3]

답변서 ①

사 건 2025가단1234 매매대금 청구 ②

원 고 나정훈
피 고 서영우
소송대리인 변호사 윤찬준
수원시 영통구 법조로 100, 601호 (하동, 신대빌딩)
전화번호 : 031-539-2002 이메일 : ycj@kmail.com ③

위 사건에 관하여 피고의 소송대리인은 다음과 같이 답변합니다. ④

청구취지에 대한 답변

1. 원고의 청구를 기각한다.
2. 소송비용은 원고가 부담한다.

라는 판결을 구합니다. ⑤

청구원인에 대한 답변

원고가 2023. 10. 1. 피고에게 춘천시 옥천동 111-1 대 $100m^2$를 대금 1억 원에 매도한 사실은 피고도 다투지 아니합니다. ⑥

원고는 원고가 2023. 11. 1. 피고에게 춘천시 옥천동 111-2 대 $200m^2$ 를 대금 1억 5,000만 원에 매도하였다고 주장하나, 피고의 동생인 서웅우가 원고로부터 위 대지를 매수한 것일 뿐, 피고가 위 대지를 매수한 사실은 없습니다. ⑦

한편 피고는 원고에게 2023. 10. 15. 춘천시 옥천동 111-1 대 $100m^2$에 관한 매매대금 1억 원을 지급하였습니다. 위 변제로 위 매매대금 지급의무는 소멸하였습니다. ⑧

증명방법

1. 을 제1호증(서웅우의 사실확인서) ⑨

첨부서류

1. 위 증명방법 2통

…

⑩

2025. 3. 1. ⑪

피고 소송대리인 변호사 윤찬준 (인) ⑫

수원지방법원 제3민사단독 귀중 ⑬

2. 표제(①)

답변서라는 표제를 적어 준다.

3. 사건번호 및 사건명(②)

원고가 소장을 접수하면 법원은 원고가 지정한 사건명을 활용하여 사건번호를 지정한다. 접수년도 다음에 민사 제1심 단독사건은 “가단”, 합의사건은 “가합”으로 기재하고 나머지 번호는 접수순서 등을 변수로 하여 법원이 부여한다. 소장 부본을 송달받으면 그 사건번호와 사건명을 알 수 있으므로 이를 적어야 답변서가 해당 사건에 정확히 편철될 수 있다.

4. 당사자표시 및 답변 문언(③, ④)

소장에 이미 당사자의 이름과 주소 등이 기재되어 있으므로 답변서에는 위와 같이 간략히 기재하면 충분하다.

그리고 아래와 같이 답변한다는 취지의 문언을 적어주는 것이 실무상 관례이다. 이 부분은 필수적인 것은 아니다. 다만, 피고가 여러 명이어서 다수의 답변서가 제출되는 경우, 누가 답변서를 제출하는 것인지 밝혀둔다는 의미가 있다. 이를 밝혀 두지 않으면, 답변서 말미의 작성명의자를 보아야 누가 답변하는 취지인지 알 수 있게 되어 불편하다. 따라서 피고가 여러 명일 경우 “위 사건에 관하여 **피고 이을남의 소송대리인은** 다음과 같이 답변합니다.”와 같이 적어 줄 필요가 있다.

5. 청구취지에 대한 답변(⑤)

[그림3]의 ⑤, ⑥처럼, 답변은 청구취지에 대한 답변과 청구원인에 대한 답변을 나누어 적어 준다. 원고의 청구 중 피고가 다투는 범위를 명확하게 하기 위한 것이다. 청구취지와 마찬가지로 법원에 선고할 것을 요청하는 주문을 적어주면 된다. 청구를 다투는 경우라면 통상 “**원고의 청구를 기각한다.**”로 적는 것이 보통이다. 다만, 원고의 소가 부적법하다고 본안 전 항변을 하면서 소가 적법하더라도 원고의 청구를 다투는 취지라면, “이 사건 소를 각하한다. 또는 원고의 청구를 기각한다.”라고 적는 것이 정확하다.

청구취지에 대한 답변에 원고의 청구취지를 인정하는 취지를 기재하고, 그것이 변론기일에 진술되면 청구인낙의 효과가 발생할 수 있으므로 이 부분 기재 역시 신중하게 검토하여 다투는 범위를 구체적으로 적어야 한다.[45]

6. 청구원인에 대한 답변(⑥, ⑦, ⑧)

답변서 중 가장 실질적인 내용을 담고 있는 부분이다.

가. 본안 전 답변(본안 전 항변)

원고의 소가 부적법한 경우라면 피고가 이를 지적하지 않거나, 나중에 지적한다고 하더라도 원칙적으로 이로써 소가 적법하게 되는 것은 아니다. 소송요건의 흠결 여부는 원칙적으로 법원의 직권조사사항이기 때문이다.

그러나 원고의 소가 부적법하다면, 이와 같은 사정들은 본안의 심리에 들어가는 관문 역할을 하는 것이므로 본안(本案), 즉 원고 청구의 당부에 관한 공격 또는 방어방법에 앞서서 주장하는 것이 바람직하다.

특히 임의관할을 위반한 소제기의 경우 피고가 관할위반이라고 항변하지 아니하고 본안에 대하여 변론하면 그 법원에 관할권이 발생하고(법 제30조), 분쟁발생시 중재를 통해서 이를 해결하도록 하는 중재합의가 존재함에도 이를 위반하여 법원에 소를 제기한 경우 상대방은 본안에 관한 최초의 변론 전에 중재합의가 있다는 항변을 하여야만 이를 이유로 소 각하 판결을 받을 수 있다(중재법 제9조). 따라서 이와 같이 본안에 관한 변론으로 인해서 치유될 수 있는 소송요건의 경우 이를 다투고자 한다면 반드시 답변서 첫 머리에 이에 관한 본안 전 항변을 적어야 한다.

나. 본안의 답변

1) 청구원인사실에 대한 답변

소장을 받은 피고는 상대방의 여러 가지 주장사실에 대해서 그 인정 여부를 밝혀야 한다. 실무상 이를 '인부(認否)'라고 한다. 상대방의 여러 가지 주장사실에 대해서 일부라도 답변이 누락되면, 변론 전체의 취지로 보아 그 사실에 대하여 다툰 것으로 인정되는 경우가 아닌 한, 자백한 것으로 간주된다(법 제150조 제1항). 따라서 상대방이 여러 가지 사실을 주장하는 경우, 이에 대해서 일부라도 답변을 누락하는 것은 자백이 성립되어 매우 위험하므로 우선 이에 관해서 빠짐없이 답변하는 것이 중요하다.

---

45 만일 앞의 예에서 피고가 원고의 청구취지 중 1억 원의 청구는 이를 인낙하나, 나머지 부분은 다툰다고 한다면, "1. 피고는 원고에게 1억 원을 지급하라. 원고의 나머지 청구를 기각한다. 라는 판결을 구합니다."라고 적으면 될 것이다.

가) 자백

먼저 원고의 청구원인 중 다투지 아니하는 부분을 기재하여 준다. [그림3]의 ⑥에서 보는 바와 같이 피고는 2023. 10. 1. 매매는 인정하고 있다. 따라서 이 부분이 변론기일에 진술된다면 자백이 성립한다. 자백이 성립한 부분은 이를 증명할 필요가 없고, 법원도 당사자의 자백에 구속되어 재판해야 한다.

나) 부인

부인은 상대방에게 유리한 요건사실의 존재를 인정하지 않는 것이다. 이를 인정하면 앞서 본 바와 같이 자백이 성립할 것이고, 부인을 한다면 상대방은 그 주장사실을 증명할 책임이 있다. 상대방이 원고라면 청구원인사실이 이에 해당한다. [그림1]에 제시된 소장의 사안에서 원고는 두 차례에 걸친 매매사실을 주장하면서 그 매매대금의 지급을 청구하고 있다. 원고가 주장하는 위 매매사실은 원고에게 유리한 사실로서 원고가 증명책임을 진다. 이에 대해서 위 ⑥에서 보는 바와 같이 2023. 10. 1. 매매는 피고가 이를 자백하여 더는 증명할 필요가 없게 되었으나, 위 ⑦에서 보는 바와 같이 2023. 11. 1. 매매에 대해서는 그 매수인이 피고라는 원고의 주장을 부인하고 있다.

부인은 단순부인과 간접부인으로 나눌 수 있다. 단순부인은 단순히 원고의 주장사실이 인정되지 않는다고만 다투는 것이고, 간접부인은 원고 주장사실과 양립불가능한 사실을 들어서 원고의 주장사실이 인정되지 않는다고 다투는 것이다. 간접부인은 아래에서 볼 항변과 유사해 보일 수 있다. 그러나 상대방의 주장과 양립불가능한 사실을 들어 부인을 하면 간접부인이라고 할 수 있고, 양립가능한 사실을 들어 다투면 항변이라고 할 수 있다. 간접부인은 단순히 상대방 주장사실이 인정되지 않는다고 다투는 것에서 더 나아가 상대방 주장사실이 존재한다고 볼 수 없는 사실관계까지 주장하는 것이라고 보면 된다.

단순부인이든 간접부인이든 모두 부인이므로 원고가 그 주장사실을 증명하여야 할 책임이 있고, 피고가 간접부인하였다고 하여 그가 주장하는 반대사실에 대한 증명책임을 지지 않는다. 즉, 위 ⑦에서 보듯이, 피고는 2023. 11. 1. 매매에 대해서 피고가 아니라 피고의 동생인 서응우와 사이에 매매계약이 체결되었다고 주장하고 있다. 피고와 피고의 동생 서응우가 동시에 하나의 매매계약의 매수인이 될 수는 없다. 즉, 피고는 양립불가능한 사실을 들어 원고의 청구원인사실에 관해 간접부인하고 있는 것이다. 따라서 2023. 11. 1. 매매가 원고와 피고 사이에 체결되었다는 사실을 증명할 책임은 여전히 원고에게 있고, 피고가 위 매매의 매수인이 서응우임을 증명할 책임을 지지는 않는다.[46]

46 다만, 원고가 처분문서를 제출하는 등으로 청구원인사실에 대해 어느 정도 증명하였다면, 피고가 원고의 주장사실과 양립불가능한 반대사실을 적극적으로 증명하는 등(위 예에서 서응우와의 매매계약 체결사실)의 활동을 통해서 원고의 증명활동

단순부인을 할 것인지, 간접부인을 할 것인지는 의뢰인을 상담한 변호사가 원고의 소장 기재 청구원인사실과 그 증명 가능성 등을 종합하여 신중하게 판단하여 결정해야 한다. 원고가 일차적으로 청구원인 요건사실을 증명하기 어려운 경우라면 단순부인에 그쳐도 좋겠으나, 어느 정도 그 증명 가능성이 존재하는 경우라면, 원고가 주장하는 사실과 양립불가능한 사실을 내세워 간접부인하는 것이 더 설득력을 높이는 길이 될 수도 있다.

다) 부지

상대방이 주장한 사실에 대하여 알지 못한다고 진술할 수도 있다. 실무상 '부지'라고 한다. 이 경우 그 사실을 다툰 것으로 추정한다(법 제150조 제2항). 그러나 자신의 행위에 관한 것 또는 자신의 이름으로 작성된 문서에 대해서는 알지 못한다고 다투는 것은 부적절하다.[47] 주로 자신이 관여한 바 없는 제3자의 행위나 제3자의 이름으로 작성된 문서에 대해서는 부지로 다툴 수 있다.

2) 항변

항변은 상대방이 증명책임을 지는 요건사실에 관하여 양립가능한 별도의 사실을 들어서 상대방의 청구를 다투는 방법이다. 엄밀히 보면 항변은 상대방의 청구원인사실에 대한 답변은 아니고 청구취지와 같은 법률효과를 저지할 별도의 사실관계를 주장하는 것이다.

예를 들어 [그림3]의 ⑧과 같은 변제항변의 경우를 보자. 매매계약이 성립되었다는 사실과 매매대금을 지급하였다는 사실은 두 가지 사실이 모두 다 사실로 인정되어도 모순이 없다. 즉, 양립가능한 사실이다. 원고의 주장사실이 모두 인정된다고 하더라도, 피고가 주장하는 변제항변이 받아들여진다면, 원고의 주장사실에 의해서 발생한 채권은 결국 소멸하게 되어 원고의 청구를 저지할 수 있게 된다.

항변을 할 때에는 다음과 같은 점을 주의해야 한다. 먼저 상대방의 주장사실에 대하여 무턱대고 항변사실을 주장하는 것은, 상대방의 주장사실을 다투지 않는 결과가 될 수 있으므로 신중해야 한다. 즉, 항변을 할 때에는 상대방의 주장사실을 인정하면서 곧바로 항변할 수도 있고, 상대방의 주장사실을 다투면서, 상대방의 주장사실이 인정될 것을 대비하여 예비적으로 항변을 할 수도 있다. 후자의 경우는 다소 모순된 행동으로 비춰질 우려가 있기는 하나, 그 자체로 어떠한 문제가 있는 것은 아니다.

또한, 부인의 경우와 달리 항변자가 그 요건사실에 관해 증명책임을 진다는 점도 주의를 요

을 방해할 필요가 있을 수는 있다.

47 물론 너무 오래되거나 복잡다기한 사건인 경우에는 예외적으로 기억이 정확하지 않다고 부지로 다툴 수도 있다.

한다. 위 ⑥, ⑦과 같은 부인의 경우는 피고가 인정하지 않는 요건사실을 단순히 지적하기만 하면 되지만, 변제항변에 해당하는 위 ⑧의 경우에는 "피고가 2023. 10. 15. 매매대금 1억 원을 지급하였다."와 같이 변제로 인정될 수 있기에 필요하고도 충분한 구체적인 요건사실을 모두 적시하고 이를 증명하여야 한다.

항변의 경우 요건사실 이외에, 청구원인에서 설명한 바와 같이 요건사실을 법리에 적용한 법률효과를 적어 주어야 한다. 즉, 이때에도 소장의 청구원인에서 설명한 바와 같은 3단논법에 따른 서술, 즉 **법리-사실–법률효과**를 나누어 적을 필요가 있는 것이다. 다만, 이 중 법리의 경우 통상적이고 평이한 법리는 그 기재를 생략하여도 무방하다.

이러한 항변사실에는 통정허위표시, 변제, 시효소멸, 상계와 같이 청구취지로 구하는 채권의 발생 장애사유가 되거나 소멸의 원인이 되는 강력한 것부터, 단순히 변제기 연기항변이나 동시이행항변처럼 채무 자체는 인정되나 그 시기나 행사방법에 제한을 가하는 다소 약한 것까지 다양하게 존재할 수 있다.

상대방이 주장하는 채권의 존재를 다투는 여러 가지 방법이 가능한 경우라면 효과가 강력한 순서부터 차례로 주장하는 것이 효과적이다. 따라서 우선 부인을 먼저 주장하고, 그다음에 항변을 주장하되, 항변들 중에서는 앞서 본 채권발생의 장애나 소멸의 원인이 되는 강력한 것부터 시작하여 단순히 연기나 동시이행을 구하는 다소 약한 것의 순서로 주장하는 것이 바람직하다. 실무상 변제, 시효소멸, 상계, 동시이행항변의 순서를 지키는 것이 좋다.

3) 법리에 관한 주장

그 밖에도 원고가 청구원인에서 주장하는 법리에 관해서 다른 의견이 있거나 피고에게 유리한 법리를 주장할 필요가 있다면, 적절한 위치에 이에 관한 반박이나 주장을 기재하는 것이 필요할 수도 있다.

7. 그 밖의 기재사항

[그림3]의 나머지 ⑨ 증명방법,[48] ⑩ 첨부서류, ⑪ 작성일자, ⑫ 작성명의인은 소장의 해당 부분에 관한 설명과 같다.

⑬ 법원표시는 소장과 달리 담당재판부까지 특정하여 기재한다. 소장 접수시 사건번호가 부여되면서 특정 재판부로 사건이 배당되고, 피고는 그 특정된 재판부로부터 소장 부본 등을

48 답변서에는 규칙 제65조 제2항에 따라 입증이 필요한 사실에 관한 중요한 서증의 사본을 첨부하여야 한다.

송달받기 때문이다.

또한 원고가 소장에 증거방법으로 서증의 사본을 첨부하여 제출하였다면, 피고가 그 서증에 대응하여 그 진정성립(그 서류가 거기에 적힌 명의자의 의사에 따라 작성되었음)의 여부를 밝히는 경우가 있다. 이를 '서증의 인부'라고 한다. 상대방이 제출한 서증의 진정성립에 관해서 이를 인정하는 경우에도 요건사실에 관한 경우와 같이 자백이 성립되므로,[49] 그 인정 여부는 신중하게 검토할 필요가 있다.

피고가 그 작성명의자인 경우에는 진정성립을 인정하거나 부인하여야 하고, 부지로 다투는 것은 부적절하다. 제3자 명의의 문서인 경우에는 그 진정성립에 관해 잘 모를 경우 부지로 다툴 수 있다. 피고가 진정성립을 부인하거나 부지로 다툴 경우 상대방이 그 진정성립을 증명할 책임이 있다.

III 준비서면

1. 준비서면의 기본구조

변론기일에서의 집중적인 변론 진행을 위하여 당사자는 변론을 서면으로 준비하여야 한다(법 제272조).[50] 앞서 보았듯이 준비서면에는 당사자의 성명·명칭 또는 상호와 주소, 대리인의 성명과 주소, 사건의 표시, 공격 또는 방어의 방법, 상대방의 청구와 공격 또는 방어의 방법에 대한 진술, 덧붙인 서류의 표시, 작성한 날짜, 법원의 표시를 적고, 당사자 또는 대리인이 기명날인 또는 서명하여야 한다(법 제274조 제1항). 이러한 규정 취지를 반영한 준비서면의 기본구조는 [그림4]의 기재와 같다.

49 대법원 2019. 7. 11. 선고 2015다47389 판결 등 참조

50 준비서면에 적지 아니한 사실은 상대방이 출석하지 아니한 때에는 변론에서 주장하지 못한다(법 제276조 본문).

[그림4]

준비서면 ①

사 건 2025가단1234 매매대금 청구 ②

원 고 나정훈
피 고 서영우 ③

원고 소송대리인은 다음과 같이 변론을 준비합니다. ④

1. 피고 주장의 요지
피고는, 원고가 피고에게 춘천시 옥천동 111-1 대 100m²를 매도한 사실은 다투지 아니하면서 그 대금을 이미 변제하였다고 주장하는 한편, 원고가 피고에게 춘천시 옥천동 111-2 대 200m²를 매도한 사실은 이를 부인하면서 피고의 동생 서응우가 원고로부터 매수한 것이라고 다투고 있습니다. ⑤

2. 매매 관련 주장에 대하여
그러나 갑 제2호증(매매계약서)의 기재에 의하면, 피고가 원고로부터 춘천시 옥천동 111-2 대 200m²를 매수한 사실 역시 충분히 인정됩니다. 피고가 제출한 을 제1호증(서응우의 사실확인서)의 기재에 의하더라도, 서응우가 피고로부터, 피고가 서응우를 위해 위 대지를 매수하였다는 것을 전해 들었다는 사실이 인정될 뿐이므로 피고가 위 토지를 매수하였다는 사실의 인정에 방해가 되지 않습니다. ⑥

3. 변제항변에 대하여
그리고 피고가 원고에게 그 주장과 같은 일시에 1억 원을 지급하였다고 주장하나, 원고는 그와 같은 돈을 피고로부터 받은 사실이 없습니다. ⑦

2025. 3. 15. ⑧

원고 소송대리인 변호사 김명변 (인) ⑨

수원지방법원 제3민사단독 귀중 ⑩

2. 표제, 사건번호, 당사자표시, 준비서면 문언(①~④)

이에 관해서는 앞서 본 답변서에 관한 설명과 같다. 특히 준비서면 문언을 통해 당사자들 중 준비서면을 누가 제출하는 것인지 밝혀 주는 것이 좋다.

3. 준비서면의 실질적 내용(⑤~⑦)

이 부분에서는 공격 또는 방어의 방법, 상대방의 청구와 공격 또는 방어의 방법에 대한 진술을 기재하면 된다. 위 사안에서 원고는 위 ⑤와 같이 상대방의 주장을 요약한 다음 위 ⑥, ⑦과 같이 이에 관한 당사자의 입장을 적었다. 여기서 상대방의 주장에 대한 요약 기술이 필수적인 것은 아니다.

상대방의 부인에 대해서는 원고가 부인된 요건사실을 증명할 책임이 있으므로, 원고가 주장한 요건사실이 인정된다는 점을 중심으로 적어야 한다. 원고는 위 ⑥에서 상대방이 매매사실을 부인하는 것에 대해서 자신이 제출한 증거에 의하면 매매사실을 증명할 수 있다는 취지로 주장하고 있다. 피고가 간접부인을 하면서 양립불가능한 사실을 주장하고 있고 이에 관한 증거를 제출하고 있다면, 위 ⑥에서처럼 그 증명력에 관한 변론이 필요할 수 있다.

상대방의 항변에 대해서는 원고 역시 피고와 마찬가지로 두 가지 전술, 즉 부인과 재항변을 할 수 있다. 위 ⑦에서 원고는 상대방이 주장하는 변제항변에 대해서 부인하고 있다. 따라서 피고는 그가 주장하는 변제사실을 증명할 책임을 진다.

원고는 상대방의 항변에 대해서 그 항변사실과 양립가능한 별개의 사실을 주장하여 재차 항변할 수 있다. 예를 들어 원고가 대여금을 청구함에 대하여 피고가 변제기로부터 10년이 경과하여 원고의 소가 제기되었다고 주장하면서 시효소멸항변을 한다고 해 보자. 피고가 주장하는 항변사실, 즉 변제기로부터 소제기까지 10년이 지난 사실은 원고의 청구원인인 대여에 관한 요건사실과 양립가능한 사실로서 원고의 대여금채권을 소멸시키는 항변에 해당한다. 만일 원고가 10년이 경과되기 전에 피고 소유 재산에 대해서 가압류결정을 받아 집행함으로써 시효가 중단되었다고 주장한다면, 이는 독립한 사실로서, 시효소멸항변을 저지할 수 있는 시효중단의 재항변을 한 것이 된다. 이때에는 원고가 변제기로부터 10년이 경과하기 전에 가압류를 신청하여 그 결정을 받아 집행한 사실에 관해서 증명책임을 지게 된다.

또한 상대방의 법률적 주장에 대해서 다른 의견을 갖고 있거나 별도의 법률적 주장이 필요하다면 언제든지 적절한 위치에서 이에 관한 의견을 표명할 수 있음은 소장이나 답변서에서와 같다.

4. 나머지 기재사항(⑧~⑩) 등 기타 주의사항

나머지 ⑧ 작성일자, ⑨ 작성명의인, ⑩ 법원표시는 소장이나 답변서의 해당 부분에 관한 설명과 같고, 준비서면에도 별도로 제출할 증명방법이나 첨부서류가 있으면, 이를 표시하여 기재하면 된다.

준비서면의 분량은 원칙적으로 30쪽을 넘어서는 아니 되고(규칙 제69조의4 제1항), 준비서면에는 소장, 답변서 또는 앞서 제출한 준비서면과 중복·유사한 내용을 불필요하게 반복 기재하여서는 아니 된다(규칙 제69조의4 제3항). 그리고 준비서면은 그것에 적힌 사항에 대하여 상대방이 준비하는 데 필요한 기간을 두고 제출하여야 하며(법 제273조), 새로운 공격방어방법을 포함한 준비서면은 변론기일 또는 변론준비기일의 7일 전까지 상대방에게 송달될 수 있도록 적당한 시기에 제출하여야 한다(규칙 제69조의3).

IV 반소장

1. 반소장의 구조

반소는 원고의 본소[51]가 제기되어 있는 기회를 이용하여, 피고가 원고의 본소 청구나 방어의 방법과 관련된 별개의 청구를 원고를 상대로 제기하는 소이다(법 제269조 제1항). 반소의 절차는 본소에 관한 규정이 적용되므로(법 제270조), 반소 역시 반소장의 제출로 제기된다.

51 반소가 제기되면 원래 원고가 구하던 소를 '본소'라고 칭한다.

[그림5]

반소장 ①

본소사건 2025가단1234 매매대금 청구
반소원고(본소피고) 서영우
반소피고(본소원고) 나정훈 ②

소유권이전등기청구의 반소
위 본소사건에 관하여 반소원고(본소피고)는 다음과 같이 반소장을 제출합니다. ③

반소 청구취지

1. 반소피고(본소원고)는 반소원고(본소피고)에게 춘천시 옥천동 111-1 대 100m²에 관하여 2023. 10. 1. 매매를 원인으로 한 소유권이전등기절차를 이행하라.
2. 반소로 인한 소송비용은 반소피고(본소원고)가 부담한다.

라는 판결을 구합니다. ④

반소 청구원인

반소원고(본소피고, 이하 '피고'라고만 합니다)는 2023. 10. 1. 반소피고(본소원고, 이하 '원고' 라고만 합니다)로부터 춘천시 옥천동 111-1 대 100m²를 대금 1억 원에 매수하였습니다.

따라서 원고는 피고에게 위 대지에 관하여 위 매매를 원인으로 한 소유권이전등기절차를 이행할 의무가 있습니다.

원고는 본소에서 피고를 상대로 위 대지에 관한 매매대금 1억 원의 지급을 청구하고 있고, 피고가 이를 모두 변제하였다고 항변한 바 있으나, 만일 위 항변이 받아들여지지 않는다면, 통상 매매로 인한 대금지급의무와 소유권이전등기의무는 동시이행관계에 있으므로, 피고로서는 원고로부터 위 대지에 관하여 위 매매를 원인으로 한 소유권이전등기를 받기 전에는 원고의 본소 중 위 대금지급청구에 응할 수 없습니다.

이에 원고의 본소 중 위 대금지급청구에 관하여 동시이행항변을 함과 동시에 반소로써 원고를 상대로 위 대지에 관하여 위 매매를 원인으로 한 소유권이전등기절차를 이행할 것을 청구합니다. ⑤

증명방법

1. 을 제2호증(...) ⑥

첨부서류

1. 위 증명방법 2통

... ⑦

2025. 3. 20. ⑧

반소원고(본소피고) 소송대리인 변호사 윤찬준 (인) ⑨

수원지방법원 제3민사단독 귀중 ⑩

2. 기재사항

반소장의 기재사항은 소장의 기재사항과 다르지 않다. 위 ①과 같이 표제를 반소장으로 쓰고, 위 ②와 같이 본소 사건번호와 당사자를 기재하되, 피고를 반소원고로, 원고를 반소피고로 표현하면 된다. 이때 본소피고나 본소원고와 같은 본소에서의 지위는 괄호 안에 표기하는 것이 실무례이다.

위 ③과 같이, 본소와 별도로 반소의 사건명을 기재하여야 한다. 반소에 관해서도 본소와는 별도로 사건번호와 사건명이 부여되기 때문이다. 사건명은 본소의 경우와 같이 쓰되, 마지막에 '반소'라고 기재하면 된다. 반소의 경우 위 ③과 같이 반소문언을 적는 것이 실무례이다.

반소 청구취지나 청구원인 등 나머지 기재에 관한 설명은 본소의 그것과 거의 동일하다. 위 ④, ⑤와 같이, 항상 당사자의 지위표시가 혼동되지 않도록 주의할 필요가 있다.

반소로는 본소의 청구나 방어의 방법과 관련된 청구가 가능하다. 위 반소장의 예에서 피고는 원고의 피고에 대한 소유권이전등기의무로 원고의 매매대금 청구에 관하여 동시이행의 항변을 할 수 있는데, 피고는 동시이행항변을 함과 동시에 위 소유권이전등기절차의 이행을 반소로써 청구하고 있으므로 그 관련성이 인정된다.

이처럼 반소의 요건으로 본소의 청구나 방어의 방법과의 관련성이 요구되므로, 반소 청구원인에 그 관련성에 관한 기재를 적어야 한다. 반소에 대한 변론은 본소에 대한 변론과 함께 진행되므로, 위와 같은 본소 청구에 대한 방어의 방법이 적힌 반소장이 변론기일에 진술되면, 별도로 본소에 대한 준비서면을 제출하지 않더라도, 본소 청구에 대한 방어방법으로서 역할을 하게 된다.

나머지 ⑥ 이하 기재는 소장 등의 설명과 같다.

V 항소장

1. 항소장의 구조

항소는 항소장을 제1심 법원에 제출함으로써 하고(법 제397조 제1항), 항소장에는 ① 당사자와 법정대리인, ② 제1심 판결의 표시와 그 판결에 대한 항소의 취지를 적어야 한다(법 제397조 제2항). 그리고 항소장 역시 앞서 본 바와 같은 준비서면에 관한 규정이 준용된다(법 제398조).

[그림6]

항소장	①
사　건 2025가단1234 매매대금 청구 원고(항소인) 나정훈 서울 서초구 서초로 100 (반포동) 소송대리인 변호사 박달변 서울 서초구 서초로 200, 302호 (서초동, 승소빌딩) (전화번호 : 02-500-4000, 이메일 : lawyerPark@kmail.com) 피고(피항소인) 서영우 수원시 영통구 법조로 100 (하동)	②
원고(항소인)는 위 사건에 관하여 귀 원이 2025. 10. 8. 선고한 판결에 대하여 불복하므로 이에 항소를 제기합니다(항소인은 위 판결서를 2025. 10. 14. 송달받았습니다).	③
제1심 판결의 표시 1. 원고의 청구를 기각한다. 2. 소송비용은 원고가 부담한다.	④
항소취지 1. 제1심 판결을 취소한다. 2. 피고는 원고에게 250,000,000원을 지급하라. 3. 소송비용은 피고가 부담한다. 4. 제2항은 가집행할 수 있다. 라는 판결을 구합니다.	⑤
항소이유 추후 제출하겠습니다.	⑥
첨부서류 …	⑦
2025. 10. 20.	⑧
원고(항소인) 소송대리인 변호사 박달변 (인)	⑨
수원지방법원 귀중	⑩

2. 구성요소별(①~④) 기재사항

[그림6]의 ①과 같이 표제를 '항소장'으로 적고, 위 ②와 같이 제1심의 사건번호와 사건명, 당사자명을 적어 준다. 이때 항소하는 당사자와 그 상대방을 분명히 하여 항소인과 피항소인으로 기재하여 주고,[52] 항소심에서 항소장 등 서류를 상대방에게 송달하여야 하므로 다시 주소를 적어 준다. 심급대리의 원칙상 소송대리인 역시 다시 적어 주어야 한다.

위 ③과 같이 항소문언은 필수적인 것은 아니나 적어주는 것이 실무례이다. 특히 당사자가 여럿일 경우 누가 항소장을 제출하며 어떤 판결에 대한 불복인지를 밝혀 주는 것이 좋다. 또한 항소장이 적법한 항소기간 내에 제출되었다는 뜻에서 항소인이 언제 제1심 판결서를 송달받았는지를 밝혀 주는 것이 실무례이다. 이는 항소뿐만 아니라 불복기간이 정해져 있는 즉시항고 등과 같은 경우에도 마찬가지다.

위 ④와 같이 제1심 판결의 표시로 그 판결의 주문을 적어 준다. 이로써 제1심 판결을 특정할 뿐 아니라, 그 아래 적혀 있는 항소취지와 비교함으로써 항소인이 불복 범위를 정할 수 있게 된다.

3. 항소의 취지[53]

항소법원의 변론은 당사자가 제1심 판결의 변경을 청구하는 한도에서 이루어질 수 있고(법 제407조 제1항), 항소법원은 항소인의 불복 한도 안에서 제1심 판결을 바꿀 수 있다(법 제415조 본문). 따라서 항소취지에 적힌 부분이 항소법원의 심판대상이 되므로, 항소취지는 소장의 청구취지처럼 신중하게 검토하여 정교하게 적어야 한다.

청구취지는 원고가 소로써 피고를 상대로 구하는 판결의 주문이고, 항소취지는 항소인이 제1심 판결에 대하여 불복하는 범위를 가리킨다. 항소취지와 청구취지는 서로 다른 관념이므로 상호 혼동하지 않도록 세심한 주의가 필요하다.[54]

---

52 통상공동소송에서 공동소송인 중 일부 당사자만 또는 일부 당사자에 대하여만 항소한 경우에 항소하지 아니하거나 피항소인으로 지목되지 아니한 당사자들 사이의 소송은 확정되므로, 누가 누구를 상대로 항소하는 것인지를 분명히 밝혀야 한다.

53 더 자세한 내용은 2017 민사항소심판결서작성실무(서울고등법원 재판실무개선위원회, 사법발전재단) 36~43쪽, 민사실무Ⅰ 329쪽 이하 각 참조

54 실무에서 항소취지를 확장하거나 감축한다는 것이 청구취지를 감축하는 것으로 잘못 기재하여 제출하는 경우가 종종 있는데, 항소취지의 감축과 달리, 항소심에서의 청구취지 감축은 종국판결 후 소취하에 해당하여 재소금지의 불이익이 발생할 수 있으므로 주의를 요한다.

가. 원고의 항소

1) 전부 패소한 원고의 항소

원고가 "피고는 원고에게 1,000만 원을 지급하라."는 청구취지로 소장을 제출하였으나 제1심 법원으로부터 "원고의 청구를 기각한다."는 전부 패소판결을 선고받았다고 해 보자.

가) 전부 항소

이에 대해서 원고가 그 전부에 대하여 항소를 제기한다면, 그 항소취지는 다음과 같다.

"제1심 판결을 취소한다. 피고는 원고에게 1,000만 원을 지급하라."

가장 간단한 경우이다. 이로써 항소법원의 심판범위는 제1심 법원과 같이 피고가 원고에게 1,000만 원을 지급할 의무가 있는지 여부가 된다.

나) 일부 항소

원고가 제1심에서 1,000만 원의 대여사실을 주장하면서 피고를 상대로 1,000만 원의 지급을 청구하였는데, 제1심 법원이 대여사실이 전혀 인정되지 않는다고 하여 원고 전부 패소판결을 내렸으나, 원고가 다시 검토해 보니 항소법원에서 700만 원을 빌려준 사실은 증명할 수 있다고 보아서 700만 원의 지급을 청구하는 한도에서만 항소를 제기할 수도 있다. 이때의 항소취지는 다음과 같다.

"제1심 판결 중 아래에서 지급을 명하는 부분에 해당하는 원고 패소 부분을 취소한다.[55] 피고는 원고에게 700만 원을 지급하라."

이로써 항소법원의 심판범위는 제1심 법원이 선고한 원고 전부 패소판결 중 피고가 원고에게 700만 원을 지급할 의무가 있는지 여부가 된다.[56]

2) 일부 승소한 원고의 항소

원고가 "피고는 원고에게 1,000만 원을 지급하라."는 청구취지로 소장을 제출하였으나 제1심 법원으로부터 "피고는 원고에게 300만 원을 지급하라. 원고의 나머지 청구를 기각한다."는 원고 일부 승소판결을 선고받았다고 해 보자.

---

55 이때 700만 원 부분만 항소하는 취지임에도 단순히 '제1심 판결을 취소한다.'라고만 적으면 제1심 판결 중 취소를 구하는 부분과 심판대상으로 삼을 부분이 불일치하여 항소취지가 불분명해진다.

56 이 경우에 항소하지 아니한 나머지 300만 원 부분도 확정되지 아니한 채 항소심으로 이심된다. 다만 항소인이 불복하지 않으므로 심판의 대상은 아니다. 이때에도 항소인은 항소심 변론종결까지 항소취지를 확장할 수 있고, 이 경우에는 불복대상에 포함되어 심판의 대상이 될 수 있다(대법원 2001. 4. 27. 선고 99다30312 판결 등 참조). 통상공동소송인 사이에서 일부 당사자만(일부 당사자만을 상대로 한 경우 포함) 항소한 경우 항소인이나 피항소인이 아닌 당사자 사이의 판결은 확정되는 것과 다르므로 주의를 요한다.

가) 패소 부분 전부 항소

이 경우 원고가 패소한 700만 원 부분을 항소법원에서 다시 재판받고자 한다면 그 항소취지는 다음과 같다.

"제1심 판결 중 원고 패소 부분을 취소한다. 피고는 원고에게 700만 원을 지급하라."

이때 단순히 "제1심 판결을 취소한다."라고 기재한다면, 원고가 유리한 판결을 받은 300만 원의 청구를 인용한 부분까지도 불복하는 취지가 되어 부적절하다. 원고가 일부 승소했음에도 항소취지에서 그 나머지 금액이 아니라 원래의 청구취지와 같이 "피고는 원고에게 1,000만 원을 지급하라."라고 쓴다면, 원고가 제1심 판결에서 지급받은 300만 원 이외에 1,000만 원을 추가로 지급할 것을 청구하는 것인지 불분명하여 이 또한 항소취지의 기재로서는 부적절하다.[57]

나) 패소 부분 중 일부 항소

이 경우 원고가 패소한 부분 중 일부에 대해서만 항소할 수도 있다. 만일 패소 부분 중 400만 원 부분에 대해서만 불복한다면 그 기재례는 다음과 같다.

"제1심 판결 중 아래에서 지급을 명하는 부분에 해당하는 원고 패소 부분을 취소한다. 피고는 원고에게 400만 원을 지급하라."

나. 피고의 항소

1) 전부 패소한 피고의 항소

원고의 청구가 모두 인용되어 제1심 법원으로부터 "피고는 원고에게 1,000만 원을 지급하라."는 판결이 선고되었다고 해 보자.

가) 전부 항소

이에 대해서 피고가 그 전부에 대하여 항소를 제기한다면, 그 항소취지는 다음과 같다.

"제1심 판결을 취소한다. 원고의 청구를 기각한다."

가장 간단한 경우이다. 이로써 항소법원의 심판범위는 제1심 법원과 같이 피고가 원고에게 1,000만 원을 지급할 의무가 있는지 여부가 된다.

나) 일부 항소

제1심 판결에서 1,000만 원의 대여사실이 모두 인정되어 1,000만 원의 지급을 명하는 판결

---

57 항소심에서도 청구의 기초가 바뀌지 아니하는 한도 안에서 청구취지를 확장할 수 있으므로 이를 청구할 수 없는 것은 아니다(법 제408조, 제262조 제1항). 다만 이 경우에라도 항소취지는 700만 원을 한도로 삼을 수 있을 뿐이고, 추가로 300만 원의 지급을 구하고자 한다면, 별도로 300만 원을 추가로 지급해 달라는 취지의 청구취지 및 청구원인 변경 신청서를 제출함으로써 청구취지를 확장하는 조치를 취해야 한다.

이 선고되었으나, 피고가 다시 검토해 보니 항소법원에서 300만 원을 빌려준 사실은 다툴 수 있다고 보아서 300만 원의 지급을 명하는 부분에 한하여 항소를 제기할 수도 있다. 이때의 항소취지는 다음과 같다.

"제1심 판결 중 피고에 대하여 원고에게 700만 원을 초과하여 지급을 명한 피고 패소 부분을 취소하고,[58] 그 취소 부분에 해당하는 원고의 청구를 기각한다."

이로써 항소법원의 심판범위는 제1심 법원이 선고한 원고 전부 승소판결 중 피고가 원고에게 300만 원을 지급할 의무가 있는지 여부가 된다.

2) 일부 패소한 피고의 항소

원고가 "피고는 원고에게 1,000만 원을 지급하라."는 청구취지로 소장을 제출하였으나 제1심 법원으로부터 "피고는 원고에게 300만 원을 지급하라. 원고의 나머지 청구를 기각한다."는 원고 일부 승소판결을 선고받았다고 해 보자.

가) 패소 부분 전부 항소

이 경우 피고가 패소한 300만 원 부분을 항소법원에서 다시 재판받고자 한다면 그 항소취지는 다음과 같다.

"제1심 판결 중 피고 패소 부분을 취소한다. 그 취소 부분에 해당하는 원고의 청구를 기각한다."

이때 단순히 "제1심 판결을 취소한다."라고 기재한다면, 피고가 유리한 판결을 받은 700만 원의 청구를 기각한 부분까지도 불복하는 취지가 되어 부적절하다. 피고가 일부 승소했음에도 항소취지에서 단순히 "원고의 청구를 기각한다."라고 쓴다면, 이미 청구를 기각한 판결 부분에 대하여도 다시 청구기각을 구하는 것인지가 불분명하여 이 또한 항소취지의 기재로서는 부적절하다.

나) 패소 부분 중 일부 항소

이 경우 역시 피고가 패소한 부분 중 일부에 대해서만 항소할 수도 있다. 만일 피고가 패소 부분 중 100만 원의 지급을 명한 부분은 인정하고, 이를 초과하여 200만 원의 지급을 명한 부분에 대해서만 불복한다면 그 기재례는 다음과 같다.

"제1심 판결 중 피고에 대하여 원고에게 100만 원을 초과하여 지급을 명한 피고 패소 부분을 취소하고, 그 취소 부분에 해당하는 원고의 청구를 기각한다."

---

58 이때 300만 원 부분만 항소하는 취지임에도 단순히 '제1심 판결을 취소한다.'라고만 적으면 제1심 판결 중 취소를 구하는 부분과 심판대상으로 삼을 부분이 불일치하여 항소취지가 불분명해진다.

다. 본소·반소의 경우

제1심에서 원고(반소피고)는 본소로 "원고의 피고에 대한 2024. 8. 1. 소비대차계약에 기한 1,000만 원의 채무가 존재하지 아니함을 확인한다."는 청구취지를 구하고, 피고(반소원고)는 반소로 "반소피고(본소원고)는 반소원고(본소피고)에게 1,000만 원을 지급하라"는 청구취지를 구했다고 해 보자.

1) 원고가 항소한 경우

원고(반소피고)가 전부 패소하여 "원고(반소피고)는 피고(반소원고)에게 1,000만 원을 지급하라. 원고(반소피고)의 본소 청구를 기각한다."는 판결이 선고되었다고 하고 이에 원고가 제1심 판결의 전부에 대해 항소하였다면 그 항소취지 기재례는 다음과 같다.

"제1심 판결을 취소한다. 원고(반소피고)의 피고(반소원고)에 대한 2024. 8. 1. 소비대차계약에 기한 1,000만 원의 채무가 존재하지 아니함을 확인한다. 피고(반소원고)의 반소 청구를 기각한다."

2) 피고가 항소한 경우

피고(반소원고)가 전부 패소하여 "원고(반소피고)의 피고(반소원고)에 대한 2024. 8. 1. 소비대차계약에 기한 채무가 존재하지 아니함을 확인한다. 피고(반소원고)의 반소 청구를 기각한다."는 판결이 선고되었다고 하고 이에 피고가 제1심 판결의 전부에 대해 항소하였다면 그 항소취지 기재례는 다음과 같다.

"제1심 판결을 취소한다. 원고(반소피고)는 피고(반소원고)에게 1,000만 원을 지급하라. 원고(반소피고)의 본소 청구를 기각한다."

라. 명확하게 표현하기 어려운 경우

제1심 판결의 주문 중 앞서 본 바와 같이 불복하는 범위를 깔끔하게 적기 어려운 경우도 있다. 이때에는 "제1심 판결 중 원고 패소 부분을 취소한다."는 문언 대신 "**제1심 판결을 다음과 같이 변경한다.**"는 문언을 사용하는 것이 좋다.

예를 들어 원고가 "원고의 피고에 대한 2024. 8. 1. 소비대차계약에 기한 채무가 존재하지 아니함을 확인한다."는 청구취지로 소를 제기하였다가 제1심에서 "원고의 피고에 대한 2024. 8. 1. 소비대차계약에 기한 채무는 500만 원을 초과하는 범위에서 존재하지 아니함을 확인한다. 원고의 나머지 청구를 기각한다."는 원고 일부 승소판결이 선고되었고, 이에 원고가 그 패소 부분에 대해 항소하였다면 그 항소취지 기재례는 다음과 같다.

"제1심 판결을 다음과 같이 변경한다. 원고의 피고에 대한 2024. 8. 1. 소비대차계약에 기한 채무가 존재하지 아니함을 확인한다."

4. 항소의 이유

여기에는 제1심 판결이 판결의 이유에서 기재한 법률의 적용이나 사실의 인정에 대한 의견을 포함한 공격 또는 방어방법이나, 상대방의 청구와 공격방어방법에 대한 진술을 적어 제출하면 된다. 보통은 제1심 판결의 이유를 요약하여 적은 다음, 이에 대한 반박이나, 새로운 공격 또는 방어방법, 기타 상대방의 주장에 대한 의견을 앞서 살핀 소장이나 답변서, 준비서면에 준하여 적절하게 표현해 주면 된다.

다만, 항소장은 판결서가 송달된 날부터 2주일 이내에 제출하여야 하므로 제1심 판결을 정확히 분석하여 항소에 이르게 된 이유를 항소장에 구체적으로 적을 만한 시간적인 여유가 없을 수 있다. 이러한 이유로 항소장에는 항소의 이유를 추후에 제출하겠다고만 적은 후 이를 제출하는 경우가 많다. 이때 사건이 항소심에 계속한 다음 항소인은 '항소이유서' 또는 '준비서면'으로 구체적인 항소이유를 적어 주면 된다. 다만 항소이유서 제출시기에는 제한이 있으므로 주의를 요한다. 항소이유서 제출시기에 관해서는 후술한다.

5. 그 밖의 기재사항

[그림6]의 나머지 ⑦~⑩의 기재사항은 소장의 그것에 대한 설명과 같다. 다만 항소장은 제1심 법원에 제출하는 것이므로(법 제397조 제1항), 위 ⑩과 같은 항소장에 기재할 법원의 표시는 고등법원과 같은 항소심 법원이 아니라 **제1심 법원**을 표시해야 한다는 점에 주의해야 한다.

6. 그 밖에 항소심에서 주의해야 할 것들

가. 청구취지의 변경

앞서 본 바와 같이 항소심에서도 청구의 기초가 바뀌지 아니하는 한도 안에서 청구의 변경이 가능하므로 청구취지를 확장하거나 청구취지를 감축하거나 교환적으로 변경할 수도 있다.

다만 청구취지를 감축하는 것은 소의 일부 취하가 되고, 항소심에서 소를 일부라도 취하하면 이미 종국판결이 있은 뒤의 소 취하에 해당하므로 이 한도에서 같은 소를 제기하지 못하는 재소금지의 효과가 발생한다(법 제267조 제2항). 따라서 제1심에서와는 달리, 항소심에서는 소를 일부라도 취하한 후에는 다시 이를 원상회복하는 방법으로 확장하는 것이 허용되지 않으므로 청구취지를 감축할 때에는 신중하게 검토한 후 해야 하고, 되도록 최종 변론종결 단계에서 그

가부를 결정하는 것이 좋다.

특히 청구취지를 교환적으로 변경하는 것 역시 옛 청구취지를 취하하고 새로운 청구취지를 청구하는 것이므로, 재소금지의 효과에 따라 옛 청구취지를 되돌릴 수 없게 된다.[59] 따라서 선불리 항소심에서 청구취지를 교환적으로 변경하는 것은 신중하게 검토하여 결정해야 하고, 청구취지를 단순히 확장하거나, 예비적으로 청구취지를 추가하는 등의 조치를 강구하는 것이 안전하다.

나. 항소심에서의 반소의 제기, 상계의 항변 등

항소심에서도 반소의 제기는 상대방의 심급의 이익을 해할 우려가 없는 경우이거나, 상대방의 동의를 받은 경우에 가능하고(법 제412조 제1항), 이에 해당하지 않더라도 상대방이 이의를 제기하지 않은 채 반소의 본안에 관하여 변론한 때에는 반소제기에 동의한 것으로 의제되어 가능하게 될 수 있다(법 제412조 제2항). 다만 반소제기는 실질적으로 심급의 이익을 해칠 수 있다는 점에 유의해서 그 제기 여부를 신중하게 결정해야 한다.

상계의 항변과 같이 이에 제공된 권리의 존부에 대해 기판력이 미칠 수 있는 방어방법의 경우에도 마찬가지로 심급의 이익을 잃어 버릴 우려가 크므로, 이 역시 항소심에서는 신중하게 판단하여 상계의 항변을 할지, 아니면 별소를 제기할지 여부를 결정하여야 한다.

다. 항소이유서 제출기간 제도

종래 민사소송에는 형사소송의 경우[60]와 같은 항소이유서 제출시기에 관한 제한이 없었다. 그러나 2025. 3. 1. 이후 항소장이 제출된 사건부터 항소장에 항소이유를 적지 아니한 항소인은 항소기록접수통지를 받은 날부터 40일 이내에 항소이유서를 제출하여야 하고(법 제402조의2 제1항), 법원은 위 기간을 해태한 항소인에 대하여 직권 조사사유가 없는 한 변론을 열지 않고 항소를 각하하는 결정을 해야 한다(법 제402조의3 제1항). 즉 이 경우 법원의 항소각하결정은 재량이 아니라 의무이므로 항소이유서 제출기간을 도과하지 않도록 주의해야 한다. 민사소송법이 준용되는 가사소송과 행정소송의 경우도 마찬가지다.

---

59 대법원 1987. 6. 9. 선고 86다카2600 판결 등 참조

60 형사소송에서 항소인 또는 변호인은 항소법원으로부터 소송기록을 접수받았다는 통지(소송기록접수통지)를 받은 때로부터 20일 이내에 항소이유서를 항소법원에 제출하여야 하고(형사소송법 제361조의3 제1항), 형사소송에서는 항소인이나 변호인이 위 기간 내에 항소이유서를 제출하지 아니한 때에는 결정으로 항소를 기각하여야 한다(형사소송법 제361조의4 제1항 본문). 민사소송에서도 상고의 경우에는 상고법원으로부터 소송기록의 접수통지를 받은 날부터 20일 이내에 상고이유서를 제출하여야 하고(법 제427조), 위 기간 내에 상고이유서를 제출하지 아니한 때에는 상고법원은 원칙적으로 변론 없이 판결로 상고를 기각하여야 한다(법 제429조 본문).

항소인이 정당한 사유 없이 제출기간을 넘겨 항소이유서에 기재되지 않은 새로운 주장을 제출한 때에는 항소법원은 법 제149조 제1항(실기한 공격·방어방법의 각하)에 따라 결정으로 그 주장을 각하할 수 있다(규칙 제126조의2 제4항). 형사소송의 경우 원칙적으로 적법한 항소이유가 항소법원의 심판대상이 되나, 민사소송의 경우 이러한 제한은 없고 다만 위와 같이 기한 내에 제출되지 않은 새로운 주장을 각하할 수 있도록 하고 있다.

항소심에서의 증거신청은 부득이한 사정이 없으면 항소이유서를 제출하면서 일괄하여 증거를 신청해야 하고(규칙 제127조의4 제1항), 항소심에서 증거는 ① 제1심에서 조사되지 아니한 데에 대하여 고의나 중대한 과실이 없고 그 신청으로 인하여 소송을 현저하게 지연시키지 아니하는 증거, ② 제1심에서 증거조사가 이루어졌으나 특별한 사정이 있어 항소심에서 다시 증거조사를 하는 것이 부득이하다고 인정되는 증거, ③ 그 밖에 항소의 당부에 관한 판단을 위하여 반드시 필요하다고 인정되는 증거로 제한되는 점(규칙 제127조의4 제2항) 역시 주의해야 한다.

VI 결론: 3단논법

소장 등의 서면의 작성원리에 관하여 보았듯이, 민사재판에서 당사자들이 주장하고 논증할 대상은 결국 3단논법에 따라 **법리－사실－법률효과**의 세 부분의 기본적인 단위로 이루어져 있음을 알 수 있다. 즉, 원고는 자신이 주장하는 청구원인에 관해서 **법리－사실－법률효과**의 논증을 통해서 법원이 청구취지와 같은 판결을 선고해야 함을 설득하는 것이고, 피고가 부인한다는 것은 결국 원고의 청구원인사실에 대한 이러한 논증을 방해함을 의미한다. 피고가 별도로 항변을 한다는 것 역시 원고 주장사실과 별도의 사실을 주장하면서 **법리－사실－법률효과**의 논증을 통해서 법원에 대하여 원고의 주장과 같은 권리의 발생을 저지하거나 그것이 소멸하였음을 설득하는 것이고, 원고는 이에 대해 부인하여 그 논증을 방해하거나, 재항변을 통해서 별도의 사실을 주장하여 또 다른 **법리－사실－법률효과**의 논증 과정을 거쳐 피고가 주장하는 권리 저지 내지 소멸효과가 차단되어야 한다고 설득하는 것이다. 결국 민사소송에서의 공격과 방어는 스스로 유리하게 구축한 위와 같은 일련의 법리－사실－법률효과의 논증을 그 단위별로 성공시키거나 상대방의 논증을 방해하는 과정으로 이해할 수 있다. 이러한 논증의 과정에 익숙해진다면 어떠한 형식의 민사법문서도 설득력 있게 작성할 수 있게 될 것이라고 믿는다.

03

민사기록의 검토

민사기록의
이해

제03장

민사기록의 검토

I 민사소송절차와 민사기록

민사기록은 민사소송절차가 진행되면서 생성된 소송서류들로 구성되어 있다. 따라서 민사소송절차를 이해하면 민사기록의 독해는 한결 수월해진다. 민사기록을 설명하기에 앞서 민사소송절차의 개요를 짚어 보자.

민사 본안소송은 원고가 소장[61]을 작성하여 법원에 접수함으로써 개시된다(법 제248조). 법원은 접수된 원고의 소장을 활용하여 기록표지를 비롯하여 민사기록을 조제함과 동시에 사건을 재판부로 배당한다. 한편 사건을 배당받은 재판부의 재판장은 접수된 소장이 법이 정한 대로 작성되었는지 심사과정을 거친다(법 제254조, 제249조). 즉, 재판장은 해당 소장에 청구취지, 청구원인 등 법 제249조에 따른 기재사항이 정확히 기재되어 있는지, 소정의 인지가 붙어 있는지, 소정의 송달료가 납부되었는지를 심사하여, 그중 흠결사항이 발견되면 원고를 상대로 흠결사항을 보완하라는 취지의 보정명령을 내린다(법 제254조 제1항 본문).[62]

원고가 흠결사항을 보완한 보정서를 제출한 경우, 법원은 소장 부본을 상대방인 피고에게 송달한다(법 제255조 제1항).[63] 소장 부본이 송달되지 않을 경우, 재판장은 원고에게 주소보정명령을 내리고(법 제255조 제2항, 제254조 제1항), 원고는 새로운 주소를 파악하여 이를 소명하는 취지 등이 기재된 보정서를 제출한다. 이때 원고가 여러 차례 주소보정을 하고 법원이 피고를 상대로 송달을 반복하였음에도 계속하여 송달불능될 경우, 법 제194조 제1항의 요건(당사자의 주소 등 또는 근무장소를 알 수 없는 경우)이 충족되는 때에는 '공시송달'의 방법(규칙 제54조 제1항[64])으로 송달을 할 수도 있다.

소장 부본을 송달받은 피고는 원고의 청구를 다투는 경우에는 소장의 부본을 송달받은 날부터 30일 이내에 답변서[65]를 제출하여야 한다(법 제256조 제1항 본문). 피고가 위 30일 이내에

61 소장에는 규칙 제63조 제2항 제2문에 따라 증거로 될 문서 중에서 중요한 것의 사본 등을 첨부하여야 한다.

62 실무에서는 주로 이러한 소장심사절차를 법 제254조 제1항 단서에 따라 재판부에 속한 법원사무관 등으로 하여금 처리하게 하고 있다. 법원사무관 등이 흠결사항을 발견한 경우에는 '보정권고'라는 이름의 문서를 작성하여 원고에게 송달한다.

63 당초 제출한 소장에 아무런 흠결사항이 없었다면 보정명령 없이 곧바로 소장 부본을 송달함은 물론이다.

64 법원사무관 등이 송달할 서류를 보관하고, ① 법원게시판에 게시하거나, ② 관보 · 공보 또는 신문 게재하거나 또는 ③ 법원홈페이지에 게시하는 등 전자통신매체를 이용하여 그 사유를 공시한다.

답변서를 제출하지 아니한 때에는 법원은 청구의 원인이 된 사실을 자백한 것으로 보고 변론 없이 판결할 수 있다(법 제256조 제1항 단서. 이를 실무상 '무변론판결'[66]이라고 한다). 피고가 답변서를 제출한 경우에는 법원은 답변서의 부본을 원고에게 송달한다(법 제256조 제3항). 이에 대하여 원고는 피고의 답변서에 대하여 반박하는 취지의 준비서면을 법원에 제출할 수 있다(법 제273조 참조). 피고 역시 재반박 취지의 준비서면을 제출할 수 있다. 이렇게 원·피고 간에 서면공방이 어느 정도 마쳐지면, 재판장은 변론기일을 지정한다(법 제258조 제1항 본문).

원·피고는 지정된 변론기일에 출석하여 변론을 한다(법 제134조 제1항 본문). 서증, 증인 등에 관한 증거조사절차를 거쳐 변론을 종결한다. 이때 각 변론내용의 요지가 변론조서로 작성된다(법 제152조). 변론종결일부터 2주 이내에 판결선고를 함이 원칙이다(법 제207조 제1항 전단).

Ⅱ 민사기록[67]의 구성

민사기록은 이렇게 민사소송절차를 통하여 생성된 당사자가 제출하는 소장·답변서·준비서면·서증사본 등과 법원에서 작성하는 조서 및 각종 송달 관련 서류들로 구성되어 있다.

상세히 보자면, 사건기록은 표지와 당해 사건에 관계되어 작성·제출된 일체의 서류를 통합하여 편철하는데, ① 법원이 작성한 각종 조서 및 조서에 인용·첨부되어 조서의 일부를 이루는 서면, ② 당사자가 제출한 소장·소송위임장·준비서면·답변서·서증사본 및 각종 소송상 신청서·참고서류는 물론이고 ③ 제3자가 작성한 서류, 예컨대 조사촉탁에 의한 보고서, 수탁판사의 증거조사조서 등도 모두 사건기록을 구성하여 그 내용을 이룬다.[68] 당사자나 제3자로부터 제출된 진정서 등은 그 내용으로 보아 준비서면의 성격을 가지거나 서증으로 제출된 경우

65 답변서에는 규칙 제65조 제2항에 따라 입증이 필요한 사실에 관한 중요한 서증의 사본을 첨부하여야 한다.

66 변론기일을 열지 않고서 곧바로 판결을 선고를 한다고 하여 이렇게 명명하게 되었다. 다만 법원이 필요하다고 판단할 경우에는 변론을 열 수도 있다.

67 2010. 3. 24. 민사소송 등에서의 전자문서 이용 등에 관한 법률이 시행됨으로써 이른바 전자소송의 시대가 열렸다. 민사사건의 경우 전자소송을 통한 접수율이 2018년 77.2%, 2019년 82.0%, 2020년 상반기 86.8%로 지속해서 상승하는 추세다[2020. 8. 12.자 서울경제신문, "법원행정처 '전자소송 업무 매뉴얼' 발간"(https://www.sedaily.com/NewsView/1Z6JUI9QAK)]. 이제 민사기록은 전자화된 기록이 대세이고 종래의 종이형태의 기록은 점차 줄어 가고 있다. 그러나 전자화된 기록은 종이기록의 구성요소나 원리를 전자파일 형태로 구현한 것에 불과하므로 종이기록을 분석하고 독해하는 방식을 익히면 전자화된 기록은 자연히 이해될 수 있다. 이에 이 책에서 '민사기록'이라 함은 특별한 설명이 없는 이상 전통적인 방식의 '종이기록'을 가리킨다. 다만 전자화된 기록에 관한 설명은 항목을 바꾸어 따로 설명하기로 한다.

68 실무제요[I] 218~219쪽

가 아니면 법관의 감정에 호소하려는 목적에서 작성된 문서에 불과하여 소송서류로 취급할 수 없지만 실무상은 사건담당자 개인에게 사적으로 보내온 서신 등도 사건과 관계가 있는 한 접수절차를 밟아 기록에 편철하고 있다.[69]

기록은 대체로 사건기록의 표지 → 사건별 송달현황 → 기록목록 → 증거목록 → 소장 및 서증사본, 답변서 및 서증사본 → (쌍방의 준비서면) **→ 변론조서의 순서대로 편철**되고, 소장 이하의 편철순서는 서류가 접수되거나 작성된 시간적 순서에 의함이 원칙이다(법원재판사무 처리규칙 제23조 제1항 참조).

III 기록 구성요소들의 검토요령

아래에서는 민사기록을 구성하고 있는 주요서류들의 서식을 소개하면서, 민사기록의 각 구성요소들이 가지는 의미와 이를 검토하는 기본적인 원리를 살펴본다.

1. 기록표지

기록표지에는 일반적으로 법원명, 기록의 제목, 사건번호 및 사건명, 당사자·보조참가인의 성명, 관련 사건에 관한 사항, 재판부와 주심에 관한 사항, 사건완결 후 기록정리의 감독을 위한 결재란이 있고([그림1] 참조), 다음 장에는 변론준비절차에 관한 기재란 및 기일 외에서 지정하는 기일에 관한 기재란이 마련되어 있다([그림2] 참조).[70]

69 실무제요[I] 219쪽
70 실무제요[I] 219쪽

[그림1][71]

년 질 호 전 책중 책

<table>
<tr><td>기일</td><td colspan="5">서울중앙지방법원
민사 제1심 소송기록</td></tr>
<tr><td>3/13 A10</td><td rowspan="2">사 건</td><td colspan="2" rowspan="2">2025가합1234 대여금청구</td><td>재판부</td><td>10</td></tr>
<tr><td>3/27 A10
선고</td><td>주심</td><td>다</td></tr>
<tr><td></td><td>원 고</td><td colspan="4">김갑동</td></tr>
<tr><td></td><td rowspan="3">피 고</td><td colspan="4" rowspan="3">1. 이을남
2. 박병철</td></tr>
<tr><td></td></tr>
<tr><td></td></tr>
<tr><td rowspan="2">완결
공람</td><td>담임</td><td>과장</td><td colspan="2">주심판사</td><td>재판장</td></tr>
<tr><td></td><td></td><td colspan="2"></td><td></td></tr>
</table>

[그림1]은 합의부 사건의 표지이고 단독 사건일 경우에는 '재판부', '주심'란이 하나의 칸으로 합쳐져 '단독'으로 기재되는 것 이외에는 [그림1]의 양식과 동일하다. [그림1]에서 좌측 상단 '기일'란 아래에 기재된 숫자는 법원사무관 등이 수기로 지정된 변론기일을 기재한 모습을 형상화한 것이다. [그림1] 하단에 있는 '완결공람'란은 법원 내부의 결재 관련 부분이므로 유의하지 않아도 된다.

71 실무제요[I] 220쪽

[그림2][72]

<table>
<tr><td colspan="7">변 론 준 비 절 차</td></tr>
<tr><td>회 부
수명법관 지정일자</td><td colspan="3">수명법관 이름</td><td colspan="2">재 판 장</td><td>비 고</td></tr>
<tr><td></td><td colspan="3"></td><td colspan="2"></td><td></td></tr>
<tr><td></td><td colspan="3"></td><td colspan="2"></td><td></td></tr>
<tr><td colspan="7">기 일 외 에 서 지 정 하 는 기 일</td></tr>
<tr><td>기일의 종류</td><td colspan="4">일 시</td><td>재판장</td><td>비 고</td></tr>
<tr><td>제1차 변론기일</td><td>2025</td><td>3</td><td>13</td><td>10:00</td><td>(인)</td><td></td></tr>
<tr><td></td><td></td><td></td><td></td><td></td><td></td><td></td></tr>
<tr><td colspan="7"></td></tr>
</table>

[그림2]의 변론준비절차는 쟁점이 복잡한 경우 변론기일 전에 진행될 수 있는데(법 제258조 제1항 단서, 제282조 제1항 참조), 변론준비기일이 지정된 경우 그 내용을 기재하는 부분이다. 한편, 변론기일은 기일통지서를 송달하여 통지하는 것이 원칙이다(법 제167조 제1항 본문). 다만, 그 사건으로 법정에 출석한 사람에게는 재판장이 법정에서 기일을 직접 고지하면 된다(법 제167조 제1항 단서). 따라서 제1회 변론기일에 출석한 당사자들에게는 법정에서 차회 변론기일을 통지하게 되므로 [그림2]에서 '기일 외에서 지정하는 기일'에 제2회 이후의 변론기일은 기재될 일이 드물다. 제1회 변론기일은 재판장이 집무실에서 지정하므로 이곳에 표기된다. 무변론판결을 선고하는 피고에 대한 선고기일도 기일 외에서 지정하게 된다.

72 실무제요[I] 221쪽

2. 사건별 송달현황

[그림3]

사건별 송달현황

재판부 : 제10민사부 [출력일 : 2025. 4. 6. 17:00]

구분	송달현황		송달결과
▶[2025가합1234]			
송달물 ①	**소장부본/소송절차안내서**		
생성일·방법	생성:2025.02.02.	우편송달	**송달:2025.02.03.** ③
송달받을자 주소 ②	피고 이을남	서울 영등포구 대방로 10	
수령인·장소	본인 이을남	서울 영등포구 대방로 10	[영등포/정배송]
송달물	**소장부본/소송절차안내서**		**불능:폐문부재(2025.02.03.)** **불능:이사불명(2025.02.09.)** ④
생성일·방법	생성:2025.02.02.	우편송달	
송달받을자 주소	피고 박병철	서울 관악구 봉천로 10	
수령인·장소			[관악/이정달]
송달물	**보정명령(2025.02.15.자)** ⑤		
생성일·방법	생성:2025.02.15.	우편송달	**송달:2025.02.18.**
송달받을자 주소	원고 김갑동	서울 서초구 서초로 10	
수령인·장소	본인 김갑동	서울 서초구 서초로 10	[서초/정진구]
송달물	**소장부본/소송절차안내서**		
생성일·방법	생성:2025.02.22.	우편송달	**송달:2025.02.25.**
송달받을자 주소	피고 박병철	서울 서대문구 연희로 10	
수령인·장소	본인 박병철	서울 서대문구 연희로 10	[서대문/고성실]
송달물	**피고 2 답변서** ⑥		
생성일·방법	생성:2025.03.02.	우편송달	**송달:2025.03.05.**
송달받을자 주소	원고 김갑동	서울 서초구 서초로 10	
수령인·장소	본인 김갑동	서울 서초구 서초로 10	[서초/정진구]
송달물	**변론기일통지서(2025. 3. 25. 10:00)** ⑦		
생성일·방법	생성:2025.03.08.	우편송달	**송달:2025.03.11.**
송달받을자 주소	원고 김갑동	서울 서초구 서초로 10	
수령인·장소	본인 김갑동	서울 서초구 서초로 10	[서초/정진구]
송달물	**변론기일통지서(2025. 3. 25. 10:00)**		
생성일·방법	생성:2025.03.08.	우편송달	**송달:2025.03.12.**
송달받을자 주소	피고 박병철	서울 서대문구 연희로 10	
수령인·장소	본인 박병철	서울 서대문구 연희로 10	[서대문/고성실]
송달물	**선고기일통지서(2025. 4. 8. 10:00)** ⑧		
생성일·방법	생성:2025.03.29.	우편송달	**송달:2025.04.01.**
송달받을자 주소	피고 이을남	서울 영등포구 대방로 10	
수령인·장소	본인 이을남	서울 영등포구 대방로 10	[영등포/정배송]

기록표지 다음에 통상 <사건별 송달현황>이 편철된다. <사건별 송달현황>은 해당 사건에 관한 서류들을 송달한 내역이 망라된 문서이다. [그림3]의 예를 통하여 <사건별 송달현황>의 의미를 읽어 보자. [그림3]의 ①에서 보듯이 '송달물'란에 송달 대상서류가 기재되고, 그 아래 ② '송달받을 자'란에 송달받을 대상자와 그의 주소가 기재되며, ③ '송달결과'란에 실제 송달된 날짜가 기재된다. [그림3]의 ③은 송달물인 '소장 부본과 소송절차안내서'가 2025. 2. 3. 피고 이을남에게 정상적으로 송달되었음을 의미한다. 그러나 ④에서 보듯이 해당 서류가 송달되지 않은 경우에는 송달불능된 날짜와 그 사유가 기재된다. ④는 송달물인 '소장 부본과 소송절차안내서'가 피고 박병철을 상대로 원고가 소장에서 밝힌 주소지인 서울 관악구 봉천로 10으로 발송되었다가 송달불능되었는데, 2025. 2. 3.에는 '폐문부재'의 사유로, 2025. 2. 9.에는 '이사불명'의 사유로 각각 송달이 되지 않았음을 보여 주고 있다.[73]

⑤는 피고 박병철에 대하여 ④에서 본 것처럼 송달불능이 되자, 법원이 2025. 2. 15. 원고 김갑동에게 주소보정명령을 하고 그 보정명령이 2025. 2. 18. 원고 김갑동에게 송달되었으며, 원고 김갑동이 새로운 주소지(서울 서대문구 연희로 10)를 파악하여 법원에 제출한 보정서에 따라 법원이 2025. 2. 22. 다시 소장 부본 및 소송절차안내서를 발송하여 그 서류들이 2025. 2. 25. 피고 박병철에게 송달되었음을 나타내고 있다.

⑥을 보면, 피고2(박병철)의 답변서가 2025. 3. 5. 원고 김갑동에게 송달되었음을 알 수 있다. 그런데 ⑥ 이하의 송달결과를 살펴보면 피고1(이을남)의 답변서의 송달내역이 전혀 보이지 않는다. 이는 피고 이을남은 피고 박병철과 달리 답변서를 법원에 제출하지 않았음을 의미한다. ③에서 피고 이을남은 2025. 2. 3. 소장 부본을 송달받았음에도 그로부터 30일이 지나도록 법원에 답변서를 제출하지 않았으므로, 법원은 피고 이을남에 대하여 법 제256조 제1항 단서에 따라 이른바 무변론판결을 할 수 있다. ⑦을 보면, 2025. 3. 25. 10:00 예정된 변론기일에 관하여 변론기일통지서를 원고 김갑동과 피고 박병철에 대하여만 송달하였음을 알 수 있고, ⑧을 보면 2025. 4. 8. 10:00 예정된 선고기일에 관하여 피고 이을남에 대해서만 그 기일통지서를 송달하였음을 알 수 있다.

앞서 설명한 것처럼 변론기일은 기일통지서를 송달하여 통지하는 것이 원칙이나(법 제167조 제1항 본문), 그 사건으로 법정에 출석한 사람에게는 재판장이 법정에서 기일을 직접 고지하면

73 송달불능의 사유로는 수취인부재, 폐문부재, 수취인불명, 주소불명, 이사불명이 있다. 수취인부재는 수취인이 주소지에 근거를 가지고 있으나, 현재 장기여행·가출·군복무·수감 등의 사유로 당분간 송달서류를 받을 수 없는 경우를 가리킨다. 폐문부재는 문을 잠그고 안에 사람이 없는 경우를 의미한다. 수취인불명은 당해 주소지에서 수취인이 누구인지 알 수 없는 경우이고, 주소불명은 기재된 주소가 불명확하여 당해 주소지 또는 수취인을 찾을 수 없는 경우이며, 이사불명은 수취인이 당해 주소지에 살다가 이사하였는데 이사간 곳을 모르는 경우이다(실무제요[II] 923쪽 참조). 수취인부재나 폐문부재의 경우는 공시송달의 요건(법 제194조 제1항 '당사자의 주소 등 또는 근무장소를 알 수 없는 경우')에 해당하지 않는다.

된다(법 제167조 제1항 단서). [그림3]의 예에서, 법원이 원고 김갑동과 피고 박병철에 대해서는 변론기일통지서를 송달하였는데, 그다음 기일인 선고기일에 대해서는 따로 기일통지서를 송달하지 않았다. 이는 원고 김갑동과 피고 박병철이 변론기일에 출석하였으므로 재판장이 법정에서 선고기일을 구두로 고지하였음을 시사한다. 그 반면에 피고 이을남은 소장 부본을 송달받고서 30일 이내에 답변서를 제출하지 않았으므로, 무변론 판결 선고 대상이어서 법원은 피고 이을남에 대하여는 변론을 열지 않는다. 따라서 변론기일통지서를 송달하지 않고 곧바로 판결선고기일만을 통지하였다.

한편, [그림3]에서 ③ '송달결과'란에 기재된 **소장 부본의 송달일은 메모하여야 한다**. 왜냐하면, 소송계속의 발생시기는 소장 부본이 피고에게 송달된 날이므로 소장 부본의 송달일은 중복제소의 판단기준이 되고,[74] 금전채무의 이행을 청구한 사안에서는 소송촉진 등에 관한 특례법 제3조 제1항 본문에 따라 '소장의 송달일' 다음 날부터 위 특례법령에서 정한 이율이 적용되기 때문이다.

3. 기록목록

기록목록은 사건기록의 내용을 일목요연하게 표시하여 찾아 읽기 편하도록 하는 동시에 편철된 서류의 분실과 흩어짐을 방지하고 기록의 일체성을 보전하기 위하여 작성된다.[75] 기록목록의 작성에 관하여는 '상소기록의 작성·송부 및 반송 등에 관한 예규(재일 2003-14)'에서 규정하고 있다. [그림4]의 작성례[76]에서 보듯이 민사기록의 목차에 해당한다.

---

74 대법원 1994. 11. 25. 선고 94다12517,94다12524 판결, 대법원 1990. 4. 27. 선고 88다카25274,25281(참가) 판결 등

75 실무제요[I] 226쪽

76 실무제요[I] 228~229쪽 참조

[그림4]

목　　록

사건번호 : 2024가합5678 ○○○

문 서 명 칭	장수	비 고
서증목록	1	원고 박○○
증인등목록	3	원고 박○○
서증목록	4	피고 이□□
증인등목록	6	피고 이□□
소장	7	원고 박○○
소송위임장(24. 09. 27.자)	26	원고대리인 최△△
답변서(24. 11. 07.자)	27	피고 이□□
소송위임장(24. 11. 07.자)	46	피고대리인 이□□
준비서면(24. 12. 06.자)	48	원고대리인 최△△
변론조서(제1차)	60	
금융거래정보제출명령신청서(24. 12. 23.자)	61	피고대리인 이□□
금융거래정보회신서(25. 01. 06.자)	65	기타 신한은행
서증목록(25. 01. 19.자)	66	원고대리인 최△△
준비서면(25. 01. 19.자)	69	원고대리인 최△△
변론조서(제2차)	73	
조정기일조서(제1차)	75	
증거자료제출(25. 04. 19.자)	76	피고대리인 이□□
변론조서(제3차)	90	
서증(25. 04. 27.자)	91	원고대리인 최△△
문서송부촉탁신청서(25. 06. 19. 자)	95	원고대리인 최△△
서증목록(25. 06. 27.자)	99	원고대리인 최△△
변론조서(제4차)	106	
문서송부촉탁신청서(25. 07. 02.자)	107	피고대리인 이□□
문서송부촉탁회신(25. 07. 03. 자)	112	서울동부지방검찰청
기일변경신청서(25. 07. 04.자)	114	원고대리인 최△△
서증(25. 07. 04.자)	116	원고대리인 최△△
변론조서(제5차)	124	
탄원서(25. 09. 11. 자)	125	원고 박○○
변론조서(제6차)	129	
판결선고조서	130	

4. 증거목록

가. 개요

증거목록에는 '서증목록'과 '증인등목록'이 있다. '서증목록'에는 서증에 관한 사항 중 서증의 현실적인 제출에 관련되는 사항을, '증인등목록'에는 그 밖의 모든 증거(증인신문·검증·감정·사실조회 등)에 관련되는 사항과 서증에 대한 문서제출명령·문서송부촉탁·법원 밖 서증조사에 관련되는 사항을 기재한다.[77] 편철순서는 원고 서증목록, 원고 증인등목록, 피고 서증목록, 피고 증인등목록, 독립당사자참가인 서증목록, 독립당사자참가인 증인등목록 및 직권분 증인등목록 순이다.[78]

이러한 증거목록의 작성방법은 '민사 등 증거목록에 관한 예규(재민 2004-6)'(이하 '민사증거목록예규'라고 한다)에 따른다. 한편 증거목록은 형태상으로는 변론조서나 변론준비조서와 분리되어 있으나 내용상으로는 해당 변론조서나 변론준비조서의 일부를 이룬다. 따라서 증거목록이 기록순서로는 기록표지/ 사건별 송달현황 다음에 편철되어 있으나, 실제 기록을 검토할 때에는 뒤에 있는 변론조서나 변론준비조서를 읽을 때에 앞으로 와서 증거목록을 읽는 것이 자연스럽다.

---

77 실무제요[III] 1318쪽

78 실무제요[I] 229쪽, 실무제요[III] 1319쪽

나. '서증목록'의 작성원리

[그림5]

서울중앙지방법원
서 증 목 록 ①

2025가합1234 ②

피고 1. 이을남
피고 2. 박병철 ⑤

원고 제출 ③

변론~~(준비기일)~~조서의 일부

서증번호	기일 및 장수	서증명	인부기일	④ 인부요지	비고
1	1차 10장	차용증	1차	피고 1 인영부분 인정 정범식에 의하여 위조되었다고 증거항변 ⑥	
2	1차 16장	연대보증계약서	1차 2차	피고 1 부지 피고 2 성립인정 ⑦	

1) '서증목록'의 구성요소

'서증목록'은 [그림5]에서 보는 것처럼 관할법원과 제목을 적는 부분(①), 사건번호를 표시하는 부분(②), 증거를 제출한 당사자를 표시하는 부분(③), 증거의 신청 및 이에 대한 상대방의 진술 등을 기재하는 부분(④)으로 이루어져 있다.

2) '서증번호', '기일 및 장수', '서증명'의 기재방식

서증은 신청인이 가지고 있는 문서를 직접 제출하는 방법으로 신청하는 것이 원칙이다(법 제343조 전단). 서증에는 이를 제출하는 당사자에 따라 원고가 제출하는 것에는 '갑', 피고가 제출하는 것에는 '을', 독립당사자참가인이 제출하는 것에는 '병'이라는 부호를 붙인다(규칙 제107조 제2항). 그런데 [그림5]의 ④ 중 '서증번호'란에는 그 번호만을 기입할 뿐 서증부호인 '갑', '을' 등의 표시는 하지 않는다(민사증거목록예규 제9조 제1항). ③에서 어느 당사자가 제출하는지 기입되기 때문이다.

④ 중 '기일 및 장수'란에서 '기일'란은 해당 서증이 제출된 변론기일 또는 변론준비기일의 차수를 "준비1차", "1차"의 식으로 기재한다(민사증거목록예규 제10조 제1항).[79] '장수'란에는 해당 서증의 첫 장이 편철된 장수를 기재한다(민사증거목록예규 제10조 제2항).[80]

④ 중 '서증명'란에는 등기사항증명서 · 가족관계등록사항증명서 · 주민등록등본 · 매매계약서 · 영수증 · 각서 · 확인서와 같이 문서의 제목이 있는 경우 그 제목을 기재함이 원칙이다(민사증거목록예규 제11조 제1항 본문).[81]

3) '인부기일', '인부요지'의 기재방식

[그림5]의 ④ 중 '인부기일'란에는 인부(認否)를 한 변론기일 또는 변론준비기일의 차수를 기재한다(민사증거목록예규 제12조). 여기서 '인부'란 실무상 당사자 일방이 제출한 서증의 형식적 증거력(진정성립)의 인정 여부에 관하여 상대방이 하는 답변을 의미한다. ④ 중 '인부요지'란에는 인부의 내용을 기재한다. 인부에는 기본적으로 성립인정, 부인, 부지의 세 가지가 있다.[82] 서증이 채택된 경우에는 **명시적인 인부가 있는 경우에만 그 인부내용을 기재하고, 그 외에는 공란으로 둔다.**[83] 상대방이 적극적 · 명시적으로 서증의 진정성립을 다투지 아니하는 때에는 법원은 굳이 인부의 진술을 촉구하지 아니하고 다만 해당 문서의 성립이나 내용에 관하여 다툼이 있고 이것이 그 사건의 쟁점과 관련된 경우(예 : 당사자 사이에 법률행위의 존부나 내용에 관하여 다툼이 있는 사건에서 그 법률행위에 관한 처분문서)와 같이 인부가 반드시 필요하다고 판단되는 문서에 대해서는 인부의 의견을 진술하게 하여야 한다.[84]

---

79 실무제요[III] 1478쪽

80 실무제요[III] 1479쪽

81 실무제요[III] 1479쪽

82 문서의 인부에 관한 자세한 설명은, 민사실무I 266~268쪽을 참조하라.

83 실무제요[III] 1480쪽

84 실무제요[III] 1440쪽 참조. 사건관리방식에 관한 예규(재일 2001-2)(재판예규 제1646호, 2017. 2. 21. 개정·시행) 제13의 나 (1), (3)

인부할 당사자의 수가 많을 때에는 [그림5]의 ⑤와 같이 서증목록 우측 상단 여백에 "피고 1. ○○○, 피고 2. △△△" 방식으로 당사자의 번호와 이름이 기재되고 '인부요지'란에는 번호로써 당사자가 표시된다.[85]

[그림5]의 ⑦은 원고가 제1차 변론기일에 연대보증계약서를 증거신청하였는데, 피고 1. 이을남은 같은 제1차 변론기일에 '부지'로, 피고 2. 박병철은 제2차 변론기일에 '성립인정'으로 각각 인부하였음을 보여 준다.

증거의 형식적 증거력이나 실질적 증거력을 다투는 상대방의 진술을 **증거항변**이라 하는데, 서증에 관해서는 위조 또는 변조된 문서라는 주장이 그 대표적인 예이다. 증거항변이 있을 경우 주된 인부(부인, 서명사실 인정, 날인사실 인정, 인영부분 성립인정, 인영부분 인정 등[86])를 '인부요지'란에 기재한 다음, 같은 란에 서증의 위조, 변조, 백지보충 등 증거항변의 요지를 기재한다.

[그림5]의 ⑥은 원고가 제1차 변론기일에 차용증을 증거신청하였는데, 피고 1 이을남이 제1차 변론기일에 인부하였다는 것으로서, 차용증에 날인된 도장의 인영(印影)이 자기의 도장과 일치한다는 뜻으로 "인영부분 인정"하되 정범식이라는 제3자에 의하여 위조되었다고 증거항변한 경우를 의미한다. 이러한 증거항변이 서증목록에서 보이면 반드시 그 당부를 판단하여야 한다. <검토보고서>에서는 반드시 그 검토내용을 기재하여야 하므로 유의하자.

서증에 대한 증거신청이 기각된 경우에는 서증번호 및 서증명을 기재하고 인부기일란에는 기각결정을 한 기일을 기재하며, '인부요지'란에는 '기각'이라고 기재된다(민사증거목록예규 제9조 제3항, 제11조 제3항, 제12조 제3호, 제13조 제4항). 참고로 법원은 서증과 증명할 사실 사이에 관련성이 인정되지 아니하는 때, 이미 제출된 증거와 같거나 비슷한 취지의 문서로서 별도의 증거가치가 있음을 당사자가 밝히지 못한 때 등 규칙 제109조에서 정한 사유들 중 어느 하나에 해당하는 사유가 있는 경우에 그 서증을 채택하지 아니하거나 채택결정을 취소할 수 있다.

---

85 실무제요[III] 1480쪽 참조

86 인부를 하는 사람의 작성 명의로 된 서증에 대하여 그가 성립을 다투면서 서명·날인·무인행위를 하였다는 사실만을 인정하는 경우(예컨대 서명·날인·무인 외의 나머지 부분이 가필 등에 의하여 변조되었다거나 원래 백지에 서명·날인·무인만 했던 것이 무단 보충되었음을 주장하는 경우)에는 '인부요지'란에 **"서명사실 인정", "날인사실 인정", "무인사실 인정" 또는 "인영부분 성립인정"**이라고 기재한 다음, 위와 같은 변조 내지 위조의 주장을 증거항변으로서 기재해 주어야 한다(실무제요[III] 1445쪽, 민사실무I 270쪽). 한편 위와 같은 날인행위는 다투면서 그 문서상의 인영이 자기 도장에 의하여 찍혀진 인영이라는 점(인영의 동일성)은 인정하는 경우가 있는데, 이는 타인이 그 도장을 도용하여 그 문서를 위조하였다거나 다른 목적으로 교부받은 도장을 명의자의 승낙 없이 남용하여 그 문서를 위조하였다는 것을 주장하는 경우이다. 이러한 취지의 진술이 있을 때는 '인부요지'란에 **"인영부분 인정"**이라고 기재한 다음 위와 같은 위조 주장을 증거항변으로서 기재해 주어야 한다(실무제요[III] 1445쪽). **"인영부분 성립인정"**은 작성명의인의 의사에 의하여 날인된 사실은 인정하는 경우이고 **"인영부분 인정"**은 인영의 동일성만 인정하는 경우이므로 구분해서 알고 있어야 한다.

아래에서 보는 '증인등목록'과 달리 '서증목록'에는 '증거결정'란이나 '증거조사'란이 따로 없다. 따라서 서증을 채택하지 않아 '서증목록'의 '인부요지'란에 '기각'이라고 기재되지 않은 이상, 해당 서증들은 모두 채택되어 증거조사를 마쳤음을 의미한다고 읽으면 족하다.

다. '증인등목록'의 작성원리

'증인등목록'은 [그림6]에서 보는 것처럼 관할법원과 제목을 적는 부분(①), 사건번호를 표시하는 부분(②), 증거를 신청한 당사자를 표시하는 부분(③), 증거방법, 증거결정 및 증거조사 등을 기재하는 부분(④)으로 이루어져 있다. ①, ②, ③은 서증목록의 작성방식과 동일하다.

④ 중 '기일 및 장수'란에서 '기일'란은 변론(준비)기일에 증거신청된 경우에는 해당 증거방법이 신청된 변론(준비)기일의 차수를 "준비 ○차" 또는 "○차" 식으로 기재하고, 기일 외 증거신청의 경우에는 "기일 외"라고 기재한다. '장수'란에는 해당 증거자료의 실질적 내용이 나타난 부분의 첫 장의 장수를 기재한다. 예컨대 증인신문조서·감정서(감정을 명한 감정인 신문조서가 아님)·검증조서(검증기일조서가 아님)·사실조회 회보서(사실조회 발송공문이 아님)·법원 밖 서증조사조서·문서제출명령 등의 각 첫 장의 장수이다.[87]

87 실무제요[III] 1320쪽

[그림6]

서 울 중 앙 지 방 법 원
증 인 등 목 록 ①

2025가합1234 ②

원고 제출 ③

변론~~(준비기일)~~조서의 일부

기일 및 장 수	증거방법	증거결정		④ 증거조사	비 고
		기일	채부		
기일 외 장	문서송부촉탁 (의정부지방법원 고양지원)	기일 외	㉶ 부	2025. 2. 4. 촉탁 2025. 2. 24. 도착	
기일 외 장	사실조회 (고양세무서)	기일 외	㉶ 부	2025. 2. 4. 발송 2025. 2. 26. 도착	
기일 외	감정촉탁 (신체)	기일 외	㉶ 부	2025. 2. 3. 촉탁 2025. 3. 9. 도착	
기일 외	검증(현장)	기일 외	㉶ 부	2025. 3. 11. 14:00(실시)	
1차	증인 이철수	1차	㉶ 부	2025. 3. 8. 14:00(실시)	

④ 중 '증거방법'란에는 서증 이외의 모든 증거방법(증인·검증·감정·사실조회·당사자신문 등)과 서증 중에서 문서제출명령·문서송부촉탁·법원 밖 서증조사에 관련되는 사항을 기재한다. ④ 중 '증거결정'란에서 '기일'란은 변론(준비)기일에서 채부 결정을 한 경우에는 변론(준비)기일의 차수를 기재하고, 기일 외에서 채부 결정을 한 경우에는 "기일 외"라고 기재된다.[88]

88 실무제요[III] 1321~1322쪽

④ 중 '증거조사'란에는 증거조사의 진행경과와 구체적 실시내역을 기재하는 것을 원칙으로 하며, 증거조사기일이 진행되는 경우와 그렇지 아니하는 경우로 구분하여 기재한다. 1) 증거조사기일(감정인신문기일 포함)이 진행되는 증거방법에 관하여는 지정·변경·연기·속행된 증거조사기일의 일시 및 지정된 증거조사기일의 실행·변경·연기·속행의 취지를 기재한다. 구체적으로는 지정된 기일을 "20 . . ."라고 기재하고 그 기일이 진행되었으면 기일의 기재 옆에 "(실시)"라고 기재하며, 그 기일이 변경·연기·속행된 경우에는 기일의 기재 옆에 "(변경)", "(연기)", "(속행)" 등으로 기재한 후 그 아래에 새 기일 또는 다음 기일을 기재한다. 2) 증거조사기일이 진행되지 않는 증거방법에 관하여는 증거방법에 따라 다음과 같이 기재한다. (i) 서면증언 : 서면증언의 제출기한 및 도착일, (ii) 감정(감정촉탁) : 감정인의 지정 및 지정일(감정촉탁일), 감정서도착일, (iii) 문서제출명령 : 문서제출명령일, 문서제출일, (iv) 문서송부촉탁 : 문서송부촉탁일, 문서도착일, (v) 사실조회 : 사실조회일, 사실조회도착일.[89]

5. 소장, 답변서 및 준비서면의 검토

기록 편제상 그다음에 편철되는 소장, 답변서 및 준비서면의 검토방식을 살펴보자.[90]

가. 소장의 검토

소장은 앞서 소장의 작성원리에서 설명한 것처럼, 제목/ 당사자의 인적사항/ 접수인이 현출되는 부분(①), 사건명칭을 기재하는 부분(②), '청구취지'(③), '청구원인'(④), 주요서증이 나열되는 '증명방법'과 인지대 납부영수증, 송달료납부서, 소장 부본 등의 '첨부서류'가 기재되는 부분(⑤), 작성일자/ 작성명의인과 날인/ 관할법원을 표시하는 부분(⑥)으로 구성되어 있다([그림7] 참조).

①에서는 접수인에 주목할 필요가 있다. ① 우측의 동그라미 그림은 접수인을 형상화한 것으로서 2025. 1. 11.에 서울중앙지방법원 종합민원실에 접수되었다는 의미이다. 이 접수일이 바로 소제기일에 해당한다. 문서의 작성일자를 소제기일로 혼동하지 말자. 소제기일에 해당하는 이 접수일자는 메모대상이다. 소멸시효완성 여부를 판단함에 있어서 기준이 되기 때문이다.

89 실무제요[III] 1322쪽

90 **이하 내용을 보기 전에, 〈제4장 I. 검토보고서의 작성원리와 관련된 민사재판의 심리과정〉을 먼저 읽어 볼 것을 권한다.**

[그림7]

소 장

① 원 고 김갑동
서울 서초구 서초로 100

피 고 이을남
서울 관악구 봉천로 100

② **양수금청구의 소**

③

청 구 취 지

1. 피고는 원고에게 6억 원과 이에 대하여 2023. 4. 1.부터 이 사건 소장 부본이 송달된 날까지는 연 5%의, 그다음 날부터 다 갚는 날까지는 연 12%의 각 비율로 계산한 돈을 지급하라.
2. 소송비용은 피고가 부담한다.
3. 제1항은 가집행할 수 있다.

라는 판결을 구합니다.

④

청 구 원 인

1. 원고는 2014년경 사이클 동호회에서 건축업자 A를 처음 알게 되어 친한 친구 사이가 되었습니다. 그러던 중 원고는 2021. 5. 아버지 甲의 사망으로 X토지를 단독으로 상속받게 되었습니다. 마침 A가 빌라 건축사업을 구상 중에 있었고 원고에게서 X토지를 매수하기를 희망하였습니다. 이에 원고는 2022. 5. 1. A에게 X토지를 6억 5,000만 원에 팔았습니다. 원고는 계약 당일 A에게 계약금 5,000만 원을 지급받은 상태에서 금융편의를 위해 A에게 X토지에 관하여 소유권이전등기를 마쳐 주었습니다. 대신에 잔금 6억 원은 1년 뒤에 지급받기로 약정하였습니다.

2. 한편, A는 2021. 4. 1. 피고로부터 Y건물을 보증금 6억 원, 월 임대료 100만 원, 임대차 기간 2021. 4. 1.부터 2023. 3. 31.까지로 정하여 임차하였는데, 피고는 위 임대차 기간만료일인 2023. 3. 31. A로부터 Y건물을 반환받았음에도 A에게 위 임대차보증금을 지급하지 않고 있었습니다. 이에 A는 위 매매계약의 잔금기일인 2023. 5. 1. 원고에게 잔금 6억 원의 지급에 갈음하여 A의 피고에 대한 위 임대차보증금반환채권 6억 원을 원고에게 양도하여 주었습니다. A는 같은 날 피고에게 위 임대차보증금반환채권의 양도사실을 내용증명으로 통지하였고, 그 내용증명은 2023. 5. 6. 피고에게 도달되었습니다.

3. 그런데 피고는 아직까지도 원고에게 위 임대차보증금을 지급하지 않고 있습니다.

4. 그러므로 피고는 위 임대차보증금반환채권의 양수인인 원고에게 위 임대차보증금 6억 원과 이에 대하여 위 임대차계약 기간만료일 다음 날인 2023. 4. 1.부터 이 사건 소장 부본이 송달된 날까지는 민법에서 정한 연 5%의, 그다음 날부터 다 갚는 날까지는 소송촉진 등에 관한 특례법에서 정한 연 12%의 각 비율로 계산한 지연손해금을 할 의무가 있습니다.
5. 원고는 이상과 같은 이유로 청구취지와 같은 판결을 구하니 이 사건 청구를 인용해 주시기 바랍니다.

⑤

증 명 방 법

1. 갑제1호증 (계약서)
2. 갑제2호증 (내용증명)

첨 부 서 류

1. 위 각 증명방법	각 2통
2. 영수필확인서	1통
3. 송달료납부서	1통
4. 소장 부본	1통

⑥

2025년 1월 8일

원고 김갑동 ㊞

서울중앙지방법원 귀중

소장 검토의 핵심은 원고의 청구, 즉 소송물을 이루는 요건사실을 찾는 데 있다. 원고가 해당 소송물에 관한 요건사실을 빠짐없이 주장하였는지(주장책임을 다하였는지), 그에 대한 증명책임을 다하였는지 여부를 살펴야만 청구의 당부 판단을 할 수 있기 때문이다. **민사기록에 있어서 원고가 그 청구에 관하여 주장책임과 증명책임을 다하였는지 여부는 항상 검토해야 하는 기본쟁점이다.** 원고의 청구, 즉 소송물이 무엇인지는 **청구취지**와 **청구원인**을 보고서 판단한다. 기본적으로 소송물은 청구취지 그 자체라고 말할 수 있다. 즉, 원고가 법원에 주문으로 선고해 줄 것을 요구하는 부분이 바로 소송물이라고 할 수 있다. 다만 단순히 금전의 지급을 요구하는 경우와 같이 당사자 사이에 동일한 청구취지가 다수 양립가능할 수도 있으므로, 그 청구취지를 특정하고 동일성을 판단하기 위해서는 청구원인을 검토해야 한다. 같은 금액의 돈의 지급을 요구하는 것이라고 하더라도 2024. 5. 1. 대여로 인한 대여금과 2023. 5. 1. 일어난 교통사고로 인한 손해배상금은 서로 소송물이 다르다. ③ 청구취지 부분은 적절히 메모할 필요가 있다. 특히 [그림7]과 같이 금전을 청구하는 경우에는 구하고 있는 원금이 얼마인지, 원금에 대한 이자 내지 지연손해금을 언제부터 언제까지 청구하는지 정확히 메모해 두어야 한다.

④ **청구원인 부분에서 그동안 학습한 요건사실들을 상기하여 청구취지로 주장하는 소송물에 관한 요건사실들을 청구원인에서 찾아서 적절히 메모하여야 한다. 요건사실이 아닌 경위사실 등은 그저 읽기만 하면 된다.** [그림7]의 예를 살펴보자. 청구원인란에 기재된 내용 중에서 양수금청구의 요건사실에 해당하는 ＜양도대상 채권의 존재/ 채권양도의 약정사실/ 양도통지사실 및 통지의 도달사실＞[91]을 찾아서 메모하여야 한다. ④ 청구원인 제1항은 원고가 A와 어떤 인적관계이고 왜 채권양도계약을 체결하게 되었는지에 관한 경위사실에 불과하다. 위 청구원인 제1항에 숫자와 계약내용 등의 여러 정보가 보이나 이는 모두 이 사건 청구의 요건사실이 아니므로 크게 주목할 필요가 없다. 또한, 위 청구원인 제3항처럼 피고가 원고에게 해당 임대차보증금을 변제하지 않은 사실 역시 요건사실이 아니므로[92] 읽고 이해만 하면 충분하다. 위 청구원인 제2항에 앞서 본 양수금청구의 요건사실들이 망라되어 있다. 여기서 해당 요건사실들을 찾아서 적절히 메모하여야 한다.

따라서 **어떠한 청구에 있어서 그 요건사실이 무엇인지 사전에 숙지하고 있어야만 정확한 기록독해와 분석이 가능하다.** 이후에 상대방인 피고가 소장에서 파악된 각각의 요건사실들에 관하여 자백하는지 자백하지 않는지 살펴야 하고, 자백하지 않는 해당 요건사실에 관하여는 원

91 강의노트 299쪽

92 임대차보증금 반환청구의 요건사실은 임대차계약의 체결사실, 임대차보증금의 지급사실 및 임대차의 종료사실이 요건사실이고, 임대차보증금을 반환하지 않은 사실은 요건사실이 아니다. 오히려 피고가 해당 임대차보증금을 **변제하였다는 사실**이 피고가 제출할 항변에 해당한다.

고가 증명책임을 다하고 있는지 따져 보아야 하므로 소장 검토 단계에서 요건사실들에 관한 정확한 탐색은 아주 중요하다.

⑤에서는 일단 원고가 주장한 각각의 요건사실들에 부합하는 내용의 서증이 있다면, 메모해둔 요건사실 옆에 적절히 메모하여야 한다. 이후 답변서 등에서 피고가 해당 요건사실에 관하여 자백하였는지, 그렇지 않은지 소장을 검토하는 단계에서는 알 수 없으므로 일응 부합하는 증거가 보일 경우 표시해 둘 필요가 있기 때문이다.

⑥에서는 원고가 관할법원을 제대로 특정하였는지 확인할 필요가 있다. 관할이 없을 경우 이송판결의 대상이 되기 때문이다(법 제34조 제1항).

나. 답변서의 검토

답변서는 앞서 답변서의 작성원리에서 설명한 것처럼, 제목/ 사건번호·사건명/ 원고와 피고의 성명/ 답변 문언/ 접수인이 현출되는 부분(①), '청구취지에 대한 답변'을 기재하는 부분(②), '청구원인에 대한 답변'을 기재하는 부분(③), 주요서증을 나열하는 '증명방법'과 첨부한 서류들을 언급하는 '첨부서류'가 기재되는 부분(④), 작성일자/ 작성명의인과 날인/ 관할법원의 담당재판부를 표시하는 부분(⑤)으로 구성되어 있다([그림8] 참조).

[그림8]

①

답 변 서

접 수
No. 321
2025.01.18.
서울중앙지방법원
종합민원실

사건 2025가합100 양수금
원고 김갑동
피고 이을남
위 사건에 대하여 피고 이을남은 다음과 같이 답변합니다.

②

청구취지에 대한 답변

1. 원고의 소를 각하한다(또는 원고의 청구를 기각한다).
2. 소송비용은 원고가 부담한다.

③

청구원인에 대한 답변

ⓐ 본안전 항변

원고는 A의 피고에 대한 임대차보증금 반환채권을 양수하였다고 주장하면서 피고를 상대로 임대차보증금의 지급을 청구하고 있습니다.

그러나 **원고에 대한 채권자 丙이 2024. 8. 10. 서울중앙지방법원 2024타채2000호로 위 임대차보증금 반환채권에 관하여 압류·추심명령을 받았고, 그 압류·추심명령이 2024. 8. 14. 원고와 피고에게 각각 송달되었습니다.**

따라서 **원고에게는 위 임대차보증금반환채권에 관하여 추심권한이 없어 원고적격이 없습니다.** 이 사건 소는 부적법하므로 각하되어야 합니다.

ⓑ 부인

설령 이 사건 소가 적법하다 하더라도 피고는 아래와 같이 주장합니다.

피고는, A가 2021. 4. 1. 피고로부터 Y건물을 보증금 6억 원, 월 임대료 100만 원, 임대차 기간 2021. 4. 1.부터 2023. 3. 31.까지로 정하여 임차한 사실, A가 2023. 3. 31. 피고에게 Y건물을 인도한 사실은 인정합니다. 그러나 피고는, A가 2023. 5. 1. 원고에게 위 채권을 양도한 사실, A가 같은 날 피고에게 그 양도사실을 내용증명으로 통지한 사실, 그 통지가 2023. 5. 6. 피고에게 도달된 사실은 모두 **부인합니다.**

따라서 피고는 원고에게 양수금 6억 원과 이에 대한 지연손해금을 지급할 의무가 없습니다.

ⓒ 항변

또한 2022. 4. 1. A의 과실로 Y건물에 화재가 발생하여 피고는 그 수리비로 5억 9,000만 원을 지출하였고, A는 2022. 6. 1.부터 2023. 3. 31.까지 10개월 동안 임대료를 지급하지 않았습니다. 따라서 화재로 인한 손해배상금 5억 9,000만 원과 연체된 임대료 1,000만 원 합계 6억 원이 공제되어야 합니다.

따라서 원고의 청구는 기각되어야 합니다.

④

증 명 방 법

1. 을 제1호증 (화재감식결과 사본)
2. 을 제2호증 (건물보수공사 견적서)
3. 을 제3호증 (통장거래내역)
4. 을 제4호증 (압류·추심명령)

첨 부 서 류

1. 위 각 증명방법 각 2통
2. 답변서 부본 1통

⑤

2025년 1월 18일

피고 이을남 ㉥

서울중앙지방법원 제10민사부 귀중

②는 원고가 구하는 청구취지에 대하여 피고가 희망하는 최종결론을 기재하는 부분이다. ③이 중요하다. 피고의 답변형태는 크게 보아 (i) 본안 전 항변을 제출하면서 소 각하를 구하는 경우, (ii) 원고의 청구(소송물)의 요건사실을 부인(否認)하는 경우, (iii) 항변(抗辯)을 제출하는 경우로 나누어 볼 수 있다. 바로 여기에서 쟁점이 부각되기 시작하므로 적절히 쟁점들을 메모할 필요가 있다.

본안 전 항변이 제출된 경우에는 <판결서>나 <검토보고서>에서는 반드시 그 당부를 판단하여 주어야 한다. 민사사건에서는 본안심사를 하기에 앞서 소송요건의 흠결이 있지 않은지 반드시 이를 직권으로 검토하여야 하므로, **기록을 검토할 때에는 피고가 본안 전 항변을 하지 않은 경우라 하더라도 혹시 흠결된 소송요건이 있지 않은지 주의 깊은 검토가 필요하다**. 따라서 평소에 주요한 소송요건에 관한 법리를 잘 정리하고 있어야 한다.[93]

원고가 주장한 요건사실들에 관하여 피고의 답변내용이 부인(否認)인지, 항변(抗辯)인지 정확히 구분할 줄 알아야 한다. 부인(否認)인 경우에는 별도로 메모할 필요가 없으나, 항변(抗辯)인 경우에는 적절한 메모가 필요하다. **항변의 경우에는 항변을 이루는 요건사실에 관하여 피고가 주장책임과 증명책임을 다하였는지가 곧바로 쟁점이 된다.** 주의할 점은, 항변이 아닌 부인 주장에 대하여는 그 주장의 당부를 따로 검토해서는 아니 된다는 것이다. 피고의 부인 주장은 원고가 주장·증명책임을 지는 청구원인사실을 다투는 것에 불과하므로 청구원인사실에 대한 판단 속에서 이미 판단되는 것에 다름 아니기 때문이다.[94] 따라서 답변서 등 기록을 검토하면서 피고의 주장을 면밀히 살펴서 부인에 해당하는 부분과 항변에 해당하는 부분으로 구분하고, 항변에 해당하는 부분만 쟁점으로 정리하면 된다.

[그림8]의 예를 살펴보자. ③ 청구원인에 대한 답변에서 ⓐ는 피고가 본안 전 항변을 제출한 경우에 해당한다. 피고는 원고가 양도받은 임대차보증금반환채권에 관하여 원고에 대한 채권자 丙이 채권압류·추심명령을 받았으므로 원고에게는 추심권한이 없어 원고적격이 없다는 본안 전 항변을 제출하였다. **위 본안 전 항변이 기초로 하고 있는 법리가 타당한지,[95] 법리가**

93 민사판결서 작성론[주문편] 47~56쪽 참조

94 가령, 원고가 피고에게 1억 원의 대여금을 소로써 청구한 경우를 상정해 보자. 소송과정에서 원고가 '원고가 언제 피고에게 1억 원을 대여한 사실'을 주장하자 피고는 이를 '부인'하였다. 이런 경우 이 사건의 쟁점은 원고가 주장·증명책임을 부담하는 '원고가 피고에게 1억 원을 대여한 사실'의 존재 여부이다. 여기에 추가하여 '원고가 피고에게 1억 원을 대여하지 않은 사실'의 존재 여부(피고의 부인 주장의 당부)도 쟁점이라고 볼 필요가 없는 것이다. 대여사실을 인정한다는 것은 곧 대여하지 않았다는 피고의 부인 주장을 배척한다는 뜻이고, 대여사실을 인정하지 않는다는 것은 곧 피고의 부인 주장을 받아들인다는 뜻이기 때문이다.

95 대법원 2025. 10. 23. 선고 2021다252977 전원합의체 판결은, '채무자의 제3채무자에 대한 채권에 관하여 추심명령이 있더라도 채무자가 제3채무자를 상대로 피압류채권에 관한 이행의 소를 제기할 당사자적격을 상실하지 않는다고 보아야 한다. 이러한 법리는 국가가 국세징수법에 의한 체납처분으로 채무자의 제3채무자에 대한 채권을 압류한 경우에도 마찬가지이

타당하다면 그 법리에 적용될 사실관계(요건사실)에 관한 증거가 존재하는지 여부가 쟁점이 된다. ⓑ는 원고가 주장하는 요건사실 중에서 일부[양도대상 채권(임대차보증금반환채권)의 존재]는 자백하나, 나머지(채권양도의 약정사실/ 양도통지 및 그 통지의 도달사실)는 부인하고 있음을 보여 주고 있다. 부인당한 요건사실들에 관하여는 원고가 증명책임을 부담하므로 **이후 기록을 검토하면서 위 부인당한 요건사실들에 관한 증거들을 찾는 것이 기록검토의 주안점이 된다.** ⓒ는 화재로 인한 손해배상채무와 연체된 임대료채무에 관한 공제항변을 제출한 경우를 나타내고 있다. 이렇게 **피고로부터 항변이 제출된 경우에는 이후 기록을 검토하면서 그 항변을 이루는 요건사실들에 관하여 피고가 주장책임과 증명책임을 다하였는지 여부를 검토하여야 한다.** ⓓ 부분에 첨부된 서증 중에서 쟁점으로 정리된 요건사실과 관련된 증거가 있는지 살펴보고 그 문제된 요건사실에 부합하는 증거를 발견한 경우에는 메모를 해 두어야 한다. 이하 준비서면이나 변론조서 등 나머지 기록들을 읽어 갈 때에도 마찬가지이다.

다. 준비서면의 검토

피고의 답변서를 송달받은 원고는 다시 이를 반박하기 위한 준비서면을 작성하여 법원에 제출할 수 있다. 준비서면은 앞서 준비서면의 작성원리에서 설명한 것처럼, 제목/ 사건번호·사건명/ 원고와 피고의 성명/ 준비서면 문언/ 접수인이 현출되는 부분(①), 상대방의 답변서 등에 대한 반박내용을 기재하는 부분(②), 작성일자/ 작성명의인과 날인/ 관할법원의 담당재판부를 표시하는 부분(③)으로 구성되어 있다([그림9]).

원고는 주로 준비서면에서, (i) 피고가 답변서에서 주장한 본안 전 항변에 관하여 사실관계를 다투거나 법리를 들어 반박하고 (ii) 피고가 부인한 요건사실들에 관하여 반박하면서 관련 서증 등 증거를 제시하며, (iii) 피고가 제출한 본안에 관한 항변에 대하여 항변을 구성하는 요건사실을 부인하거나 법리를 들어 반박하거나 혹은 재항변을 제출한다. 이 단계에서 앞서 답변서에서 정리된 쟁점이 보다 구체화되거나 추가 쟁점이 정리된다.

피고 또한 원고가 제출한 이러한 내용의 준비서면에 대하여 재반박할 필요가 있다고 보이면, 준비서면을 작성하여 법원에 제출할 수 있음은 물론이다.

다.'라고 판시하면서, 이와 달리, 채무자의 제3채무자에 대한 채권에 관하여 추심명령이 있으면 제3채무자에 대한 이행의 소는 추심채권자만 제기할 수 있고 채무자는 피압류채권에 관한 이행의 소를 제기할 당사자적격을 상실한다고 본 대법원 2000. 4. 11. 선고 99다23888 판결과 국세징수법에 의한 체납처분으로 채무자의 제3채무자에 대한 채권을 압류하는 경우에도 마찬가지라고 본 대법원 2009. 11. 12. 선고 2009다48879 판결을 비롯한 그와 같은 취지의 판례를 변경하였다. 따라서 [그림8]의 답변서 기재와 같이 원고의 청구 채권에 관하여 추심명령이 내려졌다고 하더라도 원고는 당사자적격을 상실하지 않고, 이와 같은 피고의 본안 전 항변은 타당하지 않다.

[그림9]

①

준 비 서 면

접 수
No. 400
2025.01.28.
서울중앙지방법원
종합민원실

사건　　2025가합100　양수금

원고　　김갑동

피고　　이을남

위 사건에 대하여 원고 소송대리인은 다음과 같이 변론을 준비합니다.

②

ⓐ 본안전 항변 관련 반박

피고는 이 사건 임대차보증금반환채권에 관하여 압류·추심명령이 있었으므로 원고에게 추심권한이 없다고 항변하였습니다.

그러나 채무자의 제3채무자에 대한 채권에 관하여 추심명령이 있더라도 채무자가 제3채무자를 상대로 피압류채권에 관한 이행의 소를 제기할 당사자적격을 상실하는 것은 아닙니다(대법원 2025. 10. 23. 선고 2021다252977 전원합의체 판결).

따라서 피고의 위 항변은 배척되어야 합니다.

ⓑ 부인 관련 반박

피고는 이 사건 임대차보증금반환채권의 존재하는 사실은 인정하면서도 A가 원고에게 이를 양도하고 양도통지하여 그 통지가 도달된 사실은 부인하고 있습니다.

그러나 A가 2023. 5. 1. **원고에게 위 임대차보증금반환채권을 양도하고 같은 날 피고에게 그 양도사실을 내용증명으로 통지하였고, 그 통지가** 2023. 5. 6. **피고에게 도달되었음은 모두 사실입니다. 이에 대한 서증을 제출할 예정입니다.**

따라서 피고는 원고에게 양수금 6억 원과 이에 대한 지연손해금을 지급할 의무가 있습니다.

ⓒ 재항변

피고는, 원고의 청구에 대하여 A의 과실로 인한 화재에 관한 손해배상채무와 A가 연체한 임대료채무 합계 6억 원을 공제해야 한다고 항변합니다.

그러나 A에게 들은 바로는 연체하였던 10개월치 임대료 합계 1,000만 원을 2023. 4.에 모두 지급하였고 피고가 주장한 화재로 인한 손해배상금 역시 A의 화재보험사에 의해 모두 변제되었다고 합니다. 조만간에 A를 통해 관련 금융거래자료를 증거로 제출하겠습니다.

따라서 피고의 위 항변은 배척되어야 합니다. 피고는 원고에게 양수금 6억 원과 이에 대한 지연손해금을 지급할 의무가 있습니다.

③

이상과 같이 변론을 준비합니다.

2025. 1. 28.

원고 소송대리인
변호사 황승리 ㊞

서울중앙지방법원 제10민사부 귀중

[그림9]의 예를 살펴보자. ⓐ는 추심명령으로 인한 피고의 원고적격 흠결 주장에 대한 반박이다. 원고는 피고 주장의 법리에 대하여 법리 자체가 부당함을 주장하고 있다. 따라서 원고의 준비서면 중 이 부분을 읽는 단계에서 당사자들이 주장하는 법리 자체의 당부에 관하여 유의하고 검토하여야 한다. ⓑ에서는 피고가 부인하였던 요건사실들, 즉 <채권양도의 약정사실>, <양도통지 및 그 통지의 도달사실>에 관하여 원고가 해당 증거를 제시하며 이를 반박하고 있다. ⓒ는 원고가 피고의 공제 항변에 관하여 공제대상채무인 손해배상채무와 임대료채무를 변제하였다는 재항변을 제출하고 있음을 보여 주고 있다. **이렇게 준비서면까지 살펴보면, 피고의 본안 전 항변의 당부 판단이 가능하거나 원고가 구하는 청구의 요건사실들에 관하여 이에 부합하는 증거들이 있는지 여부를 확인할 수 있다. 또는 원고의 재항변이라는 새로운 쟁점을 발견하게 된다. 재항변 역시도 이하 기록에서 이를 구성하는 요건사실들에 관하여 주장책임과 증명책임을 다 하였는지 여부를 살펴서 그 당부를 판단한다.**

이후에 피고가 다시 준비서면을 제출할 수도 있는데 피고의 준비서면을 검토하는 원리 역시 위와 동일하다.

6. 변론조서의 검토

가. 1회 변론조서의 검토

변론조서는 재판진행상황의 요지를 기재하는 문서이다(법 제154조 참조). 법원사무관 등은 변론기일에 참여하여 기일마다 조서를 작성하여야 하는 것이 원칙이다(법 제152조 제1항 본문). 변론조서는 [그림10]에서 보는 것처럼, 형식적 기재사항[96]에 해당하는 ①, ⑤와 실질적 기재사항[97]으로 변론의 요지에 해당하는 ②, ③, ④로 구성되어 있다.

---

96 법 제153조(형식적 기재사항) 조서에는 법원사무관 등이 다음 각 호의 사항을 적고, 재판장과 법원사무관 등이 기명날인 또는 서명한다. 다만, 재판장이 기명날인 또는 서명할 수 없는 사유가 있는 때에는 합의부원이 그 사유를 적은 뒤에 기명날인 또는 서명하며, 법관 모두가 기명날인 또는 서명할 수 없는 사유가 있는 때에는 법원사무관 등이 그 사유를 적는다.

1. 사건의 표시
2. 법관과 법원사무관 등의 성명
3. 출석한 검사의 성명
4. 출석한 당사자 · 대리인 · 통역인과 출석하지 아니한 당사자의 성명
5. 변론의 날짜와 장소
6. 변론의 공개 여부와 공개하지 아니한 경우에는 그 이유

97 제154조(실질적 기재사항) 조서에는 변론의 요지를 적되, 특히 다음 각 호의 사항을 분명히 하여야 한다.

1. 화해, 청구의 포기 · 인낙, 소의 취하와 자백
2. 증인 · 감정인의 선서와 진술
3. 검증의 결과

[그림10]

①

서 울 중 앙 지 방 법 원

변 론 조 서

제 1 차

사 건 2025가합100 양수금

재판장 판사 김공하 기 일 : 2025. 3. 19. 10:00

판사 이민국 장 소 : 제401호 법정

판사 최대한 공개여부 : 공개

법원 사무관 장참여 고지된 변론기일 : 2025. 3. 26. 14:00

사건과 당사자의 이름을 부름

원고 및 원고 대리인 변호사 황승리 각 출석

피고 불출석

피고 대리인 변호사 주도형 출석

②

ⓐ

원고 및 원고 대리인

A로부터 양도받은 A의 피고에 대한 임대차보증금반환채권에 관하여 양수금 및 지연손해금을 구한다고 하면서, 소장 진술

피고 대리인

채권자 丙의 압류·추심명령으로 인해 원고는 원고적격이 없고, 설령 소가 적법하다고 하더라도 A의 과실로 Y건물에 발생한 화재로 인한 손해배상채무와 A가 2022. 6.부터 2023. 3.까지 10개월 동안 연체한 임대료채무는 공제되어야 하므로 원고의 청구는 이유없다고 주장하면서, 2025. 1. 18.자 답변서 진술하고, 이에 배치되는 원고의 주장을 부인

원고 및 원고 대리인

A의 손해배상채무와 연체된 임대료채무는 모두 변제되었다면서 2025. 1. 28.자 원고 준비서면 진술

ⓑ

원고 및 원고 대리인, 피고 대리인

A가 2021. 4. 1. 피고로부터 Y건물을 보증금 6억 원, 월 임대료 100만 원, 임대차 기간 2021. 4. 1.부터 2023. 3. 31.까지로 정하여 임차한 사실, A가 2023. 3. 31. 피고에게 Y건물을 인도한 사실, 2022. 4. 1. Y건물에 A의 과실로 화재가 발생되어 피고가 수리비 5억 9,000만 원을 지출한 사실은 위 당사자들 사이에 다툼이 없다고 진술

③

재판장 판사

이 사건의 주된 쟁점이,

채권자 丙의 압류·추심명령으로 인해 원고에게 원고적격이 없는지 여부, A가 원고에게 임대차보증금반환채권을 양도하고 통지하였는지 여부, Y건물의 화재로 인한 A의 손해배상채무 5억 9,000만 원과 A의 연체 임대료채무 1,000만 원이 변제되었는지 여부라는 점에 관하여 원고 및 피고 각 대리인에게 의견을 구하다.

원고 대리인 및 피고 대리인

각 그렇다고 진술

④

증거관계 별지와 같음(원고 서증)

속행(추가 증거조사를 위하여)

⑤

법원사무관 장 참 여 ㉞

재판장 판사 김 공 하 ㉞

---

4. 재판장이 적도록 명한 사항과 당사자의 청구에 따라 적는 것을 허락한 사항
5. 서면으로 작성되지 아니한 재판
6. 재판의 선고

해당 변론기일에서 행해진 변론의 요지가 기재되는 ②, ③, ④가 중요하다. 원고와 그 소송대리인, 피고와 그 소송대리인이 법정에서 구두로 진술한 내용의 요지가 기재된다. 해당 변론기일이 열리기 전에 소장, 답변서, 준비서면이 작성되어 법원에 제출되고 상대방도 이를 송달받아 그 내용을 읽은 상태이겠으나, 법원에 접수된 소장, 답변서, 준비서면 등 서면의 존재만으로 재판의 기초가 되는 소송자료가 될 수는 없다. 소장 등 서면은 법정에서 구두로 진술되어야 재판의 기초가 되는 소송자료가 된다.[98] ② 중 ⓐ에서 원고 및 원고 대리인의 「~ 소장 진술」과 피고 대리인의 「~ 답변서 진술」은 이를 반영한 표시이다.[99] ⓐ를 읽어 가면서 **앞서 소장, 답변서, 준비서면 등 주장서면을 검토하면서 정리한 쟁점을 곁에 두고 추가되거나 수정되는 주장이 있는지를 검토하여야 한다. 간혹 소장 등 주장서면에서 기재한 주장 중 일부를 철회하는 경우도 있으므로 각별히 유의하여야 한다.**

ⓑ는 법정에서 원고와 피고 사이의 <다툼 없는 사실>을 정리한 부분이다. 실무상 복잡한 사건의 경우 변론조서에 이렇게 당사자 사이에 <다툼 없는 사실>을 기재하는 경우가 많다. 앞서 소장, 답변서, 준비서면을 보면서 청구(소송물)나 항변(재항변)의 요건사실들을 메모하면서 상대방이 해당 요건사실들을 자백하는지, 자백하지 않는지를 검토하였을 것인데, 여기 변론조서에 정리된 <다툼 없는 사실>과 비교하여 보고 메모를 정확히 하였는지 확인할 필요가 있다. 그러나 변론조서상에 <다툼 없는 사실>을 정리하여 기재하지 않는 경우도 있는데, 그러한 때에는 소장, 답변서, 준비서면 등 주장서면을 검토하면서 청구(소송물)나 항변(재항변)의 요건사실과 상대방의 자백 여부를 정확히 파악하여 직접 정리하여야 함에 유의하자.

③은 재판장이 직접 해당 사건의 쟁점을 정리하고 이를 변론조서에 반영한 모습이다. 실무상 쟁점이 많은 사건일수록 이렇듯 변론조서에 쟁점을 정리하여 두는 경우가 많다.

④ 중 <증거관계 별지와 같음(원고 서증)>에서 '별지'는 기록 앞부분에 편철된 증거목록을 가리킨다. 이 단계에 이르러 기록 앞으로 가서 증거목록을 읽어가는 것이 합당하다. '(원고 서증)'은 원고가 제출한 서증들에 대해서 증거조사를 하였다는 의미이다. 피고가 제출한 서증들만 증거조사를 한 경우에는 '(피고 서증)'이라고 기재하고, 원고와 피고가 제출한 서증 모두를 증거조사한 경우에는 '(원·피고 서증)'이라고 기재한다. ④ 중 <속행(추가 증거조사를 위하여)>은

98 강의노트 9쪽. 따라서 기록에 준비서면이 제출되었다고 하더라도 변론기일에 진술되지 않으면 소송자료로 검토되어서는 안 된다.

99 기록편철 순서상 소장, 답변서, 준비서면이 변론조서 보다 앞서 편철되어 있고 변론조서를 검토하기 전에 먼저 소장 등 주장서면을 읽어 보면서 쟁점을 정리하였을 것인데, 소장 등 주장서면을 해당 변론기일에 이르러 구두로 진술하였는지 반드시 확인하여야 한다. 실무에서는 이미 접수된 소장, 답변서, 준비서면은 진술하지 않기로 하고 법정에서 다른 내용으로 진술하는 경우도 간혹 있으므로 주의를 요한다.

해당 변론기일에 변론을 마치지 않고 제2회 등 차회 변론기일을 이어서 진행할 경우에 해당 변론조서 말미에 기재하는 표현이다. 괄호 속에 변론을 속행하게 된 사유를 기재하는 것이 일반적이다. 해당 변론기일에서 변론을 마칠 경우에는 이곳에 <변론종결>이라고 기재된다.

나. 차회 변론조서의 검토

제1회 변론기일에서 변론이 종결되지 않고 변론이 속행된 경우 제2회 이후의 차회 변론조서를 검토하는 원리는 제1회 변론조서와 다르지 않다. [그림11]의 예를 보자. ①, ⑥은 형식적 기재사항에 해당한다. 실질적 기재사항에 해당하는 ②, ③, ④가 중요하다. 제1회 변론조서의 검토와 마찬가지로 이 부분에서 당사자의 주장 내용을 요건사실들에 착안하여 잘 살피고 메모하여야 한다. **여기까지 기록을 검토하면서 정리하여 온 쟁점들과 견주어 추가되거나 철회되거나 혹은 수정되는 주장이 있는지 주목하여야 한다.** ③은 증인신문이 실시되었을 경우의 기재례에 해당한다. 증인신문의 내용이 별지로 작성된다. ④, ⑤는 당사자들이 더 이상 주장·증명할 내용이 없다고 진술하여 이를 조서에 반영하고 변론종결하였음을 표현하고 있다.

[그림11]

①

서울중앙지방법원

변론조서

제 2 차

사 건	2025가합100 양수금		
재판장 판사	김공하	기 일 :	2025. 3. 26. 14:00
판사	이민국	장 소 :	제401호 법정
판사	최대한	공개여부 :	공개
법원 사무관	장참여	고지된 선고기일 :	2025. 4. 2. 10:00

사건과 당사자의 이름을 부름

원고	불출석
원고 대리인 변호사 황승리	출석
피고	불출석
피고 대리인 변호사 주도형	출석

② 피고 대리인
추심명령으로 인해 원고적격이 없다는 주장은 철회한다고 진술

③ 출석한 증인 별지 조서와 같이 신문

④ 원고 대리인 및 피고 대리인
더 이상 주장하거나 제출할 증거가 없다.

⑤ 소송관계 표명, 증거조사결과 변론
변론종결

⑥ 법원 사무관 장 참 여 ㊞
재판장 판사 김 공 하 ㊞

[그림12]는 증인신문조서의 예이다. 증인의 인적사항 등(①), 참여사무관 등의 서명날인(⑤)이 기재되는 부분과 위증의 벌을 경고하고 증인선서를 표현하는 부분(②) 이외에 소송대리인, 당사자와 재판장이 증인에 대하여 행한 질문내용과 답변내용이 기재되는 부분(③, ④)으로 구성되어 있다.

[그림12]

①

서울중앙지방법원

증인신문조서 (2025. 3. 26. 2차 변론조서의 일부)

사 건　　2025가합100　　양수금

증 인　　이 름　　임세인
　　　　생 년 월 일　　1974. 3. 11.
　　　　주 소　　서울 송파구 올림픽로 100

②

재판장 판사
증인에게 선서의 취지를 명시하고 위증의 벌을 경고한 다음, 별지 선서서와 같이 선서를 하게 하였다.

③

원고 대리인
1. 증인은 ~ 했기 때문에 피고를 잘 안다.
2. (갑 제4호증을 제시하고) 위 문서가 증인과 피고 사이에 임대차계약을 체결하면서 작성한 문서가 맞다.
3. 증인은 임차한 Y건물에서 식당업을 하였으나 계약기간이 만료되는 날 피고에게 이를 인도하여 주었다.
4. 증인은 피고에게 월 임대료를 연체한 때도 있었으나 임대차 기간이 만료된 직후에 연체된 모든 임대료를 지급하였다.
5. 증인의 과실로 Y건물에 화재가 발생하였다. 그러나 증인이 다행히 화재보험을 가입해 둔 것이 있어서 보험사에서 피고에게 보험금을 전액 지급하여 주었다.

④

피고 대리인
1. 문 : 증인이 피고에게 월 임대료를 모두 지급한 것이 사실인가요.
　답 : 예. 그렇습니다.
2. 문 : (을 제5호증을 제시하고) 피고가 월 임대료를 지급받은 예금거래내역서입니다. 여기 보면 증인은 2022. 6.부터 2023. 3.까지는 월 임대료가 입금되어 있지 않는데 어떤가요.
　답 : 그 기간 동안 연체한 것은 맞지만 그 이후에 현금으로 모두 지급하였습니다.
3. (후략)

⑤

법원 사무관　장 참 여 ㊞
재판장 판사　김 공 하 ㊞

③, ④가 핵심이다. 이 영역을 읽을 때에는 그동안 **기록을 읽으면서 정리하였던 쟁점**(가령, **원고의 청구를 이루는 요건사실 중에서 피고에 의하여 부인당한 요건사실이나, 피고의 항변을 이루는 요건사실 중에서 원고에 의하여 부인당한 요건사실에 관하여 이에 부합하는 증거를 찾는 경우 등)을 상기**하면서 증인과의 문답내용을 면밀히 살펴보아야 한다.

7. 기타 서류들의 검토

지금까지 민사기록의 뼈대를 이루는 주요 서류들을 살펴보았다. 본 항목에서는 그 밖에 실무상 자주 접하게 되는 서류들을 소개한다.

가. 보정명령, 보정서 등

[그림13]

①

서 울 중 앙 지 방 법 원
제10민사부
보 정 명 령

사 건 2025가합1234 대여금 등
원고 대리인 변호사 안승소

②

피고 이을남에 대하여 소장 부본 등이 송달되지 않습니다.
〔 **피고 이을남 송달불능사유: 이사불명**〕

원고는 이 보정명령을 받은 날로부터 7일 안에 아래와 같은 요령으로 주소보정을 하시기 바랍니다. 송달료의 추가납부가 필요한 경우에는 주소보정과 함께 그 금액을 납부하여야 합니다.
위 기한 안에 주소보정을 하지 아니하면 소장이 각하될 수 있습니다(민사소송법 제255조 제2항 참조).

2025. 1. 29.
재판장 판사 최정의 ㊞

③

주소변동 유무	□ 주소변동 없음	종전에 적어낸 주소에 그대로 거주하고 있음
	□ 주소변동 있음	새로운 주소 : (우편번호 -)
송달신청	□ 재송달신청	종전에 적어낸 주소로 다시 송달
	□ 특별송달신청	□ 주간송달 □ 야간송달 □ 휴일송달
		□ 종전에 적어낸 주소로 송달 □새로운 주소로 송달
	□ 공시송달신청	주소를 알 수 없으므로 공시송달을 신청함 (첨부서류 :)
20 . . .		원고 ○○○

④

[주소보정요령]
1. 송달가능한 피고의 주소가 확인되는 경우에는 새 주소란의 □에 "✔" 표시를 하고 주소를 적은 후 이 서면을 법원에 제출하시기 바랍니다.
2. 피고가 종전에 적어 낸 주소지에 그대로 거주하고 있으면 재송달신청란의 □에 "✔" 표시를 하여 주민등록등본 등 소명자료와 함께 이 서면을 법원에 제출하시기 바랍니다.
3. 수취인부재, 폐문부재 등으로 송달되지 않는 경우에 특별송달(집행관송달 또는 법원경위송달)을 희망하는 때에는 특별송달신청란의 □에 "✔" 표시를 하고, 주간송달·야간송달·휴일송달 중 희망하는 란의 □에도 "✔" 표시를 한 후, 이 서면을 송달료와 함께 법원에 제출하시기 바랍니다(송달료는 지역에 따라 차이가 있을 수 있으므로 우리 재판부 또는 접수계에 문의하시기 바랍니다)
4. 공시송달을 신청하는 때에는 공시송달신청란의 □에 "✔" 표시를 한 후 주민등록말소자등본 등 공시송달요건을 소명하는 자료를 첨부하여 제출하시기 바랍니다.
5. 소송목적의 수행을 위해서는 동사무소 등에 이 서면(사본) 또는 소제기증명 등의 자료를 제출하여 상대방의 주민등록등·초본의 교부를 신청할 수 있습니다(주민등록법 제29조 제2항 제2호, 동법 시행령 47조 제4항 참조).

[그림13]은 피고에 대한 소장 부본 등이 송달되지 않을 때에 재판장이 법 제255조 제2항, 제254조 제1항에 따라 행하는 주소보정명령에 해당한다. 재판부의 표시, 사건번호 및 보정명령의 대상을 기재하는 부분(①), 송달가능한 주소를 보완해서 제출하라는 명령의 내용이 기재되는 부분(②), 주소보정서의 양식과 그 작성방법을 소개하는 부분(③, ④)으로 이루어져 있다.

[그림13]은 ②에서 보는 것처럼 피고 이을남에 대한 소장 부본이 이사불명을 사유로 송달불능되어 원고의 소송대리인 변호사 안승소에게 해당 주소를 보정하라는 뜻의 보정명령이다.

[그림14]

①

주 소 보 정

사건 2025가합1234 대여금 등
원고 김갑동
피고 이을남 외 1인

위 사건에 관하여 원고 소송대리인은 피고 이을남의 주소를 다음과 같이 보정합니다.

②

주소변동 유무	☐ 주소변동 없음	종전에 적어낸 주소에 그대로 거주하고 있음		
	☑ 주소변동 있음	새로운 주소 : 서울 관악구 신림로 100 (우편번호 -)		
송달신청	☐ 재송달신청	종전에 적어낸 주소로 다시 송달		
	☐ 특별송달신청	☐ 주간송달	☐ 야간송달	☐ 휴일송달
		☐ 종전에 적어낸 주소로 송달	☐새로운 주소로 송달	
	☐ 공시송달신청	주소를 알 수 없으므로 공시송달을 신청함 (첨부서류 :)		
2025 . 2 . 5 .		원고 소송대리인 변호사 안승소		

③ **서울중앙지방법원 제10민사부 귀중**

[그림14]는 주소보정명령을 받은 당사자가 법원에 제출하는 보정서이다. [그림13]에서 소개받은 주소보정양식을 활용하여 작성되었다. ①, ③은 사건번호, 당사자 등을 표시하는 형식적 기재사항에 해당한다. ②는 [그림13]의 ④의 작성요령에 따라 작성되는 영역이다. 당초 원고가 소장에서 적은 피고의 주소에서 변동이 있었는지 여부를 표시하고, 종전 주소지로 다시 한번 더 송달을 원하면 재송달신청란에, 야간송달이나 휴일송달 등을 희망할 경우에는 특별송달신청란에 표시를 한다. '주소를 알 수 없는 경우'(법 제194조 제1항)에는 공시송달신청란에 표시를 한다.

[그림14]는 원고의 소송대리인이 확인한 결과 피고 이을남의 주소가 변경되어 새로운 주소(서울 관악구 신림로 100)로 다시 송달하여 달라는 취지이다.

[그림15]

①

서 울 중 앙 지 방 법 원
제10민사부
준비명령

사　　건　　2025가합1234 대여금 등
[원고 김갑동/ 피고 이을남 외 1명]

②

원고 소송대리인 변호사 안승소 (귀하)

동봉한 상대방의 서면 및 증거자료에 대하여 제출기한까지 준비서면과 필요한 증거를 제출하시기 바랍니다.

제출기한 : 2025. 3. 4.

③

2025. 2. 18.

재판장 판사　최정의 ㊞

④

◇ 유 의 사 항 ◇

1. 준비서면에는 상대방의 주장에 대하여 각 항목별로 인정하는지 여부를 밝히고, 인정할 수 없다면 그 사유를 구체적으로 적어야 합니다. 아울러 상대방이 제출한 주요 서증에 대해서는 인부의 의견(성립인정, 부인, 부지 등)을 밝혀야 합니다.
2. 자신의 주장사실을 뒷받침할 만한 증거를 다음 요령에 따라 함께 제출·신청하기 바랍니다.
   ① 서증신청 : 서증 사본 및 이에 대한 증거설명서 제출
   ② 증인신청 : 증인의 이름·주소·연락처·직업, 증인과 원·피고와의 관계, 증인이 사건에 관여하거나 내용을 알게 된 경위를 적은 『증인신청서』 제출
   ③ 검증·감정·사실조회·문서송부촉탁신청 등 : 증명취지를 명확히 적은 신청서 제출

※ 증인신청서 등 각종 증거신청서 양식은 인터넷을 통하여 대법원 홈페이지(www.scourt.go.kr)에 들어오시면 내려받기(download) 할 수 있습니다.

3. 위 기한까지 자료를 제출하지 않거나 제출된 내용이 부실한 경우에는 더 이상 주장과 증거신청이 없는 것으로 보고 다음 절차를 진행하며, 주장과 증거신청을 늦게 하여 소송을 지연시키는 것으로 인정되는 경우에는 각하되는 불이익을 받을 수 있습니다(민사소송법 제149조 참조).

※ 문의사항 연락처 : 서울중앙지방법원 제10민사부 법원사무관 장참여
전화 (02) 530 - 1122
팩스 (02) 558 - 8765　　e-mail : jangsamu@scourt.go.kr

[그림15]는 재판장이 법 제137조에 따라 당사자나 소송대리인에게 변론기일 이전에 상대방의 서면 및 증거자료에 대응하여 준비서면을 제출하는 등 변론을 미리 준비할 것을 명하는 내용의 준비명령의 예이다. 재판부와 사건번호가 표시되는 부분, 작성일자 및 재판장의 기명날인이 표시되는 부분(①, ③)과 보정명령의 대상 및 보정기한 등을 기재하는 부분(②), 준비서면의 작성요령과 증거제출방식을 소개하는 부분(④)으로 구성되어 있다.

나. 증거 관련 서류

증거는 변론기일에서 법정에서 신청함이 원칙이나 변론기일 이전에도 신청할 수 있다(법 제289조 제2항). [그림16]은 변론기일 이전에 법정 외에서 증거를 신청할 경우에 사용하는 증거신청서 중 서증에 관한 예이다. 사건번호와 재판부 등을 표시하는 부분(①, ④), "위 사건에 관하여 원고 대리인은 주장사실을 증명하기 위하여 아래와 같이 증거를 신청합니다."의 문구를 기재하는 부분(②), 증거신청하고자 하는 서증을 표시하는 부분(③)으로 구성되어 있다. [그림16]은 원고 소송대리인 변호사 이성실이 물품공급계약서 사본과 우편물배달증명서를 서증으로 제출하면서 증거신청하는 경우이다.

<증거신청서>에 표시된 증거들을 보면서, 소장, 답변서 등 기록을 검토하면서 파악하여 둔 쟁점, 가령 특정 요건사실의 존부와 관련된 증거가 있는지를 잘 살펴보아야 한다.

[그림16]

①

증 거 신 청

사 건 2025가합3456 물품대금 등

②

위 사건에 관하여 원고 소송대리인은 주장사실을 증명하기 위하여 아래와 같이 증거를 신청합니다.

③

아 래

갑 제3호증 (물품공급계약서 사본)
갑 제4호증 (우편물배달증명서)

④

2025. 3. 10.

원고 소송대리인 변호사 **이 성 실** ㊞

서울중앙지방법원 제11민사부 귀중

[그림17]

①

증 인 신 청 서

사건 2025가합4567 임대차보증금반환

② 위 사건에 관하여 원고 소송대리인은 주장사실을 증명하기 위하여 아래와 같이 증거를 신청합니다.

③ 1. 증인의 표시

이 름	윤정구		직 업		회사원
주민등록번호	750402-1112333				
주 소	서울 강남구 남부순환로 100				
전화번호	자택		점포	휴대폰	(010)9876-6543
원·피고와의 관계	피고 조정철이 소유하는 상가의 관리인				

④ 2. 증인이 이 사건에 관여하거나 그 내용을 알게 된 경위

2020. 9.부터 피고 조정철이 관리하는 상가의 관리책임자로 일하면서 알게 되었음

3. 신문할 사항의 개요

원고가 2024. 1. 1.부터 2024. 6. 30.까지의 차임을 연체하였으나, 그 이후 이를 모두 지급한 사실

⑤ 4. 희망하는 증인신문방식(해당란에 "ν" 표시하고 희망하는 이유를 간략히 기재)

□증인진술서 제출방식 ☑증인신문사항 제출방식 □서면에 의한 증언방식

이유 :

5. 그밖에 필요한 사항

⑥ 2025. 3. 4.

원고 소송대리인 변호사 강금조 ㊞

서울중앙지방법원 제12민사부 귀중

[그림17]의 증인신청서는 변론기일 이전에 법정 외에서 증거를 신청할 경우에 사용하는 증거신청서 중 증인에 관한 예이다. 사건번호와 재판부 등을 표시하는 부분(①, ⑥), "위 사건에 관하여 원고 대리인은 주장사실을 증명하기 위하여 아래와 같이 증거를 신청합니다."의 문구를 기재하는 부분(②), 증거신청하고자 하는 증인의 인적사항을 기재하는 부분(③), 해당 증인이 이 사건에 관여하거나 그 내용을 알게 된 경위와 신문하고자 하는 내용의 개요를 기재하는 부분(④), 희망하는 증인신문방식을 표시하는 부분 등(⑤)으로 구성되어 있다.

증인신문방식은 <증인진술서 제출방식>, <증인신문사항 제출방식>, <서면에 의한 증언방식> 세 가지가 있는데, 이 중에서 신문사항을 증인신문 전에 미리 제출한 후 법정에서 그 신문사항에 관하여 문답을 하고 상대방이 반대신문을 실시하는 <증인신문사항 제출방식>이 가장 일반적이다. <증인진술서 제출방식>은 증인신청을 한 원고나 피고에게 주신문사항에 관하여 해당 증인으로 하여금 답변할 내용을 미리 진술서 형태로 작성하여 제출하도록 하고 해당 증인신문기일에서는 상대방의 반대신문과 증인신청 당사자측의 재주신문만을 실시하는 방식이다(규칙 제79조 참조). 법정에서의 주신문을 생략함으로써 시간절약의 장점이 있으나 다소 생동감이 떨어지는 단점이 있다. <서면에 의한 증언방식>은 증인과 증명할 사항의 내용 등을 고려하여 상당하다고 인정하는 때에 출석·증언에 갈음하여 증언할 사항을 적은 서면을 제출하게 하는 방식이다(법 제310조 제1항). 이 방식은 증인을 신청한 당사자의 상대방에 대하여 그 서면에서 회답을 바라는 사항을 적은 서면을 제출하게 할 수 있는 면에서 <증인진술서 제출방식>과 차이가 있다. 결국 이 방식은 주신문과 반대신문 모두를 서면으로 대신하는 효과가 있다. [그림17]은 원고 박병서가 임대차보증금의 반환을 구하는 사건에서 원고의 소송대리인 변호사 강금조가 연체된 월 임대료를 모두 변제한 사실을 증명하기 위하여, 피고 조정철의 상가건물 관리인 윤정구를 증인으로 신청하면서 증인신문사항 제출방식으로 증인신문을 하겠다는 취지로 작성된 증인신청서에 해당한다.

<증인신청서> 중 특히 '신문할 사항의 개요'에 주목하면서, 소장, 답변서 등 기록을 검토하면서 파악하여 둔 쟁점, 가령 특정 요건사실의 존부와 관련된 내용이 있는지를 살펴야 한다.

[그림18]

①

증 인 진 술 서

사　　건　　2025가합4567　임대차보증금반환
원　　고　　박병서
피　　고　　조정철

ⓐ 갑 제 4 호증

②

진술인(증인)의 인적사항

이름 : 정직한 (821102-1000145)

주소 : 서울 송파구 송파대로 100

전화번호 : 010-1244-0123

진술인은 위 사건에 관하여 아래와 같이 진술합니다.

③

1. 진술인은 … 일에 대하여 잘 알고 있습니다.
2. 피고 조정철은 … 하였습니다.
3. 진술인은 … 하였습니다.
4. 이상의 내용은 모두 진실임을 서약하며, 이 진술서에 적은 사항의 신문을 위하여 법원이 출석요구를 하는 때에는 법정에 출석하여 증언할 것을 약속합니다.

④

2025. 3. 17.

위 진술인 정 직 한 ㉐

서울중앙지방법원 제12민사부 귀중

[그림18]은 증인진술서 제출방식으로 증인신문을 하고자 할 때 제출하는 증인진술서의 예를 보여 주고 있다. 사건번호와 당사자, 재판부를 표기하는 부분(①, ④), 증인의 인적사항을 기재하는 부분(②), 진술내용을 적는 부분(③)으로 이루어져 있다. 한 가지 유의할 점은 증인진술서를 제출하는 방식으로 증인신문을 실시한 경우에 해당 증인진술서를 서증으로 제출하여야 한다는 것이다. [그림18]의 ⓐ에서 보는 것처럼, 서증번호를 부여하여 제출하여야 함을 유의하자.

<증인진술서> 중 특히 '진술내용'에 주목하면서, 소장, 답변서 등 기록을 검토하면서 파악

하여 둔 쟁점, 가령 특정 요건사실의 존부와 관련된 내용이 있는지를 살펴야 한다.

[그림19]

①

증인신문사항 제출서

사건 2025가합4567 임대차보증금반환
원고 박병서
피고 조정철

②

위 사건에 관하여 원고 소송대리인은 채택된 증인에 대한 증인신문사항을 제출합니다.

③

첨부 : 증인 윤정구에 대한 신문사항 6 통

④

2025. 3. 17.

원고 소송대리인 변호사 강금조 ㊞

서울중앙지방법원 제12민사부 귀중

[그림19]는 증인신문사항 제출방식에 따라 제출하는 증인신문사항의 예에 해당한다. 사건번호와 당사자, 재판부를 표기하는 부분(①, ④), "위 사건에 관하여 원고 ○○○의 소송대리인은 채택된 증인에 대한 증인신문사항을 제출합니다."의 문구를 표현하는 부분(②), 증인신문사항을 기재하는 부분(③)으로 이루어져 있다. 증인신문사항의 양이 보통 적지 않으므로 별도 문서로 작성하여 이를 첨부하게 된다. [그림19]의 경우도 그러한 일반적인 경우를 상정하고 있다.

[그림20]

①

증 거 설 명 서

사건 2025가합9876 대여금

②

호증	서증명	작성자	증명취지	비고
갑 1	소비대차 계약서 사본	김갑동 이을남	대여사실	
갑 2-1,2	각 내용증명	김갑동	변제독촉 사실	
갑 3	통장 사본	신한은행	원리금 채무불이행 사실	

③

2025. 4. 13.

원고 소송대리인 변호사 강달변 ㊞

서울중앙지방법원 제12민사부 귀중

[그림20]은 증거설명서의 예이다. 증거설명서는 서증의 입증취지, 즉 서증과 증명할 사실의 관계를 밝히는 문서를 가리킨다. 재판장은 서증의 내용을 이해하기 어렵거나 서증의 수가 방대한 경우 또는 서증의 입증취지가 불명확한 경우에는 당사자에게 서증과 증명할 사실의 관계를 구체적으로 밝힌 증거설명서를 제출할 것을 명할 수 있다(규칙 제106조 제1항). 그러나 실무상 재판장의 명령이 없는 경우에도 당사자나 소송대리인이 서증의 입증취지를 분명하게 하기 위하여 증거설명서를 제출하는 경우가 많다.

증거설명서는 [그림20]에서 보는 것처럼, 사건번호와 당사자, 재판부를 표기하는 부분(①, ③)과 서증번호/ 서증명/ 서증의 작성자/ 증명취지를 기재하는 부분(②)으로 구성되어 있다. **<증거설명서> 중 '증명취지'에 주목하면서, 소장, 답변서 등 기록을 검토하면서 파악하여 둔 쟁점, 가령 특정 요건사실의 존부와 관련된 내용이 있는지를 살펴야 한다.**

IV 전자소송기록의 검토

1. 서설

지금까지 민사기록이 어떻게 구성되어 있고 각각의 영역을 어떠한 방식으로 검토하여야 하는지를 살펴보았다. 그러나 앞서 본 것처럼 현재 민사소송실무는 대부분 전자화된 기록을 매개로 진행된다. 종이소송기록으로 진행되는 사건들도 있으나 이제 실무에서는 전자소송기록이 주류를 이루고 있다. 그러므로 이제 민사소송실무를 준비하자면 전자소송기록을 잘 다루는 것이 중요하다. 다만 로스쿨 교육현장에서 전자소송기록을 텍스트로 하여 강의를 하기에는 제약이 많고 변호사시험 역시 전자소송기록으로 출제하기에는 기술적인 한계가 있는 것도 현실이다. 따라서 이 책에서는 전자소송기록에 어떻게 접근할 수 있는지, 전자소송기록의 구조와 전체적인 모습이 어떠한지를 소개하는 정도로 설명하고자 한다.

2. 전자소송기록에의 접근

전자소송기록에 접근하려면 우선, 대법원 전자소송 홈페이지(https://ecfs.scourt.go.kr)에 접속하여야 한다. 둘째, 이 홈페이지 초기화면에서 <바로가기 → 이용안내 → 전자소송도움말 → 전자소송포털 사용자설명서 → 바로열기>의 경로로 들어가 전자소송포털을 이용하는 방식을 확인한 후, 그 안내설명에 따라 '인증/보안 프로그램'을 설치하고 '사용자등록' 등 절차를 진행하여야 한다. 이때 공인인증서(금융인증서, 공동인증서 등)가 필요하다. 참고로, 과거에는 전자소송 기록을 PC에서 열람하기 위한 전용 뷰어 프로그램이 있었으나, 현재는 웹 기반으로 서비스가 제공되고 있다.

3. 전자소송기록의 전체적인 구조

전자소송기록은 앞서 살펴보았던 종이소송기록을 거의 그대로 전자화된 기록으로 구현한 것으로서, 종이소송기록을 독해하는 방식과 다르지 않다. 다만 종이형태가 아니라 전자화된 화면으로 구성되어 있으므로 전자화된 화면을 어떻게 다루는 것인지 기술적인 부분만 익혀 두면 전자소송기록을 읽어가는 데 문제가 없다.

[그림21][100]

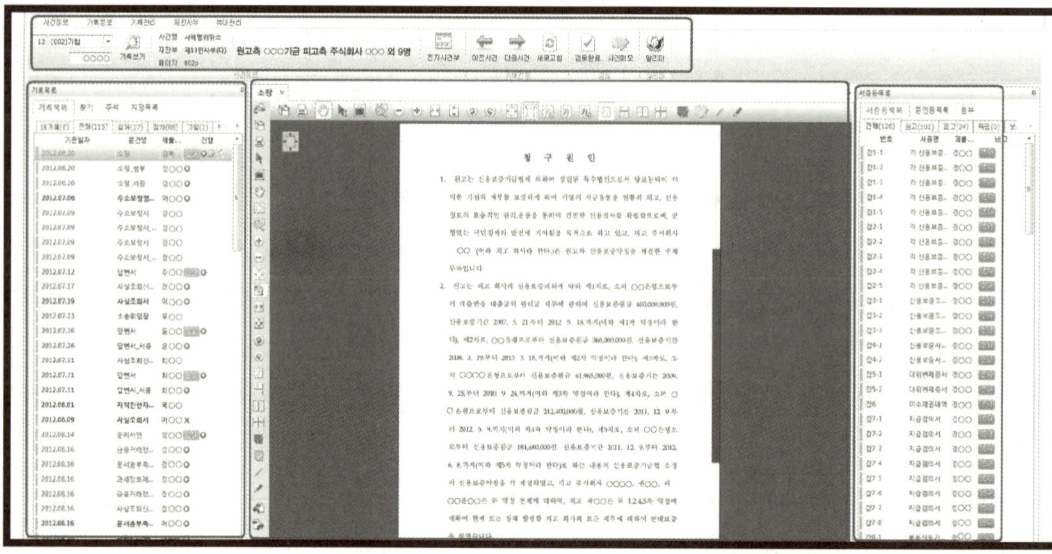

[그림21]은 전자소송기록에 접속할 경우 접하게 되는 첫 화면의 모습이다. 크게 <상단 메뉴>(위쪽), <기록목록 영역>(왼쪽), <문서창(PDF 뷰어)>(가운데), <증거목록 영역>(오른쪽) 이렇게 네 부분으로 구성되어 있다.

종이소송기록과 달리 기록의 표지가 따로 없고, 최상단에 사건번호가 표기되어 있을 뿐이다. 송달내역은 최상단 <기록정보 → 코트넷사건검색>의 경로로 들어가면 본 사건과 관련된 송달내역을 모두 열람하고 확인할 수 있다. <기록목록 영역>(왼쪽)이 기록의 목차에 해당하면서 소장, 답변서, 준비서면 등의 주장서면과 증거신청서는 물론이고 변론조서 등이 종이소송기록의 순서 그대로 나열되어 있다. <기록목록 영역>(왼쪽) 중에서 열람하고 싶은 부분을 클릭하면 그 해당 문서가 <문서창(PDF 뷰어)>(가운데)에 현출되는 방식이다.

<증거목록 영역>(오른쪽)은 종이소송기록에 있어 증거목록에 해당하는 부분이다. [그림21]에서 보는 것처럼, <서증등목록>, <증인등목록>, <첨부>로 이루어져 있다. <서증등목록>은 서증목록과 서증의 상태정보 등을 보여 준다. 기본적으로 원고, 피고별로 서증번호와 서증명이 표시되고, 비고란을 통하여 서증의 제출, 채부, 철회, 취소 정보가 표시된다. 음성파일(mp3 등), 동영상파일도 서증등목록에 함께 표시된다.

<증인등목록>에는 서증과 동영상파일, 음성파일 이외의 나머지 증거들이 표기되는데, 원고와 피고 별로 채부, 철회, 취소 여부가 기호로 표시된다.

100 민사전자소송의 길잡이(법관용), 서울중앙지방법원(2013년 1월), 66쪽

04

검토보고서의 작성원리

민사기록의 이해

제04장

검토보고서의 작성원리

I 검토보고서의 작성원리와 관련된 민사재판의 심리과정

검토보고서는 '재판연구원'이 소속 재판부 판사에게 특정 사건에 관하여 보고하는 내용의 문서이다. 따라서 검토보고서는 사건에 관하여 판사가 결론을 내리고 판결문을 쓰는 데 도움이 될 수 있도록, 그 사건의 처리에 관한 최종적인 의견을 제시하는 문서라고 할 수 있다. 이처럼 검토보고서는 그 자체로 어떤 특별한 법률적 의미가 있는 것은 아니다. 그러나 판결문을 작성함에 있어서 기초자료로 참고되는 보고서이므로 판결서 작성에 필요한 기본 구조를 유지하면서 그 필수적인 부분이 누락되어서는 안 된다. 검토보고서의 작성원리를 설명하기에 앞서 민사재판의 심리과정을 먼저 살펴보자. 민사재판의 심리과정을 알면 검토보고서의 작성원리를 쉽게 터득할 수 있기 때문이다.

1. '법률효과'를 얻기 위한 과정으로서의 민사재판

가령, 甲이 2024. 6. 1. 乙에게 1억 원을 이자 없이, 변제기 2024. 12. 31.로 정하여 빌려주었는데, 乙이 변제기가 지나도록 빌려 간 돈을 전혀 상환하지 않고 있다. 甲은 원금 1억 원만 반환받고 싶어 한다고 하자. 이러한 경우 甲이 권리구제를 받으려면 민사소송을 제기하여야 한다. 甲이 민사소송을 통해 얻을 수 있는 것은 무엇일까. 甲은 민사소송을 통하여 「乙은 甲에게 대여금 1억 원을 지급할 의무가 있다.」, 즉 「甲은 乙에 대하여 대여금 1억 원을 지급받을 권리가 있다.」는 것을 공권적(公權的)으로 확인받게 된다. 달리 말해, 그러한 내용이 담겨진 승소확정판결, 곧 집행권원을 얻는 것이 민사소송을 통하여 달성하고자 하는 목적이다. 집행권원을 획득하여야 채무자의 책임재산을 상대로 강제집행을 실시하여 채권을 실제로 회수할 수 있기 때문이다.[101]

채권자 甲이 얻고자 하는 승소확정판결의 내용인 「어떠한 권리의무가 발생하였다.」는 것은 '법률효과'에 해당한다. 민사법상 법률효과는 '법률요건'이 충족될 때에 발생한다. 예컨대, 금전

101 민사집행법 제24조 참조

대여에 관한 민법 제598조에 따르면 소비대차는 당사자 일방이 금전 기타 대체물의 소유권을 상대방에게 이전할 것을 약정하고 상대방은 그와 같은 종류, 품질 및 수량으로 반환할 것을 약정함으로써 그 효력이 생긴다. 또한 민법 제603조 제1항에 의하면, 차주는 약정시기에 차용물과 같은 종류, 품질 및 수량의 물건을 반환하여야 한다. ≪당사자 일방이 금전 기타 대체물의 소유권을 상대방에게 이전할 것을 약정하고 상대방은 그와 같은 종류, 품질 및 수량으로 반환할 것을 약정할 것≫이 법률요건에 해당하고 이러한 법률요건이 모두 충족되면, ≪차주는 약정시기에 차용물과 같은 종류, 품질 및 수량의 물건을 반환하여야 한다.≫는 법률효과가 발생한다.

그런데 위 법률요건은 이른바 **요건사실(주요사실)**로 구성된다. 원금반환을 구하는 대여금반환청구의 소에 있어서 그 요건사실은 강학상 ≪소비대차계약의 체결사실≫, ≪목적물의 인도사실≫, ≪반환시기의 도래사실≫이다. 따라서 甲이 「乙은 甲에게 대여금 1억 원을 지급할 의무가 있다.」는 법률효과를 누리려면, 법정에서 위 3가지 요건사실이 모두 충족되었음을 주장·증명하여야 한다.

2. 민사재판의 심리과정과 요건사실

그렇다면 甲이 이렇게 금전대여와 관련된 법률요건의 충족을 주장하면서 소를 제기하였을 때, 법원은 어떠한 과정을 거쳐 심리를 하게 될까. **첫 번째,** 법원은 원고 甲이 이른바 **주장책임을 다하였는지 심리**한다. 변론주의가 지배하는 민사소송에서는 권리의 발생·소멸이라는 법률효과의 판단에 직접 필요한 요건사실 내지 주요사실은 당사자의 주장을 통하여 변론에 현출되어야 법원이 이를 재판의 기초로 삼을 수 있고, 만일 어떤 요건사실에 대한 주장이 없다면 그 요건사실이 증거로 인정된다 하여도 법원으로서는 그 요건사실을 인정하여 당해 법률효과의 판단의 기초로 삼을 수는 없다. 이와 같이 어떤 법률효과의 요건사실이 당사자의 주장을 통하여 변론에 현출되지 않은 결과 그 요건사실이 부존재하는 것으로 소송상 취급되어 법적 판단을 받게 되는 당사자 일방의 불이익을 주장책임이라 한다.[102]

따라서 甲은 위 3가지 요건사실을 빠짐없이 주장할 책임이 있다. 만일 甲이 위 3가지 요건사실 중 일부라도 주장하지 않으면, 법원은 주장책임의 흠결로 청구기각(원고 패소) 판결을 하게 된다.

두 번째, 법원은 甲이 주장책임을 다한 것을 확인한 후에는 피고 乙이 **자백을 하였는지 여**

102 민사재판실무 297쪽

부를 심리한다. 즉, 원고 甲이 주장한 위 3가지 요건사실에 대하여 피고 乙이 다투는지, 다투지 않는지를 살펴본다. 만일 피고 乙이 다투지 않는 경우라면, 자백의 구속력으로 인하여 법원은 위 3가지 요건사실이 모두 존재한다고 인정하여야 한다.[103] 다른 증거를 근거로 하여 달리 판단할 수 없다. 3가지 요건사실이 모두 존재함이 인정되었으므로 법률요건이 충족되었다. 피고 乙의 항변이 없는 이상, 이로써 원고 甲에게 대여금 1억 원의 반환을 구할 권리가 발생하였으므로 법원은 청구인용(원고 승소) 판결을 한다.

세 번째, 법원은 피고 乙이 위 3가지 요건사실 중 일부 또는 전부에 대하여 다투는 경우에, 원고 甲이 이른바 **증명책임을 다하였는지 심리**한다. 소송상 어떤 요건사실의 존부가 진위불명에 빠질 때 그 사실이 부존재하는 것이라고 소송상 취급되어 법적 판단을 받게 되는 당사자 일방의 불이익 또는 위험을 객관적 증명책임이라 하는데, 통상 증명책임이라 함은 이를 가리킨다.[104] 피고 乙이 다투는 요건사실에 관하여 원고 甲에게 증명책임이 있는바, 이에 관한 증거가 존재하는지 심리하게 된다. 그 심리결과 피고 乙이 다투는 요건사실이 증거에 의해 증명될 경우 법률요건이 모두 충족되고, 이에 피고 乙의 항변이 없는 이상, 원고 甲에게 대여금 1억 원의 반환을 구할 권리가 발생한다. 법원은 청구인용(원고 승소) 판결을 한다. 그 반면에 피고 乙이 다툰 요건사실 3가지 중에서 일부라도 증거에 의하여 증명되지 못하는 경우에는 법률요건이 충족되지 않았으므로, 원고 甲에게 대여금 1억 원의 반환을 구할 권리가 발생하지 않는다. 법원은 청구기각(원고 패소) 판결을 한다.

네 번째, 원고 甲이 위 3가지 요건사실에 관하여 주장책임을 다하고 증명책임까지도 다하였는데 피고 乙이 항변을 제출한 때에, 법원은 해당 **항변에 관한 요건사실의 존부를 심리**한다. 가령, 피고 乙이 원고가 주장하는 대여금 1억 원 중 3,000만 원을 상환하였다는 이른바 '변제항변'을 하면, 다시 같은 원리로 피고 乙이 변제항변의 요건사실[105]에 관하여 주장책임과 증명책임을 다하였는지 여부(원고 甲이 변제항변의 요건사실에 관하여 자백하였는지 여부를 포함)를 심리하게 된다.

요컨대, 요건사실이 주장책임과 증명책임의 대상이고 결국 민사소송은 거칠게 말하자면 어떠한 요건사실이 존재하는지, 존재하지 않는지를 따지는 절차라고도 할 수 있다. 그러므로 검토보고서를 작성할 때에는 각 청구(소송물)별로 요건사실이 무엇인지, 또한 각 청구(소송물)에 대한 방어방법으로서 항변에 관하여 요건사실이 무엇인지를 숙지하고, 이에 관하여 주장책임

103 다만, 자백의 구속력은 요건사실의 존재에 국한된다. 법리나 법률효과에 관하여 다투지 않는다는 상대방의 진술은 당사자의 의견일 뿐, 법원이 이에 구속되지 않는다.

104 민사재판실무 299쪽

105 민사재판실무 337쪽

과 증명책임을 다하였는지 여부를 중심에 놓고 서술하여야 한다.

II 검토보고서의 전체적인 구조

민사사건의 검토보고서의 작성원리는 민사판결서 중『이유』부분의 작성원리로부터 유래하였다. 따라서 민사판결서 중『이유』부분의 작성원리를 이해하면, 검토보고서의 작성방식도 자연히 이해되게 된다. 이하의 내용은 작성원리의 큰 원칙에 해당한다. 다만, 지엽적인 세부사항까지 완벽하게 검토보고서를 작성하고자 한다면, 해당 수업의 기록강평 강의를 통해 이를 확인하여야 한다는 점을 유념하기 바란다.

이하 내용은 사법연수원에서 발간한 모의기록에 관한 모범 검토보고서 등 강평자료와 민사재판실무 교재의 내용을 기초로 하였다. 다만, 여기저기 흩어져 있는 작성요령에 관한 설명들을 한곳에 모아서 정리하고, 3단논법에 따른 법리－사실－법률효과의 각 항목별로 상정가능한 경우들을 유형화하였으며, 그림을 삽입하는 등 검토보고서의 작성원리를 보다 이해하기 쉽게 설명하는 데 초점을 맞추었다.

먼저 검토보고서의 전체구조를 살펴보자.

[그림1]

검 토 보 고 서

작성자		작성일	2025. 3. .
법 원 재판부	서울중앙지방법원 제1민사부	사 건	2024가합4321 대여금청구
원 고	김갑동 서울 강남구 역삼로 100 소송대리인 변호사 최달변 ①		
피 고	1. 이을남 서울 서초구 서초로 100 2. 박병철 서울 관악구 봉천로 100 피고들 소송대리인 변호사 황승혜		
심 리 경 과	변론종결 : 2025. 2. 24. 판결선고 : 2025. 3. 10.		

【검 토】 ②

1. **피고 이을남에 대한 청구**
   가. 결론
      청구 전부 인용(가집행가능)
   나. 논거
      1) **청구원인의 요지**
         원고는 피고 이을남에게 대여금과 그 지연손해금의 반환을 구한다.
      2) **인정사실**
         ○ 원고는 ~ 대여하였다.
         [인정근거] 다툼 없는 사실
      3) **소결론**
         위 인정사실에 의하면, 피고 이을남은 원고에게 ~ 지급할 의무가 있다.

2. **피고 박병철에 대한 청구**
   가. 결론
      청구 전부 인용(가집행가능)
   나. 논거
      1) **청구원인의 요지**
      2) **인정사실**
      3) **소결론**

【주 문】 ③

1. 피고들은 연대하여 원고에게 600,000,000원 및 이에 대하여 2024. 1. 1.부터 2025. 1. 22.까지는 연 5%의, 그다음 날부터 다 갚는 날까지는 연 12%의 각 비율로 계산한 돈을 지급하라.
2. 소송비용은 피고들이 부담한다.
3. 제1항은 가집행할 수 있다.

[그림1]에서 보는 것처럼 검토보고서는 크게 세 부분으로 구성되어 있다. 즉, 사건의 표시, 원고와 피고의 인적사항, 변론종결일, 판결선고일 등을 기재하는 【형식적 기재사항】(①), 각각의 청구에 관하여 논증하는 【검토】(②)와 주문을 기재하는 【주문】(③)으로 이루어져 있다. 【형식적 기재사항】은 해당 사건의 기본적인 정보를 제공하는 영역이다. 강의현장에서는 편의상 이 부분의 작성을 요구하지 않는 경우가 많다. 【검토】 부분이 검토보고서의 본문에 해당하고 논증과정이 현출되는 영역이다. 【주문】 부분은 각각의 소송물에 관하여 논증된 결과들을 모아서 판결서 주문작성 기재례 형식에 맞추어서 결론을 제시하는 영역이다. 【주문】의 작성방법은 민사판결서의 주문작성 요령과 동일하다.[106] 다만, 법학전문대학원 학생들의 민사재판실무 관련 학습현황을 고려하여 【주문】 부분의 기재를 생략하고, 그 대신 【검토】 중 결론 영역에서 청구 전부 인용이나 청구 일부 인용의 경우에 한하여 그 인용되는 부분의 주문만을 추가하는 형식이 주로 활용되고 있다. 그 형식을 간략히 소개하자면 아래 [그림 1-1]과 같다.

[그림1-1]

1. **피고 정병서에 대한 청구**
   가. **결론**
      청구 전부 인용(가집행가능)
      [인용되는 부분의 주문]
      피고 정병서는 원고에게 50,000,000원 및 이에 대하여 2025. 1. 1.부터 2025. 2. 15.까지는 연 5%의, 그다음 날부터 다 갚는 날까지는 연 12%의 각 비율로 계산한 돈을 지급하라.

   나. **논거**
      1) **청구원인의 요지**
         원고는 피고 정병서에게 대여금과 그 지연손해금의 반환을 구한다.
      2) **인정사실**
         ○ 원고는 ~ 대여하였다.
         [인정근거] 다툼 없는 사실
      3) **소결론**
         위 인정사실에 의하면, 피고 정병서는 원고에게 ~ 지급할 의무가 있다.

106 민사판결서 작성론[주문편](43쪽 이하)과 강의노트 3.청구취지(주문)(99쪽 이하)의 설명을 참조

Ⅲ 【검토】 영역의 작성방식

1. 체계의 구성

기록검토를 마치고 검토보고서를 작성하려고 할 경우 제일 먼저 부딪히는 문제가 체계를 어떻게 구성할 것인가 하는 문제이다. 원고 1명, 피고 1명인데, 원고가 피고를 상대로 구하는 청구(소송물)도 1개인 경우에는 고심할 이유가 없다. 해당 청구에 관한 판단을 【검토】 영역에 기재하면 된다. 그러나 원고 또는 피고가 2명 이상인 경우(주관적 병합)이거나, 원고 1명, 피고 1명이나 구하는 청구가 2개 이상인 경우(객관적 병합)인 경우, 또는 양자의 형태가 결합된 경우 어떻게 체계를 잡을 것인지 문제가 된다. 피고별로, 같은 피고에 대하여는 소송물별로 적절히 제목을 붙이고 피고 1명에 대한 하나의 소송물 단위로 판단해 가는 것이 원칙이다([그림 2] 참조).

[그림2]

1. 원고1의 피고1에 대한 청구에 관한 판단
가. 대여금청구
나. 건물인도청구
2. 원고1의 피고2에 대한 청구에 관한 판단
가. 구상금청구
나. 약정금청구
3. 원고2의 피고1에 대한 청구에 관한 판단

앞서 본 [그림1]의 사례도 위와 같은 원칙에 따라 체계가 구성되었다. 즉, 김갑동이 주채무자 이을남과 연대보증인 박병철을 공동피고로 삼아 대여금청구의 소를 제기하였는데, 피고들별로 별개의 항목으로 나누어 기재하였다. 그러나 피고들에 대한 각 청구의 요건사실 중 일부가 중복되거나 항변이 공통되는 등 서로 관련된 경우에는 피고 별로 청구(소송물)별로 나누어 기재하지 않고 이를 한 항목에 모아서 기재하기도 한다.[107]

107 민사재판실무 202쪽 이하 참조

2. 『결론』 작성하기

[그림3]

【검　　토】

1. **피고 이을남에 대한 청구**

가. 결론

청구 전부 인용(가집행가능)

[인용되는 부분의 주문]

피고 이을남은 원고에게 90,000,000원 및 이에 대하여 2025. 1. 1.부터 2025. 1. 22.까지는 연 5%의, 그다음 날부터 다 갚는 날까지는 연 12%의 각 비율로 계산한 돈을 지급하라.

나. 논거

1) **청구원인의 요지**

원고는 피고 이을남에게 대여금과 그 지연손해금의 반환을 구한다.

2) **인정사실**

○ 원고는 ~ 대여하였다.

[인정근거] 다툼 없는 사실

3) **소결론**

위 인정사실에 의하면, 피고 이을남은 원고에게 ~ 지급할 의무가 있다.

[그림3]에서 보는 것처럼, 각각의 청구(소송물)별로 제목을 설정하고 나면 각각의 해당 청구(소송물)에 대하여는 『결론』과 『논거』 2가지를 기재하면 된다. 그중 『결론』 부분에는 <소 각하>, <청구 전부 인용>, <청구 일부 인용>, <청구 기각> 중 하나를 기재하면 된다. 다만 <청구 전부 인용>과 <청구 일부 인용>의 경우에는 가집행가능 여부를 밝혀 주고 그 아래 줄에 인용되는 부분의 주문을 기재하여 주면 된다.

가집행의 선고를 붙일 수 있는 판결은 재산권의 청구에 관한 판결에 한한다(법 제213조 제1항 본문). 가집행의 선고는 실무상 원칙적으로는 협의의 집행력을 낳는 이행판결에 한하여 붙인다. 확인판결은 집행력의 문제가 발생할 여지가 없으므로 원천적으로 가집행의 선고를 할 수 없고, 형성판결도 법률에 특별규정이 있거나 또는 그 성질상 허용되는 경우 이외에는 가집행의 선고를 할 수 없다. 성질상 가집행의 선고가 허용되지 않는 대표적인 경우로는 재산권에 관한 의사의 진술을 명하는 판결(예컨대, 등기절차의 이행을 명하는 판결), 사해행위취소소송에 있어 가액배상판결 등과 같이 이행기 도래가 판결확정 이후임이 명백한 판결 등을 들 수 있다.[108]

108 민사판결서 작성론[주문편] 171쪽

3. 『논거』 작성하기

가. 논리전개의 기본원칙

민사판결서는 기본적으로 3단논법에 따라 판단하는 구조를 가진다.[109] 어떠한 청구(소송물)에 관하여 <법리－사실－법률효과>의 논증과정을 거쳐 그 청구의 특정한 법률효과가 발생하였는지 여부를 따진 후, 이에 관하여 상대방이 항변을 제출한 경우 역시 마찬가지로 <법리－사실－법률효과>의 논증과정을 거쳐 그 항변의 특정한 법률효과가 발생하였는지 여부를 검토하는 방식으로 논리를 전개한다. 가령, 앞서 본 것처럼 김갑동이 2024. 6. 1. 이을남에게 1억 원을 이자 없이 변제기 2024. 12. 31.로 정하여 대여한 사안에서, 김갑동이 이을남을 상대로 대여원금의 반환을 청구하는 소를 제기하였다고 하자(이하 [사례1]이라고 한다). [사례1]에서 이을남이 소멸시효항변을 제출하자 김갑동이 다시 시효중단의 재항변을 제출하였을 경우, 판결서상 논리전개의 흐름을 도식화하면 [그림4]과 같다.

[그림4]

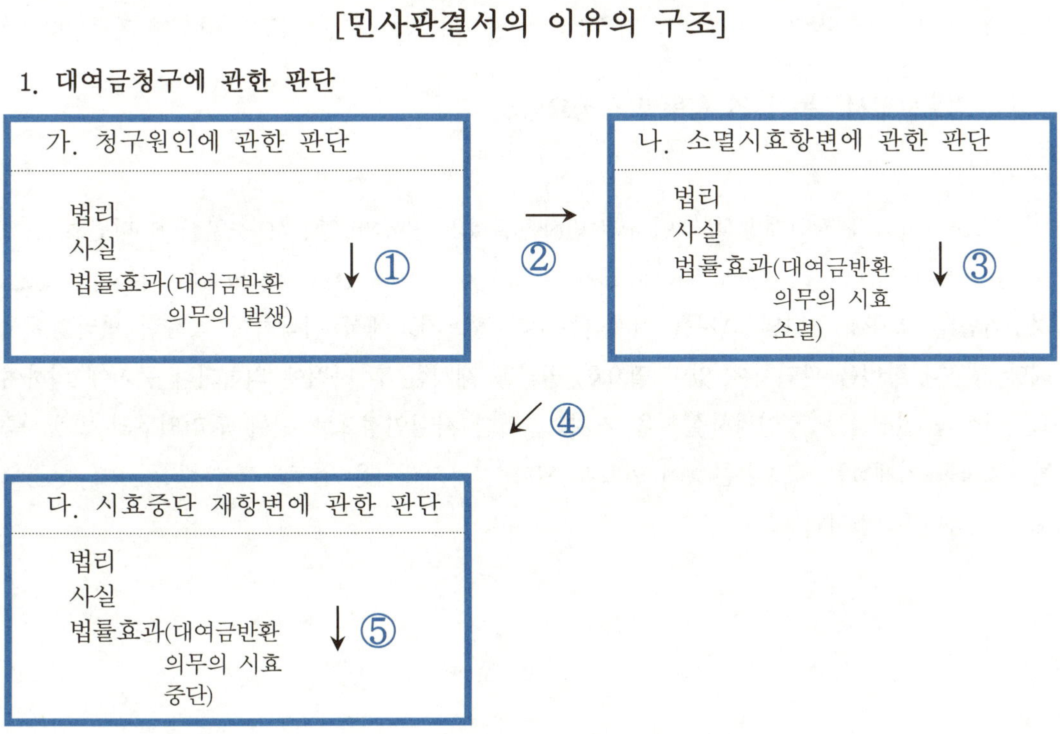

109 민사판결서 작성론[이유편] 7쪽 참조

김갑동은 이을남이 자신에게 1억 원을 지급할 의무가 있다는 법률효과를 얻고자 하는데, 그러한 법률효과를 얻으려면 대여원금의 반환청구에 있어 법률요건인 <소비대차계약의 체결사실>, <목적물의 인도사실>, < 반환시기의 도래사실>이 주장·증명되어야 한다. 위 3가지 요건사실이 모두 존재함이 증명될 경우, 민법 제598조, 제603조 제1항이라는 법률조항이 적용되어 결국 이을남은 김갑동에게 대여금 1억 원을 지급할 의무가 있다는 법률효과가 발생한다. 이러한 논리적 흐름이 판결서에서는 [그림4]의 ①과 같이 주로 '청구원인에 관한 판단'이라는 제목하에 법리 → 사실 → 법률효과의 순서대로 표현된다.

한편, [그림4]의 ③단계에서 피고 이을남이 일응 발생된 것으로 보이는 대여원금의 반환의무가 시효로 소멸하였다고 항변하였는데, 의무의 시효소멸이라는 법률효과를 얻으려면 법률요건인 <대주가 특정시점에 당해 권리를 행사할 수 있었던 사실>, <그때로부터 소멸시효기간이 도과한 사실>[110]이 주장·증명되어야 한다. 위 법률요건이 모두 존재함이 인정될 경우, 민법 제162조 제1항, 제166조 제1항 및 제167조라는 법률조항이 적용되어 위 대여원금의 반환의무는 시효로 소멸하였다는 법률효과가 발생된다. 이러한 논리적 흐름이 판결서에서는 [그림4]의 ③과 같이 법리 → 사실 → 법률효과의 순서대로 표현된다. 이하 재항변의 논리적 흐름이나 판결서 기재방식도 마찬가지이다. 그 최종결과로 원고가 당초 구한 청구의 당부가 판단된다.

나. 검토보고서『논거』의 항목별 작성요령

1) 개요

검토보고서의 논리전개방식도 이러한 민사판결서의 이유와 완전히 동일하다. 다만 표현하는 형식이 다를 뿐이다. 검토보고서에 있어 각 청구나 항변에 관한 검토방식의 **기본적인 틀은, 청구원인의 요지나 항변의 요지를 기재하는 ≪주장요지≫에서 시작하여 ≪관련 법리≫에서 해당 청구나 항변을 판단함에 있어 필요한 법리를 제시한 후 자백에 의하거나 증거에 의하여 요건사실을 인정하는 ≪인정사실≫을 거쳐, 그러한 사실인정으로 인한 권리의무의 발생, 즉 법률효과를 기재하는 ≪소결론≫에 이르게 된다.**[111] [사례1]을 검토보고서 중『논거』부분으로 구현하면 [그림5]와 같다.

---

110 민사재판실무 351쪽

111 ≪주장요지≫, ≪관련 법리≫, ≪인정사실≫, ≪소결론≫ 등의 제목은 유일무이한 표현이 아니다. 제목 아래 적히는 내용이 중요하고 제목은 내용에 부합하게 적절히 붙이면 충분하다.

[그림5]

	나. 논거	
①	**1) 청구원인의 요지** 원고는 피고 이을남을 상대로 대여원금 및 그 지연손해금의 지급을 구한다.	☜ **청구(소송물)의 요지 기재**
②	**2) 관련 법리** 소비대차는 당사자 일방이 금전 기타 대체물의 소유권을 상대방에게 이전할 것을 약정하고 상대방은 그와 같은 종류, 품질 및 수량으로 반환할 것을 약정함으로써 그 효력이 생긴다(민법 제598조). 차주는 약정시기에 차용물과 같은 종류, 품질 및 수량의 물건을 반환하여야 한다(민법 제603조 제1항).	☜ **청구(소송물)와 관련된 법리의 제시**
③	**3) 인정사실** 원고는 2024. 6. 1. 피고 이을남에게 1억 원을 변제기 2024. 12. 31.로 정하여 대여하였다.	☜ **청구(소송물)에 관한 요건사실을 기재**
④	[인정근거] 갑 제1호증(차용증)의 기재 및 변론 전체의 취지	☜ **요건사실을 인정하게 된 증거의 나열 또는 자백 등 불요증사실의 표시**
⑤	**4) 소결론** 위 인정사실에 의하면, 피고 이을남은 원고에게 대여금 1억 원과 이에 대하여 변제기 다음 날인 2025. 1. 1.부터 다 갚는 날까지 민법에서 정한 연 5%의 비율로 계산한 지연손해금을 지급할 의무가 있다.	☜ **법률효과 기재**

2) 주장요지의 기재([그림5]의 ①)

검토보고서는 판결서의 경우[112]와 달리 **청구원인 단계이든, 항변 단계이든 항상 그 주장의 요지를 기재한다.** 다만 청구원인의 요지는 원고의 청구를 받아들이는 경우와 받아들이지 않는 경우에 따라 기재의 강약에 차이가 있다. 첫째, 원고의 청구를 받아들이는 경우에는 간략히 기재한다. 아래 인정사실 항목에서 어떠한 요건사실이 인정되는지 자세히 기재될 것이므로 동일한 내용을 장황하게 중복 기재할 필요가 없기 때문이다. 그 기재방식은 대체로 [그림5]의 ① <"원고는 피고 이을남을 상대로 대여원금 및 그 지연손해금의 지급을 구한다.">에서 보는 것처럼, 원고가 **누구를 상대로 어떠한 소송물을 구하고 있는지**만 드러나면 충분하다.

둘째, 원고의 청구를 받아들이지 않는 경우에는 그 주장의 요지를 자세히 기재하여야 한다. 원고가 주장한 내용이 배척되었으니 이하 내용에서 원고가 주장한 요건사실이 표현될 기회가 없으므로 주장요지 단계에서 상세히 기재할 필요가 있기 때문이다. 가령, "원고는 2024. 6. 1.

112 민사재판실무 189쪽 참조

피고에게 1억 원을 변제기 2024. 12. 31.로 정하여 대여하였으므로 피고는 원고에게 대여금 1억 원을 반환할 의무가 있다고 주장한다."와 같이 요건사실 전체가 드러나도록 자세히 기재한다. 항변의 요지도 동일한 원리에 따라 강약을 두어 기재함이 원칙이다.

3) 관련 법리의 기재([그림5]의 ②)

다음으로 청구나 항변을 판단함에 있어 필요한 법리를 제시한다. 다만 관련 법리를 항상 기재하여야 하는 것은 아니며, 이를 제시하지 않더라도 논리를 이해하는 데 지장이 없으면 관련 법리의 언급 없이 주장요지 이후에 곧바로 인정사실로 들어가도 된다. 실무에서는 대체로 통상적이고 평이한 법리는 기재하지 않는다. 다만 [그림5]에서는 검토보고서 구조의 이해를 위해서 편의상 민법 규정을 관련 법리로 소개하였다.

4) 인정사실의 기재([그림5]의 ③)

가) 요건사실의 기재

해당 청구나 항변에 관한 **요건사실**(**주요사실**)을 기재하여야 한다. **요건사실을 일부라도 누락하여서는 아니 되고, 반대로 요건사실이 아닌 사건의 배경을 이루는 경위사실 등 불필요한 사실은 기재하지 않아야 한다.**[113] 특별히 주의를 요한다. 따라서 청구에 관한 요건사실과 항변에 관한 요건사실을 익히고 있지 않으면 이 부분은 전혀 기재할 수 없다. 앞에서 소개한 것처럼, 대여원금의 반환청구에 있어 법률요건은 ＜소비대차계약의 체결사실＞, ＜목적물의 인도사실＞, ＜ 반환시기의 도래사실＞이고, 소멸시효항변의 법률요건은 ＜대주가 특정시점에 당해 권리를 행사할 수 있었던 사실＞, ＜그때로부터 소멸시효기간이 도과한 사실＞이다. 통상 대여원금 반환청구에 있어 필요한 추상적인 법률요건을 요건사실이라고 칭하기도 한다. 그러나 엄밀하게 보면 이는 법률요건이라고 보아야 하고, 그와 같은 법률요건에 해당하는 구체적, 경험적 사실을 요건사실이라고 부르는 것이 정확하다. 실제 발생한 구체적, 경험적 사실에 해당하는 ≪원고는 2024. 6. 1. 피고에게 대여금 1억 원을 변제기 2024. 12. 31.로 정하여 대여한 사실≫이 대여원금 반환청구의 요건사실에 해당한다. 따라서 검토보고서 논거 중 인정사실란에 요건사실을 기재할 때에는 실제 기록에서 확인된 구체적, 경험적 사실을 기재하여야 한다.

항변의 요건사실도 마찬가지이다. 소멸시효항변의 위 2가지 법률요건에 해당하는 사실로서 기록상 증명되는 구체적, 경험적 사실인 ≪위 대여금채무의 변제기가 2014. 12. 31.인 사실≫과 ≪원고의 이 사건 소가 그로부터 10년이 경과된 후인 2025. 1. 9. 제기된 사실≫이 요건사실로 기재되어야 한다.

---

113 민사재판실무 177쪽

나) 기재방식

인정사실은 구체적으로 어떠한 사실이 있었음을 알 수 있도록 특정해서 설시하여야 한다. 사실의 특정에 필요한 요소는 일반적으로 ① 주체, ② 시기, ③ 상대방, ④ 목적물, ⑤ 행위의 종류 및 요건사실의 범위 내에서 행위의 내용이다. 행위 장소의 설시는 보통 불필요하며, 인정사실의 설시도 위와 같은 순서로 하는 것이 무난하다.[114] 실무상 자주 등장하는 청구(소송물)와 주요 항변에 관한 요건사실의 기재례는 이 책 가장 뒤에 있는 [부록]을 참고하자. 각 청구나 항변별로 어떤 법률요건이 요구되는지 이해하였다면, [부록]상 '실제 기재 요건사실(기재례)'과 같이 기재할 줄 알아야 한다. 다시 한번 확인하자면, 소장, 검토보고서 등 법률문서에는 '추상적 법률요건'이 아니라 위 '실제 기재 요건사실(기재례)'과 같은 법률요건에 해당하는 구체적, 경험적 '요건사실'을 기재해야 한다. 이는 많은 연습이 필요하다.

5) 증거의 기재 등([그림5]의 ④)

가) 불요증사실의 표시

[그림5]의 ③과 같이 해당 요건사실을 기재한 다음에 그러한 요건사실을 인정하게 된 근거를 [그림5]의 ④와 같이 표시하여야 한다. 증거를 요하지 않는 경우에는 [표1]과 같이 기재한다.

[표1]

유형	기재례
자백한 경우	[인정근거 : 다툼 없는 사실]
당사자 불출석으로 인한 자백간주된 경우	[인정근거 : 민사소송법 제150조(자백간주)]
월평균 가동일수 등 공지의 사실	[인정근거 : 공지의 사실]
소장, 답변서 또는 준비서면의 송달일자 등 소송절차상 있었던 일	[인정근거 : 기록상 명백한/ 분명한 사실]
법률상 사실추정	피고는 이 사건 토지를 1993. 6.경 점유한 바 있었고 그 후인 2009. 4.경부터 현재까지 점유하여 왔다. [인정근거 : 갑 제3호증(...)의 기재] 이에 의하면 피고는 1993. 6.경부터 2009. 4.경까지 계속하여 이 사건 토지를 점유하였던 것으로 추정되고, 따라서 피고의 점유는 1993. 6.경부터 현재까지 계속되었다.[115]

114 민사판결서 작성론[주문편] 72쪽

법률상 권리추정	별지 목록 제1의 가항 기재 토지에 관하여 2015. 8. 13. 원고 명의로 소유권이전등기가 마쳐졌다. [인정근거 : 갑 제1호증(등기사항전부증명서)의 기재] 이에 의하면 별지 목록 제1의 가항 기재 토지는 원고의 소유로 추정된다.[116]

나) 증거거시의 원칙

증거를 나열하거나 사실인정을 위하여 증거를 거시함에 있어서는 그 사실인정에 꼭 필요한 증거만을 뽑아내서 일정한 순서에 따라 정연하게 나열하여야 한다. 증거의 거시는 개별적, 구체적으로 하여야 하고, 막연히 '기록에 의하면'이라든지, '원고가 제출한 증거에 의하면'이라든지, '증인 甲의 증언 등에 의하면'이라는 식의 개괄적으로 기재하거나 불분명하게 기재하여서는 아니 된다. 그렇다고 하여 증거의 내용, 예컨대, '증인 甲의 … 라는 증언', '갑 제1호증(영수증) 중 … 라는 기재'라는 식으로 증거자료의 내용까지 일일이 구체적으로 기재할 필요는 없다.[117]

증거는 대체로 서증과 증인을 먼저 기재하고 나머지 증거를 쓰며 마지막에 변론 전체의 취지를 적어주는 것이 실무례이다.[118] 서증의 <표목>은 제출자에 따라 '갑'(원고 제출), '을'(피고 제출), '병'(독립당사자참가인 제출)의 부호를 붙이고, 각 제출 순서에 따라 번호를 붙여 특정하는데(규칙 제107조 제2항), 서증을 기재할 때에는 먼저 표목을 기재한 다음 괄호 안에 그 서증의 <표제>를 기재한다.[119] 서증은 그 존재 자체가 아니라 그 기재내용이 증거자료로 되는 것이므로 서증을 거시할 때에는 「갑 제1호증(매매계약서)의 기재」와 같이 「~ 의 기재」라는 표현을 누락하지 않아야 한다.[120] 서증을 포함한 주요증거별 기재방식은 [표2]와 같다.

115 강의노트 258쪽 기재례①
116 강의노트 258쪽 기재례②
117 민사재판실무 243쪽 참조
118 구체적인 증거 나열의 순서는 민사재판실무 245쪽 참조
119 민사판결서 작성론[주문편] 53~54쪽
120 민사판결서 작성론[이유편] 55쪽 참조

[표2]

유형	기재례[121]	기재방법
원고가 제출한 서증	[인정근거 : 갑 제1호증(매매계약서[122])의 기재]	『~의 기재』
피고가 제출한 서증	[인정근거 : 을 제3호증의 1 내지 4(각 진술조서)의 각 기재]	
증인	[인정근거 : 증인 甲의 증언]	『~의 증언』
검증 및 감정	[인정근거 : 이 법원의 2024. 8. 23.자 현장검증 결과] [인정근거 : 감정인 甲의 측량감정 결과]	
여러 종류의 증거를 나열하는 경우	[인정근거 : 갑 제1호증(매매계약서)의 기재, 증인 乙의 증언 및 변론 전체의 취지[123]]	

다) 불요증사실의 표시와 증거거시가 결합된 경우

한편, 요건사실의 일부만 다툼이 없고 나머지는 다툼이 있는 경우에는 두 부분을 나누어서 기재한다. 가령, 어떠한 청구나 항변의 요건사실이 요건사실1, 요건사실2, 요건사실3, 요건사실4의 4가지인데 그중 요건사실1, 2는 다툼이 없고 요건사실3, 4만 다툼이 있을 경우에는 두 부분을 나누어서 [표3]과 같이 기재한다.

[표3]

기재례[124]	기재요령
2) 인정사실 ○ 요건사실1 ○ 요건사실2	☜ 요건사실 중 다툼 없는 사실들을 모아서 기재
[인정근거 : 다툼 없는 사실]	☜ 불요증사실 표시
○ 요건사실3 ○ 요건사실4	☜ 요건사실 중 다툼 있는 사실들을 '모아서' 기재
[인정근거 : 갑 제1호증(매매계약서)의 기재, 증인 甲의 증언 및 변론 전체의 취지]	☜ 증거거시 * 요건사실3을 인정하는 증거와 요건사실4를 인정하는 증거가 다르더라도 이를 구분할 필요는 없고 이렇게 '모아서' 기재

121 민사재판실무 246쪽, 258쪽, 259쪽, 262쪽 참조

122 표제(서증의 제목)는 기록상 증거목록에 기재된 서증의 제목을 원용하여 그대로 기재한다. 표현을 변경하여서는 아니 된다.

123 법 제202조는 증거조사의 결과와 나란히 변론 전체의 취지를 사실인정의 근거로 규정하고 있다. 실무에서는 증거와 인정사실이 아주 간단한 경우를 제외하고는, 쟁점이 복잡하거나 요증사실이 많으면 특별한 의미를 따지지 않고 다른 증거의 나열에 이어 가장 나중에 '변론 전체의 취지'를 부가하는 것이 보통이다(민사판결서 작성론[이유편] 67~68쪽).

124 강의노트 248쪽 참조

라) 반증이 있는 경우

요건사실을 인정하는 과정에서 상대방이 제출한 반증이 있는 경우에는 이를 배척하는 설시를 하여 주어야 한다. 반증이란 증명책임이 있는 자의 상대방이 요건사실을 부정할 목적으로 제출하는 증거로서, 본증에 의한 법관의 심증형성을 흔들어 그 사실에 관하여 진위불명의 상태에 빠뜨리는 것을 입증취지로 한다.[125]

가령, 甲이 乙을 상대로 X토지의 매매를 이유로 하여 매매대금을 청구하는 데 매매계약 체결사실을 증명하기 위하여 丙을 증인으로 신청하여 丙이 법정에서 甲과 乙 사이에 구두로 매매계약을 체결하는 것을 보았다는 취지로 증언하였다고 하자. 乙은 丙이 그 매매계약 일시에 다른 장소에 있었다는 사실을 증명하기 위하여 丙의 친구 丁을 증인으로 신청하고 丙의 다른 친구 戊의 진술서를 서증으로 제출한 경우, 丙의 증언은 본증에 해당하고 丁의 증언과 戊의 진술서는 반증에 해당한다. 담당판사가 심리를 마친 결과, 甲과 乙 사이의 매매계약 체결사실을 인정하였다고 하자. 그런데 피고 乙이 신청한 반증인 丁의 증언과 戊의 진술서에 관하여 판결서에 아무런 기재를 하지 않을 경우 피고 乙의 입장에서 보면, 자신이 신청한 증거에 대해서 판사가 검토를 하지 않은 것이 아닌가 의구심을 가질 수 있다. 따라서 본증에 대하여 반증이 제출된 사건이라면, 이를 배척하는 기재를 하는 것이 바람직하다. 검토보고서에서도 마찬가지이다. 그 기재방식은 [표4]와 같다.

[표4]

기재례[126]	기재요령
2) 인정사실 원고가 2024. 2. 1. 피고에게 X토지를 1억원에 매도하였다.	☜ 요건사실 기재
[인정근거 : 증인 丙의 증언 및 변론 전체의 취지]	☜ 본증의 나열
이에 어긋나는(또는 이에 반하는) 증인 丁의 증언은 **믿기 어렵고**, 을 제2호증(진술서)의 기재**만으로는 위 인정을 뒤집기에 부족하다.**	☜ 『이에 어긋나는(또는 이에 반하는)』이라는 수식어를 붙인 다음, ① 『~믿기 어렵고』, ② 『~만으로는 위 인정을 뒤집기에 부족하다』 기재 * 기록사안에 따라서 ①만 기재하거나 ②만 기재하기도 한다.

125 민사재판실무 281쪽

126 강의노트 281쪽 참조

마) 증거항변이 있는 경우

증거항변이 있는 경우에는, 앞서 설명한 증거를 표기하는 영역([그림5]의 ④)에서 **[인정근거 : 갑 제1호증(○○○)의 기재] 바로 아래에** 증거항변에 관한 판단내용을 추가로 기재하여야 한다. 기재방식에 관한 자세한 설명은 뒤에서 하기로 한다.

6) 법률효과의 기재([그림5]의 ⑤)

가) 기본원칙

원고가 주장한 청구원인이나 피고가 주장한 항변에 관하여 상대방의 자백에 의하든 증거에 의하든 그 요건사실이 존재하는 것으로 증명된 경우, 요건사실들로 구성된 특정한 법률요건이 충족되었으므로 그에 상응하여 특정한 법률효과가 발생한다. 재항변 이하의 단계에서도 마찬가지이다. 따라서 청구원인, 항변, 재항변 단계마다 인정사실을 기재한 다음에는 법률효과를 기재하는 것이 원칙이다.

일반적으로 대여금, 물품대금, 약속어음금 등 정형화된 유형의 사건에서는 청구원인사실이 인정되면 누구나 그에 기한 법률효과를 알 수 있고 그 내용도 자명하므로, 뒤이어 항변이 있을 때에도 구태여 법률효과를 설명하지 않는 것도 가능하다.[127] 그러나 로스쿨 과정에서는 정형화된 유형의 사건인지 여부를 불문하고 청구원인, 항변, 재항변에 관한 판단시마다 해당 법률효과를 항상 기재하여 주는 것으로 보는 것이 학습목적상 바람직하다.

다른 한편, 청구원인이든 항변이든 재항변이든 해당 요건사실이 존재하지 아니하는 것으로 확정되면 그것으로 이미 주장된 법률효과는 배척되므로,[128] 자연히 법률효과를 기재할 필요가 없다. 청구원인 단계에서 원고의 청구가 기각되거나, 어떠한 항변이 배척되는 경우의 기재방법은 뒤에서 설명한다.

나) 기재요령

(1) **청구원인 관련 법률효과의 기재**

청구원인사실이 인정되었는데 피고의 항변이 없거나, 피고의 항변이 있었으나 그 항변이 배척된 경우 등 청구인용(원고 승소) 판결을 하는 때에는, 통상 ≪소결론≫이라는 제목을 붙이고 그 아래에 법률효과를 기재한다. 일반적으로 '의무자'(주로 피고)를 주어로 하여 '어떠한 의무가 있다.'로 서술하게 된다. 예컨대, 「**피고는** 원고에게 X건물을 인도**할 의무가 있다.**」거나 「**피고는** 원고에게 1억 원을 지급**할 의무가 있다.**」와 같다.

---

127 민사재판실무 279쪽
128 민사재판실무 279쪽 참조

청구인용이라는 주문에 상응하여 그 주문이 어떠한 내용인지 명확히 알 수 있도록 결론에 나타난 **금액이나 날짜 등 숫자의 법률적 의미를 구체적으로 밝혀서 기재하여야** 한다. 가령, 「피고들은 연대하여 원고에게 3억 원과 이에 대하여 2024. 12. 1.부터 2025. 2. 20.까지는 연 5%의, 그다음 날부터 다 갚는 날까지는 연 12%의 각 비율로 계산한 돈을 지급하라.」는 주문이 도출되었다고 하자. 이러한 경우 검토보고서 논거 중 법률효과 부분은 「(위 인정사실에 의하면) 피고들은 연대하여 원고에게 **차용금** 3억 원과 이에 대하여 **그 변제기 다음 날인** 2024. 12. 1.부터 **이 사건 소장 부본 송달일임이 기록상 명백한** 2025. 2. 20.까지는 **민법에서 정한** 연 5%의, 그다음 날부터 다 갚는 날까지는 **소송촉진 등에 관한 특례법에서 정한** 연 12%의 각 비율로 계산한 **지연손해금**을 지급할 의무가 있다.」라고 기재한다. 위 주문에 나타난 금액, 날짜 등 숫자의 법률적 의미를 수식어로 표현한 것이다.

다만, 청구원인에 이어 항변 등 이하의 판단 부분이 있는 경우에는 기재하는 방식이 조금 다르다. **청구원인 단계에서는 법률효과를 간략히 정리**하고 **항변 등 이하 판단을 모두 마친 다음에 최종적으로 법률효과를 기재**하는 형식을 취한다. 예를 들면 [그림6]과 같다.

[그림6]

기재례	기재방식
1. **피고들에 대한 대여금청구에 관한 판단** 가. **결론** 청구 전부 인용(가집행가능) 나. **논거** 1) **청구원인에 관한 판단** 가) 청구원인의 요지 나) 인정사실 ○ 요건사실1 ○ 요건사실2	
[인정근거 : 다툼 없는 사실]	
다) 소결론 **특별한 사정이 없는 한,** 피고들은 연대하여 원고에게 차용금 3억 원과 이에 대한 지연손해금을 지급할 의무가 있다.	☜ 잠정적인 결론임을 표시하는 뜻으로 『특별한 사정이 없는 한』을 기재한 다음에, 법률효과를 간략히 정리
2) **피고들의 항변에 관한 판단**	☜ 항변 이하의 판단
가) 변제항변 나) 소멸시효 항변	
3) **대여금청구 부분의 결론** 피고들은 연대하여 원고에게 차용금 3억 원과 이에 대하여 그 변제기 다음 날인 2024. 12. 1.부터 이 사건 소장부	☜ 항변 이하의 판단을 모두 거친 다음에, 해당 청구(소송물)에 대한 최종결론을 기재함.

본 송달일임이 기록상 명백한 2025. 2. 20.까지는 민법에서 정한 연 5%의, 그다음 날부터 다 갚는 날까지는 소송촉진 등에 관한 특례법에서 정한 연 12%의 각 비율로 계산한 지연손해금을 지급할 의무가 있다.	숫자와 날짜의 법률적 의미를 밝혀서 수식어를 붙이는 방법으로 주문의 의미를 상세히 드러냄

(2) 항변, 재항변 관련 법률효과의 기재

항변이나 재항변 이하 단계에서도 증거에 의하든, 자백에 의하든 해당 요건사실이 존재하는 것으로 인정된 경우 법률요건이 충족되어 그에 상응한 법률효과가 발생하므로 이를 기재함이 원칙이다. [그림7]을 예로 들어 보자. [그림7]은 원고의 3억 원 대여금청구에 대하여 피고가 소멸시효 항변을 하였는데, 심리결과 3억 원 대여금채권의 변제기로부터 소멸시효기간 10년이 경과한 후에 소가 제기되었음이 확인된 경우이다.

[그림7]

기재례	기재방식
1. 대여금청구에 관한 판단 **가. 결론** 청구 기각 **나. 논거** **1) 청구원인에 관한 판단** 가) 청구원인의 요지 나) 인정사실 ○ 요건사실	
[인정근거 : 다툼 없는 사실]	
다) 소결론 **특별한 사정이 없는 한,** 피고는 원고에게 차용금 3억 원과 이에 대한 지연손해금을 지급할 의무가 있다.	① ☜ 잠정적인 결론임을 표시하는 뜻으로 『**특별한 사정이 없는 한**』을 **기재한 다음에, 법률효과를 간략히 정리**
2) 소멸시효항변에 관한 판단	
가) 항변의 요지 피고는 위 대여금채권이 시효로 소멸하였다고 항변한다.	☜ 항변의 요지 기재
나) 인정사실 ○ 위 대여금채권의 변제기가 2015. 1. 10.이다.[129] [인정근거 : 갑 제2호증(차용증서)의 기재 및 변론 전체의 취지] ○ 원고의 이 사건 소가 그로부터 10년이 경과된 후인 2025. 2. 10. 제기되었다. [인정근거 : 기록상 명백한 사실]	☜ 요건사실 기재&증거거시 (또는 불요증사실 표기)
다) 소결론	

○ 위 대여금채권은 시효로 소멸하였다.	② ☜ **항변의 법률효과 기재**
○ 위 항변은 이유 있다.	③ ☜ **항변의 당부(當否) 판단 기재**
3) 대여금청구 부분의 결론 원고의 이 부분 청구는 이유 없다.	☜ 청구(소송물)의 최종결론

[그림7]의 사안은 청구원인사실이 모두 인정되었으나 소멸시효항변이 받아들여져서 결국 원고의 청구가 기각되는 경우이므로, 청구원인 단계에서는 일단 요건사실을 기재하고 법률효과를 ①과 같이 잠정적으로 간략하게 언급한다. 그리고 **항변에 대한 판단**은 보통 <소결론> 이라는 제목 아래에 ②, ③과 같이 법률효과와 항변의 당부(當否) 판단 2가지를 기재한다.

예를 하나 더 들어 보자. [그림8]은 원고가 피고를 상대로 X토지의 매수를 원인으로 하여 X토지의 소유권이전등기를 청구하였는데, 피고가 매매잔금의 지급과의 동시이행항변을 제출한 경우이다.

[그림8]

기재례	기재방식
1. 소유권이전등기청구에 관한 판단 **가. 결론** 청구 일부 인용(가집행불가능) **[인용되는 부분의 주문]** 피고는 원고로부터 270,000,000원을 지급받음과 동시에 원고에게 X토지에 관하여 2024. 10. 1. 매매를 원인으로 한 소유권이전등기절차를 이행하라.	
나. 논거 **1) 청구원인에 관한 판단** 가) 청구원인의 요지 원고는 피고를 상대로 매매를 원인으로 하여 소유권이전등기절차의 이행을 구한다.	☜ 청구원인 요지 기재(청구원인 단계에서 일응 받아들이는 청구이므로 간략히 기재)

129 위 기재례 사례에서 보자면, 대여금청구의 청구원인 단계에서 원고가 언제 피고에게 3억 원을 변제기 언제로 정하여 대여하였다는 사실이 기재되었을 것이다. 그러한 사실이 대여금청구의 요건사실에 해당하고 그 존재가 인정되어 청구원인 단계에서 일응의 법률효과가 발생하였으니 항변 단계의 판단을 하고 있는 것이기 때문이다. 따라서 청구원인 단계에서 같은 원고와 같은 피고 사이에서 증거에 의하든, 자백에 의하든 특정 대여금채권의 변제기가 언제라는 사실이 인정된 이상, 항변 단계에서는 다시 사실인정을 할 필요 없이 앞서 기재한 인정근거를 그대로 원용해서 기재하는 것이 일반적이다. 『위 대여금채권의 변제기가 2015. 1. 10.인 사실**은 앞서 본 바와 같다.**』와 같이 기재한다. 여기에서는 항변 단계의 법률효과 기재방식을 설명하는 데 주안점이 있으므로 요건사실의 [인정근거]에 관하여는 앞의 것을 원용하지 않고 별도로 다시 표기하는 방식을 보여 주고 있다.

나) 인정사실 ○ 원고는 2024. 10. 1. 피고로부터 X토지를 3억 원에 매수하였다.	☜ 요건사실인 매매계약체결사실(4가지 요소 - 당사자, 일자, 목적물, 대금) 기재
[인정근거 : 다툼 없는 사실]	
다) 소결론 특별한 사정이 없는 한, 피고는 원고에게 X토지에 관하여 위 매매를 원인으로 한 소유권이전등기절차를 이행할 의무가 있다.	☜ 잠정적인 결론임을 표시하는 뜻으로 『특별한 사정이 없는 한』을 기재한 다음에, 법률효과를 간략히 정리
2) 동시이행항변에 관한 판단	
가) 항변의 요지 피고는 원고로부터 잔금을 지급받을 때까지는 원고의 청구에 응할 수 없다고 항변한다.	☜ 항변의 요지 기재
나) 인정사실	
○ 피고가 매매계약 당시 원고로부터 잔금 2억 7,000만 원을 2024. 11. 30. 지급받기로 약정하였다. [인정근거 : 다툼 없는 사실]	☜ **동시이행항변의 요건사실 2가지 중 첫 번째, 반대채무의 발생사실 기재**
○ 피고가 원고로부터 잔금을 지급받음과 동시에 원고에게 소유권이전등기절차를 이행하기로 약정하였다. [인정근거 : 갑 제1호증(매매계약서)의 기재 및 변론 전체의 취지]	☜ **두 번째, 반대채무와의 동시이행관계인 사실 기재(양 채무가 동시이행관계라는 별도의 약정이 있으면 그 약정이 요건사실에 해당[130])**
다) 소결론	
○ 원고는 피고에게 잔금 2억 7,000만 원을 지급할 의무가 있고, 피고의 소유권이전등기절차이행 의무는 원고의 잔금 지급의무와 동시이행의 관계에 있다.	☜ **항변의 법률효과(위 각 요건사실에 상응하게 '반대채무 발생'+'양 채무가 동시이행관계에 있음'으로 법률효과도 2가지로 각각 기재)**
○ 위 항변은 이유 있다.	☜ **항변의 당부(當否) 판단 기재**
3) 소유권이전등기청구의 결론 피고는 원고로부터 잔금 2억 7,000만 원을 지급받음과 동시에 원고에게 X토지에 관하여 2024. 10. 1. 매매를 원인으로 한 소유권이전등기절차를 이행할 의무가 있다.	☜ 청구(소송물)의 최종결론

130 양 채무가 동시이행관계에 있다는 내용의 특별한 약정이 없는 경우에도 매매, 임대차 등 쌍무계약에 의한 대가관계에 있는 쌍방의 의무는 법률의 규정에 따라 동시이행관계에 있다(민법 제536조 제1항, 제568조, 제567조 등). 따라서 그러한 경우 양 채무가 동시이행관계에 있다는 사실에 관하여는 사실인정을 할 필요가 없고 곧바로 법률효과에서 양 채무가 동시이행관계에 있음을 기재하면 충분하다. 가령, 임대인이 임차인을 상대로 임대차계약 만료를 이유로 Y건물의 인도를 구하였는데, 임차인이 임대차보증금반환과의 동시이행항변을 한 경우 이를 검토보고서로 구현하자면 아래와 같다.

『2) 동시이행항변에 관한 판단

가) 항변의 요지

피고는 원고로부터 임대차보증금을 반환받을 때까지는 원고의 청구에 응할 수 없다고 항변한다.

나) 인정사실

IV 단계별 검토요령

1. 소송요건의 개요

소는 권리의무의 존부, 즉 본안판단을 하기 위한 일련의 소송상의 요청을 충족시켜야 한다. 이 중 어느 한 가지라도 빠져 있을 때에는 법원은 본안심리에 들어가 본안판결을 할 수 없으며, 소를 부적법하다고 하여 각하하여야 한다. 이러한 요청이 바로 소송요건이다.[131] 소송요건의 흠결을 간과하고 내려진 본안판결은 위법하다.[132] 따라서 민사사건의 기록검토를 할 때에는 반드시 소송요건의 흠결 여부를 먼저 판단하여야 한다.

그런데 소송요건은 이른바 항변사항에 속하는 것(임의관할, 소송비용의 담보제공 불이행, 중재합의 등)을 제외하고는 모두 공익적 성격을 띠고 있기 때문에 직권조사사항에 속한다. 따라서 전자(항변사항)에 대하여는 피고의 항변을 기다려서 비로소 조사하게 되나, 후자(직권조사사항)에 대하여는 피고의 항변 유무와 관계없이 이를 조사하여야 한다.[133] 한편, 본안 전 항변이란 소송요건의 흠을 내세우는 피고의 주장 일체를 가리킨다. 따라서 여기에는 위 항변사항에 관한 순수한 의미의 항변 외에도 직권조사사항에 관하여 법원의 직권발동을 촉구하는 의미의 것까지 모두 포함된다.[134]

이하에서는 소송요건의 구비 여부를 검토하는 본안 전 판단과 권리의무의 존부를 검토하는 본안판단(청구원인 판단, 항변 이하의 판단) 별로 검토보고서를 작성하는 방식을 차례로 살펴본다.

(임대차계약 체결사실), (임대차보증금 지급사실), (임대차계약 종료사실)
[인정근거 : 다툼 없는 사실]
다) 소결론
○ 원고는 피고에게 위 임대차보증금 O원을 반환할 의무가 있고, **피고의 위 인도의무는 원고의 위 보증금반환의무와 동시이행의 관계에 있다.**
○ 피고의 위 항변은 이유 있다.』(민사재판실무 210쪽 기재례② 참조)

131 이시윤, 민사소송법(제13판), 박영사(2019. 3.) 211쪽

132 대법원 2011. 7. 28. 선고 2010다97044 판결 등 참조

133 민사재판실무 180쪽. **직권조사사항은 그 존재를 당사자들이 다투지 아니하더라도 그 존부에 관하여 의심이 있는 경우에는 이를 직권으로 밝혀 보아야 한다**(민사재판실무 180쪽 각주4)(대법원 2009. 12. 10. 선고 2009다22846 판결, 대법원 1997. 10. 10. 선고 96다40578 판결 등).

134 민사재판실무 181쪽

2. 소송요건(본안 전 판단)에 대한 검토요령

피고가 소송요건의 흠결에 관련한 항변, 이른바 본안 전 항변을 하지 않은 경우와 본안 전 항변을 한 경우를 나누어 살펴보자.

가. 본안 전 항변이 없는 경우

1) 직권조사사항을 검토한 결과 소송요건의 흠결이 발견되지 않은 경우

본안 전 항변이 없는 경우라도 소송요건은 직권조사사항이 대부분이므로 소송요건을 구비하고 있는지 여부를 검토하여야 한다. 그런데 검토한 결과 소송요건을 모두 갖추고 있다면, 그러한 사정을 검토보고서나 판결서에 기재할 필요는 없다. 만일 이러한 경우 직권조사사항에 해당하는 소송요건들을 갖추고 있다는 사정을 모두 검토보고서나 판결서에 기재하여야 한다고 하면, 이를테면 당사자능력, 당사자적격, 소의 이익, 소송능력 등 직권으로 조사해야 할 모든 소송요건들을 하나도 빠짐없이 모두 나열해야 한다는 결론에 이른다. 그러나 소송요건의 모든 점에 관하여 일반적, 형식적 설명을 한다는 것은 아무런 의미나 필요가 없고 오히려 검토보고서와 판결서의 간결성을 해친다.[135] 따라서 **피고가 본안 전 항변을 하지 아니한 경우, 직권조사사항에 해당하는 소송요건들을 검토한 결과 흠결된 소송요건이 전혀 없다면, 곧바로 본안판단으로 들어가면 된다.**

다만 3가지의 예외가 있다. **확인의 소에서의 '확인의 이익', 장래이행의 소에서의 '미리 청구할 필요', 채권자대위소송에서의 '피보전권리의 존재'**와 같은 특수한 소송요건은 피고의 **본안 전 항변이 없더라도 판결의 소결론 또는 최종결론 부분에서 그것이 구비되었음을 간략하게 설시하는 것이 일반적인 실무례**이다.[136] 검토보고서의 경우도 마찬가지이다. 그 이유는 다음과 같다.

확인의 소는 원고의 법적 지위가 불안·위험할 때에 그 불안·위험을 제거함에 확인판결로 판단하는 것이 가장 유효·적절한 수단인 경우에 인정되므로, 이행을 청구하는 소를 제기할 수 있는데도 불구하고 확인의 소를 제기하는 것은 분쟁의 종국적인 해결 방법이 아니어서 확인의 이익이 없다.[137] 이러한 이른바 '확인의 소의 보충성'으로 인하여 판결서에 '확인의 이익'에 관하여 밝혀 기재하여 주지 않으면, 판결서의 독자로 하여금 이행의 소를 제기하지 않고 확인의 소를 제기한 이유가 무엇인가 하는 의문이 들게 만든다.

---

135 민사재판실무 182쪽

136 민사재판실무 186쪽

137 대법원 2006. 3. 9. 선고 2005다60239 판결 등

장래이행의 소는 변론종결일을 기준으로 변제기가 도래하지 않은 권리에 대하여 '미리 청구할 필요'가 있을 경우에 예외적으로 인용판결을 내어 주는 경우이다(법 제251조 참조). 이를 검토보고서와 판결서의 구조라는 관점에서 생각해 보자. 가령, 원고가 2024. 1. 1. 피고에게 1억 원을 변제기 2025. 12. 31.로 정하여 빌려주었는데 원고가 2025. 4. 1. 피고를 상대로 대여금 1억 원의 반환을 구하는 소를 제기하였고 2025. 5. 31. 변론종결되었다고 하자. 심리결과 원고 청구를 인용하는 내용의 검토보고서 내지 판결서를 작성한다고 할 때, 청구원인 단계 ＜인정사실＞란에서 '원고가 2024. 1. 1. 피고에게 1억 원을 변제기 2025. 12. 31.로 정하여 대여한 사실'을 기재하였을 것인데, ＜소결론＞란에서 그 법률효과로서 '피고는 원고에게 대여금 1억 원을 반환할 의무가 있다.'를 기재하려고 보면, 아직 변제기가 도래하지 않았는데 1억 원의 반환의무가 발생하였다고 볼 수 있는지 논리적 결함에 부딪히게 된다. 변론종결일인 2025. 5. 31. 현재 피고가 원고에게 대여금 1억 원을 반환할 의무가 있다고 하려면, 변제기가 도래하지 않았음에도 당해 의무를 이행하여야 하는 법리가 있어야 하는데 그것이 바로 법 제251조에서 정한 '미리 청구할 필요'이다. 따라서 검토보고서와 판결서를 작성함에 있어 장래이행의 소의 경우에는 피고의 본안 전 항변이 없더라도 '미리 청구할 필요'가 있다는 사정을 반드시 기재하여야만 한다. 그 기재방식은 [그림9]를 참조하자.

[그림9]

가. 결론

청구 전부 인용(가집행가능)

[인용되는 부분의 주문]

피고는 원고에게 100,000,000원을 지급하라.

나. 논거

1) 청구원인의 요지

원고는 피고를 상대로 대여금의 반환을 구한다.

2) 인정사실

원고는 2024. 1. 1. 피고에게 1억 원을 변제기 2025. 12. 31.로 정하여 대여하였다.

[인정근거 : 갑 제1호증(차용증)의 기재 및 변론 전체의 취지]

---

3) 소결론

피고는 변제기인 2025. 12. 31. 원고에게 대여금 1억 원을 반환할 의무가 있고, **피고가 위 변제기를 다투고 있는 이 사건에서는 이를 미리 청구할 필요가 있다.**[138]

138 민사재판실무 186쪽 기재례② 참조

채권자대위소송의 경우도 같은 관점에서 생각해 보자. 가령, 원고가 A에 대하여 대여금 1억 원의 반환채권이 있고 A는 피고에 대하여 대여금 5,000만 원의 반환채권이 있는데, 원고가 A를 대위하여 A의 피고에 대한 대여금 5,000만 원의 반환채권을 소로써 구한다고 하자. 심리결과 원고 청구를 인용하는 내용의 검토보고서 내지 판결서를 작성한다고 할 때, 청구원인 단계 <인정사실>란에서 'A가 언제 피고에게 5,000만 원을 어떠한 조건 하에 대여한 사실'을 기재하였을 것인데, <소결론>란에서 그 법률효과로서 '피고는 원고에게 대여금 5,000만 원을 반환할 의무가 있다.'를 기재하려고 보면, 피고에 대한 채권자는 원고가 아니라 A인데 어떻게 피고는 원고에게 대여금 5,000만 원을 반환할 의무가 있다고 볼 수 있는지 논리의 흠결상황에 부딪히게 된다. 피고가 원고에게 대여금 5,000만 원을 반환할 의무가 있다고 하려면, 원고가 피고에 대한 직접적인 채권자가 아님에도 피고가 원고에게 당해 의무를 이행하여야 하는 법적 근거가 있어야 하는데 그것이 바로 채권자대위소송에서의 '피보전권리'이다. 따라서 검토보고서와 판결서를 작성함에 있어 채권자대위소송에서는 피고의 본안 전 항변이 없더라도 '피보전권리의 존재'에 관하여 반드시 기재하여야만 한다. 그 기재방식은 [그림10]을 참조하자.

[그림10]

가. 결론

청구 전부 인용(가집행가능)

[인용되는 부분의 주문]

(기재생략)

나. 논거

1) 청구원인의 요지

원고는 A를 대위하여 피고를 상대로 대여금의 반환을 구한다.

2) 인정사실

○ 원고는 2023. 1. 1. A에게 1억 원을 이자 월 1%, 변제기 2023. 12. 31.로 정하여 대여하였다.[139]

○ A는 2024. 1. 1. 피고에게 5,000만 원을 이자 연 2%, 변제기 2024. 6. 30.로 정하여 대여하였다.

[인정근거 : 갑 제2호증(차용증)의 기재 및 변론 전체의 취지]

---

3) 소결론

피고는 A에게 대여금 5,000만 원을 반환할 의무가 있고, **원고는 A의 채권자로서 A를 대위하여 그 이행을 구할 수 있다.**[140]

139 이는 피보전채권의 발생에 관한 사실이다.

2) 직권조사사항을 검토한 결과 소송요건의 흠결이 발견된 경우

만일 본안 전 항변이 없었으나 직권조사사항에 해당하는 소송요건들을 검토한 결과 흠결된 소송요건이 있는 경우라면, 소가 부적법하여 각하판결을 하여야 하므로 당연히 검토보고서에 그 내용을 기재하여야 한다.

이를 기재하는 방식은 [그림11]에서 보는 바와 같이, **＜직권판단－관련 법리－인정사실－포섭판단 및 소결론(부적법)＞**의 흐름으로 기재한다. 피고가 본안 전 항변을 하지 않았으므로 주장요지를 기재할 필요는 없고 직권으로 판단하는 표시를 기재한다. 그런데 유의할 점은 **소송요건 중에서 특정된 청구(소송물)와 직접 관련이 있는 소송요건의 경우(가령, 소의 이익, 당사자적격 등)에 관하여 직권판단할 때에는 여기 ＜직권판단＞을 표시하면서 원고 청구의 내용을 간략하게 기재하여야 한다**는 점이다.[141] 원고 청구내용의 요지를 기재하지 않을 경우 직권판단의 내용이 이해되기 어렵기 때문이다. 그 반면에 흠결된 소송요건이 특정된 청구(소송물)와 직접 관련되는 것이 아니라 모든 사건에서 문제되는 일반적인 사항(가령, 대표권·대리권의 결여, 당사자능력 등)인 경우에는 원고 청구내용의 요지를 기재할 필요가 없다.

＜관련 법리＞에서는 당해 소송요건과 관련된 판례 등 법리의 요지를 기재한다. 그런 후 ＜인정사실＞에서 관련 사실을 증거에 의하든, 자백에 의하든 확정한다. ＜소결론＞에서 포섭판단을 한 다음, 최종결론(원고의 이 부분 소는 부적법하다)을 기재한다. [그림11]의 예를 살펴보자. 원고가 제기한 당해 소송이 중복제소금지원칙에 저촉된다는 사정을 들어 직권으로 소를 각하하는 사례이다.

[그림11]

기재례	기재방식
1. 피고 乙에 대한 대여금청구에 관한 판단 가. 결론 **소 각하**	☜ 결론 '소 각하' 표시
나. 논거 1) **직권 판단**	☜ 직권판단 표시
원고는 甲을 대위하여 피고 乙을 상대로 甲의 피고 乙에 대한 2023. 5. 1.자 대여금 1억 원의 지급을 구하고 있는바,	☜ 청구의 요지 기재
이 부분 소의 적법 여부에 관하여 직권으로 판단한다.	☜ 직권판단 표시

140 민사재판실무 186쪽 기재례③ 참조

141 민사재판실무 183쪽 참조

142 대법원 1981. 7. 7. 선고 80다2751 판결 등

2) 관련 법리 채권자가 채무자를 상대로 제기한 소송이 계속 중 제3자가 채권자를 대위하여 같은 채무자를 상대로 청구취지 및 원인을 같이하는 내용의 소송을 제기한 경우에는 양 소송은 동일소송이므로 후소는 중복제소금지 규정에 저촉된다.[142]	☜ 관련 법리의 기재
3) 인정사실 甲이 피고 乙을 상대로 서울중앙지방법원 2025가단1234호로 2023. 5. 1.자 대여금 1억 원의 지급을 구하는 소(이하 '전소' 라고 한다)를 제기하였는데, 그 소장 부본이 2025. 9. 10. 피고 乙에게 송달되어 전소가 소송계속 중에 있던 중, 원고는 甲을 대위하여 피고 乙을 상대로 같은 위 대여금채권에 관하여 이 사건 소를 제기하였는데, 그 소장 부본이 2025. 11. 15. 피고 乙에게 송달되었다. [인정근거 : 이 법원에 현저한 사실, 을 제1호증(소장 사본)의 기재 및 변론 전체의 취지]	☜ 사실인정
4) 소결론 甲의 피고 乙에 대한 전소의 소송계속 중에 甲을 대위하여 피고 乙을 상대로 제기된, 전소와 청구취지 및 원인을 같이하는 원고의 이 부분 소는, 중복제소금지원칙에 저촉되어 부적법하다.	☜ 포섭판단&결론의 표시

나. 본안 전 항변이 있는 경우

본안 전 항변이 있는 경우에는 그 결론과 상관없이 항상 **<항변의 요지－관련 법리－증거에 의한 사실인정－포섭판단 및 소결론>**의 흐름을 따라 기재한다.[143] **<항변의 요지>를 기재할 때에는 앞서 본안 전 항변이 없으나 직권조사사항이 있는 경우에서 설명한 것처럼, 소송요건 중에서 특정된 청구**(소송물)**와 직접 관련이 있는 소송요건**(가령, 소의 이익, 당사자적격 등)**에 관한 본안 전 항변인 경우에는 <항변의 요지>를 기재하면서 원고 청구의 내용을 간략하게 기재하여야 한다.** 본안 전 항변이 원고의 청구와 직접 관계가 없는 일반적 사항(가령, 대표권·대리권의 결여, 당사자능력의 결여 등)에 관한 것일 경우에는 피고의 본안 전 항변 내용만을 적어 주면 된다.[144] 또한 판결서의 경우에는 본안 전 항변을 받아들이는 때에는 항변의 요지를 기재하지 아니하나,[145] <검토보고서>의 경우에는 이를 기재하는 것을 원칙으로 한다.

한편, 사안에 따라서는 <증거에 의한 사실인정>을 하지 않더라도 관련 법리에 비추어 해당 본안 전 항변의 당부 판단이 가능한 경우가 있을 수 있다. 그러한 때에는 <증거에 의한 사실인정>은 기재하지 않아도 무방하다. 실제 기재방법에 관하여 [그림12]의 예를 살펴보자.

143 강의노트 17쪽

144 민사판결서 작성론[이유편] 106쪽

145 민사판결서 작성론[이유편] 106쪽

[그림12]

본안 전 항변을 받아들이지 않는 경우		본안 전 항변을 받아들이는 경우	
기재례[146]	기재방식	기재례[147]	기재방식
1. 대여금청구에 관한 판단 가. 결론 청구 전부 인용(가집행가능) [인용되는 부분의 주문] (기재생략) 나. 논거		1. 피고 乙에 대한 소유권이전등기말소청구에 관한 판단 가. 결론 **소 각하** 나. 논거	☜ 결론 '소 각하' 표시
1) 본안 전 항변에 관한 판단	☜ 제목 표시	**1) 본안 전 항변에 관한 판단**	☜ 제목 표시
가) 항변의 요지		**가) 항변의 요지**	
피고는, 이 사건 금전을 차용한 사람은 피고가 아니라 甲이므로 원고가 피고를 상대로 위 금전의 지급을 구하는	☜ 청구의 요지 소개(∵본안 전 항변이 원고의 청구내용과 관계있는 당사자적격에 관한 것임)	원고는 주문 기재 부동산에 관한 피고 甲 명의의 주문 기재 소유권이전등기는 피고 乙이 등기관계서류를 위조하여 마친 것으로 무효임을 주장하여 피고 乙을 상대로 위 등기의 말소등기절차의 이행을 구하고 있는데,	☜ 청구의 요지
이 사건 소는 피고적격이 없는 자를 상대로 한 부적법한 소라고 항변한다.	☜ 항변의 요지	피고는 이 사건 소는 피고적격이 없는 자를 상대로 한 부적법한 소라고 항변한다.	☜ 항변의 요지(판결과 달리 본안 전 항변 인용되어도 그 요지 기재)
나) 관련 법리 이행의 소에서는 원고에 의하여 이행의무자로 주장된 자가 피고적격을 가진다.	☜ 관련 법리의 기재	**나) 관련 법리** 등기의 말소등기절차의 이행을 구하는 소는 그 등기명의인을 상대로 제기하여야 하고, 등기명의인이 아닌 자는 그러한 소의 피고적격이 없다.[148]	☜ 관련 법리의 기재
다) 소결론 피고의 위 항변은 이유 없다.	☜ 결론의 표시	**다) 소결론** 피고 乙이 위 등기의 명의인이 아님은 원고의 주장 자체에 의하여 명백하므로 결국 피고 乙에 대한 소는 당사자적격이 없는 자를 상대로 한 부적법한 소이다.	☜ 포섭판단&결론의 표시(이 사건 소는 부적법하다)

146 민사재판실무 187쪽의 기재례①을 〈검토보고서〉 양식에 맞추어 변형하였다.

147 민사재판실무 187쪽 기재례②를 〈검토보고서〉 양식에 맞추어 변형하였다.

148 대법원 1994. 2. 25. 선고 93다39225 판결, 대법원 1992. 7. 28. 선고 92다10173, 92다10180(병합) 판결 등

3. 본안판단 중 청구원인 단계의 검토요령

가. 개요

청구원인 단계는 크게 원고의 청구를 ① 전부 인용한 경우, ② 전부 기각한 경우, ③ 일부 인용한 경우로 나누어 그 기재방식에 차이가 있다. 전부 기각한 경우는 다시 (i) 원고의 주장 자체가 법리상 이유 없는 경우, (ii) 원고의 주장이 법리상 문제는 없으나 원고가 주장책임을 다하지 아니한 경우, (iii) 원고의 주장이 법리상 문제도 없고 원고가 주장책임도 다하였으나, 요건사실 중 일부 또는 전부에 관한 증명책임을 다하지 못한 경우로 나누어 볼 수 있다.

나. 청구 전부 인용의 경우

앞서 [그림5]에서 설명한 바와 같이 **<주장의 요지-(관련 법리)-증거에 의한 사실인정-법률효과>**의 논리적 흐름을 따라 기재한다. 판결서와 달리 <검토보고서>에서는 <주장의 요지>를 기재하는 것이 원칙이다. [그림13]의 예를 살펴보자. [그림13]은 甲이 2024. 5. 1. 피고에게 1억 원을 이자 연 2%, 변제기 2024. 11. 30.로 정하여 대여한 후, 甲이 2024. 12. 10. 원고에게 위 대여금채권을 양도하고 같은 날 피고에게 위 채권양도 사실을 통지하여 그 통지가 2024. 12. 13. 도달하였는데, 원고가 피고를 상대로 위 양수금을 청구한 사례이다.

[그림13]

기재례	기재방식
1. 양수금청구에 관한 판단 가. 결론 청구 전부 인용(가집행가능) [인용되는 부분의 주문] (기재생략)	☜ 결론 '청구 전부 인용' 표시+가집행가능 여부 표시+인용되는 부분의 주문 표시
나. 논거	
1) 청구원인의 요지 원고는 피고를 상대로 양수금 1억 원의 지급을 구한다.	☜ 주장의 요지 기재(주장을 받아들이는 경우이므로 간략기재함. 누구를 상대로 어떠한 소송물을 구하는지를 드러내는 정도)
2) 인정사실 ○ 甲이 2024. 5. 1. 피고에게 1억 원을 이자 연 2%, 변제기 2024. 11. 30.로 정하여 대여하였다. ○ 甲이 2024. 12. 10. 원고에게 위 대여금채권을 양도하였다. ○ 甲이 2024. 12. 10. 피고에게 위 채권양도 사	☜ 요건사실 기재

실을 통지하여 그 통지가 2024. 12. 13. 피고에게 도달하였다.[149] [인정근거 : 갑 제1호증(차용증), 갑 제2호증(채권양도계약서), 갑 제3호증(내용증명)의 각 기재 및 변론 전체의 취지]	☜ 증거의 거시
3) 소결론 피고는 원고에게 양수금 1억 원을 지급할 의무가 있다.	☜ 법률효과 기재 * 의무자(주로 피고)를 주어로 하여 어떠한 의무가 있다고 서술함 * (항변 단계의 판단을 모두 거쳐) 최종결론을 기재하는 경우에는 주문에 상응하여 금액과 날짜 등의 법률적 의미를 밝혀 주는 수식어를 붙여서 기재하여야 함

다. 청구 전부 기각의 경우

1) 주장 자체로 법리상 이유 없는 경우

이때에는 법리에 비추어 그 주장을 받아들일 수 없으므로, 합당한 법리를 제시하고 그 법리에 따라 판단할 때 주장을 받아들일 수 없다고 표현해 주면 된다. 증거에 의한 사실인정이 불필요하다. 즉, <주장의 요지－법리의 제시－포섭판단 및 결론>의 흐름에 따르면 충분하다. 다만 주장을 받아들이지 않는 경우이므로 원고가 주장한 대로 그 주장내용을 자세히 기재하는 것이 좋다. [그림14]의 예를 보자. [그림14]는 甲이 2024. 5. 1. 피고의 아버지 乙에게 1억 원을 이자 없이 변제기 2024. 11. 30.로 정하여 대여한 후, 甲이 2024. 12. 10. 원고에게 위 대여금채권을 양도하고 같은 날 乙에게 위 채권양도 사실을 통지하여 그 통지가 2024. 12. 13. 乙에게 도달하였는데, 원고가 피고를 상대로 위 양수금을 청구한 사례이다.

[그림14]

기재례	기재방식
1. 양수금청구에 관한 판단 가. 결론 청구 기각	☜ 결론 '청구 기각' 표시
나. 논거	
1) 청구원인의 요지 원고는, 甲이 2024. 5. 1. 피고의 아버지인 乙에게 1억 원을 변제기 2024. 11. 30.로 정하여 대여하였고 甲이 2024. 12. 10. 원고에게 위 대여금채권을 양도하고 같은 날 乙에게 양도통지를	☜ 주장의 요지 기재 (주장을 받아들이지 않는 경우이므로 자세히 기재함)

149 양수인이 채무자를 상대로 양수한 채권의 지급을 구하는 양수금청구의 소를 제기한 경우, 원고가 된 양수인이 주장·증명하여야 할 요건사실은 ① 양도대상 채권의 존재, ② 채권양도의 약정사실, ③ 통지가 있고 그 통지가 도달되었던 사실이다.

하여 그 통지가 2024. 12. 13. 乙에게 도달하였으므로 피고는 원고에게 위 양수금을 지급할 의무가 있다고 주장한다.	
2) 관련 법리 아버지가 한 법률행위의 효력이 아들에게 당연히 미친다고 할 수 없다.[150]	☜ 법리의 제시
3) 소결론 원고의 주장처럼 피고의 아버지 乙이 甲으로부터 1억 원을 빌렸다고 하여도 그 채무가 피고에게 귀속된다고 할 수 없으므로 원고의 위 주장은 이유 없다.	☜ 주장의 배척

2) 주장책임 흠결의 경우

원고의 주장을 검토하여 본 결과 기초로 하고 있는 법리는 문제가 없으나 요건사실 중 일부에 관하여 그 주장책임을 다하지 아니한 경우에는 변론주의 원칙상 주장 자체로 이유가 없다. 이때에는 <주장의 요지>를 기재한 다음에 「**(누락된 요건사실)에 대한 주장 증명이 없는 이상**」이라는 문구[151]를 사용하여 그 주장을 배척하면 된다. 예를 들자면 [그림15]와 같다. [그림15]는 원고가 피고를 상대로 甲으로부터 양수한 대여금채권 1억 원에 관하여 그 지급을 구하는 사례인데, 원고가 소송과정에서 <채권양도통지>와 <통지의 도달> 요건사실에 관한 주장을 누락한 경우이다.

[그림15]

기재례	기재방식
1. 양수금청구에 관한 판단 가. 결론 청구 기각	☜ 결론 '청구 기각' 표시
나. 논거	
1) 청구원인의 요지 원고는, 甲이 2024. 5. 1. 피고에게 1억 원을 변제기 2024. 11. 30.로 정하여 대여하였고 甲이 2024. 12. 10. 원고에게 위 대여금채권을 양도하였으므로 피고는 원고에게 위 양수금을 지급할 의무가 있다고 주장한다.	☜ 주장의 요지 기재 (주장을 받아들이지 않는 경우이므로 자세히 기재함)
2) 소결론 甲이 피고에게 채권양도통지를 하고 그 통지가 피고에게 도달하였다는 **점에 대한 주장·증명이 없는 이상,**	☜ 흠결된 요건사실의 지적
원고의 위 주장은 이유 없다.	☜ 주장의 배척

150 민사판결서 작성론[이유편] 111쪽 참조

151 민사판결서 작성론[이유편] 112쪽 참조

3) 증명책임 흠결의 경우 - 요건사실 전부가 인정되지 않을 때

원고의 주장을 검토하여 본 결과 기초로 하고 있는 법리도 문제가 없고 요건사실도 빠짐없이 모두 주장하였는데, 원고가 요건사실 전부에 관하여 증명책임을 다하지 못한 경우에는, 원고 주장을 자세히 소개하고 요건사실 전부가 인정되지 않는다는 뜻을 드러내 주면 된다. 즉, 청구원인에 따른 요건사실을 모두 적시하고 증명이 전혀 없거나 부족하다는 취지를 기재한다.[152] 증명이 없거나 부족하다는 취지를 표현하는 관용어구인 「**위 주장사실에 부합하는 듯한 … (증거)는 믿기 어렵고, … (증거)만으로는 이를 인정하기에 부족하며, 달리 이를 인정할 만한 증거가 없다.**」(이하 '요증사실 배척문구'라고 한다)를 활용하되,[153] 검토보고서에서는 주로 **<증거관계>**라는 제목을 사용하는 것이 보통이다.[154] [그림16]의 예를 살펴보자. [그림16]은 원고가, 甲이 2024. 5. 1. 피고에게 1억 원을 이자 연 2%, 변제기 2024. 11. 30.로 정하여 대여한 후, 甲이 2024. 12. 10. 원고에게 위 대여금채권을 양도하고 같은 날 피고에게 위 채권양도 사실을 통지하여 그 통지가 2024. 12. 13. 피고에게 도달하였다고 주장하면서, 피고를 상대로 위 양수금을 청구한 사례이다. 그런데 위 각 요건사실에 관하여 증명이 없거나 부족한 경우이다.

[그림16]

기재례	기재방식
1. 양수금청구에 관한 판단 가. 결론 청구 기각	☜ 결론 '청구 기각' 표시
나. 논거	
1) **청구원인의 요지** 원고는, 甲이 2024. 5. 1. 피고에게 1억 원을 이자 연 2%, 변제기 2024. 11. 30.로 정하여 대여하였고 甲이 2024. 12. 10. 원고에게 위 대여금채권을 양도하고 같은 날 피고에게 양도통지를 하여 그 통지가 2024. 12. 13. 피고에게 도달하였으므로 피고는 원고에게 위 양수금을 지급할 의무가 있다고 주장한다.	☜ 주장의 요지 기재 (주장을 받아들이지 않는 경우이므로 자세히 기재함)
2) **증거관계** **위 주장사실에 부합하는 듯한** 증인 乙의 증언은 **믿기 어렵고**, 갑 제1호증(사실확인서)의 기재**만으로는 이를 인정하기에 부족하며, 달리 이를 인정할 만한 증거가 없다.**	☜ 요건사실의 증명이 되지 않은 경우이므로 '인정사실'이라는 제목은 부적절하고, <증거관계> 라고 제목을 붙임. 그 제목하에 요증사실 배척문구 설시
3) **소결론** 원고의 위 주장은 이유 없다.	☜ 주장의 배척

152 민사판결서 작성론[이유편] 109쪽 참조

153 민사판결서 작성론[이유편] 109~111쪽 참조

154 작성자가 적절한 제목을 부여하면 충분하고 여기에 정답은 없다.

4) 증명책임 흠결의 경우 - 요건사실 중 일부가 인정되지 않을 때

원고의 주장을 검토하여 본 결과 기초로 하고 있는 법리도 문제가 없고 요건사실도 빠짐없이 모두 주장하였는데, 원고가 요건사실 중 일부에 관하여 증명책임을 다하지 못한 경우에는, 원고 주장을 자세히 소개하고 요건사실 중 자백에 의하건 증거에 의하건 인정되는 요건사실에 관하여는 이를 인정근거를 달아 기재하고 나머지 인정되지 아니하는 요건사실에 관하여 요증사실 배척문구를 활용하여 배척하여 주면 된다.[155]

[그림17]의 예를 들어보자. [그림17]은 원고가, 甲이 2024. 5. 1. 피고에게 1억 원을 이자 연 2%, 변제기 2024. 11. 30.로 정하여 대여한 후, 甲이 2024. 12. 10. 원고에게 위 대여금채권을 양도하고 같은 날 피고에게 위 채권양도 사실을 통지하여 그 통지가 2024. 12. 13. 피고에게 도달하였다고 주장하면서, 피고를 상대로 위 양수금을 청구한 사례이다. 그런데 위 각 요건사실 중 채권양도통지 및 통지의 송달 요건사실에 관하여 증명이 없는 경우이다.

[그림17]

기재례	기재방식
1. 양수금청구에 관한 판단 가. 결론 청구 기각	☜ 결론 '청구 기각' 표시
나. 논거	
1) 청구원인의 요지 원고는, 甲이 2024. 5. 1. 피고에게 1억 원을 이자 연 2%, 변제기 2024. 11. 30.로 정하여 대여하였고 甲이 2024. 12. 10. 원고에게 위 대여금채권을 양도하고 같은 날 피고에게 양도통지를 하여 그 통지가 2024. 12. 13. 피고에게 도달하였으므로 피고는 원고에게 위 양수금을 지급할 의무가 있다고 주장한다.	☜ 주장의 요지 기재 (주장을 받아들이지 않는 경우이므로 자세히 기재함)
2) 인정사실 및 증거관계	☜ 요건사실의 일부는 인정하고 일부는 배척하는 경우이므로 제목도 이에 상응하여 '인정사실 및 증거관계'로 설정
○ 甲이 2024. 5. 1. 피고에게 1억 원을 이자 연 2%, 변제기 2024. 11. 30.로 정하여 대여하였다. ○ 甲이 2024. 12. 10. 원고에게 위 대여금채권을 양도하였다.	☜ 인정되는 요건사실 기재

155 판결서를 작성하는 경우라면, 이와 다르게 원고의 주장을 모두 적시한 다음 그중 일부 요건사실이 인정되지 아니함을 밝히고 나머지 요건사실에 관하여는 별도의 언급 없이(또는, 그 인정 여부를 판단할 필요 없음을 표시하여) 주장 전체를 배척하는 방법도 가능하다(민사판결서 작성론[이유편] 110쪽 참조). 그러나 재판부에 사건 검토 결과를 보고하는 〈검토보고서〉의 성격상 인정되는 요건사실에 관하여 이를 밝혀주는 본문의 방식이 보다 더 바람직하다.

[인정근거 : 갑 제1호증(차용증), 갑 제2호증(채권양도계약서)의 각 기재 및 변론 전체의 취지]	☜ 증거의 거시
○ **甲이 피고에게 위 채권의 양도를 통지하고 그 통지가 피고에게 도달한 사실**에 부합하는 듯한 증인 丙의 증언은 믿기 어렵고, 갑 제3호증(진술서)의 기재만으로는 이를 인정하기에 부족하며, 달리 이를 인정할 만한 증거가 없다.	☜ 요증사실 배척문구 활용하여 나머지 요건사실 배척
3) **소결론** 원고의 위 주장은 이유 없다.	☜ 주장의 배척

라. 청구 일부 인용의 경우

원고의 청구를 일부만 받아들이고 나머지를 배척하는 경우에 그 기재방법은 기본적으로는 앞서 설명한 청구 전부 인용과 청구 전부 기각의 두 경우를 합친 것이라고 보면 된다.[156] 기재방식은 [그림18]의 예를 통해 살펴보자. [그림18]은 원고가, 甲이 2024. 5. 1. 피고에게 1억 원을 이자 없이 변제기 2024. 11. 30.로 정하여 대여한 후, 2024. 12. 10. 원고에게 위 대여금채권을 양도하고 같은 날 피고에게 위 채권양도 사실을 통지하여 그 통지가 2024. 12. 13. 도달하였다고 주장하면서, 원고가 피고를 상대로 위 양수금을 청구한 사례이다. 그런데 심리한 결과 甲이 피고에게 대여한 금원은 1억 원이 아니라 6,000만 원으로 확인되었다고 하자.

[그림18]

기재례[157]	기재방식
1. 양수금청구에 관한 판단 가. 결론 **청구 일부 인용(가집행가능)** [인용되는 부분의 주문] 피고는 원고에게 60,000,000원을 지급하라.	☜ 결론 '청구 일부 인용' 표시 + 가집행가능 여부 표시 + 인용되는 부분의 주문 표시
나. 논거	
1) **청구원인의 요지** 원고는, 甲이 2024. 5. 1. 피고에게 1억 원을 변제기 2024. 11. 30.로 정하여 대여하였고 甲이 2024. 12. 10. 원고에게 위 대여금채권을 양도하고 같은 날 피고에게 양도통지를 하여 그 통지가 2024. 12. 13. 피고에게 도달하였으므로 피고는 원고에게 위 양수금을 지급할 의무가 있다고 주장한다.	☜ 주장의 요지 기재 (주장을 받아들이지 않는 경우이므로 자세히 기재함)
2) **인정사실 및 증거관계**	☜ 원고의 청구 중 일부는 받아들이고 나머지는 배척하는 경우이므로,

156 민사재판실무 197쪽 참조

	요건사실 중 일부 인정, 나머지 배척된 경우와 마찬가지로 제목을 '인정사실 및 증거관계'로 설정	
○ 甲이 2024. 5. 1. 피고에게 **6,000만 원**을 변제기 2024. 11. 30.로 정하여 대여하였다. ○ 甲이 2024. 12. 10. 원고에게 위 대여금채권을 양도하였다. ○ 甲이 2024. 12. 10. 피고에게 양도통지를 하여 그 통지가 2024. 12. 13. 피고에게 도달하였다. [인정근거 : 갑 제1호증(차용증), 갑 제2호증(채권양도계약서), 갑 제3호증(내용증명)의 각 기재 및 변론 전체의 취지]	☜ 요건사실 기재 ☜ 증거의 거시	**원고의 청구 중 인용되는 부분**
○ **그 대여금의 액수가 6,000만 원을 초과한다는 원고 주장사실**에 부합하는 듯한 증인 丙의 증언은 믿기 어렵고, 갑 제4호증(진술서)의 기재만으로는 이를 인정하기에 부족하며, 달리 이를 인정할 만한 증거가 없다.	☜ 요증사실 배척문구 활용하여 **원고의 나머지 청구 4,000만 원에 관한 주장 배척**	
3) 소결론 피고는 원고에게 양수금 **6,000만 원**을 지급할 의무가 있다.	☜ **일부 인용된 부분에 관한 법률효과 기재**	

4. 본안판단 중 항변 단계의 검토요령

가. 검토 및 기재방식의 기본원칙

항변 단계도 기본적으로 앞서 살펴 본 청구원인 단계의 검토 및 기재방식과 동일하다. 즉, 항변 단계도 항변 전부 인용의 경우, 항변 전부 배척의 경우, 항변 일부 인용의 경우로 나누어 동일한 작성원리가 적용된다. 항변이 전부 배척되는 경우는 청구원인 단계에서의 청구 전부 기각의 유형과 마찬가지로 다시 (i) 피고의 항변 자체가 법리상 이유 없는 경우, (ii) 피고의 항변이 법리상 문제는 없으나 피고가 주장책임을 다하지 아니한 경우, (iii) 피고의 항변이 법리상 문제도 없고 피고가 주장책임도 다하였으나, 요건사실 중 일부 또는 전부에 관한 증명책임을 다 하지 못한 경우로 나누어 볼 수 있다.

나. 항변 전부 인용의 경우

주장한 항변이 모두 받아들여져 그에 따른 의무소멸 등의 법률효과가 나타난 경우이므로 **<항변의 요지>**를 간략히 기재하고 항변을 이루는 요건사실을 **<증거에 의한 사실인정>**을 한 후 이에 상응하는 **<법률효과>**를 표현하는 흐름을 따라가면 충분하다. 앞서 설명하였던

157 민사재판실무 198쪽 기재례②를 참조하여 〈검토보고서〉 양식에 맞추어 변형하였다.

[그림7]의 예로 돌아가 보자. 원고의 대여금청구에 대하여 피고가 시효소멸의 항변을 하였는데, 그 항변이 전부 인용된 경우이다. <피고는 위 대여금채무는 시효로 소멸하였다고 주장한다.>라는 항변의 요지를 기재하고, <위 대여금채무의 변제기가 ○○○○. ○○. ○○.이다.>, <원고의 이 사건 소가 그로부터 ○년이 경과된 후인 ○○○○. ○○. ○○. 제기되었다.>는 시효소멸항변의 요건사실을 자백에 의하든 증거에 의하든 인정한 다음, <위 대여금채무는 시효로 소멸하였다.>는 법률효과를 기재한다. 여기서 청구원인 단계에서 청구 전부 인용의 유형과 다른 점이 **항변의 당부(當否) 판단을 추가로 기재**한다는 점이다. 즉, 채무소멸의 법률효과를 기재한 직후에 <위 항변은 이유 있다.>와 같이 해당 항변을 받아들인다는 취지를 추가하여 기재하여야 한다. 통상 <소결론>이라는 제목 아래에 법률효과와 항변의 당부 판단 2가지를 기재한다.

다. 항변 전부 배척의 경우

1) 주장 자체로 법리상 이유가 없는 경우

항변, 재항변, 재재항변은 각각 그 앞 단계인 청구원인사실, 항변사실, 재항변사실이 인정되는 것을 전제로 하여 권리장애사유, 권리소멸사유 또는 권리행사저지사유를 주장하는 내용이어야 한다. 따라서 당사자의 어떤 주장을 항변으로 보아 판단의 대상으로 삼기 위해서는, 그 주장 내용이 권리의 장애, 소멸 또는 행사저지사유로서 실체법규에 규정된 것이거나 그 해석론상 수긍되는 것이어야 한다.[158]

그런데 피고가 실체법규상에 아무런 근거 없이 자신의 독단적인 이론 아래 청구원인사실과는 독립된 다른 어떤 사실을 내세워 청구원인사실에 의한 법률효과의 발생을 다투는 내용의 주장을 하는 경우가 있다.[159] 이러한 주장은 항변과 형태는 유사하나 진정한 의미의 항변은 아니므로 통상 '항변유사주장' 또는 '항변 유사의 법률적 주장'[160]이라 부른다. 판결에서는 항변유사주장에 관하여 기재하지 않는 것이 원칙이다. 다만 그러한 주장을 한 당사자에 대한 설득력을 높이는 의미에서 판결에서도 적어 주는 경우가 있다. 그러나 **<검토보고서>의 경우에는 항변유사주장 내지 독자적인 법률상 주장에 대하여는 기재하는 것을 원칙으로 한다.**[161]

---

158 민사재판실무 224쪽 참조

159 민사재판실무 224쪽, 강의노트 240쪽 참조

160 민사재판실무 224쪽 각주63 참조. 실무상 피고가 '어떠한 사실을 내세우지 않고' 그저 실체법규나 판례 법리상 시인되지 않는 독자적인 법률상 주장을 하는 경우도 있는데, 그러한 독자적인 법률상 주장은 사실을 내세우지 않았으므로 엄밀히 보자면 '항변유사주장'에 포함되지 않는다. 그러나 실무에서는 항변유사주장과 위와 같은 독자적인 법률상 주장을 구분하지 않고 그저 항변유사주장이라고 표현하기도 한다.

161 당사자가 제출한 항변이 정식 항변인지, 항변유사주장인지 모호한 경우가 있을 뿐만 아니라, 법관의 판결서 작성을 보조하는 의미를 갖는 〈검토보고서〉의 성격상 항변유사주장이라 하더라도 이를 보고서에 기재하는 것이 필요하다. 판결에서 이를

그 검토 및 기재방법은 **피고가 한 항변유사주장의 요지를 기재한 후 관련 법리를 제시한 다음, 그 주장이 이유 없다는 소결론을 기재하는 방식**이 된다. [그림19]의 예를 보자. 원고가 피고에게 대여금청구의 소를 제기하자, 피고가 원고의 채권자 A가 원고의 피고에 대한 그 대여금채권에 관하여 가압류결정을 받았으므로 원고의 청구는 배척되어야 한다는 항변유사주장을 한 경우이다.

[그림19]

기재례[162]	기재방식
1. 대여금청구에 관한 판단 가. 결론 **청구 전부 인용(가집행가능)** [인용되는 부분의 주문] (기재생략) 나. 논거 **1) 청구원인에 관한 판단** 가) 청구원인의 요지 나) 인정사실 (요건사실) [인정근거 :] 다) 소결론 특별한 사정이 없는 한, 피고는 원고에게 대여금 1억 원을 지급할 의무가 있다.	
2) 항변유사주장에 관한 판단[163]	☜ 제목을 적절히 부여
가) 피고의 주장의 요지 피고는, A가 2024. 12. 1. 이 법원 2024카단1234호로 원고의 피고에 대한 2023. 7. 1. 대여금채권에 대하여 가압류신청을 하여 2024. 12. 5. 가압류결정을 받았고, 그 결정정본이 2024. 12. 15. 피고에게 송달되었으므로 원고의 이 부분 청구는 배척되어야 한다.	☜ 피고의 주장을 배척하는 경우이므로 그 주장을 인용하듯이 자세히 기재
나) 관련 법리 채권가압류 집행이 있더라도 이는 가압류채무자가 제3채무자로부터 현실로 급부를 추심하는 것만을 금지하는 것일 뿐, 가압류채무자는 제3채무자를 상대로 그 이행을 구하는 소를 제기할 수 있고 법원은 가압류가 되어 있음을 이유로 이를 배척할 수 없다.[164]	☜ 관련한 정확한 법리의 제시
다) 소결론 피고의 위 주장은 이유 없다.	☜ 주장 배척 설시

기재하지 않아도 되는 정도의 항변유사주장인지 여부는 담당법관이 최종판단할 일이다. 따라서 검토보고서 단계에서 당사자의 주장이 항변인지 항변유사주장인지를 따질 실익은 적고 그냥 모두 판단해 주면 충분하다.

2) 주장책임 흠결의 경우

피고의 항변을 검토하여 본 결과 기초로 하고 있는 법리는 문제가 없으나 항변을 구성하는 요건사실 중 일부에 관하여 그 주장책임을 다하지 아니한 경우에는 변론주의 원칙상 주장 자체로 이유가 없다. 이때에는 <항변의 요지>를 기재한 다음에 「**(누락된 요건사실)에 대한 주장·증명이 없는 이상**」이라는 문구를 사용하여 그 주장을 배척하면 된다.[165]

3) 증명책임 흠결의 경우 - 요건사실 전부가 인정되지 않을 때

피고의 항변을 검토하여 본 결과 기초로 하고 있는 법리도 문제가 없고 요건사실도 빠짐없이 모두 주장하였는데, 피고가 요건사실 전부에 관하여 증명책임을 다 하지 못한 경우에는, 피고 항변을 자세히 소개하고 요건사실 전부가 인정되지 않는다는 뜻을 드러내 주면 된다. 즉, **<항변의 요지>라는 제목하에 항변에 관한 요건사실 기재례에 맞추어 항변을 자세히 소개**하고 **<증거관계>라는 제목하에 요증사실 배척문구를 활용하여 요건사실의 증명이 되지 않았다는 취지를 기재**한 다음, **피고의 항변이 이유 없다는 소결론을 기재**한다. [그림20]의 예를 살펴보자. [그림20]은 원고의 대여금청구에 관하여 피고가 변제항변을 하였는데, 그 요건사실에 관하여 아무런 증거가 없는 경우이다.

[그림20]

기재례	기재방식
1. 대여금청구에 관한 판단 **가. 결론** 청구 전부 인용(가집행가능) [인용되는 부분의 주문] (기재생략) **나. 논거** **1) 청구원인에 관한 판단** 가) 청구원인의 요지 나) 인정사실 ○ 요건사실 [인정근거 : 다툼 없는 사실] 다) 소결론 특별한 사정이 없는 한, 피고는 원고에게 대여금 3억원과 이에 대한 지연손해금을 지급할 의무가 있다.	

162 강의노트 241쪽 기재례를 참조하여 〈검토보고서〉 양식에 맞추어 변형하였다.

163 제목은 "항변에 관한 판단" 또는 "피고 주장에 대한 판단"이라고 써 주어도 무방하다.

164 대법원 2000. 4. 11. 선고 99다23888 판결, 대법원 1989. 11. 24. 선고 88다카25038 판결 등

165 민사재판실무 213쪽 기재례① 참조

2) 변제 항변에 관한 판단	☜ 항변 제목을 적절히 부여
가) 항변의 요지 피고는 2024. 6. 10. 위 대여금채무를 모두 변제하였다고 항변한다.	☜ 받아들이지 않는 경우이므로 자세하게(즉, 요건사실 기재례에 맞추어) 항변의 요지 기재
나) 증거관계	☜ 요건사실의 증명이 되지 않은 경우이므로 '인정사실'이라는 제목은 부적절하고, '증거관계'라고 제목을 붙임
위 주장사실에 부합하는 듯한 (증거)는 믿기 어렵고, (증거)만으로는 이를 인정하기에 부족하며, 달리 이를 인정할 만한 증거가 없다.	☜ 요증사실 배척문구 설시
다) 소결론	
위 항변은 이유 없다.	☜ 항변이 배척되는 경우이므로 기재할 법률효과가 달리 없음 ☜ 항변의 당부(當否) 판단 기재

4) 증명책임 흠결의 경우 - 요건사실 중 일부가 인정되지 않을 때

피고의 항변을 검토하여 본 결과 기초로 하고 있는 법리도 문제가 없고 피고가 항변의 요건사실도 빠짐없이 모두 주장하였는데, 피고가 항변의 요건사실 중 일부에 관하여 증명책임을 다 하지 못한 경우에는, 피고 항변을 자세히 소개하고 요건사실 중 자백에 의하건 증거에 의하건 인정되는 요건사실에 관하여는 이를 인정근거를 달아 기재하고 나머지 인정되지 아니하는 요건사실에 관하여 요증사실 배척문구를 활용하여 배척하여 주면 된다.[166]

그 기재방식은 다음과 같다. 항변이 결국 배척되는 경우이므로 **<항변의 요지>**라는 제목하에 요건사실 기재례에 맞추어 항변을 자세히 소개하고, 요건사실의 일부는 인정하고 일부는 배척하는 경우이므로 제목도 이에 상응하여 **<인정사실 및 증거관계>**로 설정한다. 인정되는 요건사실을 기재례에 맞추어 기재하고 자백에 의하건 증거에 의하건 그 인정근거를 제시하며, 인정되지 않는 요건사실에 관하여는 요증사실 배척문구를 사용하여 배척하면 된다. 피고의 항변은 이유 없다는 **<소결론>**을 기재하고 끝을 맺는다. 구체적인 기재방식[167]은 청구원인 단계에서의 [그림17]의 예를 참조하여도 무방하다.

166 판결서를 작성하는 경우라면, 이와 다르게 피고의 항변을 모두 적시한 다음 그중 일부 요건사실이 인정되지 아니함을 밝히고 "나머지 요건사실에 관하여 살펴볼 것도 없이" 피고의 항변 전체를 배척하는 방법도 가능하다(민사재판실무 211쪽 및 212쪽 각주49 참조). 그러나 재판부에 사건 검토 결과를 보고하는 〈검토보고서〉의 성격상 인정되는 요건사실에 관하여 이를 밝혀 주는 본문의 방식이 보다 더 바람직하다.

167 민사재판실무 212쪽 기재례① 참조

라. 항변 일부 인용의 경우

피고의 항변 중 일부만 받아들이고 나머지를 배척하는 경우에 그 기재방법은 기본적으로 앞서 설명한 항변 전부 인용과 항변 전부 배척의 두 유형을 합친 것이라고 보면 된다. 기재방식은 [그림21]의 예를 통해 살펴보자. [그림21]은 원고의 대여금청구에 관하여 피고가 5,000만 원을 변제하였다고 항변하였는데 심리한 결과 3,000만 원을 변제한 사실만 인정되고 나머지 2,000만 원의 변제사실은 인정되지 않은 사례이다.

[그림21]

기재례[168]	기재방식
1. **대여금청구에 관한 판단** 가. **결론** 청구 일부 인용(가집행가능) [인용되는 부분의 주문] (기재생략) 나. **논거** 1) **청구원인에 관한 판단** 가) 청구원인의 요지 나) 인정사실 ○ 요건사실 [인정근거 : 다툼 없는 사실] 다) 소결론 특별한 사정이 없는 한, 피고는 원고에게 대여금 1억 원과 이에 대한 지연손해금을 지급할 의무가 있다.	
2) **변제항변에 관한 판단**	☜ 항변 제목을 적절히 부여
가) 항변의 요지 피고는 2024. 3. 2. 원고에게 위 대여금 중 5,000만 원을 변제하였다고 항변한다.	☜ 항변요지 기재
나) 인정사실 및 증거관계	☜ 항변 중 일부만 받아들여지는 경우이므로 '인정사실 및 증거관계'라고 제목을 붙임
○ 피고가 2024. 3. 2. 원고에게 3,000만 원을 변제하였다. [인정근거 : 을제1호증(거래내역서)의 기재 및 변론 전체의 취지]	☜ 인정되는 부분의 요건사실과 인정근거 기재

168 민사재판실무 214쪽 기재례②를 〈검토보고서〉의 양식에 맞추어 변형하였다.

○ (증거)만으로는 위 금전을 초과하여 변제한 사실을 인정하기에 부족하고 이를 인정할 만한 증거가 없다.	☜ 인정되지 않는 부분에 관하여 요증사실 배척문구 활용하여 배척 설시
다) 소결론	
○ 위 대여금채권은 3,000만 원의 범위 내에서 소멸하였다.	☜ 일부 변제의 법률효과(○○의 범위 내에서 소멸하였다) 기재
○ 위 항변은 위 인정 범위 내에서 이유 있다.	☜ 항변 중 일부를 받아들인다는 문구(**위 인정 범위 내에서**) 활용하여 항변의 당부(當否) 판단 기재

마. 항변이 여러 개일 경우 항변의 판단순서

피고의 항변이 여러 개일 경우, 원고의 청구를 이유 없게 하는 효력이 강한 것으로부터 약한 것의 순서로 판단하고, 원고의 청구를 이유 없게 하는 효력의 정도가 같은 경우에는 논리적 선후, 즉 권리장애사유(무효 등)로부터 권리소멸사유(취소, 해제, 변제 등), 권리행사저지사유(기한유예, 동시이행 등)의 순서로 판단한다.[169] [그림22]의 예를 살펴보자. 원고의 매매대금청구에 대하여 피고가 변제항변, 소멸시효항변 및 동시이행항변을 제출하였는데, 변제항변은 일부 인용, 소멸시효항변은 배척, 동시이행항변은 인용된 사례이다. 변제 → 시효소멸 → 동시이행항변의 순서대로 판단한다.

[그림22]

기재례	기재방식
1. **매매대금청구에 관한 판단** 가. **결론** 청구 일부 인용(가집행가능) [인용되는 부분의 주문] (기재생략) 나. **논거** 1) **청구원인에 관한 판단** 가) 청구원인의 요지 나) 인정사실 ○ 요건사실 [인정근거 : 다툼 없는 사실] 다) 소결론 특별한 사정이 없는 한, 피고는 원고에게 매매대금 3억 원을 지급할 의무가 있다.	

169 민사재판실무 215-216쪽. 보다 상세한 설명은 민사재판실무 215-218쪽을 참조

2) 변제항변에 관한 판단 가) 항변의 요지 나) 인정사실 및 증거관계 다) 소결론 ○ 위 매매대금채권은 OOO원의 범위 내에서 소멸하였다. ○ 위 항변은 위 인정 범위 내에서 이유 있다.	☜ 변제항변을 먼저 판단
3) 소멸시효항변에 관한 판단 가) 항변의 요지 나) 증거관계 다) 소결론 피고의 위 항변은 이유 없다.	☜ 그다음으로 소멸시효항변을 판단
4) 동시이행항변에 관한 판단 가) 항변의 요지 나) 인정사실 다) 소결론 ○ 원고는 피고에게 X부동산에 관하여 위 매매를 원인으로 한 소유권이전등기절차를 이행할 의무가 있고, 피고의 매매대금지급의무는 위 소유권이전등기절차 이행의무와 동시이행의 관계에 있다. ○ 피고의 위 항변은 이유 있다.	☜ 마지막으로 동시이행항변을 판단

5. 본안판단 중 재항변 이하 단계의 검토요령

가. 재항변을 배척하는 경우

청구원인이 일응 인용되었으나 항변이 인용되었고, 이에 대하여 원고가 재항변하였으나 그 재항변이 배척된 경우에는 결국 원고의 청구가 기각되는 경우이다. 이때 검토보고서의 기재방식은 [그림23]과 같다.

[그림23]

기재례[170]	기재방식
1. 대여금청구에 관한 판단 **가. 결론** 청구 기각 **나. 논거** **1) 청구원인에 관한 판단**	
2) 소멸시효항변에 관한 판단	
가) 항변의 요지 피고는 위 대여금채권이 시효로 소멸하였다고 항변한다.	

<table>
<tr><td>나) 인정사실
(요건사실1) (요건사실2)
[인정근거 :]</td><td rowspan="2"></td></tr>
<tr><td>다) 소결론</td></tr>
<tr><td>○ 위 대여금채권은 시효로 소멸하였다.
○ 피고의 위 항변은 이유 있다.</td><td>☜ 여기까지는 앞서 본 것처럼 항변 전부 인용의 유형과 동일하게 기재</td></tr>
<tr><td>3) 시효중단 재항변에 관한 판단</td><td>☜ 재항변의 제목 적절히 기재</td></tr>
<tr><td>가) 항변의 요지
원고는 소멸시효기간 만료 전인 2024. 7. 7. 위 대여금채권을 청구채권으로 하여 피고 소유의 X부동산에 대하여 가압류를 하였기 때문에 위 소멸시효가 중단되었다고 재항변한다.</td><td>☜ 재항변의 요지</td></tr>
<tr><td>나) 증거관계
위 가압류 주장에 부합하는 듯한 (증거)는 믿기 어렵고 달리 이를 인정할 만한 증거가 없다.</td><td>☜ 요증사실 배척문구 활용 배척 설시</td></tr>
<tr><td>다) 소결론
원고의 위 재항변은 이유 없다.</td><td>☜ 소결론(재항변 이유 없다) 기재</td></tr>
</table>

나. 재항변을 인용하는 경우

청구원인 인용 → 항변 인용 → 재항변 인용 순으로 모두 인용되었으므로 결국 항변이 배척되고 원고의 청구가 인용된 유형이다. 이때 검토보고서의 기재방식은 [그림24]와 같다. [그림24]의 ㉠처럼 특별한 사정이 없는 한 항변이 이유 있다는 설시를 하고, ㉡, ㉢과 같이 재항변의 요지를 기재하며 재항변에 관한 요건사실을 인정한 후 재항변의 법률효과와 재항변이 이유 있다는 당부 판단을 기재한다. 그런 다음 ㉣처럼 소멸시효항변이 최종적으로 이유 없다는 설시를 한다.

[그림24]

<table>
<tr><th>기재례[171]</th><th>기재방식</th></tr>
<tr><td>1. 대여금청구에 관한 판단
가. 결론
청구 전부 인용(가집행가능)
[인용되는 부분의 주문]
(기재생략)
나. 논거
1) 청구원인에 관한 판단</td><td></td></tr>
</table>

170 민사재판실무 219쪽 기재례를 〈검토보고서〉 양식에 맞추어 변형하였다.

<table>
<tr><td>2) 소멸시효항변에 관한 판단</td><td></td></tr>
<tr><td>가) 항변의 요지
피고는 위 대여금채권이 시효로 소멸하였다고 항변한다.</td><td></td></tr>
<tr><td>나) 인정사실
(요건사실1) (요건사실2)
[인정근거 :   ]</td><td></td></tr>
<tr><td>다) 소결론</td><td></td></tr>
<tr><td>특별한 사정이 없는 한, 위 대여금채권은 시효로 소멸하였고, 피고의 위 항변은 이유 있다.</td><td>☜ ㉠ 잠정적인 결론이라는 뜻으로 '특별한 사정이 없는 한'을 기재</td></tr>
<tr><td>라) 시효중단 재항변에 관한 판단</td><td>☜ ㉡ 재항변의 제목 적절히 기재</td></tr>
<tr><td>(1) 항변의 요지
원고는 피고 소유의 X부동산에 대하여 가압류를 하였으므로 위 소멸시효가 중단되었다고 재항변한다.</td><td>☜ ㉢ 재항변의 요지(재항변 인용되는 경우이므로 간략히 기재)</td></tr>
<tr><td>(2) 인정사실
원고는 소멸시효기간 만료 전인 2024. 3. 2. 위 대여금채권을 청구채권으로 피고 소유의 X부동산에 대하여 서울중앙지방법원 2024카합1234호로 가압류신청을 하여 그 결정을 받아 집행하였다.
[인정근거 : 갑 제3호증(가압류결정)의 기재 및 변론 전체의 취지]</td><td>☜ 요건사실(가압류신청일에 시효중단효 발생하므로[172] 가압류신청일을 포함)과 그 인정근거 기재</td></tr>
<tr><td>(3) 소결론
○ 위 소멸시효는 중단되었다.
○ 원고의 위 재항변은 이유 있다.</td><td>☜ 소결론(법률효과 + 항변의 당부 판단) 기재</td></tr>
<tr><td>마) 소멸시효항변의 최종 결론
위 재항변이 이유 있어 결국 위 소멸시효항변은 이유 없다.</td><td>☜ ㉣ 소멸시효항변이 최종적으로 배척된다는 설시</td></tr>
</table>

참고로 판결의 경우라면 [그림24]의 예에서 항변 이유 있다는 설시(㉠)와 재항변 내용의 적시(㉡, ㉢)은 모두 생략한다.[173]

다. 재재항변이 있는 경우

재재항변이 있는 경우는 재항변이 있는 경우와 그 기재방식의 원리는 동일하다. 민사재판실무 222～223쪽과 강의노트 19쪽을 참조하자.

---

171 민사재판실무 220쪽 기재례①을 〈검토보고서〉 양식에 맞추어 변형하였다.

172 대법원 2017. 4. 7. 선고 2016다355451 판결 등

173 민사재판실무 219쪽 참조

6. 증거항변이 있는 경우

기록검토를 마친 결과 증거항변이 있는 특별한 경우가 있을 수 있다.[174] 증거항변은 위조 또는 변조된 문서라는 주장과 같이 증거의 형식적 증거력이나 실질적 증거력을 다투는 상대방의 진술일 뿐이므로, 원고의 청구에 관한 방어방법으로서의 '항변'에 해당하지 않는다. 그러나 이러한 **증거항변이 기록에서 발견된 경우에는 반드시 검토보고서에서 그 당부판단을 하여야 한다.** 다만, 본안의 항변의 경우처럼 주장의 요지, 법리, 사실인정, 결론과 같이 이를 철저하게 나누어 쓸 필요는 없고, 아래와 같이 다소 간략하게 적는 것으로 족하다.

먼저, 문서 제출의 상대방이 제출한 증거항변을 받아들이지 않은 경우를 살펴보자. [그림25]는 원고가 피고 乙을 상대로 대여금청구를 하면서 그 대여사실을 증명하기 위하여 갑 제1호증(차용증)을 제출하자, 피고 乙이 그 차용증에 대하여 날인된 인영은 자신의 것이 맞으나 원고의 강박에 의하여 날인되었다(또는 丙에 의하여 위조되었다)는 내용의 증거항변을 제출한 경우이다. 피고 乙이 주장한 원고의 강박사실 또는 丙의 위조사실에 관한 증인 丁의 증언을 믿기 어렵고 달리 이를 증명할 증거가 없으므로 피고 乙의 위 증거항변이 배척되었다.

[그림25]

<table>
<tr><th>기재례[175]</th><th colspan="2">기재방식</th></tr>
<tr><td>2. 피고 乙에 대한 대여금청구에 관한 판단
가. 결론
청구 전부 인용(가집행가능)
[인용되는 부분의 주문]
(기재생략)
나. 논거
1) 청구원인의 요지
원고는 피고 乙을 상대로 대여금의 지급을 구한다.
2) 인정사실
원고가 2024. 6. 1. 피고 乙에게 1억 원을 변제기 2024. 12. 31.로 정하여 대여하였다.</td><td colspan="2"></td></tr>
<tr><td>[인정근거 : 갑 제1호증(차용증)의 기재]</td><td colspan="2">☜ 증거의 거시</td></tr>
<tr><td>○ 피고 乙 이름 다음의 인영은 피고 乙의 인장에 의한 것이다.</td><td>☜ 인영(印影)의 동일성</td><td rowspan="2">해당 문서의 형식적 증거력이 인정되는 과정을 설명</td></tr>
<tr><td>[인정근거 : 다툼 없는 사실]</td><td>☜ 인영 부분 인정(문서 제출의 상대방이 해당 인영이 자신의 것임을 자백한 경우)</td></tr>
</table>

174 앞서 기록검토요령에서 살펴본 것처럼 주로 서증목록 중 '인부요지'란에 현출된다.

○ 따라서 그 인영은 피고 乙의 의사에 따라 날인된 것으로 추인되고, 이에 따라 문서 전체의 진정성립이 추정된다.	☜ 사실상 추정+법 제358조에 의한 법률상 추정 내용 기재
○ 피고 乙은 이 문서가 원고의 강박에 의하여 작성된 것(또는 이 문서가 丙에 의하여 위조된 것)이라고 항변하나, 증인 丁의 증언만으로는 이를 인정하기 부족하고 달리 이를 인정할 증거가 없다.	☜ 증거항변 요지+증거항변 배척(요증사실 배척문구 활용)

이렇듯 문서제출의 상대방이 증거항변을 하였음이 기록상 확인되고 검토한 결과 그 증거항변을 배척할 경우에는, <검토보고서> 중 [인정근거 : ~]에 증거항변이 제출된 해당 서증을 나열한 뒤 그 바로 다음 줄에 증거항변을 배척한 이유를 기재하면 된다.

다음으로 증거항변을 받아들이는 경우를 살펴보자. [그림26]은 원고가 피고를 상대로 X부동산에 관한 소유권이전등기를 청구하면서 갑 제1호증(매매계약서)을 증거로 제출하자, 피고가 그 매매계약서에 날인된 피고의 인영은 본인의 것이 맞으나 이는 甲이라는 자가 날인하여 위조된 것이라는 취지의 위조항변을 제출하였는데, 을 제2호증의1(피의자신문조서)에 의하여 그 위조사실이 증명된 경우이다.

[그림26]

기재례[176]	기재방식
1. 소유권이전등기청구에 관한 판단 가. 결론 청구 기각 나. 논거 **1) 청구원인의 요지** 원고는 2024. 7. 1. 피고로부터 X부동산을 3억 원에 매수하였으므로 피고를 상대로 그 소유권이전등기절차의 이행을 구한다.	
2) 증거관계	☜ 청구원인사실(요건사실)이 인정되지 않으므로 '인정사실'이 아니라 '증거관계'라고 제목 부여
갑 제1호증(매매계약서)은 증거로 쓸 수 없다.	☜ 해당 문서의 형식적 증거력 배척 설시
○ 피고 이름 다음의 인영은 피고의 인장에 의한 것이다.	☜ 인영(印影)의 동일성 인정

175 강의노트 272쪽을 〈검토보고서〉 형식에 맞추어 수정하였다.

[인정근거 : 다툼 없는 사실]	
○ 그러나 甲이 위 매매계약서의 피고 이름 옆에 피고의 인장을 날인하였다.	☜ 증거항변의 내용인정(이로써 추정이 번복)
[인정근거 : 을 제2호증의1(피의자신문조서)의 기재]	☜ 그 인정의 근거 제시
○ 그렇다면 甲이 피고의 인장을 날인할 권한이 있었어야 한다.	☜ 甲의 날인 권한은 문서제출자의 증명사항[177]
○ 증인 乙의 증언만으로는 이를 인정하기 부족하고 달리 이를 인정할 증거가 없다.	☜ 문서제출자의 증명실패/ 요증사실 배척문구 활용하여 배척

176 강의노트 273쪽을 〈검토보고서〉 형식에 맞추어 수정하였다.

177 대법원 2009. 9. 24. 선고 2009다37831 판결(문서에 날인된 작성명의인의 인영이 그의 인장에 의하여 현출된 것이라면 특별한 사정이 없는 한 그 인영의 진정성립, 즉 날인행위가 작성명의인의 의사에 기한 것임이 사실상 추정되고, 일단 인영의 진정성립이 추정되면 그 문서 전체의 진정성립이 추정되나, 위와 같은 사실상 추정은 날인행위가 작성명의인 이외의 자에 의하여 이루어진 것임이 밝혀진 경우에는 깨어지는 것이므로, 문서제출자는 그 날인행위가 작성명의인으로부터 위임받은 정당한 권원에 의한 것이라는 사실까지 증명할 책임이 있다).

05

유형별 기록검토

Notice

【공통된 작성요령】

문제에서 소장 작성을 요구하는 경우 별도의 작성요령 기재가 없는 한 아래와 같이 작성하시오. 다만 문제에서 소장 이외의 문서(답변서, 준비서면, 반소장 및 검토보고서)의 작성을 요구하는 경우에는 아래 작성요령 제6 내지 10항을 적용하되, 앞서 설명한 해당 문서의 작성원리에 따라 작성하시오.

1. 일방 당사자가 여러 명인 경우 성명으로 특정하시오(예:'원고 홍길동', '피고 이몽룡').
2. 청구취지와 청구원인은 가급적 당사자별로 나누어 기재하시오.
3. 공동소송인 경우 관할권 있는 법원 중 한 곳에 1건의 공동소송으로 제기하고, 예비적, 선택적 병합 청구는 하지 마시오.
4. 【의뢰인 희망사항】란에 기재된 희망사항에 부합하도록 작성하되, 현행법과 그 해석상 승소가능한 최대한의 범위에서 청구하고 소 각하나 청구 기각 부분이 발생하지 않도록 하시오.
5. 의뢰인의 주장 및 희망사항에 관하여는 해당 법리에 대한 판단을 거쳐서 청구 여부 및 범위를 결정하고, 상대방의 주장에 관해서는 이유 있다고 판단되면 청구 여부 및 범위에 반영하되 이유 없다고 판단되면 해당 청구원인 부분에 배척의 이유를 기재하시오.
6. 임료, 임료 상당액, 이자 또는 지연손해금에 대한 지연손해금은 고려하지 마시오.
7. 【의뢰인 상담일지】와 첨부자료에 기재된 사실관계는 모두 사실에 부합한 것으로 보고(작성자의 의견에 해당하는 사항은 제외), 기재되지 않은 사실은 없는 것으로 전제하며, "(인), ㉤, ㊞ 또는 (서명)"으로 표시된 부분에는 이에 해당하는 인장 또는 서명이 기재된 것으로, 그 밖에 첨부된 서류는 다툼이 없는 이상 모두 진정하게 성립된 것으로 간주하고, "첨부 생략"으로 표시된 경우 실제 해당 서류가 첨부된 것으로 간주하시오.
8. 〈증명방법〉란과 〈첨부서류〉란 기재는 생략가능하고, 부동산의 표시는 개별 기록 문제에서 지시된 대로 기재하기 바랍니다.
9. 관련 증거자료를 제시하여 기술할 필요는 없습니다.
10. 기록상의 날짜가 공휴일인지 여부, 주소나 문서의 서식이 실제와 부합하는지 여부는 고려하지 마시오.

【관할 참고 자료】

각급 법원의 설치와 관할구역에 관한 법률(일부)

제4조(관할구역) 각급 법원의 관할구역은 다음 각 호의 구분에 따라 정한다. 다만, 지방법원 또는 그 지원의 관할구역에 시·군법원을 둔 경우 「법원조직법」 제34조 제1항 제1호 및 제2호의 사건에 관하여는 지방법원 또는 그 지원의 관할구역에서 해당 시·군법원의 관할구역을 제외한다.

1. 각 고등법원·지방법원과 그 지원의 관할구역: 별표 3

(이하 제2호 내지 제8호는 생략)

[별표 3] 고등법원 · 지방법원과 그 지원의 관할구역(일부)

지방법원	지원	관할구역
서울중앙		서울특별시 종로구·중구·강남구·서초구·관악구·동작구
서울동부		서울특별시 성동구·광진구·강동구·송파구
서울남부		서울특별시 영등포구·강서구·양천구·구로구·금천구
서울북부		서울특별시 동대문구·중랑구·성북구·도봉구·강북구·노원구
서울서부		서울특별시 서대문구·마포구·은평구·용산구
대전		대전광역시·세종특별자치시·금산군
대구		대구광역시 중구·동구·남구·북구·수성구·영천시·경산시·칠곡군·청도군
부산		부산광역시 중구·동구·영도구·부산진구·동래구·연제구·금정구
창원		창원시 의창구·성산구·진해구, 김해시
광주		광주광역시·나주시·화순군·장성군·담양군·곡성군·영광군
수원		수원시·오산시·용인시·화성시
	평택	평택시·안성시

1

기록

대여 및 보증 / 사기 취소, 불공정행위 무효항변

기록 1

<문제 1> 귀하는 변호사 김명변으로서, 의뢰인 송갑성의 상담을 통해 아래 【상담내용】과 같은 사실관계를 청취하고, 【의뢰인 희망사항】 기재사항에 관한 본안소송의 대리권을 수여받고, 첨부된 소송기록을 자료로 받았습니다.
의뢰인을 위하여 본안의 소를 제기하기 위한 **소장**을 작성하시오.

【작성요령】

1. 소장의 작성일은 2025. 3. 11.로 하시오.
2. 그 밖의 작성방식은 【공통된 작성요령】과 같습니다.

의뢰인 상담일지

변호사 김명변
서울 서초구 서초중앙로 100, 401호 (서초동, 법림빌딩)
☎ : 02-531-2000, 팩스 : 02-539-2001, e-mail : lawyerKim@kmail.com

접수번호	2025-50	상담일시	2025. 3. 5.
상담인	송갑성 010-2030-4050	내방경위	지인소개

【상 담 내 용】

직장생활을 하던 송갑성은 2021년 말에 동창회에 참석하여 10년 만에 고교 동창인 이을남과 유병만을 만났다. 고향인 창원시에 살고 있던 이을남은 송갑성에게 현재 부동산컨설팅사무소를 개업하려고 준비 중이라고 하였다. 이을남과 유병만은 송갑성에게 현재 대형 리조트를 운영하려는 세력이 은밀하게 마산 앞바다에 그 부지를 물색하고 있고 이을남이 그 부지의 소유자인 오정미를 상대로 매수 협의 중이라고 하였다. 이을남은 2억 원 정도면 부지를 살 수 있을 듯한데, 나중에 그 부지를 4억 원에 되팔 수 있으니 송갑성에게 1억 원을 투자하라는 것이었다. 송갑성은 여유자금을 투자할 곳이 없어서 궁리 중이긴 했으나, 약간 미심쩍어서 즉답을 하지 못했다. 그러자 이을남은 이자를 잘 쳐줄 테니 1억 원을 빌려주면 창원시에서 다이버샵을 운영하는 친동생 이무상으로 하여금 보증을 서게 하겠다고 제의했고, 이에 송갑성은 2022년 2월에 이무상의 보증 하에 1억 원을 빌려주었다.

송갑성은 2022년 12월 쯤 변제시기에 가까워지자 이을남에게 연락을 해서 부지 매입 작업이 잘 진행되고 있는지 물었으나, 갑자기 부지 소유자가 변심하는 바람에 약간 어려움을 겪고 있기는 하지만, 곧 매매계약이 순조롭게 체결될 것 같다는 답변을 들었다.

송갑성은 다시 변제 약속일에 이을남에게 전화를 걸었으나, 이을남은 그때부터 전화를 받지 아니하였다. 송갑성이 다른 동창들에게 수소문해 본 결과 최근 이을남이 종적을 감추어 연락이 되지 아니한다는 말을 전해 들었다. 송갑성은 2023년 2월 중순에 급히 창원시에 내려가 알아보니 오정미는 이을남으로부터 한 번 부지 매각의사를 타진 받은 적은 있으나, 가격차가 커서 아무런 진전이 없었고, 대형 리조트 사업에 관해서는 들은 바가 없다고 했다. 이무상은 단지 이을남의 부탁을 받아 사업자금을 빌리는 것으로 알고 보증을 섰을 뿐, 대형 리조트나 부지 매입에 관해서는 알지 못한다고 했다.

송갑성은 이을남에게 속았다고 생각해서 창원중부경찰서에 2023년 3월 초 이을남과 유병만을 사기죄로 고소하였으나, 수사기관에 출석한 이을남은 단순히 돈을 차용한 것에 불과하다고 하고, 유병만은 송갑성과 이을남의 돈 문제에 관여한 바 없다고 하면서 혐의를 부인했다. 이을남과 유병남은 경찰 수사결과 2023년 10월 경 증거불충분을 이유로 불송치결정을 받았다.

송갑성은 이을남으로부터 두 차례에 걸쳐 이자를 받았을 뿐, 그 외에는 일체 변제받은 것이 없었다. 송갑성이 확보한 서류는 첨부자료와 같다. 송갑성의 생각으로는 이을남과 유병만, 오정미가 모두 한패가 되어 자신을 속이고 돈을 뜯어간 것 같다고 한다. 유병만의 주소는 창원시 의창구 삼영로 32, 가동 301호(삼영동, 방성맨션)이고, 오정미의 주소는 창원시 진해구 갈산로 28, 104동 506호(충정동, 갈산아파트)이다.

【의뢰인 희망사항】

송갑성은 위 사실관계와 관련해 적절한 관련자들을 상대로 변제받은 돈을 제외하고 최대한 많은 돈을 되돌려 받을 수 있도록 소를 제기하고 싶다.

차 용 증

채무자 이을남은 채권자 송갑성으로부터 아래와 같이 차용하기로 약정하였고, 아래 돈을 정히 영수하였음을 확인합니다.

원 금 1억 원
변 제 기 2023. 1. 31.
이 자 월 0.5% (매월 말일 지급)

2022. 2. 1.

채 권 자 송 갑 성 (830510-1049593) (인)
서울 관악구 행운1길 42, 504동 501호 (행운동, 행운아파트)

채 무 자 이 을 남 (831201-1485837) (인)
경남 창원시 성산구 송현12길 65, 302호 (송현동, 은창아파트)

이무상은 이을남이 위 돈을 차용함으로써 송갑성에게 갚을 원리금 반환채무를 연대하여 보증한다.

연대보증인 이 무 상 (860317-1847837) (인)
사무실 경남 창원시 마산합포구 금화로 2, 101호 그랜드다이빙 (금화동, 영우빌딩)
주 소 경남 창원시 마산회원구 만조로 32, 403호 (금화동, 모란빌라)

신조은행 계좌거래내역 조회

고 객 명: 송갑성

조회기간	2022.01.20 ~ 2022.05.31		
계좌번호	345-123-45678	총잔액	4,500,000
예금종류	신조 급여우대통장(저축예금)	출금가능금액	54,500,000

거래일자	거래시간	적요	출금	입금	내용	잔액	거래점
2022-05-31	09:58:25	모바일	100,000		김영호	4,500,000	을지로
2022-05-20	11:33:30	급여		3,000,000	㈜대룡건설	4,600,000	을지로
2022-05-12	11:00:32	펀드CC	500,000		2384 439243	1,600,000	을지로
2022-05-10	11:00:31	타행		500,000	이을남 이자	2,100,000	을지로
2022-05-06	08:16:41	카드결제	1,400,000		신조카드	1,600,000	여의도
2022-05-28	08:32:25	CD출금	500,000			3,000,000	을지로
2022-04-30	09:58:25	CD출금	100,000			3,500,000	을지로
2022-04-20	11:33:30	급여		3,000,000	㈜대룡건설	3,600,000	을지로
2022-04-12	11:00:09	펀드CC	500,000		2384 439243	600,000	을지로
2022-04-05	08:15:35	카드결제	2,100,000		신조카드	1,100,000	여의도
2022-03-26	08:32:25	CD출금	400,000			3,200,000	을지로
2022-03-20	11:32:16	급여		3,000,000	㈜대룡건설	3,600,000	을지로
2022-03-17	13:02:11	CD출금	500,000			600,000	을지로
2022-03-15	15:21:43	타행		500,000	이을남 이자	1,100,000	을지로
2022-03-05	08:22:31	카드결제	2,500,000		신조카드	600,000	여의도
2022-02-28	08:32:25	CD출금	500,000			3,100,000	을지로
2022-02-21	09:58:25	모바일	100,000		송우찬	3,600,000	을지로
2022-02-20	11:33:30	급여		3,000,000	㈜대룡건설	3,700,000	을지로
2022-02-12	11:00:32	펀드CC	500,000		2384 439243	700,000	을지로
2022-02-05	08:22:32	카드결제	2,800,000		신조카드	1,200,000	여의도
2022-02-01	11:00:31	타행	100,000,000		이을남	4,000,000	을지로
2022-01-24	12:32:13	CD출금	500,000			104,000,000	을지로
2022-01-20	11:33:30	급여		3,000,000	㈜대룡건설	104,500,000	을지로

 (1-1)

기록 1

해설

문제 1 해설

1. 어떤 사실관계를 청구원인으로 삼을 것인가?

법을 전공하지 않은 사람이 의뢰인과 상담을 했다면 아마 의뢰인 송갑성이 사기를 당했다고 여길 만하다. 그러면 민법 제750조에 따라 불법행위 손해배상을 청구할 것인가? 아니면 돈을 대여하였으니 계약에 따라 대여금반환청구를 할 것인가? 법률가라면 그 장단점을 따져봐야 한다.

계약상 책임이라면 계약당사자인 이을남과 이무상에 대해서만 책임을 물을 수 있겠으나, 불법행위 손해배상책임이 인정된다면 민법 제760조에 의하여 공동불법행위로 볼 수 있는 이을남과 유병만을 상대로 손해배상책임을 물을 수 있을 것이다. 반면, 계약상 책임의 경우 대여금 내지 연대보증금 반환청구의 요건사실, 즉 대여 내지 연대보증 약정 체결사실, 그에 따른 자금 대여사실만 증명하면 충분할 것이나, 불법행위 손해배상의 경우 고의나 과실, 즉 관련자들이 당초부터 거짓말로 의뢰인을 속였다는 등의 사실까지 증명해야 한다.

사안에서 송갑성은 이을남과 유병만을 사기죄로 고소하였으나 수사기관으로부터 증거가 부족하다는 의견을 받았고, 달리 이을남과 유병만이 자금 차용 당시부터 관련사실을 기망하였다는 점을 증명할 만한 뚜렷한 증거가 없다. 따라서 불법행위 손해배상청구는 승소가능성이 낮다고 보아야 한다. 계약상 책임의 경우 계약당사자가 아닌 유병만에 대해서는 청구하기 어려우나, 계약당사자들, 즉 이을남과 이무상 사이에 계약에 관한 처분문서가 존재하고 은행 거래 내역을 통하여 자금 지급사실을 증명하기 용이하므로 이들을 상대로 계약상 책임을 묻는 것이 적정하다. 불법행위 손해배상책임의 경우 불법행위시부터 민법이 정한 연 5%의 비율에 따른 지연손해금을 청구할 수는 있으나, 이 사건에서는 약정이율이 이를 상회하므로, 대여금을 청구하는 것이 의뢰인에게 더 유리한 점도 고려해야 한다. 물론 사실관계나 확보된 증거자료에 따라서는 불법행위 손해배상을 청구하는 것이 더 유리한 경우도 있을 것이다.

2. 요건사실 및 청구취지의 검토

대여금청구의 경우 요건사실은 상대방에게 무엇을 청구할 것인가에 따라 달라진다. 즉, 소송물에 따라 청구가 인용되기에 충분한 사실관계, 즉 요건사실을 검토해야 하고, 대여금의 경우, 이를 구성하는 원금, 이자, 지연손해금 별로 소송물이 서로 다르고 그에 따라 요건사실도 서로 다르다. 원금에 관해서는 대여약정사실(당사자, 약정일시, 원금, 반환시기에 관한 약정), 금전지급사실이 요건사실이 될 것이고 이자의 경우 이와 별도로 이자약정(이자금액 및 지급시기)사실이 추가로 필요하다. 원금 변제기 이후에 발생하는 지연손해금[178]은 원금반환약정을 위반한 채무불이행으로 인한 손해배상으로서 이자와는 법적 성격이 다르다. 변제기 이후의 손해배상에 관한 약정이 있다면 그것이 요건사실이 될 것이고, 이에 관한 약정이 없다면 민법 제390조가 적용되며, 이때 금전대여인 경우 민법 제397조, 제379조에 따라 연 5%의 비율에 의한 손해배상책임이 발생한다.

연대보증의 경우 요건사실은 주채무 발생에 관한 요건사실에 더하여 보증계약의 체결사실이 되고, 민법 제428조의2 규정에 따라 보증의사가 보증인의 기명날인 또는 서명이 있는 서면으로 표시된 사실까지 포함된다.

이 사건의 경우, 차용인 이을남에 대한 대여원금과 이자, 지연손해금을 구하므로 대여약정의 당사자, 일시, 대여원금, 변제기, 이자율 및 이자 지급시기가 요건사실이 되고, 보증인 이무상에 대해서는 보증약정의 당사자, 일시, 주채무내용, 기명날인 있는 문서에 의한 보증의사가 요건사실이 된다.

위와 같은 요건사실에 따라 구체적인 반환을 구하는 원금의 규모, 이자 내지 지연손해금의 발생시기와 비율을 정하고, 그에 따라 청구취지를 적는다.

178 물론 약정일에 이자를 지급하지 못함으로 인해 발생하는 이자에 대한 지연손해금, 나아가 원금의 지연손해금에 대한 지연손해금도 청구할 수 있고, 이는 또 다른 별도의 소송물이 될 것이다(대법원 2022. 4. 14. 선고 2020다268760판결 등 참조). 다만 실무상 이에 대해서까지 청구하는 경우는 드물고, 교육목적상 로스쿨 교육과정에서는 그 청구를 생략하는 것이 보통이다.

문제 1 모범답안

소 장

원 고 송갑성
서울 관악구 행운1길 42, 504동 501호 (행운동, 행운아파트)
소송대리인 변호사 김명변
서울 서초구 서초중앙로 100, 401호 (서초동, 법림빌딩)
전화 02)531-2000, 팩스 02)539-2001, E-mail : lawyerKim@kmail.com

피 고[179] 1. 이을남
창원시 성산구 송현12길 65, 302호 (송현동, 은창아파트)
2. 이무상
창원시 마산회원구 만조로 32, 403호 (금화동, 모란빌라)
송달장소 창원시 마산합포구 금화로 2, 101호 그랜드다이빙[180] (금화동, 영우빌딩)

대여금 등[181] 청구의 소

179 원고는 유병만 역시 이을남과 함께 사기죄로 고소한 바 있으나, 수사기관으로부터 불송치처분을 받았고, 달리 유병만을 상대로 불법행위로 인한 손해배상책임을 물을 만한 근거가 없어서 유병만을 피고로 삼지 않았다.

180 주거지보다 우편물을 보냈을 경우 송달될 가능성이 높은 사무소와 같은 곳을 알고 있다면 이를 송달장소로 부기하여 주는 것이 좋다.

181 이 사건 소송물은 대여금과 보증금 두 가지다. 사건명은 여러 소송물 중 가장 대표적인 것 하나를 특정해 주고 "등 청구의 소"를 적어 주면 족하다. 보증금 등 청구의 소로 적어도 틀린 것은 아니나 주된 청구가 대여금일 것이므로 대여금 등 청구의 소로 적는 것이 가장 적정하다.

청 구 취 지

1. 피고들은 연대하여 원고에게 1억 원과 이에 대하여 2022. 4. 1.부터 이 사건 소장 부본 송달일까지는 월 0.5%의, 그다음 날부터 다 갚는 날까지는 연 12%의 각 비율로 계산한 돈을 지급하라.
2. 소송비용은 피고들이 부담한다.
3. 제1항은 가집행할 수 있다.

라는 판결을 구합니다.

청 구 원 인

원고는 2022. 2. 1. 피고 이을남에게 원금 1억 원을 변제기 2023. 1. 31., 이자 월 0.5%(매월 말일 지급)로 정하여 대여하였고, 피고 이무상은 위 대여일에 피고 이을남의 원고에 대한 차용금 반환채무를 기명날인이 있는 문서로 연대보증하였습니다.[182·183]

원고는 2022. 3. 15. 피고 이을남으로부터 2022년 2월분 이자 50만 원을, 2022. 5. 10. 2022년 3월분 이자 50만 원을 각 지급받았습니다.[184]

따라서 차용인 피고 이을남과 연대보증인 피고 이무상은 연대하여 원고에게 대여원금

---

182 원칙적으로 청구원인에는 **법리-요건사실-법률효과**의 구조로 적어야 하나, 자명한 법리의 경우 생략될 수 있다. 만일 쓴다면 "민법 제598조에 의하면 소비대차는 당사자 일방이 금전 기타 대체물의 소유권을 상대방에게 이전할 것을 약정하고, 상대방은 그와 같은 종류, 품질 및 수량으로 반환할 것을 약정함으로써 그 효력이 생기고, 민법 제603조 제1항에 의하면 차주는 약정시기에 차용물과 같은 종류, 품질 및 수량의 물건을 반환하여야 하고, 민법 제600조 전단에 의하면 이자 있는 소비대차는 차주가 목적물의 인도를 받은 때로부터 이자를 계산하여야 한다." 정도로 쓸 수 있겠으나, 실무상 이처럼 자명한 법리를 적을 필요는 없고 바로 요건사실로 들어가면 충분하다.

183 이 문장으로 대여금 및 보증금 청구에 필수적인 요건사실을 다 적시하였다(이 책 가장 뒤에 있는 [부록] 제1항 중 순번 5번 기재례를 참조하라). 청구원인은 권리자를 주어로 삼아 쓰는 것이 좋다. 청구원인을 쓰는 연습을 할 때는 무엇을 쓸 것인가도 중요하지만 그에 못지않게 파악된 사실관계 중 무엇을 적지 않을 것인가도 중요하다. 단어 하나하나를 쓸 때마다 이 단어가 필수적인 것인가를 따져 본 다음, 꼭 필수적인 것만 적고, 필수적이지 않은 것은 적지 않겠다는 각오로 청구원인을 쓰는 연습을 해야 한다. 항상 시간이 모자라는 시험시간 때문이기도 하나, 재판부에 주장의 핵심을 가장 확실하게 부각시키는 길이기도 하며, 상대방에게 쓸데없는 분쟁의 빌미나 스스로 허점을 제공해 줄 수도 있기 때문이다.

184 설문에서 당사자가 변제받은 부분을 제외하고 청구하기를 원하고 있으므로 변제받은 부분을 이와 같이 적어 주었다. 변제사실은 상대방이 주장 및 증명책임을 지는 항변사항이므로 상대방의 항변을 기다려야 하고 원고가 스스로 자인할 필요가 없다고 생각할 수도 있다. 순수하게 민사소송법의 이론에만 따른다면 그러한 논의가 불가능한 것은 아니다. 그러나 변제받은 사실을 숨기고 소를 제기하여 승소판결을 받아 강제집행으로 나아간다면 경우에 따라서는 권리남용에 해당하거나 청구이의 사유에 해당될 수도 있으므로(구체적인 권리남용의 성립범위에 관하여는 대법원 1997. 9. 12. 선고 96다4862 판결, 대법원 2001. 11. 13. 선고 99다32899 판결 등을 참조하고 청구이의 사유에 관하여는 대법원 1984. 7. 24. 선고 84다카572 판결, 대법원 2002. 10. 25. 선고 2002다48559 판결 등을 참조할 것) 위와 같은 태도가 바람직하다고 보기는 어렵다. 실무상으로도 변제와 같이 채무의 소멸이 자명한 부분은 스스로 자인하면서 이를 빼고 청구하는 것이 보통이고, 신의성실의무와 진실의무에 관한 변호사 윤리에 비추어 보아도 그렇게 하는 것이 합당하다.

1억 원과 이에 대하여 2022년 4월분 이자 발생시기인 2022. 4. 1.부터 이 사건 소장 부본 송달일까지는 약정이율인 월 0.5%의 비율로 계산한 이자 및 지연손해금을, 그다음 날부터 다 갚는 날까지는 소송촉진 등에 관한 특례법이 정한 연 12%의 비율로 계산한 지연손해금을 각 지급할 의무가 있습니다.[185]

원고는 이상과 같은 이유로 피고들을 상대로 청구취지와 같은 판결을 구하니 원고의 피고들에 대한 청구를 모두 인용해 주시기 바랍니다.

증 명 방 법

1. 갑 제1호증 (차용증)
2. 갑 제2호증 (계좌거래내역 조회)

첨 부 서 류

1. 위 각 증명방법 각 3통[186]
2. 영수필확인서 1통
3. 송달료납부서 1통
4. 소송위임장 1통
5. 소장 부본 2통[187]

2025. 3. 11.

원고 소송대리인 변호사 김명변 ㊞

서울중앙지방법원[188] 귀중

---

185 청구원인 요건사실을 법리에 적용하여 결론(법률효과)을 내려 주는 부분이다. 이 결론을 통하여 청구원인이 비로소 청구취지와 연결된다. 즉, 결론 부분에서는 청구취지에서 구하는 돈의 성격(대여원금, 이자, 지연손해금), 각 일자의 의미(대여일, 변제기 등), 계산비율의 근거(민법이나 소송촉진 등에 관한 특례법) 등을 빠짐없이 적어 주어야 한다. 요건사실과 달리 결론 부분은 청구취지와 연결되므로 의무자를 주어로 적는 것이 좋다.

186 증명방법 중 1부는 법원에 소송기록으로 편철하고, 나머지는 상대방 당사자에게 소장 부본과 함께 보내 주어야 하므로, 상대방 당사자의 수에 1을 더한 수를 첨부하여야 한다.

187 소장 부본을 상대방 당사자에게 송달하여야 하므로 상대방 당사자 수만큼 첨부한다.

188 민사소송법 등 관련 법률을 검토하여 관할권이 존재하는 법원 중 하나를 적으면 된다. 법 제2조에 따라 피고의 주소지를 관할하는 창원지방법원, 법 제8조에 따라 의무이행지인 원고 주소지를 관할하는 서울중앙지방법원[금전지급의무는 지참채무원칙(민법 제467조 제2항 본문)에 따라 채권자 주소지가 의무이행지에 해당한다]에 각 관할권이 인정된다.

<문제 2> 귀하는 변호사 김명변으로서, 위 <문제 1>과 같이 제기한 소에서 피고들로부터 아래와 같은 답변서를 송달받았습니다.
의뢰인을 위하여 법률적으로 가능한 한도 내에서 위 각 답변서를 반박하는 내용의 준비서면을 작성하시오. 준비서면의 작성일은 2025. 4. 11.로 하시오.

답변서

사건번호 2025가단1234 대여금 등
원　　고 송갑성
피　　고 이을남 외 1인

위 사건에 관하여 **피고 이을남**은 아래와 같이 답변합니다.

청구취지에 대한 답변

1. 원고의 피고 이을남에 대한 청구를 기각한다.
2. 원고와 피고 이을남 사이에 발생한 소송비용은 원고가 부담한다.
라는 판결을 구합니다.

청구원인에 대한 답변

원고가 주장하는 청구원인사실을 부인합니다. 자세한 주장은 추후 제출하겠습니다.

2025. 3. 27.

피고 이을남 ㊞

서울중앙지방법원 제22민사단독 귀중

답변서

사건번호 2025가단1234 대여금 등
원　　고 송갑성
피　　고 이무상 외 1인

위 사건에 관하여 **피고 이무상**은 아래와 같이 답변합니다.

청구취지에 대한 답변

1. 원고의 피고 이무상에 대한 청구를 기각한다.
2. 원고와 피고 이무상 사이에서 발생한 소송비용은 원고가 부담한다.
라는 판결을 구합니다.

청구원인에 대한 답변

1. 피고 이무상은 원고의 주장 중 원고가 피고 이을남에게 자금을 대여하였고 피고 이을남의 동생인 피고 이무상이 이에 연대보증한 사실은 인정합니다. 그러나 다음과 같은 이유에서 원고의 청구에 응할 수 없습니다.

2. 피고 이무상은 10여 년간 창원시 시내에서 '그랜드다이빙'이라는 다이버샵을 근근이 운영하고 있습니다. 원고에게 연대보증을 하기 며칠 전, 평소 특별한 직업이 없이 빈둥거리기만 하던 친형인 피고 이을남로부터 전화를 받았습니다. 드디어 백수를 청산하고 사업을 개시할 절호의 찬스를 얻었다는 것이었습니다. 마산 바다 인근에 대형 리조트를 운영하려는 자본이 움직이고 있고 그 부지를 물색하고 매입하는 일에 참여하게 되었다면서 이를 위해 부동산컨설팅사무소를 열 계획이니 돈을 투자해 달라는 내용이었습니다. 그 이전부터 수차례 이런 저런 사업을 벌이겠다면서 부모님으로부터 많은 돈을 가져갔으나 한 번도 제대로 사업을 개시조차 하지 못한 형의 전력을 잘 알고 있던 터라, 조심스럽게 형의 제안을 거절했습니다. 피고 이을남은 이번에는 분명한 사업이라면서 투자가 어려우면 연대보증이라도 서 달라고 했습니다. 저는 이미 수차례 형을 도와준 적이 있기는 하나, 피는 물보다 진하다고 막상 형의 간청을 거절할 수 없어서 피고 이을남의 원고에 대한 채무에 관하여 보증을 서게 된 것입니다.

3. 저는 피고 이을남이 빌린 자금으로 부동산컨설팅사무소를 열어 사업을 시작할 것으로 생각했습니다만, 돈을 받은 이후 피고 이을남은 사무소 개설은커녕 창원에서 자취를 감춰 버렸습니다. 수소문을 해 보니, 형은 그 돈으로 기존의 부채 약 5,000만 원을 갚았고, 애인과 함께 마카오로 떠나 호텔 카지노에서 나머지 돈을 다 탕진했다는 것입니다. 애초에 부동산컨설팅사무소를 열겠다는 계획도 모두 거짓말이었고, 저는 그러한 형의 거짓말에 속아서 원고에게 보증을 서게 된 것입니다. 이러한 사실은 피고 이을남의 전 여자 친구인 김성아의 진술서를 읽어 보시면 명백합니다. 결국 제가 원고에 대하여 한 연대보증은 사기로 인한 법률행위에 해당하기 때문에 이를 취소하고자 합니다.

4. 이처럼 저는 친형의 부탁에 따라 아무런 대가 없이 1억 원이라는 거액의 부채를 부담할 위기에 처하게 되었습니다. 법을 잘 아는 친구에게 물어보니, 민법 제104조에는 "당사자의 궁박, 경솔 또는 무경험으로 인하여 현저하게 공정을 잃은 법률행위는 무효로 한다."라고 규정하고 있다고 들었습니다. 제가 원고에 대하여 한 연대보증 역시 경솔한 판단에 따라 아무런 대가 없이 제공된 것이므로 위 규정에 의하여 무효라고 보는 것이 마땅합니다.

5. 원고가 어떤 감언이설에 속아 형에게 돈을 빌려주게 되었는지는 잘 알지 못합니다. 그러나 원고가 저에게 그 피해에 대한 책임을 묻는 것은 너무나 부당합니다. 판사님께서는 이와 같은 저의 억울한 사정을 참작해서 원고의 청구를 기각하는 판결을 내려주시기를 바랍니다.

증 명 방 법

1. 을나 제1호증 (진술서)

첨 부 서 류

1. 위 증명방법 2통

2025. 3. 25.

피고 이무상 ㊞

서울중앙지방법원 제22민사단독 귀중

진술서

진술인 김성아

주소 광주광역시 동구 준법로 7-12

저는 이을남과 지난 2년 동안 사귀었던 사람입니다. 저는 이을남과 사귀면서 이을남으로부터 무슨 컨설팅사무소를 준비한다는 말을 들은 적은 있습니다만, 구체적으로 어떤 일을 했는지는 잘 모릅니다. 다만, 이을남은 2022년 2월에 1억 원이 생겨 그동안 생긴 빚을 갚고도 남겠다면서 좋아했었습니다. 이을남은 제게 그때까지 지고 있던 빚이 5,000만 원 정도라고 했었습니다. 이을남이 빚 갚고 남은 돈으로 마카오에 가자고 해서 2022년 4월쯤 같이 놀러갔는데, 이을남은 돈을 더 불려야 한다면서 카지노에서 일주일을 꼬박 보내더니 돈을 전부 탕진하고는 다시 빚만 잔뜩 져 버렸습니다. 저는 이을남과 그 일로 싸워서 헤어지자고 한 뒤 곧바로 혼자 귀국하였고, 그 이후 이을남과는 상종하지도 않았습니다. 이을남은 한참 후 귀국해서 다시 창원시에 어슬렁거리며 또 다른 기회를 노린다는 소문을 듣기는 했습니다. 이상은 본인이 경험한 사실로서 오로지 진실임을 서약합니다.

2025. 3. 20.

김성아 (인)

을나 제1호증

문제 2 모범답안

준비서면

사건번호　　2025가단1234 대여금 등[189]

원　　고　　송갑성

피　　고　　이무상 외 1인[190]

위 사건에 관하여 원고 소송대리인은 아래와 같이 변론을 준비합니다.

1. 피고 이을남의 주장에 대하여

피고 이을남은 소장에 기재된 청구원인을 단순히 부인하나, 갑 제1, 2호증의 기재에 의하면 원고 주장의 대여사실이 넉넉히 인정됩니다.[191]

2 피고 이무상의 주장에 대하여

가. 사기 취소 여부

189 소제기 이후 사건번호와 사건명이 부여되므로, 이를 기재함으로써 사건을 특정해야 한다.

190 사건번호와 사건명으로 이미 사건이 특정되었고, 소장에 당사자 이름과 주소가 자세히 기재되어 있으므로 여기는 이와 같이 간략하게 적어도 무방하다.

191 상대방이 단순히 부인하는 답변서를 제출한 경우, 만일 소장에 청구원인의 요건사실을 정확히 적었고, 이를 증명할 증거를 충분히 제출했다면 이 정도의 대응으로도 충분하다. 만일 청구원인의 요건사실 중 누락된 것이 있거나 부인하는 요건사실에 관한 증명이 부족하다면, 이 단계에서 필수적으로 요건사실을 추가하고 필요한 증거를 보충할 필요가 있다. 만일 단순히 부인하는 것이 아니라 적극적으로 이에 배치되는 사실관계를 들면서(이를 간접부인이라고 한다) 이를 증명함으로써 원고의 주장사실이 흔들릴 수 있다면, 피고 측의 주장을 다시 부인하거나 피고 측 주장과 양립 불가능한 사실을 적극적으로 발굴하여 피고 측 주장에 대응할 필요가 있을 수도 있다. 여기서 주의해야 할 점은, 어디까지나 원고 변론은 청구원인의 요건사실을 증명하는 것이 그 주안점이 되어야 하고, 피고가 주장하는 간접부인 사실의 배척에 매몰되어서 정작 청구원인의 요건사실을 보강하고 증명하는 활동을 소홀히 해서는 안 된다는 것이다.

피고 이무상은 피고 이을남이 부동산컨설팅사무소를 개설하겠다고 기망함으로 인하여 보증하게 된 것이라면서 사기에 의한 의사표시에 해당하여 이를 취소한다고 주장합니다.

그러나 피고 이무상은 스스로 판단에 따라 피고 이을남의 원고에 대한 채무를 보증한 것이고, 피고 이을남의 기망에 의하여 보증한 것이 아닙니다.[192] 피고 이무상이 증거로 제출한 을나 제1호증의 기재에 의하더라도 기망에 해당한다고 볼 만한 사실은 드러나지 않습니다.[193]

또한 민법 제110조 제2항에 따르면 제3자가 사기를 행한 경우에는 상대방이 그 사실을 알았거나 알 수 있었을 경우에 한하여 그 의사표시를 취소할 수 있을 뿐입니다.

따라서 설령 피고 이무상의 주장과 같이 피고 이을남의 기망에 의하여 보증에 이르게 되었다고 하더라도, 피고 이무상이 이를 이유로 보증행위를 취소하려면 그 상대방인 원고가 피고 이무상의 보증이 피고 이을남의 기망으로 인한 것이라는 사실을 알았거나 알 수 있었다는 점을 주장·증명하여야 하나, 원고는 이를 전혀 알지도 못하였고 이를 알 수 있었다고 볼 만한 사정도 없을 뿐만 아니라, 피고 이무상은 이에 관해 아무런 주장도 하지 않고 있습니다.[194]

따라서 피고 이무상의 사기 취소 주장은 근거가 없습니다.

나. 불공정한 법률행위 여부

피고 이무상은 자신의 보증행위가 친형의 부탁에 따라 아무런 대가 없이 이루어져 현저히 공정을 잃은 것으로서 불공정한 법률행위에 해당하여 무효라고 주장합니다.

민법 제104조가 규정하는 현저히 공정을 잃은 법률행위라 함은 자기의 급부에 비하여 현

192 사기 취소 주장은 이를 주장하는 피고가 증명책임을 지는 항변사항이다. 따라서 피고가 그 요건사실에 관한 증명책임을 진다. 이때 원고가 그 요건사실을 인정한다면 자백이 성립할 수 있으므로, 그 요건사실의 존재를 인정하는지에 관하여 필수적으로 입장을 밝혀야 한다. 만일 이를 누락한다면 명백히 다투지 않아 자백한 것으로 간주될 수 있다(법 제150조 제1항). 원고가 피고 이무상의 사기 주장사실을 위와 같이 부인함으로써 피고 이무상에게 그 주장사실을 증명할 책임이 있게 되었다.

193 상대방이 주장하는 기망사실을 증명하기 위해 제출한 증거가 있다면, 그 신빙성 여부 등에 관한 의견을 밝혀 주는 것도 필요하다. 만일 을나 제1호증의 내용에 기망사실에 부합하는 부분이 있다면 적극적으로 그 서증의 진정성립(작성명의자가 그와 같은 진술서를 썼다는 사실) 또는 그 신빙성을 다투는 등(그 내용이 사실과 다르다고 주장)의 변론활동을 할 필요가 있다. 상대방이 그 진술서의 신빙성을 보강하기 위해서 작성자를 법정에 증인으로 신문한다면 효과적인 반대신문 등을 통하여 그 신빙성을 탄핵할 필요도 있다.

194 피고는 법률행위 상대방이 아닌 제3자의 기망을 이유로 그 법률행위의 취소를 주장하고 있다. 민법 제110조 제2항에 의하면 이 경우 상대방이 그 사실을 알았거나 알 수 있었을 경우에 한하여 그 의사표시를 취소할 수 있으나, 피고가 이 부분 요건사실의 주장을 누락하였다. 따라서 위와 같이 상대방이 요건사실의 주장책임을 다하지 못하였다는 점을 지적할 필요가 있다.

저하게 균형을 잃은 반대급부를 하게 하여 부당한 재산적 이익을 얻는 행위를 의미하는 것이므로, 증여계약과 같이 아무런 대가관계 없이 당사자 일방이 상대방에게 일방적인 급부를 하는 법률행위는 그 공정성 여부를 논의할 수 있는 성질의 법률행위가 아닙니다.[195]

이 사건에서 피고 이무상이 제공한 보증행위 역시 일방적 급부를 하는 법률행위에 해당하므로 민법 제104조는 적용되지 아니합니다.[196]

피고의 불공정 법률행위에 관한 위 주장도 받아들일 수 없습니다.

이상과 같이 원고의 변론을 준비합니다.

2025. 4. 11.

원고 소송대리인 변호사 김명변 ㊞

서울중앙지방법원 제22민사단독 귀중

---

195 대법원 2000. 2. 11. 선고 99다56833 판결 등 참조. 상대방의 주장에 대해서 다투는 방법에 항상 유일무이한 방법이 있는 것은 아니다. 위와 같은 법리에 따라 피고가 불공정한 법률행위를 주장하려면 그 반대급부 및 그 반대급부와의 불균형 사실을 주장하여야 하나, 이에 관한 주장·증명을 다하지 않았다고 볼 여지도 있다. 이 경우라면, "민법 제104조가 규정하는 현저히 공정을 잃은 법률행위라 함은 자기의 급부에 비하여 현저하게 균형을 잃은 반대급부를 하게 하여 부당한 재산적 이익을 얻는 행위를 의미하는 것인바, 보증행위에 대한 반대급부 및 그 반대급부와 보증행위가 불균형하다는 점에 대해 주장·증명이 없는 이상 위 주장은 이유 없습니다."라고 쓸 수도 있겠다.

196 피고 이무상의 위 주장 역시 피고 이무상의 항변사항이다. 이때 관련 법리에 따라 불공정한 법률행위는 대가관계가 있는 경우에만 적용됨에도 피고 이무상이 잘못된 법리를 주장하고 있으므로, 항변유사주장을 하고 있다고도 볼 수 있다. 어느 경우이거나 올바른 법리를 지적하여 피고 주장의 문제점을 지적하면 충분하다.

<문제 3> 귀하는 변호사 김명변으로서 **소장**을 작성하시오. 다만, 의뢰인 송갑성으로부터 상담을 의뢰받을 때에 제시받은 증거들에 추가하여, 위에서 본 피고 이무상의 【답변서】 본문내용과 동일한 내용이 기재된 이무상 작성의 내용증명과 그 첨부서류로 김성아 작성의 진술서 사본도 함께 교부받았다고 가정하기 바랍니다.

나머지 작성요령은 <문제 1>과 동일합니다.

문제 3 모범답안[197]

소 장

원 고 송갑성
서울 관악구 행운1길 42, 504동 501호 (행운동, 행운아파트)
소송대리인 변호사 김명변
서울 서초구 서초중앙로 100, 401호 (서초동, 법림빌딩)
전화 02)531-2000, 팩스 02)539-2001, E-mail : lawyerKim@kmail.com

피 고 1. 이을남
창원시 성산구 송현12길 65, 302호 (송현동, 은창아파트)
2. 이무상
창원시 마산회원구 만조로 32, 403호 (금화동, 모란빌라)
송달장소 창원시 마산합포구 금화로 2, 101호 그랜드다이빙 (금화동, 영우빌딩)

대여금 등 청구의 소

청 구 취 지

1. 피고들은 연대하여 원고에게 1억 원과 이에 대하여 2022. 4. 1.부터 이 사건 소장 부본 송달일까지는 월 0.5%의, 그다음 날부터 다 갚는 날까지는 연 12%의 각 비율로 계산한 돈을 지급하라.
2. 소송비용은 피고들이 부담한다.
3. 제1항은 가집행할 수 있다.

라는 판결을 구합니다.

---

197 〈문제 1〉의 모범답안으로 제시된 소장과 〈문제 2〉의 모범답안으로 제시된 준비서면의 내용을 그대로 결합하여 본문을 구성하였다.

청 구 원 인

1. 대여금청구권 등의 발생

원고는 2022. 2. 1. 피고 이을남에게 원금 1억 원을 변제기 2023. 1. 31., 이자 월 0.5%(매월 말일 지급)로 정하여 대여하였고, 피고 이무상은 위 대여일에 피고 이을남의 원고에 대한 차용금 반환채무를 기명날인이 있는 문서로 연대보증하였습니다.

원고는 2022. 3. 15. 피고 이을남으로부터 2022년 2월분 이자 50만 원을, 2022. 5. 10. 2022년 3월분 이자 50만 원을 각 지급받았습니다.

따라서 차용인 피고 이을남과 연대보증인 피고 이무상은 연대하여 원고에게 대여원금 1억 원과 이에 대하여 2022년 4월분 이자 발생시기인 2022. 4. 1.부터 이 사건 소장 부본 송달일까지는 약정이율인 월 0.5%의 비율로 계산한 이자 및 지연손해금을, 그다음 날부터 다 갚는 날까지는 소송촉진 등에 관한 특례법이 정한 연 12%의 비율로 계산한 지연손해금을 각 지급할 의무가 있습니다.

2 피고 이무상의 예상 주장에 대한 반박[198]

가. 사기 취소 여부

피고 이무상은 피고 이을남이 부동산컨설팅사무소를 개설하겠다고 기망함으로 인하여 보증하게 된 것이라면서 사기에 의한 의사표시에 해당하여 이를 취소한다고 주장할 것으로 예상됩니다.

그러나 피고 이무상은 스스로 판단에 따라 피고 이을남의 원고에 대한 채무를 보증한 것이고, 피고 이을남의 기망에 의하여 보증한 것이 아닙니다. 피고 이무상이 제출할 것으로 보이는 김성아의 진술서의 기재에 의하더라도 기망에 해당한다고 볼 만한 사실은 드러나지 않습니다.

또한 민법 제110조 제2항에 따르면 제3자가 사기를 행한 경우에는 상대방이 그 사실을 알았거나 알 수 있었을 경우에 한하여 그 의사표시를 취소할 수 있을 뿐입니다.

따라서 설령 피고 이무상의 주장과 같이 피고 이을남의 기망에 의하여 보증에 이르게 되었다고 하더라도, 피고 이무상이 이를 이유로 보증행위를 취소하려면 그 상대방인 원고가

198 변호사시험에서 설문으로 상대방의 예상 주장에 대한 반박을 적을 것을 요구한다면, 앞서 본 준비서면과 같은 내용을 소장의 청구원인 항목 다음에 적어 주면 된다.

피고 이무상의 보증이 피고 이을남의 기망으로 인한 것이라는 사실을 알았거나 알 수 있었다는 점을 주장·증명하여야 하나, 원고는 이를 전혀 알지도 못하였고 이를 알 수 있었다고 볼 만한 사정도 없을 뿐만 아니라, 피고 이무상은 이에 관해 아무런 주장도 하지 않고 있습니다.

따라서 피고 이무상의 사기 취소 주장은 근거가 없습니다.

나. 불공정한 법률행위 여부

피고 이무상은 자신의 보증행위가 친형의 부탁에 따라 아무런 대가 없이 이루어져 현저히 공정을 잃은 것으로서 불공정한 법률행위에 해당하여 무효라고 주장할 것으로 예상됩니다.

민법 제104조가 규정하는 현저히 공정을 잃은 법률행위라 함은 자기의 급부에 비하여 현저하게 균형을 잃은 반대급부를 하게 하여 부당한 재산적 이익을 얻는 행위를 의미하는 것이므로, 증여계약과 같이 아무런 대가관계 없이 당사자 일방이 상대방에게 일방적인 급부를 하는 법률행위는 그 공정성 여부를 논의할 수 있는 성질의 법률행위가 아닙니다.

이 사건에서 피고 이무상이 제공한 보증행위 역시 일방적 급부를 하는 법률행위에 해당하므로 민법 제104조는 적용되지 아니합니다.

피고의 불공정 법률행위에 관한 위 주장도 받아들일 수 없습니다.

3. 결론

원고는 이상과 같은 이유로 피고들을 상대로 청구취지와 같은 판결을 구하니 원고의 피고들에 대한 청구를 모두 인용해 주시기 바랍니다.

증명방법 및 첨부서류 (생략)

2025. 3. 11.

원고 소송대리인 변호사 김명변 ㊞

서울중앙지방법원 귀중

<문제 4> 귀하는 관할법원 재판연구원으로서 검토보고서를 작성하시오. ① <문제 1>의 모범답안과 같은 소장, <문제 2>에서 제시된 피고들의 답변서, 모범답안과 같은 원고의 준비서면 및 각 이에 첨부된 증거가 제출되었고, ② 피고들은 소장 부본을 2025. 3. 15. 각 송달받았으며, ③ 아래에서 제시되는 증거목록 및 변론조서가 작성되었다고 가정하되, 아래 검토보고서 양식 중 [검토] 부분만 작성하기 바랍니다.

[검토보고서 양식]

검토보고서

사 건 2025가단1234 대여금 등
원 고 송갑성
피 고 1. 이을남
　　　 2. 이무상

[검토]

1. **결론**
2. **논거**

[주문]

서 울 중 앙 지 방 법 원
서 증 목 록

2025가단1234
원고 제출

변론~~(준비기일)~~조서의 일부

서증 번호	기일 및 장 수	서 증 명	인부기일	인 부 요 지	비 고
1	1차 00장	차용증	1차	피고 2. 성립인정	
2	1차 00장	계좌거래내역조회	1차	피고 2. 성립인정	

서 울 중 앙 지 방 법 원
서 증 목 록

2025가단1234
피고2. 제출

변론~~(준비기일)~~조서의 일부

서증 번호	기일 및 장수	서 증 명	인부기일	인 부 요 지	비 고
1	1차 00장	진술서	1차	**성립인정, 입증취지 부인**	

서울중앙지방법원
변 론 조 서

제 1 차

사 건	2025가단1234 대여금 등		
판 사	박두성	기 일 :	2025. 4. 20. 14:00
		장 소 :	제308호 법정
		공개여부 :	공개
법원 사무관	정우찬	고지된	
		선고기일 :	2025. 5. 4. 10:00

사건과 당사자의 이름을 부름

원고 및 대리인 변호사 김명변	각 출석
피고 1. 이을남	불출석
피고 2. 이무상	출석

원고 대리인

소장 및 2025. 4. 11.자 준비서면 진술

피고 1.

답변서 진술 간주

피고 2.

답변서 진술

증거관계 별지와 같음(쌍방 서증)

원고 대리인 및 피고 2.

더 주장하거나 제출할 증거가 없다고 진술

변론종결

법원 주사보 정우찬 ㊞

판 사 박두성 ㊞

문제 4 모범답안

1. 결론

피고들 : 각 청구 전부 인용[199](각 가집행가능)[200]

[인용되는 부분의 주문][201]

피고들은 연대하여 원고에게 1억 원과 이에 대하여 2022. 4. 1.부터 2025. 3. 15.까지는 월 0.5%의, 그다음 날부터 다 갚는 날까지는 연 12%의 각 비율로 계산한 돈을 지급하라.

2. 논거[202]

가. 피고들에 대한 청구원인에 관한 판단[203]

1) 청구원인의 요지

원고는 차용인인 피고 이을남과 연대보증인인 피고 이무상을 상대로 각 대여원금, 이자, 지연손해금의 지급을 청구한다.[204]

---

199 원고의 청구가 인용될 것인지, 전부 인용인지 일부 인용인지(일부 인용일 경우 나머지 청구를 기각하는 것이나 일부 기각은 표시할 필요는 없다), 전부 기각인지를 당사자별로 적어 준다.

200 검토보고서에는 최종 판결문 작성에 필요한 사항이 검토되어야 하므로, 일부라도 청구가 인용되는 경우라면 부수적 주문에 해당하는 가집행가능 여부에 대하여 판단해 주어야 한다.

201 일부라도 인용되는 부분이 존재하는 경우 예상되는 주문 중 인용되는 부분을 적어 준다.

202 1명의 원고가 2명의 피고들을 상대로 청구한 경우이므로 우선 체계구성이 문제된다. 이 사건에서 피고들의 채무는 주채무와 연대보증채무로서 중첩되는 내용이 있으므로 청구원인을 같은 항목에 묶어서 기재하는 것이 자연스럽다(피고별로 목차를 잡아서 나누어 적는다고 틀린 것은 아니나 이 경우 중복되는 부분이 많이 발생할 것이므로 효율적이지 못하다). 이렇게 묶어서 작성할 경우 결론 영역에서도 자연히 피고들 별로 구분하여 결론을 적어 주어야 한다.

203 청구원인에 대한 판단은 청구원인의 요지 → 관련 법리 → 인정사실 → 소결론(법률효과)의 흐름에 따라 기재한다.

204 주장의 요지는 아래에서 보듯이 인정되는 경우이므로 여기서는 누구를 상대로 어떠한 소송물을 구하는지만 특정하여 주면 충분하다. 단, 원금과 이자, 지연손해금은 각각 별개의 소송물이므로(원금은 원금 반환약정에 따라, 이자는 이자지급약정에 따라 각 발생하는 것이고, 지연손해금은 채무불이행으로 인한 손해배상에 해당하므로 별개의 소송물이다) 이를 누락해서는 안 된다.

2) 인정사실

원고는 2022. 2. 1. 피고 이을남에게 1억 원을 변제기 2023. 1. 31., 이자 월 0.5%(매월 말일 지급)로 정하여 대여하였고,[205] 피고 이무상은 위 대여일에 피고 이을남의 원고에 대한 차용금 반환채무를 기명날인이 있는 문서로 연대보증하였다.[206]

[인정근거 : 원고와 피고 이을남 사이－갑 제1, 2호증의 각 기재 및 변론 전체의 취지, 원고와 피고 이무상 사이－다툼 없는 사실][207]

원고는 피고 이을남로부터 2022. 3. 15. 2022년 2월분 이자 50만 원을, 2022. 5. 10. 2022년 3월분 이자 50만 원을 각 지급받은 사실을 자인한다.[208]

3) 소결론

특별한 사정이 없는 한,[209] 피고 이을남은 차용인으로서, 피고 이무상은 연대보증인으로서 연대하여 원고에게 위 차용금 1억 원과 이에 대한 이자 및 지연손해금을 지급할 의무가 있다.[210]

---

205 피고 이을남에 대한 청구원인 요건사실이다. 요건사실 중 누락이 없도록 유의할 뿐만 아니라 필요 없는 사실을 기재하지 않도록 노력할 필요도 있다(경우에 따라서는 유해적 기재사항이 될 수도 있음에 유의하라).

206 연대보증의 요건사실은 주채무의 발생사실, 보증계약의 체결사실, 보증인의 기명날인 또는 서명이 있는 서면으로 표시된 보증의 의사이다. 따라서 만일 피고별로 목차를 나눈다면, 피고 이무상에 대한 청구원인에는 연대보증사실뿐만 아니라 대여사실을 또 적어 주어야 한다. 이처럼 대여와 보증의 경우와 같이 요건사실이 중복되는 경우는 피고들에 대한 청구원인을 한꺼번에 적음으로써 효율적으로 기재할 수 있다.

207 변론주의 원칙에 따라 피고별로 자백을 하거나 부인을 하는 경우라면, 피고들 별로 그 인정근거를 달리하게 되므로, 이를 인정근거에서 구체적으로 밝혀 주어야 한다. 피고 이무상이 자백을 하고 있음에도 증거에 의해서 이를 인정하면 안 된다. 특히 자백은 구속력이 있으므로 주의해야 한다.

208 상대방이 증명책임을 지는 사항에 관하여 스스로 불리하게 인정하는 진술을 '자백'이라고 하는데, 당사자가 스스로 청구에서 제외하는 부분을 인정하는 것을 이와 구별하여 실무상 '자인'이라고 한다. 엄밀히 말하면 자인 부분은 청구원인 요건사실에 해당되지 않는다. 1억 원을 빌려주었는데 3,000만 원을 변제받았다면서 7,000만 원을 청구하는 경우 3,000만 원을 변제받은 사실을 자인하지 않는다면 1억 원을 빌려주었는데 7,000만 원을 청구하는 꼴이 되어 의문이 생길 수 있으므로 청구원인 요건사실을 인정한 다음에 자인사실을 기재해 주는 것이 실무례이다.

209 뒤에서 피고의 항변 등에 관하여 판단할 예정이고 아직 항변에 대한 판단을 적지 않았으므로, 현 단계에서는 잠정적인 결론이라는 점을 나타내 주기 위해 "특별한 사정이 없는 한"이라고 기재하였다. 만일 뒤에 항변 등 별도로 판단할 만한 것이 없다면, "특별한 사정이 없는 한"을 적을 필요는 없다.

210 뒤에 피고의 항변 등에 대한 판단 이후에 최종적인 결론에서 청구원인사실의 인정에 따른 결론을 자세히 적어 줄 예정이므로 여기서는 간단하게 결론을 적어 주어도 된다.

나. 피고 이무상의 항변에 관한 판단[211·212]

1) 불공정 법률행위의 무효[213]

가) 항변의 요지

피고 이무상은 자신의 보증행위가 친형의 부탁에 따라 아무런 대가 없이 이루어져 현저히 공정을 잃은 것으로서 불공정한 법률행위에 해당하여 무효라고 주장한다.

나) 관련 법리

민법 104조에는 당사자의 궁박, 경솔 또는 무경험으로 인하여 현저하게 공정을 잃은 법률행위는 무효로 한다고 규정하고는 있으나, 위 법률이 규정하는 현저히 공정을 잃은 법률행위라 함은 자기의 급부에 비하여 현저하게 균형을 잃은 반대급부를 하게 하여 부당한 재산적 이익을 얻는 행위를 의미하는 것이므로, 증여계약과 같이 아무런 대가관계 없이 당사자 일방이 상대방에게 일방적인 급부를 하는 법률행위는 그 공정성 여부를 논의할 수 있는 성질의 법률행위가 아니다.[214]

다) 소결론[215]

피고 이무상이 제공한 보증행위는 일방적 급부를 하는 법률행위에 해당하므로 민법 제

---

211 여기에 왜 "피고 이을남의 부인에 대한 판단"이 누락되었는지 의문이 있을 수 있다. 기본적으로 부인은 상대방이 증명책임을 지는 사실에 관하여 이를 인정하지 않는다는 것에 불과하다. 따라서 앞서 청구원인사실이 인정된다고 판단함으로써 피고 이을남의 부인에 대한 판단을 같이한 것이다. 만일 이를 별도의 목차로 따로 판단해 준다고 해 보자. '청구원인에 관한 판단' 항목에서 '원고가 피고 이을남에게 1억 원을 대여한 사실'을 인정한다고 기재한 다음, '피고 이을남의 주장에 관한 판단' 항목에서 피고 이을남은 이를 부인하나, 앞서 본 바와 같이 원고는 피고 이을남에게 1억 원을 대여하였으므로, 피고 이을남의 위 주장은 이유 없다는 내용의 서술을 하게 될 것이다. 이는 동어반복이다. 즉, 피고의 부인 주장에 대한 판단은 청구원인사실이 존재하는 것으로 판단될 때에 함께 판단된 것이다. 한편 청구원인사실도 인정하고 부인하는 피고의 주장도 받아들인다면 모순된 판단이 될 것이다. 따라서 부인하는 경우는 항상 청구원인사실의 존부에 대한 판단에서 한꺼번에 판단해 주어야 하고, 별도로 목차를 잡아서 따로 판단해 주어서는 안 된다는 점에 유의하여야 한다. 즉, 메모 단계에서 피고의 주장을 잘 가려서 부인에 해당하는 경우는 목차를 따로 잡지 말고, 항변(항변유사주장 포함)인 경우에만 별도의 항목을 잡아 판단해 주어야 한다.

212 피고가 여러 가지 항변을 하는 경우 이를 판단하는 순서는 피고의 입장에서 가장 강력한 항변부터 약한 항변의 순서로, 일반적인 항변부터 특수한 항변의 순서로 판단해 주는 것이 원칙이다. 이 사건에서 피고 이무상은 사기 취소항변을 먼저 주장하고, 불공정행위 무효항변을 나중에 주장했으나, 취소보다는 무효가 더 강력한 항변이므로 순서를 바꾸어 불공정행위 무효항변을 먼저 판단해 주었다. 실무상 무효사유 다음에 취소사유를 판단해 주고, 채무 소멸사유에 대해서는 변제 → 시효소멸 → 상계 → 동시이행의 항변의 순서로 판단해 주는 것이 보통이다.

213 피고의 주장이 법리에 비추어 이유 없는 경우이다. 이러한 때에는 항변의 요지 → 법리의 제시 → 포섭판단의 흐름대로 서술하면 된다.

214 대법원 2000. 2. 11. 선고 99다56833 판결. 법리에 관하여 학설대립이 존재한다면 이 부분에서 각 학설을 소개하고 논증을 통하여 올바른 결론을 내리는 과정을 적어 준다면 더 훌륭한 검토보고서가 될 것이다. 이 부분 학습은 교과서 등 다른 교재에 미뤄 두기로 한다.

215 항변의 〈소결론〉에서는 포섭 판단과 항변의 당부 판단 2가지를 기재하여 준다.

104조가 적용될 수 없어, 이를 이유로 보증행위가 무효가 된다고 볼 수 없다. 피고 이무상의 위 항변은 이유 없다.[216]

2) 사기 취소

가) 항변의 요지

피고 이무상은 피고 이을남이 부동산컨설팅사무소를 개설하겠다고 기망함으로 인하여 원고에 대한 대여금채무를 보증하게 된 것이라면서 사기에 의한 의사표시에 해당하여 이를 취소한다고 주장한다.[217]

나) 관련 법리

민법 제110조 제1항에 따르면 사기에 의한 의사표시는 취소할 수 있으나, 같은 조 제2항에 따르면 제3자가 사기를 행한 경우에는 상대방이 그 사실을 알았거나 알 수 있었을 경우에 한하여 그 의사표시를 취소할 수 있다.

다) 소결론

원고가 피고 이무상의 보증행위가 피고 이을남의 사기로 인한 것인지를 알았거나 알 수 있었다는 점에 대하여 주장·증명이 없는 이상, 피고 이무상의 위 주장사실만으로는 취소의 법률효과가 생긴다고 할 수 없다. 따라서 위 항변도 이유 없다.

다. 이 사건 각 청구에 관한 결론[218]

피고들은 연대하여 원고에게 차용금 1억 원과 이에 대하여 원고가 이자를 지급받았다고 자인하는 달의 다음 날인 2022. 4. 1.부터 이 사건 소장 부본 송달일인 2025. 3. 15.까지는 약정이율인 월 0.5%의 비율로 계산한 이자 및 지연손해금을,[219] 그다음 날부터 다 갚는 날까지는

---

216 앞서 〈문제 3〉의 모범답안에서 해설한 것처럼, 위와 같은 법리에 따라 피고 이무상이 불공정한 법률행위 주장하려면 그 반대급부 및 그 반대급부와의 불균형사실을 주장하여야 하나, 이에 관한 주장, 증명을 다하지 않았다고 볼 여지도 있다. 이 경우라면, "(나) 관련 법리 민법 제104조가 규정하는 현저히 공정을 잃은 법률행위라 함은 자기의 급부에 비하여 현저하게 균형을 잃은 반대급부를 하게 하여 부당한 재산적 이익을 얻는 행위를 의미한다. (다) 소결론 보증행위에 대한 반대급부 및 그 반대급부와 보증행위가 불균형하다는 점에 대해 주장, 증명이 없는 이상, 위 주장은 이유 없다."라고 쓸 수도 있겠다.

217 피고의 항변을 배척하는 경우이므로 요건사실의 개요가 드러나도록 자세히 적어 준다.

218 여기는 앞서 본 판단 결과 피고에게 발생하는 구체적인 의무를 빠짐없이 구체적으로 적어 주어야 한다. 인용되는 부분의 주문과 정확하게 일치하여야 하고, 주문의 각 금액이나 날짜, 비율 등의 법률적 의미를 구체적으로 빠짐없이 기재해야 함에 유의하자.

219 정확하게는 "대여원금 1억 원에 대하여 이자를 지급받았다고 자인하는 달의 다음 날인 2022. 4. 1.부터 변제기인 2023. 1. 31.까지는 약정이율인 월 0.5%의 비율로 계산한 이자를, 그다음 날부터 이 사건 소장 부본 송달일까지는 약정이율인 월 0.5%의 비율로 계산한 지연손해금을"이라고 적어야 할 것이나, 실무상 본문과 같이 적어 준다.

소송촉진 등에 관한 특례법이 정한 연 12%의 비율로 계산한 지연손해금을 각 지급할 의무가 있다.[220]

[주문]

1. 피고들은 연대하여 원고에게 1억 원과 이에 대하여 2022. 4. 1.부터 2025. 3. 15.까지는 월 0.5%의, 그다음 날부터 다 갚는 날까지는 연 12%의 각 비율로 계산한 돈을 지급하라.
2. 소송비용은 피고들이 부담한다.
3. 제1항은 가집행할 수 있다.[221]

220 참고로, 소송촉진 등에 관한 특례법 제3조 제2항은 "채무자에게 그 이행의무가 있음을 선언하는 사실심판결이 선고되기 전까지 채무자가 그 이행의무의 존재 여부나 범위에 관하여 항쟁하는 것이 타당하다고 인정되는 경우에는 그 타당한 범위에서 제1항을 적용하지 아니한다."라고 규정하고 있다. 여기서 '채무자가 그 이행의무의 존부나 범위에 관하여 항쟁함이 타당하다고 인정되는 경우'란 이행의무의 존부나 범위에 관하여 항쟁하는 채무자의 주장이 상당한 근거가 있는 것으로 인정되는 경우를 가리키는 것으로 해석되고, 그 후단의 '그 타당한 범위'는 '채무자가 항쟁함에 타당한 기간의 범위'라고 할 것이므로 채무자가 당해 사건의 사실심에서 항쟁할 수 있는 기간은 당해 사건의 사실심판결 선고 시까지로 보아야 하고 그 선고 시 이후에는 어떤 이유로든지 위 법 제3조 제1항의 적용을 배제할 수 없다(대법원 2017. 7. 18. 선고 2017다206922 판결).

따라서 위 기록사안과 달리 피고의 주장이 받아들여져 원고의 청구가 일부라도 기각되는 경우, 법원은 기록에 나타난 모든 사정을 참작하여 위 법령상 이율의 적용을 배제할 수 있는 범위를 정할 수 있다(대법원 1987. 5. 26. 선고 86다카1876 전원합의체 판결 참조). 이러한 경우 실무적으로는 소장 부본의 송달일 다음 날부터 '판결선고일'까지 위 법령상 이율의 적용을 배제하고 있다. 이때 결론 부분은 위 조항의 표현을 원용하여 다음과 같이 기재한다. "피고는 원고에게 차용금 1억 원과 이에 대하여 변제기 다음 날인 ○○○○. ○. ○○.부터 **피고가 이행의무의 존재 여부나 범위에 관하여 항쟁하는 것이 타당하다고 인정되는 이 판결선고일인** ○○○○. ○. ○○.까지는 민법에서 정한 연 5%의, 그다음 날부터 다 갚는 날까지는 소송촉진 등에 관한 특례법에서 정한 연 12%의 각 비율로 계산한 지연손해금을 지급할 의무가 있다."

221 〈문제 4〉에서 [검토] 부분만 기재하라고 조건을 달았으나, 청구취지의 연습을 위하여 [주문] 부분도 함께 제시하였다.

<문제 5> 귀하는 관할법원 재판연구원으로서 검토보고서를 작성하시오. ① <문제 1>의 모범답안과 같은 소장, 아래 첨부된 **피고 이무상의 답변서**가 제출되었고(피고 이을남은 답변서를 제출하지 아니함), ② 피고들은 소장 부본을 2025. 3. 15. 각 송달받았으며, ③ 아래에서 제시되는 **증거목록** 및 **변론조서**가 각 작성되었다고 가정하되, 아래 검토보고서 양식 중 [검토] 부분만 작성하기 바랍니다.

[검토보고서 양식]

검토보고서

사 건 2025가단1234 대여금 등
원 고 송갑성
피 고 1. 이을남
2. 이무상

[검토]

1. 결론
2. 논거

[주문]

서울중앙지방법원

서 증 목 록

피고2. 이무상

2025가단1234

원고 제출

변론~~(준비기일)~~조서의 일부

서증번호	기일 및 장수	서 증 명	인부기일	인 부 요 지	비 고
1	1차 00장	차용증	1차	피고 2. 인영부분 인정 피고 1.이 피고 2.의 허락 없이 날인하였다고 증거항변	
2	1차 00장	계좌거래내역조회	1차	피고 2. 성립인정	

답변서

사건번호 2025가단1234 대여금 등
원 고 송갑성
피 고 이무상 외 1인

위 사건에 관하여 피고 이무상은 아래와 같이 답변합니다.

청구취지에 대한 답변

1. 원고의 피고 이무상에 대한 청구를 기각한다.
2. 원고와 피고 이무상 사이에서 발생한 소송비용은 원고가 부담한다.

라는 판결을 구합니다.

청구원인에 대한 답변

친형인 피고 이을남이 2022년 3월쯤 제게 와서는 원고로부터 1억 원을 빌렸다면서 자랑을 하기에 피고 이을남이 원고 주장과 같이 돈을 빌린 사실은 저도 알고 있으나, 저는 이에 대하여 보증한 사실이 전혀 없습니다.

현재 피고 이을남과는 연락이 되지 않아 정확한 사실관계는 파악이 안 됩니다만, 피고 이을남은 평소 제가 운영하는 '그랜드다이빙'이라는 다이버샵을 자주 들락날락 거렸는데, 아마도 사무실 책상 서랍 속에 보관해 두었던 제 도장을 가지고 가서는 저 모르게 갑 제1호증에 찍은 것으로 생각됩니다.

따라서 원고가 피고 이을남에게 빌려준 돈을 돌려달라고 주장하는 것은 몰라도 저에게 보증책임을 물을 수는 없습니다. 부디 원고의 청구를 기각해 주시기 바랍니다.

2025. 3. 25.

피고 이무상 ㊞

서울중앙지방법원 제22민사단독 귀중

서울중앙지방법원
변 론 조 서

제 1 차
사　　건　2025가단1234　대여금 등
판　　사　박두성　　　　　　　　　기　　일 : 2025. 4. 20. 14:00
　　　　　　　　　　　　　　　　　장　　소 : 제308호 법정
　　　　　　　　　　　　　　　　　공개여부 : 공개
법원 주사보　정우찬　　　　　　　　고지된
　　　　　　　　　　　　　　　　　선고기일 : 2025. 5. 4. 10:00

사건과 당사자의 이름을 부름
원고 및 대리인 변호사 김명변　　각 출석
피고 2. 이무상　　출석

원고 대리인
소장 진술
피고 2.
답변서 진술
증거관계 별지와 같음(원고 서증)

재판장 원고에게
갑 제1호증의 피고 2. 이름 옆의 도장은 누가 찍은 것인지 물은 즉

원고 대리인
갑 제1호증의 피고 2. 이름 옆의 도장은 피고 1.이 찍었고, 도장을 찍을 당시 피고 2.는 현장에 없었으나, 피고들은 형제지간이므로 피고 1.이 피고 2.의 허락을 얻었을 것이 분명하다고 진술

쌍방
더 주장하거나 제출할 증거가 없다고 진술

변론종결

법원 주사보　정우찬 ㊞

판　　사　박두성 ㊞

문제 5 해설

1. 사안의 개요

원고는 피고 이을남을 상대로 대여원리금의 반환을, 피고 이무상을 상대로 피고 이을남의 채무에 관한 연대보증금을 청구하였고, 이에 피고 이을남은 답변서를 제출하지 않았으나, 피고 이무상은 원고 주장의 연대보증사실을 부인하면서, 원고가 서증으로 제출한 차용증에 찍힌 피고 이무상의 날인이 자신의 도장을 맞지만, 자신의 의사와 무관하게 피고 이을남이 임의로 찍었다고 증거항변을 한 사안이다.

2. 쟁점과 설명

가. 서증의 진정성립에 관한 자백

재판상 자백은 상대방의 동의가 없는 이상 자백을 한 당사자가 자백이 진실에 어긋난다는 사실과 자백이 착오로 말미암은 것이라는 사실을 증명해야 취소할 수 있다(법 제288조 단서). 이러한 자백은 주요사실(요건사실)에 관하여 성립하는 것이 원칙이다. 그러나 서증의 진정성립에 관한 자백은 보조사실에 관한 것이지만 자백의 취소에 관해서는 다른 간접사실에 관한 자백의 취소와 달리 주요사실에 관한 자백의 취소와 마찬가지로 취급해야 하므로, 서증의 진정성립을 자백한 당사자는 자유롭게 철회할 수 없다(대법원 2019. 7. 11. 선고 2015다47389 판결 등 참조).

이 사건에서 피고 이무상이 갑 제1호증에 찍혀 있는 인영이 자신의 도장에 의한 것임을 인정했으므로, 이에 관해서 자백이 성립한다. 한편, 피고 이무상은 피고 이을남이 이무상의 인장을 찍었다고 주장하였고, 원고가 이를 인정하였으므로 위 도장이 피고 이을남에 의해 찍혔다는 사실에 관해서도 자백이 성립한다.

나. 문서 진정성립의 추정 과정

사문서는 그것이 진정한 것임을 처분문서의 성립을 주장하는 자가 증명하여야 한다(법 제357조). 따라서 처분문서에 찍힌 서명이나 날인의 동일성 자체를 부인(내 도장에 의해 찍힌 것이 아니다)한다면, 처분문서의 성립을 주장하는 자가 그 동일성(상대방 도장에 의해 찍힌 것이 맞다)을 증명해야 한다.

한편 문서에 찍힌 서명이나 날인이 명의자의 의사에 따른 것이라고 인정되면, 그 문서 전체에 대한 진정성립이 추정된다(법 제358조). 이는 법률상 추정이다.

따라서 서명이나 날인의 동일성 자체를 부인하는 것은 단순 부인에 해당하고 이 경우 처분문서의 진정성립을 주장하는 자는 문서의 진정성립 자체를 증명해도 되고, 거기에 찍힌 서명, 날인이 명의자의 의사에 의한 것임을 증명해도 된다. 즉 증명주제의 선택이 가능하다.

다. 인영 동일성에 의한 사실상 추정

다만, 처분문서에 찍힌 인영의 동일성만 인정되는 경우가 있다. 예를 들어, '그 문서에 찍힌 인영이 내 도장에 의한 것은 맞으나 내가 그 문서에 도장을 찍은 적은 없다.'라고 주장하거나, 인영에 대한 검증 또는 전문가 감정 결과 문서에 찍힌 인영이 피고의 인장에 의한 것이라고 인정되는 경우다. 문서 전체의 진정성립이 법률상 추정되는 명의자의 의사에 기하여 서명이나 날인 사실이 인정되는 경우와는 다르다.

그러나 보통 도장은 처분문서에 명의자의 의사를 확인하기 위한 물건이라서 명의자에 의해 소중하게 보관, 관리되고 명의자가 그 의사를 밝히는 의미로 사용되는 것이 경험칙이므로, 문서에 명의자 도장에 의한 인영이 찍혀 있다면, 명의자가 그 의사에 따라 도장을 찍었다고 사실상 추정된다. 이러한 추정은 법률 규정에 의한 것이 아니라 위와 같은 경험칙에 기반한 것이므로 사실상 추정이다.

정리하면, 문서에 날인된 작성명의인의 인영이 그의 도장에 의하여 현출된 것이라면 특별한 사정이 없는 한 그 인영의 진정성립, 즉 날인행위가 작성명의인의 의사에 기한 것임이 사실상 추정되고, 인영의 진정성립이 인정되면 그 문서 전체의 진정성립이 법률상 추정된다. 즉, '인영의 동일성 인정 → 명의자 의사에 기한 날인 사실상 추정 → 문서 전체 진정성립 법률상 추정'의 과정을 거친다.

라. 인장 도용의 항변

인영 동일성에 의한 명의자 의사 추정은 사실상 추정에 불과하므로, 인영의 동일성과 양립 가능한 다른 사실을 증명함으로써 반증이 가능하다. 인장의 동일성은 인정되나 인장이 타인에 의해 도용되었다고 항변하는 경우다. 즉. 위와 같은 사실상 추정은 날인행위가 작성명의인 이외의 자에 의하여 이루어진 것임이 밝혀진 경우에는 깨어지는 것이므로, 문서제출자는 그 날인행위가 작성명의인으로부터 위임받은 정당한 권원에 의한 것이라는 사실까지 증명할 책임이 있다(대법원 2009. 9. 24. 선고 2009다37831 판결 등).

마. 이 사건의 경우

이 사건에서 피고 이무상의 이름 다음의 인영이 피고 이무상의 인장에 의한 것임이 인정되므로, 날인행위가 피고 이무상의 의사에 기한 것임이 사실상 추정되고, 이러한 날인행위에 관한 사실상의 추정이 유지된다면, 문서 전체 즉, 갑 제1호증(그중 피고 이무상의 연대보증 부분) 전체의 진정성립이 추정될 것이다.

그러나 날인행위가 작성명의인 이외의 자인 피고 이을남에 의하여 이루어진 것임이 밝혀졌으므로 이와 같은 사실상의 추정은 깨어졌다. 따라서 문서제출자인 원고에게 피고 이을남의 날인행위가 작성명의인인 피고 이무상으로부터 위임받은 정당한 권원에 의한 것이라는 사실을 증명할 책임이 있게 되고, 원고가 이를 인정할 증거를 제출하지 않고 있으므로, 갑 제1호증은 진정성립에 관한 증명이 없어 증거로 쓸 수 없다.

문제 5 모범답안

1. 결론

○ 피고 이을남 : 청구 전부 인용(가집행가능)

○ 피고 이무상 : 청구 기각

[인용되는 부분의 주문]

피고 이을남은 원고에게 1억 원과 이에 대하여 2022. 4. 1.부터 2025. 3. 15.까지는 월 0.5%의, 그다음 날부터 다 갚는 날까지는 연 12%의 각 비율로 계산한 돈을 지급하라.

2. 논거

가. 피고 이을남에 대한 청구원인에 관한 판단[222]

1) 청구원인의 요지

원고는 피고 이을남을 상대로 대여원금, 이자, 지연손해금의 지급을 청구한다.

2) 인정사실

원고는 2022. 2. 1. 피고 이을남에게 1억 원을 변제기 2023. 1. 31., 이자 월 0.5%(매월 말일 지급)로 정하여 대여하였다.

[인정근거 : 무변론(민사소송법 제257조 제1항)][223]

원고는 피고 이을남로부터 2022. 3. 15. 2022년 2월분 이자 50만 원을, 2022. 5. 10. 2022

---

222 피고 이을남에 대한 사실인정과 결론이 피고 이무상에 대한 것과 다르므로, 이 경우 피고별로 나누어 쓰는 것이 좋다.

223 법원은 피고가 답변서를 제출하지 아니한 때에는 청구의 원인이 된 사실을 자백한 것으로 보고 변론 없이 판결할 수 있다(법 제257조 제1항). 위 사안에서 피고 이을남은 답변서를 제출하지 아니하였고, 변론조서를 살펴보더라도 그 출석 여부에 관한 아무런 표시가 없다. 이로써 피고 이을남에 대해서는 변론을 열지 않았다는 사실을 알 수 있다. 이 경우 인정근거를 위와 같이 표시하면 된다. 만일 피고 이을남이 답변서를 제출하지 아니하였음에도 피고 이을남에 대해서도 변론을 열었고 피고 이을남이 출석하지 아니하였다고 해 보자. 이때 변론조서에는 피고 이을남이 불출석하였다고 기재된다. 이 경우 법 제150조 제3항, 제1항에 의하여 자백한 것으로 간주된다. 이때 인정근거는 "자백간주(민사소송법 제150조)"로 적어 주어야 한다. 어느 경우나 자백간주되는 점은 같지만, 근거규정이 달라진다는 점에 유의하여야 한다.

년 3월분 이자 50만 원을 각 지급받은 사실을 자인한다.

3) 소결론

피고 이을남은 원고에게 차용금 1억 원과 이에 대하여 원고가 이자를 지급받았다고 자인하는 달의 다음 날인 2022. 4. 1.부터 이 사건 소장 부본 송달일인 2025. 3. 15.까지는 약정이율인 월 0.5%의 비율로 계산한 이자 및 지연손해금을, 그다음 날부터 다 갚는 날까지는 소송촉진 등에 관한 특례법이 정한 연 12%의 비율로 계산한 지연손해금을 각 지급할 의무가 있다.

나. 피고 이무상에 대한 청구원인에 관한 판단

1) 청구원인의 요지

원고는 피고 이무상이 위 대여일에 피고 이을남의 원고에 대한 위 차용금 반환채무를 문서로써 연대보증하였다고 주장한다.

2) 증거관계[224]

갑 제1호증(차용증)은 증거로 쓸 수 없다.

○ 피고 이무상의 이름 다음의 인영은 피고 이무상의 인장에 의한 것이다.

○ 피고 이을남이 위 차용증의 피고 이무상 이름 옆에 피고 이무상의 인장을 날인하였다.

[인정근거 : 다툼 없는 사실]

○ 그렇다면 피고 이을남이 피고 이무상의 인장을 날인할 권한이 있어야 하나, 이를 인정할 아무런 증거가 없다.

3) 소결론

원고의 피고 이무상에 대한 위 주장사실을 인정할 증거가 없다. 따라서 원고의 피고 이무상에 대한 청구는 이유 없다.

---

224 요건사실이 증거부족 등으로 배척되거나 서증의 형식적 증거력 등을 배척하는 경우라서 '증거관계'라는 제목을 사용하였다. 다만, 적절하게 논증 과정만 밝히면 충분하므로, 다른 적절한 제목을 사용해도 무방하다.

2

기록

매매 / 해제, 가압류, 동시이행항변, 해약금 해제와 이행의 착수시기

기록 2

<문제 1> 귀하는 변호사 김명변으로서, 의뢰인 이갑주의 상담을 통해 아래 【상담내용】과 같은 사실관계를 청취하고, 【의뢰인 희망사항】 기재사항에 관한 본안소송의 대리권을 수여받았으며, 첨부된 소송기록을 자료로 받았습니다.

의뢰인을 위하여 본안의 소를 제기하기 위한 **소장**을 작성하시오.

【작성요령】

1. 소장의 작성일은 2025. 3. 11.로 하시오.
2. 그 밖의 작성방식은 【공통된 작성요령】과 같습니다.

의뢰인 상담일지

변호사 김명변

서울 서초구 서초중앙로 100, 401호 (서초동, 법림빌딩)

☎ : 02-531-2000, 팩스 : 02-539-2001, e-mail : lawyerKim@kmail.com

접수번호	2025-60	상담일시	2025. 3. 2.
상담인	이갑주 010-8020-4910	내방경위	인터넷 광고

【상 담 내 용】

서울에서 직장생활을 하던 이갑주는 갑작스러운 회사의 구조조정으로 창원시로 전근발령을 받게 되었다. 이갑주는 강중선이 운영하는 부동산중개사무소를 통해서 노을민이 소유하는 창원시 의창구 신사로 12, 302동 201호(신월동, 의창아파트)를 소개받았다. 이갑주와 노을민은 위 아파트를 대금 5억 원으로 정해서 매매하기로 계약을 체결하였다. 이갑주는 계약일에 계약금을, 중도금 기일에 중도금을 모두 지급하였다. 그 이후 노을민은 이갑주에게 그 사이에 아파트의 시세가 많이 올랐다면서 매매대금을 올려 달라고 요구하였고, 이갑주는 노을민의 요구를 거절하였다. 노을민은 매매계약을 없던 것으로 하자면서 지급받은 계약금과 중도금을 돌려주겠다고 하였고, 이갑주는 노을민의 위 요구 또한 거절하였다.

이갑주는 소유권이전등기를 이전받기 위해 잔금기일의 약속시간에 은행계좌에 보관하고 있던 잔금 2억 5,000만 원을 수표로 바꾸어 준비한 다음 강중선이 운영하는 부동산중개사사무소로 갔으나, 노을민은 그곳에 나타나지도 않았고, 그 이후로는 전화도 받지 않고 있다.

이갑주는 강중선을 통해서 노을민에게 계속 매매계약의 이행을 독촉하였으나, 노을민은 자신의 입장을 밝힌 첨부자료와 같은 내용증명을 보냈다.

이갑주가 확보한 서류는 첨부자료와 같고, 그 밖에 유리한 증언을 해 줄만한 사람은 없다.

【의뢰인 희망사항】

이갑주는 노을민으로부터 위 아파트의 소유권을 이전받을 수 있도록 하는 소를 제기하고 싶다.

매매계약서

매도인과 매수인은 아래 표시 부동산에 관하여 다음 계약 내용과 같이 매매계약을 체결한다.

1. 부동산의 표시

소재지	창원시 의창구 신사로 12, 302동 201호(신월동, 의창아파트)							
토지	지목	대	면적	32429m²	대지권의 종류	소유권	대지권비율	32429분의 59
건물	구조	철근콘크리트구조	용도	아파트	면적	59m²		

2. 계약내용
제1조[목적] 매도인과 매수인은 위 부동산의 매매에 대하여 매매대금을 아래와 같이 지급하기로 한다.

매매대금	금 오억 원 정 (₩500,000,000)
계 약 금	금 오천만 원 정 은 계약시에 지불하고 영수함 ※영수자 노을민 (인) 民盧印乙
중 도 금	금 이억 원 정 은 2024년 9월 1일 지불한다.
잔 금	금 이억 오천만 원 정 은 2024년 10월 1일 지불한다.

제2조 [소유권이전등] 매도인은 매매대금의 잔금 수령과 동시에 매수인에게 소유권이전등기에 필요한 모든 서류를 교부하고 등기절차에 협력하여야 하고 위 부동산을 인도한다.

제3조 [제한물권 등의 소멸] 매도인은 위 부동산에 설정된 저당권, 지상권, 임차권 등 소유권의 행사를 제한하는 사유가 있거나 제세공과금 기타 부담금의 미납 등이 있을 때에는 잔금 수수일까지 그 권리의 하자 및 부담 등을 제거하여 완전한 소유권을 매수인에게 이전한다. 다만, 승계하기로 합의하는 권리 및 금액은 그러하지 아니하다.

제4조 [지방세 등] 위 부동산에 관하여 발생한 수익의 귀속과 제세공과금 등의 부담은 위 부동산의 인도일을 기준으로 하되, 지방세의 납부의무 및 납부책임은 지방세법의 규정에 의한다.

제5조 [계약의 해제] 매수인이 매도인에게 중도금을 지불하기 전까지, 매도인은 계약금의 배액을 상환하고 매수인은 계약금을 포기하고 본 계약을 해제할 수 있다.

제6조 [채무불이행과 손해배상액의 예정] 매도인 또는 매수인은 본 계약상의 내용에 대하여 불이행이 있을 경우, 그 상대방은 불이행한 자에 대하여 서면으로 계약을 해제할 수 있다. 그리고 계약당사자는 계약해제에 따른 손해배상을 각각 상대방에게 청구할 수 있으며, 손해배상에 대하여 별도의 약정이 없는 한 계약금을 손해배상액의 기준으로 본다.

[특약사항]
1. 매도인 계좌 : 국수은행 293-23-3406812 노을민
2. 중도금 및 잔금지급일은 당사자 사이의 협의에 의하여 조정할 수 있다.

본 계약을 증명하기 위하여 계약당사자가 이의 없음을 확인하고 아래와 같이 각각 서명, 날인한다.

2024년 8월 1일

매도인	주 소	경남 창원시 성산구 가양로 39 (가음동)					民盧印乙
	주민등록번호	530604-1293423	전화	010-2939-9965	이름	노을민	
매수인	주 소	서울시 광진구 광장로3길 9 (광장동)					周李印甲
	주민등록번호	900907-2098123	전화	010-8020-4910	이름	이갑주	
공인중개사	사무소소재지	경남 창원시 신사로 32 (신월동)					善姜印中
	사무소 명칭	의창공인중개사사무소		대표자명	강중선		
	전 화 번 호	055-239-4989	등록번호	39403000-00213			

신조은행	인터넷뱅킹 이체확인증

입금일시 2024. 9. 1. 입금점 : 스마트폰뱅킹 문의전화 : 1588-9876

보내시는 분	이갑주	받으시는 분	노을민
출금 계좌번호	신조 342-212-3234321	입금계좌번호	국수 293-23-3406812
타행 처리번호	*************	입금내역/CMS코드	
이체금액(원)	200,000,000	수수료(원)	0
내통장 메모	노을민	받는통장 메모	이갑주 중도

* 위의 내용이 정상적으로 이체되었음을 확인합니다.

등기사항전부증명서(말소사항 포함) - 집합건물

[집합건물] 창원시 의창구 신월동 55 의창아파트 제302동 2층 201호 고유번호 3921-2011-002394

【 표 제 부 】 (1동의 건물의 표시)

표시번호	접 수	소재지번, 건물명칭 및 번호	건물내역	등기원인 및 기타사항
~~1~~	2011년 8월 12일	~~창원시 의창구 신월동 55 의창아파트 제302동~~	~~철근콘크리트구조~~ ~~콘크리트슬래브지붕~~ ~~5층 아파트~~ ~~1층 217.11m²~~ ~~2층 217.11m²~~ ~~3층 217.11m²~~ ~~4층 217.11m²~~ ~~5층 217.11m²~~	~~도면편철장 제2책 제35장~~
2		창원시 의창구 신월동 55 의창아파트 제302동 [도로명주소] 창원시 의창구 신사로 12	철근콘크리트구조 콘크리트슬래브지붕 5층 아파트 1층 217.11m² 2층 217.11m² 3층 217.11m² 4층 217.11m² 5층 217.11m²	도로명주소 2014년 10월 23일 등기 도면편철장 제2책 제35장

(대지권의 목적인 토지의 표시)

표시번호	소재지번	지 목	면 적	등기원인 및 기타사항
1	창원시 의창구 신월동 55	대	32429m²	2011년 6월 12일

【 표 제 부 】 (전유부분의 건물의 표시)

표시번호	접 수	건물번호	건물내역	등기원인 및 기타사항
1	2011년 6월 12일	제2층 제201호	철근콘크리트구조 59m²	도면편철장 제2책 제35장

(대지권의 표시)

표시번호	대지권 종류	대지권 비율	등기원인 및 기타사항
1	소유권 대지권	32429분의 59	2011년 6월 12일 대지권

* 실선으로 그어진 부분은 말소사항을 표시함. * 등기부에 기록된 사항이 없는 갑구 또는 을구는 생략함.

문서 하단의 바코드를 스캐너로 확인하거나 인터넷등기소(http://iros.go.kr)의 발급확인 메뉴에서 발급확인번호를 입력하여 위 · 변조 여부를 확인할 수 있습니다. 발급확인번호를 통한 확인은 발행일부터 3개월까지 5회에 한하여 가능합니다.

발행번호 528975927450987593875490204570245879245783290457823551/2 발급확인번호 FASR-TPER-64504 발행일 2025/02/25

대 법 원

[집합건물] 창원시 의창구 신월동 55 의창아파트 제302동 2층 201호　　고유번호 3921-2011-002394

【 갑 구 】 (소유권에 관한 사항)				
순위번호	등기목적	접 수	등기원인	권리자 및 기타사항
1	소유권보존	2011년 6월 12일 제45043호		소유자 노을민 530604-1293423 창원시 성산구 가음동 34-12

— 이 하 여 백 —

수수료 금 1,000원 영수함
관할등기소 창원지방법원 등기과 / 발행등기소 법원행정처 등기정보중앙관리소

이 증명서는 등기기록의 내용과 틀림없음을 증명합니다.

서기 2025년 02월 25일

법원행정처 등기정보중앙관리소 전산운영책임관 인

등기정보
중앙관리소
전산운영
책임관

* 실선으로 그어진 부분은 말소사항을 표시함. * 등기부에 기록된 사항이 없는 갑구 또는 을구는 생략함.

문서 하단의 바코드를 스캐너로 확인하거나 인터넷등기소(http://iros.go.kr)의 발급확인 메뉴에서 발급확인번호를 입력하여 위 · 변조 여부를 확인할 수 있습니다. 발급확인번호를 통한 확인은 발행일부터 3개월까지 5회에 한하여 가능합니다.

발행번호 52897592745098759387549020457024587924578329045782355 2/2 발급확인번호 FASR-TPER-64504 발행일 2025/02/25

대 법 원

본 증명(문서번호:전자제출제증명(민사) 92367)에 관하여 문의할 사항이 있으시면 02-533-6859로 문의하시기 바랍니다.

내용증명

발신인 노을민

경남 창원시 성산구 가양로 39 (가음동)

수신인 이갑주

서울시 광진구 광장로3길 9 (광장동)

안녕하세요. 이갑주님과의 매매계약을 중개한 강중선으로부터 이갑주님께서 매매계약을 이행하라고 독촉하신다는 말씀을 전해 들었습니다. 이에 저의 입장을 밝히기 위해 아래와 같이 서신을 보내 드립니다.

매매계약이 원활하게 이행되지 못한 점 유감으로 생각합니다. 그러나 그 원인은 이갑주님께서 위 매매계약에 따른 채무를 불이행하고 있기 때문입니다. 매매계약의 총 대금은 5억 원이고, 계약금은 5,000만 원, 중도금은 2억 원, 잔금은 2억 5,000만 원입니다. 이갑주님께서 계약금과 중도금은 지급하였습니만, 2024. 10. 1. 지급되었어야 할 잔금을 그로부터 4개월이 지난 지금까지도 지급하지 않고 있습니다. 이렇게 된 이상 저 역시 이갑주님의 계약이행을 더 이상 기대하기도 어렵습니다. 이처럼 이갑주님이 채무를 불이행하고 있으므로 이를 이유로 이갑주님과의 매매계약을 해제하고자 합니다. 지급받은 계약금과 중도금 중 계약금은 이갑주님이 채무를 이행하지 않았으므로 이를 몰취하고, 나머지 중도금 2억 원은 적절한 시기에 돌려드릴 의향이 있음을 밝힙니다.

그리고 피고는 2025. 2. 15.에 첨부와 같은 가압류결정문을 받았습니다. 가압류결정문을 읽어보시면 잘 아시겠지만, 법원은 저에게 소유권이전등기절차를 이행해서는 안 된다고 명령하고 있습니다. 이와 같은 법원의 명령을 받은 저로서는 결코 원고의 청구에 응할 수 없습니다.

그럼 가내 평안하시기 기원합니다.

2025. 2. 20.

노을민 (인)

첨부 : 가압류결정문

서울동부지방법원
결 정

사 건 2025카단3203 소유권이전등기청구권 가압류
채 권 자 손동수
서울 송파구 삼전로 5042
채 무 자 이갑주
서울 광진구 광장로3길 9 (광장동)
제3채무자 노을민
창원시 성산구 가양로 39 (가음동)

주 문

1. 채무자의 제3채무자에 대한 별지 기재 부동산에 관한 소유권이전등기청구권을 가압류한다.
2. 제3채무자는 채무자에게 위 부동산에 관한 소유권이전등기절차를 이행하여서는 아니된다.
3. 채무자는 다음 청구금액을 공탁하고 집행정지 또는 그 취소를 신청할 수 있다.

청구채권의 내용 2022. 8. 1.자 대여금채권
청구금액 금 300,000,000원

이 유

이 사건 소유권이전등기청구권 가압류 신청은 이유 있으므로, 담보로 공탁보증보험증권(승산보증보험 주식회사 증권번호 304394)을 제출받고 주문과 같이 결정한다.

2025. 2. 10.

판 사 정 찬 식

※ 1. 이 가압류결정은 채권자가 제출한 소명자료를 기초로 판단한 것입니다.
2. 채무자가 이 결정에 불복이 있을 경우 가압류이의나 취소신청을 이 법원에 제기할 수 있습니다.

(별지 부동산 : 창원시 의창구 신사로 12, 302동 201호(신월동, 의창아파트))

정 본 입 니 다.
2025. 2. 10.
법원주사보 이순호

기록 2

해설

문제 1 해설

1. 사안의 개요

의뢰인 이갑주는 매매계약에 따라 아파트에 관한 소유권이전등기를 받을 것을 원하고 있고, 노을민은 잔금 지급의무 불이행으로 인한 계약해제와 소유권이전등기청구권이 가압류 되었음을 주장하고 있는 사안이다.

2. 이행지체로 인한 해제

이행지체를 이유로 한 매매계약 해제항변 요건사실	① 상대방이 매매계약상 채무의 이행을 지체한 사실 ② 상대방에게 상당한 기간을 정하여 이행을 최고한 사실 ③ 상대방이 그 상당한 기간 내에 이행 또는 이행제공을 하지 아니한 사실 ④ 해제의 의사표시를 한 사실 (민법 제544조)

이때 상대방이 매매대금을 지급하지 않는 경우에도 이에 정당한 이유가 있다면 이행을 지체했다고 평가할 수 없다. 상대방 채무가 동시이행관계에 있는 경우, 매도인이 소유권이전등기신청에 필요한 일체의 서류를 수리할 수 있을 정도로 준비하여 그 뜻을 상대방에게 통지하여 수령을 최고함으로써 상대방의 동시이행항변을 무력화해야 상대의 대금 지급의무 미이행이 이행지체에 있다고 평가할 수 있게 되고, 이때 비로소 해제가 가능하다(대법원 1992. 7. 14. 선고 92다5713 판결 등 참조).

이 사건에서 노을민은 이갑주의 잔대금 미지급 사실만을 들어 해제항변을 하나, 자신의 의무이행, 즉 등기신청에 필요한 서류 제공의무를 이행 또는 이행제공하지 않았기 때문에 해제항변은 이유 없다.

3. 소송물인 채권이 가압류 된 경우의 문제

가. 가압류의 효력

가압류는 금전채권(또는 금전으로 환산할 수 있는 채권) 집행을 보전할 목적으로 미리 채무자의 재산을 동결시켜 채무자로부터 재산에 대한 처분권을 잠정적으로 빼앗는 제도이다(민사집행법 제276조). 즉, 추후 해당 재산을 경매 등의 방법으로 처분, 환가하여 금전채권의 만족을 얻기 위한 것이다.

금전채권을 보전하기 위한 가압류의 집행 대상은 부동산이나 선박, 동산과 같은 물건뿐만 아니라 금전채권에 대해서도 가능하고, 환가하여 금전채권에 대한 만족을 줄 수 있다면 부동산에 관한 인도청구권, 부동산에 관한 권리이전청구권에 대해서도 가능하다.

채권 자체가 가압류된 경우, 가압류결정문의 주문은 당해 채권의 채무자(가압류제3채무자)는 채권자(가압류채무자)에게 그 채권에 관한 지급을 하여서는 아니 된다는 취지로 기재되어 있다. 그러나 가압류와 같은 보전처분의 효력은 피보전권리의 보전목적 범위 내에서 잠정적, 가정적으로만 발생할 뿐이다.[225] 가압류에 위반한 처분행위라도 처분행위 당사자 사이에서는 전적으로 유효하고 단지 가압류채권자 또는 가압류에 기초한 집행절차에 참가하는 일정 범위의 채권자에 대하여 주장할 수 없게 되는 효과가 있을 뿐이다(판례가 취하는 개별상대효설).[226]

나. 금전채권이 가압류된 경우

원고가 청구하는 금전채권이 가압류되었다고 하더라도 법원은 전부 승소판결을 내려야 한다는 것이 대법원 판례의 태도이다(전부인용설).[227] 대법원 1992. 11. 10. 선고 92다4680 전원합의체 판결은 "일반적으로 채권에 대한 가압류가 있더라도 이는 채무자가 제3채무자로부터 현실로 급부를 추심하는 것만을 금지하는 것이므로, 채무자는 제3채무자를 상대로 그 이행을 구하는 소송을 제기할 수 있고, 법원은 가압류가 되어 있음을 이유로 이를 배척할 수 없는 것이 원칙이다. 왜냐하면 채무자로서는 제3채무자에 대한 그의 채권이 가압류되어 있다 하더라도 채무명의를 취득할 필요가 있고, 또는 시효를 중단할 필요가 있는 경우도 있을 것이며, 특히 소송계속 중에 그의 채권에 대한 가압류가 행하여진 경우에는 이를 이유로 청구가 배척된다면 장차 가압류가 취소된 후 다시 소를 제기하여야 하는 불편함이 있는 데 반하여, 제3채무

225 2019 보전소송(사법연수원 간행) 115쪽

226 전게서 147, 148쪽, 대법원 1987. 6. 9. 선고 86다카2570 판결, 대법원 1994. 11. 29.자 94마417 결정, 대법원 1998. 11. 13. 선고 97다57337 판결 등 참조

227 대법원 1989. 11. 24. 선고 88다카25038 판결, 대법원 1992. 11. 10. 선고 92다4680 전원합의체 판결 등 참조

자로서는 이행을 명하는 판결이 있더라도 집행단계에서 이를 저지하면 될 것이기 때문이다."라고 판시하였다.[228]

다. 소유권이전등기청구권이 가압류된 경우

소유권이전등기청구권이 가압류된 경우에는 이와 다르다. 위 대법원 판결은 "그러나 소유권이전등기를 명하는 판결은 의사의 진술을 명하는 판결로서 이것이 확정되면 채무자는 일방적으로 이전등기를 신청할 수 있고 제3채무자는 이를 저지할 방법이 없으므로 위와 같이 볼 수 없고, 이와 같은 경우에는 가압류의 해제를 조건으로 하지 아니하는 한 법원은 이를 인용하여서는 안 되고, 제3채무자가 임의로 이전등기의무를 이행하고자 한다면 민사소송법 제577조에 의하여 정하여진 보관인에게 권리이전을 하여야 할 것이고, 이 경우 보관인은 채무자의 법정대리인의 지위에서 이를 수령하여 채무자 명의로 소유권이전등기를 마치면 될 것이다."라고 판시하였다.[229]

가압류된 금전채권의 경우는 판결이 확정되더라도 실제 만족을 얻기 위해서는 강제집행 절차를 거쳐야 하고, 가압류를 이유로 강제집행절차를 저지함으로써 가압류의 효력을 유지시킬 수 있다. 그러나 소유권이전등기청구권에 대한 가압류는 채무자와 제3채무자에게 그 결정을 송달하는 것에 그쳐서 부동산 자체에 대한 가압류와 달리 등기부에 가압류사실이 공시되지도 않는다. 소유권이전등기를 명하는 판결은 의사의 진술을 명하는 판결로서 이것이 확정되면 채무자는 일방적으로 이전등기를 신청할 수 있게 되고 이러한 등기이전절차는 강제집행절차가 아니어서 가압류를 이유로 이 단계에서 등기이전절차를 저지할 방법도 없다. 이를 고려하여 소유권이전등기청구권이 가압류 된 경우에는 가압류의 해제를 조건으로 인용하는 판결을 선고해야 한다는 것이다.

참고로 소유권이전등기청구권에 대한 압류가 있으면 변제금지의 효력에 따라 제3채무자는 채무자에게 임의로 이전등기를 이행하여서는 아니 되나, 이러한 압류에는 청구권의 목적물인 부동산 자체의 처분을 금지하는 대물적 효력이 없으므로, 제3채무자나 채무자로부터 이전등기를 마친 제3자에 대하여는 취득한 등기가 원인무효라고 주장하여 말소를 청구할 수 없지만, 제3채무자가 압류결정을 무시하고 이전등기를 이행하고 채무자가 다시 제3자에게 이전등기를

228 이에 대해서는 소유권이전등기청구권에 대한 가압류의 경우와 같이 가압류의 해제를 조건으로 지급을 명하는 판결을 해야 한다는 견해가 있다[이백규, 압류된 채권양수인의 이행청구와 추심명령(민사판례연구 XXIV권, 2002년, 민사판례연구회 간행), 500쪽 이하 참조].

229 소유권이전등기청구권에 대하여 가처분이 있는 경우도 이와 마찬가지로 그 가처분의 해제를 조건으로 하여야만 소유권이전등기절차의 이행을 명할 수 있다(대법원 1999. 2. 9. 선고 98다42615 판결 등 참조).

마쳐준 결과 채권자에게 손해를 입힌 때에는 불법행위에 따른 배상책임을 진다.[230] 따라서 압류나 가압류된 소유권이전등기청구권의 제3채무자를 상대로 그 이행을 구하는 소가 제기되는 경우 제3채무자는 소유권이전등기청구권이 압류 또는 가압류된 사실을 항변하여야 한다.

230 대법원 2007. 9. 21. 선고 2005다44886 판결, 대법원 2022. 12. 15. 선고 2022다247750 판결 등 참조

기록 2

모범답안

문제 1 모범답안

소 장

원 고 이갑주
서울 광진구 광장로3길 9 (광장동)
소송대리인 변호사 김명변
서울 서초구 서초중앙로 100, 401호 (서초동, 법림빌딩)
전화 02)531-2000, 팩스 02)539-2001, E-mail : lawyerKim@kmail.com

피 고 노을민
창원시 성산구 가양로 39 (가음동)

소유권이전등기청구의 소

청 구 취 지

1. 피고는 손동수와 원고 사이에 내려진 2025. 2. 10.자 서울동부지방법원 2025카단3203 소유권이전등기청구권 가압류결정에 의한 집행이 해제되면, 원고에게 별지 부동산표시 기재 아파트에 관하여 2024. 8. 1. 매매를 원인으로 한 소유권이전등기절차를 이행하라.[231]

231 이 사안에서는 상대방이 해제항변과 가압류로 인한 소유권이전등기 거절 주장만 제기하고 있을 뿐 동시이행의 항변을 할 것으로 예상될 만한 사정은 없다. 실무상 잔금이 미지급된 경우라고 하더라도 청구취지에서는 단순이행을 구하는 것이 통상적인 것으로 보인다. 그러나 단순이행을 명하는 판결을 받았다고 하더라도 잔금 지급의무를 피할 수 있는 것은 아닌 점, 상대방이 동시이행의 항변을 하면 일부청구가 기각되고 그에 따라 소송비용을 분담해야 할 수 있는 점(민사소송법 제101조) 등을 고려하여 동시이행의 청구취지로 청구하는 경우도 종종 발견된다.

2. 소송비용은 피고가 부담한다.[232]

라는 판결을 구합니다.

청 구 원 인

1. 청구원인 사실

원고는 2024. 8. 1. 피고로부터 별지 부동산표시 기재 아파트를 대금 5억 원에 매수하였습니다(이하 '이 사건 매매계약'이라고 합니다).[233]

2. 피고의 예상 주장에 대한 반박

가. 해제 주장에 대하여

피고는 원고가 매매 잔대금을 지급하지 않았다고 하면서 이 사건 매매계약을 해제한다고 주장할 것으로 예상됩니다.

쌍무계약인 부동산매매계약에 있어서는 특별한 사정이 없는 한 매수인의 잔대금지급의무와 매도인의 소유권이전등기서류 교부의무는 동시이행관계에 있다 할 것이고, 이러한 경우에 매도인이 매수인에게 지체의 책임을 지워 매매계약을 해제하려면 매수인이 이행기일에 잔대금을 지급하지 아니한 사실만으로는 부족하고, 매도인이 소유권이전등기신청에 필요한 일체의 서류를 수리할 수 있을 정도로 준비하여 그 뜻을 상대방에게 통지하여 수령을 최고함으로써 이를 제공하여야 합니다. 또 상당한 기간을 정하여 상대방의 잔대금채무이행을 최고한 후 매수인이 이에 응하지 아니한 사실이 있어야 하는 것이며, 매도인이 제공하여야 할 소유권이전등기신청에 필요한 일체의 서류라 함은 등기권리증, 위임장 및 부동산매도용 인

232 여기서 청구취지에 "제1항은 가집행할 수 있다"를 기재해서는 안 된다. 부동산등기는 등기권리자와 등기의무자가 공동으로 신청하여야 한다(부동산등기법 제23조 제1항). 피고에게 실체법에 따른 소유권이전등기의무가 있다고 하더라도 피고가 그에 따른 등기를 신청하지 않는다면 등기의무자의 신청이 없으므로 등기관은 소유권이전사실을 등기부에 기재할 수 없다. 이때 상대방으로 하여금 등기절차의 이행을 명하는 판결을 받으면 그 판결은 등기의무자의 신청을 대신하게 되어 등기권리자 단독으로 부동산등기를 신청할 수 있게 된다(부동산등기법 제23조 제4항). 등기의무자의 등기신청에 관한 의사를 대신하기 위해서 소유권이전등기절차의 이행을 법원에 청구하는 것이다. 소유권이전등기절차의 이행을 명하는 판결은 의사의 진술을 명하는 판결에 해당되므로 그 판결이 확정되어야 의사를 진술한 것으로 간주된다(민사집행법 제263조 제1항). 결국 확정판결에 따라 상대방의 의사가 간주되어 부동산등기를 신청하는 것에 불과하므로, 이는 민사집행법에 따른 강제집행이 아니다. 따라서 의사진술을 명하는 판결에 대해서는 가집행할 수 없다.

233 원고가 단순히 매매에 기한 소유권이전등기를 청구하였다면, 매매계약을 특정할 수 있는 일자, 목적물, 대금, 매수사실이 필수적인 요건사실이다. 계약금, 중도금, 잔금의 기일에 관한 약정이나, 그 지급 여부는 이 경우 필수적 요건사실이 아니어서 이를 소장에 적을 필요는 없다([부록] 제1항 중 순번 2번 참조).

감증명서 등 등기신청행위에 필요한 모든 구비서류를 말합니다.[234]

그러나 피고는 이 사건 매매계약에 따른 소유권이전등기신청에 필요한 서류를 원고에게 교부하거나, 이를 준비하여 원고에게 그 수령을 최고한 적이 없습니다.[235]

따라서 피고는 원고의 잔대금 지급의무와 동시이행관계에 있는 소유권이전등기서류의 교부의무를 이행하거나 이행제공하지 아니하였으므로 단순히 원고가 잔대금을 지급하지 않았다는 사실만으로는 이 사건 매매계약을 해제할 수 없습니다.

나. 가압류 주장에 대하여

1) 주장의 내용

피고는 원고의 피고에 대한 소유권이전등기청구권이 가압류되었으므로 원고의 청구에 응할 수 없다고 항변할 것으로 예상됩니다.

2) 관련 법리

소유권이전등기청구권에 대한 가압류는 채권에 대한 것이지 등기청구권의 목적물인 부동산에 대한 것이 아니고, 채무자와 제3채무자에게 그 결정을 송달하는 외에 현행법상 등기부에 이를 공시하는 방법이 없는 것으로서, 당해 채권자와 채무자 및 제3채무자 사이에만 효력이 있을 뿐 가압류와 관계가 없는 제3자에 대하여는 가압류의 처분금지적 효력을 주장할 수 없게 되므로, 소유권이전등기청구권의 가압류는 청구권의 목적물인 부동산 자체의 처분을 금지하는 대물적 효력은 없고, 또한 채권에 대한 가압류가 있더라도 이는 채무자가 제3채무자로부터 현실로 급부를 추심하는 것만을 금지하는 것이므로 채무자는 제3채무자를 상대로 그 이행을 구하는 소송을 제기할 수 있고 법원은 가압류가 되어 있음을 이유로 이를 배척할 수는 없는 것이 원칙입니다. 그렇지만 소유권이전등기를 명하는 판결은 의사의 진술을 명하는 판결로서 이것이 확정되면 채무자는 일방적으로 이전등기를 신청할 수 있고 제3채무자는 이를 저지할 방법이 없게 되므로 위와 같이 볼 수는 없고 이와 같은 경우에는 가압류의 해제를 조건으로 하여야만 소유권이전등기절차의 이행을 명할 수 있습니다.

3) 관련 사실

손동수가 원고에 대한 2022. 8. 1.자 대여금채권 3억 원을 청구채권으로 하여 서울동부지

---

234 대법원 1992. 7. 14. 선고 92다5713 판결 등 참조

235 이와 같은 법정해제의 요건사실은 해제를 주장하는 자가 주장·증명해야 하는 사실이고, 피고가 이를 주장하지 않고 있기 때문에 현 단계에서는 이를 지적하면서 단순히 부인하면 족하고, 따로 해제의 요건사실이 부존재함을 증명할 필요는 없다.

방법원 2025카단3203호로 원고의 피고에 대한 이 사건 아파트에 관한 소유권이전등기청구권에 대하여 가압류할 것을 신청하여 위 법원으로부터 2025. 2. 10. 위 소유권이전등기청구권에 관한 가압류결정(이하 '이 사건 가압류결정'이라고 합니다)을 받았고, 이 사건 가압류결정이 2025. 2. 15. 피고에게 송달되었습니다.[236]

4) 소결론

피고는 이 사건 가압류결정의 집행이 해제되는 것을 조건으로 원고에게 소유권이전등기절차를 이행할 의무가 있습니다. 피고의 위 주장은 이 한도 내에서[237] 받아들일 수 있고, 원고의 청구를 기각해야 한다는 주장은 이유 없습니다.

3. 결론

따라서 피고는 이 사건 가압류결정의 집행이 해제되면 원고에게 이 사건 아파트에 관하여 이 사건 매매계약을 원인으로 한 소유권이전등기절차를 이행할 의무가 있습니다.

원고는 이상과 같은 이유로 청구취지와 같은 판결을 구하니 원고의 청구를 모두 인용해 주시기 바랍니다.

증명방법 및 첨부서류 (생략)

2025. 3. 11.

원고 소송대리인 변호사 김명변 ㊞

창원지방법원[238] 귀중

---

236 가압류결정의 효력은 제3채무자에게 송달되어야 발생하므로(민사집행법 제291조, 제227조 제3항), 결정이 내려진 사실과 그것이 제3채무자에게 송달된 사실까지 사실인정에서 적어 주어야 한다.

237 피고는 가압류결정이 있으므로 원고의 청구를 기각해야 한다고 주장하나, 위와 같이 그 집행의 해제를 조건으로 이행을 명하여야 하므로, 피고의 항변이 일부만 이유 있는 경우이다.

238 이 사건 소는 부동산에 관한 소이면서 등기에 관한 소이기도 하므로 민사소송법 제20조, 제21조의 규정에 따라 해당 부동산과 관할 등기기관이 있는 곳의 법원인 창원지방법원이 관할을 가진다. 참고로 대법원은 사해행위 취소로 인한 원상회복으로 수익자를 상대로 소유권이전등기의 말소를 구하는 소에 대하여 부동산등기의 신청에 협조할 의무의 이행지는 성질상 등기지의 특별재판적에 관한 민사소송법 제19조(현행 민사소송법 제21조)에 규정된 '등기할 공무소 소재지'라는 이유로 사해행위취소에 따른 원상회복으로서의 소유권이전등기 말소등기의무의 이행지는 그 등기관서 소재지라고 볼 것이지, 원고의

부동산표시[239]

(1동의 건물의 표시)

창원시 의창구 신월동 55 의창아파트 제302동 (창원시 의창구 신사로 12)

철근콘크리트구조 콘크리트슬래브지붕 5층 아파트

1층 내지 5층 각 217.11㎡

(대지권의 목적인 토지의 표시)

창원시 의창구 신월동 55 대 32429㎡

(전유부분의 건물의 표시)

제2층 제201호 철근콘크리트구조 59㎡

(대지권의 표시)

소유권 대지권 32429분의 59. 끝.

주소지를 그 의무이행지로 볼 수는 없다고 판시하였다(대법원 2002. 5. 10.자 2002마1156 결정).

239 소유권이전등기를 구하는 소장을 제출하는 목적은 유리한 판결을 받아 등기신청을 하기 위한 것이므로, 소장에서 별지로 부동산을 표시하는 경우 해당 등기부에 적혀 있는 부동산을 특정하기 위한 주요사항을 적어 주어야 한다. 등기부에서 해당 부동산을 특정하는 부분을 표제부라고 한다. 아파트와 같은 집합건물의 표제부는 ① 1동의 건물의 표시, ② 대지권의 목적인 토지의 표시, ③ 전유부분의 건물의 표시, ④ 대지권의 표시로 이루어져 있기 때문에 별지로 부동산을 표시하는 경우에도 위 네 가지 사항을 적어 주는 것이 실무례이다.

<문제 2> 귀하는 관할법원 재판연구원으로서 검토보고서를 작성하시오. ① 첨부자료와 같은 소장과 [문제 1에서 제시된 내용증명과 같은 내용의 피고의 답변서]가 제출되었고, ② 피고는 소장 부본을 2025. 3. 15., 원고는 답변서를 2025. 3. 31. 각 송달받았으며, ③ 아래에서 제시되는 변론조서가 작성되었고 해당 서증(<문제1>의 참고자료 해당 서류와 같음)이 증거로 제출되었다고 가정하여(소장 앞에 증거목록을 편철함이 원칙이나 편의상 증거목록의 편철을 생략하였음. 증거목록에는 상대방이 제출한 모든 서증에 대하여 성립인정 의견이 기재되어 있다고 전제할 것), 아래 검토보고서 양식 중 [검토] 부분만 작성하기 바랍니다(필요한 경우 소장에 첨부된 별지가 검토보고서에 첨부되었다고 간주하고 이를 인용할 수 있습니다).

[검토보고서 양식]

검토보고서

사　건　　2025가단1234 소유권이전등기
원　고　이갑주
피　고　노을민

[검토]

1. **결론**
2. **논거**

[주문]

소 장

원 고 이갑주
서울 광진구 광장로3길 9 (광장동)
소송대리인 변호사 김명변
서울 서초구 서초중앙로 100, 401호 (서초동, 법림빌딩)
전화 02)531-2000, 팩스 02)539-2001, E-mail : lawyerKim@kmail.com

피 고 노을민
창원시 성산구 가양로 39 (가음동)

소유권이전등기청구의 소

청 구 취 지

1. 피고는 원고에게 별지 부동산표시 기재 아파트에 관하여 2024. 8. 1. 매매를 원인으로 한 소유권이전등기절차를 이행하라.
2. 소송비용은 피고가 부담한다.

라는 판결을 구합니다.

청 구 원 인

원고는 2024. 8. 1. 피고로부터 별지 부동산표시 기재 아파트를 대금 5억 원에 매수하였습니다. 피고는 원고에게 별지 부동산표시 기재 아파트에 관하여 2024. 8. 1. 매매를 원인으로 한 소유권이전등기절차를 이행할 의무가 있음에도 그 의무를 이행하지 않고 있습니다.

원고는 이상과 같은 이유로 청구취지와 같은 판결을 구하니 원고의 청구를 모두 인용해 주시기 바랍니다.

증명방법 및 첨부서류 (생략)

2025. 3. 11.

원고 소송대리인 변호사 김명변 ㊞

창원지방법원 귀중

(별지 부동산표시는 〈문제 1〉의 모범답안과 같음. 첨부 생략)

창원지방법원
변 론 조 서

제 1 차

사 건 2025가단1234 소유권이전등기

판 사	이명판	기 일 :	2025. 4. 20. 14:00
		장 소 :	제308호 법정
		공개여부 :	공개
법원 사무관	최유경	고지된	
		선고기일 :	2025. 5. 4. 10:00

사건과 당사자의 이름을 부름

원고 및 대리인 변호사 김명변 각 출석

피고 출석

원고 대리인

소장 및 2025. 4. 11.자 준비서면 진술

피고

답변서 진술

증거관계 별지와 같음(원고 및 피고 서증)

판사 원고에게

잔금 2억 5,000만 원을 미지급하였는지 물은 즉,

원고 및 대리인

원고가 계약금 5,000만 원과 중도금 2억 원은 약정일에 각 지급하였으나, 잔금 2억 5,000만 원을 지급하지는 않았다. 다만 피고가 소유권이전등기를 거부하고 있어서 그랬던 것이고, 피고가 소유권을 이전할 의향이 있다면 언제든지 잔금을 지급할 수 있다고 진술

피고

원고 주장이 받아들여지더라도 잔금을 지급받기 전에는 원고의 청구에 응할 수 없다며 동시이행의 항변을 한다고 진술

원고 대리인 및 피고

피고 주장의 가압류결정이 2025. 2. 15. 피고에게 송달된 사실은 다툼이 없다.
더 주장하거나 제출할 증거가 없다고 진술

변론종결

법원 사무관 최유경 ㊞

판 사 이명판 ㊞

기록 2

모범답안

문제 2 모범답안

검토보고서

1. 결론

청구 일부 인용[240] (가집행불가능)[241]

[인용되는 부분의 주문]

피고는 손동수와 원고 사이에 내려진 2025. 2. 10.자 서울동부지방법원 2025카단3203 소유권이전등기청구권 가압류결정에 의한 집행이 해제되면, 원고로부터 2억 5,000만 원을 지급받음과 동시에 원고에게 별지 부동산표시 기재 아파트에 관하여 2024. 8. 1. 매매를 원인으로 한 소유권이전등기절차를 이행하라.

2. 논거

가. 청구원인에 대한 판단

1) 청구원인의 요지

원고는 피고를 상대로 매매계약에 따라 목적 부동산에 대한 소유권이전등기를 구한다.[242]

2) 인정사실

원고는 2024. 8. 1. 피고로부터 별지 부동산표시 기재 아파트(이하 '이 사건 아파트'라고 한다)를 대금 5억 원에 매수하였다(이하 '이 사건 매매'라고 한다).[243]

---

240 피고의 동시이행의 항변을 받아들여 동시이행을 조건으로 그 이행을 명하는 판결을 선고하여야 하므로 질적으로 볼 때 일부만 인용되는 경우이다.

241 소유권이전등기를 명하는 판결은 의사진술을 명하는 판결에 해당하고 이는 확정이 되어야 효력이 발생하므로(민사집행법 제263조 제1항), 가집행의 선고가 불가능하다.

242 청구를 인용하는 경우이므로 소송물이 특정될 수 있을 정도로 간단히 언급하면 족하다.

243 계약금, 중도금, 잔금의 금액이나 그 지급기일 및 지급 여부는 요건사실이 아니므로 이를 적을 필요가 없다.

[인정근거 : 다툼 없는 사실[244]]

3) 소결론

특별한 사정이 없는 한,[245] 매도인인 피고는 매수인인 원고에게 이 사건 아파트에 관하여 이 사건 매매에 따른 소유권이전등기절차를 이행할 의무가 있다.

나. 피고의 항변에 대한 판단

1) 해제의 항변

가) 항변의 요지

피고는 원고의 잔금 지급의무 불이행으로 인해 이 사건 매매계약을 해제하였다고 항변한다.

나) 관련 법리

민법 제544조 본문에 의하면 당사자 일방이 그 채무를 이행하지 아니하는 때에는 상대방은 상당한 기간을 정하여 그 이행을 최고하고 그 기간 내에 이행하지 아니한 때에는 계약을 해제할 수 있다.

다만, 쌍무계약인 부동산매매계약에 있어서는 특별한 사정이 없는 한 매수인의 잔대금지급의무와 매도인의 소유권이전등기서류 교부의무는 동시이행관계에 있다 할 것이고, 이러한 경우에 매도인이 매수인에게 지체의 책임을 지워 매매계약을 해제하려면 매수인이 이행기일에 잔대금을 지급하지 아니한 사실만으로는 부족하고, 매도인이 소유권이전등기신청에 필요한 일체의 서류를 수리할 수 있을 정도로 준비하여 그 뜻을 상대방에게 통지하여 수령을 최고함으로써 이를 제공하여야 하는 것이 원칙이고, 또 상당한 기간을 정하여 상대방의 잔대금채무이행을 최고한 후 매수인이 이에 응하지 아니한 사실이 있어야 하는 것이며, 매도인이 제공하여야 할 소유권이전등기신청에 필요한 일체의 서류라 함은 등기권리증, 위임장 및 부동산매도용 인감증명서 등 등기신청행위에 필요한 모든 구비서류를 말한다.[246]

다) 인정사실[247]

원고가 잔금 2억 5,000만 원을 지급하지 않았다.

---

244 피고가 답변서를 통해서 위와 같은 매매계약의 체결사실을 인정했으므로 인정근거를 다툼 없는 사실로 표시해 주어야 하고 여기에 갑 제1호증의 기재를 써서는 안 된다.

245 아래에서 피고 항변사항에 관해 검토할 예정이므로 여기서는 잠정적 결론임을 밝히기 위해 "특별한 사정이 없는 한"이라고 써 주었다.

246 대법원 1992. 7. 14. 선고 92다5713 판결

247 해제의 요건사실 중 인정되는 사실인 원고의 채무불이행사실과 해제 의사표시 사실을 적어 주었다. 이 사안의 경우처럼 2개

[인정근거 : 다툼 없는 사실]

원고의 잔금 지급의무 불이행으로 인한 피고의 해제 의사표시가 기재된 답변서가 2025. 3. 31. 원고에게 도달하였다.

[인정근거 : 기록상 명백한 사실[248]]

라) 소결론

피고가 이 사건 아파트에 관하여 소유권이전등기신청에 필요한 일체의 서류를 원고에게 제공하였다거나 이를 수리할 수 있을 정도로 준비하여 그 뜻을 상대방에게 통지하여 수령을 최고한 사실에 관한 주장·증명이 없으므로, 위 인정사실만으로는 이 사건 매매계약이 해제되었다고 볼 수 없다. 피고의 위 항변은 이유 없다.

2) 가압류항변

가) 항변의 요지

피고는 원고의 피고에 대한 소유권이전등기청구권이 가압류되었으므로 원고의 청구에 응할 수 없다고 항변한다.

나) 관련 법리

소유권이전등기청구권에 대한 가압류는 채권에 대한 것이지 등기청구권의 목적물인 부동산에 대한 것이 아니고, 채무자와 제3채무자에게 그 결정을 송달하는 외에 현행법상 등기부에 이를 공시하는 방법이 없는 것으로서, 당해 채권자와 채무자 및 제3채무자 사이에만 효력이 있을 뿐 가압류와 관계가 없는 제3자에 대하여는 가압류의 처분금지적 효력을 주장할 수 없게 되므로, 소유권이전등기청구권의 가압류는 청구권의 목적물인 부동산 자체의 처분을 금지하는 대물적 효력은 없고, 또한 채권에 대한 가압류가 있더라도 이는 채무자가 제3채무자로부터 현실로 급부를 추심하는 것만을 금지하는 것이므로 채무자는 제3채무자를 상대로 그 이행을 구하는 소송을 제기할 수 있고 법원은 가압류가 되어 있음을 이유로 이를 배척할 수는 없는 것이 원칙이다. 그렇지만 소유권이전등기를 명하는 판결은 의사의 진술을 명하는 판결로서 이것이 확정되면 채무자는 일방적으로 이전등기를 신청할 수 있고 제3채무자는 이를 저지할 방법

이상의 요건사실 중에서 하나의 요건사실은 증명되나 나머지 요건사실에 관하여 주장조차 없는 경우에는, 사실인정 없이 곧바로 그 누락된 "어떤 요건사실에 관하여 주장·증명이 없는 이상" 나머지 요건사실이 인정된다고 하더라도 피고의 위 항변은 이유 없다는 형식으로 서술하여도 무방하다.

248 피고가 해제의 의사표시를 답변서에 적어서 이를 원고에게 송달하는 방법으로 하였다. 이처럼 소송 중에 의사표시가 포함된 서면을 상대방에게 송달된 사실은 법원에 현저한 사실에 해당하여 따로 증명할 필요가 없다(법 제288조). 이 경우 위와 같이 '기록상 명백한 사실'이라고 적는다.

이 없게 되므로 위와 같이 볼 수는 없고 이와 같은 경우에는 가압류의 해제를 조건으로 하여야만 소유권이전등기절차의 이행을 명할 수 있다.[249]

다) 인정사실

손동수가 원고에 대한 2022. 8. 1.자 대여금채권 3억 원을 청구채권으로 하여 서울동부지방법원 2025카단3203호로 원고의 피고에 대한 이 사건 아파트에 관한 소유권이전등기청구권에 대하여 가압류할 것을 신청하여 위 법원으로부터 2025. 2. 10. 위 소유권이전등기청구권에 관한 가압류결정(이하 '이 사건 가압류결정'이라고 함)을 받았다.

[인정근거 : 을 제1호증, 변론 전체의 취지]

이 사건 가압류결정이 2025. 2. 15. 피고에게 송달되었다.[250]

[인정근거 : 다툼 없는 사실]

라) 소결론

피고는 이 사건 가압류결정의 집행이 해제되는 것을 조건으로 원고에게 소유권이전등기절차를 이행할 의무가 있다. 피고의 위 주장은 이 한도 내에서[251] 이유 있다.

3) 동시이행의 항변

가) 항변의 요지

피고는 원고로부터 잔대금을 지급받기 전에는 원고의 청구에 응할 수 없다고 항변한다.

나) 인정사실

이 사건 매매계약에서 원고가 2024. 10. 1. 잔금 2억 5,000만 원을 지급하되, 피고가 잔금의 수령과 동시에 원고에게 소유권이전등기절차를 이행하기로 약정하였다.[252]

[인정근거 : 갑 제1호증(매매계약서)의 기재, 변론 전체의 취지]

---

249 대법원 1999. 2. 9. 선고 98다42615 판결 등 참조

250 가압류결정의 효력은 제3채무자에게 송달되어야 발생하므로(민사집행법 제291조, 제227조 제3항), 결정이 내려진 사실과 그것이 제3채무자에게 송달된 사실까지 사실인정에서 적어 주어야 한다.

251 피고는 가압류결정이 있으므로 원고의 청구를 기각해야 한다고 주장하나, 위와 같이 그 집행의 해제를 조건으로 이행을 명하여야 하므로, 피고의 항변이 일부만 이유 있는 경우이다.

252 동시이행의 항변에 관한 요건사실은 잔금 지급의무 발생의 요건사실과 쌍방 채무를 동시이행하기로 약정한 사실이다. 따라서 여기에는 잔금약정과 동시이행약정사실을 적어야 하고, 원고가 잔금을 지급하지 않고 있다는 사실을 적어서는 아니 됨에 주의해야 한다. 즉, 해제항변과 같이 상대방의 채무불이행사실이 요건사실로 되어 있는 경우와 달리, 동시이행항변의 요건사실로는 "매수인이 잔금 2억 5,000만 원을 지급하기로 약정한 사실"을 적어야 하는 것이지, "매수인이 잔금 2억 5,000만 원을 지급하지 아니한 사실"을 적어야 하는 것이 아니다. 별거 아닌 것처럼 보일 수 있으나, 이 차이를 이해해야 요건사실을 제대로 이해했다고 볼 수 있다.

다) 소결론

원고는 피고에게 잔금 2억 5,000만 원을 지급할 의무가 있고, 피고의 소유권이전등기의무는 원고의 잔금 지급의무와 동시이행의 관계에 있다.[253] 피고의 위 항변은 이유 있다.

다. 소유권이전등기청구에 관한 결론

피고는 손동수와 원고 사이에 내려진 2025. 2. 10.자 서울동부지방법원 2025카단3203 소유권이전등기청구권 가압류결정에 의한 집행이 해제되면, 원고로부터 잔금 2억 5,000만 원을 지급받음과 동시에, 원고에게 이 사건 아파트에 관하여 이 사건 매매계약을 원인으로 한 소유권이전등기절차를 이행할 의무가 있다.

[주문]

1. 피고는 손동수와 원고 사이에 내려진 2025. 2. 10.자 서울동부지방법원 2025카단3203 소유권이전등기청구권 가압류결정에 의한 집행이 해제되면, 원고로부터 2억 5,000만 원을 지급받음과 동시에 원고에게 별지 부동산표시 기재 아파트에 관하여 2024. 8. 1. 매매를 원인으로 한 소유권이전등기절차를 이행하라.
2. 원고의 나머지 청구를 기각한다.[254]
3. 소송비용 중 40%는 원고가, 나머지는 피고가 각 부담한다.[255]

---

253 동시이행항변의 결론에서는 원고에게 반대의무가 발생했고, 그 반대의무가 피고의 의무와 동시이행관계에 있음을 밝혀 주어야 한다.

254 단순청구 중 가압류 해제와 동시이행을 조건으로 청구가 인용되었으므로 질적으로 일부청구가 기각된 것이다. 이를 누락하면 청구 전부에 대한 판단이 내려진 것이 아니게 된다. 항상 청구취지와 이에 대한 법원의 주문은 함수관계에 있어서 청구 전부에 대한 판단이 될 수 있도록 주의해야 한다.

255 일부 패소의 경우 소송비용은 당사자들이 분담하는 것이 원칙이다(민사소송법 제101조). 청구금액과 인용금액의 비율에 따라 부담하는 것이 통상적이나 법원이 제반 사정을 참작하여 적절하게 정한다.

기록 2

<문제 3> 귀하는 변호사 류변호로서, 의뢰인 노을민의 상담을 통해 아래【상담내용】과 같은 사실관계를 청취하고,【의뢰인 희망사항】기재사항에 관한 본안소송에 관한 대리권을 수여받았으며, 첨부된 자료를 받았습니다(첨부자료 중 매매계약서와 등기사항전부증명서는 <문제 1>에 첨부된 것과 같다).

의뢰인을 위하여 본안(창원지방법원 2025가단9876)의 소에 대한 **답변서**를 작성하시오.

【작성요령】

1. 답변서의 작성일은 2025. 3. 31.로 하시오.
2. 【의뢰인 희망사항】란에 기재된 희망사항에 부합하도록 하되 현행법과 그 해석상 의뢰인에게 가장 유리하도록 답변서를 작성하시오.
3. 사건관계인의 주장 사항 중 법률적 쟁점이 될 수 있는 부분에 대해서는 이에 관한 법리 판단을 거쳐서 답변 여부 및 범위를 결정하고 **사건관계인의 주장이 이유 없다고 판단되면 배척의 이유를 기재하시오.**

의뢰인 상담일지

변호사 류변호

창원 성산구 중앙대로 151, 1210호 (용호동, 창원스페이스빌딩)

☎ : 055-324-7600, 팩스 : 055-324-7601, e-mail : lawyerRyu@kmail.com

접수번호	2025-47	상담일시	2025. 3. 25.
상담인	노을민 010-5659-4929	내방경위	

【상 담 내 용】

노을민은 자신이 소유하는 창원시 의창구 신사로 12, 302동 201호(신월동, 의창아파트)를 매물로 내 놓았고, 부동산 공인중개사 강중선의 소개를 받아 이갑주와 위 아파트를 대금 5억 원으로 정해서 매매하기로 계약을 체결하였다. 이갑주는 계약 당일 노을민에게 계약금을 지급하였다.

매매계약 직후 아파트 근처에 돔야구장이 건립된다는 계획이 발표되자 같은 아파트 단지 내에 있는 동일한 면적의 아파트가 7억 원에 팔리는 등 아파트 시세가 급등하게 되었고, 노을민은 이갑주에게 매매대금을 오른 시세의 절반 정도 되는 1억 원을 증액해 줄 것을 요청했다. 이갑주는 얼마 지나지 않아 노을민에게 2,000만 원을 입금했다. 노을민은 이갑주가 보내 준 돈의 명목이 무엇인지, 혹시 매매대금을 증액해 주겠다는 뜻인지 공인중개사를 통해서 물어보니, 이갑주는 매매대금 증액은 아니고 중도금의 일부를 지급한 것이라고 했다. 주변에 수소문해 본 결과 계약금 배액을 상환하고 매매계약을 해제하라는 조언을 들어서 노을민은 계약금과 그 배액 1억 원, 중도금의 일부라고 지급한 2,000만 원을 이갑주에게 다시 송금해 주면서 매매계약을 해제하겠다고 통보했다(〈문제 1〉에서와 달리, 이갑주가 중도금 2억 원을 지급한 것은 아님에 주의할 것).

그럼에도 이갑주는 매매계약이 유효하다면서 소유권이전등기청구의 소를 제기였고 노을민은 첨부자료와 같은 소장을 송달받았다(사건번호: 창원지방법원 2025가단9876 소유권이전등기, 담당재판부 제11민사단독).

【의뢰인 희망사항】

노을민은 이갑주가 제기한 소에 대하여 방어할 수 있는 답변서를 제출하고 싶다.

신조은행	인터넷뱅킹 이체확인증

입금일시 2024. 8. 7. 10:35:21 입금점 : 스마트폰뱅킹 문의전화 : 1588-9876

보내시는 분	이갑주	받으시는 분	노을민
출금 계좌번호	신조 342-212-3234321	입금계좌번호	국수 293-23-3406812
타행 처리번호	**************	입금내역/CMS코드	
이체금액(원)	20,000,000	수수료(원)	0
내통장 메모	노을민	받는통장 메모	이갑주

* 위의 내용이 정상적으로 이체되었음을 확인합니다.

내용증명

발신인 노을민

경남 창원시 성산구 가양로 39 (가음동)

수신인 이갑주

서울시 광진구 광장로3길 9 (광장동)

안녕하세요.

창원시 의창구 신월동 55 의창아파트 제302동 201호에 관하여 매매계약을 체결한 매도인 노을민입니다.

아시다시피 귀하와의 매매계약 이후 아파트 시세가 많이 올랐습니다. 최근 시세를 보면, 적어도 2억 원은 오른 것으로 보입니다. 그래서 계약 직후인 2024. 8. 5. 약간 매매대금을 현실화해 주실 것을 공인중개사 강중선을 통해 간청 드렸습니다. 그러나 이갑주님께서는 그에 대한 답은 하지 않으시고 2,000만 원을 송금해 주시기만 하셨습니다. 저는 혹시 매매대금을 증액해 주시겠다는 뜻인가 했으나, 그게 아니라 아직 기일이 도래하지도 않은 중도금의 일부를 미리 지급한 것이라는 답변을 듣고 저는 매우 놀랄 수밖에 없었습니다. 그래서 제가 공인중개사를 통해서, 여러 차례에 걸쳐 위 돈을 도저히 받을 수 없고 이를 반환해 드리겠다고 알려드린 바 있음은 잘 알고 계실 것입니다. 그럼에도 아무런 답변을 주지 않으시니 이번에는 매매계약의 약정에 따라 위 돈과 계약금의 배액 합계 1억 2,000만 원을 보내드리면서 매매계약을 해제하고자 합니다.

이로써 매매계약은 효력을 상실하였음을 양지해 주시기 부탁드립니다.

그럼 가내 평안하시기 기원합니다.

2024. 8. 10.

노을민 (인)

창원우체국장
2024. 8. 10.
25-958348

국수은행	인터넷뱅킹 이체확인증

입금일시 2024. 8. 10. 14:41:52 입금점 : 스마트폰뱅킹 문의전화 : 1588-9898

보내시는 분	노을민	받으시는 분	이갑주
출금 계좌번호	국수 293-23-3406812	입금계좌번호	신조 342-212-3234321
타행 처리번호	*************	입금내역/CMS코드	
이체금액(원)	120,000,000	수수료(원)	0
내통장 메모	이갑주	받는통장 메모	노을민

* 위의 내용이 정상적으로 이체되었음을 확인합니다.

소 장

원 고 이갑주
서울 광진구 광장로3길 9 (광장동)
소송대리인 변호사 김명변

피 고 노을민
창원시 성산구 가양로 39 (가음동)

소유권이전등기청구의 소

청 구 취 지

1. 피고는 원고에게 별지 부동산표시 기재 아파트에 관하여 2024. 8. 1. 매매를 원인으로 한 소유권이전등기절차를 이행하라.
2. 소송비용은 피고가 부담한다.

라는 판결을 구합니다.

청 구 원 인

1. 청구원인

원고는 2024. 8. 1. 피고로부터 별지 부동산표시 기재 아파트를 대금 5억 원에 매수하였습니다.

2. 피고의 예상 주장에 대한 반박

피고는 원고와 피고 사이에 체결된 매매계약이 해제되었다고 항변할 것으로 예상됩니다.

공교롭게도 매매계약 체결 이후 아파트 부근에 돔야구장 건설계획이 발표되었고, 창원시에는 야구팬들이 많아서 그런지 같은 단지의 아파트 매수에 관한 문의가 급증하였으며, 급기야 아파트 시가 역시 다소 들썩인 것으로 보입니다. 이런 이유 때문에 피고는 공인중개사를 통해서 원고에게 매매대금을 1억 원이나 증액해 달라고 요구하기도 하였습니다. 원고의 입장에서는 평소 야구에 관심도 없었고 전근으로 인해 아파트를 매수하게 된 것이라서, 아파트 부근에 돔야구장이 생긴다고 해도 동네만 시끄러워져 원고에게 불편만 가중될 뿐입니다. 그래서 원고는 피고의 요구에 결코 응할 수 없었고 잘못하면 계약이 해제될 수도 있겠다는 생각에 중도금의 일부로 2,000만 원을 2024. 8. 7. 피고에게 미리 지급하게 된 것입니다. 위 돈의 명목은 위 송금 이후 송금 경위를 묻는 부동산 공인중개사에게 중도금 중 일부라고 답변 드렸으므로 피고도 위 돈의 명목을 잘 알게 되었을 것입니다.

피고는 그 후 여러 차례 부동산 공인중개사를 통해 위 돈을 반환하겠다는 말을 전하기도 했고, 급기야 2024. 8. 20. 1억 2,000만 원을 원고의 계좌로 송금하면서 원고에게 계약금 배액 상환에 따라 매매계약을 해제하겠다는 취지의 내용증명을 보내기도 하였습니다(위 내용증명은 2024. 8. 23. 받았습니다).

그러나 다음과 같은 이유로 피고의 해제는 효력이 없습니다.

민법 제565조가 해제권 행사의 시기를 당사자의 일방이 이행에 착수할 때까지로 제한한 것은 당사자의 일방이 이미 이행에 착수한 때에는 그 당사자는 그에 필요한 비용을 지출하였을 것이고, 또 그 당사자는 계약이 이행될 것으로 기대하고 있는데 만일 이러한 단계에서 상대방으로부터 계약이 해제된다면 예측하지 못한 손해를 입게 될 우려가 있으므로 이를 방지하고자 함에 있고, 이행기의 약정이 있는 경우라 하더라도 당사자가 채무의 이행기 전에는 착수하지 아니하기로 하는 특약을 하는 등 특별한 사정이 없는 한 이행기 전에 이행에 착수할 수 있습니다(대법원 1993. 1. 19. 선고 92다31323 판결 참조).

결국, 매매계약 제5조에서 약정한 바와 같이, 계약금 배액 상환에 의한 매매계약의 해제는 이행의 착수에 해당하는 "중도금을 지불하기 전까지" 만 가능하므로, 위와 같이 원고가 중도금의 일부로 2,000만 원을 지급함으로써 매매계약의 이행에 착수한 이상 그 이후에는 피고 주장과 같이 계약금 배액 상환하였다고 하더라도 매매계약을 임의로 해제할 수는 없습니다.

따라서 피고의 해제 주장은 도저히 받아들일 수 없습니다. 로마법에서부터 내려오는 민법의 대원칙은 '약속은 지켜져야 한다(Pacta Sunt Servanda)'는 것입니다. 당사자들 사이에 상호 합의에 의해 매매대금을 정하여 계약을 체결하였으면 응당 계약에서 정한 바에 따라 권리가 발생하고 의무가 부과되는 법입니다. 피고 주장처럼 단순히 매매계약 체결 이후 시장 가격이 올라갔다는 이유만으로 매매계약의 효력을 무효화 시킬 수는 없습니다.

원고는 위 1억 2,000만 원을 즉시 피고에게 반환하려고 은행에 갔으나 피고가 계좌이체를 정지시켜 놓아서 송금이 불가능하였습니다. 원고는 언제든 위 돈을 피고에게 반환할 용의가 있음을 알려드립니다.

3. 결론

원고는 이상과 같은 이유로 청구취지와 같은 판결을 구합니다. 부디 원고의 청구를 모두 인용해 주시기 바랍니다.

증명방법 및 첨부서류 (생략)

2025. 3. 11.

원고 소송대리인 변호사 김명변 ㊞

창원지방법원 귀중

(별지 부동산표시: 창원시 의창구 신월동 55 의창아파트 302동 201호)

기록 2

해설

문제 3 해설

1. 문제점

부동산 매매계약에서 매매대금을 계약금, 중도금, 잔금으로 나누어 지급하는 것이 통상적이고, 예외적으로 계약금, 잔금으로 나누어 매매대금을 지급하는 경우도 발견된다. 계약금 외에 중도금이나 잔금을 일부 지급하는 경우 통상 이행에 착수했다고 인정될 수 있다. 통상적인 경우라면, 중도금 지급시기를 약정하고 있으므로, 매도인의 경우 그 이전에는 해약금을 지급하고 계약을 임의로 해제할 수 있다. 다만 매수인이 지급기일 이전에 중도금이나 잔금 중 일부를 지급하는 경우 매도인이 언제나 해약금 지급에 의한 해제를 할 수 없는 것인지, 이행기 전의 이행의 착수와 매도인의 기한의 이익이라는 관점에서 문제된다.

2. 민법 제565조와 이행의 착수

민법 제565조는 "매매의 당사자 일방이 계약당시에 금전 기타 물건을 계약금, 보증금등의 명목으로 상대방에게 교부한 때에는 당사자간에 다른 약정이 없는 한 당사자의 일방이 이행에 착수할 때까지 교부자는 이를 포기하고 수령자는 그 배액을 상환하여 매매계약을 해제할 수 있다."라고 규정하고 있다.

매도인이 민법 제565조에 따라 계약금의 배액을 상환하고 계약을 해제하려면 매수인이 이행에 착수할 때까지 하여야 하는데, 이때 '이행의 착수'는 객관적으로 외부에서 인식할 수 있는 정도로 채무 이행행위의 일부를 하거나 또는 이행을 하기 위하여 필요한 전제행위를 하는 경우를 말하는 것으로, 단순히 이행의 준비를 하는 것으로는 부족하지만, 반드시 계약 내용에 들어맞는 이행의 제공에까지 이르러야 하는 것은 아니다. 또한 민법 제565조가 해제권 행사의 시기를 당사자 일방이 이행에 착수할 때까지로 제한한 것은 당사자 일방이 이미 이행에 착수한 경우 필요한 비용을 지출하였을 것임은 물론 계약이 이행될 것으로 기대하고 있다고 볼 수 있으므로, 이 단계에서 상대방이 계약을 해제함에 따라 입게 될 불측의 손해를 방지하려는 것으로, 이행기의 약정이 있더라도 당사자가 채무의 이행기 전에 착수하지 아니하기로 하는 특약

을 하는 등의 특별한 사정이 없는 이상, 이행기 전에 이행에 착수할 수 있다.[256]

3. 매도인에 대한 기한의 이익 인정 여부

부동산 매매계약에서 중도금 또는 잔금 지급기일은 일반적으로 계약금에 의한 해제권의 유보기간의 의미를 가진다고 이해되고 있으므로, 계약에서 정한 매매대금의 이행기가 매도인을 위해서도 기한의 이익을 부여하는 것이라고 볼 수 있다면, 채무자가 이행기 전에 이행에 착수할 수 없는 특별한 사정이 있는 경우에 해당한다고 할 수 있다. 이에 해당하는지 여부는 채무 내용, 이행기가 정하여진 목적, 이행기까지 기간의 장단 및 그에 관한 부수적인 약정의 존재와 내용, 채무 이행행위를 비롯하여 당사자들이 계약 이행과정에서 보인 행위의 태양, 이행기 전 이행행위가 통상적인 계약의 이행에 해당하기보다 상대방의 해제권의 행사를 부당하게 방해하기 위한 것으로 볼 수 있는지, 채권자가 채무자의 이행의 착수에도 불구하고 계약을 해제하는 것이 신의칙에 반한다고 볼 수 있는지 등 여러 가지 사정을 종합하여 구체적으로 판단해야 한다.[257]

4. 판례의 사안의 검토

대법원 2006. 2. 10. 선고 2004다11599 판결은 매매계약의 체결 이후 시가 상승이 예상되자 매도인이 구두로 구체적인 금액의 제시 없이 매매대금의 증액요청을 하였고, 매수인은 이에 대하여 확답하지 않은 상태에서 중도금을 이행기 전에 제공하였는데, 그 이후 매도인이 계약금의 배액을 공탁하여 해제권을 행사한 사안에서, '시가 상승만으로 매매계약의 기초적 사실관계가 변경되었다고 볼 수 없어 매도인을 당초의 계약에 구속시키는 것이 특히 불공평하다거나 매수인에게 계약내용 변경요청의 상당성이 인정된다고 할 수 없고, 이행기 전의 이행의 착수가 허용되어서는 안 될 만한 불가피한 사정이 있는 것도 아니므로 매도인은 위의 해제권을 행사할 수 없다.'라는 취지로 판단하였다.

한편, 대법원 1993. 1. 19. 선고 92다31323 판결은 매도인이 민법 제565조에 의하여 계약을 해제한다는 의사표시를 하고 일정한 기한까지 해약금의 수령을 최고하며 기한을 넘기면 공탁하겠다고 통지를 하자 매수인이 중도금 기일 전 중도금을 지급한 사안에서, '중도금 지급기일은 매도인을 위하여서도 기한의 이익이 있다고 보는 것이 옳고, 따라서 이 경우에는 매수인

256 대법원 1993. 1. 19. 선고 92다31323 판결, 대법원 2006. 2. 10. 선고 2004다11599 판결, 대법원 2024. 1. 4. 선고 2022다256624 판결 등 참조

257 대법원 2024. 1. 4. 선고 2022다256624 판결

이 이행기 전에 이행에 착수할 수 없는 특별한 사정이 있는 경우에 해당한다.'라는 취지로 판시하면서 매도인의 해약금 해제를 인정하였다.

대법원 2024. 1. 4. 선고 2022다256624 판결은 매수인이 계약일로부터 불과 6일 후 아무런 고지도 없이 원고가 지급의무를 부담하는 나머지 금액 대비 약 5.2%에 불과한 20,000,000원을 일방적으로 송금하였고, 매매계약은 잔금일을 특정하면서 시공사의 일정 및 상호협의 아래 이를 앞당길 수 있도록 정하고 있었으며, 매도인은 매수인이 위 돈을 일방적으로 송금한 사실을 알게 된 직후부터 수차례에 걸쳐 매수인에게 이를 반환하여 주겠다는 의사를 밝혔고, 매수인이 이에 불응하자 송금액에 계약금의 배액을 더하여 공탁하고 계약해제의 의사표시를 한 사안에서, '계약의 내용, 계약에서 잔금 지급기일을 정하는 외에 사전 지급에 관한 특약까지 명시한 점, 원고가 잔금 지급기일에 앞서 송금한 액수 및 명목, 이에 대한 피고의 반응과 조치, 그러한 상황하에서 피고의 계약해제권 행사가 계약의 구속력의 본질을 침해하는 등 신의칙에 반하거나 원고에게 예측하지 못한 손해를 가한 것으로 볼 수 있는지 등을 종합해 볼 때, 이 사건에서는 잔금 지급기일과 관련하여 매도인인 피고에게도 기한의 이익이 인정되므로 원고가 잔금 지급기일 전에 이행에 착수할 수 없는 특별한 사정이 있는 경우에 해당한다고 봄이 타당하다.'라는 취지로 판시하면서 매도인의 해약금 해제를 인정하였다.

5. 법리의 분석과 구체적인 사실관계의 발굴 필요

위 판례 사안에 보는 바와 같이, 비슷한 사실관계에 대하여 판결의 결론이 엇갈리고 있는 것으로 볼 여지도 있다. 이처럼 관련된 다양한 사실 또는 사정을 종합하여 평가되어야 하는 종류의 사건에서는 단순한 사실관계나 몇 가지 법리만으로 당사자의 주장이 정당화되지 않는다. 관련 법리를 면밀하게 분석하여 제시하고 어떤 사실관계가 해당 법리에 따른 정당화 여부를 판단하는 데 영향을 미칠 것인지 철저히 분석하여 당사자에게 유리하다고 볼 만한 사실 또는 사정을 빠짐없이 설득력 있게 적시해야 한다.

문제 3 모범답안

답변서

사건번호 2025가단9876호 소유권이전등기

원 고 김갑주

피 고 노을민

소송대리인 변호사 류변호

창원 성산구 중앙대로 151, 1210호 (용호동, 창원스페이스빌딩)

전화: 055-324-7600, 팩스: 055-324-7601

e-mail : lawyerRyu@kmail.com

위 사건에 관하여 피고 소송대리인은 아래와 같이 답변합니다.

청구취지에 대한 답변[258]

1. 이 사건 청구를 기각한다.
2. 소송비용은 원고가 부담한다.

라는 판결을 구합니다.

258 소장의 청구취지에 대응하여 법원에 구하는 판결의 주문을 적어주어야 한다.

청구원인에 대한 답변[259]

1. 인정사실

피고가 2024. 8. 1. 원고에게 창원시 의창구 신월동 55 의창아파트 302동 201호(이하 '이 사건 아파트'라고 합니다)를 대금 5억 원에 매도한 사실은 인정합니다.[260]

2. 피고의 주장[261]

그러나 당사자 사이에 체결된 위 매매계약(이하 '이 사건 매매계약'이라고 합니다)의 제5조에서는 '매수인이 매도인에게 중도금을 지불하기 전까지 매도인은 계약금의 배액을 상환하고 매매계약을 해제할 수 있다.'라고 약정하였고, 피고는 위 조항의 취지에 따라 2024. 8. 20. 이 사건 매매계약에서 지급받은 계약금 5,000만 원의 배액인 1억 원을 원고에게 상환하면서 원고를 상대로 이 사건 매매계약을 해제하겠다는 의사가 표시된 내용증명을 발송하였으며, 위 내용증명은 2024. 8. 23. 원고에게 도달하였습니다. 이로써 이 사건 매매계약은 해제되었습니다.

3. 원고의 주장에 대한 반박

가. 원고의 주장 요지

원고는 원고가 2024. 8. 7. 중도금 2,000만 원을 지급함으로써 매매계약의 이행에 착수하였으므로 피고는 계약금 배액 상환에 의하여 이 사건 매매계약을 해제할 수 없다고 주장합니다.

나. 관련 법리

부동산 매매계약에서 중도금 또는 잔금 지급기일은 일반적으로 계약금에 의한 해제권의

---

259 소장의 청구원인에 대응하는 피고의 입장을 밝혀야 한다. 특히 다투지 않는 부분과 다투는 부분을 구체적으로 밝혀 쟁점을 명확하게 하여야 한다.

260 피고는 매매계약 자체의 성립사실을 다투지 않고, 이를 전제로 해제되었음을 주로 주장한다. 따라서 매매계약 체결사실은 다툼 없는 사실로 정리하는 것이 적절하다.

261 매매가 유효하게 성립됨을 전제로 이와 양립가능한 별도의 사실인 계약금 배액 상환으로 인한 해제를 항변하고 있다. 이 경우 피고가 해제의 요건사실에 관해 증명책임을 지므로, 관련 법령의 취지나 법리, 약정의 내용에 주의하여 피고가 원하는 효과가 발생하기에 충분할 정도로 요건사실을 구체적으로 적시해야 한다. 민법 제565조 제1항에 의하여 해제되었다고 주장할 수도 있으나, 위 조항은 임의규정이므로, 이에 관한 구체적인 약정이 있는 이 사건에서는 약정을 적시하고 이에 기한 해제권 행사임을 적는 것이 적절하다.

유보기간의 의미를 가진다고 이해되고 있으므로, 계약에서 정한 매매대금의 이행기가 매도인을 위해서도 기한의 이익을 부여하는 것이라고 볼 수 있다면, 채무자가 이행기 전에 이행에 착수할 수 없는 특별한 사정이 있는 경우에 해당한다고 할 수 있습니다. 이에 해당하는지 여부는 채무 내용, 이행기가 정하여진 목적, 이행기까지 기간의 장단 및 그에 관한 부수적인 약정의 존재와 내용, 채무 이행행위를 비롯하여 당사자들이 계약 이행과정에서 보인 행위의 태양, 이행기 전 이행행위가 통상적인 계약의 이행에 해당하기보다 상대방의 해제권의 행사를 부당하게 방해하기 위한 것으로 볼 수 있는지, 채권자가 채무자의 이행의 착수에도 불구하고 계약을 해제하는 것이 신의칙에 반한다고 볼 수 있는지 등 여러 가지 사정을 종합하여 구체적으로 판단해야 할 것입니다(대법원 2024. 1. 4. 선고 2022다256624 판결).

다. 이 사건의 경우

이 사건에서 원고는 계약금 5,000만 원을 계약 당시에 지급하였고, 이 사건 매매계약에서 중도금 2억 원을 2024. 9. 1.에, 잔금 2억 5,000만 원을 2024. 10. 1.에 각 지급하기로 약정하였으며, 특약으로 '중도금 및 잔금지급일을 당사자 사이에 협의에 의하여 조정할 수 있다.'라고 정하였습니다. 위 특약의 취지는 당사자 사이에 협의가 없다면 중도금이나 잔금 지급기일을 임의로 변경할 수 없다는 뜻으로 이해해야 합니다.

원고도 잘 아시다시피, 이 사건 매매계약 직후 아파트 근처에 돔야구장이 건립된다는 계획이 발표되자 곧바로 같은 아파트 단지 내에 있는 동일한 면적의 아파트가 7억 원에 팔리는 등 아파트 시세가 급등하게 되었습니다. 피고는 계약금 배액 상환을 통해 5,000만 원을 손해 보더라도 현 시세대로 매각을 할 수만 있다면 더 이익이라는 생각에 계약일로부터 며칠 지나지 않은 2024. 8. 5. 원고에게 매매대금을 1억 원 정도라도 증액해 줄 것을 요청했습니다. 당시 피고로서는 매매대금의 증액이 이루어지지 않으면 계약금의 배액을 상환하고서라도 이 사건 매매계약을 해제하려고 마음먹고 있었습니다.

그러나 원고는 그로부터 이틀밖에 지나지 않은 2024. 8. 7. 2,000만 원을 피고에게 송금했습니다. 당시 피고는 사전에 아무런 통보를 받지 못한 터여서 원고가 무슨 명목으로 그러한 돈을 송금했는지 알 수가 없었습니다. 부동산 공인중개사를 통해서 원고에게 문의를 드렸더니 위 돈이 중도금 중 일부라는 것이었습니다. 엄연히 중도금은 2억 원을 지급하기로 하였고 중도금 기일이 도래하지도 않았으며, 합의 없이 중도금 일정을 변경할 수 없도록 약정하였음에도 중도금의 10%, 전체 매매대금의 4%에 불과한 2,000만 원을 기일이 도래하기도 전에 지급한 것을 중도금의 지급이라고 인정할 수는 없습니다.

당시는 계약 초기로 급등한 시세 때문에 당사자 사이에 매매대금의 증액을 논의하고 있던 중이었고 피고는 중도금 지급 전까지는 언제든 계약금의 배액을 상환하고 계약을 해제할 수 있다고 생각하고 있던 시기였습니다.

피고는 원고가 2,000만 원을 송금받은 이후 부동산 공인중개사를 통해서 여러 차례에 걸쳐 위 돈을 중도금으로 수령할 수 없으니 반환하겠다고 알려드렸으나, 원고는 이에 묵묵부답하였습니다.

이러한 사정과 원고가 이 사건 소장에서 원고의 계약금 배액 상환에 의한 계약해제를 우려하여 위 돈을 중도금 기일 이전에 지급하였다고 자인하는 점[262]까지 종합하면, 원고가 한 2,000만 원의 송금행위는 이 사건 매매계약에서 정한 중도금 지급의 이행행위에 해당한다고 인정할 수 없고, 이는 통상적인 계약의 이행에 해당하기보다 피고의 해제권의 행사를 부당하게 방해하기 위한 것으로 보아야 합니다.

결국 이 사건에서 피고에게는 중도금 지급기일과 관련한 기한의 이익이 인정된다고 보아야 하므로, 원고가 중도금 지급기일 전에 이행에 착수할 수 없는 특별한 사정이 있는 경우에 해당합니다. 따라서 이 사건 매매계약에서 정한 중도금 지급기일이 도래하기 전에 원고가 중도금 중 일부를 일방적으로 지급하였더라도, 그러한 사정만으로 이 사건 매매계약에서 정한 중도금 지급의 이행에 착수하였다거나 이 사건 매매계약 제5조에서 정한 피고의 계약해제권이 소멸하였다고 볼 수 없으므로, 이 사건 매매계약은 피고의 계약금 배액의 제공 및 해제 의사표시에 따라 적법하게 해제되었다고 보아야 합니다.

4. 결론

이 사건 매매계약은 해제되었으므로, 이 사건 매매계약이 유효함을 전제로 한 원고의 청구는 이유 없습니다. 부디 원고의 청구를 기각하는 판결을 선고해 주시기 바랍니다.[263]

---

262 이러한 점은 원고의 송금 동기가 피고의 계약금 배액 상환에 의한 해제권 행사를 저지하기 위한 것임을 원고 스스로 자인하는 것으로서 피고의 주장에 부합하는 사정에 해당한다. 간접사실이어서 구속력은 없으나, 민사소송에서 당사자 사이에 다툼 없는 사실은 강한 설득력을 발휘하므로 놓치지 않도록 주의한다.

263 결론은 답변취지에서 쓴 바와 같은 피고가 구하는 판결의 결론과 일치하도록 적는다.

증명방법 및 첨부서류 (생략)

2025. 3. 31.

피고 소송대리인 변호사 류변호 ㊞

창원지방법원 제11민사단독 귀중

3

기록

채권양도 / 양도통지, 시효소멸, 가압류된 채권의 양도

기록 3

<문제 1> 귀하는 변호사 전승혜로서, 의뢰인 김갑동과의 상담을 통해 아래 【상담내용】과 같은 사실관계를 청취하고, 【의뢰인 희망사항】 기재사항에 관한 본안소송의 대리권을 수여받고, 첨부된 서류를 자료로 받았습니다.

의뢰인을 위한 본안의 소를 제기하기 위한 **소장**을 작성하시오.

【작성요령】

1. 소장 작성일 및 소제기일은 **2025. 11. 1.**로 하시오.
2. 그 밖의 작성방식은 【공통된 작성요령】과 같습니다.

의뢰인 상담일지

변호사 전 승 혜 법률사무소

서울 서초구 서초대로10길 11, 1200호 (서초동, 완승빌딩)
☎ : 02)532-3000, 팩스 : 02)532-3001, E-mail : jsh0909@naver.com

접수번호	2020-900	**상담일시**	2025. 10. 15.
상담인	김갑동 010-4563-9601	**내방경위**	지인소개

【상 담 내 용】

김갑동은 대학교 동창인 이을남에게 자녀 결혼 비용으로 2억 원을 빌려 주었으나, 이을남은 근근히 그 이자와 지연손해금만 지급하고 있었을 뿐, 변제기에 대여원금을 반환하지 못하고 있었다. 김갑동이 그 변제를 독촉하자, 이을남은 2022년에 장병주에게 주택을 신축하여 주고 주택 보존등기까지 마쳤으나 공사대금 중 잔액 1억 원이 미지급되어 있다면서 공사대금채권을 김갑동에게 양도해 주었다. 장병주의 이종사촌 친족관계에 있던 박정수는 공사대금채무에 관하여 연대보증을 하였다.

이을남은 별다른 자력이 없고 최근 채무가 많아져서 파산 신청을 준비하고 있다. 장병주는 신축주택을 소유하고 있으나 근저당권이 설정되어 있어서 장병주 재산의 실질 가치는 그리 크지 않다. 박정수는 다수의 부동산을 소유한 자산가로 자력이 충분하다고 알려져 있다.

【사건관계인의 주장】

1. 장병주는 채권양도통지를 채권양도인이 아닌 채권양수인이 했으므로 무효일 뿐만 아니라 채권양수인이 채권양도인의 대리인 자격으로 했더라도 본인을 위한 대리행위임을 밝히지 않아 대리로서 효력이 없다고 주장하고 있고, 양도의 효력이 있더라도 이을남이 주택을 신축하면서 배수펌프의 설치를 누락했고, 그 보완공사로 500만 원을 들였으니 이를 양도된 공사대금에서 빼야 한다고 주장했다.
2. 박정수는 자신이 채권양도의 통지를 직접 받지 못해서 채권양도의 효력이 없고, 양도된 공사대금채권은 전부 변제된 것으로 알고 있으며, 주채무인 공사대금채권은 시효기간이 지나 소멸되었고, 채권이 남아 있더라도 배수펌프 보완공사로 인한 500만 원은 공사대금에서 빼야 한다고 주장했다.
3. 위 주장에 대하여 김갑동은 총 공사대금 3억 원 중 2억 원만 지급된 것으로 이을남에게

서 들었고, 이을남이 장병주에게는 채권양도통지서를 보냈으나 박정수에게는 보내지 않았으며, 이을남이 배수펌프의 설치를 누락한 것은 맞고, 수소문해 보니 그 설치비용 500만 원도 적정하다고 말했다.

【의뢰인 희망사항】

김갑동은 이을남과는 협조가 잘 되고 있는 편이라 이을남을 상대로는 소를 제기할 의사가 없다. 나머지 관계자들을 상대로 가능한 한 최대한 큰 금액을 지급받을 수 있도록 소를 제기하고 싶다.

차 용 증

김갑동(주민등록번호 780105-1045678, 주소 서울 서초구 서초로 200)을 甲, 이을남(주민등록번호 790811-1231230, 주소 수원시 장안구 정조로 100)을 乙이라 한다. 乙은 甲으로부터 다음과 같이 돈을 차용하기로 하여 이 증서를 작성한다.

대여 일시 : 2020. 3. 1.

대여 원금 : 200,000,000(이억)원

이 자 율 : 월 0.5% (매월 말일 후불 지급)

변 제 기 : 2024. 2. 28.

乙은 甲에게 위 차용금에 관한 이자지급 및 원금 반환의무를 성실히 이행하기로 한다.

2020. 3. 1.

甲(대여인) 김갑동 (인)

乙(차용인) 이을남 (인)

채권양도양수 계약서

채권의 표시 : 금 100,000,000(일억)원

도급인(공사의뢰인) 장병주와 연대보증인 박정수가 별첨 공사계약서에 따라 수급인(공사업자) 이을남에게 지급해야 할 공사대금 중 미지급금 1억 원과 이에 대한 지연손해금채권(첨부 : 공사계약서 및 부동산등기부등본 참조)

1. 이을남은 김갑동에게 장병주와 박정수에 대한 위 공사대금 1억 원과 이에 대한 지연손해금채권을 양도한다. 이로써 이을남이 2020. 3. 1. 김갑동에 대한 차용금 반환채무 원금 2억 원 중 1억 원과 이에 대한 일체의 이자 또는 지연손해금채무를 변제한 것으로 인정한다.
2. 이을남은 김갑동에게 채권양도통지에 관한 권한을 위임한다.

2025. 2. 1.

채권양도인 : 이을남 (인)
주민등록번호 790811-1231230
주소 수원시 장안구 정조로 100

채권양수인 : 김갑동 (인)
주민등록번호 780105-1045678
주소 서울 서초구 서초로 200

주택신축공사계약서

도 급 인 (공사 의뢰인) : 장병주 (인)
주소 : 서울 서초구 반포대로 100
도급인 연대보증인 : 박정수 (인)
주소 : 서울 강남구 삼성로 150, 215동 1804호 (대치동, 대치만수아파트)
수 급 인 (주택공사업자) : 이을남 (인)
상호 : 정찬이엔지 (사업자등록번호 123-45-67890)
주소 : 수원시 장안구 정조로 100

도급인은 아래와 같이 수급인에게 주택 건설 공사를 의뢰하였고, 수급인은 이를 수락하였음.
약정 일자 : 2022. 3. 1.
대 지 : 전남 담양군 담양읍 객사리 99-1 대 300㎡
건축물 내역 : 별지 도면(첨부 생략)과 같은 주택 1채 200㎡ (지하층 100㎡ 포함)
공사기간 및 완공예정일 : 계약일부터 2022. 9. 30.까지
공사 대금 : 총 300,000,000(3억)원
그중 계약금 및 착수금 5,000만 원은 계약일에,
중도금 1억 5,000만 원은 2022. 8. 1.에,
잔금 1억 원은 2022. 9. 30.(단 주택 신축공사 완료 후)에 각 지급하기로 함.
공사 지체상금 : 정당한 사유 없이 공사 지체 시 1일 당 총공사대금의 0.05%
대금 지연손해금 : 공사 완료 후 공사대금 미지급시 미지급 대금에 대하여 연 10%

도급인 연대보증인은 도급인이 수급인에 대하여 이행해야 할 공사대금채권 등 일체의 채무를 연대하여 보증하기로 함.

(이하 생략)

등기사항전부증명서(말소사항 포함) - 건물

[건물] 전남 담양군 담양읍 객사리 99-1

【 표 제 부 】 (건물의 표시)				
표시번호	접수	소재지번, 건물명칭 및 번호	건물내역	등기원인 및 기타사항
1	2022년9월30일	전남 담양군 담양읍 객사리 99-1 주건축물제1동 [도로명주소] 전남 담양군 담양읍 추성로 1371	일반목조 기타지붕 단독주택 지하층 100㎡ 1층 200㎡	

【 갑 구 】 (소유권에 관한 사항)				
순위번호	등 기 목 적	접 수	등 기 원 인	권 리 자 및 기 타 사 항
1	소유권보존	2022년9월30일 제20391호		소유자 장병주 660808-******* 전남 담양군 담양읍 추성로 1371
3	가압류	2024년10월5일 제23473호	2024년10월5일 수원지방법원의 가압류결정 (2024카단1500)	청구금액 금 120,000,000원 채권자 이을남 수원시 장안구 정조로 100

【 을 구 】 (소유권 이외의 권리에 관한 사항)				
순위번호	등 기 목 적	접 수	등 기 원 인	권 리 자 및 기 타 사 항
1	근저당권설정	2022년10월3일 제20451호	2022년10월1일 설정계약	채권최고액 300,000,000원 채무자 장병주 전남 담양군 담양읍 추성로 1371 근저당권자 주식회사 신현은행 서울 중구 을지로 1 (담양지점) 공동담보 토지 전남 담양군 담양읍 객사리 99-1

발급일 2024. 11. 20. (이하 기재 생략)

수 원 지 방 법 원

결 정

사 건	2024카단1500 부동산가압류
채 권 자	이을남
	수원시 장안구 정조로 100
채 무 자	장병주
	전남 담양군 담양읍 추성로 1371

주 문

채무자 소유의 별지 기재 부동산을 가압류한다.

채무자는 다음 청구금액을 공탁하고 가압류의 집행정지 또는 그 취소를 신청할 수 있다.

청구채권의 내용	당사자 사이의 2022. 3. 1.자 주택신축공사계약에 따른 공사대금 잔금 1억 원과 이에 대한 2024. 9. 30.까지 발생한 지연손해금
청구금액	금 120,000,000원

이 유

이 사건 부동산가압류신청은 이유 있으므로 담보로 별지 첨부의 지급보증위탁계약을 맺은 문서를 제출받고 주문과 같이 결정한다. (별지 기재 부동산은 전남 담양군 담양읍 추성로 1371 지상 주택임. 공탁보증보험증권을 포함하여 별지 첨부 생략)

2024. 10. 5.

판사 김지현 ㊞

정 본 입 니 다.
2024. 10. 5.
법원주사 김윤성 ㊞

증 명 원

사건 : 2024카단1500 부동산가압류

채권자 : 이을남

채무자 : 장병주

증명신청인 : 이을남

위 사건 신청이 2024. 10. 1. 제기되었음을 증명합니다.

2024. 11. 20.

수원지방법원

법원 주사 김윤성 (직인)

채권양도양수통지서

채권의 표시

아래 주택신축공사 계약에 따라 이을남(수급인)이 장병주(도급인)에 대하여 가지는 공사대금 잔금 1억 원 및 이에 대한 지연손해금채권

대　　　지 : 전남 담양군 담양읍 객사리 99-1 대 300㎡
건축물 내역 : 단층 주택 1채 200㎡(지하층 100㎡ 포함)
공사　대금 : 총 300,000,000(3억)원 중 잔금 100,000,000(1억)원 (지연손해금율 연 10%)
잔금 지급기일 : 2022. 9. 30. (주택공사는 9. 30. 이전에 완공됨)

채권양도인: 이을남
채권양수인: 김갑동 (주소 서울 서초구 서초로 200, 전화번호 010-4563-9601)

채권양도인은 2025. 2. 1. 위 채권을 채권양수인에게 양도하였습니다.
따라서 귀하께서는 양도인에게 지급할 위 채권금액을 양수인에게 신속하게 지급하여 주시기 바랍니다.

2025. 2. 3.

발신인 김갑동
서울 서초구 서초로 200

수신인 장병주
전남 담양군 담양읍 추성로 1371

첨부 : 채권양도양수 계약서 (첨부 생략)
주택신축공사계약서 (첨부 생략)

서초우체국장
2025. 2. 3.
24-1222334

<table>
<tr><th colspan="4">우 편 물 배 달 증 명 서</th></tr>
<tr><td colspan="4">수취인의 주거 및 성명
전남 담양군 담양읍 추성로 1371
장병주 귀하</td></tr>
<tr><td>접수국명</td><td>경기 수원</td><td>접수연월일</td><td>2025년
2월 3일</td></tr>
<tr><td>접수번호</td><td>제12567호</td><td>배달연월일</td><td>2025년
2월 5일</td></tr>
<tr><td colspan="3">적 요
(채권양도양수통지서 1통)
장병주 ㊞</td><td>담양우체국</td></tr>
</table>

내용증명

발신인 장병주

전남 담양군 담양읍 추성로 1371

수신인 김갑동

서울 서초구 서초로 200

안녕하십니까.

채권양도통지서에서 밝히신 것처럼 제가 이을남에게 주택신축공사를 총 공사대금 3억 원에 의뢰한 사실은 인정합니다.

그러나 주변의 법률전문가에게 물어보니, 채권양도의 통지는 채권양도인이 하여야 한다고 합니다(민법 제450조 제1항). 위 채권양도통지는 채권양수인이 한 것이어서 무효라고 보아야 합니다.

양도통지의 효력이 있다고 하더라도, 다음과 같은 점을 고려해야 합니다. 위 통지서를 받고난 후 2025. 3. 15. 이곳 지역에 기습적인 폭우가 내린 것은 잘 알고 계실 것입니다. 당시 혹시 모를 홍수를 대비하기 위해 지하실로 내려가 이곳저곳을 확인해 본 결과 지하실 집수정에 배수펌프가 미설치된 사실을 발견하게 되었습니다. 이을남과 체결된 계약서에는 분명하게 지하실의 집수정에 배수펌프를 설치하도록 되어 있었으나, 그 설치가 누락되었던 것입니다. 그래서 부득이 2025. 3. 20. 500만 원을 들여 계약서 규격에 맞는 배수펌프를 설치했습니다. 제가 설치한 배수펌프 등 기자재 가격과 설치 인건비 지출 내역을 첨부하여 보내드립니다.

비록 채권양도통지서를 받은 후에 지출한 것이기는 하나, 이와 같은 저의 손해는 이을남이 주택신축공사를 하면서 배수펌프 설치를 누락한 잘못에 기인한 것이므로 적어도 김갑동님께 지급해야 할 공사대금에서 빼야 할 것입니다.

이에 부득이 이러한 사정을 통보 드립니다. 그럼 참고하시기 바랍니다.

첨부 : 배수펌프 설치 내역서(첨부 생략)

2025. 4. 1.

담양우체국장
2025. 4. 1.
25-64039

안내문

발신인 김갑동 (전화번호 010-4563-9601)
서울 서초구 서초로 200

수신인 박정수
서울 강남구 삼성로 150, 215동 1804호(대치동, 대치만수아파트)

안녕하세요.

저는 2025. 2. 1. 이을남으로부터, 이을남과 장병주 사이에 2022. 3. 1. 체결된 주택신축공사계약에 따른 공사대금 잔금 1억 원과 이에 대한 지연손해금채권을 양도받은 김갑동이라고 합니다. 박정수님께서는 장병주님의 위 공사 관련 채무를 연대보증한 것으로 알고 있습니다.

이을남은 장병주에게 채권양도통지서를 보낸 바 있어서 박정수님께서도 그 내용을 잘 알고 계시리라고 생각합니다. 이을남이 위 채권양도통지서를 통해서 제게 위 채권금액을 지급해 달라고 통보하였음에도 안타깝게도 아직까지 채무 변제가 이루어지지 않고 있습니다.

이에 박정수님께 연대보증인으로서 빠른 시일 안에 위 채권금액을 변제해 주실 것을 간곡히 부탁드립니다. 부디 제 연락처로 전화 주시기를 기다리고 있겠습니다.

그럼 가내 두루 평안하시기를 기원합니다.

2025. 9. 1.

서초우체국장
2025. 9. 1.
25-3454372

<table>
<tr><th colspan="4">우 편 물 배 달 증 명 서</th></tr>
<tr><td colspan="4">수취인의 주거 및 성명
서울 강남구 삼성로 150, 215동 1804호(대치동, 대치만수아파트)
박정수 귀하</td></tr>
<tr><td>접수국명</td><td>서울 서초</td><td>접수연월일</td><td>2025년 9월 1일</td></tr>
<tr><td>접수번호</td><td>제345611호</td><td>배달연월일</td><td>2025년 9월 3일</td></tr>
<tr><td colspan="2">적 요 (안내문 1통)
박정수 ㊞</td><td colspan="2">강남우체국</td></tr>
</table>

입장문

발신인 박정수

서울 강남구 삼성로 150, 215동 1804호 (대치동, 대치만수아파트)

수신인 김갑동

서울 서초구 서초로 200

안녕하세요. 김갑동님께서 보내주신 내용증명은 잘 받아 보았습니다.

저도, 장병주가 이을남에게 2022. 3. 1. 주택신축공사를 총 공사대금 3억 원에 의뢰하였고, 제가 장병주의 의무에 관하여 연대보증한 사실은 인정합니다.

다만 김갑동님께서 주장하시는 채권양도에 관해서는 금시초문입니다. 제게는 채권양도 사실을 알려주지도 않았으면서 어떻게 제게 채권양도를 주장할 수 있는지 이해하기 어렵습니다. 민법 제450조 제1항에 의하면, 채권양도의 통지는 양수인이 아니라 양도인이 직접 해야 하기 때문입니다. 어떻게 채권을 양수했다는 김갑동님의 주장만을 믿고 변제를 해야 한다는 말씀입니까? 채권양도가 사실이 아닌 경우 저는 이중으로 변제할 위험에 처할 수 있으므로 정식으로 양도인으로부터 그 채권의 양도사실을 통지받기 전에는 김갑동님에게 채무를 이행할 수 없음을 널리 이해해 주시기 부탁드립니다.

또한, 저는 장병주가 공사대금채무를 전부 변제한 것으로 알고 있습니다. 김갑동님께서 미지급 공사대금채권이 소멸되지 않고 여전히 존재함을 증명해 주셔야 할 것입니다.

이와 더불어, 김갑동님께서 주장하는 보증의 대상은 장병주에 대한 공사대금채권이고 이것은 민법 제164조 제3호에 따른 시효기간 3년이 지나 전부 소멸했다고 보아야 합니다. 잔금 변제기가 2022. 9. 30.이고 그로부터 3년이 지났기 때문입니다.

그리고 설령 채권이 남아 있다고 하더라도 장병주가 누락된 배수펌프 설치공사에 500만 원을 들였다고 들었습니다. 이는 이을남이 당초부터 공사를 부실하게 한 결과이므로 장병주가 지출한 설치비용 500만 원은 지급할 수 없음은 당연한 처사일 것입니다.

이상과 같은 이유로 김갑동님의 요구에 응할 수 없음을 널리 혜량하여 주시기를 부탁드립니다. 그럼 안녕히 계시고, 문제가 원만하게 해결되기를 바라겠습니다.

2025. 10. 5.

강남우체국장
2025. 10. 5.
25-3234345

문제 1 해설

1. 사안의 개요

의뢰인 김갑동은 이을남으로부터 연대보증인이 있는 채권을 양수했으므로, 기본적으로 채무자 장병주와 연대보증인 박정수를 상대로 공사대금 잔금을 청구하는 것이 적정할 것이다.

2. 청구가능한 공사대금 잔액

이을남이 장병주에 대한 채권을 김갑동에게 양도하였으므로 김갑동은 채무자 장병주를 상대로 양도된 공사대금 잔액을 청구할 수 있다.

장병주는 이을남에 대한 하자보수에 갈음하는 손해배상채권으로 공사대금채권과 상계한다는 의사표시를 하였다고 주장한다.

장병주는 공사 자체의 하자가 있고 그 보수(補修)를 위해 500만 원을 지출하였으므로, 민법 제667조 제2항에 따라 하자의 보수에 갈음하는 손해배상으로 이을남을 상대로 500만 원의 지급을 청구할 수 있다.

채권양도에 의하여 채권은 그 동일성을 유지하면서 양수인에게 이전되고, 채무자는 양도통지를 받은 때까지 양도인에 대하여 생긴 사유로써 양수인에게 대항할 수 있다(민법 제451조 제2항).[264]

도급계약에 있어서 완성된 목적물에 하자가 있는 때에는 도급인은 수급인에 대하여 하자의 보수를 청구할 수 있고, 그 하자의 보수에 갈음하여 또는 보수와 함께 손해배상을 청구할 수 있는바, 이들 청구권은 특별한 사정이 없는 한 수급인의 보수지급청구권과 동시이행의 관계에 있다. 도급인이 하자의 보수에 갈음하여 손해배상을 청구하는 경우에는 수급인이 그 손해배상

264 만일 자동채권이 채권양도통지 이후에 발생한 경우라도 다음과 같은 경우에는 상계할 수 있다. 즉, 채무자의 채권양도인에 대한 자동채권이 발생하는 기초가 되는 원인이 양도 전에 이미 성립하여 존재하고 그 자동채권이 수동채권인 양도채권과 동시이행의 관계에 있는 경우에는, 양도통지가 채무자에게 도달하여 채권양도의 대항요건이 갖추어진 후에 자동채권이 발생하였다고 하더라도 채무자는 동시이행의 항변권을 주장할 수 있고, 따라서 그 채권에 의한 상계로 양수인에게 대항할 수 있다(대법원 2015. 4. 9. 선고 2014다80945 판결 참조).

청구에 관하여 채무이행을 제공할 때까지 그 손해배상의 액에 상응하는 보수의 액에 관하여만 자기의 채무이행을 거절할 수 있을 뿐, 그 나머지 액의 보수에 관하여는 지급을 거절할 수 없다(대법원 1991. 12. 10. 선고 91다33056 판결 등 참조).

이 사건에서 이을남은 장병주에게 손해배상금 500만 원을 지급할 의무가 있고, 위 채무 자체는 채권양도 이후 피고 장병주의 추가 공사로 인해 그 금액이 확정된 것이라고 하더라도 이을남의 양도 이전인 공사 당시에 이미 성립하여 존재한다고 볼 수 있다. 또한 이을남의 하자보수에 갈음한 손해배상채무와 장병주의 위 공사대금채무는 동시이행의 관계에 있고, 다만 동시이행을 이유로 지급을 거절할 수 있는 금액은 손해배상의 액에 상응하는 500만 원에 한한다. 장병주는 500만 원의 한도에서 동시이행항변권을 갖고 있으므로 손해배상금의 지급시까지는 공사대금채권 중 500만 원에 대해서는 지연손해금이 발생하지 않는다. 따라서 공사대금 중 500만 원은 이에 대한 지연손해금을 고려할 필요 없이 손해배상금 500만 원과 상계로 소멸하였다고 보아야 한다.

결국 김갑동은 장병주를 상대로 상계 후 남은 금액인 9,500만 원만 청구하는 것이 타당하다.

3. 채권양도통지의 적법 여부

민법 제450조 제1항에 의하면, 채권의 양도는 양도인이 채무자에게 통지하여야 채무자 기타 제3자에게 대항할 수 있다. 위 규정에 의하면 원칙적으로 채권양도의 통지는 양도인이 하여야 한다.

그러나 민법 제450조에 의한 채권양도통지는 양도인이 직접 하지 아니하고 사자를 통하여 하거나 대리인으로 하여금 하게 하여도 무방하고, 채권의 양수인도 양도인으로부터 채권양도통지 권한을 위임받아 대리인으로서 그 통지를 할 수 있다(대법원 1994. 12. 27. 선고 94다19242 판결, 1997. 6. 27. 선고 95다40977, 40984 판결 등 참조).

그리고 채권양도통지 권한을 위임받은 양수인이 양도인을 대리하여 채권양도통지를 함에 있어서는 민법 제114조 제1항의 규정에 따라 양도인 본인과 대리인을 표시하여야 하는 것이므로, 양수인이 서면으로 채권양도통지를 함에 있어 대리관계의 현명을 하지 아니한 채 양수인 명의로 된 채권양도통지서를 채무자에게 발송하여 도달되었다 하더라도 이는 효력이 없다고 할 것이다.

다만, 대리에 있어 본인을 위한 것임을 표시하는 이른바 현명은 반드시 명시적으로만 할 필요는 없고 묵시적으로도 할 수 있는 것이고, 채권양도통지를 함에 있어 현명을 하지 아니한 경우라도 채권양도통지를 둘러싼 여러 사정에 비추어 양수인이 대리인으로서 통지한 것임을 상대방이 알았거나 알 수 있었을 때에는 민법 제115조 단서의 규정에 의하여 유효하다고 보아야 할 것이다(대법원 2004. 2. 13. 선고 2003다43490 판결 등 참조).

이 사건에서 이을남의 채권양도통지의 대리권한을 김갑동에게 부여하였으므로 비록 명시적인 현명은 없으나 상대방이 대리로 한 것임을 알았거나 알 수 있었다고 인정될 만한 사실관계를 밝혀서 소장에 기재해 주어야 할 필요가 있다.

4. 연대보증인에 대한 양도통지 필요 여부

보증채무는 주채무에 대한 부종성 또는 수반성이 있어서 주채무자에 대한 채권이 이전되면 당사자 사이에 별도의 특약이 없는 한 보증인에 대한 채권도 함께 이전하고, 이 경우 채권양도의 대항요건도 주채권의 이전에 관하여 구비하면 족하고, 별도로 보증채권에 관하여 대항요건을 갖출 필요는 없다(대법원 2002. 9. 10. 선고 2002다21509 판결 등 참조).

따라서 주채무자에게만 채권양도통지를 하고 연대보증인 박정수에게 별도의 양도통지를 하지 않더라도 채권양도의 효력은 연대보증인 박정수에게 미친다.

5. 변제의 주장, 증명 문제

박정수는 채무가 전부 변제되었다고 주장한다. 채권은 기본적으로 채권의 발생원인인 계약의 체결이나, 부당이득, 또는 불법행위와 같은 법이 정한 요건을 갖추면 발생하는 것이고, 변제와 같은 채권소멸의 원인사실은 위와 같은 채권의 발생원인과 양립가능한 별개의 사실관계로서 항변사항이므로, 이를 주장하는 자가 증명해야 한다. 그렇다고 이를 언급조차 하지 않는 것은 상대방 주장을 다투지 않는 것으로 여겨질 수 있다. 따라서 변제를 인정할 수 없다는 취지와 그 증명이 부족하거나 없음을 밝혀주는 것이 필요하다.

6. 시효소멸 문제

가. 시효기간

박정수가 시효소멸을 주장하는 채권은 장병주에 대한 공사대금채권이므로 민법 제164조 제3호에 따라 3년의 단기소멸시효기간이 적용된다. 위 채권은 상행위로 인한 채권이므로 상법 제64조 본문에 따라 5년의 시효기간이 적용된다고 볼 수도 있으나, 민법이 더 단기의 시효를 정하고 있으므로 위 조항 단서 규정에 따라 위 민법 규정이 적용된다.

나. 시효중단 사유

시효중단 사유로는 ① 이을남이 장병주를 상대로 한 부동산가압류, ② 김갑동이 장병주를 상대로 한 채권양도통지를[265] 통한 최고, ③ 김갑동이 박정수를 상대로 한 최고, 세 가지를 검토할 수 있다.

이을남의 장병주에 대한 부동산가압류는 시효중단 사유가 되고(민법 제168조 제2호), 시효의 중단은 당사자 및 그 승계인 사이에 효력이 있으며(민법 제169조), 주채무자에 대한 시효의 중단은 보증인에 대하여 그 효력이 있다(민법 제440조). 이을남이 한 소멸시효중단의 효과는 해당 채권을 양수한 김갑동에게도 효력을 미치고 그 효력은 보증인인 박정수에게도 미친다. 따라서 적합한 시효중단 사유로 볼 수 있다.

최고의 경우 6개월 내에 재판상 청구 등 보다 강력한 시효중단 조치로 나아가야 시효중단의 효력이 유지된다(민법 제174조). 그러나 김갑동의 장병주에 대한 최고는 그로부터 이미 6개월이 지나도록 재판상 청구 등 사유가 없었으므로 이를 시효중단 사유로 주장해서는 안 된다.

김갑동의 박정수에 대한 최고는 그로부터 6개월이 지나지는 않았다. 그러나 보증채무와 주채무는 별개의 채무로 구별해야 한다. 보증채무에 대한 소멸시효가 중단되었다고 하더라도 이로써 주채무에 대한 소멸시효가 중단되는 것은 아니고, 주채무가 소멸시효완성으로 소멸된 경우에는 보증채무도 그 채무 자체의 시효중단에 불구하고 부종성에 따라 당연히 소멸된다(대법원 2002. 5. 14. 선고 2000다62476 판결 등 참조). 박정수는 보증채무가 아니라 주채무의 시효소멸을 주장하고 있으므로, 보증채무 자체의 시효중단을 주장하더라도 주채무인 공사대금채권의 시효 진행을 중단시킬 수 없다. 따라서 이를 주장하는 것은 적절한 주장이 아니다.

---

265 채권양도의 통지 역시 거기에 채권의 지급을 요구하는 취지가 포함되어 있다면 최고로서의 효력이 인정될 수 있다(대법원 2009. 2. 26. 선고 2007다83908 판결 등 참조).

문제 1 모범답안

소 장

원 고 김갑동
서울 서초구 서초로 200
소송대리인 변호사 전승혜
서울 서초구 서초대로10길 11, 1200호 (서초동, 완승빌딩)
전화 02)532-3000, 팩스 02)532-3001, E-mail : jsh0909@naver.com

피 고 1. 장병주
전남 담양군 담양읍 추성로 1371
2. 박정수
서울 강남구 삼성로 150, 215동 1804호 (대치동, 대치만수아파트)

양수금 등 청구의 소

청 구 취 지

1. 피고들은 연대하여 원고에게 95,000,000원과 이에 대하여 2022. 10. 1.부터 이 사건 소장부본 송달일까지는 연 10%의, 그다음 날부터 다 갚는 날까지는 연 12%의 각 비율로 계산한 돈을 지급하라.
2. 소송비용은 피고들이 부담한다.
3. 제1항은 가집행할 수 있다.

라는 판결을 구합니다.

청 구 원 인

1. 청구원인 사실[266]

이을남과 피고 장병주는 2022. 3. 1. 이을남이 피고 장병주에게서 총 공사대금 3억 원을 받기로 하고 전남 담양군 담양읍 객사리 99-1 대 300㎡ 지상에 주택을 신축해 주기로 하는 내용의 주택신축공사계약을 체결하였고, 피고 박정수는 같은 날 기명날인이 있는 서면으로 피고 장병주의 위 계약에 따른 의무를 연대보증하였습니다. 피고 장병주는 위 계약에서 주택신축공사를 완공한 후 2022. 9. 30.에 잔금 1억 원을 지급하기로 약정하였고, 이을남은 2022. 9. 30. 이전에 위 주택신축공사를 완료하였습니다.[267]

이을남은 2025. 2. 1. 원고에게 피고 장병주에 대한 위 공사대금과 피고 박정수에 대한 위 연대보증금 잔금 1억 원과 이에 대한 지연손해금채권을 양도하였고, 2025. 2. 3. 피고 장병주에게 내용증명 우편으로 위 채권양도를 통지하였으며, 그 통지는 2025. 2. 5. 피고 장병주에게 도달되었습니다.

한편, 이을남은 위 공사에서 배수펌프의 설치를 누락하였고, 피고 장병주가 2025. 3. 20. 500만 원을 들여 배수펌프를 설치했습니다. 피고 장병주는 이을남을 상대로 하자보수에 갈음하는 손해배상금 500만 원의 지급을 청구할 권리가 있으므로 이를 공사대금에서 상계할 것을 주장합니다. 배수펌프의 미시공이라는 하자가 위 공사의 완공일인 2022. 9. 30. 발생하였다고 볼 수 있고 같은 날 위 공사잔금채무의 변제기가 도래함으로써 상계적상에 이르렀음을 고려하여 공사대금 잔금 1억 원에서 위 500만 원을 뺀 나머지 9,500만 원을 청구하고자 합니다.

그렇다면, 피고 장병주는 도급인으로서, 피고 박정수는 연대보증인으로서 위 공사대금 잔금채권을 양수한 원고에게 연대하여 9,500만 원과 위 잔금 약정일 다음 날인 2022. 10. 1.부터 이 사건 소장 부본 송달일까지는 약정에 의한 연 10%의, 그다음 날부터 다 갚는 날까지는 소송촉진 등에 관한 특례법이 정한 연 12%의 각 비율로 계산한 지연손해금을 지급할 의무가 있습니다.

---

266 양수금청구의 요건사실에 맞추어 서술하면 된다. 그 요건사실 및 기재방식에 관하여는 [부록] 제1항 중 순번 6번을 참조하라.

267 김갑동이 이을남에게 2억 원을 대여한 사실은 기재할 필요가 없다. 이는 채권양도의 원인이 된 사실에 불과하기 때문에 양수금청구의 요건사실에 포함되지 않는다. 따라서 아래 증거방법에도 차용증을 첨부할 필요가 없다.

2. 피고들의 예상 주장에 대한 원고의 반박

가. 피고 장병주에 대하여

1) 양수인의 채권양도통지 가능 여부

장병주는 채권양도통지를 채권양도인이 아닌 채권양수인이 했으므로 무효라고 주장할 것으로 예상됩니다.

채권양도의 통지는 채권양도인이 해야 하는 것이 원칙이기는 합니다. 그러나 채권양도통지는 양도인이 직접하지 아니하고 사자를 통하여 하거나 대리인으로 하여금 하게 하여도 무방하고, 채권의 양수인도 양도인으로부터 채권양도통지 권한을 위임받아 대리인으로서 그 통지를 할 수 있습니다.

이 사건에서 김갑동은 이을남으로부터 채권양도통지의 권한을 위임받아서 이을남을 대리하여 채권양도의 통지를 한 것이므로 위 채권양도는 유효하다고 보아야 합니다.

2) 현명주의 위반 여부

장병주는 채권양수인이 채권양도인의 대리인 자격으로 했더라도 본인을 위한 대리행위임을 밝히지 않아 대리로서 효력이 없다고 주장할 것으로 예상됩니다.

채권양도통지 권한을 위임받은 양수인이 양도인을 대리하여 채권양도통지를 함에 있어서는 민법 제114조 제1항의 규정에 따라 양도인 본인과 대리인을 표시하여야 하는 것이기는 하나, 대리에 있어 본인을 위한 것임을 표시하는 이른바 현명은 반드시 명시적으로만 할 필요는 없고 묵시적으로도 할 수 있는 것이고, 채권양도통지를 함에 있어 현명을 하지 아니한 경우라도 채권양도통지를 둘러싼 여러 사정에 비추어 양수인이 대리인으로서 통지한 것임을 상대방이 알았거나 알 수 있었을 때에는 민법 제115조 단서의 규정에 의하여 유효하다고 보아야 합니다.

이 사건에서 원고는 이을남으로부터 채권양도통지의 권한을 위임받았고 그에 따라 양도된 채권을 행사하려는 의사로 피고 장병주에게 채권양도의 통지를 한 것입니다. 따라서 원고가 한 채권양도통지는 양도인인 이을남에게 그 효과를 귀속시키려는 대리의사가 있다고 보는 것이 합리적입니다.

또한 원고가 발송한 채권양도통지서에는 이을남이 김갑동에게 채권양도통지의 권한을 위임한 취지가 기재되어 있는 '채권양도양수계약서'가 첨부되어 있어서, 이를 수령한 피고 장병주는 이을남이 김갑동에게 채권양도통지 권한을 위임하였는지 여부를 확인하였거나 적어도 쉽게 확인할 수 있었습니다.

이러한 사정을 종합하면, 이 사건 채권양도통지의 상대방인 피고로서는 원고가 본인인 이을남을 위하여 채권양도통지를 한 것임을 알았거나 알 수 있었습니다. 따라서 민법 제115조 단서에 따라 위 채권양도통지는 유효하다고 인정되어야 합니다.

3) 소결론

피고의 위 주장들은 모두 이유 없습니다.

나. 피고 박정수에 대하여

1) 연대보증인에 대한 채권양도통지 흠결 주장에 대하여

피고 박정수는 채권양도인으로부터 그 채권의 양도사실을 통지받기 전에는 채권양수인이라고 하더라도 채권양도로 연대보증인인 피고 박정수에게 대항할 수 없다고 주장할 것으로 예상됩니다.

그러나 보증채무는 주채무에 대한 부종성 또는 수반성이 있어서 주채무자에 대한 채권이 이전되면 당사자 사이에 별도의 특약이 없는 한 보증인에 대한 채권도 함께 이전하고, 이 경우 채권양도의 대항요건도 주채권의 이전에 관하여 구비하면 족하고, 별도로 보증채권에 관하여 대항요건을 갖출 필요는 없습니다.

앞서 말씀드린 바와 같이 양도인인 이을남은 주채무자인 피고 장병주에게 양도사실을 적법하게 통지하였습니다. 따라서 이와 별도로 연대보증인인 피고 박정수에게 양도사실을 통지할 필요 없이, 채권양도의 효력은 연대보증인인 피고 박정수에게 미친다고 보아야 합니다. 위 주장은 이유 없습니다.

2) 변제 주장에 대하여

피고 박정수는 피고 장병주가 이을남에게 공사대금채무를 전부 변제했다고 주장할 것으로 예상됩니다. 그러나 공사대금은 2억 원만 변제되었을 뿐, 나머지는 변제되지 않았습니다.[268] 공사대금채무의 변제사실은 채무자가 증명책임을 지는 것이고, 피고 박정수는 그 변제사실을 증명할 아무런 증거를 제출하지 않았습니다. 위 주장도 이유 없습니다.

268 변제항변에 대한 부인에 해당한다.

3) 시효소멸 주장에 대하여

피고 박정수는 원고의 채권이 공사대금채권이므로 민법 제164조 제3호에 따라 공사대금 변제기인 2022. 9. 30.부터 단기 소멸시효기간 3년이 지나 시효소멸했다고 주장할 것으로 예상됩니다.

그러나 채권양도인 이을남은 채권양도 이전으로서 소멸시효기간 만료 전인 2024. 10. 1.[269] 위 공사대금 잔금 1억 원과 이에 대하여 잔금 지급기일 다음 날인 2022. 10. 1.부터 2024. 9. 30.까지 발생한 지연손해금채권 합계 1억 2,000만 원을 청구채권으로 하여 피고 장병주 소유의 전남 담양군 담양읍 추성로 1371 지상 주택에 대하여 수원지방법원 2024카단1500호로 가압류신청을 하여 그 결정을 받아 집행하였습니다. 이로써 공사대금채권의 소멸시효는 중단되었습니다. 민법 제169조에 의하면, 시효의 중단은 당사자 및 그 승계인간에 효력이 있으므로 소멸시효중단의 효과는 해당 채권을 양수한 원고에게도 효력을 미치고, 민법 제440조에 의하면 주채무자에 대한 시효의 중단은 보증인에 대하여 그 효력이 있으므로, 위 시효중단의 효력은 연대보증인인 피고 박정수에게도 미칩니다.[270] 따라서 위 주장은 이유 없습니다.

3. 소결론

원고는 이상과 같은 이유로 피고들을 상대로 청구취지와 같은 판결을 구하니 원고의 피고들에 대한 청구를 모두 인용해 주시기 바랍니다.

증명방법 및 첨부서류 (생략)

2025. 11. 1.

원고 소송대리인 변호사 전승혜 ㊞

서울중앙지방법원 귀중

---

269 가압류로 인한 시효중단의 효력은 가압류 신청시에 발생하므로(대법원 2017. 4. 7. 선고 2016다35451 판결), 가압류 신청시기를 확인하여 적어주는 것이 원칙이다. 특히 가압류 신청시, 결정시, 송달시가 서로 다르고 그 시기에 따라 시효중단 여부가 달라질 경우에는 이를 분명히 해야 할 것이다. 다만 실무상 어느 시기에 따르더라도 결론이 달라지지 않는 경우라면, 간단하게 가압류결정일을 밝혀 줄 수도 있다.

270 채권양도인이 가압류를 하였고, 이를 시효중단 사유로 채권양수인이 주장하는 것이므로, 민법 제169조의 법리를 적시해야 한다. 또한 주채무자에 대한 시효중단이므로 보증인에게도 영향을 미친다는 민법 제440조의 법리도 적시해 주어야 한다.

<문제 2> 귀하는 변호사 전승혜로서, 의뢰인 김갑동과의 상담을 통해 <문제1>의 【상담내용】과 같은 사실관계를 청취하고, 【의뢰인 희망사항】 기재사항에 관한 본안소송의 대리권을 수여받았으며, 첨부된 서류를 자료로 받았습니다.

다만, <문제 1>의 첨부자료 중 '2025. 10. 5. 박정수의 입장문'은 이 문제에 첨부된 입장문과 첨부 문서로 대체하고 【사건관계인의 주장】 **부분 역시 위 입장문에 드러난 박정수의 주장으로 대체합니다**.

의뢰인을 위한 본안의 소를 제기하기 위한 **소장**을 작성하시오.

【작성요령】

1. 작성요령은 <문제 1>의 경우와 같습니다.

입장문

발신인 박정수

서울 강남구 삼성로 150, 215동 1804호 (대치동, 대치만수아파트)

수신인 김갑동

서울 서초구 서초로 200

안녕하세요. 김갑동님께서 보내주신 내용증명은 잘 받아 보았습니다.

저도, 장병주가 이을남에게 2022. 3. 1. 주택신축공사를 총 공사대금 3억 원에 의뢰하였고, 제가 장병주의 의무에 관하여 연대보증은 한 사실은 인정합니다.

다만 저는 다음과 같은 가압류결정을 받았음을 알려드립니다.

즉, 서울중앙지방법원은 2025. 1. 15. 가압류결정을 내렸고, 서울서부지방법원도 2025. 5. 1. 제게 가압류결정을 보냈습니다. 그 내역은 이 입장문에 첨부하여 보내드립니다.

특히 서울중앙지방법원의 가압류는 이을남의 장병주에 대한 공사대금에 관한 것으로서 이을남이 김갑동님에게 양도한 2025. 2. 1. 이전에 내려진 것입니다. 김갑동님께서 주장하시는 채권양도 이전에 양도 대상인 채권에 대하여 이미 가압류결정이 내려졌으므로, 채권양도는 가압류의 효력에 위반되어 그 효력을 제게 주장할 수 없습니다.

또한, 김갑동님에게 채권이 양도되었다고 하더라도 서울서부지방법원이 김갑동님의 저에 대한 채권에 대하여 가압류결정을 내렸고, 이에 의하면, 채무액의 지급이 금지됩니다. 따라서 이와 같은 법원의 명령에 따라 저는 김갑동님에게 채무액을 지급할 수가 없습니다.

그리고 설령 채권이 남아 있다고 하더라도 장병주가 누락된 배수펌프 설치공사에 500만 원을 들였다고 들었습니다. 이는 이병주가 당초부터 공사를 부실하게 한 결과이므로 장병주가 지출한 설치비용 500만 원은 지급할 수 없음은 당연한 처사일 것입니다.

이상과 같은 이유로 김갑동님의 요구에 응할 수 없음을 널리 혜량하여 주시기를 부탁드립니다. 그럼 안녕히 계시고, 문제가 원만하게 해결되기를 바랍니다.

2025. 10. 5.

강남우체국장
2025. 10. 5.
25-3234345

서울중앙지방법원
결 정

사 건 2025카단45000 채권가압류
채 권 자 김소일
서울 동작구 흑석한강로 11 (흑석동)
채 무 자 이을남
수원시 장안구 정조로 100
제3채무자 장병주
전남 담양군 담양읍 추성로 1371

주 문

1. 채무자의 제3채무자에 대한 별지 목록 기재의 채권을 가압류한다.
2. 제3채무자는 채무자에게 위 채권에 관한 지급을 하여서는 아니된다.
3. 채무자는 다음 청구금액을 공탁하고 집행정지 또는 그 취소를 신청할 수 있다.

청구채권의 내용 김소일과 이을남 사이에 체결된 2024. 3. 1.자 상가리모델링계약에 따른 하자보수에 갈음하는 손해배상채권
청구금액 금 150,000,000원

이 유

이 사건 채권가압류 신청은 이유 있으므로, 담보로 공탁보증보험증권(승산보증보험 주식회사 증권번호 304394)을 제출받고 주문과 같이 결정한다.

2025. 1. 15.

판 사 강 민 기

※ 1. 이 가압류결정은 채권자가 제출한 소명자료를 기초로 판단한 것입니다.
2. 채무자가 이 결정에 불복이 있을 경우 가압류이의나 취소신청을 이 법원에 제기할 수 있습니다.

정 본 입 니 다.
2025. 1. 15.
법원주사보 이정우

별 지

가압류할 채권의 표시

금 150,000,000원

채무자와 제3채무자 사이에 체결된 2022. 3. 1.자 주택신축공사계약 따른 100,000,000원의 공사대금 잔액과 이에 대한 지연손해금 중 위 청구금액.

증 명 원

사건 : 2025카단45000 채권가압류

채권자 : 김소일

채무자 : 이을남

제3채무자 : 장병주

증명신청인 : 장병주

위 사건의 채권가압류결정이 제3채무자에게 2025. 1. 18. 송달되었고, 채무자에게 2025. 2. 10. 송달되었음을 증명합니다.

2025. 3. 20.

서울중앙지방법원

법원 주사보 이정우 (직인)

서울서부지방법원
결 정

사 건 2025카단23000 채권가압류
채 권 자 윤소이
서울 마포구 독막로 165 (서강동)
채 무 자 김갑동
서울 서초구 서초로 200
제3채무자 박정수
서울 강남구 삼성로 150, 215동 1804호 (대치동, 대치만수아파트)

주 문

1. 채무자의 제3채무자에 대한 별지 목록 기재의 채권을 가압류한다.
2. 제3채무자는 채무자에게 위 채권에 관한 지급을 하여서는 아니된다.
3. 채무자는 다음 청구금액을 공탁하고 집행정지 또는 그 취소를 신청할 수 있다.

청구채권의 내용 2023. 6. 1.자 대여금원리금채권
청구금액 금 200,000,000원

이 유

이 사건 채권가압류 신청은 이유 있으므로, 담보로 공탁보증보험증권(미성보증보험 주식회사 증권번호 50403982)을 제출받고 주문과 같이 결정한다.

2025. 5. 1.

판 사 위 희 수

※ 1. 이 가압류결정은 채권자가 제출한 소명자료를 기초로 판단한 것입니다.
2. 채무자가 이 결정에 불복이 있을 경우 가압류이의나 취소신청을 이 법원에 제기할 수 있습니다.

정 본 입 니 다.
2025. 5. 1.
법원주사보 강지유

별 지

가압류할 채권의 표시

금 200,000,000원

이을남과 장병주 사이에 2022. 3. 1. 주택신축공사계약이 체결되고 공사가 완공되어 장병주는 이을남에게 공사대금 잔금 100,000,000원과 그 지연손해금을 지급할 의무가 발생하였고, 제3채무자는 장병주의 이을남에 대한 채무를 연대보증함. 이을남은 위 연대보증금채권을 2025. 2. 1. 채무자에게 양도함. 채무자의 제3채무자에 대한 연대보증금채권 중 위 청구금액.

증 명 원

사건 : 2025카단23000 채권가압류

채권자 : 윤소이

채무자 : 김갑동

제3채무자 : 박정수

증명신청인 : 박정수

위 사건의 채권가압류결정이 제3채무자에게 2025. 5. 3. 송달되었고, 채무자에게 2025. 5. 15. 송달되었음을 증명합니다.

2025. 5. 30.

서울서부지방법원

법원 주사보 강지유 (직인)

문제 2 해설

1. 사안의 개요

의뢰인 김갑동의 양수금에 대한 연대보증금청구에 대하여 피고 박정수가 채권양도 전에 이루어진 가압류와 채권양도 이후에 이루어진 가압류로 항변한 사안이다.

2. 가압류된 채권의 청구 가부

금전채권의 경우 그것이 가압류되었다고 하더라도 채권자는 그 지급을 청구하는 소를 제기할 수 있고 이때 법원은 전부 승소판결을 내려야 한다는 것이 판례이고,[271] 다만 소유권이전등기청구권이 가압류된 경우에는 가압류의 해제를 조건으로 지급을 명하는 판결을 내려야 한다는 것이 판례임[272]은 <기록 2>의 <문제 1> 해당 해설 부분에서 살펴본 바와 같다.

따라서 이 사건의 경우와 같이 채권양도 후 김갑동의 박정수에 대한 채권이 가압류되었다고 하더라도 전부 승소판결이 선고되어야 한다.

3. 압류, 가압류와 채권양도의 경합 문제

가. 경합시 우열의 기준

채권이 이중으로 양도되거나 가압류, 내지 압류와의 우열을 가리는 기준에 관해서는 대법원 1994. 4. 26. 선고 93다24223 전원합의체 판결 이래로 확정일자 있는 양도통지의 채무자에 대한 도달 또는 가압류결정 정본의 제3채무자에 대한 도달의 선후에 의하여 우열을 정하여야 한다는 것이 판례의 일관된 태도이다.

다만, 위 판례는 채권양도의 통지와 가압류 또는 압류명령이 제3채무자에게 같은 날 송달되고 그 선후관계에 대한 증명이 없어 동시에 도달된 것으로 추정된 사안에서 모두 완전한 대

271 대법원 1989. 11. 24. 선고 88다카25038 판결 등
272 대법원 1992. 11. 10. 선고 92다4680 전원합의체판결 등

항력을 갖추었다고 판시한 것으로서, 가압류결정이 채권양도의 통지보다 먼저 제3채무자에 도달한 경우에 채권양도의 효력이 어떻게 되는지에 관한 판례는 아니다. 이에 관해서는 가압류된 채권에 관한 채권양도의 효력이 어떤지에 관해서 추가로 검토되어야 한다.

나. 가압류 이후 채권양도 가능 여부

판례는 가압류가 된 채권에 대해서도 채권양도를 할 수 있고, 위 채권에 관하여 소를 제기하는 경우 단순히 전부 승소판결을 해야 한다고 판시하고 있다. 즉, 대법원 2000. 4. 11. 선고 99다23888 판결은 "일반적으로 채권에 대한 가압류가 있더라도 이는 가압류채무자가 제3채무자로부터 현실로 급부를 추심하는 것만을 금지하는 것이므로 가압류채무자는 제3채무자를 상대로 그 이행을 구하는 소송을 제기할 수 있고, 법원은 가압류가 되어 있음을 이유로 이를 배척할 수 없는 것이며, 채권양도는 구 채권자인 양도인과 신 채권자인 양수인 사이에 채권을 그 동일성을 유지하면서 전자로부터 후자에게로 이전시킬 것을 목적으로 하는 계약을 말한다 할 것이고, 채권양도에 의하여 채권은 그 동일성을 잃지 않고 양도인으로부터 양수인에게 이전된다 할 것이며, 가압류된 채권도 이를 양도하는 데 아무런 제한이 없으나, 다만 가압류된 채권을 양수받은 양수인은 그러한 가압류에 의하여 권리가 제한된 상태의 채권을 양수받는다고 보아야 할 것이다."라고 판시하였다. 이에 의하면, 채권이 가압류된 이후에도 유효하게 양도할 수 있고, 가압류된 채권의 경우와 같이 양수인이 이를 청구하는 경우 전부 승소판결을 받을 수 있다.

다만, 채권가압류의 처분금지의 효력은 본안소송에서 가압류채권자가 승소하여 집행권원을 얻는 등으로 피보전권리의 존재가 확정되는 것을 조건으로 하여 발생하는 것이므로 채권가압류결정의 채권자가 본안소송에서 승소하는 등으로 집행권원을 취득하는 경우에는 가압류에 의하여 권리가 제한된 상태의 채권을 양수받는 양수인에 대한 채권양도는 무효가 된다.[273]

273 대법원 1998. 11. 13. 선고 96다25692 판결

문제 2 모범답안

소 장

(아래 부분 외에는 <문제 1>의 모범답안과 동일함. 생략)

2. 피고 박정수의 예상 주장에 대한 원고의 입장

가. 채권양도 이전 가압류 주장에 대하여

피고 박정수는 2025. 1. 15. 이을남의 피고 장병주에 대한 공사대금채권에 관하여 가압류결정이 내려졌으므로, 가압류 이후에 이루어진 채권의 양도는 가압류결정의 효력에 반하여 무효라고 주장할 것으로 예상됩니다.

일반적으로 채권에 대한 가압류가 있더라도 이는 가압류채무자가 제3채무자로부터 현실로 급부를 추심하는 것만을 금지하는 것이므로 가압류채무자는 제3채무자를 상대로 그 이행을 구하는 소송을 제기할 수 있고, 법원은 가압류가 되어 있음을 이유로 이를 배척할 수 없는 것이며, 채권양도는 구 채권자인 양도인과 신 채권자인 양수인 사이에 채권을 그 동일성을 유지하면서 전자로부터 후자에게로 이전시킬 것을 목적으로 하는 계약을 말한다 할 것이고, 채권양도에 의하여 채권은 그 동일성을 잃지 않고 양도인으로부터 양수인에게 이전된다 할 것이며, 가압류된 채권도 이를 양도하는 데 아무런 제한이 없습니다.

따라서 이 사건 채권양도는 피고 주장과 같은 가압류결정 이후에 이루어진 것이라고 하더라도 유효합니다. 피고 박정수의 위 주장은 받아들일 수 없습니다.

나. 원고의 피고 박정수에 대한 채권 가압류 주장에 대하여

피고 박정수는 원고의 피고 박정수에 대한 연대보증채권에 관하여 가압류결정이 내려졌으므로, 원고는 피고 박정수를 상대로 가압류결정에 반하는 금전의 지급을 청구할 수 없다고 주장할 것으로 예상됩니다.

채권가압류가 된 경우, 제3채무자는 채무자에 대하여 채무의 지급을 하여서는 안 되고, 채무자는 추심, 양도 등의 처분행위를 하여서는 안 되지만, 이는 이와 같은 변제나 처분행위를 하였을 때에 이를 가압류채권자에게 대항할 수 없다는 것이며, 채무자가 제3채무자를 상대로 이행의 소를 제기하여 집행권원을 얻는 것까지 금하는 것은 아니라 할 것입니다.

따라서 위 가압류결정만으로는 원고가 피고 박정수를 상대로 위 채권의 지급을 소로써 청구할 수 없게 된다고 볼 수 없습니다. 피고 박정수의 위 주장 역시 받아들일 수 없습니다.

4

기록

대지 인도, 건물 철거, 부당이득반환 / 공유물의 배타적 사용, 유치권, 법정지상권

기록 4

<문제 1> 귀하는 변호사 전승혜로서, 의뢰인 김갑동과의 상담을 통해 아래 【상담내용】과 같은 사실관계를 청취하고, 【의뢰인 희망사항】 기재사항에 관한 본안소송의 대리권을 수여받고, 첨부된 서류를 자료로 받았습니다.

의뢰인을 위한 본안의 소를 제기하기 위한 <u>소장</u>을 작성하시오.

【작성요령】

1. 소장 작성일 및 소제기일은 <u>2025. 4. 1.</u>로 하시오.
2. 부동산의 표기는 다음 [별지 목록]을 소장 말미에 첨부함을 전제로 하고, [별지 목록]을 별도로 작성하지 마시오.
3. 그 밖의 작성방식은 【공통된 작성요령】과 같습니다.

별지

목 록

1. 수원시 팔달구 팔달동 256 대 330㎡
2. 수원시 팔달구 팔달동 256([도로명주소]수원시 팔달구 팔달산로 10) 지상 경량철골조 샌드위치패널지붕 단층 상가 300m^2. 끝.

의뢰인 상담일지

변호사 전 승 혜 법률사무소

서울 서초구 서초대로10길 11, 1200호 (서초동, 완승빌딩)
☎ : 02)532-3000, 팩스 : 02)532-3001, E-mail : jsh0909@naver.com

접수번호	2025-1000	**상담일시**	2025. 3. 25.
상담인	김갑동	**내방경위**	지인소개

【상 담 내 용】

1. 김갑동은 2013년경에 적당한 투자처를 찾던 중, 고등학교 동창인 공인중개사 이을서의 추천으로 주변에 개발호재가 있는 별지 목록 제1항 기재 대지를 매수하게 되었다. 당시 김갑동의 자금이 조금 부족한 관계로 대금 일부와 취등록세, 중개수수료 등 제반비용을 이을서가 보태기로 하였고, 이에 김갑동과 이을서는 각 1/2지분으로 위 땅을 공동 소유하기로 하였다.
2. 그런데 김갑동이 오랜 해외 근무를 마치고 돌아와서 보니 이을서가 김갑동과 상의 없이 그 지상에 별지 목록 제2항 기재와 같은 단층짜리 컨테이너 건물을 신축하고는, 위 건물을 박병남에게 임대하여, 지금까지 혼자 보증금과 월세를 독식하고 있었다.
3. 현재 위 건물은 미등기 상태이고, 위 땅은 그 전체가 건물의 부지로만 사용되고 있으며, 박병남은 위 건물에서 스포츠용품 판매매장을 운영하고 있다.

【사건관계인의 주장】

1. 박병남은 자신이 상가건물 임대차보호법상 대항력을 갖췄으니 비켜줄 수 없고, 적어도 보증금을 돌려받을 때까지는 못나간다는 주장을 한다. 또한 자신이 보증금반환채권을 피담보채권으로 하는 민사유치권자라고 주장한다.
2. 이을서는 놀리는 땅을 유지보존하기 위한 방편으로 건물을 지은 것이라고 주장한다.

【의뢰인 희망사항】

김갑동은 이 사건 대지에 관한 본인의 권리를 정당하게 행사하고 싶다. 지상 건물은 건축비도 많이 들어가지 않았을 것으로 보이니 건물을 철거하여, 이 사건 대지를 인도받고 싶다. 이을서가 독식하고 있는 보증금, 임료나 임료 상당 부당이득도 보상받고 싶다. 이을서가 건물을 언제 지었는지는 정확히 모르겠고, 최소한 이을서가 건물을 임대해 준 때로 생각되는 2024. 11. 1.부터는 금전적 배상도 같이 구해 달라.

등기사항전부증명서 (말소사항 포함) - 토지 [제출용]

[토지] 수원시 팔달구 팔달동 256 고유번호 1102-1981-111495

【 표 제 부 】 (토지의 표시)					
표시번호	접 수	소 재 지 번	지 목	면 적	등기원인 및 기타사항
1 (전 2)	1994년10월15일	수원시 팔달구 팔달동256 [도로명주소] 수원시 팔달구 팔달산로 10	대	330㎡	부동산등기법 제177조의6 제1항의 규정에 의하여 2001년10월11일 전산이기

【 갑 구 】 (소유권에 관한 사항)				
순위번호	등 기 목 적	접 수	등 기 원 인	권리자 및 기타사항
1 (전 5)	소유권이전	1997년10월13일 제41259호	1997년9월20일 매매	소유자 박재경 560815-2****** 서울 서초구 잠원동 367 햇님아파트 102동 1801호
2	소유권이전	2013년8월11일 제32591호	2013년8월11일 매매	공유자 지분 2분의 1 김갑동 670420-1****** 서울특별시 강동구 고덕동 32 공유자 지분 2분의 1 이을서 671211-1****** 수원시 팔달구 팔달대로 111, 101동 502호(팔달동, 신흥아파트)

-- 이 하 여 백 --

수수료 금 1,000원 영수함

관할등기소 수원지방법원 등기국 / 발행등기소 법원행정처 등기정보중앙관리소

부동산 임대차계약서

임대인 이을서[수원시 팔달구 팔달대로 111, 101동 502호 (팔달동, 신흥아파트)]와
임차인 박병남[수원시 장안구 정조로 100]은
다음과 같이 임대차계약을 체결한다.

제1조 (임대차 물건)
임대차 목적물은 수원시 팔달구 팔달동 256 지상 경량철골조샌드위치패널지붕 단층 상가 300m²이다.

제2조 (목적물의 인도와 임대차 기간)
임대인은 2024년 11월 1일 목적물을 임차인에게 인도하며, 임대차계약기간은 그때부터 2026년 10월 31일까지 2년으로 한다.

제3조 (임대료)
임차인은 임대인에게 임대료를 월세로 매월 일백만(1,000,000) 원을 지급한다.

제4조 (임대차보증금)
① 임대차보증금은 오천만(50,000,000) 원으로 하고, 임차인은 2024. 11. 1. 임대인에게 이를 지급한다.
② 임차인에게 임대료 연체, 기타 본 계약에 의한 채무의 불이행 또는 손해배상 채무가 있을 때는 임차인의 동의 없이 임대차보증금으로 충당할 수 있다.

제5조 (양도금지)
임차인은 임차보증금 반환채권을 임대인의 승낙 없이 제3자에게 양도하지 못한다.

제6조 (원상회복)
임차인은 임대차계약기간이 종료하면 임대 목적물을 원상회복하여 반환하여야 한다.

2024. 10. 15.

임대인 : 이을서 (인)
주민등록번호 671211-1******
주소 수원시 팔달구 팔달대로 111, 101동 502호 (팔달동, 신흥아파트)

임차인 : 박병남 (인)
주민등록번호 790811-1******
주소 수원시 장안구 정조로 100

통 지 서

발신인: 박병남
수원시 장안구 정조로 100

수신인: 1. 이을서
수원시 팔달구 팔달대로 111, 101동 502호 (팔달동, 신흥아파트)
2. 김갑동
서울특별시 강동구 고덕동 32

1. 귀하들의 댁내 행운을 빕니다.
2. 수원시 팔달구 팔달동 256 지상 경량철골조샌드위치패널지붕 단층 상가 300㎡는 본인이 그 소유자인 이을서로부터 정당하게 임차하여, 사업자등록을 득하고 '마운틴디스커버리'라는 상호로 스포츠용품 판매매장을 운영하고 있는 곳입니다. 본인이 임차 당시 위 상가가 아직 등기가 나지는 않았지만 대지의 공유자인 이을서씨를 직접 만나 등기부도 확인하여 이을서씨를 믿고 임차하게 된 것이었습니다.
3. 그런데 어느 날 다른 지분권자라는 김갑동씨가 나타나 저에게 영업종료를 요구하였습니다.
4. 본인은 우선, 이 사건 상가를 인도받아 사업자등록을 마친 상가건물임대차 보호법상 대항력을 갖춘 임차인입니다. 또한 보증금 5,000만 원을 돌려받기 전까지는 절대로 이 사건 상가에서 퇴거할 수 없음을 알려드립니다. 본인이 가지는 보증금반환채권은 이 사건 상가건물에 관한 것으로, 민사유치권도 주장하는 바입니다.
5. 그러하오니, 귀하들께서도 이 점을 양해하시고 더 이상 영업종료, 퇴거통보 등의 억지스런 주장은 삼가 주시기 바랍니다.

2025. 2. 5.

발신인 박병남 (南朴印炳)
수원시 장안구 정조로 100

수원장안우체국
2025. 02. 05.
25 - 6295

이 우편물은 2025년 02월 05일 등기 제6295호에 의하여 내용증명우편물로 발송하였음을 증명함.
수원장안우체국장 (수원장안우체국장인)

사 업 자 등 록 증
(등록번호 수원 24-186315)

① 명칭(상호) : 마운틴디스커버리

② 대표자 : 박병남(790811-1******)

③ 개업 연월일 : 2024년 11월 1일

④ 사업장 소재지 : 수원시 팔달구 팔달동 256 지상 점포

⑤ 본점 소재지 : 상동

⑥ 사업의 종류 : 업태 도소매업 종목 스포츠용품

⑦ 교부사유 : 신규

2024년 11월 1일

수 원 세 무 서 장

수원세
무서장
의직인

감정평가 의견서

김갑동 귀하

대상 토지: 수원시 팔달구 팔달동 256 대 330㎡ (전체)

귀하의 의뢰에 따라, 대상 토지에 관하여 2024년도 차임 시세를 다음과 같이 확인하여 회신합니다.

지상에 건물이 있는 경우	보증금 5천만 원인 경우	월 100만 원
	보증금 없는 경우	월 150만 원
지상에 건물이 없는 경우	보증금 5천만 원인 경우	월 200만 원
	보증금 없는 경우	월 250만 원

참고: 현재의 부동산 시장 상황에 비추어, 특별한 사정이 없는 한 이후로도 2, 3년간은 같은 시세가 유지될 것으로 전망됩니다.

2025년 3월 10일

감정평가법인 수원화성 (법인등록번호 383202-1******)
수원 팔달구 화성길 10, 209호 (화성동, 수원빌딩)
감정평가사 이감정

감정평
가법인
수원화성

문제 1 해설

1. 사안의 개요

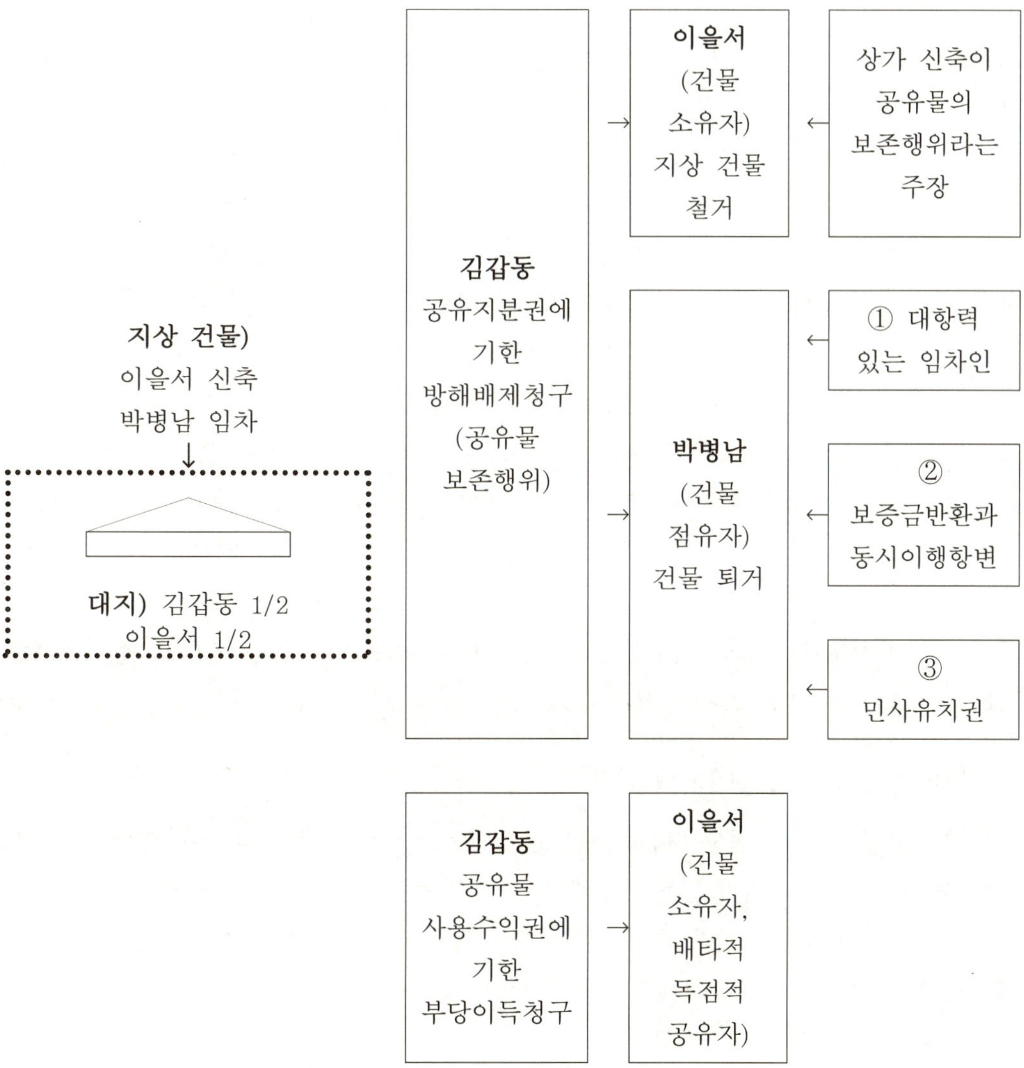

2. 쟁점과 설명

가. 건물 신축으로 인한 공유 대지의 배타적 사용

의뢰인 김갑동과 이을서가 별지 목록 제1항 기재 토지를 1/2지분씩 공유하고 있다. 그런데 이을서가 단독으로 그 지상에 별지 목록 제2항 기재 건물을 신축하여 소유함으로써(건물을 임대함으로써) 배타적, 독점적으로 위 토지를 점유·사용하고 있다. 공유물인 대지 상에 건물을 신축하는 것은 공유물의 변경으로 공유자 전원의 동의가 필요하고(민법 제264조, 대법원 2001. 11. 27. 선고 2000다33638, 33645 판결 등 참조), 1/2 지분권자에 불과한 이을서의 건물 신축행위는 김갑동의 공유권을 침해하는 것이다. 이에 공유자인 김갑동은 공유물에 대한 방해배제청구권의 행사로, 공유물에 대한 보존행위로서 무단 신축 건물의 철거를 구할 수 있고, 건물 철거의 집행을 위해, 건물의 점유자인 임차인 박병남의 퇴거를 구하여야 한다.

그리고 김갑동은 공유지분에 상응하는 공유물의 점유사용권이 있는바, 신축 건물의 소유로서 공유물을 독점적으로 사용·수익한다고 볼 수 있는 이을서는 김갑동의 지분에 상응하는 임료 상당의 부당이득금 내지 손해배상금을 지급하여야 한다(대법원 2021. 4. 29. 선고 2018다261889 판결 등 참조). 그러나 공유물의 소수지분권자인 이을서가 공유물의 전부를 독점적으로 점유하고 있다고 하더라도 다른 소수지분권자인 김갑동이 이을서를 상대로 공유물의 인도를 청구할 수는 없다(대법원 2020. 5. 21. 선고 2018다287522 전원합의체 판결).

별지 목록 제2항 기재 건물의 철거는 건물의 소유자인 이을서를 상대로 구해야 하고, 별지 목록 제1항 기재 토지의 독점 사용·수익으로 인한 부당이득도 사용·수익의 주체인 공유자 이을서를 상대로 구해야 한다. 부지의 사용권원이 없는 건물의 경우, 건물의 부지 부분에 대한 차임 상당의 부당이득은 건물의 소유자가 토지 소유자에게 그 반환의무를 부담하는 것이고, 건물의 임차인이 토지 소유자에게 부지 점유자로서 부당이득반환의무를 진다고 볼 수는 없다(대법원 2012. 5. 10. 선고 2012다4633 판결 등 참조).

나. 철거 대상 건물 점유자의 항변

상가건물 임대차보호법상 대항력을 갖춘 임차인인 박병남이 그 대항력, 임대차보증금반환과의 동시이행, 민사유치권 등을 주장하나, 대항력 등은 건물에 관한 효력일 뿐이고, 건물의 신축이 공유물의 정당한 관리, 처분행위가 되지 않는 이상, 박병남은 대지 공유자인 김갑동에게 대항할 수는 없게 된다. 자세한 내용은 소장 기재 부분 참조.

3. 소장 기재에 필요한 요건사실

가. 공유지분권에 기한 지상 건물 철거청구

요건사실	① 원고의 토지 소유사실(공유사실) ② 피고의 지상 건물 소유사실(철거처분권 보유사실)

※ 토지의 정당한 점유, 사용권한의 존재는 피고의 항변사항이다.

※ 미등기건물의 소유자는 원시취득자이고, 예외적으로 건물을 전 소유자로부터 매수하여 점유하고 있는 법률상 또는 사실상 처분을 할 수 있는 지위에 있는 자에게도 철거처분권이 있다(대법원 2003. 1. 24. 선고 2002다61521 판결 참조).

나. 건물 점유자에 대한 퇴거청구

요건사실	① 원고의 토지 소유사실(공유사실) ② 피고의 제3자 소유 건물 점유사실

다. 부당이득반환청구(침해부당이득)

요건사실	① 부당이득반환청구권 발생의 요건사실: 피고의 수익, 원고의 손해, 인과관계 ② 부당이득반환청구권 범위의 요건사실: 이득액

※ 법률상 원인이 존재한다는 점은 피고의 항변사항이다.

문제 1 모범답안

소 장

원 고 김갑동

서울 강동구 고덕동 32

소송대리인 변호사 전승혜

서울 서초구 서초대로10길 11, 1200호 (서초동, 완승빌딩)

전화 02)532-3000, 팩스 02)532-3001, E-mail : jsh0909@naver.com

피 고 1. 이을서

수원시 팔달구 팔달대로 111, 101동 502호 (팔달동, 신흥아파트)

2. 박병남

수원시 장안구 정조로 100

건물철거 등 청구의 소

청 구 취 지

1. 원고에게,

가. 피고 이을서는

1) 별지 목록 제2항 기재 건물을 철거하고,

2) 2024. 11. 1.부터 별지 목록 제2항 기재 건물의 철거완료일까지 매월 125만 원의 비율로 계산한 돈을 지급하고,

나. 피고 박병남은 별지 목록 제2항 기재 건물에서 퇴거하라.

2. 소송비용은 피고들이 부담한다.

3. 제1항은 가집행할 수 있다.

라는 판결을 구합니다.

청 구 원 인

1. 퇴거, 철거, 부당이득반환 청구

원고는 2013. 8. 11. 피고 이을서와 각 1/2지분씩 공유하기로 하고 별지 목록 제1항 기재 토지(이하 '이 사건 대지'라 합니다)를 매수하여 수원지방법원 등기국 2013. 8. 11. 접수 제32591호로 그 명의 공유등기를 마친 자입니다.[274]

피고 이을서는 원고의 동의 없이,[275] 이 사건 대지 상에 별지 목록 제2항 기재 건물(이하 '이 사건 상가'라 합니다)을 신축하여 소유하고 있습니다. 나아가 2024. 11. 1. 피고 박병남에게 이 사건 상가를 보증금 5,000만 원, 월 차임 100만 원, 기간 2024. 11. 1.부터 2026. 10. 31.까지 정하여 임대하였습니다.[276] 이에 피고 박병남은 이 사건 상가를 인도받아, 현재까지 스포츠용품 판매매장을 운영하고 있습니다.

이 사건 대지 전부가 이 사건 상가의 부지로 사용되고 있으므로, 피고 이을서는 그 사용이익 상당의 이익을 얻고 이로 인하여 원고에게 같은 금액 중 원고의 지분에 상응하는 정도의 손해를 가하고 있습니다. 통상 부동산의 점유·사용으로 인한 이득액은 그 부동산의 차임 상당액[277]인데, 이 사건 대지의 2024년경부터 현재까지의 적정 임대료는 월 250만 원[278]이고, 그 이후의 차임도 위 액수와 같을 것으로 추인할 수 있습니다.

따라서 이 사건 대지의 공유지분권자로서 그 보존행위로 공유물의 방해배제를 구하는 원

---

274 "원고의 토지 소유사실"의 요건사실은 보다 간이하게 "원고는 별지 목록 제1항 기재 토지를 피고 이을서와 각 1/2지분씩 공유하고 있습니다." 정도로 기재할 수도 있겠다.

275 피고 이을서에게 공유토지상 건물을 신축할 권원이 있었는지에 대한 점은 청구원인 단계에 필요한 요건사실은 아니고, 피고 이을서의 항변사항이다. 다만 청구원인 단계부터 이 정도의 사실설시는 경위사실의 기재로 허용된다.

276 구체적인 임대차계약 체결사실은 이 경우 필요한 요건사실은 아니나, 피고 박병남의 점유사실을 설명할 수 있는 경위사실 정도로 기재하였다.

277 부당이득반환청구권의 범위는 위 토지의 나대지 상태의 보증금 없는 임료 상당액 중 원고의 지분에 상응하는 부분으로 보아야 할 것이다. 이때 피고 이을서가 수령한 임대보증금 자체에 대한 지분비율 상당액을 구할 수는 없다(대법원 2021. 4. 29. 선고 2018다261889 판결 참조).

278 이 사건 대지에 관하여 약정된 임대료가 있다면 이를 적정 임대료로 추정할 수 있으나, 이 사건의 경우는 피고 이을서가 무단으로 건물을 신축하고 임대하였는바, 약정된 건물 임대료를 기준으로 이 사건 대지의 적정 임대료를 추정할 수는 없으므로, 객관적 감정가를 기준으로 임대료를 추정하되, 원고가 수익할 수 있었던 '보증금 없는 나대지'를 전제하는 것이 맞겠다.

고에 대하여, 피고 이을서는 이 사건 상가를 철거하고, 이 사건 상가를 무단 신축한 이후로서 원고가 구하는 2024. 11. 1.부터 이 사건 상가의 철거완료일[279]까지 월 125만 원(250만 원 × 1/2)의 비율로 계산한 부당이득금을 지급할 의무가 있으며, 피고 박병남은 이 사건 상가에서 퇴거할 의무가 있습니다.[280]

2. 피고 이을서의 예상 주장에 대한 반박[281]

피고 이을서는 이 사건 대지 위에 이 사건 상가를 신축한 것이 공유물에 대한 보존행위로서 정당하다는 취지의 주장을 할 것으로 예상됩니다.

그러나 공유물인 대지 상에 건물을 신축하는 것은 공유물의 변경으로 공유자 전원의 동의가 필요한 것입니다(민법 제264조).[282] 그런데 피고 이을서는 앞서 본 바와 같이 원고의 동의 없이 이 사건 건물을 신축함으로써 공유물인 이 사건 대지를 변경하고 무단으로 독점적 사용을 하고 있으니, 피고의 주장은 이유 없습니다.

3. 피고 박병남의 예상 주장에 대한 반박

1) 피고 박병남은 우선, 이 사건 상가를 인도받아 사업자등록을 마쳤으므로 상가건물 임대차보호법상 대항력을 갖춘 임차인으로 원고의 퇴거청구에 대항할 수 있다고 주장할 것으로 예상됩니다.

피고 박병남이 2024. 11. 1.경 이 사건 상가를 인도받아, 사업자등록을 마친 사실은 인정합니다. 그러나 상가건물 임대차보호법에 의한 대항력은 건물에 관한 효력이지, 그 대지에 관한 효력이 아닙니다.[283] 피고 박병남은 위와 같은 대항력으로 토지공유자인 원고에게 대항할 수 없습니다.

2) 또한 피고 박병남은 이 사건 상가의 임대차보증금 5,000만 원을 돌려받기 전까지는

---

279 부당이득의 종기는 피고 이을서의 '사용수익 종료일' 또는 건물의 철거로 실질적인 사용수익이 불가하게 될 '건물의 철거완료일'로 보는 것이 맞겠다.

280 변론종결 이후부터 철거완료일까지의 부당이득금은 장래이행의 청구이므로, "피고가 그 채무의 존부 및 범위에 관하여 다투므로 미리 청구할 필요가 있습니다."라는 문구 기재가 필요할 수 있으나, 건물의 철거 및 인도청구와 함께 이루어지는 부당이득금 반환청구에서는 기재하지 않는 것이 실무례이다.

281 피고 이을서의 이러한 주장을 담은 별도의 내용증명, 통고서 등의 서류가 증거자료로 제출된 바는 없으나, 상담과정에서 드러난 쟁점이므로, 배척이유를 판단해 주어야 한다.

282 대법원 2001. 11. 27. 선고 2000다33638, 33645 판결 등 참조

283 대법원 2010. 8. 19. 선고 2010다43801 판결

이 사건 상가에서 퇴거할 수 없다고 동시이행의 항변을 할 것으로 예상됩니다. 그러나 임차인은 쌍무계약인 임대차계약의 반대채무인 임대인의 임대차보증금반환채무의 이행시까지 임대차 목적물의 반환이행을 거절할 수 있을 뿐이지, 임대차계약의 상대방이 아닌 토지공유자인 원고에게 이러한 항변을 할 수는 없습니다.

3) 피고 박병남은 이 사건 상가의 보증금반환채권에 기한 민사유치권자로서, 역시 위 보증금을 반환받을 때까지 이 사건 상가건물에서 퇴거할 수 없다는 취지의 주장을 할 것으로 예상됩니다.

그러나 민법 제320조 제1항에 의하면 유치권은 유치물에 관하여 생긴 채권에 한하여 발생하는 것인바, 임대차보증금반환채권은 '그 건물에 관하여' 생긴 채권이라고 볼 수 없기 때문에 민사유치권의 피담보채권이 될 수 없습니다.[284] 따라서 피고 박병남은 이 사건 상가의 보증금반환채권을 피담보채권으로 한 민사유치권을 주장할 수 없습니다.

4) 그렇다면 피고 박병남이 할 것으로 예상되는 주장들은 모두 이유가 없습니다.

4. 결론

원고는 이상과 같은 이유로 청구취지와 같은 판결을 구하니 원고의 청구를 모두 인용하여 주시기 바랍니다.

증명방법 및 첨부서류 (생략)

2025. 4. 1.

원고 소송대리인

변호사 전승혜 ㊞

수원지방법원[285] 귀중

284 건물의 임대차에 있어서 임차인의 임대인에게 지급한 임차보증금반환청구권이나 임대인이 건물시설을 아니하기 때문에 임차인에게 건물을 임차목적대로 사용 못한 것을 이유로 하는 손해배상청구권은 모두 민법 제320조 소정 소위 그 건물에 관하여 생긴 채권이라 할 수 없다(대법원 1976. 5. 11. 선고 75다1305 판결 등).

285 이 사건 소의 관할법원은 보통재판적인 피고들의 주소지이자, 특별재판적인 부동산 소재지 수원지방법원과, 특별재판적인 금전지급채무의 의무이행지인 원고 주소지 서울동부지방법원이다(법 제2조, 제8조, 제20조, 제25조 제1항).

기록 4

<문제 2> 귀하는 변호사 전승혜로서, 의뢰인 김갑동의 상담을 통해 다음의 【상담내용】과 같은 사실관계를 청취하고, 【의뢰인 희망사항】 기재사항에 관한 본안소송의 대리권을 수여받고, 첨부된 서류를 자료로 받았습니다.

의뢰인을 위한 본안의 소를 제기하기 위한 <u>소장</u>을 작성하시오.

【작성요령】

1. 소장 작성일 및 소제기일은 <u>2025. 9. 1.</u>로 하시오.
2. <문제 1>과는 무관한 사실관계임을 유의하십시오.
3. 부동산의 표기는 다음 [별지 목록]을 소장 말미에 첨부함을 전제로 하고, [별지 목록]을 별도로 작성하지 마시오.
4. 그 밖의 작성방식은 【공통된 작성요령】과 같습니다.

별지

목　　록

1. 수원시 팔달구 팔달동 254 대 100㎡
2. 수원시 팔달구 팔달동 255 대 200㎡
3. 수원시 팔달구 팔달동 256 대 300㎡
4. 수원시 팔달구 팔달동 256 지상 경량철골조샌드위치패널지붕 단층 상가 280㎡. 끝.

의뢰인 상담일지

변호사 전 승 혜 법률사무소

서울 서초구 서초대로10길 11, 1200호 (서초동, 완승빌딩)

☎ : 02)532-3000, 팩스 : 02)532-3001, E-mail : jsh0909@naver.com

접수번호	2025-1000	상담일시	2025. 8. 25.
상담인	김갑동 010-4563-9601	내방경위	지인소개

【상 담 내 용】

1. 김갑동은 최근에 수원시 팔달구 소재 대지 3필지(별지 목록 제1 내지 3항 기재 토지)를 경매절차에서 매수하였다. 위 토지는 경사지에 위치해 있지만 지반토목공사가 잘 되어 있고 대로변과의 접근성이 좋아 지상의 미등기 컨테이너 건물(별지 목록 제4항 기재 건물)만 철거하면 합필하여 번듯한 상가건물을 지을 수 있는 상태이다.
2. 현재 나대지인 254, 255지번 토지는 지반공사를 담당했던 공사업자 한토목이 공사자재 등을 쌓아놓아 야적장으로 점유하고 있고, 256지번 토지 지상에는 컨테이너 건물이 놓여 있는데, 위 토지의 전 소유자 박병남이 컨테이너 건물 안에 본인 짐을 치우지 않은 채로 잠가 놓고는 연락이 잘 닿지 않고 있고, 건물은 노후하여 조속히 철거가 필요한 상황이다.
3. 위 건물은 미등기건물이기도 하고 박병남이 지은 것이 아니라 토지의 그 이전 소유자인 이을서가 지은 것이다. 한토목은 경매절차에서 유치권신고를 하기는 하였으나, 254지번 토지를 인접토지 소유자인 최정북에게 함부로 주차장으로 쓰도록 하고 있어 김갑동이 유치권 소멸청구를 한 바 있다.

【사건관계인의 주장】

1. 박병남은 자신에게 민법 제366조의 법정지상권이 있거나, 적어도 토지의 전 소유자 이을서가 가지는 관습법상 법정지상권을 대신 행사할 수 있으니 건물을 철거해주지 않겠다고 주장한다. 또한 건물을 활용해서 수익하고 있지 않으니 임료도 줄 수 없다고 주장한다.
2. 한토목은 공사대금채권을 피담보채권으로 한 유치권을 행사 중이라고 주장한다. 254지번 토지를 최정북에게 임대준 것은 맞으나, 금방 돌려받았으니, 채무자 본인도 아니고 상황이 종료된 후의 매수인인 김갑동이 유치권 소멸청구를 할 수 없다고 주장한다. 또한 설령 본인이 254, 255지번 토지를 야적장으로 쓰고 있는 사용료를 내야 된다고 하더라도

이는 유치권의 피담보채권에 충당되고 있다고 주장한다.

【의뢰인 희망사항】

김갑동은 이 사건 대지들에 관한 본인의 권리를 정당하게 행사하고 싶다. 박병남과 한토목을 상대로 지상 건물의 철거와 대지의 인도를 구해 달라. 가능한 그들을 상대로 대지 무단 점유사용으로 인한 금전적 보상도 받고 싶다.

등기사항전부증명서 (말소사항 포함) - 토지 [제출용]

[토지] 수원시 팔달구 팔달동 254 고유번호 1102-1981-111495

【 표 제 부 】 (토지의 표시)					
표시번호	접 수	소 재 지 번	지 목	면 적	등기원인 및 기타사항
1 (전 2)	1994년10월15일	수원시 팔달구 팔달동 254	대	100㎡	부동산등기법 제177조의6 제1항의 규정에 의하여 2001년10월11일 전산이기

【 갑 구 】 (소유권에 관한 사항)				
순위번호	등 기 목 적	접 수	등 기 원 인	권리자 및 기타사항
1 (전 5)	소유권이전	1997년10월13일 제41259호	1997년9월20일 매매	소유자 이을서 560815-2****** 서울 서초구 잠원동 367 햇님아파트 102동 1801호
2	소유권이전	2022년9월11일 제32591호	2022년8월11일 매매	소유자 박병남 671211-1****** 수원시 팔달구 팔달대로 111, 101동 502호(팔달동, 신흥아파트)
3	~~임의경매개시 결정~~	~~2023년12월11일 제2345호~~	~~2023년12월11일 수원지방법원의 경매개시결정 (2023타경12551)~~	~~근저당권자 주식회사 한중은행 123411-******* 서울 마포구 공덕동 49~~
4	소유권이전	2024년10월30일 제16315호	2024년10월2일 임의경매로 인한 매각	소유자 김갑동 670420-1****** 서울 강동구 고덕동 32
5	3번 등기말소	2024년10월30일 제16315호	2024년10월2일 임의경매로 인한 매각	

【 을 구 】 (소유권 이외의 권리에 관한 사항)				
순위번호	등 기 목 적	접 수	등 기 원 인	권리자 및 기타사항
~~1~~	~~근저당권설정~~	~~2023년5월2일~~ ~~제11259호~~	~~2023년5월2일~~ ~~설정계약~~	~~채권최고액 금 230,000,000원~~ ~~채무자 박병남~~ ~~수원시 팔달구 팔달대로 111, 101동 502호(팔달동, 신흥아파트)~~ ~~근저당권자 주식회사 한중은행 123411-*******~~ ~~서울 마포구 공덕동 49~~ ~~공동담보 토지 수원시 팔달구 팔달동 254~~ ~~토지 수원시 팔달구 팔달동 255~~
2	1번 근저당권 설정등기말소	2024년10월30일 제16315호	2024년10월2일 임의경매로 인한 매각	

-- 이 하 여 백 --

수수료 금 1,000원 영수함

관할등기소 수원지방법원 등기국 / 발행등기소 법원행정처 등기정보중앙관리소

등기사항전부증명서 (말소사항 포함) - 토지 [제출용]

[토지] 수원시 팔달구 팔달동 255 고유번호 1102-1981-111495

【 표 제 부 】 (토지의 표시)					
표시번호	접 수	소 재 지 번	지 목	면 적	등기원인 및 기타사항
1 (전 2)	1994년10월15일	수원시 팔달구 팔달동 255	대	200㎡	부동산등기법 제177조의6 제1항의 규정에 의하여 2001년10월11일 전산이기

【 갑 구 】 (소유권에 관한 사항)				
순위번호	등 기 목 적	접 수	등 기 원 인	권리자 및 기타사항
1 (전 5)	소유권이전	1997년10월13일 제41259호	1997년9월20일 매매	소유자 이을서 560815-2****** 서울 서초구 잠원동 367 햇님아파트 102동 1801호
2	소유권이전	2022년9월11일 제32591호	2022년8월11일 매매	소유자 박병남 671211-1****** 수원시 팔달구 팔달대로 111, 101동 502호(팔달동, 신흥아파트)
3	~~임의경매개시결정~~	~~2023년12월11일~~ ~~제2345호~~	~~2023년12월11일~~ ~~수원지방법원의 경매개시결정 (2023타경12551)~~	~~근저당권자 주식회사 한중은행~~ ~~123411-*******~~ ~~서울 마포구 공덕동 49~~
4	소유권이전	2024년10월30일 제16315호	2024년10월2일 임의경매로 인한 매각	소유자 김갑동 670420-1****** 서울 강동구 고덕동 32
5	3번 등기말소	2024년10월30일 제16315호	2024년10월2일 임의경매로 인한 매각	

【 을 구 】 (소유권 이외의 권리에 관한 사항)				
순위번호	등 기 목 적	접 수	등 기 원 인	권리자 및 기타사항
1	~~근저당권설정~~	~~2023년5월2일 제11259호~~	~~2023년5월2일 설정계약~~	~~채권최고액 금 230,000,000원 채무자 박병남 수원시 팔달구 팔달대로 111, 101동 502호(팔달동, 신흥아파트) 근저당권자 주식회사 한중은행 123411-******* 서울 마포구 공덕동 49 공동담보 토지 수원시 팔달구 팔달동 254 토지 수원시 팔달구 팔달동 255~~
2	1번 근저당권 설정등기말소	2024년10월30일 제16315호	2024년10월2일 임의경매로 인한 매각	

-- 이 하 여 백 --

수수료 금 1,000원 영수함

관할등기소 수원지방법원 등기국 / 발행등기소 법원행정처 등기정보중앙관리소

등기사항전부증명서 (말소사항 포함) - 토지 [제출용]

[토지] 수원시 팔달구 팔달동 256 고유번호 1102-1981-111495

【 표 제 부 】 (토지의 표시)					
표시번호	접 수	소 재 지 번	지 목	면 적	등기원인 및 기타사항
1 (전 2)	1994년10월15일	수원시 팔달구 팔달동 256	대	300㎡	부동산등기법 제177조의6 제1항의 규정에 의하여 2001년10월11일 전산이기

【 갑 구 】 (소유권에 관한 사항)				
순위번호	등 기 목 적	접 수	등 기 원 인	권리자 및 기타사항
1 (전 5)	소유권이전	1997년10월13일 제41259호	1997년9월20일 매매	소유자 이을서 560815-2****** 서울 서초구 잠원동 367 햇님아파트 102동 1801호
2	소유권이전	2022년9월11일 제32591호	2022년8월11일 매매	소유자 박병남 671211-1****** 수원시 팔달구 팔달대로 111, 101동 502호(팔달동, 신흥아파트)
3	~~임의경매개시결정~~	~~2023년12월11일~~ ~~제2345호~~	~~2023년12월11일~~ ~~수원지방법원의 경매개시결정 (2023타경12551)~~	~~근저당권자 주식회사 한중은행 123411-*******~~ ~~서울 마포구 공덕동 49~~
4	소유권이전	2024년10월30일 제16315호	2024년10월2일 임의경매로 인한 매각	소유자 김갑동 670420-1****** 서울 강동구 고덕동 32
5	3번 등기말소	2024년10월30일 제16315호	2024년10월2일 임의경매로 인한 매각	

【 을 구 】 (소유권 이외의 권리에 관한 사항)				
순위번호	등 기 목 적	접 수	등 기 원 인	권리자 및 기타사항
1	~~근저당권설정~~	~~2023년5월2일~~ ~~제11259호~~	~~2023년5월2일~~ ~~설정계약~~	~~채권최고액 금 230,000,000원~~ ~~채무자 박병남~~ ~~수원시 팔달구 팔달대로 111, 101동 502호(팔달동, 신흥아파트)~~ ~~근저당권자 주식회사 한중은행 123411-＊＊＊＊＊＊＊~~ ~~서울 마포구 공덕동 49~~ ~~공동담보 토지 수원시 팔달구 팔달동 254~~ ~~토지 수원시 팔달구 팔달동 255~~
2	1번 근저당권 설정등기말소	2024년10월30일 제16315호	2024년10월2일 임의경매로 인한 매각	

-- 이 하 여 백 --

수수료 금 1,000원 영수함

관할등기소 수원지방법원 등기국 / 발행등기소 법원행정처 등기정보중앙관리소

내 용 증 명

수신인 박병남 671211-1******

수원시 팔달구 팔달대로 111, 101동 502호 (팔달동, 신흥아파트)

발신인 김갑동 670420-1******

서울특별시 강동구 고덕동 32

---

1. 본인은 수원시 팔달구 팔달동 254, 255, 256 대지에 관한 수원지방법원 2023타경12551호 임의경매절차에서 위 각 대지를 낙찰받아, 2024. 10. 20. 매각대금 3억 1,500만 원 전액을 납부하고 2024. 10. 30. 위 법원 접수 16315호로 소유권이전등기를 마친 정당한 소유자입니다.
2. 귀하는 이 사건 3필지 대지의 전 소유자이자, 256지번 지상의 미등기건물을 소유함으로써 무단으로 256지번 대지를 점유하고 있는 자입니다.
3. 귀하는 이 사건 256지번 지상 건물을 소유할 아무런 권리가 없습니다. 조속한 시일 내에 위 256지번 지상 건물을 철거하고, 위 대지를 인도하여 주시기 바랍니다.
4. 6월 말까지 건물 철거가 이루어지지 않는다면, 바로 법적 절차에 착수할 예정임을 알려드립니다. 추가로, 대지는 2025. 5. 현재 월 150만 원은 족히 그 임대료를 받을 수 있는 땅이라는 점을 알려드립니다.

서울강동우체국
2025. 5. 7.
25 - 193724

2025년 5월 7일

발신인 김갑동 (東金印甲)

본 우편물은 2025-5-7
제193724호에 의하여
내용증명우편물로
발송하였음을 증명함

서울강동우체국장
대한민국KOREA

통 지 서

발신인: 박병남

수원시 팔달구 팔달대로 111, 101동 502호 (팔달동, 신흥아파트)

수신인: 김갑동

서울특별시 강동구 고덕동 32

1. 귀하의 댁내 행운을 빕니다.
2. 거두절미하고 수원시 팔달구 팔달동 256 지상 경량철골조샌드위치패널지붕 단층 상가 280㎡는 귀하가 인지하고 있듯이, 경매대상이 아닙니다.
3. 위 건물은 본인이 그 소유자인 이을서로부터 대지와 함께 정당하게 매수하여 소유하고 있는 것입니다. 이에 본인은 적어도 256번지 대지에 대해서는 "법정지상권"을 가지고 있음을 주장하는 바입니다.
4. 즉 본인은, 그 대지와 건물 모두 본인이 소유하고 있다가 대지에 관한 임의경매절차로 인해 대지만이 귀하에게 소유권이 이전되어 그 소유권이 달라진 경우로, 민법 제366조 법정지상권을 가지거나, 위 건물이 미등기건물로 본인이 당초에 등기를 넘겨받지 못한 점을 문제 삼는다면, 적어도 2022년 전 소유자 이을서로부터 본인이 위 대지와 건물 일체를 매수하면서 건물의 등기만 넘겨받지 못한 때에 대지와 건물의 소유 명의가 달라졌으니 2022년 매수 당시부터 이미 이을서에게 관습법상 법정지상권이 인정되고, 본인이 이를 대위해서 행사할 수 있다고 볼 수 있습니다.
5. 설령 본인에게 법정지상권이 인정되지 않는다고 하더라도, 본인은 위 상가를 거의 공실로 시정하여 두었을 뿐, 전혀 사용수익하고 있지 않으므로, 임료를 달라는 주장은 받아들일 수 없습니다.
6. 그러하오니, 귀하도 이 점을 양해하시고 더 이상 건물 철거니, 임료청구 등에 관한 억지스런 주장은 삼가 주시기 바랍니다.

※ 첨부: 매매계약서 1부

2025. 5. 25.

수원장안우체국
2025. 05. 25.
25 - 126295

발신인 박병남 (南朴印炳)

이 우편물은 2025년 05월 25일 등기 제6295호에 의하여 내용증명우편물로 발송하였음을 증명함.

수원장안우체국장 (수원장안우체국장인)

부동산 매매계약서

매도인과 매수인 쌍방은 아래와 같이 부동산 매매계약을 체결한다.

1. 부동산의 표시

수원시 팔달구 팔달동 254 대 100㎡

수원시 팔달구 팔달동 255 대 200㎡

수원시 팔달구 팔달동 256 대 300㎡

수원시 팔달구 팔달동 256 지상 경량철골조샌드위치패널지붕 단층 상가 280m². 끝.

2. 계약내용

제1조 매수인은 매도인에게 매매대금을 아래와 같이 지불하기로 한다.

매매대금 : 3억 원 (300,000,000원)

계 약 금 : 3,000만 원 (30,000,000원) *2022. 8. 11. 영수함. 이을서* (이을서 인)

잔　금 : 2억 7,000만 원 (270,000,000원) 2022. 9. 10. 지급하기로 함.

제2조 매도인은 매수인으로부터 계약금을 지급받은 후 매수인에게 소유권이전등기에 필요한 모든 서류를 교부하고 이전등기에 협력하여야 한다.

제3조 매도인은 잔금에 대하여 소유권이전등기를 마친 다음 날부터 잔금 지급 약정일까지 연 5%의 비율에 의한 돈을 가산하여 지급한다. 단 가산금에 대하여는 지급기한이 경과하더라도 별도의 지연손해금은 없음. 잔금을 위 잔금 지급 약정기일 이전에 지급하더라도 약정 가산금은 감액하지 아니함.

※ 수원시 팔달구 팔달동 256 지상 경량철골조샌드위치패널지붕 단층 상가 280m²에 관하여, 매도인은 본인이 위 건물을 신축하여 소유하고 있고 다른 권리주장자가 없음을 보장하며, 매수인은 위 건물이 미등기건물임을 양지하고 있음을 확인한다.

이 계약을 증명하기 위하여 계약당사자가 이의 없음을 확인하고 각자 날인한다.

2022년 8월 11일

매도인 : 이을서 560815－2******
서울 서초구 잠원동 367 햇님아파트 102동 1801호 (이을서 인)

매수인 : 박병남 671211－1******
수원시 팔달구 팔달대로 111, 101동 502호 (팔달동, 신흥아파트) (朴炳南印)

소멸청구통지서

수신인 한토목
평택시 평탄3길 123, 101호 (평탄동, 평탄빌라)
발신인 김갑동 670420-1******
서울특별시 강동구 고덕동 32

---

1. 본인은 수원시 팔달구 팔달동 254, 255, 256 대지에 관한 수원지방법원 2023타경12551호 임의경매절차에서 위 각 대지를 낙찰받아, 2024. 10. 20. 매각대금 3억 1,500만 원 전액을 납부하고 2024. 10. 30. 위 법원 접수 16315호로 소유권이전등기를 마친 정당한 소유자입니다.
2. 우선 한토목씨가 위 경매절차에서 위 254, 255지번 토지에 관하여 6,000만 원 상당의 토목공사를 해준 것에 대한 유치권신고를 한 사실은 인정합니다.
3. 그러나 위 경매절차의 현황보고서에서 확인된 바와 같이, 귀하는 위 땅을 옆집 최정북에게 주차장으로 내주어 사용하게 하였는바, 이는 명백한 월권행위로 법적으로 금지되어 있는 것입니다. 이에 본인은 위 대지의 소유자로서 이 내용증명의 송부로서 귀하의 위 토지 전체에 대한 유치권의 소멸을 청구하는 바입니다.
4. 만약에 귀하가 최정북에게 빌려준 땅이 254지번 토지에 한한다고 주장하더라도, 유치권의 불가분성에 의해 그 전체가 소멸되어야 하므로, 이유 없는 주장입니다. 귀하의 주장처럼 254지번에 한해서 소멸된다고 한다면, 공사대금 역시 면적에 비례하여 255지번에 해당하는 4,000만 원의 공사대금에 관한 유치권이 인정되는 것이 형평에 맞겠습니다.
5. 또한 귀하는 지금은 위 254, 255지번의 각 대지 지상에 본인의 건축물 기자재를 쌓아놓고, 야적장으로 활용하고 있는바, 위 땅은 도합 월 150만 원 상당의 임료를 받을 수 있는 땅입니다.
6. 이에 조속한 시일 내에 귀하가 유치권을 주장하는 토지의 인도절차를 이행해 주시기 바랍니다. 6월 말까지 인도가 이루어지지 않는다면, 바로 인도 및 임료 상당 금원 지급까지 구하는 법적 절차에 착수할 예정임을 알려드립니다.

서울강동우체국
2025. 5. 8.
25 - 193739

2025년 5월 8일

발신인 김갑동 (東金甲印)

이 우편물은 2025-5-8
제193739호에 의하여
내용증명우편물로
발송하였음을 증명함

서울서초우체국장
대한민국KOREA

답 변 서

수신인: 김갑동 670420-1******
서울특별시 강동구 고덕동 32

1. 귀하가 보낸 2025. 5. 8.자 통지서는 2025. 5. 10.에 잘 받아 보았습니다.
2. 그간 전화로 누차 설명드린 바와 같이 본인은 여러 악조건 속에서도 수원시 팔달구 팔달동 254, 255 경사지의 평탄화작업을 기일에 맞춰 완공하였지만, 위 대지 소유자인 박병남으로부터 공사대금 6,000만 원을 받지 못하여, 그 무렵부터 현재까지 위 대지에 관한 유치권을 행사 중입니다. 따라서 공사대금을 모두 받을 때까지 위 토지를 인도할 수 없습니다.
3. 귀하는 유치권의 소멸을 운운하나, 공사업자가 공사대금을 받지 못하여 유치권을 행사할 때, 자기가 공사한 곳의 용도 그대로 사용하는 것은 전혀 문제되지 않는다고 알고 있습니다.
4. 귀하가 문제 삼는 무단임대는, 이웃의 최정북이 놀고 있는 땅이 아깝다고 간곡히 부탁하는 통에 254지번의 땅을 잠깐 주차장 용도로 임대해주고 월 60만 원을 받은 정도에 불과하였고, 그마저도 귀하가 경매절차에서부터 하도 문제라고 시비를 걸어와 2024. 7. 1.부터는 회수하여 본인이 직접 255지번 땅과 같이 야적장으로 유치하고 있을 뿐입니다.
5. 따라서 유치권 채무의 채무자도 아니고, 본인이 최정북에게 빌려줄 때의 소유자도 아닌 귀하는 어디까지나 제3자로, 귀하가 문제 삼을 일이 아닙니다.
6. 오히려 박병남과 사이에서는 그간 받은 월세와 일부 변제한 것을 정산하면서 2025. 5. 1.자로 공사대금이 5,000만 원 남아 있음을 확인받은 바 있습니다. 본인은 위 땅을 야적장 용도로라도 사용하면서 위 공사잔대금에 계속 충당하도록 하겠습니다.

※ 첨부: 도급계약서 1부
임대차계약서 1부

2025년 5월 30일
발신인 한토목 (한토목印)
평택시 평탄3길 123, 101호 (평탄동, 평탄빌라)

평택우체국
2025. 5. 30.
25 - 14501

본 우편물은 2025-5-30
제14501호에 의하여
내용증명우편물로 발송하였음을 증명함
평택우체국장 (평택우체국장)

공사도급 계약서

공사 목적물	• 위치: 수원시 팔달구 팔달동 254 대 100㎡ 수원시 팔달구 팔달동 255 대 200㎡ • 위 대지의 평탄화 및 배수로 작업
공사기간	• 2023. 6. ~ 2023. 10.
공사대금	• 총 공사금: 6천만 원 (60,000,000원) • 지급방법: 완공일에 대지인도와 동시에 지급한다.
기타	• 공사기간은 전공정 중 상호 협의하에 정한다.

2023. 6. 5.

甲(도급인): 박병남 (인) (南朴印炳)

수원시 팔달구 팔달대로 111, 101동 502호 (팔달동, 신흥아파트)

전화: 010-****-****

乙(수급인): 한토목 (인) (목한印토)

평택시 평탄3길 123, 101호 (평탄동, 평탄빌라)

전화: 010-****-****

2025. 5. 1. 현재 5,000만 원의 공사대금이 남아 있음을 확인합니다.
본인은 조속한 시일 내에 위 금원을 변제하겠습니다.
2025. 5. 1. 박병남 (인) (南朴印炳)

부동산임대차계약서

부동산의 표시: 수원시 팔달구 팔달동 254 대 100㎡

제1조 위 부동산을 임대차함에 있어 임대인과 임차인은 쌍방 합의하에 아래 각 조항과 같은 조건으로 계약한다.

보증금	--	월세 금액	60만 (600,000) 원 (매월 1일 선불)
계약금	~~일금 원정을 계약 당일 임대인에게 지불하고~~		
중도금	~~일금 원정을 년 월 일 지불하고~~		
잔 금	첫달 월세 60만 원은 전액 수령함. 2024. 1. 1. 한토목		

제2조 부동산은 2024년 1월 1일부터 (주차장 용도로) 사용하기로 한다.

제3조 임대기간은 2024년 1월 1일부터 (임대인이 반환을 요구할 때)년 월 일까지로 한다.

위 계약조건을 증명하기 위하여 본 계약서를 2부 작성하여 각자 1부씩 보관한다.

2024년 1월 1일

임대인 한토목 (인)
평택시 평탄3길 123, 101호 (평탄동, 평탄빌라)

임차인 최 정 북 (740214-1******) (인)
010-****-****

대지 시세확인서

수원시 팔달구 팔달동 250 일대 나대지의 2024년 하반기부터 현재까지 임료 시세는 보증금이 없는 경우 ㎡당 5,000 원 임을 확인합니다.

2025. 8. 3.

팔달중개사무소

공인중개사 나 공 정 (인)

문제 2 해설

1. 사안의 개요

한토목 → 최정북	한토목 점유	지상 건물) 이을서 → 박병남
254지번	255지번	256지번

① 세 필지 이을서 소유, 256 지상에 미등기건물 신축
② 세 필지와 미등기건물 박병남 매수, 대지 공동담보로 ㈜한중은행에 근저당권 설정
③ 한토목은 254, 255 토지 지반공사
④ ㈜한중은행 근저당권 실행(임의경매절차 개시)
⑤ 한토목 254 토지 최정북에게 임대
⑥ 한토목 254 토지 점유회수하고 255 토지와 함께 야적장으로 사용
⑦ 김갑동 세 필지 임의경매절차에서 매수

김갑동
(임의경매절차 매수인)
✔소유권에 기한 방해배제청구
✔소유물반환청구
✔부당이득반환청구

→ **254지번**
한토목(점유자)
인도청구
부당이득반환청구
← ① 유치권 ② 과실수취권에 기한 변제충당
→ 유치권소멸청구

↑ 제3자의 소멸청구 불가 주장 ↓

→ **255지번**
한토목(점유자)
인도청구
부당이득반환청구
← ① 유치권 ② 과실수취권에 기한 변제충당
→ 유치권소멸청구

→ **256지번**
박병남(건물처분권자, 대지점유자)
건물철거청구
대지인도청구
부당이득반환청구
← ① 민법 제366조 법정지상권 ② 관습법상 법정지상권 ③ 실질 수익 없다는 주장

2. 쟁점 및 설명

가. 김갑동의 청구원인

의뢰인 김갑동은 소유권에 기한 소유물반환청구로서 별지 목록 제1 내지 3항 기재 토지의 인도를 구할 수 있고, 별지 목록 제3항 기재 토지 지상에 권원없는 별지 목록 제4항 기재 건물이 존재하므로, 소유권에 기한 방해배제청구로서 그 철거도 구할 수 있다.

별지 목록 제1, 2항 기재 토지는 직접 점유자인 한토목을 상대로, 별지 목록 제3항 기재 토지는 직접 점유자이기도 하고, 지상 건물을 양수받아 점유·사용하고 있는 사실상 처분권자인 박병남을 상대로 그 인도와 지상 건물 철거를 구해야 한다. 또한 각 인도완료일까지 임료 상당의 부당이득 내지는 손해배상을 구할 수 있다. 별지 목록 제4항 기재 건물을 신축함으로써 원시취득한 이을서를 상대로 한 대지 사용에 관한 부당이득청구와 대지 인도청구가 검토될 수 있으나,[286] 의뢰인이 박병남만을 상대로 소송을 진행시켜 달라고 하였으니 이에 관한 청구는 하지 않는다.

나. 한토목의 유치권항변

한토목은 유치권항변과 과실수취권에 기한 변제충당의 항변을 하고, 김갑동은 이에 대해 유치권 소멸청구의 재항변을 한다.

254지번 토지는 무단임대로 인한 김갑동의 유치권 소멸청구가 타당하므로, 김갑동은 무조건 인도를 구할 수 있고, 유치권 소멸 이후 과실수취권이 인정되지 않으므로, 원인없는 점유 사용으로 인한 부당이득도 구할 수 있다.

255지번 토지는 한토목의 유치권이 인정되므로, 유치권의 피담보채권의 지급과 상환으로 인도를 구할 수 있을 뿐이다. 이때 피담보채권은 한토목의 과실수취권에 기한 변제충당을 반영한 금액이어야 한다.

---

286 타인 소유의 토지 위에 권원 없이 건물을 소유하는 자는 그 자체로써 건물 부지가 된 토지를 점유하고 있는 것이므로 특별한 사정이 없는 한 법률상 원인 없이 타인의 재산으로 인하여 토지의 차임에 상당하는 이익을 얻고 이로 인하여 타인에게 동액 상당의 손해를 주고 있다고 할 것이고, 이는 건물 소유자가 미등기건물의 원시취득자이고 그 건물에 관하여 사실상의 처분권을 보유하게 된 양수인이 따로 존재하는 경우에도 다르지 아니하므로, 미등기건물의 원시취득자는 토지 소유자에 대하여 부당이득반환의무를 진다. 한편 미등기건물을 양수하여 건물에 관한 사실상의 처분권을 보유하게 됨으로써 그 양수인이 건물 부지 역시 아울러 점유하고 있다고 볼 수 있는 경우에는 미등기건물에 관한 사실상의 처분권자도 건물 부지의 점유·사용에 따른 부당이득반환의무를 부담한다. 이러한 경우 미등기건물의 원시취득자와 사실상의 처분권자가 토지 소유자에 대하여 부담하는 부당이득반환의무는 동일한 경제적 목적을 가진 채무로서 부진정연대채무 관계에 있다고 볼 것이다(대법원 2022. 9. 29. 선고 2018다243133, 243140 판결).

다. 박병남의 법정지상권항변

박병남은 256지번 토지 지상 건물의 사실상, 법률상 처분권자로서, 민법 제366조 법정지상권을 취득하였거나, 관습법상의 법정지상권을 대위행사할 수 있는 지위에 있다는 취지의 주장을 한다. 이 주장들은 모두 이유 없는 바, 자세한 내용은 소장 기재 부분 참조.

라. [참고] 유치권과 부당이득반환청구

<table>
<tr><td>① 유치권자 본인이 유치물을 점유사용하는 경우</td><td colspan="2">유치권자는 유치물의 과실을 수취하여 다른 채권보다 먼저 그 채권의 변제에 충당할 수 있다(민법 제323조). 유치권자가 유치물을 점유사용함으로써 얻는 이익이 법률상 원인 없는 부당이득인지, 이를 가지고 변제충당할 수 있는지에 대해 견해대립이 있는데, 판례는 유치권자 본인의 유치물 사용은 유치물의 보존에 필요한 사용으로 그 사용이익을 변제충당할 수 있다고 본다.[287] 단, 유치권자의 충당주장은 필요하다.</td></tr>
<tr><td rowspan="3">② 유치권자가 무단임대한 경우</td><td colspan="2">무단임대 기간 동안 유치권자의 과실수취권이 인정되는지에 대해서는 견해대립이 있다. 판례는 유치권자의 과실수취권은 인정되지 않는다고 본다.[288] 유치권자는 당시 소유자에 대해 부당이득반환의무를 부담한다.</td></tr>
<tr><td>②−1 유치권 소멸청구가 있는 경우</td><td>소멸청구권은 형성권으로 소멸의 효력은 소멸청구의사 도달일부터이다. 그 이후부터의 수익은 부당이득이 된다.</td></tr>
<tr><td>②−2 소멸청구 전 이미 발생한 수익</td><td>무단임대 기간 동안의 임료는 당시 소유자에 대한 부당이득반환의 대상이다.
유치권자가 회복하여 스스로 사용수익하고 있는 경우라면, 과거의 무단임대를 이유로 유치권 소멸청구를 하는 것은 가능해도, 무단임대 종료 후의 스스로의 (소멸 전) 점유사용은 유치권자의 보존에 필요한 사용으로 보아 과실수취권을 인정한다.[289] 단, 이때도 유치권자의 충당주장은 필요하다.</td></tr>
</table>

287 대법원 2010. 2. 11. 선고 2009다49117 판결 참조
288 대법원 2023. 8. 31. 선고 2019다295278 판결 참조
289 대법원 2023. 8. 31. 선고 2019다295278 판결 참조

3. 소장 기재에 필요한 요건사실

가. 청구원인 단계의 요건사실

요건사실	① 소유권에 기한 반환청구(원고의 토지 소유사실, 피고의 점유사실) ② 부당이득반환청구(피고의 수익, 원고의 손해, 인과관계의 존재, 이득액) ③ 소유권에 기한 지상 건물 철거 및 토지 인도청구(원고의 토지 소유사실, 피고의 지상 건물 법률상 또는 사실상 소유사실)

나. 한토목의 유치권항변

민사유치권의 요건사실	① 타인 물건 등의 적법한 점유사실 ② 피담보채권의 존재 및 변제기 도래사실 ③ 피담보채권과 물건 사이의 견련관계 [④ 유치권 행사의 주장(권리항변)]
상사유치권의 요건사실	① 상인간 상행위로 인한 채권의 존재 및 변제기 도래사실 ② 채무자의 상행위로 인한 점유사실 ③ 채무자 소유 물건 등의 점유사실 [④ 유치권 행사의 주장(권리항변)]

※ [재항변] 불법 점유 개시 / 유치권 배제 특약 / 유치권 소멸청구 / 경매개시결정 등기 후 유치권 취득 / 피담보채권의 소멸 / 점유 상실

다. 박병남의 법정지상권항변

민법 제366조 법정지상권 성립요건	① 저당권설정 당시 토지 위에 건물이 존재한 사실 ② 저당권설정 당시 토지와 건물의 소유자가 동일한 사실 ③ 토지나 건물 중 어느 하나 또는 둘 다에 저당권이 설정된 사실 ④ 토지나 건물에 설정된 저당권 실행으로 토지 및 건물의 소유권이 분리된 사실
관습법상 법정지상권 성립요건	① 토지와 건물이 동일인 소유에 속하였던 사실 ② 매매 기타 적법한 원인으로 소유자가 달라진 사실 [③ 법정지상권 배제 특약의 부존재(재항변사유)]

문제 2 모범답안

소 장

원 고 김갑동
서울 강동구 고덕동 32
소송대리인 변호사 전승혜
서울 서초구 서초대로10길 11, 1200호 (서초동, 완승빌딩)
전화 02)532-3000, 팩스 02)532-3001, E-mail : jsh0909@naver.com

피 고 1. 한토목
평택시 평탄3길 123, 101호 (평탄동, 평탄빌라)
2. 박병남
수원시 팔달구 팔달대로 111, 101동 502호 (팔달동, 신홍아파트)

건물철거 등 청구의 소

청 구 취 지

1. 원고에게,

가. 피고 한토목은

1) 별지 목록 제1항 기재 토지를 인도하고, 2025. 5. 10.부터[290] 별지 목록 제1항 기재 토지 인도완료일까지 매월 50만 원의 비율로 계산한 돈을 지급하고,

2) 피고 박병남으로부터 5,000만 원에서 2025. 5. 1.부터[291] 별지 목록 제2항 기재 토지

290 원고의 유치권 소멸청구의 효력발생일이다.
291 피고 한토목과 피고 박병남의 공사대금정산일이다.

의 사용수익을 종료할 때까지 월 100만 원의 비율로 계산한 금액을 공제한 나머지 돈을 지급받음과 동시에 별지 목록 제2항 기재 토지를 인도하고,

나. 피고 박병남은

1) 별지 목록 제4항 기재 건물을 철거하고,

2) 별지 목록 제3항 기재 토지를 인도하고,

3) 2024. 10. 20.부터[292] 별지 목록 제3항 기재 토지 인도완료일까지 매월 150만 원의 비율로 계산한 돈을 지급하라.

2. 소송비용은 피고들이 부담한다.

3. 제1항은 가집행할 수 있다.

라는 판결을 구합니다.

청 구 원 인

1. 당사자들의 관계[293]

원고는 별지 목록 제1 내지 3항 기재 각 대지(이하 '이 사건 각 대지'라고 하고, 각 대지를 따로 가리킬 때는 '254지번 대지', '255지번 대지', '256지번 대지'라고 합니다)에 관한 임의경매절차에서 이 사건 각 대지를 매수한 소유자이고, 피고 박병남은 이 사건 각 대지의 전 소유자이자 256지번 대지 지상의 별지 목록 제4항 기재 건물(이하 '이 사건 건물'이라고 합니다)을 양수받은 사실상 처분권자이며, 피고 한토목은 254, 255지번 대지의 토목공사를 담당하고 현재 위 254, 255지번 대지를 점유하고 있는 공사업자입니다.

2. 피고 한토목에 대한 청구

가. 254, 255지번 대지에 관한 인도청구

1) 청구원인

이 사건 각 대지에 관하여 설정되어 있던 주식회사 한중은행의 공동근저당권에 기하여 2023. 12. 11. 수원지방법원 2023타경12551호로 임의경매개시결정이 내려졌고, 원고는 그 매각기일에 이 사건 각 대지를 매수하여, 2024. 10. 20. 매각대금 3억 1,500만 원을 납부하고, 위 법원 2024. 10. 30. 접수 제16315호로 소유권이전등기를 마친 이 사건 각 대지의

292 원고의 임의경매절차의 소유권취득일이다(민사집행법 제135조).

293 관련성이 있는 2인 이상의 피고들과의 법률관계가 문제일 때, 당사자들의 관계 소개로 소장의 도입부를 기재할 수도 있다.

소유자입니다.

피고 한토목은 2023. 6. 5. 피고 박병남과 사이에 254, 255지번 대지에 관한 평탄화 및 배수로 작업을 하기로 하는 공사도급계약을 체결하고 그 공사를 마쳤음에도 현재 254, 255지번 대지를 점유하고 있습니다.

따라서 254, 255지번 대지를 점유하고 있는 피고 한토목은 소유자 원고에게 특별한 사정이 없는 한 위 각 대지를 인도할 의무가 있다고 할 것입니다.

2) 피고 한토목의 예상 주장(유치권항변) 및 원고의 유치권 소멸청구

가) 피고 한토목은 피고 박병남과의 254, 255지번 대지에 관한 2023. 6. 5.자 공사도급계약에 기초한 공사대금채권을 피담보채권으로 하는 254, 255지번 대지의 유치권자로서 위 각 대지를 점유하고 있으니 원고의 청구에 응할 수 없고, 유치권자로서 임료 상당의 과실을 피담보채권에 충당하겠다고 주장할 것이 예상됩니다.

피고 한토목은 2023. 6. 5. 피고 박병남과 사이에 254, 255지번 대지에 관한 평탄화 및 배수로 작업을 대금 6,000만 원에 4개월 내에 마쳐주기로 하는 공사도급계약을 체결하면서 대금은 완공된 대지의 인도와 동시에 지급받기로 하였습니다. 피고 한토목은 2023. 10.경 그 공사를 모두 마쳤으나 피고 박병남이 공사대금을 지급하지 않자, 공사가 완공된 254, 255지번 대지를 계속 점유하다가, 2024. 7. 1.부터는 현재까지 공사자재를 쌓아두면서 이를 야적장으로 점유·사용하고 있습니다. 한편 피고 한토목과 피고 박병남은 2025. 5. 1. 현재 공사대금이 5,000만 원 남아 있음을 확인한 바 있습니다.

그렇다면 피고 한토목이 위 임의경매절차의 개시 전부터 이행기가 도래한 254, 255지번 대지에 관한 공사대금채권을 가지고 이를 피담보채권으로 하여 위 각 대지를 점유하고 있었음이 인정되므로, 피고 한토목은 특별한 사정이 없는 한 254, 255지번 대지의 적법한 유치권자라고 할 것입니다.

나) 다만 피고 한토목은 2024. 1. 1. 무단으로 최정북에게 254지번 대지를 월 60만 원에 주차장으로 쓰도록 임대하여 주었습니다.

유치물을 채무자의 동의 없이 무단으로 임대한 것은 유치권자의 선량한 관리자의 주의의무를 위반한 것으로, 이러한 경우 채무자 등은 유치권의 소멸을 청구할 수 있습니다(민법 제324조). 또한 하나의 채권을 피담보채권으로 하여 여러 필지의 토지에 대하여 유치권을 취득한 유치권자가 그중 일부 필지의 토지에 대하여 선량한 관리자의 주의의무를 위반하였다면

위반행위가 있었던 필지의 토지에 대하여만 유치권 소멸청구가 가능하다고 보아야 합니다.[294]

피고 한토목은 254지번 대지를 채무자의 동의 없이 무단으로 임대함으로써 유치권자의 선량한 관리자의 주의의무를 위반하였으므로, 위 대지 소유자인 원고는 그 부분에 한하여 유치권의 소멸을 청구할 수 있습니다. 원고는 이미 2025. 5. 8.자 '소멸청구통지서'로 무단임대를 이유로 한 유치권의 소멸청구를 하였고, 위 통지서는 2025. 5. 10. 피고 한토목에게 도달하였습니다. 이로써 254지번 대지에 관한 피고 한토목의 유치권은 소멸하였고,[295] 피고 한토목의 유치권 주장은 255지번 대지에 한하여 이유 있게 되었습니다.

다) 유치권의 불가분성으로 인하여 유치물은 피담보채권 전부를 담보하는 것이고,[296] 물건의 인도를 청구하는 소송에서 피고의 유치권항변이 인용되는 경우에는 물건에 관하여 생긴 채권의 변제와 상환으로 물건의 인도를 명하여야 합니다.[297] 또한 유치권자는 유치물의 과실을 수취하여 그 채권의 변제에 충당할 수 있고, 피고 한토목은 2025. 5. 30.자 답변서로 피담보채권에 사용이익을 충당한다는 의사를 밝힌 바 있습니다. 유치권이 인정되는 부동산의 법정 과실은 그 차임 상당액이라고 할 것이고, 255지번 대지의 차임은 2024년 하반기부터 현재까지 ㎡당 5,000원임이 인정됩니다.

따라서 피고 한토목은 ① 255지번 대지에 관하여는 유치권자로서 피고 박병남으로부터 공사잔대금 5,000만 원에서 공사대금 정산일인 2025. 5. 1.부터 별지 목록 제2항 기재 토지의 사용수익을 종료할 때까지 월 100만 원(= 5,000원 × 200㎡)의 비율로 계산한 금액을 공제한 나머지 돈을 지급받음과 동시에[298] 원고에게 255지번 대지를 인도할 의무가 있고,

---

294 민법 제324조는 '유치권자에게 유치물에 대한 선량한 관리자의 주의의무를 부여하고, 유치권자가 이를 위반하여 채무자의 승낙 없이 유치물을 사용, 대여, 담보 제공한 경우에 채무자는 유치권의 소멸을 청구할 수 있다.'고 정한다. 하나의 채권을 피담보채권으로 하여 여러 필지의 토지에 대하여 유치권을 취득한 유치권자가 그중 일부 필지의 토지에 대하여 선량한 관리자의 주의의무를 위반하였다면 특별한 사정이 없는 한 위반행위가 있었던 필지의 토지에 대하여만 유치권 소멸청구가 가능하다고 해석하는 것이 타당하다(대법원 2022. 6. 16. 선고 2018다301350 판결).

295 유치권의 소멸청구권은 형성권의 행사로, 유치권 소멸의 의사표시가 유치권자에게 도달함으로써 소멸한다(통설, 대법원 2023. 8. 31. 선고 2019다295278 판결).

296 다세대주택의 창호 등의 공사를 완성한 하수급인이 공사대금채권 잔액을 변제받기 위하여 위 다세대주택 중 한 세대를 점유하여 유치권을 행사하는 경우, 그 유치권은 위 한 세대에 대하여 시행한 공사대금만이 아니라 다세대주택 전체에 대하여 시행한 공사대금채권의 잔액 전부를 피담보채권으로 하여 성립한다고 본 사례(대법원 2007. 9. 7. 선고 2005다16942 판결)

297 대법원 2011. 12. 13. 선고 2009다5162 판결

298 255지번 대지에 관하여는 유치권자인 피고 한토목의 주장과 같이, 과실수취권이 인정되어(민법 제323조), 공사대금 잔금에서 월 임료 상당의 부당이득금을 공제한 나머지의 지급과 상환으로 인도청구가 가능하다. 공사대금지급채무와 목적물인

② 254지번 대지에 관하여는 유치권이 소멸되었으므로 원고에게 이를 인도할 의무가 있습니다.

3) 피고 한토목의 예상 주장(원고가 소멸청구권자가 아니라는 주장)에 대한 반박

피고 한토목은 원고가 피담보채무의 채무자나 문제되는 임대행위 당시 유치물의 소유자가 아니므로 유치권의 소멸청구를 하지 못한다고 주장할 것으로 예상됩니다.

그러나 유치권자가 민법 제324조 제2항을 위반하여 유치물 소유자의 승낙 없이 유치물을 임대한 경우 유치물의 소유자는 이를 이유로 민법 제324조 제3항에 의하여 유치권의 소멸을 청구할 수 있는 것이고, 민법 제324조에서 정한 유치권 소멸청구는 유치권자의 선량한 관리자의 주의의무 위반에 대한 제재로서 채무자 또는 유치물의 소유자를 보호하기 위한 규정이므로, 특별한 사정이 없는 한 민법 제324조 제2항을 위반한 임대행위가 있은 뒤에 유치물의 소유권을 취득한 제3자도 유치권 소멸청구를 할 수 있는 것입니다.[299]

따라서 원고는 254지번 대지를 경매절차에서 매수한 대지의 소유자로서 유치권 소멸청구를 할 수 있고 피고 한토목의 위 예상 주장은 이유 없습니다.

나. 254지번 대지에 관한 부당이득금청구[300]

피고 한토목은 254지번 대지를 야적장 용도로 사용수익하면서 임료 상당의 사용이익을 얻었고, 소유자인 원고는 그로 인한 손실을 입었다고 할 것이므로, 피고 한토목은 원고에게 위 대지의 점유사용으로 인한 이익 상당액을 부당이득으로 반환할 의무가 있습니다.

나아가 부당이득 액수에 관하여는 통상의 경우 부동산의 점유, 사용으로 인한 이득액은 그 부동산의 차임 상당액이라 할 것인데, 254지번 대지의 차임은 2024년 하반기부터 현재까지 ㎡당 5,000원임이 인정되고, 그 이후의 차임도 위 액수를 밑돌지는 않을 것입니다. 또한 피고 한토목이 254지번 대지의 점유에 정당한 권원이 있다고 다투고 있는 이상, 원고로

도의무는 동시이행관계에 있으므로 공사대금에 대하여는 지연손해금이 발생하지 않는다.

299 대법원 2023. 8. 31. 선고 2019다295278 판결

300 254지번 대지에 관하여는 유치권이 인정되지 않으므로, 원고의 소유권에 기한 부당이득반환청구가 가능하다. 유치권자가 무단임대한 기간 중의 수익이나, 무단임대 후에 본인이 사용수익한 경우, 이를 부당이득으로 반환하여야 한다고 보는 입장이 다수이다(단 소멸청구가 있기 전까지는 과실수취권 인정된다는 견해도 있다. 이영준, 물권법, 박영사, 2009, 790쪽 참조). 또한 소멸청구 있기 전 본인의 사용수익분에 대한 과실수취권을 인정한 판례도 있다(대법원 2023. 8. 31. 선고 2019다295278 판결 참조). 다만 이 사안은 원고가 소유권을 취득하기 전에 무단임대기간이 종료된 경우로, 원고에게는 그 반환청구권이 인정된다고 볼 수 없으므로, 유치권 소멸시를 원고의 부당이득반환청구의 기산일로 삼았다.

서는 254지번 대지의 인도시까지의 장래 부당이득을 미리 청구할 필요가 있습니다. 따라서 피고 한토목은 원고에게 유치권이 소멸된 2025. 5. 10.부터 254지번 대지 인도완료일까지 월 임료 50만 원(= 5,000원 × 100㎡)[301]의 비율로 계산한 부당이득을 지급할 의무가 있다고 할 것입니다.

다. 소결

그렇다면 피고 한토목은 ① 원고에게 254지번 대지를 인도하고, 2025. 5. 10.부터 위 254지번 대지의 인도완료일까지 월 50만 원의 비율로 계산한 부당이득금을 지급할 의무가 있고, ② 피고 박병남으로부터 공사잔대금 5,000만 원에서 2025. 5. 1.부터 255번지 대지의 사용수익을 종료할 때까지 월 100만 원의 비율로 계산한 금액을 공제한 나머지 돈을 지급받음과 동시에 원고에게 255지번 대지를 인도할 의무가 있습니다.

3. 피고 박병남에 대한 청구

가. 철거 및 인도, 부당이득반환청구

원고가 2024. 10. 20. 256지번 대지를 비롯한 이 사건 각 대지를 임의경매절차에서 매수한 소유자임은 앞서 본 바와 같습니다. 이 사건 각 대지는 이을서의 소유였고, 이을서는 256지번 대지 지상에 이 사건 건물을 신축하여 소유하고 있었는데 등기를 마치지 못했습니다. 피고 박병남은 2022. 8. 11. 이을서로부터 이 사건 각 대지와 미등기건물인 이 사건 건물 일체를 3억 원에 매수하고, 이 사건 각 대지에 관하여 수원지방법원 2022. 9. 11. 접수 제32591호로 소유권이전등기를 마친 후 현재까지 256지번 대지와 이 사건 건물을 인도받아 점유하고 있습니다.

건물철거는 그 소유권의 종국적 처분에 해당되는 사실행위이므로 건물을 전 소유자로부터 매수하여 점유하고 있는 등 그 권리의 범위 내에서 점유 중인 건물에 대하여 법률상 또는 사실상 처분을 할 수 있는 지위에 있는 자에게도 그 철거처분권이 있습니다.[302] 사회통념상 건물은 그 부지를 떠나서는 존재할 수 없으므로 건물의 부지가 된 토지는 그 건물의 소유자가 점유하는 것으로 볼 것이고, 이 경우 건물의 소유자가 현실적으로 건물이나 그 부지를 점거하고 있지 아니하고 있더라도 건물의 소유를 위하여 그 부지를 점유한다고 보아야

---

301 임대차계약상 월 임료가 아닌, 시가에 의한 월 임료를 기재해야 한다.

302 대법원 2003. 1. 24. 선고 2002다61521 판결 등

합니다. 또한 미등기건물을 양수하여 건물에 관한 사실상의 처분권을 보유하게 됨으로써 양수인이 건물 부지 역시 아울러 점유하고 있다고 볼 수 있는 경우에는 미등기건물에 관한 사실상의 처분권자도 건물 부지의 점유·사용에 따른 부당이득반환의무를 부담합니다.[303]

피고 박병남은 미등기건물인 이 사건 건물을 양수하여 사실상 처분권을 보유하고 있는 자이고 256지번 대지는 그 일체가 이 사건 건물의 부지로 사용되고 있으므로, 피고 박병남은 그 사용이익 상당의 이익을 얻고 이로 인하여 256지번 대지의 소유자인 원고에게 같은 금액의 손해를 가하고 있습니다. 통상 부동산의 점유·사용으로 인한 이득액은 그 부동산의 차임 상당액인데, 256지번 대지의 차임은 2024년 하반기부터 현재까지 ㎡당 5,000원임이 인정되고, 그 이후의 차임도 위 액수와 같을 것으로 추인됩니다.

따라서 256지번 대지의 소유자로서 소유물의 방해배제와 반환을 구하는 원고에 대하여, 피고 박병남은 이 사건 건물을 철거하고, 256지번 대지를 인도하며, 원고의 소유권취득일 2024. 10. 20.부터 위 인도완료일까지 월 150만 원(= 5,000원 × 300㎡)의 비율로 계산한 부당이득금을 지급할 의무가 있습니다.

나. 예상 주장에 대한 반박

1) 피고 박병남은 256지번 대지와 그 지상 이 사건 건물의 실질 소유자가 자신이었다가 임의경매절차의 진행으로 256지번 대지는 원고가, 그 지상 이 사건 건물은 자신이 소유하게 되었으니, 민법 제366조의 법정지상권이 인정되어야 한다고 주장할 것으로 예상됩니다.

그러나 민법 제366조의 법정지상권은 저당권 설정 당시에 동일인의 소유에 속하는 토지와 건물이 저당권의 실행에 의한 경매로 인하여 각기 다른 사람의 소유에 속하게 된 경우에 건물의 소유를 위하여 인정되는 것이므로, 미등기건물을 그 대지와 함께 매수한 사람이 그 대지에 관하여만 소유권이전등기를 넘겨받고 건물에 대하여는 그 등기를 이전 받지 못하고 있다가, 대지에 대하여 저당권을 설정하고 그 저당권의 실행으로 대지가 경매되어 다른 사람의 소유로 된 경우에는, 그 저당권의 설정 당시에 이미 대지와 건물이 각각 다른 사람의 소유에 속하고 있었으므로 법정지상권이 성립될 여지가 없는 것입니다.[304]

앞서 인정한 것과 같이 이을서가 자기 소유의 256지번 대지 지상에 이 사건 건물을 신축하여 이를 소유하고 있다가, 2022. 8. 11. 피고 박병남에게 256번지 대지와 미등기 상태의

303 대법원 2022. 9. 29. 선고 2018다243133, 243140 판결 등 참조
304 대법원 2002. 6. 20. 선고 2002다9660 전원합의체 판결

이 사건 건물을 매도하여, 피고 박병남이 2022. 9. 11. 256번지 대지에 관하여 소유권이전등기를 마쳤으나 이 사건 건물에 관하여는 소유권이전등기를 마치지 못한 상태에서, 원고가 256번지 대지 등에 대한 공동근저당권의 실행으로 임의경매절차에서 256번지 대지 등의 소유권을 취득하였습니다. 위 법리에 비추어 볼 때, 저당권 실행 당시에 이미 256번지 대지의 소유자는 피고 박병남이고, 이 사건 건물의 소유자는 이을서였으므로 법정지상권이 성립할 수 없습니다.

2) 피고 박병남은 나아가 당초 256지번 대지와 그 지상 건물을 이을서가 소유하다가 2022. 8. 11. 자신에게 매도함으로써 256지번 대지의 소유는 자신이, 이 사건 건물은 이을서가 여전히 법률상 소유자로 남게 되었으니, 이을서가 관습법상 법정지상권을 보유하고, 그로부터 이 사건 건물을 양수한 자신이 이을서의 관습법상 법정지상권을 대위하여 행사할 수 있다고 주장할 것으로 예상됩니다.

그러나 관습상의 법정지상권은 동일인의 소유이던 토지와 그 지상 건물이 매매 기타 원인으로 인하여 각각 소유자를 달리하게 되었으나 그 건물을 철거한다는 등의 특약이 없으면 건물 소유자로 하여금 토지를 계속 사용하게 하려는 것이 당사자의 의사라고 보아 인정되는 것이므로 토지의 점유·사용에 관하여 당사자 사이에 약정이 있는 것으로 볼 수 있거나 토지 소유자가 건물의 처분권까지 함께 취득한 경우에는 관습상의 법정지상권을 인정할 까닭이 없다 할 것이어서, 미등기건물을 그 대지와 함께 매도하였다면 비록 매수인에게 그 대지에 관하여만 소유권이전등기가 경료되고 건물에 관하여는 등기가 경료되지 아니하여 형식적으로 대지와 건물이 그 소유 명의자를 달리하게 되었다 하더라도 매도인에게 관습법상의 법정지상권을 인정할 이유가 없습니다.[305]

앞서 본 바와 같이 피고 박병남은 피고 이을서로부터 그 소유의 256지번 대지와 그 지상 이 사건 건물을 함께 매수하여 이 사건 건물의 처분권까지 함께 취득한 경우로 볼 수 있으므로, 256지번 대지와 이 사건 건물의 소유 명의가 달라졌다고 하더라도 관습법상의 법정지상권이 인정될 수 없습니다.

3) 또한 피고 박병남은 이 사건 건물을 사용하여 실질 수익을 얻고 있지 않으니 임료 상당의 부당이득이 발생하지 않았다는 취지로 주장할 것이 예상됩니다.

그러나 타인 소유의 토지 위에 권한 없이 건물을 소유하고 있는 자는 그 자체로써 특별

305 대법원 2002. 6. 20. 선고 2002다9660 전원합의체 판결

한 사정이 없는 한 법률상 원인 없이 타인의 재산으로 인하여 토지의 차임에 상당하는 이익을 얻고 이로 인하여 타인에게 동액 상당의 손해를 주고 있다고 보아야 합니다.[306]

4) 따라서 피고 박병남의 예상 주장은 모두 이유 없습니다.

다. 소결

그렇다면 피고 박병남은 원고에게, 이 사건 건물을 철거하고, 그 대지인 256지번 대지를 인도할 의무가 있으며, 2024. 10. 20.부터 그 인도완료일까지 월 150만 원의 비율로 계산한 부당이득금을 지급할 의무가 있습니다.

4. 결론

원고는 이상과 같은 이유로 청구취지와 같은 판결을 구하니 원고의 청구를 모두 인용하여 주시기 바랍니다.

증명방법 및 첨부서류 (생략)

2025. 9. 1.

원고 소송대리인

변호사 전승혜 ㊞

수원지방법원[307] 귀중

306 대법원 1998. 5. 8. 선고 98다2389 판결

307 원고의 주소지 관할법원인 서울동부지방법원, 피고 한토목의 주소지 관할법원인 수원지방법원 평택지원도 가능하다.

5

기록

취득시효 / 제2차 취득시효, 취득시효중단, 기판력

기록 5

<문제 1> 귀하는 법무법인 수원 담당변호사 오지혜로서, 의뢰인 김민재와의 상담을 통해 아래 【상담내용】과 같은 사실관계를 청취하고, 【의뢰인의 희망사항】 기재사항에 관한 본안 소송의 대리권을 수여받고, 첨부된 서류를 자료로 받았다.
의뢰인을 위하여 본안의 소를 제기하는 데 필요한 **소장**을 작성하시오.

【작성요령】

1. 소장 작성일 및 소제기일은 2025. 8. 28.로 하시오.
2. 이 사건에 관한 부동산의 표기는 다음 [별지 목록 및 도면]을 소장 말미에 첨부함을 전제로 하여 [별지 목록 및 도면]을 별도로 작성하지 마시오.
3. 그 밖의 작성방식은 【공통된 작성요령】과 같습니다.

별지

목　　록

수원시 권선구 경수동 20-11 대 116㎡. 끝.

측량감정도면

토지 소재	수원시 권선구 경수동

나 부분 27m²

의뢰인 상담일지

법무법인 수원 담당변호사 오지혜

경기도 수원시 영통구 광교중앙로 10, 210호 (대성빌딩)
☎ : 031-216-3000, 팩스 : 031-216-3001, E-mail : jhoh@law.com

접수번호	2025-50	상담일시	2025. 8. 1.
의뢰인	김민재	내방경위	지인소개

【상 담 내 용】

1. 수원시 권선구 경수동 20-11 대 116㎡(이하 '피고 토지'라고 한다)와 수원시 권선구 경수동 20-10 대 152㎡(이하 '원고 토지'라고 한다)는 앞서 제시된 별지 측량감정도면과 같이 서로 인접해 있다. 피고 토지 중 위 도면의 나 부분(이하 '이 사건 분쟁토지'라고 한다)이, 담장(위 도면 3, 4, 5를 연결한 선 부분)을 기준으로 원고 토지와 함께 한쪽에 위치해 있고, 피고 토지의 나머지 부분(위 도면의 '가' 부분)이 담장의 다른 한쪽에 위치하고 있다. 이러한 토지들의 현황은 1970년대부터 현재까지 동일하다.
2. 김민재는 2009. 9.경 김승련에게서 원고 토지와 그 지상 주택의 소유권을 매수하면서 그 무렵부터 현재까지 이 사건 분쟁토지를 그 지상 주택 마당의 일부로 계속 점유·사용하여 왔다. 현재 피고 토지에 관한 등기부에는 위 도면의 가 부분과 나 부분 전체에 관하여 모두 박장남의 소유로 등재되어 있다.

【사건관계인의 주장】

박장남의 주장의 요지는 다음과 같다. 김승련이 이 사건 분쟁토지를 점유하기 시작한 1987. 3. 20.로부터 20년이 지난 2007. 3. 20. 점유취득시효가 완성되었더라도 그에 따른 소유권이전등기를 마치기 전인 2011. 7. 19. 박장남이 이 사건 분쟁토지가 포함된 피고 토지 전체에 관하여 소유권이전등기를 마쳤으므로 김민재는 박장남에게 점유취득시효완성의 효과를 주장할 수 없다.

【의뢰인 희망사항】

이 사건 분쟁토지는 원고 토지 및 그 지상 주택을 공로와 잇는 곳으로서 김민재가 마당의 일부로 알고 사용하여 온 곳이다. 김민재가 오랫동안 사용해 왔기 때문에 박장남의 인도청구에 응할 수 없고, 오히려 점유취득시효를 주장하면서 이 사건 분쟁토지에 대한 소유권을 확보하기 원한다.

등기사항전부증명서 (말소사항 포함) - 토지 [제출용]

[토지] 수원시 권선구 경수동 20-11　　　　고유번호 1222-7864-781355

【 표 제 부 】	(토지의 표시)				
표시번호	접 수	소 재 지 번	지 목	면 적	등기원인 및 기타사항
1 (전 2)	1999년 1월 10일	수원시 권선구 경수동 20-11	대	116m²	부동산등기법 제177조의6 제1항의 규정에 의하여 2003년 9월 1일 전산이기

【 갑 구 】	(소유권에 관한 사항)			
순위번호	등 기 목 적	접 수	등 기 원 인	권 리 자 및 기 타 사 항
1 (전 2)	소유권이전	1985년7월1일 제18937호	1985년4월20일 매매	소유자 박태조 380520-1258236 수원시 권선구 권선동 10
2	소유권이전	1997년12월15일 제11223호	1997년3월20일 매매	소유자 박차남 630815-1027328 수원시 권선구 권선동 10
				부동산등기법 제177조의6 제1항의 규정에 의하여 2003년 9월 1일 전산이기
3	소유권이전	2011년7월19일 제46023호	2011년3월2일 매매	소유자 박장남 621024-1357823 서울특별시 서초구 반포동 200 별님아파트 104동 908호 거래가액 금1,300,000,000원

---- 이 하 여 백 ----

관할등기소 수원지방법원 동수원등기소/ 발행등기소 법원행정처 등기정보중앙관리소

등기사항전부증명서 (말소사항 포함) - 토지 [제출용]

[토지] 수원시 권선구 경수동 20-10 고유번호 1222-7864-782644

【 표 제 부 】 (토지의 표시)					
표시번호	접 수	소 재 지 번	지 목	면 적	등기원인 및 기타사항
1 (전 2)	1999년 1월 10일	수원시 권선구 경수동 20-10	대	152㎡	부동산등기법 제177조의6 제1항의 규정에 의하여 2003년 9월 1일 전산이기

【 갑 구 】 (소유권에 관한 사항)				
순위번호	등 기 목 적	접 수	등 기 원 인	권 리 자 및 기 타 사 항
1 (전 2)	소유권이전	1974년2월1일 제18937호	1974년2월1일 매매	소유자 김인선 331104-1110236 수원시 권선구 경수동 100
2	소유권이전	1987년3월20일 제11223호	1987년3월20일 증여	소유자 김승련 610611-1444321 수원시 권선구 탑동 50
				부동산등기법 제177조의6 제1항의 규정에 의하여 2003년 9월 1일 전산이기
3	소유권이전	2009년9월28일 제46023호	2009년9월21일 매매	소유자 김민재 720720-1000827 서울특별시 관악구 봉천동 100 거래가액 금1,350,000,000원

---- 이 하 여 백 ----

관할등기소 수원지방법원 동수원등기소/ 발행등기소 법원행정처 등기정보중앙관리소

내용증명

발신인 김민재
수원시 권선구 경수대로 120-10
수신인 박장남
수원시 권선구 경수대로 120-11

1. 안녕하십니까. 발신인은 귀하 소유의 수원시 권선구 경수동 20-11 대 116㎡(이하 수신인 토지)에 인접한 수원시 권선구 경수동 20-10 대 152㎡(이하 발신인 토지)의 소유자입니다.
2. 발신인은 담장을 경계로 하여 발신인 토지와 함께 수신인 토지 중 별지 도면의 나 부분(이하 이 사건 분쟁토지)을 오랜 세월 점유하고 있습니다.
3. 귀하도 주지하시다시피 그 내력은 다음과 같습니다. 김인선이 1974. 2. 1.부터 발신인 토지 지상 주택에 거주하면서 이 사건 분쟁토지를 그 주택의 마당의 일부로 알고 점유·사용하기 시작하였습니다. 그때부터 발신인 토지와 수신인 토지 사이에는 담장이 설치되어 있었고, 이 사건 분쟁토지는 담장을 경계로 발신인 토지와 함께 발신인 토지 쪽에 위치하고 있었습니다. 김인선은 1987. 3. 20. 그 아들 김승련에게 발신인 토지와 그 지상 주택을 증여하여 같은 날 소유권이전등기를 마쳐 주었고 김승련은 그때부터 발신인 토지와 그 지상 주택은 물론 이 사건 분쟁토지를 계속 점유·사용하였습니다. 이후 발신인이 2009. 9. 28. 김승련에게서 2009. 9. 21.자 매매를 원인으로 하여 발신인 토지와 그 지상 주택의 소유권을 이전받으면서 그때부터 현재까지 이 사건 분쟁토지를 계속 점유하여 왔습니다.
4. 발신인은 김승련의 점유를 승계하여 현재까지 이 사건 분쟁토지를 점유하고 있습니다. 그렇다면 발신인은 전 점유자인 김승련의 점유를 승계하여 이 사건 분쟁토지를 시효취득하였으므로, 귀하에 대하여 이 사건 분쟁토지에 대한 소유권이전등기청구권을 갖고 있습니다.
5. 귀하는 이 사건 분쟁토지에 관하여 소유권이전등기를 조속한 시일 내에 마쳐주시기를 요청드립니다. 이에 불응할 경우 부득이 발신인은 본인의 재산을 지키기 위하여 소송을 제기할 수밖에 없음을 양지하시기 바랍니다.

별첨 : 측량감정도면(첨부 생략)

2025. 2. 15.

김민재 (인) 김민재인

서수원우체국
2025. 2. 15.
25 - 17146

서수원우체국장인

본 우편물은 2025-2-15
제17146호에 의하여
내용증명우편물로 발송하였음을 증명함
서수원우체국장

내용증명

발신인 박장남

수원시 권선구 경수대로 120-11

수신인 김민재

수원시 권선구 경수대로 120-10

귀하는 점유취득시효의 법리를 잘못 알고 있습니다. 귀하의 말씀대로 점유취득시효가 완성되었다고 하더라도 이를 등기하지 아니하고 있는 사이에 그 부동산에 관하여 제3자에게 소유권이전등기가 마쳐지면 점유자는 그 제3자에게 대항할 수 없습니다.

그런데 수원시 권선구 경수동 20-11 대 116㎡는 원래 박장남의 아버지 박태조의 소유였다가, 1997. 12. 15. 박태조에서 박장남의 동생 박차남 앞으로, 다시 2011. 7. 19. 박차남에서 박장남 앞으로 각 소유권이전등기가 마쳐졌습니다.

그러므로 김승련이 이 사건 분쟁토지를 점유하기 시작한 1987. 3. 20.로부터 20년이 지난 2007. 3. 20. 점유취득시효가 완성되었더라도 그에 따른 소유권이전등기를 마치기 전인 2011. 7. 19. 본인이 이 사건 분쟁토지가 포함된 수원시 권선구 경수동 20-11 대 116㎡에 관하여 소유권이전등기를 마쳤으므로 귀하는 본인에게 점유취득시효완성의 효과를 주장할 수 없습니다.

2025. 3. 10.

박장남 (인)

서수원우체국
2025. 3. 10.
25 - 18001

서수원
우체국
장 인

본 우편물은 2025-3-10
제18001호에 의하여
내용증명우편물로 발송하였음을 증명함
서수원우체국장

기록 5

해설

문제 1 해설

1. 사안의 개요

이 사건 분쟁토지에 대한 점유관계와 등기 현황을 도식화하면 아래와 같다.

소유 명의

박태조 → 1997. 12. 15. 박차남 → 2011. 7. 19. 박장남

점유 관계

1974. 2. 1.경 김인선 → 1987. 3. 20. 김승련 → 2009. 9. 28. 김민재

(1차 취득시효완성) (2차 취득시효완성)

의뢰인 김민재의 종전 점유자 김인선이 1974. 2. 1.경부터, 이를 이어받아 김승련이 1987. 3. 20.경부터 이 사건 분쟁토지를 계속 점유하고 있어 왔는데, 김민재가 2009. 9. 28. 무렵 그 점유를 승계하여 그때부터 현재까지 이를 점유하고 있다. 그런데 그 점유기간 중에 이 사건 분쟁토지에 관하여 1997. 12. 15.과 2011. 7. 19. 2차례에 걸쳐 소유권이전등기가 마쳐졌다. 김민재가 어떠한 취득시효 법리의 구성을 통하여 현 소유명의자 박장남을 상대로 소유권이전등기청구를 할 수 있는지 문제되는 사안이다.

2. 쟁점과 설명

취득시효기간이 만료된 토지의 점유자는 그 기간만료 당시의 토지 소유자에 대하여 시효취득을 원인으로 하는 소유권이전등기청구권을 가짐에 그치고, 취득시효기간만료 후에 새로이 그 토지의 소유권을 취득한 사람에 대하여는 시효취득으로 대항할 수 없다(대법원 1991. 4. 9. 선고 89다카1305 판결 등).

박장남은 이러한 법리를 기초로, 김승련이 이 사건 분쟁토지를 점유하기 시작한 1987. 3. 20.로부터 20년이 지난 2007. 3. 20. 점유취득시효가 완성되었더라도 그에 따른 소유권이전등기를 마치기 전인 2011. 7. 19. 박장남이 이 사건 분쟁토지가 포함된 박장남의 토지 전체에 관하여 소유권이전등기를 마쳤으므로 김민재가 박장남을 상대로 시효취득으로 대항할 수 없다며 다투고 있다.

그런데 점유가 순차 승계된 경우에 있어서 취득시효의 완성을 주장하는 자는 자기의 점유만을 주장하거나 또는 자기의 점유와 전 점유자의 점유를 아울러 주장할 수 있는 선택권이 있는 것이고, 전 점유자의 점유를 아울러 주장하는 경우에도 어느 단계 점유자의 점유까지를 아울러 주장할 것인가도 이를 주장하는 사람에게 선택권이 있다(대법원 1998. 4. 10. 선고 97다56822 판결 등).

김민재가 박장남의 주장대로 직전 점유자 김승련의 점유만을 승계한 것으로 주장할 경우에는, 김승련의 점유개시시점인 1987. 3. 20.경부터 20년이 지난 2007. 3. 20.경 점유취득시효가 완성되고, 그에 따른 소유권이전등기를 마치기 전에 박장남이 2011. 7. 9. 이 사건 분쟁토지에 관하여 소유권이전등기를 마쳤으므로, 김민재는 박장남에게 시효취득으로 대항할 수 없게 된다. 한편 **김민재가 전전 점유자인 김인선의 점유부터 그 점유를 승계한 것으로 주장할 경우**에는, 김인선의 최초 점유개시시점인 1974. 2. 1.경부터 20년이 경과한 1994. 2. 1.경 취득시효가 완성되는데, 그에 따른 소유권이전등기를 마치기 전에 박차남이 1997. 12. 15. 먼저 이 사건 분쟁토지에 관하여 소유권이전등기를 마쳤으므로, 김민재는 박차남을 상대로 시효취득으로 대항할 수 없게 된다.

따라서 김민재의 요청대로 취득시효 주장이 받아들여지려면, 이른바 **2차 취득시효완성을 주장**하여야 한다. 부동산에 대한 점유취득시효가 완성된 후 취득시효완성을 원인으로 한 소유권이전등기를 하지 않고 있는 사이에 그 부동산에 관하여 제3자 명의의 소유권이전등기가 경료된 경우라 하더라도 당초의 점유자가 계속 점유하고 있고 소유자가 변동된 시점을 기산점으로 삼아도 다시 취득시효의 점유기간이 경과한 경우에는 점유자로서는 제3자 앞으로의 소유권 변동시를 새로운 점유취득시효의 기산점으로 삼아 2차의 취득시효의 완성을 주장할 수 있다.

그리고 취득시효기간이 경과하기 전에 등기부상의 소유명의자가 변경된다고 하더라도 그 사유만으로는 점유자의 종래의 사실상태의 계속을 파괴한 것이라고 볼 수 없어 취득시효를 중단할 사유가 되지 못하므로, 새로운 소유명의자는 취득시효완성 당시 권리의무 변동의 당사자로서 취득시효완성으로 인한 불이익을 받게 된다 할 것이어서 시효완성자는 그 소유명의자에게 시효취득을 주장할 수 있는바, 이러한 법리는 위와 같이 새로이 2차의 취득시효가 개시되어 그 취득시효기간이 경과하기 전에 등기부상의 소유명의자가 다시 변경된 경우에도 마찬가지로 적용된다고 봄이 상당하다(대법원 2009. 7. 16. 선고 2007다15172,15189 전원합의체 판결).

이러한 법리에 따라 김민재로서는, 박차남이 소유권이전등기를 마친 1997. 12. 15.부터 다시 20년이 경과한 2017. 12. 15.에 2차 취득시효가 완성되었다는 사실을 기초로 이른바 2차 취득시효완성을 주장하여야 한다.

3. 소장 기재에 필요한 요건사실

* 시효취득을 원인으로 하는 소유권이전등기청구

요건사실	20년간 (자주·평온·공연) 점유사실

민법 제245조 제1항에 의하면 20년간 소유의 의사로 평온, 공연하게 부동산을 점유하는 자는 등기함으로써 그 소유권을 취득한다고 규정하고 있으나, 민법 제197조 제1항에서 점유자는 소유의 의사로 선의, 평온 및 공연하게 점유하는 것으로 추정한다고 규정하고 있으므로, 시효취득을 주장하기 위해서는 단지 그 부동산을 20년간 점유한 사실을 주장·증명하면 된다. 20년간 점유의 요건사실에 관하여 실무상 자주, 평온 및 공연 점유에 대한 주장을 원고의 주장으로 정리하는 경향도 있으나, 엄격히 말하면 상대방이 항변으로 그 반대의 점유 즉, 타주, 폭력 또는 은비 점유에 관한 주장책임을 부담한다.[308]

다만 실무상 소장 작성 시에는 통상 20년간 점유사실과 더불어 '그 점유가 소유의 의사로, 평온, 공연하게 한 것으로 추정된다는 점'도 함께 서술한다.

308 최진수, 요건사실과 주장증명책임(제8판), 진원사(2019), 288쪽 참조

문제 1 모범답안

소 장

원 고 김민재
수원시 권선구 경수대로 120-10
소송대리인 법무법인 수원 담당변호사 오지혜
수원시 영통구 광교중앙로 10, 210호 (대성빌딩)
전화 031)216-3000, 팩스 031)216-3001
E-mail : jhoh@law.com

피 고 박장남(621024-1357823)
수원시 권선구 경수대로 120-11

소유권이전등기청구의 소

청구취지[309]

1. 피고는 원고에게 별지 목록 기재 부동산 중 별지 도면 표시 1, 2, 3, 4, 5, 1의 각 점을 순차로 연결한 선 내 나 부분 27m²에 관하여 2017. 12. 15. 취득시효완성을 원인으로 한 소유권이전등기절차를 이행하라.
2. 소송비용은 피고가 부담한다.

라는 판결을 구합니다.

309 〈문제 1〉의 조건에 맞추어 김민재의 요청에 따라, 시효취득을 원인으로 한 소유권이전등기청구에 관한 청구취지를 기재한다.

청구원인

1. 취득시효의 완성

가.[310] 점유가 순차 승계된 경우에 있어서는 취득시효의 완성을 주장하는 자는 자기의 점유만을 주장하거나 또는 자기의 점유와 전 점유자의 점유를 아울러 주장할 수 있는 선택권이 있는 것이고, 전 점유자의 점유를 아울러 주장하는 경우에도 어느 단계 점유자의 점유까지를 아울러 주장할 것인가도 이를 주장하는 사람에게 선택권이 있습니다.[311]

부동산에 대한 점유취득시효가 완성된 후 취득시효완성을 원인으로 한 소유권이전등기를 하지 않고 있는 사이에 그 부동산에 관하여 제3자 명의의 소유권이전등기가 경료된 경우라 하더라도 당초의 점유자가 계속 점유하고 있고 소유자가 변동된 시점을 기산점으로 삼아도 다시 취득시효의 점유기간이 경과한 경우에는 점유자로서는 제3자 앞으로의 소유권 변동시를 새로운 점유취득시효의 기산점으로 삼아 2차의 취득시효의 완성을 주장할 수 있습니다. 그리고 취득시효기간이 경과하기 전에 등기부상의 소유명의자가 변경된다고 하더라도 그 사유만으로는 점유자의 종래의 사실상태의 계속을 파괴한 것이라고 볼 수 없어 취득시효를 중단할 사유가 되지 못하므로, 새로운 소유명의자는 취득시효완성 당시 권리의무 변동의 당사자로서 취득시효완성으로 인한 불이익을 받게 된다 할 것이어서 시효완성자는 그 소유명의자에게 시효취득을 주장할 수 있는바, 이러한 법리는 위와 같이 새로이 2차의 취득시효가 개시되어 그 취득시효기간이 경과하기 전에 등기부상의 소유명의자가 다시 변경된 경우에도 마찬가지로 적용된다고 봄이 상당합니다.[312]

나.[313] 그런데 김인선은 1974. 2. 1.경부터 피고 토지에 인접한 수원시 권선구 경수동 20－10 대 152m²(이하 '원고 토지'라고 합니다) 지상 주택에 거주하면서 별지 목록 기재 부동산(이하 '피고 토지'라고 합니다) 중 별지 도면 표시 1, 2, 3, 4, 5, 1의 각 점을 순차로 연결한 선 내나 부분 27m²(이하 '이 사건 분쟁토지'라고 합니다)를 위 주택 마당의 일부로 사용하여 이를 점유하기 시작하였습니다. 김인선의 아들 김승련은 1987. 3. 20. 김인선에게서 증여를 원인으로 하여 원고 토지와 그 지상 주택에 관하여 소유권이전등기를 마치고 그때부터 이 사건 분쟁토지

---

310 이 사안은 앞서 해설한 것처럼 단순히 한 차례 취득시효가 완성된 일반적인 경우가 아니라, 1차 취득시효완성 후 소유자가 변동된 시점을 기산점으로 삼아 새로이 취득시효의 점유기간이 경과한 경우이므로, 이에 대한 법리를 먼저 기재하는 것이 필요하다.

311 대법원 1998. 4. 10. 선고 97다56822 판결 등

312 대법원 2009. 7. 16. 선고 2007다15172,15189 전원합의체 판결 참조

313 앞서 설명한 것처럼, 시효취득을 원인으로 한 소유권이전등기청구에 있어서 요건사실은, 20년간 점유한 사실이다. 이를 중심으로 기재하되, 원고 이전의 점유자들의 점유를 승계하여야 20년의 점유기간이 채워지므로 종전 점유자들의 점유관계에 관한 사실관계도 함께 기재하여야 한다.

를 계속 점유·사용하였습니다. 이후 원고가 2009. 9. 28. 김승련에게서 2009. 9. 21.자 매매를 원인으로 하여 원고 토지와 그 지상 주택의 소유권을 이전받으면서 그때부터 이 사건 분쟁토지를 계속 점유·사용하여 왔습니다.

한편, 피고 토지에 관하여 1997. 12. 15. 박태조에서 박차남 앞으로, 2011. 7. 19. 박차남에서 피고 앞으로 각 소유권이전등기가 마쳐졌습니다.[314]

따라서, 김인선과 김승련은 1974. 2. 1.경부터 20년간 이 사건 분쟁토지를 점유하였습니다. 그 점유는 소유의 의사로, 평온·공연하게 한 것으로 추정되므로 김인선과 김승련의 점유를 승계하는 원고에게 1994. 2. 1.경 이 사건 분쟁토지에 관하여 1차로 취득시효가 완성되었습니다. 나아가 김승련이 1994. 2. 1.경부터 2009. 9. 28.경까지, 원고가 2009. 9. 28.부터 현재까지 각 이 사건 분쟁토지를 점유하였는데, 그 점유 역시 소유의 의사로, 평온·공연하게 한 것으로 추정되므로,[315] 박차남 앞으로 소유권이전등기가 마쳐진 1997. 12. 15.부터 새로이 점유취득시효가 개시되어 그로부터 20년이 경과한 2017. 12. 15. 2차 점유취득시효가 완성되었습니다.

그렇다면, 피고는 원고에게 이 사건 분쟁토지에 관하여 2017. 12. 15. 취득시효완성을 원인으로 한 소유권이전등기절차를 이행할 의무가 있습니다.

2. 피고의 예상 주장에 대한 반박

피고는, 김승련이 이 사건 분쟁토지를 점유하기 시작한 1987. 3. 20.로부터 20년이 지난 2007. 3. 20. 점유취득시효가 완성되었더라도 그에 따른 소유권이전등기를 마치기 전인 2011. 7. 19. 피고가 이 사건 분쟁토지가 포함된 피고 토지 전체에 관하여 소유권이전등기를 마쳤으므로 원고가 피고를 상대로 시효취득으로 대항할 수 없다고 주장할 것으로 예상됩니다.

그러나 앞서 본 것과 같이 원고는, 이 사건 분쟁토지에 관하여 박차남 앞으로 소유권이전등기가 마쳐진 1997. 12. 15.부터 새로이 점유취득시효가 개시되어 그로부터 20년이 경과한 2017. 12. 15. 2차 점유취득시효가 완성되었고, 피고는 2차 점유취득시효가 완성되기 전인 2011. 7. 19. 피고 토지의 소유권을 취득하였으므로, 원고는 피고에 대하여 2차 점유취득시효 완성을 주장할 수 있습니다.

따라서 피고의 위 주장은 타당하지 않습니다.

---

314 박장남의 이 사건 분쟁토지에 관한 소유권이전등기의 내력은 요건사실이 아니나, 이 사안과 같이 2차 취득시효가 문제되는 경우에는 경위사실로서 기재하는 것이 필요하다.

315 앞서 설명한 것처럼, 소유의 의사로, 평온, 공연하게 한 점유라는 점은 엄밀히 보자면 시효취득을 원인으로 한 소유권이전등기청구에 있어 요건사실이 아니나, 실무상 그 점유가 소유의 의사로, 평온, 공연하게 한 것으로 추정된다는 점을 기술하여 주는 것이 일반적이다.

3. 결론

원고는 이상과 같은 이유로 청구취지와 같은 판결을 구하니 원고의 청구를 인용하여 주시기 바랍니다.

증명방법 및 첨부서류 (생략)

2025년 8월 28일

원고 소송대리인

법무법인 수원 담당변호사 오지혜 ㉐

수원지방법원[316] 귀중

316 피고의 보통재판적(법 제2조), 부동산이 있는 곳의 특별재판적(법 제20조) 모두 수원시이므로, 관할법원은 수원지방법원이다.

기록 5

<문제 2> 귀하는 법무법인 수원 담당변호사 오지혜로서, 의뢰인 이성용과의 상담을 통해 아래 【상담내용】과 같은 사실관계를 청취하고, 【의뢰인의 희망사항】 기재사항에 관한 본 안소송의 대리권을 수여받고, 첨부된 서류를 자료로 받았다.

의뢰인을 위하여 본안의 소를 제기하는 데 필요한 **소장**을 작성하시오.

【작성요령】

1. <문제 1>과 동일한 요령으로 작성하되, 계쟁토지가 동일한 토지로 제시되었을 뿐이고 <문제 1>과 아무런 관련성이 없는 새로운 문제임에 유의하시기 바랍니다.
2. 그 밖의 작성방식은 【공통된 작성요령】과 같습니다.

의뢰인 상담일지

법무법인 수원 담당변호사 오지혜

경기도 수원시 영통구 광교중앙로 10, 210호 (대성빌딩)

☎ : 031-216-3000, 팩스 : 031-216-3001, E-mail : jhoh@law.com

접수번호	2025-50	**상담일시**	2025. 8. 1.
의뢰인	이성용	**내방경위**	지인소개

【상 담 내 용】

1. 수원시 권선구 경수동 20-11 대 116㎡(이하 '피고 토지'라고 한다)와 수원시 권선구 경수동 20-10 대 152㎡(이하 '원고 토지'라고 한다)는 앞서 〈문제 1〉에서 제시된 별지 측량감정도면과 같이 서로 인접해 있다. 피고 토지 중 위 도면의 나 부분(이하 '이 사건 분쟁토지'라고 한다)이, 담장(위 도면 3, 4, 5를 연결한 선 부분)을 기준으로 원고 토지와 함께 한쪽에 위치해 있고, 피고 토지의 나머지 부분(위 도면의 '가' 부분)이 담장의 다른 한쪽에 위치하고 있다.
2. 이규석이 원고 토지의 지상 주택에서 거주하면서 이 사건 분쟁토지를 그 주택 마당의 일부로 알고 사용하던 중, 이성용이 이규석에게서 원고 토지와 그 지상 주택을 매수하고 그 무렵부터 현재까지 이 사건 분쟁토지를 계속 점유·사용하여 왔다.
3. 피고 토지는 1995. 7. 1. 강영선이 매매를 원인으로 소유권이전등기를 마친 이래 현재까지 아무런 소유권변동이 없다.
4. 이성용은 2025. 2. 강영선에게 이 사건 분쟁토지에 관하여 소유권이전등기를 요청하는 내용증명우편을 보내었다. 그러자 강영선은 2025. 3. 이성용에게 요청에 응할 수 없다는 취지의 내용증명우편을 보내었다.

【사건관계인의 주장】

강영선은 다음과 같이 주장한다.

① 이규석은 이 사건 분쟁토지에 관하여 시효취득을 원인으로 한 소유권이전등기청구권을 양도함에 있어서 채무자인 강영선에게서 동의나 승낙을 받지 않았으므로, 위 청구권의 양도는 효력이 없다.

② 이규석의 강영선을 상대로 한 종전 확정판결의 변론종결 후의 승계인인 이성용이 이 사건 분쟁토지에 관하여 다시 소유권이전등기청구의 소를 제기하면 위 확정판결의 기판력에 저촉된다.

③ 이 사건 분쟁토지에 관하여는 2014. 12. 10. 가압류기입등기가 마쳐졌다. 따라서 민법 제247조 제2항, 제168조 제2호에 따라 그 취득시효는 중단되었다.

④ 이규석은 취득시효완성 후인 2023. 11. 1. 강영선에게 이 사건 분쟁토지를 적절한 가격에 매수하겠다고 제의함으로써 시효이익을 포기하였다.

【의뢰인 희망사항】

이성용은 이규석에게서 원고 토지와 그 지상 주택을 매수하면서 이 사건 분쟁토지에 관한 소유권이전등기청구권도 함께 양수하였다. 이 사건 분쟁토지는 원고 토지 및 그 지상 주택을 공로와 잇는 곳으로서 원고 토지와 그 지상 주택을 사용함에 있어 반드시 필요하다. 이 사건 분쟁토지에 대한 소유권을 소송을 통해서 확보하기 원한다.

등기사항전부증명서 (말소사항 포함) - 토지 [제출용]

[토지] 수원시 권선구 경수동 20-10 고유번호 1222-7864-782644

【 표 제 부 】 (토지의 표시)					
표시번호	접 수	소 재 지 번	지 목	면 적	등기원인 및 기타사항
1 (전 2)	1999년 1월 10일	수원시 권선구 경수동 20-10	대	152m^2	부동산등기법 제177조의6 제1항의 규정에 의하여 2003년 9월 1일 전산이기

【 갑 구 】 (소유권에 관한 사항)				
순위번호	등 기 목 적	접 수	등 기 원 인	권 리 자 및 기 타 사 항
1 (전 2)	소유권이전	(생략)		
2	소유권이전	2000년3월20일 제11223호	2000년3월20일 매매	소유자 이규석 610611-1444321 수원시 권선구 탑동 50
				부동산등기법 제177조의6 제1항의 규정에 의하여 2003년 9월 1일 전산이기
3	소유권이전	2024년11월10일 제46023호	2024년10월10일 매매	소유자 이성용 720720-1000827 서울특별시 관악구 봉천대로 100 거래가액 금900,000,000원

---- 이 하 여 백 ----

관할등기소 수원지방법원 동수원등기소/ 발행등기소 법원행정처 등기정보중앙관리소

부동산 매매계약서

매도인과 매수인 쌍방은 아래와 같이 부동산 매매계약을 체결한다.

1. 부동산의 표시
   경기도 수원시 권선구 경수동 20-10 대 152㎡ 및 같은 동 20-11 대 116㎡ 중 별지 도면 나 부분 27㎡
2. 계약내용

제1조 매수인은 매도인에게 매매대금을 아래와 같이 지불하기로 한다.
매매대금: 9억 원(900,000,000원)
(대금지급시기 관련 생략)

제2조 매도인은 매수인으로부터 잔금을 지급받음과 동시에 매수인에게 소유권이전등기에 필요한 모든 서류를 교부한다.

제3조 (생략)

특 약 사 항

1. 매도인은 매수인에게 수원시 권선구 경수동 20-10 대 152㎡를 매도함과 동시에 **수원시 권선구 경수동 20-11 대 116㎡ 중 별지 도면 나 부분 27㎡에 관한 소유권이전등기청구권을 양도한다.**
2. 매도인은 제1항의 위 소유권이전등기청구권의 양도에 관하여 매수인에게 매도인을 대신하여 채무자를 상대로 통지할 권한을 수여한다.

2024년 10월 10일

매도인: 이 규 석 (610611-1******) (인)
경기도 수원시 권선구 경수동 20-10

매수인: 이 성 용 (720720-2******) (인)
서울특별시 관악구 봉천대로 100

중개인: 대박부동산 (수원시 권선구 경수동 500, 해피상가 101호)
공인중개사 최 성 실 (등록번호 3624-03-1577)

별지 도면 (생략)

내용증명

발신인 이성용
　　수원시 권선구 경수대로 120-10
수신인 강영선
　　수원시 권선구 경수대로 120-11

1. 안녕하십니까. 발신인은 귀하 소유의 수원시 권선구 경수동 20-11 대 116㎡(이하 수신인 토지)에 인접한 수원시 권선구 경수동 20-10 대 152㎡(이하 발신인 토지)를 종전 소유자 이규석에게서 2024. 10. 10. 매수한 소유자입니다.
2. 귀하도 이미 주지하다시피, 이규석은 담장을 경계로 하여 발신인 토지와 함께 수신인 토지 중 별지 도면의 나 부분(이하 이 사건 분쟁토지)을 소유의 의사로 평온·공연하게 20년 이상 점유·사용하고 있었습니다. 이에 발신인은 이규석에게서 발신인 토지를 매수하면서 이 사건 분쟁토지에 관한 점유취득시효완성을 원인으로 한 소유권이전등기청구권도 함께 양수하였고, 이규석에게서 수여받은 위 청구권양도통지 권한에 따라 본 내용증명우편의 송달로써 위 청구권의 양도를 통지합니다.
3. 귀하는 이 사건 분쟁토지에 관하여 소유권이전등기를 조속한 시일 내에 마쳐주시기를 요청드립니다. 이에 불응할 경우 부득이 발신인은 본인의 재산을 지키기 위하여 소송을 제기할 수밖에 없음을 양지하시기 바랍니다.

별지 1) 도면 **(첨부 생략)**
　　2) 매매계약서 **(첨부 생략)**

본 우편물은 2025-2-15
제17146호에 의하여
내용증명우편물로 발송하였음을 증명함
서수원우체국장

서수원
우체국
장 인

서수원우체국
2025. 2. 15.
25 - 17146

2025. 2. 15.

이성용 (인) 이성
용印

내용증명

발신인 강영선

수원시 권선구 경수대로 120-11

수신인 이성용

수원시 권선구 경수대로 120-10

1) 본인은 2025. 2. 18. 귀하의 2025. 2. 15.자 내용증명을 잘 받아보았습니다. 이에 관하여는 아래와 같이 반박합니다.
2) 소유권이전등기청구권의 양도는 채무자의 동의나 승낙이 없이는 그 효력이 없습니다. 이규석이나 귀하는 이 사건 분쟁토지에 관하여 취득시효완성을 원인으로 한 소유권이전등기청구권을 양도·양수함에 있어서 채무자인 본인에게서 동의나 승낙을 받지 않았으므로, 위 청구권의 양도는 효력이 없습니다.
3) 이규석은 본인을 상대로 종전에 이 사건 분쟁토지에 관하여 대물변제를 원인으로 하여 소유권이전등기청구의 소를 제기하였다가 패소하였고 그 판결이 확정되었습니다. 귀하가 만일 다시 이 사건 분쟁토지에 관하여 취득시효를 원인으로 하여 소유권이전등기청구의 소를 제기하면 이는 그 확정판결의 기판력에 저촉됩니다.
4) 이 사건 분쟁토지에 관하여는 2014. 12. 8. 수원지방법원 2014카단6725호로 가압류결정이 있었고, 2014. 12. 10. 가압류기입등기가 마쳐졌습니다. 이는 첨부한 등기사항전부증명서에서 확인할 수 있습니다. 따라서 민법 제247조 제2항, 제168조 제2호에 따라 귀하가 주장하는 취득시효는 중단되었습니다.
5) 이규석은 2023. 11. 1. 본인에게 이 사건 분쟁토지를 적절한 가격에 매수하겠다고 제의함으로써 점유취득시효에 관한 시효이익을 포기하였습니다. 그 날 이규석과 본인의 대화를 들었던 제3자의 사실확인서를 첨부합니다.

별첨 1) 판결문 사본

2) 확정증명원

3) 등기사항전부증명서

4) 사실확인서

2025. 3. 10.

강영선 (인)

서수원우체국
2025. 3. 10.
25 - 18001

서수원
우체국
장 인

본 우편물은 2025-3-10
제18001호에 의하여
내용증명우편물로 발송하였음을 증명함
서수원우체국장

수 원 지 방 법 원
제 3 민 사 부
판 결

사 건	2021가합10507 소유권이전등기
원 고	이규석 (주소 기재 생략)
피 고	강영선 (주소 기재 생략)
변 론 종 결	2021. 10. 10.
판 결 선 고	2021. 10. 24.

주 문

1. 원고의 청구를 기각한다.
2. 소송비용은 원고가 부담한다.

청 구 취 지

피고는 원고에게 수원시 권선구 경수동 20-11 대 116㎡ 중 별지 도면 표시 1, 2, 3, 4, 5, 1의 각 점을 순차로 연결한 선 내 나 부분 27㎡에 관하여 2020. 5. 20. 대물변제를 원인으로 한 소유권이전등기절차를 이행하라.

이 유

원고가 제출한 증거들만으로는, 원고가 2020. 5. 20. 피고로부터 대물변제 약정에 따라 청구취지 기재 부동산에 관한 소유권을 이전받기로 하였다는 점을 인정하기에 부족하고 달리 이를 인정할 증거가 없다.
(나머지 기재 생략)

확 정 증 명 원

사　　건	수원지방법원 2021가합10507　소유권이전등기
원　　고	이규석
피　　고	강영선
증명신청인	피고 강영선

위 사건에 관한 판결이 2021. 11. 20.자로 확정되었음을 증명합니다. 끝.

2025. 3. 8.

수원지방법원

법원주사보　박정주 (인)

등기사항전부증명서 (말소사항 포함) - 토지 [제출용]

[토지] 수원시 권선구 경수동 20-11　　　　고유번호 1222-7864-781355

【 표 제 부 】 (토지의 표시)					
표시번호	접 수	소 재 지 번	지 목	면 적	등기원인 및 기타사항
1 (전 2)	1999년 1월 10일	수원시 권선구 경수동 20-11	대	116m²	부동산등기법 제177조의6 제1항의 규정에 의하여 2003년 9월 1일 전산이기

【 갑 구 】 (소유권에 관한 사항)				
순위번호	등 기 목 적	접 수	등 기 원 인	권 리 자 및 기 타 사 항
1 (전 2)	소유권이전	1995년7월1일 제18937호	1995년4월20일 매매	소유자 강영선 621024-1357823 서울특별시 서초구 반포동 200 별님아파트 104동 908호
2	가압류	2014년12월10일 제23473호	2014년12월8일 수원지방법원의 가압류결정 (2014카단6725)	청구금액 금 100,000,000원 채권자 조대여 691010-1041211 수원시 팔달구 인계동 10 경륜아파트 30동 608호

---- 이 하 여 백 ----

관할등기소 수원지방법원 동수원등기소/ 발행등기소 법원행정처 등기정보중앙관리소

사 실 확 인 서

1. 저는 강영선과 이규석의 이웃입니다.
2. 저는 2023. 11. 1. 이규석이 강영선에게 수원시 권선구 경수동 20-11 대지 중에서 이규석이 마당의 일부로 사용하고 있는 부분을 자기에게 팔라고 제의하는 것을 들은 적이 있습니다.
3. 11월 1일은 매년 저희 마을 청년회 주관으로 노래자랑 대회가 있는 날이라서, 그 날 노래자랑 대회를 같이 구경하던 중에 옆에서 이규석이 강영선에게 제2항과 같이 말을 하여 이를 정확히 기억하고 있습니다.
4. 필요하다면 법정에서 제가 기억하고 있는 내용을 증언할 용의도 있음을 밝혀 둡니다.

2025. 3. 8.

조인우 (인)

문제 2 해설

1. 사안의 개요

이 사건 분쟁토지에 대한 점유관계와 등기 현황을 도식화하면 아래와 같다.

소유 명의
1995. 7. 1. 강영선

점유 관계		
2000. 3. 20. 이규석	→	2024. 10. 10. 이성용

이규석이 2000. 3. 20. 이 사건 분쟁토지를 20년간 소유의 의사로, 평온, 공연하게 점유함으로써 2020. 3. 20. 점유취득시효가 완성되었다. 이규석은 의뢰인 이성용에게 이규석 소유의 수원시 권선구 경수동 20－10 대 152m² 및 그 지상 주택과 함께, 강영선이 소유권이전등기를 보유하고 있는 이 사건 분쟁토지에 관하여 시효취득으로 인한 소유권이전등기청구권을 양도하였다. 이러한 등기청구권을 양수한 이성용이 강영선을 상대로 소유권이전등기청구를 할 수 있는지 문제되는 사안이다.

2. 쟁점과 설명

가. 시효취득을 원인으로 한 소유권이전등기청구권의 양도와 채무자의 승낙

이규석이 이 사건 분쟁토지에 관하여 시효취득을 원인으로 한 소유권이전등기청구권을 양도함에 있어서 채무자인 강영선의 동의나 승낙이 필요한가? 부동산매매계약에서 매도인과 매수인은 서로 동시이행관계에 있는 일정한 의무를 부담하므로 그 이행과정에 신뢰관계가 따른다. 특히 매도인으로서는 매매대금 지급을 위한 매수인의 자력, 신용 등 매수인이 누구인지에 따라 계약유지 여부를 달리 생각할 여지가 있다. 이러한 이유로 매매로 인한 소유권이전등기청구권의 양도는 특별한 사정이 없는 이상 양도가 제한되고 그 양도에 채무자의 승낙이나 동의를 요한다고 할 것이므로 통상의 채권양도와 달리 양도인의 채무자에 대한 통지만으로는 채무자에 대한 대항력이 생기지 않으며 반드시 채무자의 동의나 승낙을 받아야 대항력이 생긴다(대법원 2001. 10. 9. 선고 2000다51216 판결 참조). 강영선은 이러한 판례 법리에 착안하여 이 사건 분쟁토지에 대한 소유권이전등기청구권 역시 부동산에 관한 소유권이전등기청구권이므로, 이를 양도하려면, 채무자인 강영선의 동의나 승낙을 받아야 한다고 주장하고 있다.

그러나 취득시효완성으로 인한 소유권이전등기청구권은 채권자와 채무자 사이에 아무런 계약관계나 신뢰관계가 없고, 그에 따라 채권자가 채무자에게 반대급부로 부담하여야 하는 의무도 없다. 따라서 취득시효완성으로 인한 소유권이전등기청구권의 양도의 경우에는 매매로 인한 소유권이전등기청구권에 관한 양도제한의 법리가 적용되지 않는다고 보아야 한다(대법원 2018. 7. 12. 선고 2015다36167 판결). 따라서 이성용의 소송대리인으로서는 시효취득을 원인으로 한 소유권이전등기청구권의 경우에는 강영선의 주장과 달리 매매로 인한 소유권이전등기청구권의 양도제한의 법리가 적용되지 않는다는 점에 착안하여 소장을 작성하여야 한다.

나. 소유권이전등기청구소송의 소송물과 기판력

이규석이 종전에 강영선을 상대로 이 사건 분쟁토지에 관하여 대물변제를 원인으로 하여 소유권이전등기청구의 소를 제기하였다가 패소하였고 그 판결이 확정되었다. 이성용은 그 종전판결의 변론종결 후의 승계인에 해당한다. 그렇다면 이성용이 이 사건 분쟁토지에 관하여 제기한 시효취득을 원인으로 한 소유권이전등기청구의 소가 위 확정판결의 기판력에 저촉되는가?

소유권이전등기청구사건에 있어서 등기원인을 달리하는 경우에는 그것이 단순히 공격방어방법의 차이에 불과한 것이 아니므로 대물변제를 등기원인으로 소유권이전등기를 구하는 전소 확정판결의 기판력이 취득시효완성을 청구원인으로 소유권이전등기를 구하는 후소에 미치지 않는다(대법원 1991. 1. 15. 선고 88다카19002, 19019(반소) 판결). 따라서 전소의 기판력이 후소로서 이번에 제기하게 될 소에는 미치지 않는다. 이성용의 소송대리인으로서는 이러한 법리를 구사하여 강영선의 항변을 배척하여야 한다.

다. 가압류와 취득시효의 중단

이 사건 분쟁토지에 관하여 취득시효기간 중 가압류기입등기가 마쳐졌는데, 이러한 가압류가 민법 제247조 제2항, 제168조 제2호에 따라 그 취득시효가 중단되는가?

민법 제247조 제2항은 '소멸시효의 중단에 관한 규정은 점유로 인한 부동산소유권의 시효취득기간에 준용한다.'고 규정하고, 민법 제168조 제2호는 소멸시효중단사유로 '압류 또는 가압류, 가처분'을 규정하고 있다. 점유로 인한 부동산소유권의 시효취득에 있어 취득시효의 중단사유는 종래의 점유상태의 계속을 파괴하는 것으로 인정될 수 있는 사유이어야 하는데, 민법 제168조 제2호에서 정하는 '압류 또는 가압류'는 금전채권의 강제집행을 위한 수단이거나 그 보전수단에 불과하여 취득시효기간의 완성 전에 부동산에 압류 또는 가압류 조치가 이루어졌다고 하더라도 이로써 종래의 점유상태의 계속이 파괴되었다고는 할 수 없으므로 이는 취득시효의 중단사유가 될 수 없다(대법원 2019. 4. 3. 선고 2018다296878 판결). 민법 조문의 글귀만 보면 강영선의 주장과 같이 취득시효중단의 사유가 발생된 것처럼 보이나, 종래의 점유상태의 계속이 파괴되었는지 여부에 착안한 판례 법리에 따르면, 강영선의 항변은 타당하지 않다. 이성용의 소송대리인으로서는 이러한 법리를 숙지하고 이를 변론할 수 있어야 한다.

라. 시효이익의 포기

이규석이 취득시효완성 후인 2023. 11. 1. 강영선에게 이 사건 분쟁토지를 적절한 가격에 매수하겠다고 제의함으로써 시효이익을 포기한 것인가? 점유로 인한 부동산 소유권의 취득시효기간이 경과한 뒤에 점유자가 소유자에게 그 부동산을 매수하겠다고 제의한 사실이 있었다는 것만으로 점유자가 소유자에게 그 부동산에 대한 시효이익을 포기하였다고는 볼 수 없다(대법원 1992. 9. 1. 선고 92다26543 판결, 대법원 1991. 2. 22. 선고 90다12977 판결 등). 따라서 이성용의 소송대리인은 이를 토대로 주장을 전개하여야 한다.

문제 2 모범답안

소 장

원 고 이성용
수원시 권선구 경수대로 120-10
소송대리인 법무법인 수원 담당변호사 오지혜
수원시 영통구 광교중앙로 10, 210호 (대성빌딩)
전화 031)216-3000, 팩스 031)216-3001
E-mail : jhoh@law.com

피 고 강영선
수원시 권선구 경수대로 120-11

소유권이전등기청구의 소

청구취지

1. 피고는 원고에게 별지 목록 기재 부동산 중 별지 도면 표시 1, 2, 3, 4, 5, 1의 각 점을 순차로 연결한 선 내 나 부분 27m²에 관하여 2020. 3. 20. 취득시효완성을 원인으로 한 소유권이전등기절차를 이행하라.
2. 소송비용은 피고가 부담한다.

라는 판결을 구합니다.

청구원인

1. 소유권이전등기청구권의 발생 및 양수[317]

이규석은 2000. 3. 20.부터 20년 동안 별지 목록 기재 부동산(이하 '피고 토지'라고 합니다)에 인접한 수원시 권선구 경수동 20-10 대 152m²(이하 '원고 토지'라고 합니다) 지상 주택에 거주하면서 피고 토지 중 별지 도면 표시 1, 2, 3, 4, 5, 1의 각 점을 순차로 연결한 선 내 나 부분 27m²(이하 '이 사건 분쟁토지'라고 합니다)를 위 주택의 마당의 일부로 사용하여 이를 점유하였습니다.

이규석은 2024. 10. 10. 원고에게 이 사건 분쟁토지에 관한 2020. 3. 20. 취득시효를 원인으로 한 소유권이전등기청구권을 양도하였습니다. 원고는 이규석을 대리하여 2025. 2. 15. 피고에게 위 청구권의 양도를 통지하였고, 그 통지는 2025. 2. 18. 피고에게 도달하였습니다.

따라서 피고는 원고에게 이 사건 분쟁토지에 관하여 2020. 3. 20. 취득시효를 원인으로 한 소유권이전등기절차를 이행할 의무가 있습니다.

2. 피고의 예상되는 주장과 반박

가. 소유권이전등기청구권 양도에 있어 채무자의 동의나 승낙이 있어야 한다는 주장

피고는, 부동산 소유권이전등기청구권의 양도는 통상의 채권양도와 달리 양도인의 채무자에 대한 통지만으로는 채무자에 대항력이 생기지 않으며, 반드시 채무자의 동의나 승낙을 받아야 대항력이 생기는데, 이규석이 이 사건 분쟁토지에 관하여 시효취득을 원인으로 한 소유권이전등기청구권을 양도함에 있어서 채무자인 피고에게서 동의나 승낙을 받지 않았으므로, 위 청구권의 양도는 효력이 없다고 항변할 것으로 예상됩니다.

부동산매매계약에서 매도인과 매수인은 서로 동시이행관계에 있는 일정한 의무를 부담하므로 이행과정에 신뢰관계가 따릅니다. 특히 매도인으로서는 매매대금 지급을 위한 매수인의 자력, 신용 등 매수인이 누구인지에 따라 계약유지 여부를 달리 생각할 여지가 있습니다. 이러한 이유로 매매로 인한 소유권이전등기청구권의 양도는 특별한 사정이 없는 이상 양도

317 이성용이 이규석의 강영선에 대한 시효취득을 원인으로 한 소유권이전등기청구권을 양도받았다고 주장하고 있는데 첨부자료들에 비추어 볼 때, 시효취득을 원인으로 한 소유권이전등기청구의 요건사실, 즉 20년간 점유한 사실과 양수금청구의 요건사실, 즉 양도대상 채권(위 소유권이전등기청구채권)의 존재/ 채권양도의 약정사실/ 채권양도의 통지 및 통지의 도달 사실이 모두 인정된다.

가 제한되고 양도에 채무자의 승낙이나 동의를 요한다고 할 것이므로 통상의 채권양도와 달리 양도인의 채무자에 대한 통지만으로는 채무자에 대한 대항력이 생기지 않으며 반드시 채무자의 동의나 승낙을 받아야 대항력이 생깁니다. 그러나 취득시효완성으로 인한 소유권이전등기청구권은 채권자와 채무자 사이에 아무런 계약관계나 신뢰관계가 없고, 그에 따라 채권자가 채무자에게 반대급부로 부담하여야 하는 의무도 없습니다. 따라서 취득시효완성으로 인한 소유권이전등기청구권의 양도의 경우에는 매매로 인한 소유권이전등기청구권에 관한 양도제한의 법리가 적용되지 않습니다.[318]

원고가 이규석에게서 양도받은 위 소유권이전등기청구권은 시효취득을 원인으로 하므로 채무자인 피고의 동의나 승낙을 받을 필요가 없고, 원고는 채권양도의 통지만으로 채무자인 피고에게 대항할 수 있습니다.

피고의 위 항변은 타당하지 않습니다.

나. 기판력 저촉 주장

피고는, 이규석이 종전에 피고를 상대로 이 사건 분쟁토지에 관하여 대물변제를 원인으로 하여 소유권이전등기청구의 소를 제기하였다가 패소하였고 그 판결이 확정되었으므로 그 종전판결의 변론종결 후의 승계인인 원고가 제기한 이 사건 분쟁토지에 관한 시효취득을 원인으로 한 소유권이전등기청구의 소는 위 확정판결의 기판력에 저촉된다고 항변할 것으로 예상됩니다.

소유권이전등기청구사건에 있어서 등기원인을 달리하는 경우에는 그것이 단순히 공격방어방법의 차이에 불과한 것이 아니므로 대물변제를 등기원인으로 소유권이전등기를 구하는 전소 확정판결의 기판력이 취득시효완성을 청구원인으로 소유권이전등기를 구하는 후소에 미치지는 않습니다.[319]

이규석이 피고를 상대로 이 사건 분쟁토지에 관하여 2020. 5. 20. 대물변제를 원인으로 한 소유권이전등기청구의 소를 제기하였다가 2021. 10. 24. 청구기각 판결을 선고받고 그 판결이 2021. 11. 20. 확정된 것은 사실입니다. 또한, 원고가 이규석의 변론종결 후 승계인에 해당하나 소유권이전등기청구사건에 있어서 등기원인을 달리하는 경우 단순히 공격방어방법의 차이에 불과한 것이 아니므로 대물변제를 원인으로 한 경우와 시효취득을 원인으로

---

318 대법원 2018. 7. 12. 선고 2015다36167 판결
319 대법원 1991. 1. 15. 선고 88다카19002, 19019(반소) 판결

한 경우는 서로 소송물이 달라서, 이규석에 관한 위 확정판결의 기판력은 이 사건 소에 미치지 않습니다.

피고의 위 항변도 타당하지 않습니다.

다. 취득시효중단 주장

피고는, 이 사건 분쟁토지에 관하여 2014. 12. 10. 가압류기입등기가 마쳐졌으므로 민법 제247조 제2항, 제168조 제2호에 따라 그 취득시효가 중단되었다고 항변할 것으로 예상됩니다.

민법 제247조 제2항은 '소멸시효의 중단에 관한 규정은 점유로 인한 부동산소유권의 시효취득기간에 준용한다.'고 규정하고, 민법 제168조 제2호는 소멸시효중단사유로 '압류 또는 가압류, 가처분'을 규정하고 있습니다. 점유로 인한 부동산소유권의 시효취득에 있어 취득시효의 중단사유는 종래의 점유상태의 계속을 파괴하는 것으로 인정될 수 있는 사유이어야 하는데, 민법 제168조 제2호에서 정하는 '압류 또는 가압류'는 금전채권의 강제집행을 위한 수단이거나 그 보전수단에 불과하여 취득시효기간의 완성 전에 부동산에 압류 또는 가압류 조치가 이루어졌다고 하더라도 이로써 종래의 점유상태의 계속이 파괴되었다고는 할 수 없으므로 이는 취득시효의 중단사유가 될 수 없습니다.[320]

피고 주장과 같이 이 사건 분쟁토지에 관하여 이규석의 채권자가 가압류결정을 받았다고 하더라도 이로써 종래의 점유상태의 계속이 파괴되었다고 할 수 없으므로 이는 취득시효의 중단사유가 될 수 없습니다.

피고의 위 항변도 타당하지 않습니다.

라. 시효이익 포기 주장

피고는, 이규석이 취득시효완성 후인 2023. 11. 1. 강영선에게 이 사건 분쟁토지를 적절한 가격에 매수하겠다고 제의함으로써 시효이익을 포기하였다고 항변할 것으로 예상됩니다. 점유로 인한 부동산 소유권의 취득시효기간이 경과한 뒤에 점유자가 소유자에게 그 부동산을 매수하겠다고 제의한 사실이 있었다는 것만으로 점유자가 소유자에게 그 부동산에 대한 시효이익을 포기하였다고는 볼 수 없습니다.[321]

---

320 대법원 2019. 4. 3. 선고 2018다296878 판결

321 대법원 1992. 9. 1. 선고 92다26543 판결, 대법원 1991. 2. 22. 선고 90다12977 판결 등

피고의 주장사실만으로는 원고가 시효이익을 포기하였다고 볼 수는 없으므로, 피고의 위 항변도 타당하지 않습니다.

3. **결론**

원고는 이상과 같은 이유로 청구취지와 같은 판결을 구하니 원고의 청구를 인용하여 주시기 바랍니다.

증명방법 및 첨부서류 (생략)

2025년 8월 28일

원고 소송대리인

법무법인 수원 담당변호사 오지혜 ㉧

수원지방법원 귀중

기록 5

<문제 3> 귀하는 법무법인 수원 담당변호사 오지혜로서, 의뢰인 김민재와의 상담을 통해 아래 【상담내용】과 같은 사실관계를 청취하고, 【의뢰인의 희망사항】 기재사항에 관한 본안소송의 대리권을 수여받고, 첨부된 소송기록을 자료로 받았습니다(소장 앞에 증거목록을 편철함이 원칙이나 편의상 증거목록의 편철을 생략하였음. 증거목록에는 상대방이 제출한 모든 서증에 대하여 성립인정 의견이 기재되어 있다고 전제할 것). 의뢰인을 위하여 본안의 소를 제기하는 데 필요한 **반소장**을 작성하시오.

【작성요령】

1. **반소장** 작성일 및 **반소**제기일은 2025. 8. 28.로 하시오.
2, 부동산의 표시방법은 <문제 1>의 작성요령 제2항과 같습니다.
3. <문제 1>과 동일한 사실관계이고 제시된 자료의 형태만 소송기록임을 유의하시기 바랍니다.
4. 그 밖의 작성방식은 【공통된 작성요령】 중 제6항 내지 제10항 기재와 같습니다.

의뢰인 상담일지

법무법인 수원 담당변호사 오지혜

경기도 수원시 영통구 광교중앙로 10, 210호 (대성빌딩)

☎ : 031-216-3000, 팩스 : 031-216-3001, E-mail : jhoh@law.com

접수번호	2025-50	**상담일시**	2025. 8. 19.
의뢰인	김민재 010-4563-9600	**내방경위**	지인소개

【상 담 내 용】

1. 김민재는 다음과 같은 상담을 위해 수원지방법원 2025가합456 소송기록을 복사하여 변호사 사무실에 찾아왔다.
2. 수원시 권선구 경수동 20-11 대 116㎡(이하 '20-11 토지'라고 한다)와 수원시 권선구 경수동 20-10 대 152㎡(이하 '20-10 토지'라고 한다)는 아래 그림과 같이 서로 인접해 있다. 20-11 토지 중 아래 그림의 나 부분 27㎡(이하 '이 사건 분쟁토지'라고 한다)가, 담장(아래 그림 3, 4, 5를 연결한 선 부분)을 기준으로 20-10 토지와 함께 한쪽에 위치해 있고, 20-11 토지의 나머지 부분(아래 그림의 가 부분)이 담장의 다른 한쪽에 위치하고 있다.
3. 20-11 토지의 소유자인 박장남은 2019년 10월경 이 사건 분쟁토지를 점유하고 있는 김민재에게 이 사건 분쟁토지의 인도를 요청하였는데 그 후 한참 지나 2025년 김민재에게 이 사건 분쟁토지의 인도를 소송으로 구하였다.

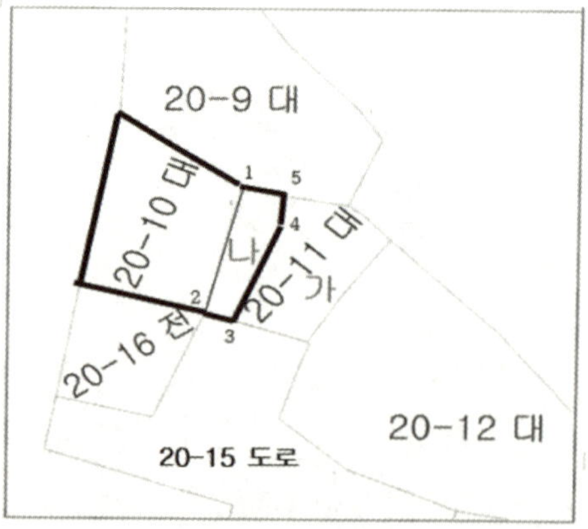

4. 김민재는 답변서에서 취득시효를 주장하면서 이 사건 분쟁토지의 인도를 구하는 것은 이유 없다고 하였으나, 박장남은 20-11 토지의 소유관계의 변동을 들면서 취득시효가 완성되지 않았다고 반박하고 있다.

【의뢰인 희망사항】

이 사건 분쟁토지는 공로와 반소원고 토지 및 그 지상 주택을 잇는 곳으로서 김민재가 마당의 일부로 알고 사용하여 온 곳이다. 김민재가 오랫동안 사용해 왔기 때문에 토지의 인도 청구에 응할 수 없고, 오히려 취득시효를 주장하면서 이 사건 분쟁토지에 대한 소유권을 확보하기 원하면서 반소를 청구하고 싶다.

년 질 호 전 책중 책

기일	수원지방법원 민사 제1심 소송기록			
8/7 P2				
9/4 P2				
	사 건	2025가합456 토지인도	재판부	2
			주심	다
	원 고	박장남 대리인 법무법인 필승 담당변호사 이지성		
	피 고	김민재		

소 장

토지인도 청구의 소

원 고 박장남

피 고 김민재

사건번호	456
배당순위번호	5
재 판 부	제2부
주 심	다

전산입력

소 가	〈생략〉 원
첨부할 인지액	〈생략〉 원
첨부한 인지액	〈생략〉 원
송 달 료	〈생략〉 원
비 고	㊞

접 수
No. 456
2025. 05. 29.
수원지방법원
종합민원실

수원지방법원 귀중

소　장

원　고　박장남
수원시 권선구 경수대로 120-11
소송대리인 법무법인 필승 담당변호사 이지성
서울 서초구 강남대로 122, 102호 (서초동)
전화 02)530-0123, 팩스 02)530-0124, E-mail : lawyer@law.com

피　고　김민재
수원시 권선구 경수대로 120-10

토지인도 청구의 소

청 구 취 지

1. 피고는 원고에게 수원시 권선구 경수동 20-11 대 116m² 중 별지 도면 표시 1, 2, 3, 4, 5, 1의 각 점을 순차로 연결한 선 내 나 부분 27m²를 인도하라.
2. 소송비용은 피고가 부담한다.
3. 제1항은 가집행할 수 있다.

라는 판결을 구합니다.

청 구 원 인

1. 사안의 내용

가. 원고는 수원시 권선구 경수동 20-11 대 116m²(이하 '20-11 토지'라고 합니다)를 소유하고 있습니다. 피고는 20-11 토지에 인접한 수원시 권선구 경수동 20-10 대 152m²(이하 '20-10 토지'라고 합니다)를 소유하고 있습니다.

나. 20-10 토지와 20-11 토지 지상에는 각 주택이 있는데, 20-11 토지 중 별지 도면 표시 1, 2, 3, 4, 5, 1의 각 점을 순차로 연결한 선 내 나 부분(이하 '이 사건 분쟁토지'라고 합니다)은 20-10 토지 지상 주택의 마당 부분에 연결되어 있습니다. 그런데 피고는 20-11 토지를 이 사건 분쟁토지 부분만큼 침범하여 점유할 아무런 권한 없이 이 사건 분쟁토지를 마당의 일부로 점유 및 사용하고 있습니다.

다. 원고는 2019. 10. 10. 피고에게 이 사건 분쟁토지를 인도해 달라는 취지로 내용증명 우편을 발송하기도 하였습니다. 그럼에도 피고는 현재까지도 이 사건 분쟁토지를 인도하여 주지 않고 있습니다.

2. 결론

따라서, 피고는 원고 소유인 이 사건 분쟁토지를 점유할 권한 없이 점유하고 있으므로 원고에게 이 사건 분쟁토지를 인도할 의무가 있습니다.

증 명 방 법

1. 갑 제1호증 (등기사항전부증명서)
2. 갑 제2호증 (등기사항전부증명서)
3. 갑 제3호증 (측량감정도면)
4. 갑 제4호증 (최고서)

첨 부 서 류

1. 위 각 증명방법 각 2통
2. 영수필확인서 1통 **(첨부 생략)**
3. 토지대장등본[322] 1통 **(첨부 생략)**
4. 송달료납부서 1통 **(첨부 생략)**
5. 소송위임장 1통 **(첨부 생략)**
6. 소장 부본 1통 **(첨부 생략)**

2025. 5. 29.

원고 소송대리인

법무법인 필승 담당변호사 이지성 ㊞

수원지방법원 귀중

322 부동산에 관한 청구를 하는 경우 통상 토지대장등본 등 소가산정자료를 첨부한다.

등기사항전부증명서 (말소사항 포함) - 토지 [제출용]

[토지] 수원시 권선구 경수동 20-11 고유번호 1222-7864-781355

【 표 제 부 】 (토지의 표시)					
표시번호	접 수	소 재 지 번	지 목	면 적	등기원인 및 기타사항
1 (전 2)	1999년 1월 10일	수원시 권선구 경수동 20-11	대	116m²	부동산등기법 제177조의6 제1항의 규정에 의하여 2003년 9월 1일 전산이기

【 갑 구 】 (소유권에 관한 사항)				
순위번호	등 기 목 적	접 수	등 기 원 인	권 리 자 및 기 타 사 항
1 (전 2)	소유권이전	1985년7월1일 제18937호	1985년4월20일 매매	소유자 박태조 380520-1258236 수원시 권선구 권선동 10
2	소유권이전	1997년12월15일 제11223호	1997년3월20일 매매	소유자 박차남 630815-1027328 수원시 권선구 권선동 10 부동산등기법 제177조의6 제1항의 규정에 의하여 2003년 9월 1일 전산이기
3	소유권이전	2011년7월19일 제46023호	2011년3월2일 매매	소유자 박장남 621024-1357823 서울특별시 서초구 반포동 200 별님아파트 104동 908호 거래가액 금1,300,000,000원
4	가압류	2014년12월10일 제23473호	2014년12월8일 수원지방법원의 가압류결정 (2014카단6725)	청구금액 금 100,000,000원 채권자 조대여 691010-1041211 수원시 팔달구 인계동 10 경륜아파트 30동 608호

---- 이 하 여 백 ----

수수료 금 1,000원 영수함

관할등기소 수원지방법원 동수원등기소/ 발행등기소 법원행정처 등기정보중앙관리소

이 증명서는 등기기록의 내용과 틀림없음을 증명합니다.

서기 2025년 5월 2일

갑 제1호증

법원행정처 등기정보중앙관리소 전산운영책임관

등기정보 중앙관리 소전산운 영책임관인

*실선으로 그어진 부분은 말소사항을 표시함. *등기기록에 기록된 사항이 없는 갑구 또는 을구는 생략함.
*증명서는 컬러 또는 흑백으로 출력 가능함.

발행번호 123892347891023678367189340829390234 8 1/1 **발급확인번호 AAIK-VPTF-0000** 발행일 2025/05/02

[인터넷 발급] 문서 하단의 바코드를 스캐너로 확인하거나, **인터넷등기소(http://www.iros.go.kr)의 발급확인 메뉴**에서 **발급확인번호**를 입력하여 **위 · 변조 여부를 확인할 수 있습니다. 발급확인번호**를 통한 확인은 발행일로부터 3개월까지 5회에 한하여 가능합니다.

대 법 원

등기사항전부증명서 (말소사항 포함) - 토지 [제출용]

[토지] 수원시 권선구 경수동 20-10 고유번호 1222-7864-782644

【 표 제 부 】 (토지의 표시)					
표시번호	접 수	소 재 지 번	지 목	면 적	등기원인 및 기타사항
1 (전 2)	1999년 1월 10일	수원시 권선구 경수동 20-10	대	152m²	부동산등기법 제177조의6 제1항의 규정에 의하여 2003년 9월 1일 전산이기

【 갑 구 】 (소유권에 관한 사항)				
순위번호	등 기 목 적	접 수	등 기 원 인	권 리 자 및 기 타 사 항
1 (전 2)	소유권이전	1974년2월1일 제18937호	1974년2월1일 매매	소유자 김인선 331104-1110236 수원시 권선구 경수동 100
2	소유권이전	1987년3월20일 제11223호	1987년3월20일 증여	소유자 김승련 610611-1444321 수원시 권선구 탑동 50
				부동산등기법 제177조의6 제1항의 규정에 의하여 2003년 9월 1일 전산이기
3	소유권이전	2009년9월28일 제46023호	2009년9월21일 매매	소유자 김민재 720720-1000827 서울특별시 관악구 봉천동 100 거래가액 금1,350,000,000원

---- 이 하 여 백 ----

수수료 금 1,000원 영수함

관할등기소 수원지방법원 동수원등기소/ 발행등기소 법원행정처 등기정보중앙관리소

이 증명서는 등기기록의 내용과 틀림없음을 증명합니다.

서기 2025년 5월 2일 **갑 제2호증**

법원행정처 등기정보중앙관리소 전산운영책임관 등기정보중앙관리소전산운영책임관인

*실선으로 그어진 부분은 말소사항을 표시함. *등기기록에 기록된 사항이 없는 갑구 또는 을구는 생략함.
*증명서는 컬러 또는 흑백으로 출력 가능함.

발행번호 123892347891023678367189340829390 2349 1/1 **발급확인번호 AAIK-VPTF-0000** 발행일 2025/05/02

[인터넷 발급] 문서 하단의 바코드를 스캐너로 확인하거나, **인터넷등기소(http://www.iros.go.kr)의 발급확인 메뉴**에서 **발급확인번호**를 입력하여 **위 · 변조 여부를 확인할 수 있습니다.** **발급확인번호**를 통한 확인은 발행일로부터 3개월까지 5회에 한하여 가능합니다.

대 법 원

갑 제3호증(측량감정도면) (첨부 생략)

최 고 서

발신인 : 박장남

수원시 권선구 경수대로 120-11

수신인 : 김민재

수원시 권선구 경수대로 120-10

1. 저는 귀하와 이웃하여 사는 박장남입니다.
2. 발신인의 토지와 귀하의 토지 지상에는 각 주택이 있는데, 발신인의 토지 중 일부분은 귀하의 토지 지상 주택의 마당 부분에 연결되어 있고 귀하는 발신인의 토지를 침범하여 현재 발신인 토지의 일부를 귀하의 마당의 일부로 이용하고 있습니다.
3. 귀하는 조속한 시간 내에 위 토지를 저에게 반환해 주시기 바랍니다. 그러하지 않을 경우 소송으로 갈 수도 있음을 알려드립니다.

2019. 10. 10.

발신인 박장남 (인)

서수원우체국
2019. 10. 10.
19 - 3621

본 우편물은 2019-10-10
제3621호에 의하여
내용증명우편물로 발송하였음을 증명함
서수원우체국장

갑 제4호증

답 변 서

접수 No. 1250 2025. 06. 18. 수원지방법원 종합민원실

사 건 2025가합456 토지인도
원 고 박장남
피 고 김민재

위 사건에 관하여 피고는 다음과 같이 답변합니다.

청구취지에 대한 답변

1. 원고의 청구를 기각한다.
2. 소송비용은 원고가 부담한다.

라는 판결을 구합니다.

청구원인에 대한 답변

1. 소장 기재 청구원인사실 중 이 사건 20-11 토지가 원고의 소유인 사실과 이 사건 20-10 토지는 피고의 소유인 사실 및 피고가 현재 갑 제3호증의 기재와 같이 이 사건 20-11 토지 일부(이하 '이 사건 분쟁토지'라고 합니다)를 점유하고 있는 사실은 인정합니다.

2. 그러나 피고는 아래에서 보는 바와 같이 취득시효완성을 통해 이 사건 분쟁토지에 관한 소유권을 취득했습니다. 따라서 피고는 정당하게 이 사건 분쟁토지를 점유하고 있으므로 원고에게 위 토지를 인도할 의무가 없습니다.

   가. 김인선은 1974. 2. 1.부터 이 사건 20-10 토지 지상 주택에 거주하면서 이 사건 분쟁토지를 위 주택의 마당의 일부로 점유·사용하기 시작하였습니다. 그때부터 20-11 토지와 20-10 토지 사이에는 담장이 설치되어 있었고, 이 사건 분쟁토지는 담장을 경계로 20-10 토지와 함께 20-10 토지 쪽에 위치하고 있었습니다. 김인선은 1987. 3. 20. 그 아들 김승련에게 이 사건 20-10 토지와 그 지상 주택을 증여하여 같은 날 소유권이전등기를 마쳐 주었고 김승련은 그때부터 이 사건 20-10 토지와 그 지상 주택은 물론 이 사건 분쟁토지를 계속 점유·사용하였습니다. 이후 피고가 2009. 9. 28. 김승련에게서 이 사건 20-10 토지와 그 지상 주택의 소유권을 이전받으면서

그 무렵부터 이 사건 분쟁토지를 계속 점유하여 왔습니다.

나. 김승련은 1987. 3. 20.부터 이 사건 분쟁토지를 소유의 의사로 평온, 공연하게 20년간 점유하였으므로, 민법 제245조 제1항에 의하여 2007. 3. 20. 취득시효가 완성되었습니다. 피고는 2007. 9. 28. 김승련의 점유를 승계하여 현재까지 이 사건 분쟁토지를 소유의 의사로 평온, 공연하게 점유하고 있습니다. 그렇다면 피고는 전 점유자인 김승련의 점유를 승계하여 이 사건 분쟁토지를 시효취득하였으므로, 원고에 대하여 이 사건 분쟁토지에 대한 소유권이전등기청구권을 갖고 있습니다.

3. 그렇다면 피고는 이 사건 분쟁토지를 정당하게 점유하고 있으므로, 이 사건 분쟁토지인도 청구는 부당하다 할 것입니다.

증 명 방 법

1. 을 제1호증 (확인서) 1부

첨 부 서 류

1. 위 증명방법 2통
2. 소송위임장 1통 (첨부 생략)
3. 답변서 부본 1통 (첨부 생략)

2025. 6. 18.

피고 김민재 ㊞

수원지방법원 제2민사부 귀중

확 인 서

1. 저는 어려서부터 수원시 권선구 경수동 20-11 대지가 속한 동네에서 살았습니다. 그뿐만 아니라 박장남의 동생으로서 수원시 권선구 경수동 20-11 대지를 2011년까지 소유하고 있었고 현재도 위 대지 근처에 거주하고 있습니다.
2. 박장남 소유의 수원시 권선구 경수동 20-11 대지와 이에 인접한 김민재 소유의 경수동 20-10 대지 위에는 각각 주택이 있는데, 위 두 주택 사이에는 담장이 있습니다.
3. 경수동 20-10 대지 위 주택에서는, 원래 김인선이라는 분이 1974. 2.경부터 거주하였고, 그 아들 김승련이 1987년부터 증여받아서 거기 주택에서 거주하였습니다. 김인선은 물론 김승련도 담장을 경계로 삼아 그 안쪽 부분을 마당 용도로 이용하여 왔습니다.
4. 그러다가 김민재가 2009. 9. 김승련에게서 경수동 20-10 대지와 그 지상 주택을 매수해서 그때부터 현재까지 20-10 대지와 담장 안쪽 부분을 포함한 그 지상 주택을 점유·사용하고 있습니다.

2025. 6. 13.

박차남 (남박印차)

을 제1호증

준 비 서 면

접 수 No. 1731
2025. 07. 04.
수원지방법원 종합민원실

사 건 2025가합456 토지인도
원 고 박장남
피 고 김민재

위 당사자 사이의 토지인도 청구사건에 관하여 원고 소송대리인은 다음과 같이 변론을 준비합니다.

1. 피고가 주장하는 점유관계는 인정합니다.

김인선이 1974. 2. 1.부터 이 사건 20-10 토지와 그 지상 주택을 점유하면서 이 사건 분쟁토지를 점유한 사실, 김승련이 1987. 3. 20.부터 위 토지와 그 지상 주택을 점유하면서 이 사건 분쟁토지를 점유한 사실, 피고가 2009. 9. 28. 위 토지와 그 지상 주택에 대하여 소유권이전등기를 마치면서 그때부터 현재까지 이 사건 분쟁토지를 점유사용하고 있는 사실은 모두 인정합니다.

2. 점유취득시효 주장에 대한 반박

피고는, 김승련이 이 사건 분쟁토지를 점유하기 시작한 1987. 3. 20.부터 20년이 지난 2007. 3. 20. 점유취득시효가 완성되었고, 피고가 김승련의 점유를 승계하여 2009. 9. 28.부터 이 사건 분쟁토지를 점유하였으므로, 이 사건 분쟁토지를 점유할 권원이 있다고 주장합니다.

부동산에 대한 점유취득시효가 완성되었다고 하더라도 이를 등기하지 아니하고 있는 사이에 그 부동산에 관하여 제3자에게 소유권이전등기가 마쳐지면 점유자는 그 제3자에게 대항할 수 없습니다.

그런데 김승련이 이 사건 분쟁토지를 점유하기 시작한 1987. 3. 20.로부터 20년이 지난 2007. 3. 20. 점유취득시효가 완성되었더라도 그에 따른 소유권이전등기를 마치기 전인 2011. 7. 19. 원고가 이 사건 20-11 토지에 관하여 소유권이전등기를 마쳤으므로 피고는 원고에게 위 점유취득시효완성의 효과를 주장할 수 없습니다.

결국 피고의 취득시효 주장은 부당합니다.

첨 부 서 류

1. 준비서면 부본 1통 (첨부 생략)

2025. 7. 4.

원고 소송대리인

법무법인 필승 담당변호사 이지성 ㊞

수원지방법원 제2민사부 귀중

수원지방법원
변 론 조 서

제 1 차

사 건	2025가합456 토지인도		
재판장 판사	강정수	기 일 :	2025. 8. 7. 14:00
판사	조학규	장 소 :	제317호 법정
판사	이지수	공개여부 :	공개
법원 사무관	정재환	고지된	
		다음기일 :	2025. 9. 4. 14:00

사건과 당사자의 이름을 부름

원고 및 대리인 법무법인 필승 담당변호사 이지성 각 출석

피고 출석

원고 대리인

소장 및 2025. 7. 4.자 준비서면 진술

피고

답변서 진술

원고 대리인, 피고

다음의 사실들은 당사자 사이에 다툼이 없다고 진술

1. 수원시 권선구 경수동 20-11 대 116m²가 원고의 소유이고, 위 원고 토지에 인접한 위 경수동 20-10 대 152m²가 피고의 소유인 사실
2. 김인선이 1974. 2. 1.부터 위 피고 토지와 그 지상 주택을 점유하면서 위 원고 토지 중 소장 별지 도면 표시 1, 2, 3, 4, 5, 1의 각 점을 순차로 연결한 선 내 나 부분 27m²(이하 '이 사건 분쟁토지'라고 한다)를 담장을 경계로 삼아 마당의 일부로서 점유한 사실, 김승련이 1987. 3. 20.부터 위 피고 토지와 그 지상 주택을 점유하면서 이 사건 분쟁토지를 점유한 사실, 피고가 2009. 9. 28. 위 피고 토지와 그 지상 주택에 대하여 소유권이전등기를 마치면서 이 사건 분쟁토지의 점유를 시작하여 현재까지 이를 점유사용하고 있는 사실

증거관계 별지와 같음(쌍방 서증)

속행

법원 사무관 정재환 ㊞

재판장 판사 강정수 ㊞

문제 3 모범답안

반 소 장[323]

본소사건 2025가합456 토지인도

반소원고(본소피고)[324] 김민재
수원시 권선구 경수대로 120-10
소송대리인 법무법인 수원 담당변호사 오지혜
수원시 영통구 광교중앙로 10, 210호 (대성빌딩)
전화 031)216-3000, 팩스 031)216-3001,
E-mail : jhoh@law.com

반소피고(본소원고) 박장남
수원시 권선구 경수대로 120-11
소송대리인 법무법인 필승 담당변호사 이지성

소유권이전등기청구의 반소

위 본소사건에 관하여 반소원고(본소피고)는 다음과 같이 반소장을 제출합니다.[325]

---

323 앞서 설명한 반소장 작성원리에 따라 작성하면 된다.

324 표제를 반소장이라 쓰고 본소 사건번호와 당사자를 기재하되, 피고를 반소원고로 원고를 반소피고로 표현한다. 이때 본소피고나 본소원고와 같은 본소에서의 지위를 괄호 안에 병기하여 준다. 반소장에서는 판결서나 검토보고서와 달리 '반소원고'를 앞서 기재하고 괄호 속에 '본소피고'라고 기재함에 유의하자. 판결서와 검토보고서에서는 「원고(반소피고), 피고(반소원고)」와 같이 반소의 지위를 괄호 속에 기재한다.

325 반소의 사건명을 기재하고("OOOO청구의 반소"), 이른바 반소문언[위 본소사건에 관하여 반소원고(본소피고)는 다음과 같이 반소장을 제출합니다]을 기재하여 준다.

반소 청구취지[326]

1. 반소피고(본소원고, 이하 '원고'라고 합니다)는 반소원고(본소피고, 이하 '피고'라고 합니다)에게 별지 목록 기재 부동산 중 별지 도면 표시 1, 2, 3, 4, 5, 1의 각 점을 순차로 연결한 선 내 나 부분 27m²에 관하여 2017. 12. 15. 취득시효를 원인으로 한 소유권이전등기절차를 이행하라.
2. 반소 소송비용은 원고가 부담한다.

라는 판결을 구합니다.

반소 청구원인[327]

1. 취득시효의 완성

가. 점유가 순차 승계된 경우에 있어서는 취득시효의 완성을 주장하는 자는 자기의 점유만을 주장하거나 또는 자기의 점유와 전 점유자의 점유를 아울러 주장할 수 있는 선택권이 있는 것이고, 전 점유자의 점유를 아울러 주장하는 경우에도 어느 단계 점유자의 점유까지를 아울러 주장할 것인가도 이를 주장하는 사람에게 선택권이 있습니다.

부동산에 대한 점유취득시효가 완성된 후 취득시효완성을 원인으로 한 소유권이전등기를 하지 않고 있는 사이에 그 부동산에 관하여 제3자 명의의 소유권이전등기가 경료된 경우라 하더라도 당초의 점유자가 계속 점유하고 있고 소유자가 변동된 시점을 기산점으로 삼아도 다시 취득시효의 점유기간이 경과한 경우에는 점유자로서는 제3자 앞으로의 소유권 변동시를 새로운 점유취득시효의 기산점으로 삼아 2차의 취득시효의 완성을 주장할 수 있습니다. 그리고 취득시효기간이 경과하기 전에 등기부상의 소유명의자가 변경된다고 하더라도 그 사유만으로는 점유자의 종래의 사실상태의 계속을 파괴한 것이라고 볼 수 없어 취득시효를 중단할 사유가 되지 못하므로, 새로운 소유명의자는 취득시효완성 당시 권리의무 변동의 당사자로서 취득시효완성으로 인한 불이익을 받게 된다 할 것이어서 시효완성자는 그 소유명의자에게 시효취득을 주장할 수 있는바, 이러한 법리는 위와 같이 새로이 2차의 취득시효가 개시되어 그 취득시효기간이 경과하기 전에 등기부상의 소유명의자가 다시 변경된 경우에도 마찬가지로 적용된다고 봄이 상당합니다.

---

326 문제의 조건에 맞추어 의뢰인 김민재의 요청에 따라 취득시효를 원인으로 한 소유권이전등기청구의 반소 청구취지를 기재한다. 이때 당사자의 지위 표시를 혼동하지 않도록 주의하자.

327 이하의 작성내용은 결론 부분을 제외하고 앞서 설명한 〈문제 1〉과 동일하다.

나. 그런데 김인선은 1974. 2. 1.경부터 별지 목록 기재 부동산(이하 '20-11 토지'라고 합니다. 반소피고)에 인접한 수원시 권선구 경수동 20-10 대 152m²(이하 '20-10 토지'라고 합니다) 지상 주택에 거주하면서 20-11 토지 중 별지 도면 표시 1, 2, 3, 4, 5, 1의 각 점을 순차로 연결한 선 내 나 부분 27m²(이하 '이 사건 분쟁토지'라고 합니다)를 위 주택 마당의 일부로 사용하여 이를 점유하기 시작하였습니다. 김인선의 아들 김승련은 1987. 3. 20. 김인선에게서 증여를 원인으로 하여 20-10 토지와 그 지상 주택에 관하여 소유권이전등기를 마치고 그때부터 이 사건 분쟁토지를 계속 점유·사용하였습니다. 이후 피고가 2009. 9. 28. 김승련에게서 2009. 9. 21.자 매매를 원인으로 하여 20-10 토지와 그 지상 주택의 소유권을 이전받으면서 그때부터 이 사건 분쟁토지를 계속 점유·사용하여 왔습니다.

한편, 20-11 토지에 관하여 1997. 12. 15. 박태조에서 박차남 앞으로, 2011. 7. 19. 박차남에서 원고 앞으로 각 소유권이전등기가 마쳐졌습니다.

따라서, 김인선과 김승련은 1974. 2. 1.경부터 20년간 이 사건 분쟁토지를 점유하였습니다. 그 점유는 소유의 의사로, 평온·공연하게 한 것으로 추정되므로 김인선과 김승련의 점유를 승계하는 피고에게 1994. 2. 1.경 이 사건 분쟁토지에 관하여 1차로 취득시효가 완성되었습니다. 나아가 김승련이 1994. 2. 1.경부터 2009. 9. 28.경까지, 피고가 2009. 9. 28.부터 현재까지 각 이 사건 분쟁토지를 점유하였는데, 그 점유 역시 소유의 의사로, 평온·공연하게 한 것으로 추정되므로, 박차남 앞으로 소유권이전등기가 마쳐진 1997. 12. 15.부터 새로이 점유취득시효가 개시되어 그로부터 20년이 경과한 2017. 12. 15. 2차 점유취득시효가 완성되었습니다.

그렇다면, 원고는 피고에게 이 사건 분쟁토지에 관하여 2017. 12. 15. 취득시효완성을 원인으로 한 소유권이전등기절차를 이행할 의무가 있습니다.

2. 결론

피고에게는 이러한 2차 점유취득시효완성을 원인으로 한 소유권이전등기청구권이 있으므로 피고는 이로써 이 사건 분쟁토지를 점유할 권원이 있다는 항변을 함과 동시에[328] 반소로써 원고를 상대로 이 사건 분쟁토지에 관하여 2017. 12. 15. 취득시효를 원인으로 한 소유

328 반소는 본소의 청구나 방어의 방법과 관련된 청구이어야 하므로, 이를 결론 부분에서 언급하여 주었다.

권이전등기절차를 이행할 것을 청구합니다.

증명방법 및 첨부서류 (생략)

2025년 8월 28일

피고 소송대리인

법무법인 수원 담당변호사 오지혜 ㊞

수원지방법원 제2민사부 귀중

6

기록

근저당권말소 / 물상보증, 소멸시효, 변제충당

기록 6

<문제 1> 귀하는 변호사 전승혜로서, 의뢰인 이을남과의 상담을 통해 아래 【상담내용】과 같이 사실관계를 청취하고, 【의뢰인 희망사항】 기재사항에 관한 본안소송의 대리권을 수여받고, 첨부된 서류를 자료로 받았습니다.

의뢰인을 위한 **소장**을 작성하시오.

【작성요령】

1. 소장의 작성일은 2025. 4. 1.로 하시오.
2. 부동산의 표기는 다음 [별지 목록]을 소장 말미에 첨부함을 전제로 하고, [별지 목록]을 별도로 작성하지 마시오.
3. 그 밖의 작성방식은 【공통된 작성요령】과 같습니다.

별지

목　　록

[1동의 건물의 표시]

서울 강남구 압구정동 88 압구정아파트 제1동 철근콘크리트구조 콘크리트슬래브지붕 4층 아파트, 1 내지 4층 각 2270.72㎡

[대지권의 목적인 토지의 표시]

서울 강남구 압구정동 88 대 5,165.3㎡

[전유부분의 건물의 표시]

제2층 제201호 철근콘크리트구조 165.29㎡

[대지권의 표시]

소유권대지권 5,165.3분의 165.29. 끝.

의뢰인 상담일지

변호사 전 승 혜 법률사무소

서울 서초구 서초대로10길 11, 1200호 (서초동, 완승빌딩)

☎ : 02)532-3000, 팩스 : 02)532-3001, E-mail : jsh0909@naver.com

접수번호	2025-100	**상담일시**	2025. 3. 20.
상담인	이을남	**내방경위**	지인소개

【상 담 내 용】

1. 이을서는 이을남의 형으로 심각한 알코올 중독, 도박 중독이다.
2. 이을서는 사채업자 김갑동으로부터 2018년경에 1억 원을 빌리고, 이을남 몰래 이을남의 집, 서울 강남구 압구정동 88 압구정아파트 제1동 제201호에 근저당권을 설정하였다.
3. 근저당설정사실을 알고 다툼이 있었으나, 하나뿐인 형이라 더 이상 긴말을 하고 싶지는 않아 잊고 지냈는데, 얼마 전 등기부등본을 확인하니, 채권자가 김추심으로 달라져 있었다.
4. 김갑동이나 김추심 모두 등록한 대부업자는 아니나, 근방에서 유명한 사채업자들이다.
5. 대부업자로부터 돈을 빌린 것이면 소멸시효가 완성되었을 것이란 조언을 듣고, 저당권등기의 말소를 문의하니, 김추심은 당초 소멸시효는 10년이고 이을서가 돈을 일부 갚은 것도 있어서 소멸시효가 완성되었다는 주장은 근거가 없는 것이고, 채무자 본인이 아닌 이을남이 소멸시효완성 운운하는 것은 법적으로 금지되어 있다고 거의 윽박지르듯이 하였다.

【의뢰인 희망사항】

본인의 허락을 받지 않은 저당권 설정이라는 점은 더 이상 다투고 싶지는 않고, 소멸시효 완성 여부를 검토하여, 가능한 별도의 지출 없이 저당권의 말소를 구하고 싶다.

借 用 証

金 일억원(100,000,000)원 整

1. 위 금액을 차용하되, 이자는 월 1.5%, 변제기는 2019. 3. 7.까지로 약정함(위 이자는 매월 7일 전달치를 지급하기로 함)
2. 위 차용원리금 채무의 변제를 담보하기 위하여, 이을서는 이을남 소유의 서울 강남구 압구정동 88 압구정아파트 제1동 제201호에 대하여 채권자 김갑동에게 채권최고액 130,000,000원의 근저당권을 설정해 주기로 함.

위와 같이 정히 차용함.

2018. 3. 8.

차용인　　이을서　　㊞
서울 강남구 봉은사로61길 45 (논현동)

근저당권설정인　　이을남　㊞
서울 강남구 압구정동 88 압구정아파트 제1동 제201호

대여인 OK머니　김 갑 동　(인)
서울 강남구 테헤란로 70　　(역삼동)

등기사항전부증명서(말소사항 포함) - 집합건물

[집합건물] 서울특별시 강남구 압구정동 88 압구정아파트 제1동 제201호　　고유번호 1109-2005-129835

【 표 제 부 】 (1동의 건물의 표시)				
표시번호	접 수	소재지번, 건물명칭 및 번호	건물내역	등기원인 및 기타사항
~~1~~	~~2005년 12월 22일~~	~~서울특별시 강남구 압구정동 88~~ ~~압구정아파트 제1동~~	~~철근콘크리트구조~~ ~~콘크리트슬래브지붕~~ ~~4층 아파트~~ ~~1층 2270.72m²~~ ~~2층 2270.72m²~~ ~~3층 2270.72m²~~ ~~4층 2270.72m²~~	~~도면편철장 제5책 제922장~~
2		서울특별시 강남구 압구정동 88 [도로명주소] 서울특별시 강남구 압구정로10길 50 제1동	철근콘크리트구조 콘크리트슬래브지붕 4층 아파트 1층 2270.72m² 2층 2270.72m² 3층 2270.72m² 4층 2270.72m²	도로명주소 2012년 6월 29일 등기 도면편철장 제5책 제922장

(대지권의 목적인 토지의 표시)				
표시번호	소재지번	지 목	면 적	등기원인 및 기타사항
1	서울특별시 강남구 압구정동 88	대	5,165.3m²	2005년 12월 22일

【 표 제 부 】 (전유부분의 건물의 표시)				
표시번호	접 수	건물번호	건물내역	등기원인 및 기타사항
1	2005년 12월 22일	제2층 제201호	철근콘크리트구조 165.29m²	도면편철장 제5책 제1053장

(대지권의 표시)			
표시번호	대지권 종류	대지권 비율	등기원인 및 기타사항
1	소유권 대지권	5,165.3분의 165.29	2005년 12월 22일 대지권

*실선으로 그어진 부분은 말소사항을 표시함. *등기부에 기록된 사항이 없는 갑구 또는 을구는 생략함.

문서 하단의 바코드를 스캐너로 확인하거나 인터넷등기소(http://iros.go.kr)의 발급확인 메뉴에서 발급확인번호를 입력하여 위 · 변조 여부를 확인할 수 있습니다. 발급확인번호를 통한 확인은 발행일부터 3개월까지 5회에 한하여 가능합니다.

발행번호 114199114061990160960221SLK0236342NOG336210911121 1/2 발급확인번호 ARTT-CPYR-3246 발행일 2025/03/20

대 법 원

[집합건물] 서울특별시 강남구 압구정동 88 압구정아파트 제1동 제201호 고유번호 1109-2005-129835

【 갑 구 】	(소유권에 관한 사항)			
순위번호	등기목적	접 수	등기원인	권리자 및 기타사항
1	소유권보존	2005년 12월 22일 제14647호		소유자 정채무 600111-1****** 서울 서초구 반포동 400 달님아파트 104동 908호
2	소유권이전	2010년 12월 26일 제29876호	2010년 11월 2일 매매	소유자 이을남 630624-1****** 서울 서초구 서초로 100 거래가액 1,100,000,000원

【 을 구 】	(소유권 이외의 권리에 관한 사항)			
순위번호	등기목적	접 수	등기원인	권리자 및 기타사항
1	근저당권 설정	2018년 3월 10일 제18473호	2018년 3월 8일 설정계약	채권최고액 금 130,000,000원 채무자 이을서 서울 강남구 봉은사로61길 45 (논현동) 근저당권자 김갑동 740716-1****** 서울 강남구 테헤란로 70(역삼동)
1-1	1번 근저당권 이전	2024년 11월 10일 제8877호	2024년 11월 8일 확정채권양도	근저당권자 김추심 800208-1****** 서울 강남구 역삼로7길 17(역삼동)

--- 이 하 여 백 ---

수수료 금 1,000원 영수함

관할등기소 서울중앙지방법원 등기국 / 발행등기소 법원행정처 등기정보중앙관리소

통고서

발신인 : 김추심, 서울 강남구 역삼로7길17(역삼동)

수신인 : 이을남, 서울특별시 강남구 압구정동 88 압구정아파트 제1동 제201호

1. 귀댁의 평안을 빕니다.
2. 본인은 서울 강남구 역삼로7길17에서 OK캐쉬라는 상호로 대부업을 운영하고 있습니다. 본인은 2024. 11. 8. 역시 대부업을 운영하고 있는 'OK머니 김갑동'으로부터 이을서에 대한 채권을 양수하고, 근저당권까지 넘겨받은 정당한 채권자이자 근저당권자입니다.
3. 귀하가 일전에 본인의 OK캐쉬 사무실로 찾아와 압구정아파트의 근저당권등기를 말소해 달라고 요청한 점에 대해 명확히 하고자 이 통고서를 보냅니다.
4. 대여금채권의 소멸시효는 10년으로, 귀하가 소멸시효완성을 주장하는 것부터 잘못 알고 있는 것입니다. 또한 그간 김갑동이 수차례 변제를 독촉하거나 추심한 자료가 분명히 있습니다. 조속한 시일 내에 찾아서 제시하도록 하겠습니다.
5. 설령 아니라고 하더라도, 첨부한 자료와 같이 주채무자 이을서가 최근에도 원리금을 일부 변제하여, 시효의 이익을 포기하였습니다. 또한 귀하는 채무자 본인이 아닌 물상보증인에 불과하여, 채무의 소멸시효완성을 주장할 수 없는 위치에 있습니다.
6. 그러므로 남은 채무 전액을 갚기 전에는 더 이상 근저당권을 말소해달라는 요구는 하지 말아 주시기 바랍니다.

※ 첨부: 채권양도통지서, 은행거래내역

2025. 3. 15.

서울강남우체국
2025. 3. 15.
25 - 71548

발신인 김추심 (인) 김추심

본 우편물은 2025-03-15
제71548호에 의하여
내용증명우편물로 발송하였음을 증명함
서울강남우체국장 서울강남우체국장인

채권양도통지서

채권의 표시

[OK머니 김갑동이 이을서에 대하여 가지는 2018. 3. 8.자 대여금채권 일체]

1. 본인은 2018. 3. 8. 이을서[600420-1******, 서울 강남구 봉은사로61길 45(논현동)]에게 1억 원을 이자 월 1.5%로 정하여 대여하였습니다.
1. 본인은 오늘 자로 위 채권 일체를 김추심[OK캐쉬, 800208-1******, 서울 강남구 역삼로7길 17(역삼동)]에게 양도합니다.
1. 귀하는 위 대여원리금 일체를 채권양수인 김추심에게 즉시 지급하기 바랍니다(계좌번호: 김추심, 하나 저축예금 123-45-67890-1)

2024. 11. 8.

통지인 겸 채권양도인: OK 머니 김갑동 ㊞

채권양수인: OK 캐쉬 김추심 (인)

본 우편물은 2024년 11월 8일
등기 제85465호에 의하여
내용증명우편물로 발송하였음을 증명함
서울강남우체국장 ㊞

이을서 귀하

주소 서울 강남구 봉은사로61길 45(논현동)

<table>
<tr><td colspan="4">우 편 물 배 달 증 명 서</td></tr>
<tr><td colspan="4">수취인의 주거 및 성명
서울 강남구 봉은사로61길 45(논현동)
이을서</td></tr>
<tr><td>접수국명</td><td>서울 강남</td><td>접수연월일</td><td>2024. 11. 8.</td></tr>
<tr><td>접수번호</td><td>제85465호</td><td>배달연월일</td><td>2024. 11. 8.</td></tr>
<tr><td colspan="2">적요
본인수령
이을서 ㊞</td><td colspan="2">서울강남우체국 ㊞</td></tr>
</table>

거 래 내 역

김추심 (OK캐쉬) 고객

계좌명 : 하나 저축예금

고객명	김추심	계좌잔액	(생략)
계좌번호	123-45-67890-1	출금가능금액	(생략)
신규일자	2015. 12. 1.	대출승인액	(생략)

거래일자	시간	출금(원)	입금(원)	내용	잔액(원)	거래점
-	-	-	-	-	-	
2025-3-07	14:00:04	이을서	54,000,000	이체	(생략)	
-	-	-	-	-	-	
(이하 생략)						

기록 6 해설

문제 1 해설

1. 사안의 개요

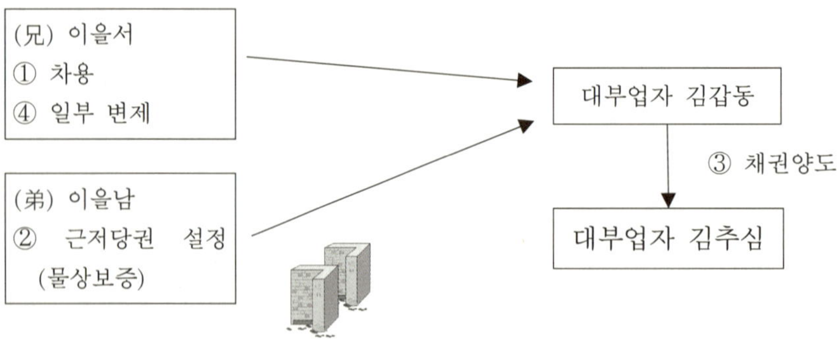

① 이을서, 대부업자 김갑동으로부터 금원 차용

② 이을남, 김갑동에게 근저당권 설정

③ 김갑동, 김추심에게 채권양도

④ 이을서, 김추심에게 일부 변제

☞ 물상보증인 이을남, 김추심 상대 피담보채권의 소멸시효완성을 원인으로 한 근저당권말소 청구

☞ 김추심 1 시효기간 미경과, 2 일부 변제로 인한 시효이익 포기, 3 물상보증인의 피담보채무 시효완성 원용 불가 주장

2. 쟁점 및 설명

가. 피담보채권의 소멸을 원인으로 한 근저당권말소 청구

의뢰인 이을남은 그 소유 아파트에 마쳐진 근저당권설정등기의 피담보채무의 소멸시효완성을 원인으로 한 말소등기절차의 이행을 원한다. 피담보채무의 소멸을 원인으로 하는 저당권의 말소는 저당권설정계약에 기해서도 청구가능하고, 소유권에 기한 방해배제청구로서도 가능하다. 이 사건의 경우 근저당권설정계약에 기하여 피담보채무의 소멸시효완성을 원인으로 소멸

된 근저당권의 말소등기절차의 이행을 구하는 소장을 작성하기로 한다.

피담보채권의 양도로 근저당권자가 달라지고 그 부기등기가 마쳐진 경우, 채권양수인인 현재의 근저당권자만이 피고적격을 가지고, 근저당권이전의 부기등기가 기존의 주등기인 근저당권설정등기에 종속되어 주등기와 일체를 이룬 경우 부기등기만으로 말소를 따로 인정할 아무런 실익이 없으므로,[329] 근저당권의 주등기만이 말소의 대상이 된다. 따라서 채권양수인이자 근저당권이전의 부기등기를 마친 김추심을 상대로, 근저당권 본등기의 말소를 구해야 한다.

나. 소멸시효완성 여부

1) 적용 소멸시효

어떤 시효기간이 적용되는지는 법률의 해석이나 적용에 관한 것으로 변론주의가 적용되지 않는다.[330] 한편 김추심은 이 사건 피담보채권에 대해 10년의 소멸시효가 적용되어야 한다고 주장하나, 이 사건 피담보채권은 소비대차계약 일방인 대주가 대부업자인 경우로, 상행위로 인한 채권이거나 적어도 보조적 상행위로 볼 수 있어 5년의 상사소멸시효가 적용된다(상법 제3조, 제46조, 제47조 제2항, 제64조).

2) 주채무자의 일부 변제

시효완성 전에 채무의 일부를 변제한 경우에는, 그 수액에 관하여 다툼이 없는 한 채무승인으로서의 효력이 있어 시효중단의 효과가 발생하나,[331] 소멸시효중단사유인 채무승인과 시효이익 포기는 서로 구별되어야 하는 개념인바, 소멸시효중단사유인 채무승인은 소멸시효가 완성되기 전에 채무자가 소멸시효완성으로 채권을 상실할 자에 대하여 상대방의 권리 또는 자신의 채무가 있음을 알고 있다는 뜻을 표시함으로써 성립하는 관념의 통지인데 반하여, 시효이익 포기는 소멸시효가 완성된 후에 채무자가 소멸시효완성을 알면서 이로 인한 법적 이익을 받지 않겠다는 효과의사를 표시함으로써 성립하는 의사표시로서, 채무자가 시효완성 후 채무의 일부를 변제하여 채무를 승인한 경우 시효완성의 사실을 알고 그 이익을 포기한 것으로 추정되지 않는다.[332]

---

329 대법원 2005. 6. 10. 선고 2002다15412, 15429 판결

330 대법원 2013. 2. 15. 선고 2012다68217 판결

331 대법원 1996. 1. 23. 선고 95다39854 판결

332 대법원 2025. 7. 24. 선고 2023다240299 전합 판결(이 전원합의체 판결로써, 채무자가 소멸시효완성 후 채무를 일부 변제한 때에는 그 액수에 관하여 다툼이 없는 한 그 채무 전체를 묵시적으로 승인한 것으로 보아야 하고, 이 경우 시효완성의 사실을 알고 그 이익을 포기한 것으로 추정되며, 원금채무에 관하여는 소멸시효가 완성되지 아니하였으나 이자채무에 관하여는 소멸시효가 완성된 상태에서 채무자가 채무를 일부 변제한 때에는 액수에 관하여 다툼이 없는 한 원금채무에 관하여 묵시적으로 승인하는 한편 이자채무에 관하여 시효완성의 사실을 알고 그 이익을 포기한 것으로 추정되고, 채무자가 소멸시효완성 후

또한 타인의 채무를 담보하기 위하여 자기의 물건에 담보권을 설정한 물상보증인은 채권자에 대하여 물적 유한책임을 지고 있어 그 피담보채권의 소멸에 의하여 직접 이익을 받는 관계에 있으므로 소멸시효의 완성을 주장할 수 있고, 소멸시효 이익의 포기는 상대적 효과가 있을 뿐이어서 채무자가 시효이익을 포기하더라도 물상보증인에게는 효력이 없다.[333]

김추심은 이을남의 피담보채무의 소멸시효완성 주장이 불가하고, 주채무자인 이을서의 일부 변제 등에 의해 소멸시효 이익이 포기되었다고 주장한다. 그러나 물상보증인은 피담보채권의 소멸에 의해 직접 이익을 받는 관계에 있으므로 그 채무의 소멸시효완성을 주장할 수 있고, 일부 변제만으로 소멸시효 이익의 포기로 추정되지 않으며, 주채무자의 소멸시효 이익의 포기가 인정되는 경우라고 하더라도, 물상보증인에게는 그 효력이 미치지 않으므로, 김추심의 주장은 이유 없다.

3. 소장 기재에 필요한 요건사실

가. 근저당권설정등기의 말소청구

근저당권설정 계약에 기한 말소 청구의 요건사실	① 원고와 피고 사이의 근저당권설정계약 체결사실 ② 피고의 근저당권설정등기 경료사실 ③ 근저당권의 원인무효 또는 소멸사실
물권적 청구권 행사의 요건사실	① 원고의 저당 목적물 소유사실(원고가 후순위 근저당권자인 사실)[334] ② 피고의 근저당권설정등기 경료사실 ③ 근저당권의 소멸사실

※ 근저당권의 사후 소멸을 주장하는 경우, 피담보채무의 확정사유에 대한 주장 · 증명이 필요할 수 있다.[335]

나. 소멸시효의 완성

요건사실	① 권리를 행사할 수 있었던 사실(이행기) ② 소멸시효기간이 경과한 사실

에 채권자에 대하여 채무 일부를 변제함으로써 시효의 이익을 포기한 경우에는 그때부터 새로이 소멸시효가 진행한다고 보았던 대법원 2001. 6. 12. 선고 2001다3580 판결, 대법원 2013. 5. 23. 선고 2013다12464 판결들이 모두 변경되었다)

333 대법원 2018. 11. 9. 선고 2018다38782 판결

334 후순위 근저당권에 기초하여 선순위 근저당권설정등기의 말소를 구하는 경우

335 이 사건 근저당권은 특정채권 담보목적의 근저당권으로 피담보채권의 확정은 특별히 기재할 필요가 없다.

※ 민법 제168조의 시효중단사유는 권리자의 (재)항변 사유이다.

※ 이에 대한 민법 제170조 내지 176조의 (재)재항변 사유가 있다.

※ 소멸시효 이익의 포기도 권리자의 (재)항변 사유이다.

문제 1 모범답안

소 장

원 고 이을남
서울 강남구 압구정로10길 50, 1동 201호 (압구정동, 압구정아파트)
소송대리인 변호사 전승혜
서울 서초구 서초대로10길 11, 1200호 (서초동, 완승빌딩)
전화 02)532-3000, 팩스 02)532-3001, E-mail : jsh0909@naver.com

피 고 김추심[336]
서울 강남구 역삼로7길 17 (역삼동)

근저당권말소 청구의 소

청 구 취 지

1. 피고는 원고에게 별지 목록 기재 부동산에 관하여 서울중앙지방법원 등기국 2018. 3. 10. 접수 제18473호로 마친 근저당권설정등기[337]의 말소등기절차를 이행하라.
2. 소송비용은 피고가 부담한다.

라는 판결을 구합니다.

336 피담보채권의 양도로 근저당권자가 달라진 경우, 채권양수인인 현재의 근저당권자만이 피고적격을 가진다.
337 피담보채권의 양도로 근저당권자의 이전 등기가 부기등기의 형태로 마쳐진 경우, 말소의 대상은 주등기이다.

청 구 원 인[338]

1. 근저당권설정등기 말소등기청구권의 발생

이을서는 2018. 3. 8. 대부업자 김갑동으로부터 1억 원을 이자 월 1.5%, 변제기 2019. 3. 7.로 정하여 차용하였습니다. 원고는 2018. 3. 8. 위 차용금채무를 담보하기 위하여 김갑동에게 별지 목록 기재 부동산에 관한 근저당권을 설정하여 주기로 약정하고, 서울중앙지방법원 등기국 2018. 3. 10. 접수 제18473호로 근저당권자 김갑동, 채무자 이을서, 채권최고액 1억 3,000만 원의 근저당권설정등기(이하 '이 사건 근저당권' 또는 '이 사건 근저당권설정등기'라고 합니다)를 마쳐 주었습니다.

상인의 행위는 영업을 위하여 하는 것으로 추정되고, 상인이 영업을 위하여 하는 행위는 상행위로 본다고 할 것인데, 대부업자인 김갑동이 이을서에게 금원을 대여한 행위는 영업을 위하여 하는 것으로 추정되어 상행위에 해당하므로, 김갑동의 대여금채권의 소멸시효기간은 상법 제64조에 따라 5년이고,[339] 변제기인 2019. 3. 7.로부터 5년이 지난 2024. 3. 7.경 시효로 소멸하였습니다.

한편 김갑동은 피담보채권의 시효완성 후인 2024. 11. 8. 이을서에 대한 대여원리금채권 일체를 피고에게 양도하고, 이를 2024. 11. 8. 이을서에게 내용증명우편으로 통지하였습니다. 이에 피고는 같은 등기국 2024. 11. 10. 접수 제8877호로 같은 날짜 확정채권양도를 원인으로 근저당권자를 피고로 변경하는 이전등기절차를 마쳤습니다.

따라서 피담보채무가 소멸함으로써 부종성에 의하여 근저당권 역시 소멸하였으므로, 근저당권자인 피고는 물상보증인인 원고에게 이 사건 근저당권설정등기의 말소등기절차를 이행할 의무가 있습니다.

2. 피고의 예상 주장에 대한 반박

가. 피고는 원고가 물상보증인으로, 이 사건 근저당권의 피담보채권의 소멸시효완성을 원

---

338 근저당권설정계약에 기한 근저당권설정등기의 말소청구권을 행사하는 경우의 요건사실인, 원고와 피고 사이의 근저당권설정계약 체결사실, 피고의 근저당권설정등기 경료사실, 근저당권의 소멸사실을 기재하여야 한다. 근저당권의 소멸사실은 피담보채권의 소멸시효완성을 원인으로 하여야 한다. 즉, 피담보채권을 행사할 수 있었던 사실(피담보채권의 이행기), 소멸시효기간이 경과한 사실이다. 근저당권의 사후 소멸을 주장하는 경우, 계속 증감변동하는 피담보채권의 확정을 전제하여야 하나, 이 사건의 경우는 특정채권 담보목적의 근저당권으로 피담보채권의 확정은 특별히 기재할 필요가 없다.

339 어떤 시효기간이 적용되는지는 법률의 해석이나 적용에 관한 것으로 변론주의가 적용되지 않는다. 피고는 10년의 소멸시효가 적용되어야 한다고 주장하나, 이 부분 기재로 그에 대한 판단을 대체하고, 별도의 배척이유를 설시하지 않았으나, 예상 주장으로 기재하여 배척해 주어도 무방하다.

용할 수 없다고 주장할 것으로 예상됩니다.

그러나 타인의 채무를 담보하기 위하여 자기의 물건에 담보권을 설정한 물상보증인은 채권자에 대하여 물적 유한책임을 지고 있어 그 피담보채권의 소멸에 의하여 직접 이익을 받는 관계에 있으므로 소멸시효의 완성을 주장할 수 있습니다.[340]

나. 피고는 또한 이을서가 일부 채무를 변제함으로써 소멸시효의 이익을 포기하였으니 소멸하지 않았다고 주장할 수 있습니다.

이을서가 2025. 3. 7. 피고에게 5,400만 원을 송금함으로써 이 사건 근저당권의 피담보채무를 일부 변제한 사실은 인정됩니다.[341] 그러나 채무자가 소멸시효완성 후 일부 변제한 사실만으로 소멸시효 이익을 포기한 것으로 볼 수 없고,[342] 설령 채무자가 일부 변제로 소멸시효 이익을 포기하였다고 하더라도, 소멸시효 이익의 포기는 상대적 효과가 있을 뿐이어서 물상보증인에게는 효력이 없습니다.[343]

다. 따라서 피고의 예상 주장은 모두 이유 없습니다.

3. **결론**

원고는 이상과 같은 이유로 청구취지와 같은 판결을 구하니 원고의 청구를 모두 인용하여 주시기 바랍니다.

증명방법 및 첨부서류 (생략)

2025. 4. 1.

피고 이을남의 소송대리인

변호사 전승혜 ㉥

서울중앙지방법원 귀중

---

340 대법원 2018. 11. 9. 선고 2018다38782 판결

341 피고의 예상 주장을 반박함에 있어서, 주장 자체로 이유 없는 경우, 전제되는 사실인정이 반드시 필요한 것은 아니나, 설득력있는 논증을 위해 기재해주는 것은 나쁘지 않다.

342 대법원 2025. 7. 24. 선고 2023다240299 전합 판결

343 대법원 2018. 11. 9. 선고 2018다38782 판결

<문제 2> 귀하는 의뢰인 이을남과의 1차 상담을 마치고, **소장을 접수하기 전에** 이을남으로부터 추가 자료가 있어 추가 상담이 필요하다는 연락을 받고, 2차 상담을 진행하였습니다. 추가로 제출된 서류를 검토하여 【의뢰인 희망사항】과 같은 내용의 소장을 작성하시오.

【작성요령】

1. 소장 작성일 및 소제기일은 2025. 5. 1.로 하시오.
2. <문제 1>에서 주어진 사실관계와 자료를 그대로 전제합니다.
3. **사건관계인의 주장, 의뢰인의 희망사항으로 실질적 주요 쟁점이 된 부분에 대해서는 청구원인의 설시에 그 검토결과를 반영하도록 합니다.**
4. 그 밖의 작성방식은 【공통된 작성요령】과 같습니다.

[참고자료]

「이자제한법 제2조제1항의 최고이자율에 관한 규정」

공포일자 등	시행일자	최고이자율
대통령령 제25376호, 2014. 6. 11. 일부개정	2014. 7. 15.	연 25%
대통령령 제28413호, 2017. 11. 7. 일부개정	2017. 2. 8.	연 24%
대통령령 제31593호, 2021. 4. 6. 일부개정	2021. 7. 7.	연 20%

부칙 〈제25376호, 2014. 6. 11.〉

제2조(적용례) 이 영은 이 영 시행 후 최초로 계약을 체결하거나 갱신하는 분부터 적용한다.

부칙 〈대통령령 제28413호, 2017. 11. 7.〉

제2조(적용례) 이 영은 이 영 시행 이후 계약을 체결하거나 갱신하는 분부터 적용한다.

부칙 〈대통령령 제31593호, 2021. 4. 6.〉

제2조(적용례) 이 영은 이 영 시행 이후 계약을 체결하거나 갱신하는 분부터 적용한다.

의뢰인 상담일지

변호사 전 승 혜 법률사무소

서울 서초구 서초대로10길 11, 1200호 (서초동, 완승빌딩)

☎ : 02)532-3000, 팩스 : 02)532-3001, E-mail : jsh0909@naver.com

접수번호	2025-100	상담일시	1차: 2025. 3. 20. 2차: 2025. 4. 10.
상담인	이을남	내방경위	지인소개

【상 담 내 용】

1. 지난 상담 이후, 김추심이 '소멸시효는 여러 차례 중단되어 문제될 일이 없고, 심지어는 선행소송에서 김추심 측이 승소한 내용이 있다'며 내용증명을 보내왔다.
2. 실은 이을남은 이 사건 근저당권에 대해 이미 한차례 소송을 진행한 적이 있었다. 이을서가 몰래 저당권을 설정한 것을 문제 삼아서 소송을 진행했었는데 이을남의 패소로 끝난 사건이었다.
3. 이을서의 예금채권에 대한 가압류가 있었던 것은 맞으나, 그 은행에는 예금채권이 존재하지 않아, 소멸시효중단을 인정할 수 없다. 이을서의 채무 변제가 있었다고 하더라도, 모두 소멸시효완성 후의 일이라 이을남에게는 아무런 효력이 없다고 생각한다.
4. 무엇보다 이을서가 최근에 집안의 도움까지 받아, 남은 채무의 상당 부분을 변제하였다고 한다. 이을서 말로는 채권자가 남은 부분은 탕감해 주기로 했다고 한다.

【사건관계인의 주장】

1. 김추심은 여전히 물상보증인인 이을남은 피담보채권의 소멸시효완성을 주장할 수 없고, 선행소송의 기판력이 미쳐 근저당권의 말소를 다시 구할 수도 없다고 주장한다.
2. 또한 이을서에 대한 가압류, 선행소송에서의 응소, 채권양도통지, 일부 변제로 인한 소멸시효중단 내지 시효이익의 포기가 인정되므로, 피담보채무의 소멸시효는 완성되지 않았고, 미변제분이 남아 있다고 주장한다.

【의뢰인 희망사항】

선행소송과의 관계, 소멸시효완성, 변제 등의 효력을 잘 살펴, 근저당권의 말소를 원한다. 혹시라도 피담보채무의 잔액이 남아 있다면 이제는 마저 다 갚고 말소를 구하고 싶다.

내용증명

수신인 : 이을남
서울특별시 강남구 압구정동 88 압구정아파트 제1동 제201호

1. 귀하로부터 위 압구정아파트의 근저당권등기를 말소해달라는 요구를 받고 지난번 답변 이후, 많은 관련 자료를 찾았습니다. 이에 재차 답변합니다.
2. 귀하는 이미 김갑동에게 근저당권말소소송을 제기하였다가 패소한 적이 있습니다. 위 판결의 승계인인 본인에게 같은 취지의 근저당권말소를 구하는 것은 기판력에 반하여 허용되지 않습니다.
3. 귀하는 근저당권의 피담보채무의 소멸시효가 완성되었다고 주장합니다.
   그러나 당초 이 사건 채무의 소멸시효는 10년으로 아직 한참 남았고, 채권양도인 김갑동은 ① 이미 2019년경에 이을서에 대한 가압류를 진행한 바 있으며, ② 위 선행소송에서도 적극적으로 응소하여 이을남의 청구를 기각시켰고, ③ 채권양도를 통해서도 권리를 행사하였으니, 소멸시효는 완성되었을 리가 없습니다.
4. 또한 채무자 이을서는 2025. 3. 7. 5,400만 원, 2025. 4. 7. 1억 원을 갚았습니다. 이는 채무자의 '승인' 내지 '시효이익의 포기'로 취급됩니다.
5. 이을서가 일부를 변제하였다고 하더라도 이는 겨우 그간의 이자나 지연손해금 일부에 충당될 정도에 불과합니다.
6. 귀하는 남은 채무가 탕감된 것처럼 주장하나, 본인은 탕감의 '탕'자도 꺼낸 적이 없습니다.
7. 그러므로, 남은 채무 전액을 갚기 전에는 더 이상 근저당권을 말소해달라는 요구는 하지 말아 주시기 바랍니다.

※ 첨부: 판결문, 가압류결정문, 거래내역 등

2025. 4. 8.

서울강남우체국
2025. 4. 8.
25 - 73248

발신인 김추심 (인) 김추심

본 우편물은 2025-04-8
제73248호에 의하여
내용증명우편물로 발송하였음을
증명함
서울강남우체국장 서울강남우체국장인

서 울 중 앙 지 방 법 원

판 결

사 건	2018가단12345 근저당권말소
원 고	이을남
	서울 강남구 압구정로10길 50, 1동 201호 (압구정동, 압구정아파트)
	소송대리인 법무법인 승소
	담당변호사 나승소
피 고	김갑동
	서울 강남구 테헤란로 70 (역삼동)
변 론 종 결	2019. 2. 14.
판 결 선 고	2019. 3. 20.

등 본 입 니 다.
2025. 3. 25.
법원주사 서주사 ㊞

주 문

1. 원고의 청구를 기각한다.
2. 소송비용은 원고가 부담한다.

청 구 취 지

피고는 원고에게 별지 목록 기재 부동산에 관하여 서울중앙지방법원 등기국 2018. 3. 10. 접수 제18473호로 마친 근저당권설정등기의 말소등기절차를 이행하라.

이 유

1. 주위적 청구원인에 관한 판단

원고는 피고와 원고 소유인 별지 목록 기재 부동산(이하 '이 사건 부동산'이라 한다)에 관하여 근저당권설정계약을 체결한 사실이 없음에도, 피고가 원고의 형인 이을서와 공모하여 근저당권설정계약서와 위임장을 위조하여 청구취지 기재 근저당권설정등기(이하 '이 사건 근저당권설정등기'라 한다)를 마쳤다고 주장하면서, 소유권에 기한 방해배제 청구로서 피고를 상대로 위 근저당권설정등기의 말소등기절차 이행을 구한다. 살피건대, 제3자가 근저당권설정등기행위에 개입한 경우에도 근저당권설정등기는 적법하게 이루어진 것으로 추정되므로 그 등기가 원인무효임을 이유로 말소를 청구하는 소유자로서는 그 반대사실 즉, 그 제3자에게 소유자를 대리할 권한이 없었다든가 또는 그 제3자가 근저당권설정등기에 필요한 서류를 위조하였다는 등의 무효사실에 대한 증명책임을 진다(대법원 1999. 2. 26. 선고 98다56072 판결 참조). 그런데 피고가 이을서와 공모하여 근저당권설정계약서, 위임장을 위조하였다고 볼 만한 아무런 증거가 없으므로, 원고의 위 주장은 이유 없다.

2. 예비적 청구원인에 관한 판단

원고는 이을서가 피고로부터 도박자금 1억 원을 차용하고, 위 도박채무를 담보하기 위하여 원고 소유의 이 사건 부동산에 관하여 이 사건 근저당권설정등기를 마쳐준 것이어서 이 사건 근저당권의 피담보채무가 부존재한다고 주장하면서, 소유권에 기한 방해배제 청구로서 피고를 상대로 위 근저당권설정등기의 말소등기절차 이행을 구한다. 살피건대, 갑 제2호증의 기재, 증인 이을서의 증언 및 변론 전체의 취지에 의하면, 이을서가 2018. 3. 8. 피고로부터 1억 원을 이자 월 1.5%, 변제기 2019. 3. 7.로 정하여 차용한 사실, 이을서가 위 차용금 1억 원을 도박자금으로 사용한 사실은 인정되나, 피고가 위 차용금이 도박자금으로 사용되리라는 점을 알았다고 볼 만한 아무런 증거가 없으므로, 원고의 위 주장도 이유 없다.

3. 결론

그렇다면 원고의 청구는 이유 없으므로 기각하기로 하여 주문과 같이 판결한다.

판사 박공정

확 정 증 명

사건번호: 서울중앙지방법원 2018가단12345 근저당권말소

원　　고: 이을남

피　　고: 김갑동

증명신청인 : 피고 김갑동

위 사건의 판결이 2019. 4. 11.자로 확정되었음을 증명합니다. 끝.

2024. 3. 25.

서 울 중 앙 지 방 법 원

법원주사 서 주 사 서울중앙지방법원법원주사

서 울 중 앙 지 방 법 원
결 정

사 건 2019카단543210 채권가압류

채 권 자 김갑동(740716-1******)

서울 강남구 테헤란로 70 (역삼동)

채 무 자 이을서(600420-1******)

서울 강남구 봉은사로61길 45 (논현동)

제3채무자 1. 금빛은행 주식회사

서울 강남구 테헤란로785

대표이사 은행녀

2. 주식회사 너희은행

서울 영등포구 금융로7

대표이사 리차드 김

주 문

채무자의 제3채무자에 대한 별지 목록 기재 채권을 가압류한다.

제3채무자는 채무자에게 위 채권을 지급하여서는 아니 된다.

채무자는 다음 청구금액을 공탁하고 가압류의 집행정지 또는 그 취소를 신청할 수 있다.

청구채권의 내용 2018. 3. 8.자 대여금채권

청구금액 합계 100,000,000원

이 유

이 사건 채권가압류신청은 이유 있으므로 담보로 별지 첨부의 지급보증위탁계약을 체결한 문서를 제출받고 주문과 같이 결정한다.(공탁보증보험증권의 첨부는 생략함)

정본입니다

2019. 11. 10. 2019. 12. 20.

법원주사 김증명

서울중앙 지방법원 법원주사

판사 정 무 기

목 록

채무자 이을서가 아래 각 제3채무자에 대하여 가지는 당좌예금, 보통예금, 저축예금, 기업예금, 신탁예금, 정기적금, 정기예금 등 채무자 명의 계좌의 모든 예금 중 위 기재의 순서로, 같은 종류의 예금에 있어서는 현재 입금된 또는 장래에 입금될 예금 중 예금액이 많은 것부터 순차로 아래 청구금액에 달할 때까지의 금액

금빛은행 주식회사 청구금액: 50,000,000원
주식회사 너희은행 청구금액: 50,000,000원. 끝.

송 달 증 명 원

사　　건　　서울중앙지방법원 2019카단543210　채권가압류

채 권 자　　김갑동

채 무 자　　이을서

제3채무자　　1. 금빛은행 주식회사

　　　　　　2. 주식회사 너희은행

위 사건에 관하여 서울중앙지방법원 2019카단543210호 가압류결정이 각 제3채무자에 대하여 2019. 11. 22. 송달되었음을 증명하여 주시기 바랍니다.

위 증명합니다.

서울중앙지방법원

법원주사 김증명 (인) 서울중앙지방법원주사

본 증명(문서번호:전자제출제증명(민사) 51349)에 관하여 문의할 사항이 있으시면 032-3271-1234로 문의하시기 바랍니다.

거 래 내 역

김추심 (OK캐쉬) 고객

계좌명 : 하나 저축예금

고객명	김추심	계좌잔액	(생략)
계좌번호	123-45-67890-1	출금가능금액	(생략)
신규일자	2015. 12. 1.	대출승인액	(생략)

거래일자	시간	출금(원)	입금(원)	내용	잔액(원)	거래점
-	-	-	-	-	-	
2025-3-07	14:00:04	이을서	54,000,000	이체	(생략)	
-	-	-	-	-	-	
2025-4-07	15:00:20	이을서	100,000,000	이체	(생략)	
(이하 생략)						

내용증명

수신인 : 김추심

서울 강남구 역삼로7길 17 (역삼동)

1. 늘 댁내 평안하시길 바랍니다.
2. 귀하가 주장하는 가압류는, 이을서와는 아무런 거래관계를 가지지 않는 금빛은행과 너희 은행에 대한, 존재하지 않는 예금채권에 대한 가압류로서, 무슨 의미가 있는지 모르겠습니다.
3. 이 사건 채무 원금의 소멸시효는 5년이고, 이자는 3년입니다.
   이을서가 안 갚아도 되는 돈을 왜 갚았는지 모르겠으나, 이을서 말로는 자기 계산으로 지난 달에 소멸시효가 완성된 부분을 제외한 3년 치의 월 1.5%의 이자 5,400만 원을 송금하였고, 지난 4. 7. 나머지 원금 1억 원을 송금해서, 전액을 다 갚았다고 합니다.
4. 또한, 당초 선이자로 600만 원을 공제하고 9,400만 원만 지급받았다고 하니, 어느 모로 보나 원리금의 충분한 변제입니다.
5. 설령 미진한 부분이 있더라도, 나머지는 탕감하여 조속한 시일 내에 이을남 집에 대한 저당권을 말소해주시면 감사하겠습니다.
6. 연락 기다리겠습니다.

※ 첨부: 확인서 등

2025. 4. 9.

발신인 이을남 (인) 이을서

서울강남우체국
2025. 4. 9.
25 - 73548

본 우편물은 2025-4-9
제73548호에 의하여
내용증명우편물로 발송하였음을 증명함
서울강남우체국장

서울강남우체국장인

확인서

이을서 귀하

당사는 2019. 11. 22. 이후 현재까지 이을서의 어떠한 예금거래계약 관계도 존재하지 않음을 확인합니다.

2025. 4. 9.

금빛은행 주식회사 테헤란지점
서울 강남구 테헤란로785
지점장 박담당

금빛은행 주식회사 지배인印

거래사실 부존재 확인서

예금자 이을서

주식회사 너희은행에 대한 이을서의 예금 거래관계가 일체 존재하지 않음을 확인합니다.

2025. 4. 9.

주식회사 너희은행
서울 영등포구 금융로7
대표이사 리차드 김

주식회사 너희은행 대표이사

[문자메세지 내역]

===========================2025. 4. 7.===========================

나..

사장님 방금 1억 원 마저 송금했습니다. 확인해 보십시오.

김사장

1억 원 입금 확인했습니다.

나..

사장님 이제 3년치 이자 5,400만 원과 원금 1억 원을 송금했으니, 다 갚은 것 아닙니까. 제 동생 집의 근저당은 풀어주시죠. 나머지는 소멸시효가 완성되었다고 합니다.

기록 6

해설

문제 2 해설

1. 사안의 개요

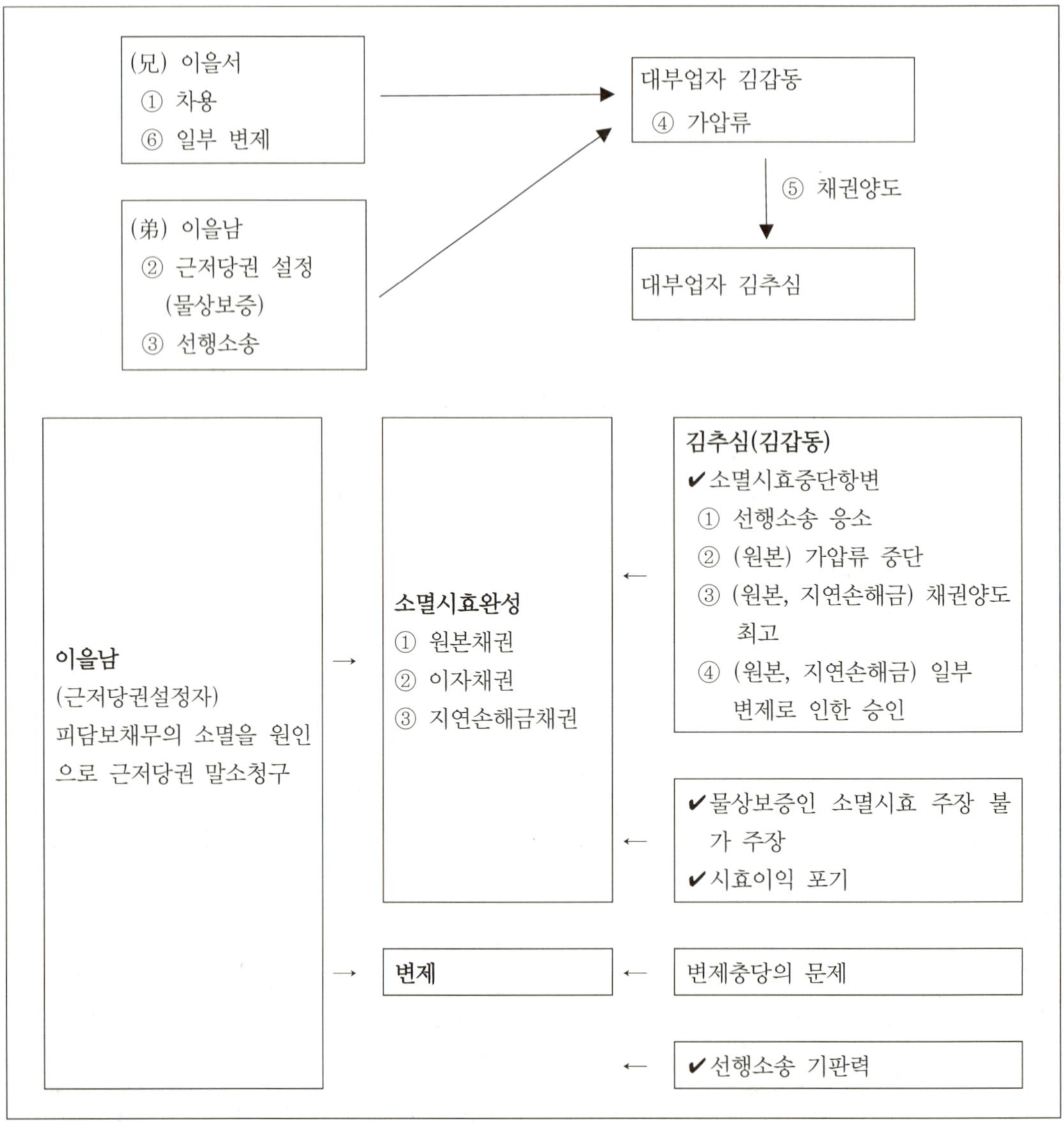

2. 쟁점 및 설명

가. 피담보채권의 소멸을 원인으로 한 근저당권 말소청구

근저당권의 말소청구는 특히 피담보채권의 소멸을 원인으로 하는 경우라면, 소유권 등의 물권적 청구권의 행사로서 이루어질 수도 있고, 근저당권설정계약에 기한 채권적 청구권의 행사로도 가능하다. 이 사안은 소유권에 기한 방해배제청구로서의 선행소송이 있었던 사안으로, 근저당권설정계약에 기한 말소청구로 구성하는 것이 바람직하다. 패소한 선행소송의 기판력에 저촉되는 후행소송이 되어서는 안 되기 때문이다.[344·345]

이 사안에서 이을남이 주장하는 피담보채무의 소멸사실은 첫째, 소멸시효완성, 둘째, 변제이다. 보통은 채무자가 채무소멸의 원인으로 변제와 시효소멸을 함께 주장하는 경우, 변제는 가장 강력한 권리소멸사유이고, 시효이익의 포기로도 취급될 수 있기 때문에[346] 변제항변을 먼저 검토하는 것이 맞다. 다만 시효소멸의 결과 변제충당 대상 범위가 달라지거나, 이 사건과 같이 변제의 대상이 '소멸시효가 완성되지 않은 채무'를 변제한 것이라고 주장하여 '시효이익의 포기'로 인정되지 않는 변제를 하는 경우라면, 논리상 채권의 소멸시효완성 여부를 먼저 검토함이 타당하겠다.

나. 원본채권, 이자채권, 지연손해금채권의 각 소멸시효완성, 중단의 효력

대여금채권의 원본, 이자, 지연손해금 부분은 각 독립적인 소송물이고, 적용 소멸시효가 다름으로 인해, 각 소멸시효완성 여부의 결론이 달라지는 점이 이 사안의 가장 중요한 쟁점이다.

3년의 단기소멸시효 대상인 이자채권(2018. 7. 8.부터 2019. 3. 7.까지의 이자)은 별다른 중단사유가 없으므로, 소멸시효가 완성되었고, 5년의 상사소멸시효가 적용되는 원본채권은 원본채권만을 청구채권으로 하는 가압류와 최고(채권양도와 같이 이루어진), 그로부터 6개월 내의 일부 변

---

344 원인무효로 인한 말소등기 청구사건의 소송물은 당해 등기의 말소등기청구권이고, 말소등기청구권의 발생원인은 당해 등기원인의 무효라 할 것이어서 등기원인의 무효를 뒷받침하는 개개의 사유는 독립된 공격방어방법에 불과하여 별개의 청구원인을 구성하는 것이 아님이 원칙적이다. 다만 저당권말소등기 청구의 경우는 담보설정계약에 기한 말소청구가 가능하므로, 설정계약에 기한 말소등기청구를 하는 경우는 원인무효로 인한 말소등기청구와 청구원인을 달리하는 것으로서 소송물을 달리하고 서로 기판력이 미치지 않는다. 피담보채권 소멸로 인한 저당권 말소청구의 경우, 소유권에 터 잡아 원인무효로 인한 말소등기청구이든, 저당권설정계약상의 권리에 기하여 원상회복으로 담보물의 반환을 받기 위하여 저당권등기의 말소등기청구를 하는 경우이든, 그 각 청구 안에서는 '피담보채권 소멸'의 사유가 계약의 무효, 취소 등과 함께 독립된 공격방어방법의 하나에 불과하나, 위 양 청구는 소송물을 달리한다. 판례는 사기에 의한 의사표시 취소를 원인으로 한 근저당권설정등기의 말소청구와 피담보채무의 부존재를 이유로 근저당권설정계약을 해지하고 원상회복의 이행으로 구하는 말소청구는 공격방법만 다른 것이 아니라 소송물이 다르다고 보았다(대법원 1986. 9. 23. 선고 85다353 판결).

345 이 사안은 선행소송의 변론종결 후 피담보채무를 변제했고, 소멸시효가 완성되었음을 이유로 근저당권의 말소를 구하는 것으로, 선행소송의 기판력은 시적 기준에 의해서도 미치지 않는다고 봄이 타당하다. 다만 소송물 자체가 다름을 설시하는 것이 우선적인 기재라고 볼 것이다.

346 단, 대법원 2025. 7. 24. 선고 2023다240299 전합 판결에 의해, 시효완성 후 일부 변제로 채무를 승인한 경우 시효완성의 사실을 알고 그 이익을 포기하는 것으로 추정된다는 법리는 변경되었다.

제로 인한 승인으로 소멸시효가 중단되었다. 역시 5년의 상사소멸시효가 적용되는 지연손해금 채권은 최고와 승인으로 소멸시효가 완성된 부분(2019. 3. 8.부터 2019. 11. 7.까지의 지연손해금)과 아닌 부분으로 나뉘게 된다.

각 소멸시효중단에 대한 가압류, 최고, 승인에 관한 최근 판례 법리를 정확히 이해하고, 적용할 필요가 있겠다. 자세한 내용은 소장 기재 부분 참조.

다. 변제충당

피담보채권 중 소멸시효가 완성된 부분과 완성되지 않은 부분을 구별한 후, 변제충당의 법리대로 충당한 다음, 남는 피담보채권의 범위를 정확히 산정하여야 한다. 의뢰인이 남는 피담보채권이 있다면 그 변제를 선이행조건으로 근저당권의 말소를 구한다고 원하고 있기 때문이다.

라. 그 밖에 배척이 예상되는 주장가능한 항변의 누락 없는 검토

자세한 내용은 소장 기재 부분 참조.

3. 소장 기재에 필요한 요건사실

가. 근저당권설정등기의 말소청구

<문제 1> 해설 참조.

나. 소멸시효의 완성

<문제 1> 해설 참조.

다. 변제, 변제충당

변제 요건사실	① 일정 금원(소비대차 목적물)의 지급(반환)사실 ② 채무의 변제를 위해 지급(반환)된 사실
변제충당 요건사실	① 채무자가 채권자에 대하여 별개의 동종채무를 부담한 사실 ② 채무자의 급부가 전체 채무를 소멸시키기 부족한 사실 또는 충당관계로 다른 채무에 변제충당된 사실(민법 제477조 제4호에서 정한 안분비례 충당보다 유리한 효과를 주장하는 쪽에서 그에 해당하는 사실을 주장·증명할 필요) ※ 채무자가 특정한 채무의 변제조로 금원 등을 지급하였다고 주장하는 경우 채권자가 이를 수령한 사실은 인정하나 다만 다른 채무의 변제에 충당하였다고 주장하는 경우 변제충당 문제가 발생한다.

문제 2 모범답안

소 장

원 고 이을남
서울 강남구 압구정로10길 50, 1동 201호 (압구정동, 압구정아파트)
소송대리인 변호사 전승혜
서울 서초구 서초대로10길 11, 1200호 (서초동, 완승빌딩)
전화 02)532-3000, 팩스 02)532-3001, E-mail : jsh0909@naver.com

피 고 김추심
서울 강남구 역삼로7길 17 (역삼동)

근저당권말소 청구의 소

청 구 취 지

1. 피고는 이을서로부터 4,350만 원[347] 및 이에 대하여 2025. 4. 8.부터 다 갚는 날까지 월 1.5%[348]의 비율로 계산한 돈을 지급받은 다음[349] 원고에게 별지 목록 기재 부동산에 관하

347 일부 변제는 시효가 완성된 부수채권이 있더라도 소멸시효 이익을 포기하고 변제한 것으로 추정되나(대법원 2013. 5. 23. 선고 2013다12464 판결), 이 사건의 경우는 채무자의 시효완성 안된 채무에 대한 변제지정이 있었다고 볼 수 있어, 소멸시효가 완성되지 않은 채권에 대한 변제충당의 문제로 접근함이 타당하다. 따라서 3년의 단기소멸시효 대상인 이자채권(2018. 7. 8.부터 2019. 3. 7.까지의 이자)은 소멸시효가 완성되었고, 5년의 상사소멸시효가 적용되는 지연손해금채권 중 소멸시효가 완성된 부분(2019. 3. 8.부터 2019. 11. 7.까지의 지연손해금) 외 지연손해금에 먼저 충당되고, 남는 변제금을 원금에 충당시킨 결과이다. 근저당권의 채권최고액인 "1억 3,000만 원의 한도로"를 기재하여도 되나, 근 시일 내에 이를 초과할 가능성이 있지 않은 시점에서의 청구취지를 기재할 때는 적지 않는 것이 실무례이다.

348 지급일부터 정산일까지 약정이율에 의한 이자를 가산하여 지급하기로 합의한 경우에는(특히 법정이율-소송촉진 등에 관한 특례법-보다 높은 약정이율인 경우), 특별한 의사표시가 없는 한 정산일 이후에도 당초의 약정이율에 의한 지연손해금을 가산하여 지급하기로 한 것으로 보는 것이 당사자의 의사에 부합하는 해석이다(대법원 2008. 4. 24. 선고 2006다14363 판결).

여 서울중앙지방법원 등기국 2018. 3. 10. 접수 제18473호로 마친 근저당권설정등기의 말소등기절차를 이행하라.[350]

2. 소송비용은 피고가 부담한다.

라는 판결을 구합니다.

청 구 원 인

1. 근저당권의 설정 및 이전

이을서는 2018. 3. 8. 대부업자 김갑동으로부터 1억 원을 이자 월 1.5%, 변제기 2019. 3. 7.로 정하여 차용하였습니다. 원고는 2018. 3. 8. 위 차용금채무를 담보하기 위하여 김갑동에게 별지 목록 기재 부동산에 관한 근저당권을 설정하여 주기로 약정하고, 서울중앙지방법원 등기국 2018. 3. 10. 접수 제18473호로 근저당권자 김갑동, 채무자 이을서, 채권최고액 1억 3,000만 원의 근저당권설정등기(이하 '이 사건 근저당권' 또는 '이 사건 근저당권설정등기'라고 합니다)를 마쳐 주었습니다.

한편 김갑동은 2024. 11. 8. 이을서에 대한 위 대여원리금채권 일체를 피고에게 양도하고, 이를 같은 날 이을서에게 내용증명우편으로 통지하였습니다. 이에 피고는 같은 등기국 2024. 11. 10. 접수 제8877호로 같은 날짜 확정채권양도를 원인으로 근저당권자를 피고로 변경하는 이전등기절차를 마쳤습니다.

원고는 아래와 같은 이유로 이 사건 근저당권의 피담보채무가 소멸시효완성 및 변제로 소멸되었음을 주장하며 이 사건 근저당권설정등기의 말소를 구하는 바입니다.

2. 이 사건 근저당권의 피담보채무의 소멸 여부

가. 원본채권의 소멸시효완성 여부[351]

대부업자인 김갑동이 이을서에게 금원을 대여한 행위는 영업을 위하여 하는 것으로 추정되어 상행위에 해당하므로, 그 소멸시효기간은 상법 제64조에 따라 5년이고, 변제

---

349 피담보채무의 변제를 원인으로 저당권등기의 말소를 구하였으나 잔존 채무가 남아 있을 때는 나머지 잔존 채무의 변제를 조건으로 저당권설정등기의 말소등기절차의 이행을 명하는 형태의 주문이 인용된다. 이때 잔존 채무의 변제는 등기말소보다 먼저 이행되어야 하는 선이행조건부로 명시되게 된다.

350 후발적 실효사유에 의해 말소등기를 청구하는 경우 그 원인(즉 "변제를 원인으로 하는")을 기재하는 것이 원칙이나, 장래의 변제시기를 특정하지 어려운 경우는 기재하지 않는 것이 실무례이다.

351 피고의 소멸시효중단항변이 이유 있는 경우, 청구원인에 그 내용까지 반드시 기재하여야 하는지 의문이 있을 수 있다. 실

기인 2019. 3. 7.로부터 5년이 경과하였음이 역수상 명백합니다.

그런데 피고는 채권양도인 김갑동의 예금채권가압류와, 채권양도를 통한 최고, 일부 변제를 통한 승인 등을 주장하므로, 이에 관하여 살핍니다.

채권자가 채무자의 제3채무자에 대한 채권을 가압류할 당시 그 피압류채권이 부존재하는 경우에도 집행채권에 대한 권리 행사로 볼 수 있어 특별한 사정이 없는 한 가압류집행으로써 그 집행채권의 소멸시효는 중단되는 것이고, 가압류결정 정본이 제3채무자에게 송달될 당시 피압류채권 발생의 기초가 되는 법률관계가 없어 가압류의 대상이 되는 피압류채권이 존재하지 않는 경우에는 가압류의 집행보전 효력이 없으므로, 특별한 사정이 없는 한 가압류결정의 송달로써 개시된 집행절차는 곧바로 종료되고, 이로써 시효중단사유도 종료되어 집행채권의 소멸시효는 그때부터 새로이 진행됩니다.[352] 한편 최고는 권리자가 의무자에 대하여 이행을 청구하는 의사의 통지로서 특별한 방식을 필요로 하지 않는 재판 외의 청구로, 채권양도통지에 채권양도의 사실을 알리는 것 외에 이행을 청구하는 뜻이 별도로 덧붙여진 경우 이를 최고로 볼 수 있습니다.[353] 또한 채무의 일부를 변제하는 경우에는 특별한 사정이 없는 한 채무 전부에 관하여 승인한 것으로 추정되어 시효중단의 효력이 발생합니다.[354] 민법 제174조는 채권자가 최고 후 6개월 내에 확정적으로 시효를 중단시키기 위해 취할 보완조치에 채무의 승인을 포함하고 있지는 않지만, 최고 후 6개월 내에 채무자의 승인이 있는 경우에도 위 규정을 유추적용하여 시효중단의 효력이 발생한다고 해석하는 것이 타당합니다.[355]

이 사건으로 돌아와 보건대, 김갑동은 소멸시효가 완성되기 전인 2019. 11. 10.경 이을서의 금빛은행 주식회사, 주식회사 너희은행에 대한 예금채권 등에 대하여 서울중앙지방법원 2019카단543210호로 채권가압류신청을 하여, 위 법원이 2019. 11. 10. 가압류결정을 하였고 이를 2019. 11. 22. 각 은행에 송달하였으나 당시 각 은행에는 이을서의 예금채권 등이 존재하지 않았던 사실이 인정됩니다. 즉, 김갑동의 가압류결정신청으로 2019. 11. 10.경

제 실무와 달리 변호사시험 민사기록형 소장 작성요령과 이 책 Notice [공통된 작성요령]에 따르면, 피고의 예상 주장이 이유 없다고 판단되면 해당 청구원인 부분에 배척의 이유를 기재하나, 이유 있다고 판단되면 청구 여부 및 범위에 반영할 뿐, 이를 받아들인 이유까지는 기재하지 않는 것이 원칙이기 때문이다. 그러나 이 사안의 경우는, 피고의 소멸시효중단항변이 원본채권, 이자채권, 지연손해금채권별로 그 인용 여부 내지 범위가 서로 다르고 따라서 변제충당의 대상 범위를 결정짓는 이유가 되므로, 이를 청구원인에 기재하기로 한다.

352 대법원 2023. 12. 14. 선고 2022다210093 판결

353 대법원 2012. 3. 22. 선고 2010다28840 전원합의체 판결

354 대법원 2009. 11. 12. 선고 2009다51028 판결 등

355 대법원 2022. 7. 28. 선고 2020다46663 판결

이 사건 채무의 소멸시효가 중단되었으나, 각 은행에 위 가압류결정이 송달된 2019. 11. 22.부터 다시 소멸시효가 새로이 진행됩니다.

다만 김갑동은 다시 그로부터 5년이 경과하기 전인 2024. 11. 8. 이을서에 대한 대여원리금채권 일체를 피고에게 양도하고, 이을서에게 그 지급을 구하는 내용의 채권양도통지서를 발송하여 그 통지서가 같은 날 이을서에게 도달하였는바, 소멸시효는 다시 최고로 중단되었다고 할 것입니다.

이후 채무자인 이을서가 그로부터 6개월 내인 2025. 3. 7., 2025. 4. 7. 두 차례에 걸쳐서 이 사건 근저당권의 피담보채무 변제의 일환으로 합계 1억 5,400만 원을 변제하였는바, 이 또한 채무의 승인으로 취급됩니다.

결과적으로 이 사건 근저당권의 피담보채권의 원본부분은 소멸시효의 중단으로, 시효소멸하지는 않았다고 볼 수 있습니다.

나. 이자 및 지연손해금채권에 대한 소멸시효완성 여부

1) 우선 이자채권에 관하여 보겠습니다.

1년 이내의 정기로 지급되는 이자채권은 단기소멸시효인 3년의 소멸시효기간이 적용됩니다. 이 사건 차용금채권의 이자채권은 마지막 이자의 이행기인 2019. 3. 7.로부터 3년이 경과하였음이 역수상 명백하고, 달리 시효완성시기인 2022. 3. 7. 이전에 중단사유가 있지 않으므로, 시효로 소멸하였다고 할 것입니다.[356]

2) 다음으로 지연손해금채권에 관하여 살핍니다.

지연손해금채권은 그 원본채권과 마찬가지로 상행위로 인한 채권으로서 5년의 소멸시효기간이 적용됩니다.

한편, 채권자가 가분채권의 일부분을 피보전권리인 청구채권으로 주장하여 채무자 소유의 재산에 대하여 가압류를 한 경우에는 그 청구채권 부분에만 시효중단의 효력이 있고, 가압류로 보전되는 청구채권에 포함되지 아니한 나머지 채권에 대하여는 시효중단의 효력이 발생할 수 없는 것입니다. 가압류 청구금액으로 채권의 원금만이 기재되어 있다면 가압류채권자가 가압류채무자에 대하여 원본채권 외에 그에 부대하는 이자 또는 지연손해금채권을

356 지연손해금채권과 같이 이 사건 가압류로 인한 시효중단 가능성, 완성 후 일부 변제로 인한 시효이익 포기 가능성을 검토해야 하나, 전자는 다음 항목에서 검토되고, 중단된다고 하더라도 다시 진행하여 완성되었다고 볼 수 있어 논의의 실익이 크지 않고, 후자는 예상주장 배척으로 기재할 예정이다.

가지고 있다고 하더라도 청구금액에 포함되지 않은 부대채권에 대하여는 시효중단의 효력이 발생할 수 없습니다.[357]

이 사건의 경우, 김갑동이 이 사건 근저당권의 피담보채권 중 대여원금만을 청구채권으로 하여 가압류신청을 한 사실이 인정되므로, 그에 부대하는 지연손해금채권에는 가압류신청으로 인한 시효중단의 효력은 발생하지 않습니다. 다만 김갑동은 앞서 본 바와 같이 2024. 11. 8. 지연손해금채권까지 포함하여 권리행사인 채권양도를 통한 최고를 하였고, 이을서도 앞서 본 바와 같이 그로부터 6개월 내에 채무를 승인하였는바, 결국 2019. 3. 8.부터 2019. 11. 7.까지 발생하는 지연손해금채권은 시효가 완성되어 소멸하였고, 2019. 11. 8.부터 발생하는 지연손해금채권은 원본채권과 마찬가지로 소멸시효가 중단되었다고 볼 수 있습니다.

다. 일부 변제로 인한 충당 결과[358]

결국 이 사건 근저당권의 피담보채권은 원본 1억 원 및 이에 대한 2019. 11. 8.부터 발생하는 지연손해금 부분이 남아 있었습니다. 그런데 이을서는 2025. 3. 7. 5,400만 원, 2025. 4. 7. 1억 원을 변제하였는바, 변제충당의 문제가 발생합니다.

변제의 제공이 채무 전부를 소멸하게 하지 못하는 때에는 별도의 충당에 관한 합의가 없는 한 민법 제476조의 지정변제충당에 따라 변제충당의 효력이 발생하나, 비용, 이자, 원본에 대한 변제충당에 관해서는 민법 제479조에 충당 순서가 법정되어 있고 당사자가 법정 순서와 다르게 일방적으로 충당 순서를 지정할 수 없습니다.

따라서 2025. 3. 7. 변제된 5,400만 원은 지연손해금에 먼저 충당되어, 2019. 11. 8.부터 2022. 11. 7.까지의 지연손해금 5,400만 원(= 1억 원 × 월 1.5% × 3년)에 충당되었고, 2025. 4. 7. 변제된 1억 원은 2022. 11. 8.부터 2025. 4. 7.까지의 지연손해금 4,350만 원(= 1억 원 × 월 1.5% × 2년 5개월)에 먼저 충당되고, 남은 5,650만 원(= 1억 원 - 4,350만 원)은 원금 1억 원에 충당되어, 결국 이 사건 차용금은 원금 4,350만 원(= 1억 원 - 5,650만

357 대법원 2024. 10. 25. 선고 2024다233212 판결

358 선이자의 지급으로 이자제한법위반이 생기는지 자체적으로 검토가 필요하다. 선이자를 사전공제한 경우에는 그 공제액이 채무자가 실제 수령한 금액을 원본으로 하여 이자제한법상 이율제한을 초과하는 것인지를 계산해서 그 초과부분이 있는 경우 원본에 충당한 것으로 보기 때문이다(이자제한법 제3조 참조). 이 사건 차용 당시 적용되던 이자제한법상 제한이율은 연 24%이고, 이 사건 차용금의 약정이율은 월 1.5%인데, 선이자를 공제한 실제 수령금 9,400만 원을 원본으로 계산하여도 4개월치의 이자 600만 원은 연 24%를 넘지 않으므로, 이자 외에 추가 원본 충당분은 없는 것으로 본다.

원) 및 이에 대한 지연손해금이 남게 됩니다.

라. 소결[359]

피담보채무의 액수에 대하여 당사자 사이에 다툼이 있는바, 미리 청구할 필요가 있어 그 지급을 조건으로라도 근저당권의 말소를 구하고자 합니다.[360] 따라서 근저당권자인 피고는 채무자 이을서로부터 남은 피담보채무 원금 4,350만 원 및 이에 대하여 최종 변제일의 다음 날인 2025. 4. 8.부터 다 갚는 날까지 월 1.5%의 약정이율로 계산한 지연손해금을 변제받은 다음 물상보증인인 원고에게 이 사건 근저당권설정등기의 말소등기절차를 이행할 의무가 있습니다.

3. 피고의 예상 주장에 대한 반박

가. 선행판결에 대한 주장

1) 피고는 원고가 이미 김갑동을 상대로 근저당권설정등기의 말소등기청구를 하였다가 기각 판결을 받고 그 판결이 확정되었으니, 확정판결의 기판력에 의해 다시 근저당권설정등기의 말소를 구하지 못한다고 주장할 것으로 예상됩니다.

소유권에 기한 방해배제청구권에 기초한 근저당권말소등기청구의 전소와 근저당권설정계약에 기초한 근저당권말소등기청구의 후소는 서로 소송물이 다르므로, 전소 확정판결의 기판력은 후소에 미치지 않습니다.[361]

원고가 이 사건 근저당권설정등기가 원인무효라고 주장하면서 소유권에 기하여 김갑동을 상대로 서울중앙지방법원 2018가단12345호로 위 근저당권설정등기의 말소를 구하는 소를 제기하였으나, 2019. 3. 20. 청구기각 판결을 선고받았고, 2019. 4. 11. 그 판결이 확정된 것은 사실입니다.

그러나 원고는 선행소송에서 이 사건 차용금의 담보로 제공된 부동산의 소유자로서 소유권에 기한 방해배제청구권의 행사로 말소등기청구를 하였던 것이므로, 선행소송 확정판결의 기판력은 근저당권설정계약에 기하여 말소등기를 구하는 이 사건 청구에는 미치지 않습니다.

---

359 원고는 채권자의 면제도 주장하였으나, 이를 인정할 아무런 자료가 없는 상태이므로, 언급하지 않았다.

360 피담보채권이 남아 있는 경우, 그 변제를 선이행조건으로 근저당권의 말소를 구할 수 있는데, 이는 장래이행의 소로 '미리 청구할 필요'가 있어야만 적법한 소가 된다.

361 대법원 1993. 9. 14. 선고 92다1353 판결 참조

2) 피고는 위 선행소송에서 채권양도인인 김갑동이 이 사건 차용금채권의 존재를 주장하는 등 적극적인 응소행위를 하였으므로, 그로 인해 이 사건 차용금채권의 소멸시효가 중단되었다고 주장할 것으로 예상됩니다.

그러나 물상보증인이 그 피담보채무의 부존재 또는 소멸을 이유로 제기한 저당권설정등기 말소등기절차이행청구소송에서 채권자 겸 저당권자가 청구기각의 판결을 구하고 피담보채권의 존재를 주장하였다고 하더라도 이로써 직접 채무자에 대하여 재판상 청구를 한 것으로 볼 수는 없는 것이므로 피담보채권의 소멸시효에 관하여 규정한 민법 제168조 제1호 소정의 '청구'에 해당하지 아니합니다.[362]

김갑동은 물상보증인인 원고가 이 사건 차용금채무의 부존재를 이유로 제기한 선행소송에서 채권자 겸 저당권자로서 이 사건 차용금채권의 존재를 주장하였다는 것이어서, 이로써 직접 채무자인 이을서에 대하여 재판상 청구를 한 것으로 볼 수는 없으므로, 이 사건 차용금채권의 소멸시효는 응소로는 중단되지 아니하였다 할 것입니다.

나. 그 밖에 소멸시효에 대한 주장

1) 피고는 원고가 물상보증인으로, 이 사건 근저당권의 피담보채권의 소멸시효완성을 원용할 수 없다고 주장할 것으로 예상됩니다.

그러나 타인의 채무를 담보하기 위하여 자기의 물건에 담보권을 설정한 물상보증인은 채권자에 대하여 물적 유한책임을 지고 있어 그 피담보채권의 소멸에 의하여 직접 이익을 받는 관계에 있으므로 소멸시효의 완성을 주장할 수 있습니다.[363]

2) 피고는 또한 소멸시효가 완성된 이자 채권 및 일부 지연손해금채권에 관하여, 이을서가 일부 채무를 변제함으로써 소멸시효의 이익을 포기하였으니 소멸하지 않았다고 주장할 것으로 예상됩니다.

이을서가 2025. 3. 7., 2025. 4. 7. 피고에게 이 사건 근저당권의 피담보채무를 일부 변제한 사실은 인정합니다. 그러나 채무자가 시효완성 후 채무의 일부를 변제하여 채무를 승인한 경우 시효완성의 사실을 알고 그 이익을 포기한 것으로 추정되지는 않는 것이고, 시효완성의 포기는 시효완성으로 인해 권리를 상실하게 될 상대방에 대한 일방적 의사표시로서 시효완성의 사실을 알면서 포기의 의사를 표시하여야 하는바,[364] 이을서가 변제시로 역산하

---

362 대법원 2004. 1. 16. 선고 2003다30890 판결
363 대법원 2018. 11. 9. 선고 2018다38782 판결

여 3년치의 약정이율에 의한 이자 내지 지연손해금의 금액에 맞게 송금하고, 송금 직후 시효가 완성되지 않은 채권에 대한 변제의 의사로 송금하였음을 명확히 한 이상, 이을서가 시효완성된 이자와 지연손해금 부분의 시효의 이익을 포기하였다고는 볼 수 없습니다.

설령 소멸시효 이익을 포기하였다고 보더라도 소멸시효 이익의 포기는 상대적 효과가 있을 뿐이어서 채무자가 시효이익을 포기하더라도 물상보증인에게는 효력이 없습니다.[365]

다. 따라서 피고의 예상 주장은 모두 이유가 없습니다.

4. 결론

원고는 이상과 같은 이유로 청구취지와 같은 판결을 구하니 원고의 청구를 모두 인용하여 주시기 바랍니다.

증명방법 및 첨부서류 (생략)

2025. 5. 1.

피고 이을남의 소송대리인

변호사 전승혜 ㊞

서울중앙지방법원 귀중

364 대법원 2025. 7. 24. 선고 2023다240299 전합 판결

365 대법원 2018. 11. 9. 선고 2018다38782 판결

7

기록

채권자대위권 / 채권자대위소송의 소송요건, 중복제소금지원칙, 대위권의 행사와 채무자의 처분행위

기록 7

<문제 1> 귀하는 변호사 전승혜로서, 의뢰인 김갑동과의 상담을 통해 아래 【상담내용】과 같은 사실관계를 청취하고, 【의뢰인 희망사항】 기재사항에 관한 본안소송의 대리권을 수여받고, 첨부된 서류를 자료로 받았습니다.

의뢰인을 위한 본안의 소를 제기하기 위한 <u>소장</u>을 작성하시오.

【작성요령】

1. 소장 작성일 및 소제기일은 <u>2025. 9. 30.</u>로 하시오.
2. 부동산의 표기는 다음 [별지 목록]을 소장 말미에 첨부함을 전제로 하고, [별지 목록]을 별도로 작성하지 마시오.
3. 그 밖의 작성방식은 【공통된 작성요령】과 같습니다.

별지 목록
서울 구로구 구로동 22 대 500㎡. 끝.

의뢰인 상담일지

변호사 전 승 혜 법률사무소

서울 서초구 서초대로10길 11, 1200호 (서초동, 완승빌딩)

☎ : 02-532-3000, 팩스 : 02-532-3001, e-mail : jsh0909@naver.com

접수번호	2025-150	**상담일시**	2025. 9. 1.
의뢰인	김갑동	**내방경위**	지인소개

1. 김갑동은 다음과 같은 상담을 위해 증거를 갖고 변호사 사무실에 찾아왔다.
2. 구로7구역지역주택조합 추진위원회(이하 '조합 추진위원회'라고 한다)는 서울 구로구 구로동 100 일원을 사업시행구역으로 하여 아파트를 건설·분양하는 사업을 위하여 주택법 제11조에 따라 주택조합 설립을 추진하고 있다. 김갑동은 조합 추진위원회에 대하여 사무용가구를 계약한 기한 내에 납품하였다.
3. 조합 추진위원회는 김갑동에 대하여 그 납품대금을 변제하지 못하고 있는데, 현재 채무초과 상태로 별다른 재산이 없다. 그런데 조합 추진위원회는 최근에 이사 중 1인인 임정근에게서 그 소유인 '서울 구로구 구로동 22 대 500㎡'를 대물변제로 제공받기로 약정하였다고 한다. 그럼에도 조합 추진위원회는 임정근에게서 위 토지에 관하여 소유권이전등기를 이전받지 않고 있다.

【사건관계인의 주장】

임정근은 다음과 같이 주장한다.

1) 김갑동의 조합 추진위원회에 대한 물품대금채권은 민법 제163조 제6호에 따라 시효소멸하였으므로 김갑동은 조합 추진위원회를 대위하여 임정근을 상대로 위 구로동 토지에 관하여 채권자대위소송을 제기할 수 없다.
2) 조합 추진위원회가 이미 임정근을 상대로 위 구로동 토지에 관하여 소유권이전등기청구의 소를 제기함으로써 권리를 행사한 이상, 김갑동은 조합 추진위원회를 대위하여 임정근을 상대로 채권자대위청구의 소를 제기할 수 없다.

【의뢰인 희망사항】

김갑동은 위 구로동 토지에 관한 소유권이전등기 명의를 조합 추진위원회 앞으로 이전하고 싶다. 임정근을 상대로 소를 제기할 것을 희망한다.

賣買契約書

매도인 퍼니처프렌즈
대표 김갑동
서울 구로구 대림로 200

매수인 구로7구역지역주택조합 추진위원회
대표자 위원장 고승영
서울 구로구 가마산로 100, 1층(삼단빌딩)

퍼니처프렌즈(대표 김갑동)는 구로7구역지역주택조합 추진위원회(대표자 위원장 고승영)에게 사무용가구 60개를 합계 1,000만 원에 공급하기로 하고, 그 구체적 조건을 아래와 같이 정한다.

-아 래-

1. 김갑동은 2021. 4. 4. 회의실탁자 등 별지 목록 기재 사무용가구 60개 일체를 구로7구역지역주택조합의 사무실인 서울 구로구 가마산로 100 삼단빌딩 1층으로 배달·설치해 준다.
2. 구로7구역지역주택조합 추진위원회는 위 사무용가구 대금 1,000만 원을 2021. 4. 4.까지 김갑동의 신조은행 통장(110-084-107374)으로 송금하여 지급한다.
3. 기타 사항은 법률과 상관례에 따른다.

별지 목록(첨부 생략)

2021년 3월 4일

매 도 인 **김 갑 동** ㊞

매 수 인 **구로7구역지역주택조합 추진위원회**
대표자 위원장 고승영 (직인)

등기사항전부증명서 (말소사항 포함) - 토지 [제출용]

[토지] 서울특별시 구로구 구로동 22 고유번호 1222-7864-781355

【 표 제 부 】 (토지의 표시)					
표시번호	접 수	소 재 지 번	지 목	면 적	등기원인 및 기타사항
1 (전 2)	1995년 1월 10일	서울특별시 구로구 구로동 22	대	500㎡	부동산등기법 제177조의6 제1항의 규정에 의하여 1999년 9월 1일 전산이기

【 갑 구 】 (소유권에 관한 사항)				
순위번호	등 기 목 적	접 수	등 기 원 인	권 리 자 및 기 타 사 항
1 (전 2)	(기재 생략)			
2	소유권이전	2015년11월5일 제8006호	2015년10월5일 매매	소유자 임정근 761113-1134521 서울특별시 금천구 시흥대로 300, 102동 1801호(시흥동, 태양아파트) 거래가액 금100,000,000원

---- 이 하 여 백 ----

관할등기소 서울남부지방법원 등기국/ 발행등기소 법원행정처 등기정보중앙관리소

사실확인서

확인인 : 이성남
서울 관악구 봉천로 100

1. 확인인은 구로7구역지역주택조합 추진위원회(사무소 소재지: 서울 금천구 가마산로 100, 1층(삼단빌딩), 부동산등기용등록번호 2019-3456) 현 위원장입니다. 추진위 위원장으로서 김갑동님에게서 공급받은 가구 대금을 지급하지 못해 항상 미안하게 생각하고 있습니다. 현재 추진위가 사업 추진 과정에서 상당한 채무에 시달리고 있는 반면 이를 변제할 변변한 자산은 없는 상황에 있음은 잘 알고 계시리라 생각됩니다.
2. 확인인이 전 위원장 고승영을 뒤이어 구로7구역지역주택조합 추진위원회 위원장으로 재직하던 중 2022. 3. 10. 당시 추진위원회에서 이사로 일하고 있던 임정근으로부터 그 소유인 '서울 구로구 구로동 22 대 500m²'를 대물변제로 제공받기로 임정근[주소 서울특별시 금천구 시흥대로 300, 102동 1801호(시흥동, 태양아파트), 휴대전화번호 010-2277-9988]과 약정하였습니다. 임정근이 조합 추진위원회 자금 1억 원을 횡령한 범죄사실로 기소되어 제1심 공판 진행 중에 있었는데, 조합 추진위원회와 합의하기를 희망하여 본인의 조합 추진위원회에 대한 손해배상채무를 변제하기 위하여 위와 같이 구로동 토지를 대물변제로 제공하기로 계약한 것입니다. 다만, 추진위원회 차원에서 임정근을 상대로 소를 제기하고자 하였으나 현재 일시적인 위원회 내부적인 갈등 문제로 소제기에 필요한 결의를 얻기 어려운 상태에 있어서 법적 조치를 취하지 못하고 있을 뿐입니다.
3. 위 내용이 모두 사실임을 확인하며, 필요한 경우 법정에서 증언할 용의도 있음을 밝혀 둡니다.

2024. 11. 22.
확인인 이성남 (인)
주민등록번호 690516-1180719
주소 서울 구로구 대림로 800

첨부 1) 대물변제 약정서 1통
2) 인감증명서 1통 **(첨부 생략)**

대물변제약정

구로7구역지역주택조합 추진위원회(이하 '갑'이라고 한다)와 임정근(이하 '을'이라고 한다)은, 을의 횡령으로 인한 갑에 대한 손해배상채무의 대물변제와 관련하여 다음과 같이 약정한다.

1. 을의 의무

   을은 2022. 3. 30.까지 갑에게 을 소유의 서울 구로구 구로동 22 대 500㎡에 관하여 소유권이전등기절차를 이행한다.

2. 갑의 의무

   갑은 을로부터 제1항의 소유권이전등기절차를 이행받는 즉시 을에 대한 형사고소를 취하한다.

2022. 3. 10.

갑: 구로7구역지역주택조합 추진위원회
대표자 위원장 이성남 (인)
을: 임정근 (761113-1134521) (인)
서울 금천구 시흥대로 300, 102동 1801호 (시흥동, 태양아파트)

통 고 서

발신인 : 김갑동

수신인 : 임정근

1. 발신인은 2021. 3. 4. 구로7구역지역주택조합 추진위원회(이하 조합 추진위원회)에 사무용가구를 1,000만 원에 매도하고, 2021. 4. 4. 그 사무용가구 일체를 공급하였으나, 조합 추진위원회로부터 1,000만 원을 지급받지 못하고 있습니다.
2. 귀하는 조합 추진위원회에서 이사로 근무하면서, 2022. 3. 10. 조합 추진위원회에 귀하의 서울 구로구 구로동 22 토지를 대물변제하기로 하였습니다. 이 점에 관하여는 추진위원장 이성남이 사실확인을 하여 주었습니다.
3. 현재 조합 추진위원회는 채무초과 상태로서 별다른 재산이 없습니다. 그럼에도 귀하는 조합 추진위원회에 위 구로동 토지에 관하여 소유권이전을 위해 아무런 조치를 하지 않고 있습니다. 다음 달 말일까지 위 대물변제 약정에 따라 소유권이전등기절차를 마쳐 주시기를 요청드립니다.

2025. 5. 27.

발신인 김갑동 (인)

회 신 서

발신인 : 임정근

수신인 : 김갑동

1. 귀하의 통고서를 잘 받았습니다.

2. 귀하가 2021. 3. 4. 구로7구역지역주택조합 추진위원회(이하 조합 추진위원회)에 사무용가구를 1,000만 원에 매도하고 그 사무용가구 일체를 2021. 4. 4. 전달한 사실을 잘 알고 있습니다. 그런데 귀하의 조합 추진위원회에 대한 매매대금채권은 상인이 판매한 상품의 대가에 해당하는 것으로 보이는데, 2021. 4. 4.부터 소멸시효기간 3년이 경과한 2024. 4. 4. 이후에는 귀하가 조합 추진위원회에 위 매매대금채권을 주장할 수 없습니다. 귀하가 조합 추진위원회에 대한 채권이 소멸하였음에도 본인에게 서울 구로구 구로동 22 토지에 관한 소유권이전등기를 이전해 달라고 요청하는 것은 부당합니다.

3. 다른 한편, 조합 추진위원회는 본인을 상대로 2022. 3. 10.자 대물변제약정을 원인으로 한 소유권이전등기청구의 소를 제기하였다가 법원에서 2022. 11. 22. 판결을 선고받았고, 그 판결이 2022. 12. 15. 그대로 확정되었습니다. 피대위자인 조합 추진위원회가 소 제기로써 권리를 행사한 이상, 귀하는 조합 추진위원회를 대위하여 본인을 상대로 채권자대위청구의 소를 제기할 수 없습니다.

별첨 판결문 사본 1통

2025. 6. 20.

발신인 임정근

서 울 남 부 지 방 법 원

판 결

사 건	2022가단10507 소유권이전등기
원 고	구로7구역지역주택조합 추진위원회
	(부동산등기용등록번호 2019-3456)
	(주소 등 기재 생략)
피 고	임정근 (주소 기재 생략)
변 론 종 결	2022. 11. 8.
판 결 선 고	2022. 11. 22.

주 문

1. 이 사건 소를 각하한다.
2. 소송비용은 원고가 부담한다.

청 구 취 지

피고는 원고에게 서울 구로구 구로동 22 대 500㎡에 관하여 2022. 3. 10. 대물변제 약정을 원인으로 한 소유권이전등기절차를 이행하라.

이 유

비법인사단이 사원총회의 결의 없이 총유재산에 관하여 제기한 소송은 소제기에 관한 특별수권을 결하여 부적법하다. 그런데 비법인사단인 원고 추진위원회가 사원총회에 해당하는 조합원총회의 결의를 거쳐 이 사건 소를 제기하였다는 사실을 인정할 증거가 없으므로 이 사건 소는 부적법하다. **(나머지 기재 생략)**

기록 7

해설

문제 1 해설

1. 사안의 개요

의뢰인 김갑동이 조합 추진위원회에 대한 물품대금채권을 피보전권리로 하여 조합 추진위원회를 대위하여 임정근을 상대로 부동산에 관한 소유권이전등기청구의 소를 제기할 수 있는지 문제되는 사안이다.

2. 쟁점과 설명

가. 채권자대위소송과 제3채무자의 항변

우선 제3채무자인 임정근이 피보전권리에 해당하는 김갑동의 물품대금채권의 시효소멸을 채권자대위소송에서 주장할 수 있는지 문제된다. 채권자가 채권자대위권을 행사하여 제3자에 대하여 하는 청구에 있어서, 제3채무자는 채무자가 채권자에 대하여 가지는 항변으로 대항할 수 없고, 채권의 소멸시효가 완성된 경우 이를 원용할 수 있는 자는 원칙적으로는 시효이익을 직접 받는 자뿐이고, 채권자대위소송의 제3채무자는 이를 행사할 수 없다(대법원 2004. 2. 12. 선고 2001다10151 판결 등). 따라서 김갑동의 소송대리인으로서는 이러한 법리를 구사하여 변론을 준비하여야 한다.

나. 채권자대위소송과 채무자인 비법인사단의 권리행사

다음으로 채무자인 조합 추진위원회가 임정근을 상대로 이미 소를 제기하는 방법으로 자신의 권리를 행사한 것으로 보이는데, 김갑동이 조합 추진위원회를 대위하여 임정근을 상대로 채권자대위권을 행사할 수 있는지 문제된다. 채권자대위권은 채무자가 스스로 제3채무자에 대한 권리를 행사하지 아니하는 경우에 한하여 채권자가 자기의 채권을 보전하기 위하여 행사할 수 있는 것이어서, 채권자가 대위권을 행사할 당시에 이미 채무자가 그 권리를 재판상 행사하였을 때에는 채권자는 채무자를 대위하여 채무자의 권리를 행사할 수 없다. 그런데 비법인사단이 사원총회의 결의 없이 제기한 소는 소제기에 관한 특별수권을 결하여 부적법하고, 그 경우 소제기에 관한 비법인사단의 의사결정이 있었다고 할 수 없다. 따라서 비법인사단인 채무자 명의로 제3채무자를 상대로 한 소가 제기되었으나 사원총회의 결의 없이 총유재산에 관한 소가 제기되었다는 이유로 각하판결을 받고 그 판결이 확정된 경우에는 채무자가 스스로 제3채무자에 대한 권리를 행사한 것으로 볼 수 없다(대법원 2018. 10. 25. 선고 2018다210539 판결). 조합 추진위원회는 비법인사단에 해당하고 총회결의를 거쳐야만 소제기를 할 수 있다. 따라서 채무자인 조합 추진위원회가 총회결의를 거치지 않은 이상 조합 추진위원회가 제3채무자인 임정근을 상대로 권리를 행사할 것으로 볼 수 없다. 김갑동의 소송대리인으로서는 이러한 점을 논증할 수 있어야 한다.

3. 보론(補論)

이 사안처럼 비법인사단인 조합 추진위원회가 총유재산에 관한 권리를 행사하지 아니하고 있어 그 채권자인 김갑동이 조합 추진위원회의 총유재산에 관한 권리를 대위행사하는 경우, 총회결의 등 내부적인 의사결정절차를 거쳐야 하는지 의문이 있을 수 있다. 이 사안에서 피고인 임정근이 이를 지적하면서 다투지는 않았으나 참고로 살펴보기로 한다.

비법인사단이 총유재산에 관한 소를 제기할 때에는 정관에 다른 정함이 있는 등의 특별한 사정이 없는 한 사원총회의 결의를 거쳐야 하지만(대법원 2011. 7. 28. 선고 2010다97044 판결 등), 이는 비법인사단의 대표자가 비법인사단 명의로 총유재산에 관한 소를 제기하는 경우에 비법인사단의 의사결정과 특별수권을 위하여 필요한 내부적인 절차이다. 채권자대위권은 채무자가 스스로 자기의 권리를 행사하지 아니하는 때에 채권자가 채무자에 대한 채권을 보전하기 위하여 채무자의 의사와는 상관없이 채무자의 권리를 대위하여 행사할 수 있는 권리로서 그 권리 행사에 채무자의 동의를 필요로 하는 것은 아니므로, 비법인사단이 총유재산에 관한 권리를 행사하지 아니하고 있어 비법인사단의 채권자가 채권자대위권에 기하여 비법인사단의 총유재산에 관한 권리를 대위행사하는 경우에는 사원총회의 결의 등 비법인사단의 내부적인 의사결정절차를 거칠 필요가 없다(대법원 2014. 9. 25. 선고 2014다211336 판결). 따라서 이 사안에서 김갑동이 조합 추진위원회를 대위하여 임정근을 상대로 소를 제기하는 데 있어 조합 추진위원회의 총회결의를 거칠 필요는 없다.

4. 소장 기재에 필요한 요건사실

***채권자대위청구**

요건사실	(① 피보전채권의 존재) (② 피보전채권 변제기의 도래) (③ 보전의 필요성(피대위자의 무자력)) (④ 채무자의 권리 불행사) ⑤ 피대위채권의 존재

채권자대위소송에서는 ① 피보전채권의 존재, ② 피보전채권 변제기의 도래, ③ 보전의 필요성(피대위자의 무자력), ④ 채무자의 권리 불행사, ⑤ 피대위채권의 존재를 심리대상으로 한다. 판례나 실무는, 채권자대위소송이 제3자 법정소송담당이라는 점에 착안하여 위 사항 중 ① 내지 ④는 모두 당사자적격에 관계되는 소송요건 사실로 보고 ⑤는 실체법적인 요건사실로 보고 있다. 다만, ①항에 대하여는 소송요건으로 보면서도 실무에서는 판결문 작성시 대개 청구원인 사실 단계에서 이를 경위사실처럼 설시하고 있다([부록] 제1항 중 순번 17번 참조).

한편, 소장 작성시에는 ⑤를 중심으로 서술하되 ①과 ③을 언급하는 것이 바람직하다. ②와 ④는 직권조사사항일 뿐만 아니라 실무상 상대방의 반박이 있을 경우 판단해 주면 충분하므로 쟁점이 되지 않는 한 이에 관해서 따로 적을 필요가 없는 반면에, ①과 ③은 직권조사사항이기는 하나 재판부를 설득한다는 소장의 기능적 측면을 고려하여 볼 때 이를 적어 주는 것이 이해의 편의상 도움이 되기 때문이다.

기록 7
모범답안

문제 1 모범답안

소 장

원 고 김갑동

서울 구로구 대림로 200

소송대리인 변호사 전승혜

서울 서초구 서초대로10길 11, 1200호 (서초동, 완승빌딩)

전화 02)532-3000, 팩스 02)532-3001, E-mail : jsh0909@naver.com

피 고 임정근

서울 금천구 시흥대로 300, 102동 1801호 (시흥동, 태양아파트)

소유권이전등기청구의 소

청 구 취 지

1. 피고는 구로7구역지역주택조합 추진위원회[대표자 이성남(690516-1180719, 주소 서울 구로구 대림로 800), 부동산등기용등록번호 2019-3456, 사무소 소재지 : 서울 금천구 가마산로 100, 1층(삼단빌딩), 이하 '조합 추진위원회'라고 한다][366]에 별지 목록 기재 토

366 부동산등기법 제48조 제2항에 의하면, 등기관이 등기부에 권리자에 관한 사항을 기록할 때에는 권리자의 성명 또는 명칭 외에 주민등록번호 또는 부동산등기용등록번호와 주소 또는 사무소 소재지를 함께 기록하여야 하고, 같은 조 제3항에 의하면, 법인 아닌 사단이나 재단 명의의 등기를 할 때에는 그 대표자나 관리인의 성명, 주소 및 주민등록번호를 함께 기록하여야 한다. 한편, 부동산등기규칙 제46조 제1항 제6호에 의하면, 등기신청을 하는 경우 등기권리자의 주소(또는 사무소 소재지) 및 주민등록번호(또는 부동산등기용등록번호)를 증명하는 정보를 등기소에 제공하여야 한다.
따라서, 소송의 당사자 아닌 자가 등기권리자가 되는 대위청구의 경우에는 판결문에 등기권리자의 위와 같은 정보가 표시되어야 판결에 따른 등기를 신청할 수 있다. 따라서 청구취지에 등기권리자인 채무자의 부동산등기법 제48조 제2, 3항에

지에 관하여 2022. 3. 10. 대물변제 약정을 원인으로 한 소유권이전등기절차를 이행하라.
2. 소송비용은 피고가 부담한다.
라는 판결을 구합니다.

청 구 원 인

1. 소유권이전등기청구권에 관한 대위청구

원고는 2021. 3. 4. 조합 추진위원회에 사무용가구 60개를 1,000만 원에 매도하되 2021. 4. 4.까지 납품하기로 약정하였는데, 2021. 4. 4. 해당 사무용가구 60개를 조합 추진위원회에 납품하였습니다. 조합 추진위원회는 현재 무자력 상태입니다.[367]

그런데 피고는 2022. 3. 10. 조합 추진위원회에 별지 목록 기재 토지(이하 '이 사건 토지'라고 합니다)를 대물변제하기로 약정하였습니다.

따라서, 피고는 조합 추진위원회에 이 사건 토지에 관하여 2022. 3. 10. 대물변제 약정을 원인으로 한 소유권이전등기절차를 이행할 의무가 있고, 원고는 조합 추진위원회의 채권자로서 무자력인 조합 추진위원회를 대위하여 그 이행을 구할 수 있습니다.

2. 피고의 예상되는 주장과 반박

가. 피보전채권의 시효소멸 주장

피고는, 원고의 조합 추진위원회에 대한 매매대금채권은 상인이 판매한 상품의 대가에 해당하여 민법 제163조 제6호에 따라 소멸시효기간이 3년인데 그 기간이 경과하여 소멸되었고 원고가 조합 추진위원회를 대위하여 청구하고 있는 이 사건에서 피보전권리가 존재하지 아니하므로 이 사건의 소는 각하되어야 한다고 주장할 것으로 예상됩니다.

그러나 채권자가 채권자대위권을 행사하여 제3자에 대하여 하는 청구에 있어서, 제3채무자는 채무자가 채권자에 대하여 가지는 항변으로 대항할 수 없고, 채권의 소멸시효가 완성된 경우 이를 원용할 수 있는 자는 원칙적으로는 시효이익을 직접 받는 자뿐이고, 채권자

서 정한 정보를 적을 필요가 있다(민사판결서 작성론[주문편] 87쪽 두 번째 기재례 참조).

367 참고로 앞서 상담일지에 첨부된 통고서의 기재 등을 보면, 피보전채권인 김갑동의 채무자 조합 추진위원회에 대한 물품대금채권의 변제기가 도래한 사실, 채무자 조합 추진위원회가 채무초과 상태로서 무자력한 사실이 확인된다. 다만 임정근이 채권자대위소송의 소송요건 중 '채무자의 권리 불행사' 요건에 대하여 다투고 있으므로 이에 대하여는 아래에서 보는 것처럼, 임정근의 주장 항목에서 별도로 판단하기로 한다. 이 사건에서 달리 직권조사사항인 소송요건의 흠결은 발견되지 않는다.

대위소송의 제3채무자는 이를 행사할 수 없습니다.[368]

따라서 원고가 채무자 조합 추진위원회를 대위하여 피고에 대하여 청구하는 이 사건에서, 제3채무자인 피고는 채무자 조합 추진위원회가 원고에 대하여 가지는 소멸시효항변으로 대항할 수 없습니다. 피고의 위 주장은 타당하지 않습니다.

나. 피대위자 조합 추진위원회의 권리행사 주장

피고는, 조합 추진위원회가 이미 피고를 상대로 이 사건 토지에 관하여 소로써 권리를 행사한 이상, 원고가 조합 추진위원회를 대위하여 피고를 상대로 채권자대위청구의 소를 제기할 수 없다고 주장할 것으로 예상됩니다.

채권자대위권은 채무자가 스스로 제3채무자에 대한 권리를 행사하지 아니하는 경우에 한하여 채권자가 자기의 채권을 보전하기 위하여 행사할 수 있는 것이어서, 채권자가 대위권을 행사할 당시에 이미 채무자가 그 권리를 재판상 행사하였을 때에는 채권자는 채무자를 대위하여 채무자의 권리를 행사할 수 없습니다. 그런데 비법인사단이 사원총회의 결의 없이 제기한 소는 소제기에 관한 특별수권을 결하여 부적법하고, 그 경우 소제기에 관한 비법인사단의 의사결정이 있었다고 할 수 없습니다. 따라서 비법인사단인 채무자 명의로 제3채무자를 상대로 한 소가 제기되었으나 사원총회의 결의 없이 총유재산에 관한 소가 제기되었다는 이유로 각하판결을 받고 그 판결이 확정된 경우에는 채무자가 스스로 제3채무자에 대한 권리를 행사한 것으로 볼 수 없습니다.[369]

비법인사단인 조합 추진위원회가 피고를 상대로 이 사건 토지에 관하여 소유권이전등기의 청구의 소를 제기하였다가 2022. 11. 22. 서울남부지방법원 2022가단10507호로 조합원총회의 결의 없이 소를 제기하였다는 이유로 소 각하판결을 선고받고 그 판결이 2022. 12. 15. 확정되었습니다. 위 법리에 비추어 볼 때 채무자인 조합 추진위원회가 제3채무자인 피고를 상대로 스스로 권리를 행사한 것으로 볼 수 없습니다.

따라서 피고의 위 주장도 타당하지 않습니다.

3. 결론

원고는 이상과 같은 이유로 청구취지와 같은 판결을 구하니 원고의 청구를 인용하여 주

368 대법원 2004. 2. 12. 선고 2001다10151 판결 등

369 대법원 2018. 10. 25. 선고 2018다210539 판결

시기 바랍니다.

2025. 9. 30.

원고 소송대리인

변호사 전승혜 ㊞

서울남부지방법원[370] **귀중**

370 피고의 보통재판적(법 제2조), 의무이행지의 특별재판적(금전채권의 경우 채권자의 주소지)(법 제8조) 모두가 서울남부지방법원의 관할구역이다.

기록 7

<문제 2> 귀하는 변호사 전승혜로서, 의뢰인 김갑동과의 상담을 통해 아래 【상담내용】과 같은 사실관계를 청취하고, 【의뢰인 희망사항】 기재사항에 관한 본안소송의 대리권을 수여받고, 첨부된 서류를 자료로 받았습니다.

의뢰인을 위한 본안의 소를 제기하기 위한 <u>소장</u>을 작성하시오.

【작성요령】

1. 소장 작성일 및 소제기일은 <u>2025. 9. 30.</u>로 하시오.
2. 부동산의 표기는 다음 [별지 목록]을 소장 말미에 첨부함을 전제로 하고, [별지 목록]을 별도로 작성하지 마시오.
3. 그 밖의 작성방식은 【공통된 작성요령】과 같습니다.

별지 목록

1. 서울 강남구 개포동 21 대 500m²
2. 서울 관악구 봉천동 100 답 200m²
3. 서울 종로구 새문안로 100 삼단빌딩 1층 101호. 끝.

의뢰인 상담일지

변호사 전 승 혜 법률사무소

서울 서초구 서초대로10길 11, 1200호 (서초동, 완승빌딩)
☎ : 02-532-3000, 팩스 : 02-532-3001, e-mail : jsh0909@naver.com

접수번호	2025-150	**상담일시**	2025. 9. 1.
의뢰인	김갑동	**내방경위**	지인소개

1. 김갑동은 유채무에 대하여 물품대금채권 1억 원을 갖고 있다.
2. 유채무는 김갑동에 대하여 돈을 변제하지 못하고 있는데, 김갑동은 최근에 유채무에 관하여 아래와 같은 사실을 알게 되었다.
   가. 유채무가 소유하고 있던 서울 강남구 개포동 토지에 관하여, 그 동생 유경무가 위임장 등을 위조하여 대리권한 없이 임매순 앞으로 소유권이전등기를 마쳐 주었다. 그 이후 임매순의 채권자 정대희가 위 개포동 토지에 관하여 가압류등기를 마쳤다.
   나. 유채무가 장인인 배종근으로부터 서울 관악구 봉천동 토지를 매수하였다.
   다. 유채무가 임차한 건물에 관하여 임대차계약이 종료하였음에도 임대인인 주식회사 삼단이 유채무에게 그 임대차보증금을 지급하지 않고 있다.
   라. 유채무는 처제 배윤경에게 8,000만 원을 빌려 주었고, 그 대신 처제로부터 공사대금채권을 양도받기로 했다.
   마. 유채무의 총 채무액이 20억 원을 상회하여 위 개포동 토지의 소유권을 회복하고 위 봉천동 토지의 소유권을 취득하고 위 다.항 임대차보증금을 회수하고 위 라.항 공사대금채권을 확보한다고 하더라도 채무초과 상태이다. 이에 유채무는 신용회복위원회에 채무조정신청을 하였다.
3. 그런데 유채무가 책임재산의 확보에 별다른 노력을 기울이지 않고 있다. 그러자 김갑동은 유채무의 책임재산 확보의 일환으로 임매순, 정대희, 배종근, 배윤경에게 내용증명우편을 발송하여 문제를 제기하였다.
4. 임매순은 유채무의 내용증명우편에 대하여 아무런 답변을 하지 않았고, 정대희, 배종근, 주식회사 삼단과 배윤경은 모두 김갑동에게 김갑동의 요청이 부당하다는 취지의 내용증명우편을 보내었다.

【사건관계인의 주장】

1. 정대희는 개포동 토지에 관하여 소유권이전등기를 신뢰하고 가압류등기를 마쳤으므로 자신은 선의의 제3자로서 보호되어야 한다고 주장한다.
2. 배종근은, 유채무와의 매매계약을 합의해제하여 원고가 대위행사할 소유권이전등기청구권이 소멸하였으므로, 김갑동이 유채무의 배종근에 대한 소유권이전등기청구를 대위행사할 수 없다고 주장한다.
3. 주식회사 삼단은, 유채무가 이미 주식회사 삼단을 상대로 임대차보증금반환청구의 소를 먼저 제기하였으므로 김갑동이 이번에 제기하려는 소는 중복제소금지 원칙에 위배하여 부적법하다고 주장한다.
4. 배윤경은, 자신의 공사대금채권을 직접 김갑동에게 양도할 수 없다고 주장한다.

【의뢰인 희망사항】

김갑동은 유채무에 대한 물품대금채권의 회수를 위하여 유채무의 책임재산을 최대한 확보하기를 희망한다. 구체적으로 ❶ 개포동 토지에 관하여 마쳐져 있는 등기들을 모두 깨끗이 정리하고, ❷ 봉천동 토지에 관하여 유채무 앞으로 소유권이전등기를 마쳐 유채무의 책임재산을 최대한 확보하기를 원하며, ❸ 주식회사 삼단을 상대로는 법리적 검토를 거쳐 법률상 가능한 소를 제기하되, 해당 임대차보증금을 직접 지급받을 수 있는 소를 제기하기를 희망한다. ❹ 또한, 김갑동은 배윤경의 공사대금채권에 관하여, 본인이 이를 직접 양도받거나 법률상 가능한 다른 방식을 강구하기를 원한다.

賣買契約書

매도인　　원스포츠

대표　김갑동(730603-1000234)

서울 서초구 서초로 200

매수인　　미생스포츠

대표　유채무(720815-1027328)

서울 종로구 새문안로 100 삼단빌딩 1층 101호

원스포츠(대표 김갑동)는 미생스포츠(대표 유채무)에게 헬스기구 20대를 1개당 500만 원씩 합계 1억 원에 공급하기로 하고, 그 구체적 조건을 아래와 같이 정한다.

-아　래-

1. 김갑동은 2023. 4. 4. 헬스기구 20대를 유채무의 영업장소인 서울 성북구 돈암동 131 삼단빌딩 1층 미생스포츠로 배달해 준다.
2. 유채무는 위 헬스기구 대금 1억 원을 2023. 4. 4.까지 김갑동의 신조은행 통장(110-084-107374)으로 송금하여 지급한다.
3. 기타 사항은 법률과 상관례에 따른다.

2023년　3월　4일

매 도 인　　김 갑 동 ㉐

매 수 인　　유 채 무 ㉐

등기사항전부증명서 (말소사항 포함) - 토지 [제출용]

[토지] 서울특별시 강남구 개포동 22 고유번호 1222-7864-781355

【 표 제 부 】	(토지의 표시)				
표시번호	접 수	소 재 지 번	지 목	면 적	등기원인 및 기타사항
1 (전 2)	1995년 1월 10일	서울특별시 강남구 개포동 22	대	500㎡	부동산등기법 제177조의6 제1항의 규정에 의하여 1999년 9월 1일 전산이기

【 갑 구 】	(소유권에 관한 사항)			
순위번호	등 기 목 적	접 수	등 기 원 인	권 리 자 및 기 타 사 항
1 (전 2)	(기재 생략)			
2	소유권이전	2015년11월5일 제8006호	2015년10월5일 매매	소유자 유채무 720815-1027328 서울특별시 서초구 잠원로 700, 102동 1801호(잠원동, 태양아파트)
3	소유권이전	2024년5월19일 제46023호	2024년4월19일 매매	소유자 임매순 751024-2357823 서울특별시 서초구 반포대로 234, 104동 908호(반포동, 달님아파트) 거래가액 금300,000,000원
3	가압류	2024년7월7일 제500678호	2024년7월6일 서울중앙지방법원의 가압류결정 (2024카단55908)	청구금액 금 30,000,000원 채권자 정대희 800103-1234567 서울특별시 중구 을지로 34, 306호(창우비스타)

---- 이 하 여 백 ----

관할등기소 서울중앙지방법원 등기국/ 발행등기소 법원행정처 등기정보중앙관리소

서 울 중 앙 지 방 법 원
판 결

사 건	2025고단32145 사기, 사문서위조, 위조사문서행사, 공전자기록등불실기재, 불실기재공전자기록등행사
피 고 인	유경무 (740125-1064522), 대중음식점업 주거 서울 서초구 잠원로 10, 501호(잠원동, 그린빌라) 등록기준지 부산 남구 대연로 520
검 사	최종화(기소), 이인종(공판)
변 호 인	변호사 하신혜
판 결 선 고	2025. 2. 14.

주 문

피고인을 징역 1년에 처한다.

이 유

범 죄 사 실

피고인은,

1. 2024. 4. 19. 11:30경 서울 서초구 잠원로 10, 501호(잠원동, 그린빌라) 피고인의 집에서 유채무로부터 인감도장을 교부받아 소지하고 있는 것을 기화로 행사할 목적으로, 임의로 백색 용지에 흑색 볼펜을 이용하여 표제를 위임장이라고 쓰고, 그 아래에 "부동산의 표시 : 서울 강남구 개포동 22 대 500m², 수임인 유경무(740125-1064522), 서울 서초구 잠원로 10, 501호(잠원동, 그린빌라), 본인은 위 토지의 매도에 관한 모든 권한을 위 유경무에게 위임합니다. 2024년 4월 3일 위임인 유채무(720815-1027328)" 라고 기재한 다음 유채무의 이름 다음에 유채무의 인감도장을 날인하여 권리의무에 관한 사문서인 유채무 명의의 위임장 1장을 위조하고, 같은 날 17:00경 서울 서초구 반포대로 234, 104동 908호(반포동, 달님아파트) 임매순의 집에서 마치 유채무의 대리인인 것처럼 행세하면서 위 위임장을 제시하여 이를 행사하였다.
2. 유채무의 인감도장을 소지하고 있음을 기화로 행사할 목적으로,
   2024. 4. 19. 17:00경 위 임매순의 집에서 마치 자신이 유채무의 대리인인 것처럼 행세하여 임매순에게 위 토지를 3억 원에 매도하는 내용의 매매계약을 체결하면서, 흑색 볼펜을 이용하여 부동산매매계약서 용지에 매매목적 부동산을 위 부동산, 매매일자를

2024. 4. 19. 매매대금을 3억 원, 매도인을 유채무라고 기재한 다음 미리 소지하고 있던 유채무의 인감도장을 날인하여 권리의무에 관한 사문서인 유채무 명의의 매매계약서 1장을 위조하고, 그 자리에서 임매순에게 교부하여 이를 행사하였다.

3. 유채무로부터 위 토지에 관한 매도권한을 위임받은 사실이 없음에도, 제2항과 같은 일시·장소에서 위와 같은 방법으로 마치 피고인에게 그러한 권한이 있는 것처럼 피해자 임매순을 기망하여 위 토지를 피해자 임매순에게 3억 원에 매도한 후 그 자리에서 계약금 명목으로 3천만 원을 교부받고, 2024. 5. 19. 잔대금 명목으로 2억 7천만 원을 교부받음으로써 피해자 임매순으로부터 합계 3억 원을 교부받아 이를 편취하였다.

4. 2024. 5. 19. 10:00경 서울 강남구 개포동 소재 법무사 조중희 사무소에서 제1, 2항 기재와 같은 방법으로 권리의무에 관한 사문서인 유채무 명의의 매매계약서 1장과 등기신청에 관한 위임장 1장을 각 위조하고, 그 무렵 서울중앙지방법원 등기국에서 위 조중희로 하여금 그 정을 모르는 등기관 성명불상자에게 마치 진정하게 성립한 것처럼 제출하게 하여 이를 각 행사하고, 그 일시·장소에서 위 등기관으로 하여금 위 토지에 관하여 위 등기소 같은 날 접수 제46023호로 2024. 4. 19. 매매를 원인으로 한 임매순 명의의 소유권이전등기절차를 마치게 함으로써 공전자기록인 부동산등기전산시스템에 불실의 사실을 입력하게 하고, 이를 열람가능하게 함으로써 행사하였다.

증거의 요지

1. 피고인의 법정 진술
1. 유채무, 임매순에 대한 각 검찰 진술조서
1. 압수조서, 등기사항전부증명서

법령의 적용

(기재생략)

판사 조동근 ____________________

위 등본입니다.

2025. 3. 13.

서울중앙지방검찰청

검찰주사보 주현웅 ㊞

통 고 서

발신인 : 김갑동

수신인 : 정대희

1. 발신인은 2023. 3. 4. 유채무에게 헬스기구 20대를 1억 원에 매도하고, 2023. 4. 4. 위 헬스기구를 공급하였으나, 유채무로부터 1억 원을 지급받지 못하고 있습니다.
2. 그런데 유채무의 동생 유경무가 서울 강남구 개포동 22 토지에 관하여 유채무의 명의를 도용하여 귀하의 채무자인 임매순에게 원인 무효의 소유권이전등기를 마쳐 주었습니다. 그 이후 귀하는 위 개포동 토지에 관하여 가압류등기를 마쳤습니다.
3. 유경무에 대한 형사재판 결과도 나왔으니, 귀하는 가압류등기를 말소해 주시기 바랍니다.
4. 발신인이 강제집행을 위하여 유채무에 대한 부동산이 필요하니 협조해 주시면 감사하겠습니다.

2025. 7. 20.

발신인 김갑동 (인)

등기사항전부증명서 (말소사항 포함) - 토지 [제출용]

[토지] 서울특별시 관악구 봉천동 100 　　　　고유번호 1222-7864-781355

【 표 제 부 】	(토지의 표시)				
표시번호	접 수	소 재 지 번	지 목	면 적	등기원인 및 기타사항
1 (전 2)	1995년 1월 10일	서울특별시 관악구 봉천동 100	대	200㎡	부동산등기법 제177조의6 제1항의 규정에 의하여 1999년 9월 1일 전산이기

【 갑 구 】	(소유권에 관한 사항)			
순위번호	등 기 목 적	접 수	등 기 원 인	권 리 자 및 기 타 사 항
1 (전 2)	(기재 생략)			
2	소유권이전	2019년11월5일 제8006호	2019년10월5일 매매	소유자 배종근 461113-1134521 서울특별시 금천구 시흥대로 300, 102동 1801호(시흥동, 태양아파트) 거래가액 금 30,000,000원

---- 이 하 여 백 ----

관할등기소 서울중앙지방법원 등기국/ 발행등기소 법원행정처 등기정보중앙관리소

사실확인서

확인인 : 유채무(720815-1027328)

서울 서초구 잠원로 700, 102동 1801호 (잠원동, 태양아파트)

확인인은 김갑동에 대한 물품대금채무자로서 아래와 같은 사실을 확인합니다.

1. 확인인은 2025. 3. 10. 확인인의 장인 배종근으로부터 서울 관악구 봉천동 100 대 200㎡를 금 4,000만 원에 매수하고, 그 무렵 아는 지인에게 돈을 빌려서 장인에게 매매대금 4,000만 원을 모두 지급하였습니다.

2. 확인인은 2018. 10. 1. 주식회사 삼단으로부터 '서울특별시 종로구 새문안로 100 삼단빌딩 1층 101호'를 '임대차보증금 5,000만 원, 월 차임 100만 원, 임대차 기간 2018. 10. 1.부터 2024. 9. 30.까지'로 정하여 임차하고 같은 날 위 임대차보증금을 주식회사 삼단에 지급하였습니다. 연체한 차임과 관리비는 없고 확인인은 2024. 9. 30. 주식회사 삼단에 위 건물을 반환하였습니다.

3. 확인인은 2022. 11. 1. 처제인 배윤경에게 8,000만 원을 이자약정 없이 변제기를 2024. 10. 31.로 정하여 빌려 주었습니다. 배윤경은 당시 확인인에게 위 대여금채무를 상환하는 방법으로, 위 상환기일인 2024. 10. 31. 배윤경의 ㈜나영건설에 대한 공사대금채권 8,000만 원을 양도해 주기로 약정한 것은 사실입니다.

4. 확인인의 2025. 3. 30. 현재 총 부채액은 20억 3,540만 원으로서, 서울 강남구 개포동 22 대 500m²에 대한 소유권과 위 제1항의 서울 관악구 봉천동 100 답 200m²에 대한 소유권이전등기청구권, 위 제2항의 임대차보증금반환채권, 위 제3항의 공사대금채권을 모두 감안하더라도 확인인은 현재 채무초과상태입니다. 확인인은 2025. 3. 20. 신용회복위원회에 개인채무조정을 신청한 상태입니다.

위 내용이 모두 사실임을 확인하며, 필요한 경우 법정에서 증언할 용의도 있음을 밝혀 둡니다.

2025. 3. 30.

확인인 **유채무** (인)

첨부 인감증명서 1통 (첨부 생략)

회 신 서

발신인 : 배종근, 배윤경

수신인 : 김갑동

1. 채권자대위소송을 예고하는 취지의 귀하의 2025. 5. 27.자 통고서를 2025. 5. 31. 잘 받았습니다.

2. 발신인 배종근이 2025. 3. 10. 사위 유채무에게 서울 관악구 봉천동 100 토지를 매도하고 매매대금 4,000만 원을 모두 지급받은 것은 사실입니다. 그러나 발신인 배종근은 귀하의 2025. 5. 27.자 통고서를 수령한 이후 2025. 6. 4. 위 봉천동 토지에 관하여 2025. 3. 10.자 매매계약을 유채무와 합의해제하였고, 같은 날 매매대금 4,000만 원도 모두 반환하였습니다. 따라서 귀하는 유채무의 발신인 배종근에 대한 소유권이전등기청구권을 대위행사할 수 없습니다.

3. 발신인 배윤경은 2022. 11. 1. 형부인 유채무로부터 8,000만 원을 변제기 2024. 10. 31.로 정하여 차용하되, 위 차용금채무를 상환하는 방법으로, 2024. 10. 31.에 주식회사 나영건설(주소: 경기도 성남시 분당구 서판교로32번길 10)에 대한 공사대금채권 8,000만 원을 양도해 주기로 약정한 것은 사실입니다. 발신인 배윤경은 위 채권을 유채무에게 양도하기로 한 것이지, 귀하에게 양도하기로 한 적이 없습니다. 귀하는 유채무에게 권리주장을 하시기 바랍니다.

2025. 6. 12.

발신인 배종근 (인)

배윤경 (인)

각 주소 서울 영등포구 문래로 300, 102동 1801호 (태양아파트)

서 울 중 앙 지 방 법 원
결 정

사 건	2025타채4321 채권압류 및 추심명령
채 권 자	김갑동
	서울 서초구 서초로 200
채 무 자	유채무
	서울 서초구 잠원로 700, 102동 1801호 (잠원동, 태양아파트)
제3채무자	주식회사 삼단
	서울 종로구 새문안로 100, 4층 401호 (삼단빌딩)
	대표이사 장태평

주 문

채무자의 제3채무자에 대한 별지 기재 채권을 압류한다.

제3채무자는 채무자에 대하여 별지 기재 채권의 지급을 하여서는 아니 된다.

채무자는 위 채권의 처분과 영수를 하여서는 아니 된다.

채권자는 위 압류채권을 추심할 수 있다.

청구금액

금 100,000,000원(2023. 3. 4.자 물품대금)

이 유

채권자가 위 청구금액을 변제받기 위하여 공증인가 공평합동법률사무소 증서 2023년 제5000호로 작성한 집행력 있는 약속어음공정증서 정본에 기초하여 한 이 사건 신청은 이유 있으므로 주문과 같이 결정한다.

2025. 4. 3.

정 본 입 니 다.

사법보좌관 한소영 ㊞ 　　 2025. 4. 29.

법원주사 이철규 ㊞

별 지

압류 및 추심할 채권의 표시

채무자가 아래 임대차계약에 따라 제3채무자에 대하여 가지는 임대차보증금반환채권

임대차목적물	서울 종로구 새문안로 100 삼단빌딩 1층 101호
임대차계약일	2018. 10. 1.
임대차보증금	50,000,000원
임 대 료	월 1,000,000원
임대차 기간	2018. 10. 1. - 2024. 9. 30. 끝.

회 신 서

발신인 : 주식회사 삼단
대표이사 장태평
수신인 : 김갑동

1. 귀하의 2025. 6. 9.자 통고서를 2025. 6. 14. 잘 받았습니다.

2. 유채무가 발신인 회사를 상대로 '서울특별시 종로구 새문안로 100 삼단빌딩 1층 101호'에 관한 임대차보증금의 반환을 구하는 소를 제기하여 현재 그 소송이 계속 중에 있습니다. 따라서 귀하는 발신인 회사를 상대로 채권자대위소송을 제기할 수 없습니다. 이러한 소는 중복제소금지원칙에 반하여 부적법하기 때문입니다.

별첨 송달 및 소송계속 증명 1통

2025. 6. 16.

발신인 **주식회사 삼단**
대표이사 장태평 (직인)

송달 및 소송계속 증명

사　　건 : 서울중앙지방법원 2025가단51113 임대차보증금

원　　고 : 유채무

피　　고 : 주식회사 삼단

증명신청인 : 피고 주식회사 삼단

위 사건에 관하여 아래와 같이 송달되었으며 현재 위 사건이 소송계속되어 있음을 증명합니다.

피고 주식회사 삼단 2025. 5. 3. 소장 부본 송달. 끝.

2025. 6. 16.

서울중앙지방법원

법원주사 구경민 [서울중앙 지방법원 법원주사]

재 통 고 서

발신인 : 김갑동

수신인 : 주식회사 삼단

1. 귀사의 2025. 6. 16.자 회신서를 잘 받았습니다.
2. 본인은 2025. 4. 3. 서울중앙지방법원 2025카단4321호로 유채무의 귀사에 대한 임대차 보증금반환채권에 관하여 압류추심명령을 받았습니다. 압류추심명령이 2025. 4. 20. 유채무와 귀사에 모두 송달되었습니다. 그런데 귀사가 말하는, 유채무가 제기한 소송의 소장 부본이 2025. 5. 3.에야 귀사에게 송달되어 소송계속이 발생하였습니다. 본인이 먼저 법적 조치를 시작한 것입니다.
3. 또한, 본인이 받은 압류추심명령에 의해서, 유채무가 귀사를 상대로 제기한 소송에서 더 이상 추심권한을 가지지 못해서 원고적격이 없습니다. 따라서 설령 유채무가 제기한 소가 전소(前訴)라고 하더라도 소송요건을 흠결하여 부적법합니다.
4. 어느 모로 보나 본인이 제기하려는 소송은 중복제소금지의 원칙에 위배되지 않습니다.

2025. 7. 2.

발신인 김갑동 (인)

답 변 서

발신인 : 김갑동

수신인 : 배윤경

1. 귀하의 2025. 6. 12.자 통고서를 잘 받았습니다.

2. 그러나 채권자가 자기의 금전채권을 보전하기 위하여 채무자의 금전채권을 대위행사하는 경우 제3채무자로 하여금 채무자에게 지급의무를 이행하도록 청구할 수도 있지만, 직접 대위채권자 자신에게 이행하도록 청구할 수도 있습니다. 따라서 귀하는 주식회사 나영건설에 대한 귀하의 공사대금채권 8,000만 원을 본인에게 직접 양도하고, 그 채권을 양도하였다는 취지를 주식회사 나영건설에 통지하여야 합니다.

3. 앞으로 4주 이내에 합당한 조치를 취하지 않을 경우에, 소송을 제기할 수밖에 없음을 양지하시기 바랍니다.

2025. 7. 12.

발신인 **김갑동** (인)

기록 7

해설

문제 2 해설

1. 사안의 개요

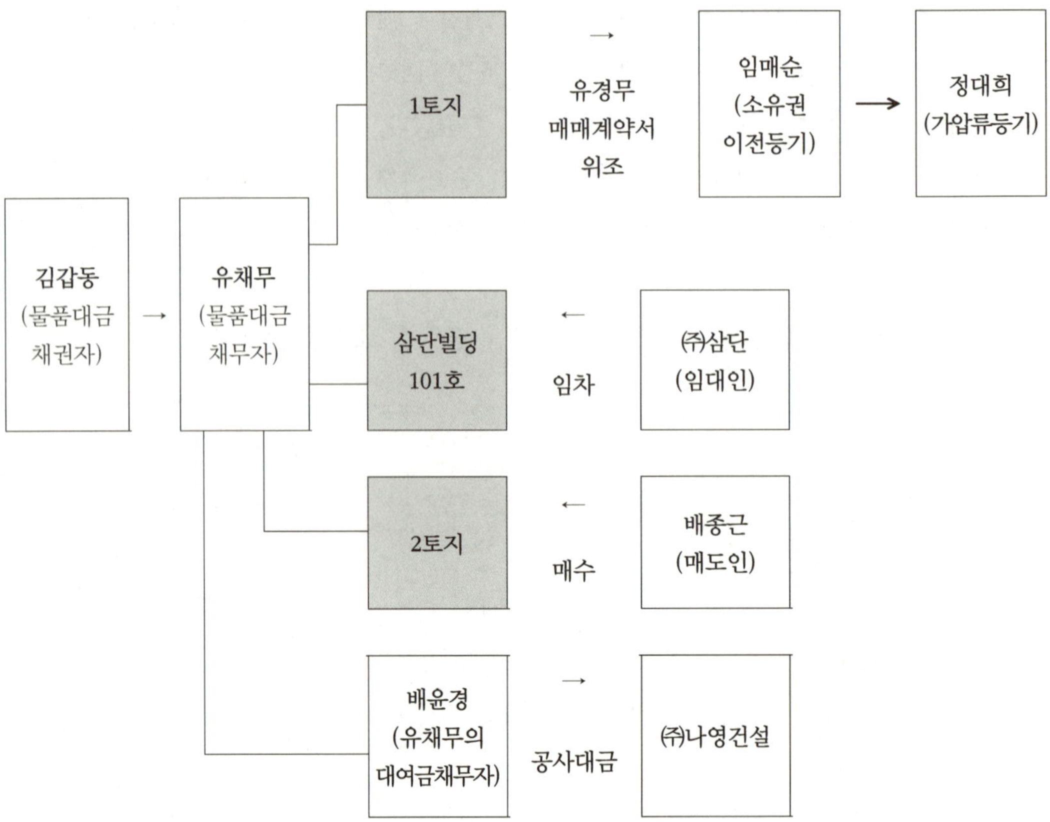

2. 이 사건 제1토지에 관한 쟁점과 설명

유경무가 매매계약서를 위조하여 유채무의 소유이던 이 사건 제1토지에 관하여 임매순 앞으로 소유권이전등기를 마친 후, 임매순에 대한 채권자 정대희가 이 사건 제1토지에 관하여 가압류등기를 마친 사안이다. 임매순의 위 소유권이전등기는 원인무효로서 효력이 없다. 따라서 그에 기초한 정대희의 가압류등기 역시 무효이다. 의뢰인 김갑동으로서는 채무자 유채무를 대위하여 임매순, 정대희를 상대로 위 각 등기의 말소를 구하여야 한다.

이에 관하여 정대희가 선의의 제3자로서 보호되어야 한다고 주장하나, 등기의 공신력이 인정되지 않으므로 위 주장은 타당하지 않다.

3. 삼단빌딩 101호에 관한 쟁점과 설명

김갑동의 요청대로 주식회사 삼단으로부터 직접 임대차보증금을 지급받기 위하여 고려할 수 있는 소송은 ① 유채무를 대위한 채권자대위소송과 ② 추심금청구소송이다.

첫째, 김갑동이 유채무를 대위한 채권자대위소송을 제기할 수 있는지 살펴보자. 주식회사 삼단은 중복제소금지원칙 저촉 주장을 하고 있는데, 김갑동이 소장을 접수하기 전에 이미 채무자인 유채무가 먼저 주식회사 삼단을 상대로 임대차보증금반환청구의 소를 제기하여 소송계속 중인 것은 사실이다. ❶ 채권자가 채무자를 상대로 제기한 소송이 계속 중 제3자가 채권자를 대위하여 같은 채무자를 상대로 청구취지 및 원인을 같이하는 내용의 소송을 제기한 경우에는 양 소송은 동일소송이므로 후소는 중복제소금지규정에 저촉된다(대법원 1981. 7. 7. 선고 80다2751 판결). ❷ 채권자대위소송의 계속 중 다른 채권자가 같은 채무자를 대위하여 같은 제3채무자를 상대로 법원에 출소한 경우 두 개 소송의 소송물이 같다면 나중에 계속된 소는 중복제소금지의 원칙에 위배하여 제기된 부적법한 소가 된다 할 것이고, 이 경우 전소와 후소의 판별기준은 소송계속의 발생시기, 즉 소장이 피고에게 송달된 때의 선후에 의할 것이며, 비록 소제기에 앞서 가압류, 가처분 등의 보전절차가 선행되어 있다 하더라도 이를 기준으로 가릴 것은 아니다(대법원 1994. 11. 25. 선고 94다12517, 94다12524 판결 참조). 이러한 법리에 비추어 보면, 김갑동의 주식회사 삼단을 상대로 한 채권자대위소송은 중복제소금지원칙에 저촉되는 것으로 일응 판단된다.

그런데 이에 대하여 김갑동은, 전소의 소송계속 전에 김갑동이 유채무의 주식회사 삼단에 대한 임대차보증금반환채권에 관하여 압류 및 추심명령을 받아, 추심채무자인 유채무가 당사자적격(원고적격)을 상실하였으므로 전소가 부적법하다고 주장하고 있다. 이러한 경우 유채무가 당사자적격을 상실하는지(㉠), 전소가 부적법한 경우라면 후소가 중복제소금지원칙에 저촉되는지(㉡) 문제된다.

우선, 당사자적격 상실 문제(㉠)를 살펴보자. 종전에 판례는 채권에 대한 압류 및 추심명령이 있으면 제3채무자에 대한 이행의 소는 추심채권자만이 제기할 수 있고 채무자는 피압류채권에 대한 이행소송을 제기할 당사자적격을 상실한다고 보았다(대법원 1983. 3. 8. 선고 82다카889

판결, 1989. 1. 17. 선고 87다카2931 판결, 대법원 2000. 4. 11. 선고 99다23888 판결 등). 그런데 최근 대법원 2025. 10. 23. 선고 2021다252977 전원합의체 판결은, (i) 채무자가 제3채무자를 상대로 피압류채권에 관하여 이행의 소를 제기하는 것은 집행권원 확보를 위한 자신의 권리를 행사하는 것일 뿐 현실로 급부를 수령하는 것이 아니므로 채권압류 및 추심명령에 위반된다고 볼 수 없는 점, (ii) 추심채권자는 채무자가 피압류채권에 관하여 제기한 이행소송에 사실심 변론종결시까지 법 제83조에 따라 공동소송참가를 하거나 상고심까지 법 제78조에 따라 공동소송적 보조참가를 할 수 있고, 채무자가 피압류채권에 관한 이행소송에서 승소확정판결을 받더라도 실제 추심은 압류에 의하여 금지되고 설령 제3채무자가 채무자에게 피압류채권에 따른 급부를 제공하더라도 이로써 압류채권자에게 대항할 수 없으므로 추심채권자에게 부당한 결과가 생긴다고 볼 수 없는 점, (iii) 채무자가 피압류채권에 관한 이행소송에서 승소확정판결을 받아 집행을 시도하더라도 제3채무자로서는 민사집행법 제248조에 따라 공탁함으로써 지급의무를 면할 수도 있으므로 제3채무자에게도 불리하지 않고 오히려 응소 부담을 최소화할 수 있는 점 등을 근거로 하여, '채무자의 제3채무자에 대한 채권에 관하여 추심명령이 있더라도 채무자가 제3채무자를 상대로 피압류채권에 관한 이행의 소를 제기할 당사자적격을 상실하지 않는다고 보아야 한다. 이러한 법리는 국가가 국세징수법에 의한 체납처분으로 채무자의 제3채무자에 대한 채권을 압류한 경우에도 마찬가지이다.'라고 판시함으로써 종전 판례를 변경하였다. 따라서 이러한 법리에 비추어 김갑동의 (㉠)주장은 타당하지 않다.

다음으로, 중복제소금지는 소송계속으로 인하여 당연히 발생하는 소송요건의 하나로서, 이미 동일한 사건에 관하여 전소가 제기되었다면 설령 그 전소가 소송요건을 흠결하여 부적법하다고 할지라도 후소의 변론종결시까지 취하·각하 등에 의하여 소송계속이 소멸되지 아니하는 한 후소는 중복제소금지에 위배하여 각하를 면치 못하게 된다(대법원 1998. 2. 27. 선고 97다45532 판결).

이러한 법리에 비추어 볼 때, 채무자인 유채무가 제기한 전소가 소송요건을 흠결하여 부적법하다고 하더라도 그 소송계속이 소멸되지 아니하는 한, 김갑동이 이번에 제기할 채권자대위청구의 소는 후소로서 중복제소금지원칙에 저촉된다(다른 한편, 채무자인 유채무가 이미 권리를 행사하였으므로, 김갑동이 주식회사 삼단을 상대로 제기하려는 채권자대위소송은 '채무자의 권리 불행사'라는 소송요건을 흠결하기도 하였다). 김갑동의 (㉡)주장도 타당하지 않다. 따라서 김갑동으로서는 유채무를 대위한 채권자대위청구의 소를 제기할 수 없다.

둘째, 김갑동이 주식회사 삼단을 상대로 추심금 청구의 소를 제기할 수 있는지 생각해 보자. 대법원 2013. 12. 18. 선고 2013다202120 전원합의체 판결이, 채무자가 제3채무자를 상대로 제기한 이행의 소가 법원에 계속되어 있는 상태에서 압류채권자가 제3채무자를 상대로 추심의 소를 제기하는 경우, 법 제259조에서 금지하는 중복된 소제기에 해당하지 않는다고 하였다. 그러나 이 판결은 전소에 해당하는 추심채무자의 제3채무자를 상대로 한 이행청구의 소가 추심채무자의 원고적격 상실로 부적법하고 이는 직권조사사항임을 전제로 한 것인데, 앞서 본 대법원 2025. 10. 23. 선고 2021다252977 전원합의체 판결에서 추심채무자가 원고적격을 보유한다고 판례를 변경한 이상, 추심채권자가 제3채무자를 상대로 제기하는 후소는 중복제소금지원칙에 저촉된다고 봄이 타당하다. 후소가 중복제소에 해당되려면 후소가 전소와 동일 사건일 것(당사자의 동일, 청구의 동일 요건)을 요하고, 전소와 후소의 당사자가 동일하지 아니할지라도 후소의 당사자가 다시 기판력의 확장으로 전소 판결의 효력을 받게 될 경우에는 동일 사건이라고 볼 수 있는데, 추심채무자가 제기한 이행소송에서 받은 확정판결의 효력이 법정소송담당자의 지위에 있는 추심채권자에게 미치게 되기 때문이다. 따라서 김갑동은 중복제소금지원칙에 저촉되므로 주식회사 삼단을 상대로 추심금 청구의 소를 제기할 수도 없다.

결론적으로 김갑동은 채권자대위소송과 추심금청구소송을 모두 제기할 수 없다. 다만 김갑동으로서는 추심채무자 유채무가 주식회사 삼단을 상대로 제기한 이행소송에 사실심 변론종결시까지 법 제83조에 따라 공동소송참가를 하거나 상고심까지 법 제78조에 따라 공동소송적 보조참가를 할 수 있다.

4. 이 사건 제2토지에 관한 쟁점과 설명

김갑동이 채무자 유채무를 대위하여 배종근을 상대로 이 사건 제2토지에 관하여 소유권이전등기청구권을 행사할 수 있다. 그런데, 배종근이 유채무와 매매계약을 합의해제하였다는 사정을 들어 김갑동에게 대항하려고 하고 있다. 이는 법리상 가능한가. 민법 제405조 제2항에 따라 채권자대위권의 행사에 있어서 채무자가 채권자대위권을 행사한 점을 알게 된 이후에는 채무자가 그 권리를 처분하여도 이로써 채권자에게 대항할 수 없으므로, 채무자가 그러한 채권자대위권의 행사사실을 알게 된 이후에 그 부동산에 대한 매매계약을 합의해제함으로써 채권자대위권의 객체인 그 부동산의 소유권이전등기청구권을 소멸시켰다 하더라도 이로써 채권자에게 대항할 수 없다(대법원 2007. 6. 28. 선고 2006다85921 판결 등). 채권자대위권행사 통지를 받은 이후에 매매계약을 합의해제한 이 사안에서, 배종근의 주장은 민법 제405조 제2항에 관한 법리에 비추어 타당하지 않다.

이와 비교하여, 채권자대위권행사 통지 후에 제3채무자가 채무자의 채무불이행을 이유로 해당 매매계약 등 법률행위를 해제한 경우에는 원칙적으로 이로써 대위채권자에게 대항할 수 있음에 유의하자.[371]

5. 배윤경의 ㈜나영건설에 대한 공사대금채권에 관한 쟁점과 설명

배윤경은 주식회사 나영건설에 대한 공사대금채권 8,000만 원을 보유하고 있는데, 대여금 채권자인 유채무에 대하여 변제기에 위 공사대금채권을 양도하여 주기로 약정하였다. 김갑동이 유채무를 대위하여 유채무의 위와 같은 공사대금채권의 양도를 구할 권리를 행사할 수 있다. 다만 대위채권자인 김갑동이 배윤경을 상대로 직접 본인에게 위 공사대금채권을 양도할 것을 구할 수 있는지가 문제된다.

그런데, 채권자대위권은 채권자의 고유권리이기는 하지만 채무자가 제3채무자에 대하여 가지고 있는 권리를 대위행사하는 것이므로, 채권자가 대위권을 행사한 경우에 제3채무자에 대하여 채무자에게 일정한 급부행위를 하라고 청구하는 것이 원칙이다. 다만 금전의 지급이나 물건의 인도 등과 같이 급부의 수령이 필요한 경우나 말소등기절차의 이행을 구하는 경우 등에는 채권자에게도 급부의 수령권한이 있을 뿐만 아니라, 채권자에게 행한 급부행위의 효과가 채무자에게 귀속되므로 예외적으로 채권자가 제3채무자에 대하여 직접 자신에게 급부행위를 하도록 청구할 수 있다.

그러나 채무자가 제3채무자에게 채권의 양도를 구할 수 있는 권리를 가지고 있고, 채권자가 채무자의 위 권리를 대위행사하는 경우에는 채권자의 직접 청구를 인정할 예외적인 사유가 없으므로, 원칙으로 돌아가 채권자는 제3채무자에 대하여 채무자에게 채권양도절차를 이행하도록 청구하여야 하고, 직접 자신에게 채권양도절차를 이행하도록 청구할 수 없다(대법원 2024. 3. 12. 선고 2023다301682 판결).

---

371 민법 제405조 제2항은 '채무자가 채권자대위권행사의 통지를 받은 후에는 그 권리를 처분하여도 이로써 채권자에게 대항하지 못한다'고 규정하고 있다. 위 조항의 취지는 채권자가 채무자에게 대위권 행사사실을 통지하거나 채무자가 채권자의 대위권 행사사실을 안 후에 채무자에게 대위의 목적인 권리의 양도나 포기 등 처분행위를 허용할 경우 채권자에 의한 대위권행사를 방해하는 것이 되므로 이를 금지하는 데에 있다. 그런데 채무자의 채무불이행사실 자체만으로는 권리변동의 효력이 발생하지 않아 이를 채무자가 제3채무자에 대하여 가지는 채권을 소멸시키는 적극적인 행위로 파악할 수 없는 점, 더구나 법정해제는 채무자의 객관적 채무불이행에 대한 제3채무자의 정당한 법적 대응인 점, 채권이 압류·가압류된 경우에도 압류 또는 가압류된 채권의 발생원인이 된 기본계약의 해제가 인정되는 것과 균형을 이룰 필요가 있는 점 등을 고려할 때 채무자가 자신의 채무불이행을 이유로 매매계약이 해제되도록 한 것을 두고 민법 제405조 제2항에서 말하는 '처분'에 해당한다고 할 수 없다. 따라서 채무자가 채권자대위권행사의 통지를 받은 후에 채무를 불이행함으로써 통지 전에 체결된 약정에 따라 매매계약이 자동적으로 해제되거나, 채권자대위권행사의 통지를 받은 후에 채무자의 채무불이행을 이유로 제3채무자가 매매계약을 해제한 경우 제3채무자는 계약해제로써 대위권을 행사하는 채권자에게 대항할 수 있다. 다만 형식적으로는 채무자의 채무불이행을 이유로 한 계약해제인 것처럼 보이지만 실질적으로는 채무자와 제3채무자 사이의 합의에 따라 계약을 해제한 것으로 볼 수 있거나, 채무자와 제3채무자가 단지 대위채권자에게 대항할 수 있도록 채무자의 채무불이행을 이유로 하는 계약해제인 것처럼 외관을 갖춘 것이라는 등의 특별한 사정이 있는 경우에는 채무자가 피대위채권을 처분한 것으로 보아 제3채무자는 계약해제로써 대위권을 행사하는 채권자에게 대항할 수 없다(대법원 2012. 5. 17. 선고 2011다87235 전원합의체 판결).

이러한 법리에 비추어 볼 때, 김갑동으로서는 자신에게 직접 위 공사대금채권을 양도할 것을 구할 수는 없고, 채무자로서 피대위자인 유채무 앞으로 위 공사대금채권을 양도하도록 청구취지를 작성하여야 한다.

문제 2 모범답안

소 장

원 고 김갑동

서울 서초구 서초로 200

소송대리인 변호사 전승혜

서울 서초구 서초대로10길 11, 1200호 (서초동, 완승빌딩)

전화 02)532-3000, 팩스 02)532-3001, E-mail : jsh0909@naver.com

피 고 1. 임매순

서울 서초구 반포대로 234, 104동 908호 (반포동, 달님아파트)

2. 정대희

서울 중구 을지로 34, 306호 (창우비스타)

3. 배종근

서울 영등포구 문래로 300, 102동 1801호 (태양아파트)

4. 배윤경

서울 영등포구 문래로 300, 102동 1801호 (태양아파트)

소유권이전등기말소청구 등의 소

청 구 취 지

1. 유채무[주민등록번호 : 720815-1027328, 주소 : 서울 서초구 잠원로 700, 102동 1801호(잠원동, 태양아파트)]에게,

가. 피고 임매순은 별지 목록 제1항 기재 토지에 관하여 서울중앙지방법원 2024. 5. 19. 접수 제46023호로 마친 소유권이전등기의 말소등기절차를 이행하고,

나. 피고 정대희는 위 가.항 기재 말소등기에 대하여 승낙의 의사표시를 하고,[372]

다. 피고 배종근은 별지 목록 제2항 기재 토지에 관하여 2025. 3. 10. 매매를 원인으로 한 소유권이전등기절차를 이행하고,

라. 피고 배윤경은 주식회사 나영건설에 대한 공사대금채권 80,000,000원을 양도하고, 주식회사 나영건설(주소: 성남시 분당구 서판교로32번길 10)에 위 채권을 양도하였다는 취지의 통지를 하라.[373]

2. 소송비용은 피고들이 부담한다.

라는 판결을 구합니다.[374]

청 구 원 인

1. 채권자대위청구[375]

가. 피보전권리와 보전의 필요성

원고는 2023. 3. 4. 유채무에게 헬스기구 20대를 지급기일 2023. 4. 4.로 정하여 1억 원에 매도하였습니다. 유채무는 2025. 3. 20. 신용회복위원회에 개인채무조정을 신청하였고, 유채무의 2025. 3. 30. 현재 총 부채액은 20억 3,540만 원으로서, 별지 목록 제1항 기재 토지(이하 '이 사건 제1토지'라고 합니다)와 아래에서 보는 피고 주식회사 삼단에 대한 임대차보증금반환채권 등 적극재산을 모두 감안하더라도 유채무는 현재 채무초과상태입니다.

나. 피고 임매순, 정대희에 대한 나머지 청구원인

1) 소유권이전등기의 무효

유채무의 동생 유경무는 유채무의 인감증명서를 갖고 있음을 이용하여 2024. 4. 19. 유채무 명의의 위임장과 매매계약서를 위조하여 유채무의 소유이던 이 사건 제1토지에 관하여

372 민사판결서 작성론[주문편] 96쪽 첫 번째 기재례 참조

373 민사판결서 작성론[주문편] 97쪽 기재례 참조

374 주식회사 삼단을 상대로는 앞서 본 것처럼 채권자대위소송과 추심금청구소송이 모두 불가능하므로, [공통된 작성요령]에 따라 이에 관하여 소장에 기재할 수 없다. 실제 사건에서라면, 공동소송참가신청서 또는 공동소송적 보조참가신청서를 작성하여야 할 것이나 '소장' 작성에 주안점을 두는 본서의 특성을 감안하여 위 신청서의 작성은 생략하기로 한다.

375 피고들 모두에 관하여 피보전권리와 보전의 필요성 요건을 공통적으로 기재하여야 하므로 이를 별도의 목차로 묶어서 한 번만 기재하는 것이 자연스럽고 효율적이다.

피고 임매순 앞으로 서울중앙지방법원 2024. 5. 19. 접수 제46023호로 소유권이전등기를 마쳐 주었습니다. 그 이후 임매순의 채권자인 피고 정대희가 이 사건 제1토지에 관하여 2024. 7. 7. 가압류등기를 마쳤습니다.

따라서 피고 임매순 명의의 소유권이전등기와 그에 기초한 피고 정대희의 가압류등기는 모두 원인무효의 등기에 해당됩니다.

그렇다면, 유채무에게 이 사건 제1토지에 관하여, 피고 임매순은 위 소유권이전등기의 말소등기절차를 이행하고 피고 정대희는 위 말소등기에 대하여 승낙의 의사표시를 할 의무가 있고,[376] 원고는 유채무의 채권자로서 무자력인 유채무를 대위하여 그 이행을 구할 수 있습니다.

2) 피고 정대희의 예상되는 주장과 반박

피고 정대희는, 이 사건 제1토지에 관하여 소유권이전등기를 신뢰하고 가압류등기를 마쳤으므로 자신은 선의의 제3자로서 보호되어야 한다고 주장할 것으로 예상됩니다.

그러나 부동산등기법 제171조에서 말하는 등기상 이해관계 있는 제3자란 말소등기를 함으로써 손해를 입을 우려가 있는 등기상의 권리자로서 그 손해를 입을 우려가 있다는 것이 등기부 기재에 의하여 형식적으로 인정되는 자이고, 그 제3자가 승낙의무를 부담하는지 여부는 그 제3자가 말소등기권리자에 대한 관계에서 그 승낙을 하여야 할 실체법상의 의무가 있는지 여부에 의하여 결정됩니다.[377]

앞서 본 것처럼 피고 임매순의 이 사건 제1토지에 관한 소유권이전등기는 원인무효이고, 무효인 위 소유권이전등기에 기초한 가압류 역시 무효입니다. 등기의 공신력이 인정되지 않는 이상 피고 정대희 역시 실체법상 무권리자입니다.

피고 정대희의 위 주장은 타당하지 않습니다.

---

376 원인무효인 소유권이전등기 명의인을 채무자로 한 가압류등기가 마쳐진 경우, 그 부동산의 소유자가 가압류채권자를 상대로 하여 직접 가압류등기의 말소를 구하는 것은 허용되지 않는다. 왜냐하면 가압류등기를 포함하여 촉탁에 의하여 이루어지는 등기는 원칙적으로 그 말소방법도 촉탁에 의하여야 하기 때문이다.
원인무효인 소유권이전등기 명의인을 채무자로 한 가압류등기와 그에 터잡은 경매신청기입등기가 경료된 경우, 그 부동산의 소유자는 원인무효인 소유권이전등기의 말소를 위하여 이해관계에 있는 제3자인 가압류채권자를 상대로 하여 원인무효 등기의 말소에 대한 승낙을 청구할 수 있고, 그 승낙이나 이에 갈음하는 재판이 있으면 등기공무원은 신청에 따른 원인무효 등기를 말소하면서 직권으로 가압류등기와 경매신청기입등기를 말소하여야 할 것인바, 소유자가 원인무효인 소유권이전등기의 말소와 함께 가압류등기 등의 말소를 구하는 경우, 그 청구의 취지는 소유권이전등기의 말소에 대한 승낙을 구하는 것으로 해석할 여지가 있다(대법원 1998. 11. 27. 선고 97다41103 판결).

377 대법원 2007. 4. 27. 선고 2005다43753 판결

다. 피고 배종근에 대한 나머지 청구원인

1) 유채무의 피고 배종근에 대한 소유권이전등기청구권의 발생

유채무가 2025. 3. 10. 피고 배종근으로부터 별지 목록 제2항 기재 토지(이하 '이 사건 제2토지'라고 합니다)를 4,000만 원에 매수하였습니다.

그렇다면, 피고 배종근은 유채무에게 이 사건 제2토지에 관하여 2025. 3. 10. 매매를 원인으로 하여 소유권이전등기절차를 이행할 의무가 있습니다. 원고는 유채무의 채권자로서 무자력인 유채무를 대위하여 그 이행을 구할 수 있습니다.

2) 피고 배종근의 예상되는 주장과 반박

피고 배종근은, 2025. 6. 4. 유채무와의 매매계약을 합의해제하여 원고가 대위행사할 소유권이전등기청구권이 소멸하였으므로, 김갑동이 유채무의 배종근에 대한 소유권이전등기청구를 대위행사할 수 없다고 주장할 것으로 예상됩니다.

그러나 채권자대위권의 행사에 있어서 채무자가 채권자대위권을 행사한 점을 알게 된 이후에는 채무자가 그 권리를 처분하여도 이로써 채권자에게 대항할 수 없으므로, 채무자가 그러한 채권자대위권의 행사사실을 알게 된 이후에 그 부동산에 대한 매매계약을 합의해제함으로써 채권자대위권의 객체인 그 부동산의 소유권이전등기청구권을 소멸시켰다 하더라도 이로써 채권자에게 대항할 수 없습니다.

그런데 피고 배종근은 원고로부터 2025. 5. 27.자 통고서를 수령함으로써 원고가 유채무를 대위하여 이 사건 제2토지에 관한 2025. 3. 10.자 매매계약에 따른 소유권이전등기청구권을 대위행사한다는 사실을 알게 되었습니다. 그런데 피고 배종근은 그 이후 2025. 6. 4. 이 사건 제2토지에 관한 위 매매계약을 유채무와 합의해제하였으므로 이로써 대위채권자인 원고에게 대항할 수 없습니다.

피고 배종근의 위 주장은 타당하지 않습니다.

라. 피고 배윤경에 대한 나머지 청구원인

1) 채권양도를 구할 권리의 대위행사

유채무가 2022. 11. 1. 피고 배윤경으로부터 2024. 10. 31. 주식회사 나영건설에 대한 피고 배윤경의 공사대금채권 8,000만 원을 양도받기로 약정하였습니다.

2) 소결론

그렇다면, 피고 배윤경은 유채무에게 주식회사 나영건설에 대한 피고 배윤경의 공사대금채권 80,000,000원을 양도하고, 주식회사 나영건설에 위 채권을 양도하였다는 취지의 통지를 할 의무가 있습니다. 원고는 유채무의 채권자로서 무자력인 유채무를 대위하여 그 이행을 구할 수 있습니다.

2. 결론

원고는 이상과 같은 이유로 청구취지와 같은 판결을 구하니 원고의 청구들을 모두 인용하여 주시기 바랍니다.

2025. 9. 30.

원고 소송대리인

변호사 전승혜 ㊞

서울중앙지방법원[378] 귀중

378 법 제25조는, 여러 개의 청구가 여러 당사자 사이에서 병합되어 있는 이른바 소의 주관적 병합의 경우, 그중 하나의 청구에 관하여 관할이 있다면 본래 그 법원에 관할이 없는 다른 모든 청구에 대하여도 그 수소법원에 관할을 인정하는 '관련재판적' 규정을 두고 있다. 이 사안에서 피고 임매순, 정대희의 보통재판적(법 제2조)은 서울중앙지방법원의 관할구역이고, 피고 배종근, 배윤경의 보통재판적은 서울남부지방법원의 관할구역이다. 따라서, 서울중앙지방법원이나 서울남부지방법원에 소를 제기할 수 있다.

<문제 3> 귀하는 아래 민사 제1심 소송기록을 토대로 관할법원 재판연구원으로서 검토보고서를 작성하시오. ① 아래 검토보고서 양식 중 [검토] 부분만 작성하기 바랍니다. ② 서울 강남구 개포동 22 대 500m²는 '이 사건 제1토지'로, 서울 관악구 봉천동 100 대 200㎡ 는 '이 사건 제2토지'로 표시하여 작성하기 바랍니다.

[검토보고서 양식]

검토보고서

사 건 2025가합1234 소유권이전등기말소청구 등

원 고 김갑동

피 고 1. 임매순

2. 배종근

[검토]

1. 피고 임매순에 대한 청구에 관한 판단

가. 결론

나. 논거

2. 피고 배종근에 대한 청구에 관한 판단

가. 결론

나. 논거

[주문]

년 질 호 전 책 중 책

기일	
9/8 A10	서울중앙지방법원
	민사 제1심 소송기록

사 건	2025가합1234 소유권이전등기말소청구 등	재판부	2
		주심	다

원 고	김갑동 대리인 변호사 전승혜
피 고	1. 임매순 대리인 변호사 정당한 2. 배종근 대리인 변호사 최승리

소 장

원 고 김갑동
서울 서초구 서초로 200
소송대리인 변호사 전승혜
서울 서초구 서초대로10길 11, 1200호 (서초동, 완승빌딩)
전화 02)532-3000, 팩스 02)532-3001, E-mail : jsh0909@naver.com

피 고 1. 임매순
서울 서초구 반포대로 234, 104동 908호 (반포동, 달님아파트)
2. 배종근
서울 영등포구 문래로 300, 102동 1801호 (태양아파트)

소유권이전등기말소청구 등의 소

청 구 취 지

1. 유채무[주민등록번호 : 720815-1027328, 주소 : 서울 서초구 잠원로 700, 102동 1801호(잠원동, 태양아파트)]에게,
   가. 피고 임매순은 서울 강남구 개포동 22 대 500㎡에 관하여 서울중앙지방법원 2024. 5. 19. 접수 제46023호로 마친 소유권이전등기의 말소등기절차를 이행하고,
   나. 피고 배종근은 서울 관악구 봉천동 100 대 200㎡에 관하여 2025. 3. 10. 매매를 원인으로 한 소유권이전등기절차를 이행하라.
2. 소송비용은 피고들이 부담한다.

라는 판결을 구합니다.

청 구 원 인

1. 피고 임매순에 대한 청구

원고는 2021. 3. 4. 유채무에게 헬스기구 20대를 지급기일 2021. 4. 4.로 정하여 1억 원에 매도하였고, 유채무는 현재 무자력 상태입니다.

그런데 유채무의 동생 유경무는 유채무의 인감증명서를 갖고 있음을 이용하여 2024. 4. 19. 유채무 명의의 위임장과 매매계약서를 위조하여 유채무의 소유이던 서울 강남구 개포동 22 대 500㎡에 관하여 피고 임매순 앞으로 서울중앙지방법원 2024. 5. 19. 접수 제46023호로 소유권이전등기를 마쳐 주었습니다.

따라서 피고 명의의 소유권이전등기는 원인무효의 등기라 할 것입니다.

그렇다면, 피고는 유채무에게 위 토지에 관하여 위 소유권이전등기의 말소등기 절차를 이행할 의무가 있고, 원고는 유채무의 채권자로서 무자력인 유채무를 대위하여 그 이행을 구할 수 있습니다.

2. 피고 배종근에 대한 청구

유채무가 2025. 3. 10. 장인인 피고 배종근으로부터 서울 관악구 봉천동 100 대 200㎡를 1억 원에 매수하였습니다.

그렇다면, 피고 배종근은 유채무에게 위 토지에 관하여 2025. 3. 10. 매매를 원인으로 하여 소유권이전등기절차를 이행할 의무가 있습니다. 원고는 유채무의 채권자로서 무자력인 유채무를 대위하여 그 이행을 구할 수 있습니다.

증 명 방 법

1. 갑 제1호증 (매매계약서)
2. 갑 제2호증(등기사항전부증명서)
3. 갑 제3호증(판결등본)
4. 갑 제4호증(사실확인서)
5. 갑 제5호증 (등기사항전부증명서) **(갑 제3, 5호증은 첨부 생략, 〈문제 2〉 해당 서류 참조)**

첨 부 서 류 (기재 생략)

2025. 5. 18.

원고 소송대리인

변호사 전승혜 ㊞

서울중앙지방법원 귀중

賣 買 契 約 書

매도인 원스포츠
대표 김갑동(730603-1000234)
서울 서초구 서초로 200

매수인 미생스포츠
대표 유채무(720815-1027328)
서울 종로구 새문안로 100 삼단빌딩 1층 101호

원스포츠(대표 김갑동)는 미생스포츠(대표 유채무)에게 헬스기구 20대를 1개당 500만 원씩 합계 1억 원에 공급하기로 하고, 그 구체적 조건을 아래와 같이 정한다.

-아 래-

1. 김갑동은 2021. 4. 4. 헬스기구 20대를 유채무의 영업장소인 서울 성북구 돈암동 131 삼단빌딩 1층 미생스포츠로 배달해 준다.
2. 유채무는 위 헬스기구 대금 1억 원을 2021. 4. 4.까지 김갑동의 신조은행 통장(110-084-107374)으로 송금하여 지급한다.
3. 기타 사항은 법률과 상관례에 따른다.

2021년 3월 4일

갑 제1호증

매 도 인 김 갑 동 ㉢

매 수 인 유 채 무 ㉢

등기사항전부증명서 (말소사항 포함) - 토지 [제출용]

[토지] 서울특별시 강남구 개포동 22 고유번호 1222-7864-781355

【 표 제 부 】	(토지의 표시)				
표시번호	접 수	소 재 지 번	지 목	면 적	등기원인 및 기타사항
1 (전 2)	1995년 1월 10일	서울특별시 강남구 개포동 22	대	500m²	부동산등기법 제177조의6 제1항의 규정에 의하여 1999년 9월 1일 전산이기

【 갑 구 】	(소유권에 관한 사항)			
순위번호	등 기 목 적	접 수	등 기 원 인	권 리 자 및 기 타 사 항
1 (전 2)	(기재 생략)			
2	소유권이전	2015년11월5일 제8006호	2015년10월5일 매매	소유자 유채무 720815-1027328 서울특별시 서초구 잠원로 700, 102동 1801호(잠원동, 태양아파트)
3	소유권이전	2024년5월19일 제46023호	2024년4월19일 매매	소유자 임매순 751024-2357823 서울특별시 서초구 반포대로 234, 104동 908호(반포동, 달님아파트) 거래가액 금600,000,000원
4	가처분	2025년3월5일 제45645호	2025년3월2일 서울중앙지방법원의 가처분결정 (2025카합1321)	피보전권리 소유권이전등기말소등기청구권 채권자 김갑동 730603-1000234 서울특별시 강남구 논현로 300 금지사항 양도, 담보권설정 기타 일체의 처분행위 금지

---- 이 하 여 백 ----

관할등기소 서울중앙지방법원 등기국/ 발행등기소 법원행정처 등기정보중앙관리소

갑 제2호증

갑 제3호증(판결등본) (첨부 생략, 〈문제 2〉 해당 부분 참조)

갑 제5호증(등기사항전부증명서) (첨부 생략, 〈문제 2〉 해당 부분 참조)

사실확인서

확인인 : 유채무(720815-1027328)

서울 서초구 잠원로 700, 102동 1801호 (잠원동, 태양아파트)

확인인은 김갑동에 대한 물품대금채무자로서 아래와 같은 사실을 확인합니다.

1. 확인인은 2025. 3. 10. 장인 배종근으로부터 서울 관악구 봉천동 100 대 200㎡를 금 1억 원(계약금 1,000만 원은 당일 지급하고 잔금 9,000만 원은 2025. 4. 30. 지급하기로 한다)에 매수하였습니다(첨부 매매계약서 참조).

2. 위 내용이 모두 사실임을 확인하며, 필요한 경우 법정에서 증언할 용의도 있음을 밝혀 둡니다.

2025. 3. 30.

확인인 유채무 (인)

갑 제4호증

첨부 매매계약서, 인감증명서 각 1통 (첨부 생략)

답 변 서

사 건 2025가합1234 소유권이전등기말소청구
원 고 김갑동
피 고 임매순 외 1인

위 사건에 관하여 **피고 임매순**의 소송대리인은 다음과 같이 답변합니다.

청구취지에 대한 답변

1. 원고의 피고 임매순에 대한 소를 각하한다.
2. 소송비용은 원고가 부담한다.

라는 판결을 구합니다.

청구원인에 대한 답변

1. 인정하는 사실

원고가 2021. 3. 4. 유채무에게 헬스기구 20대를 지급기일 2021. 4. 4.로 정하여 1억 원에 매도한 사실, 유채무가 현재 무자력 상태인 사실, 그런데 유채무의 동생 유경무가 유채무의 인감증명서를 갖고 있음을 이용하여 2024. 4. 19. 유채무 명의의 위임장과 매매계약서를 위조하여 유채무의 소유이던 서울 강남구 개포동 22 대 500㎡에 관하여 피고 임매순 앞으로 서울중앙지방법원 2024. 5. 19. 접수 제46023호로 소유권이전등기를 마쳐준 사실은 모두 인정합니다.

2. 본안 전 항변(중복제소)

유채무의 다른 채권자 박대여가 2025. 4. 10. 위 개포동 토지에 대한 유채무의 피고 임매순에 대한 소유권이전등기말소청구권에 관하여 채권자대위권에 기초한 소를 먼저 제기하여 2025. 4. 22. 피고에게 그 소장 부본이 송달되어 현재 소송계속 중입니다. 그런데 원고의 이 사건 소장 부본은 2025. 5. 25. 피고 임매순에게 송달되었습니다. 나중에 계속된 이 사건 소는 중복된 소제기 금지의 원칙에 위배하여 제기된 것이므로 부적법하여 각하되어야 합니다.

증 명 방 법

1. 을가 제1호증 (송달 및 소송계속증명원)

첨 부 서 류

1. 위 증명방법	2통
2. 답변서 부본	1통 (첨부 생략)

2025. 7. 25.

피고 임매순의 소송대리인

변호사 정당한 ㊞

서울중앙지방법원 제11민사부 귀중

송달 및 소송계속 증명

사　　　건 : 서울중앙지방법원 2025가합1113　소유권이전등기말소청구
원　　　고 : 박대여
피　　　고 : 임매순
증명신청인 : 피고 임매순

위 사건에 관하여 아래와 같이 송달되었으며 현재 위 사건이 소송계속되어 있음을 증명합니다.

2025. 4. 10. 소장 접수
피고 임매순　2025. 4. 22. 소장 부본 송달. 끝.

2025.　7.　20.

서울중앙지방법원

법원주사　구경민　　서울중앙 지방법원 법원주사

을가 제1호증

답 변 서

사 건 2025가합1234 소유권이전등기말소청구

원 고 김갑동

피 고 배종근 외 1인

위 사건에 관하여 **피고 배종근**의 소송대리인은 다음과 같이 답변합니다.

청구취지에 대한 답변

1. 원고의 피고 배종근에 대한 소를 각하하거나 또는 청구를 기각한다.
2. 소송비용은 원고가 부담한다.

라는 판결을 구합니다.

청구원인에 대한 답변

1. 인정하는 사실

원고가 2021. 3. 4. 유채무에게 헬스기구 20대를 지급기일 2021. 4. 4.로 정하여 1억 원에 매도한 사실, 유채무가 현재 무자력 상태인 사실, 그런데 피고 배종근이 2025. 3. 10. 유채무에게 서울 관악구 봉천동 100 대 200㎡를 1억 원에 매도한 사실은 모두 인정합니다.

2. 본안 전 항변

원고의 유채무에 대한 매매대금채권은 상인이 판매한 상품의 대가에 해당하여 민법 제163조 제6호에 따라 소멸시효기간이 3년인데 그 기간이 경과하여 소멸되었습니다. 따라서 원고가 유채무를 대위하여 청구하고 있는 이 사건에서 피보전권리가 존재하지 아니하므로 이 사건의 소는 각하되어야 합니다.

3. 봉천동 토지에 대한 계약해제 주장

피고 배종근은, 원고로부터 위 봉천동 토지에 대한 대위청구를 주장하는 원고의

2025. 5. 27.자 통고서를 수령한 이후 2025. 6. 4. 유채무의 잔금지급위반을 이유로 2025. 3. 10.자 매매계약을 해제하였습니다. 따라서 원고는 유채무의 피고 배종근에 대한 소유권이전등기청구권을 대위행사할 수 없습니다.

증 명 방 법

1. 을나 제1호증 (계약해제 통고)

첨 부 서 류

1. 위 증명방법 2통
2. 답변서 부본 1통 (첨부 생략)

2025. 7. 26.

피고 배종근의 소송대리인

변호사 최승리 ㊞

서울중앙지방법원 제11민사부 귀중

계약해제 통고

발신 : 매도인 배종근

수신 : 매수인 유채무

1) 상기 매도인은 2025. 3. 10. 상기 매수인에게 서울 관악구 봉천동 100 대 200㎡를 1억원에 매도하였습니다. 계약금 1,000만 원은 계약 당일에 지급하고, 잔금 9,000만 원은 2025. 4. 30.에 '차지원 법무사' 사무실에서 소유권이전등기에 필요한 서류 일체를 교부받음과 동시에 지급하기로 하였습니다.

2) 그런데 매수인은 계약금만 지급하고 잔금 9,000만 원을 잔금 지급기일을 넘기도록 지급하지 않았습니다. 매도인은 2025. 4. 30. 당일을 포함하여 그때부터 현재까지 소유권이전등기에 필요한 일체의 서류를 '차지원 법무사' 사무실에 보관하여 두었고 이를 매수인에게 통지하였습니다. 그럼에도 매수인은 잔금의 지급을 독촉하는 매도인의 2025. 5. 10.자 내용증명우편을 수령한 이래로 현재까지도 잔금을 지급하지 않고 있습니다.

3) 이에 매도인은 위 2025. 3. 10.자 매매계약을 이 통고서의 송달로써 해제합니다. 지급받은 계약금 1,000만 원은 위약금으로 몰취합니다.

2025. 6. 4.

을나 제1호증

매도인 배종근 (인)

준 비 서 면

사 건 2025가합1234 소유권이전등기말소청구 등

원 고 김갑동

피 고 임매순 외 1인

위 사건에 관하여 원고의 소송대리인은 다음과 같이 변론을 준비합니다.

1. 피고 배종근의 본안 전 항변에 대한 반박

원고는 유채무에게 이 사건 소에 이르기 전까지 물품대금의 지급을 여러 차례 독촉하였습니다. 이에 대해서는 문자메시지 등 객관적인 자료를 찾는 대로 서증으로 제출하고자 합니다. 유채무에 대한 물품대금채권은 소멸시효가 중단되었다고 보아야 합니다.

2. 피고 임매순의 중복제소금지 원칙 위반 주장에 대한 반박

채권자대위소송의 계속 중 다른 채권자가 같은 채무자를 대위하여 같은 제3채무자를 상대로 법원에 출소한 경우 두 개 소송의 소송물이 같다면 나중에 계속된 소는 중복제소금지의 원칙에 위배하여 제기된 부적법한 소가 된다 할 것입니다. 그러나 소제기에 앞서 가압류, 가처분 등의 보전절차가 선행되어 있는 경우에는 이를 기준으로 전소인지 후소인지의 여부를 가려야 합니다.

그런데 원고는 2025. 3. 2. 서울중앙지방법원 2025카합1321호로 서울 강남구 개포동 22 토지에 관하여 처분금지가처분결정을 받았고 위 가처분결정에 관하여 2025. 3. 5. 기입등기가 마쳐졌으며, 그 이후에 유채무의 다른 채권자 박대여가 유채무의 피고 임매순에 대한 소유권이전등기말소청구권에 관하여 대위소송을 제기하고 그 소장 부본이 2025. 4. 22.에야 피고 임매순에게 송달되어 소송계속이 발생하였습니다. 따라서 박대여의 채권자대위소송이 후소에 해당하고 이 사건 소는 중복제소금지의 원칙에 위배되지 않습니다.

3. 피고 배종근의 계약해제 주장에 대한 반박

원고가 피고 배종근을 상대로 2025. 5. 27. 서울 관악구 봉천동 100 대 200㎡에 관하여 유채무의 피고 배종근에 대한 소유권이전등기청구권을 대위행사하겠다는 통고를 하였는데, 피고 배종근이 그 이후에 2025. 3. 10.자 매매계약을 해제하였습니다. 유채무가 잔금 9,000만 원을 지급기일인 2025. 4. 30.까지 지급하지 않은 것은 사실이나, 그렇다고 하더라도 피고 배종근은 민법 제405조 제2항에 따라 채권자대위청구 사실을 통지받은 이후에 그 피대위채권리인 소유권이전청구권을 소멸시키는 '처분'을 할 수 없습니다.

2025. 8. 13.

원고 소송대리인

변호사 전승혜 ㊞

서울중앙지방법원 제11민사부 귀중

서 울 중 앙 지 방 법 원
변 론 조 서

제 1 차

사　　건　　2025가합1234　소유권이전등기말소청구

재판장 판사	김공하	기　　일 :	2025. 9. 8. 10:00
판사	이유진	장　　소 :	제401호 법정
판사	정희열	공개여부 :	공개
법원 사무관	장참여	고지된 선고기일 :	2025. 9. 22. 10:00

사건과 당사자의 이름을 부름

원고 및 소송대리인 변호사 전승혜　　각 출석

피고 임매순 및 소송대리인 변호사 정당한　　각 출석

피고 배종근 및 소송대리인 변호사 최승리　　각 출석

원고 및 소송대리인

소장 및 2025. 8. 13.자 준비서면을 진술하되, 유채무에 대한 물품대금채권에 관한 소멸시효가 중단되었다는 주장은 철회한다고 진술

피고 임매순 및 소송대리인

2025. 7. 25.자 답변서 진술

피고 배종근 및 소송대리인

2025. 7. 26.자 답변서 진술

원고 및 피고 임매순

이 사건 소장 부본이 2025. 5. 25. 피고 임매순에게 송달된 사실은 다툼이 없다고 진술

원고 및 피고 배종근

피고 배종근이 2025. 5. 27. 원고로부터 서울 관악구 봉천동 100 대 200㎡에 관하여 원고가 채권자대위청구를 한다는 점을 통지받은 사실, 피고 배종근이 소유권이전등기에 필요한 서류를 제공하였으나 유채무가 매매계약에 따른 채무를 계속 불이행하였고, 위 토지에 관한 2025. 3. 10.자 매매계약에 대한 피고 배종근의 해제 의사표시가 2025. 6. 4. 유채무에게 도달된 사실은 다툼이 없다고 진술

증거관계 별지와 같음(원·피고 서증)
변론종결

법원사무관 장 참 여 ㊞

재판장 판사 김 공 하 ㊞

문제 3 모범답안

1. 피고 임매순에 대한 청구에 관한 판단

가. 결론

소 각하[379]

나. 논거

1) 본안 전 항변에 관한 판단

가) 항변의 요지

원고가 매매대금채권을 보전하기 위해 유채무를 대위하여 피고를 상대로 이 사건 제1토지에 관하여 소유권이전등기의 말소를 구함에 대하여, 피고는 유채무의 다른 채권자 박대여가 동일한 소송물에 관하여 채권자대위권에 기초한 소를 제기하여 이미 법원에 계속되어 있으므로 나중에 계속된 원고의 피고 임매순에 대한 소는 부적법하다고 항변한다.[380]

나) 관련 법리

채권자대위소송의 계속 중 다른 채권자가 같은 채무자를 대위하여 같은 제3채무자를 상대로 법원에 출소한 경우 두 개 소송의 소송물이 같다면 나중에 계속된 소는 중복제소금지의 원칙에 위배하여 제기된 부적법한 소가 된다 할 것이고, 이 경우 전소와 후소의 판별기준은 소송계속의 발생시기, 즉 소장이 피고에게 송달된 때의 선후에 의할 것이며, 비록 소제기에 앞서 가압류, 가처분 등의 보전절차가 선행되어 있다 하더라도 이를 기준으로 가릴 것은 아니다.[381]

379 중복소송(전소 및 후소)의 판단기준이 쟁점인바, 전소와 후소의 판별은 소제기에 앞서 가처분 등의 보전처분이 있었는지 여부를 불문하고 소장 부본이 피고에게 송달된 때의 선후에 의하므로, 피고 임매순의 중복제소 본안 전 항변이 인용되어 이 사건 소는 각하되어야 한다.

380 항변의 요지를 기재하되, 항변의 내용이 원고의 청구와 관계가 있으므로 청구의 요지를 먼저 기재하였다(민사판결서작성론 [이유편] 106쪽 참조).

381 대법원 1994. 11. 25. 선고 94다12517,94다12524 판결 등

다) 인정사실

○ 유채무의 다른 채권자 박대여가 2025. 4. 10. 유채무를 대위하여 피고를 상대로 이 사건 제1토지에 관하여 소유권이전등기의 말소를 구하는 소를 제기하였고, 그 소장 부본이 2025. 4. 22. 피고 임매순에게 송달되었다.

[인정근거 : 을가 제1호증(송달 및 소송계속 증명)의 기재]

○ 원고의 이 사건 소장 부본이 2025. 5. 25. 피고 임매순에게 송달되었다.

[인정근거 : 다툼 없는 사실]

라) 소결론

○ 위 관련 법리에 비추어 보면, 원고가 이 사건 제1토지에 관하여 박대여의 위 소송계속 보다 먼저 처분금지가처분절차를 밟았는지 여부를 불문하고[382] 박대여의 소송계속일인 2025. 4. 22.이 원고의 소송계속일 2025. 5. 25.보다 앞서므로, 원고의 이 사건 소는 중복제소금지 원칙에 위배된다.

○ 피고 임매순의 위 항변은 이유 있다.

2) 피고 임매순에 대한 청구에 관한 결론

원고의 피고 임매순에 대한 소는 부적법하여 각하되어야 한다.

2. 피고 배종근에 대한 청구에 관한 판단

가. 결론

청구 기각

나. 논거

1) 본안 전 항변에 관한 판단

가) 항변의 요지

피고 배종근은, 원고의 유채무에 대한 물품대금채권은 상인이 판매한 상품의 대가에 해

382 가처분절차를 먼저 밟은 대위채권자가 제기한 소의 소송계속이 뒤에 발생하였다고 하더라도 그 소가 전소가 된다는 원고의 주장은, 판례 법리에 의하여 시인되지 않는 독단적인 법률상 주장에 해당한다. 이런 경우 검토보고서에서는 반드시 그 당부를 판단하여 주어야 한다. 다만, 판단과정을 보여 주는 방식은 본문과 같이 간략하게 법리를 제시하여 배척할 수도 있고, 별도로 목차를 설정하고 주장의 요지 → 법리제시 → 배척하는 방식을 사용할 수도 있다. 이 사안은 전자의 방식을 취하였다.

당하여 민법 제163조 제6호에 따라 소멸시효기간이 3년인데 그 기간이 경과하여 소멸되었고 원고가 유채무를 대위하여 청구하고 있는 이 사건에서 피보전권리가 존재하지 아니하므로 이 사건의 소는 각하되어야 한다고 항변한다.

나) 관련 법리

채권자가 채권자대위권을 행사하여 제3자에 대하여 하는 청구에 있어서, 제3채무자는 채무자가 채권자에 대하여 가지는 항변으로 대항할 수 없고, 채권의 소멸시효가 완성된 경우 이를 원용할 수 있는 자는 원칙적으로는 시효이익을 직접 받는 자뿐이고, 채권자대위소송의 제3채무자는 이를 행사할 수 없다.[383 · 384]

다) 소결론

○ 원고가 채무자 유채무를 대위하여 청구하고 있는 이 사건에서 제3채무자에 불과한 피고 배종근으로서는 채무자 유채무의 시효항변권을 행사할 수 없다.

○ 피고 배종근의 위 본안 전 항변은 이유 없다.

2) 본안에 관한 판단

가) 청구원인에 관한 판단

(1) 청구원인의 요지

원고는 유채무를 대위하여 피고 배종근을 상대로 이 사건 제2토지에 관한 소유권이전등기절차의 이행을 구한다.[385]

(2) 인정사실[386]

○ 원고는 2021. 3. 4. 유채무에게 헬스기구 20대를 1억 원에 매도하였다.

○ 유채무는 2025. 3. 10. 피고 배종근으로부터 이 사건 제2토지를 1억 원에 매수하였다(이하 '이 사건 매매계약'이라고 한다).[387]

[인정근거 : 다툼 없는 사실]

---

383 대법원 2004. 2. 12. 선고 2001다10151 판결 등

384 본안 전 항변의 내용이 법리를 토대로 한 것이므로 관련 법리를 제시한 후 피고 배종근의 해당 항변을 배척하는 순서로 기재함이 타당하다.

385 그 주장을 받아들이는 경우이므로 주장의 요지를 간략하게 기재하였다. 그 기재는 대체로 누구를 상대로 어떠한 소송물을 구하는지를 드러내는 방식에 따른다.

386 앞서 설명한 것처럼, 판례와 실무는 채권자대위소송에 있어서 '피대위채권의 존재사실'을 요건사실로 파악하고 다만 이해를 돕기 위해 피보전채권의 존재사실을 기재하여 주고 있다.

387 매수인의 매매 목적물에 대한 소유권이전등기청구에 있어서 요건사실에 해당하는 〈당사자/ 매매일자/ 매매 목적물/ 대금〉의 4가지 요소를 포함한 매매계약체결사실을 나열하였다.

(3) 소결론

위 인정사실에 의하면, 특별한 사정이 없는 한 피고 배종근은 유채무에게 이 사건 제2토지에 관하여 이 사건 매매계약을 원인으로 하여 소유권이전등기절차를 이행할 의무가 있고, 원고는 유채무의 채권자로서 유채무를 대위하여 그 이행을 구할 수 있다.[388 · 389]

나) 피고 배종근의 항변에 관한 판단

(1) 항변의 요지

피고 배종근은 2025. 6. 4. 유채무의 잔금미지급의 채무불이행을 이유로 이 사건 매매계약을 해제하였으므로 원고는 유채무의 피고 배종근에 대한 소유권이전등기청구권을 대위행사할 수 없다.

(2) 인정사실[390]

○ 유채무가 이 사건 매매계약에서 정한 잔금 지급기일인 2025. 4. 30.까지 피고 배종근에게 잔금 9,000만 원을 지급하지 않았다.

○ 피고 배종근은 2025. 4. 30. 이 사건 제2토지에 관하여 소유권이전등기에 필요한 일체의 서류를 차지원 법무사 사무실에 보관하고 이를 유채무에게 통지하였다.

○ 피고 배종근은 2025. 5. 10.경 유채무에게 상당한 기간을 정하여 잔금의 이행을 최고하였다.

○ 피고 배종근이 2025. 6. 4. 유채무의 잔금미지급의 채무불이행을 이유로 위 매매계약을 해제한다는 의사표시를 하였다.

[인정근거: 을나 제1호증(계약해제 통고)의 기재 및 변론 전체의 취지]

○ 피고 배종근의 위 해제 의사표시가 2025. 6. 4. 유채무에게 도달하였다.

[인정근거 : 다툼 없는 사실]

(3) 소결론

○ 위 인정사실에 의하면, 이 사건 매매계약은 적법하게 해제되었다.

○ 피고 배종근의 위 항변은 이유 있다.

---

388 앞에서 설명한 것처럼, 채권자대위소송에서 '피보전권리의 존재'와 같은 특수한 소송요건은 피고의 항변이 없더라도 판결의 소결론 또는 최종결론 부분에서 그것이 구비되었음을 간략하게 설시하는 것이 일반적인 실무례이다(민사판결서작성론[이유편] 171쪽). 더군다나 이 사안에서는 피고가 '피보전권리가 존재하지 않는다.'는 본안 전 항변을 제출하였다.

389 채권자대위소송에 있어서, 검토보고서의 경우에는 소장과 달리 피고가 다투지 않은 이상 직권조사사항인 채무자의 무자력 등 보전의 필요성에 관하여 언급할 필요는 없다.

390 계약해제의 요건사실을 기재하여야 한다.

다) 원고의 주장[391]에 관한 판단

(1) 주장의 요지

피고 배종근은 채권자대위청구 사실을 통지받은 이후에 이 사건 매매계약을 해제하였는데, 민법 제405조 제2항에 따라 대위채권자인 원고에 대하여 대항할 수 없다.

(2) 관련 법리

민법 제405조 제2항은 '채무자가 채권자대위권행사의 통지를 받은 후에는 그 권리를 처분하여도 이로써 채권자에게 대항하지 못한다'고 규정하고 있다. 위 조항의 취지는 채권자가 채무자에게 대위권 행사사실을 통지하거나 채무자가 채권자의 대위권 행사사실을 안 후에 채무자에게 대위의 목적인 권리의 양도나 포기 등 처분행위를 허용할 경우 채권자에 의한 대위권행사를 방해하는 것이 되므로 이를 금지하는 데에 있다. 그런데 채무자의 채무불이행사실 자체만으로는 권리변동의 효력이 발생하지 않아 이를 채무자가 제3채무자에 대하여 가지는 채권을 소멸시키는 적극적인 행위로 파악할 수 없는 점, 더구나 법정해제는 채무자의 객관적 채무불이행에 대한 제3채무자의 정당한 법적 대응인 점, 채권이 압류·가압류된 경우에도 압류 또는 가압류된 채권의 발생원인이 된 기본계약의 해제가 인정되는 것과 균형을 이룰 필요가 있는 점 등을 고려할 때 채무자가 자신의 채무불이행을 이유로 매매계약이 해제되도록 한 것을 두고 민법 제405조 제2항에서 말하는 '처분'에 해당한다고 할 수 없다. 따라서 채무자가 채권자대위권행사의 통지를 받은 후에 채무를 불이행함으로써 통지 전에 체결된 약정에 따라 매매계약이 자동적으로 해제되거나, 채권자대위권행사의 통지를 받은 후에 채무자의 채무불이행을 이유로 제3채무자가 매매계약을 해제한 경우 제3채무자는 계약해제로써 대위권을 행사하는 채권자에게 대항할 수 있다.[392]

(3) 이 사건의 경우

○ 앞서 인정한 것과 같이 피고 배종근은 2025. 6. 4. 유채무의 잔금미지급의 채무불이행을 이유로 이 사건 매매계약을 해제하였으므로, 원고 주장과 같이 원고가 피고에게 대위행사사실을 통지했다고 하더라도 피고는 여전히 계약해제로써 원고에게 대항할 수 있다.

○ 원고의 위 주장은 이유 없다.

라) 피고 배종근에 대한 청구에 관한 결론

청구 이유 없어 기각되어야 한다.

---

391 재항변 유사 주장에 해당한다고 볼 수 있다.

392 대법원 2012. 5. 17. 선고 2011다87235 전원합의체 판결

8

기록

임대차 / 공제항변, 대항력, 묵시적 갱신

기록 8

<문제 1> 귀하는 변호사 전승혜로서, 의뢰인 김갑동과의 상담을 통해 아래 【상담내용】과 같은 사실관계를 청취하고, 【의뢰인 희망사항】 기재사항에 관한 본안소송의 대리권을 수여받고, 첨부된 서류를 자료로 받았습니다.

의뢰인을 위한 본안의 소를 제기하기 위한 소장을 작성하시오.

【작성요령】

1. 소장 작성일 및 소제기일은 2025. 9. 30.로 하시오.
2. 부동산의 표시는 아래 [별지 부동산표시]를 소장 말미에 첨부함을 전제로 하여 작성하므로 소장에 해당 [별지 부동산표시]를 기재하지 마시오.
3. 그 밖의 작성방식은 【공통된 작성요령】과 같습니다.

별지 부동산표시

서울 서초구 신원동 100 (청계산길 10) 지상 철근콘크리트조 슬래브지붕 2층 근린생활시설 1층 110m², 2층 110m² 중

1층 101호 점포 60m². 끝.

의뢰인 상담일지

변호사 전 승 혜 법률사무소

서울 서초구 서초대로10길 11, 1200호 (서초동, 완승빌딩)

☎ : 02-532-3000, 팩스 : 02-532-3001, e-mail : jsh0909@naver.com

접수번호	2025-150	상담일시	2025. 9. 1.
의뢰인	김갑동	내방경위	지인소개

1. 김갑동은 서울 청계산길 10(신원동 100) 지상 철근콘크리트조 슬래브지붕 2층 근린생활시설 1층 110m², 2층 110m² 전체를 소유하고 있는데, 위 상가건물은 1층과 2층 모두 각각 3개의 점포로 이용상 구분되어 1층 101호, 102호, 103호, 2층 201호, 202호, 203호 총 6개의 점포로 구분소유되어 있다.

   그런데 김갑동은 2023. 6. 1. 임세인에게 위 상가건물 중 1층 101호 점포 60m²를 보증금 9억 원, 월 임대료 100만 원, 임대차 기간 2023. 6. 1.부터 2025. 5. 31.까지로 정하여 임대하였다.

2. 임세인은 101호 점포에서 화원을 운영하던 중 2024. 11. 1.부터 월 차임을 지급하지 않았다. 또한 임세인은 공무원이던 남편이 2025. 3. 2. 대전광역시로 전보발령이 나자 그 무렵 김갑동에게 계약의 갱신을 원하지 않는다는 의사를 표시하였다.
3. 임세인은 현재 여전히 101호 점포에서 계속해서 화원 영업을 하면서 이를 인도하지 않고 있다.

【사건관계인의 주장】

임세인의 주장은 다음과 같다.

1) 임대차보증금 9억 원 전액을 위 101호 점포의 인도와 동시에 반환받아야 한다.
2) 김갑동의 채권자 정대여가 위 101호 점포에 관한 임대차계약에 기초한 김갑동의 월 차임채권 등에 대하여 압류·추심명령을 받았으므로 2024. 11.분부터 발생된 월 차임채권과 부당이득반환채권에 대해서, 반환받을 임대차보증금을 계산할 때에 이를 공제하여서는 안 된다.
3) 2024. 1. 10. 위 101호 점포에 발생된 화재에 관하여는 화재의 원인이 불명인 이상, 그 화재손해를 임대차보증금에서 공제하여서는 아니 된다.

【의뢰인 희망사항】

김갑동은 101호 점포를 반환받되, 공제할 수 있는 채무를 최대한 공제한 후 그 나머지 임대차보증금만을 반환하기를 희망한다.

부동산임대차계약서 (전세/월세)

부동산의 표시: **서울특별시 서초구 청계산길 10 (신원동 100) 지상 철근콘크리트조 슬래브 지붕 2층 근린생활시설 1층 110m², 2층 110m²중 1층 101호 점포 60m²**

제1조 위 부동산을 (전세 · 월세)로 사용함에 있어 쌍방 합의하에 아래 각 조항과 같은 조건으로 계약한다.

보 증 금	900,000,000원	월세금액	1,000,000원정 (매월 말일 후불함)
계 약 금	~~일금 원정을 계약 당일 임대인에게 지불하고~~		
중 도 금	~~일금 원정을 년 월 일 지불하고~~		
잔 액 금	일금 900,000,000원정을 2023년 6월 1일 ~~소개인 입회하~~에 지불키로 함. 잔액금을 전액 수령함. 김강동 ㉧		

제2조 부동산은 2023년 6월 1일 인도하기로 한다.

제3조 임대기간은 2023년 6월 1일부터 2025년 5월 31일까지로 한다.

제4조 임차인은 이 계약으로 인한 권리를 타에 양도, 전대할 수 없다.

제5조 임차인은 임대인의 승인 없이는 건물의 형상을 변경할 수 없다.

특약사항 :

위 계약조건을 틀림없이 지키기 위하여 본 계약서를 2부 작성하여 각자 1부씩 보관한다.

2023년 6월 1일

임대인	주소	서울특별시 서초구 서초로 200		
	성명	김 강 동 ㉧	주민등록번호	560321－2395426
임차인	주소	서울특별시 용산구 갈월로 100		
	성명	임 세 인 ㉧	주민등록번호	640430－2672418

통 고 서

발신인 : 김갑동

수신인 : 임세인

발신인은 2023. 6. 1. 귀하에게 서울 서초구 신원동 100 (청계산길 10) 지상 철근콘크리트조 슬래브지붕 2층 상가건물 중 1층 101호 점포 $60m^2$(이하 '이 사건 점포'라고 합니다)를 임대하였습니다(이하 '이 사건 임대차'라고 합니다). 발신인은 같은 날 귀하에게 이 사건 점포를 인도하여 주었습니다. 귀하는 이 사건 점포에서 정상적으로 화원 영업을 하던 중 2024. 11. 1.부터 월 임대료를 지급하지 않았고, 2025. 3. 2.경 발신인에게 계약갱신을 원하지 않는다는 의사를 표시하였습니다. 발신인 역시 2025. 3. 15. 귀하에게 계약갱신을 거절하였습니다. 이로써 이 사건 임대차계약은 2025. 5. 31. 기간만료로 종료되었습니다.

그런데 귀하는 이 사건 임대차계약이 종료된 이후에도 이 사건 점포를 점유·사용하여 화원 영업을 계속하고 있으면서, 현재까지 발신인에게 이 사건 점포를 반환하지 않고 있습니다. 따라서 귀하는 발신인에게 2024. 11. 1.부터 점포반환 완료일까지 임대료 내지 부당이득으로 월 100만 원씩을 반환할 의무가 있습니다.

다른 한편, 귀하는 2024. 1. 10. 이 사건 점포의 화재로 인한 손해를 배상할 의무가 있습니다. 당시 발신인은 그 화재로 인하여 소훼된 이 사건 점포의 수리비 1억 원을 비롯하여 발신인이 직접 사용하고 있던 1층 102호와 103호의 수리비 2억 원 총 합계 3억 원을 지출하였습니다. 임차인인 귀하는 이 사건 임대차계약에 따라 이 사건 점포를 보존·관리할 의무가 있는데 이를 위반하였으므로 위 화재로 인한 손해금 3억 원을 원고에게 지급할 의무가 있습니다.

따라서 위 임대차보증금 9억 원에서 연체된 월 임대료 내지 부당이득금과 위 화재로 인한 손해배상금 전액이 공제되어야 합니다. 따라서 발신인은 귀하에게 임대차보증금 9억 원에서 위 돈을 공제한 나머지 돈을 반환할 계획이오니, 귀하는 발신인에게 이 사건 점포를 인도해 주시기 바랍니다.

별첨 영수증 1부

2025. 6. 30.

발신인 김갑동 (인)

영 수 증

김갑동 귀하

2024. 2. 3. 귀하로부터 서울특별시 서초구 신원동 100 (청계산길 10) 상가건물 중 1층 101호, 102호, 103호 점포들에 관하여 2024. 1. 10. 발생한 화재로 인한 수리비로 각 1억 원 합계금 3억 원을 지급받았음을 확인합니다.

2024. 2. 3.

영수인 ㈜한실인테리어

대표이사 이한실 (인)

회 신 서

발신인 : 임세인

수신인 : 김갑동

귀하의 통고서를 잘 받았습니다.

본인은 2023. 6. 1. 귀하에게 보증금 9억 원을 지급하였습니다. 위 임대차계약은 기간만료로 종료하였으므로 귀하는 본인에게 보증금 9억 원을 반환할 의무가 있습니다.

한편, 귀하의 채권자 정대여는 2024. 11. 5. 서울중앙지방법원 2024타채9000호로 이 사건 점포에 관한 임대차계약에 기초한 귀하의 본인에 대한 월 차임채권과 부당이득반환채권에 대하여 압류·추심명령을 받았습니다. 이에 본인은 2024년 11월분 차임부터 이를 귀하에게 지급할래야 지급할 수가 없어서 지급하지 않았을 뿐입니다. 그래서 아직 정대여가 실제로 추심한 금원은 없습니다만, 반환받을 임대차보증금을 계산할 때에 2024년 11월부터 2025년 5월까지의 차임과 2025. 6. 1.부터 현재까지의 부당이득금을 공제하여서는 안 됩니다.

2024. 1. 10. 발생된 화재에 관하여는 당시 소방서의 감식결과, 이 사건 점포에서 발화한 것은 맞지만 화재원인은 밝혀지지 않았습니다. 당시 화재로 인해 이 사건 점포 101호와 귀하가 직접 사용하고 있는 102, 103호 점포가 소훼되어 손해가 발생했고 당시 귀하가 점포당 1억 원씩 들여 손상된 점포 전체를 수리한 사실은 저도 인정합니다. 그러나 화재의 원인이 불명인 이상, 그 화재손해를 위 임대차보증금에서 공제하여서는 아니 됩니다.

본인은 귀하로부터 보증금 9억 원을 반환받을 때까지는 이 사건 점포에서 나갈 수 없고 화원 영업을 중단할 수도 없음을 양해해 주시기 바랍니다.

별첨 1) 채권압류 및 추심명령 사본 1통

2) 송달 및 확정증명원 1통

3) 화재감식결과

2025. 7. 20.

발신인 임세인 (인)

서 울 중 앙 지 방 법 원

결 정

사 건	2024타채9000 채권압류 및 추심명령
채 권 자	정대여
	서울 강남구 일원로 10
채 무 자	김갑동
	서울 서초구 서초로 200
제3채무자	임세인
	서울 서초구 청계산길 10

주 문

채무자의 제3채무자에 대한 별지 기재 채권을 압류한다.

제3채무자는 채무자에 대하여 별지 기재 채권의 지급을 하여서는 아니 된다.

채무자는 위 채권의 처분과 영수를 하여서는 아니 된다.

채권자는 위 압류채권을 추심할 수 있다.

청구금액

금 2억 원(2023. 10. 1.자 약속어음금)

이 유

채권자가 위 청구금액을 변제받기 위하여 공증인가 연수합동법률사무소 증서 2023년 제4000호로 작성한 집행력 있는 약속어음공정증서 정본에 기초하여 한 이 사건 신청은 이유 있으므로 주문과 같이 결정한다.

2024. 11. 5.

정 본 입 니 다.

사법보좌관 최지원 ㊞

2024. 11. 5.

법원주사 박성규 ㊞

별 지

압류 및 추심할 채권의 표시

채무자가 아래 임대차계약에 따라 제3채무자에 대하여 가지는 월 차임채권과 아래 임대차 목적물의 사용수익으로 인한 월 차임 상당의 부당이득반환채권 중 청구금액에 이를 때까지의 금액

임대차목적물	서울 서초구 청계산길 10 (신원동 100) 지상 철근콘크리트조 슬래브지붕 2층 근린생활시설 1층 110m², 2층 110m² 중 1층 101호 점포 60m²
임대차계약일	2023. 6. 1.
임대차보증금	9억 원
임대료	월 100만 원
임대차 기간	2023. 6. 1. - 2025. 5. 31. 끝.

송달 및 확정 증명원

사 건 : 서울중앙지방법원 2024타채9000 채권압류 및 추심명령

채 권 자 : 정대여

채 무 자 : 김갑동

제3채무자 : 임세인

증명신청인 : 제3채무자 임세인

위 사건에 관하여 아래와 같이 송달 및 확정되었음을 증명합니다.

채무자 김갑동 2024. 11. 12. 채권압류 및 추심명령 정본 송달

제3채무자 임세인 2024. 11. 12. 채권압류 및 추심명령 정본 송달

2024. 11. 20. 확정. 끝.

2025. 7. 18.

서울중앙지방법원

서울중앙
지방법원
법원주사

법원주사 이진수

화재감식결과

화 재 일 : 2024. 1. 10.

화재장소 : 서울특별시 서초구 신원동 100 (청계산길 10) 상가건물

발화지점 : 위 상가건물 1층 101호 점포

화재원인 : 원인불명

(나머지 기재 생략)

2024. 2. 2.

서울서초소방서 화재감식반

소방경 정강식 (인)

기록 8
해설

문제 1 해설

1. 사안의 개요

의뢰인 김갑동이 임세인에게 이 사건 점포를 임대하였다가 기간만료를 원인으로 임세인을 상대로 이 사건 점포의 인도를 구하는데, 임세인이 임대차보증금반환과의 동시이행항변을 하였고 다시 김갑동이 연체차임과 부당이득금, 화재로 인한 손해배상금을 임대차보증금에서 공제하여야 한다고 재항변한 사안이다.

2. 쟁점과 설명

가. 동시이행 관계

임대인의 임대차보증금반환의무와 임차인의 임대차목적물반환의무는 동시이행의 관계에 있다. 이를 지적하는 피고의 동시이행항변은 타당하다. 다만, 임대차보증금은 임대차계약 종료 후 목적물을 인도할 때까지 임대차와 관련하여 발생하는 차임, 차임 상당 부당이득, 손해배상채무 등 임차인의 모든 채무를 담보하므로(대법원 2002. 12. 10. 선고 2002다52657 판결), 임대인인 김갑동은 그 금액을 공제한 잔액만을 반환할 의무가 있다.

나. 공제의 범위

우선 피고로서는 연체한 차임(2024. 11. 1.부터 임대차 종료시인 2025. 5. 31.까지[393])을 지급할 의무가 있다. 다음으로 피고는 이 사건 임대차계약이 종료된 이후 기간에 대하여 원고에게 차임 상당의 부당이득을 반환할 의무가 있는지 문제된다. 법률상의 원인 없이 이득하였음을 이유로 한 부당이득의 반환에 있어 이득이라 함은 실질적인 이익을 의미하므로, 임차인이 임대차계

393 참고로, 위 2023. 6. 1.자 임대차계약 체결 당시 상가건물 임대차보호법 제2조 제1항, 제2항과 같은 법 시행령(2024. 6. 4. 대통령령 제34550호로 개정되어 2024. 6. 8. 시행되기 전의 것) 제2조 제1항 제1호에 의하면, 서울특별시의 경우 보증금 9억 원을 초과하는 때에는 상가건물 임대차보호법이 적용되지 않는다. 그런데 이 기록사안의 경우 임대차보증금 9억 원과 월 차임 100만 원의 100배에 상당한 금액(같은 시행령 제2조 제3항)의 합계 10억 원이므로 위 법령이 적용되지 않는다. 따라서 위 법 제9조 제2항(임대차가 종료한 경우에도 임차인이 보증금을 돌려받을 때까지는 임대차 관계는 존속하는 것으로 본다)을 고려할 필요가 없어 2025. 5. 31. 임대차계약이 종료되었다고 봄이 상당하다.

약관계가 소멸된 이후에도 임차건물 부분을 계속 점유하기는 하였으나 이를 본래의 임대차계약상의 목적에 따라 사용·수익하지 아니하여 실질적인 이득을 얻은 바 없는 경우에는 그로 인하여 임대인에게 손해가 발생하였다 하더라도 임차인의 부당이득반환의무는 성립되지 않는다(대법원 1995. 3. 28. 선고 94다50526 판결 등). 그런데 이 사안에서 임세인은 임대차계약 종료 이후에도 이 사건 점포를 점유·사용하면서 본래의 임대차계약 목적대로 화원 영업을 계속하고 있으므로, 김갑동에게 그 부당이득을 반환할 의무가 있다.

이에 대하여 피고가, 원고의 채권자 정대여가 받은 압류 및 추심명령이 송달된 이후에 발생한 차임과 부당이득금은 공제대상이 아니라고 주장하고 있다. 그러나 대법원 2004. 12. 23. 선고 2004다56554 판결(상세한 판결요지는 모범답안 참조)에 따르면, 압류 및 추심명령이 있었다 하더라도, 당해 임대차계약이 종료되어 목적물이 반환될 때에는 그때까지 추심되지 아니한 채 잔존하는 차임채권 상당액도 임대보증금에서 당연히 공제된다. 따라서 김갑동의 소송대리인으로서는 이러한 법리를 구사하여 임세인 주장의 부당성을 지적하여야 한다.

다음으로 원인불명의 화재가 발생하여 이 사건 점포와 임차 외 건물인 102호, 103호 점포가 훼손되었는데 이로 인한 손해액도 모두 임대차보증금에서 공제할 수 있는지 문제된다. 대법원 2017. 5. 18. 선고 2012다86895,86901 전원합의체 판결에서 판시한 법리(상세한 판결요지는 모범답안 참조)에 따르면, 이 사건 임대차의 목적물인 이 사건 점포에 화재로 발생한 손해 부분에 대하여는 임차인인 임세인이 자신의 귀책사유가 없음을 주장·증명하지 못하는 이상 임대인인 김갑동에 대하여 손해배상책임을 져야 하므로 김갑동이 지출한 이 사건 점포의 수리비 상당액 1억 원은 위 임대차보증금에서 공제되어야 한다. 그러나 임차 외 건물인 102호, 103호 점포의 화재로 인한 손해 부분에 대하여는, 임차인인 임세인이 보존·관리의무를 위반하여 화재가 발생한 원인을 제공하는 등 화재 발생과 관련된 임차인의 계약상 의무 위반이 있었고, 그러한 의무 위반과 임차 외 건물인 위 102호, 103호 점포 부분의 손해 사이에 상당인과관계가 있으며, 임차 외 건물 부분의 손해가 의무 위반에 따라 민법 제393조에 의하여 배상하여야 할 손해의 범위 내에 있다는 점을 임대인인 김갑동이 주장·증명하지 못하는 이상 이를 공제할 수는 없다.

3. 소장 기재에 필요한 요건사실

가. 임대차계약 종료에 따른 임대인의 임대차목적물반환청구

요건사실	① 임대차계약의 체결사실 ② 목적물의 인도사실 ③ 임대차의 종료사실

나. 임대차계약 종료에 따른 임차인의 임대차보증금반환청구

요건사실	① 임대차계약의 체결사실 ② 임대차보증금의 지급사실 ③ 임대차의 종료사실

문제 1 모범답안

소 장

원 고 김갑동
서울 서초구 서초로 200
소송대리인 변호사 전승혜
서울 서초구 서초대로10길 11, 1200호 (서초동, 완승빌딩)
전화 02)532-3000, 팩스 02)532-3001, E-mail : jsh0909@naver.com

피 고 임세인
서울 서초구 청계산길 10

건물인도청구의 소

청 구 취 지

1. 피고는 원고로부터 800,000,000원에서 2024. 11. 1.부터 별지 목록 기재 부동산의 인도완료일까지 월 1,000,000원의 비율로 계산한 금액을 공제한 나머지 돈을 지급받음과 동시에 원고에게 이 사건 점포를 인도하라.[394]

---

394 이러한 경우 청구취지 기재방식에는 기재방식, 즉 연체차임액을 계산하여 이를 공제한 금액을 특정하는 방식과 연체차임액을 전혀 특정하지 않는 방식이 있다(민사판결서 작성론[주문편] 110쪽 기재례 ①, ② 참조). 현재 본문은 후자의 방식을 따랐다. 이를 전자의 방식에 따라 기재하여 보면 아래와 같다[2024. 11. 1.부터 임대차계약 기간만료일인 2025. 5. 31.까지 연체된 차임 합계 700만 원(=월 100만 원×7개월)과 화재로 인한 손해배상금 1억 원을 9억 원에서 차감한 액수를 제시하였다].
「피고는 원고로부터 793,000,000원에서 2025. 6. 1.부터 이 사건 점포의 인도완료일까지 월 1,000,000원의 비율로 계산한 돈을 공제한 나머지 돈을 지급받음과 동시에 원고에게 이 사건 점포를 인도하라.」
후자의 방식을 취할 경우에는 변론종결시까지 남은 임대차보증금액이 전혀 없게 되거나 부족하게 되지 않는지 여부를 반

2. 소송비용은 피고가 부담한다.

3. 제1항은 가집행할 수 있다.

라는 판결을 구합니다.

청 구 원 인

1. 임대차계약에 기초한 인도청구권의 발생

원고는 2023. 6. 1. 피고에게 별지 목록 기재 부동산(이하 '이 사건 점포'라고 합니다)을 보증금 9억 원, 월 임료 100만 원, 임대기간 2023. 6. 1.부터 2025. 5. 31.까지로 정하여 임대하였습니다(이하 '이 사건 임대차'라고 합니다). 김갑동은 계약 당일 임세인에게 이 사건 점포를 인도하였습니다.[395·396]

따라서 이 사건 임대차계약은 기간만료로 종료하였으므로 특별한 사정이 없는 한 피고는 원고에게 이 사건 점포를 반환할 의무가 있습니다.

2. 피고의 예상되는 항변 등

가. 동시이행항변

피고는 원고로부터 이 사건 임대차보증금 9억 원을 반환받을 때까지는 원고의 이 사건 점포에 관한 인도청구에 응할 수 없다고 동시이행의 항변을 할 것으로 예상됩니다.

피고는 2023. 6. 1. 원고에게 이 사건 임대차보증금 9억 원을 지급하였습니다. 이 사건 임대차계약은 기간만료로 종료하였으므로 원고는 피고에게 보증금 9억 원을 반환할 의무가 있습니다. 그리고 임대인의 임대차보증금반환의무와 임차인의 임대차목적물반환의무는 동시이행의 관계에 있습니다. 따라서 특별한 사정이 없는 한 피고는 원고로부터 9억 원을 반환받음과 동시에 원고에게 이 사건 점포를 인도할 의무가 있습니다.

드시 확인하여야 한다(민사판결서 작성론[주문편] 110쪽 각주 293).

395 의뢰인 김갑동은 101호 점포를 인도받기를 희망하고 있다. 그런데 제시받은 첨부서류들을 살펴보면, 임차인 임세인이 2024. 11. 1.부터 월 차임을 연체하였다. 따라서 임대인 김갑동으로서는 월 차임 3개월 연체를 이유로 계약해지를 할 수 있지 않을까 생각될 수 있으나, 위 임대차계약기간의 만료일인 2025. 5. 31. 이전에 차임 연체를 이유로 해지의 의사를 표시한 바 없으므로, 계약기간 만료로 인하여 이미 소멸한 임대차계약을 해지할 수는 없다. 따라서 위 임대차계약의 기간 만료를 원인으로 101호 점포의 인도를 청구하는 것이 적정한 청구원인으로 판단된다.

396 임대차 기간만료를 원인으로 하는 임대차목적물인도청구의 요건사실, 즉 임대차계약의 체결사실/ 목적물의 인도사실/ 임대차의 종료사실에 맞추어 이를 기재한다([부록] 중 제1항 순번 15번 참조).

나. 원고의 재항변(공제 재항변)

1) 연체차임과 부당이득금의 공제

임대차보증금은 임대차계약 종료 후 목적물을 인도할 때까지 임대차와 관련하여 발생하는 차임, 차임 상당 부당이득 등 임차인의 모든 채무를 담보하므로, 임대인은 그 금액을 공제한 잔액만을 반환할 의무가 있습니다.[397]

이 사건 임대차계약상 차임은 월 100만 원이므로 피고는 원고에게 차임연체가 시작된 2024. 11. 1.부터 이 사건 임대차 종료시인 2025. 5. 31.까지 월 100만 원의 비율에 의한 차임을 지급할 의무가 있습니다.[398]

또한 이 사건 임대차계약이 종료된 이후에도 피고가 이 사건 점포를 점유·사용하면서 화원영업을 계속하고 있으므로, 피고는 이 사건 임대차계약 종료 후에도 이 사건 점포를 점유·사용함으로써 그 사용이익 상당의 이익을 얻고 그로 인하여 임대인인 원고에게 같은 금액 상당의 손해를 가하고 있습니다. 따라서 피고는 원고에게 부당이득을 반환할 의무가 있습니다.

그 부당이득의 액수에 관하여 보면, 통상 부동산의 점유·사용으로 인한 이득액은 그 부동산의 차임 상당액이라고 할 것인바, 위 임대차계약 종료 후의 차임 상당액도 월 100만 원일 것으로 추인되므로, 피고는 원고에게 이 사건 임대차 종료 후 이 사건 점포의 인도 완료시까지 같은 금액 비율에 의한 부당이득을 지급할 의무가 있습니다.[399]

이에 대하여 피고는 원고의 채권자 정대여가 받은 압류 및 추심명령이 송달된 이후에 발생한 차임과 부당이득금은 공제대상이 아니라고 주장할 것으로 예상됩니다.

그러나 부동산 임대차에 있어서 수수된 보증금은 차임채무, 목적물의 멸실·훼손 등으로 인한 손해배상채무 등 임대차에 따른 임차인의 모든 채무를 담보하는 것으로서 그 피담보채무 상당액은 임대차관계의 종료 후 목적물이 반환될 때에 특별한 사정이 없는 한 별도의 의사표시 없이 보증금에서 당연히 공제되는 것이므로, 임대보증금이 수수된 임대차계약에서 차임채권에 관하여 압류 및 추심명령이 있었다 하더라도, 당해 임대차계약이 종료되어 목적물이 반환될 때에는 그때까지 추심되지 아니한 채 잔존하는 차임채권 상당액도 임대보증금

397 공제 재항변을 서술하기에 앞서 임대차보증금의 담보적 성격과 관련된 판례 법리를 기재하여 주는 것이 바람직하다.

398 공제(재)항변에 있어서 요건사실은 '공제대상 채권의 발생사실'임에 주의하여야 한다. 이 사안에서 보자면, 차임채권의 발생사실까지만 요건사실인 것이지, 발생된 차임채권이 연체된 사실은 공제 재항변의 요건사실이 아니라, 오히려 발생된 차임채권이 변제 등으로 소멸된 사실이 피고의 재재항변사실에 해당한다.

399 부당이득반환청구에 있어 요건사실, 즉 피고의 수익/ 원고의 손해/ 인과관계의 존재/ 이득액/ 법률상 원인 흠결을 구체적으로 기재하여 주면 된다. [부록] 제1항 중 순번 10번을 참조하라.

에서 당연히 공제됩니다.[400]

원고의 채권자 정대여가 이 사건 임대차계약에 기초한 원고의 피고에 대한 월 차임채권과 차임 상당의 부당이득반환채권에 관하여 압류 및 추심명령을 받았다고 하더라도, 이 사건 점포가 반환될 때까지 추심되지 아니한 채 잔존하는 차임채권 상당액과 차임 상당의 부당이득반환채권액도 임대차보증금에서 당연히 공제됩니다.

피고의 위 주장은 이유 없습니다.

2) 화재로 인한 손해배상금의 공제

피고는 이 사건 점포와 임차 외 건물인 102호, 103호 점포 모두에 대한 손해배상금 전액이 공제되지 않아야 한다고 주장할 것으로 예상됩니다.

임대차 목적물이 화재 등으로 인하여 소멸됨으로써 임차인의 목적물 반환의무가 이행불능이 된 경우에, 임차인은 이행불능이 자기가 책임질 수 없는 사유로 인한 것이라는 증명을 다하지 못하면 목적물 반환의무의 이행불능으로 인한 손해를 배상할 책임을 지고, 그 화재 등의 구체적인 발생 원인이 밝혀지지 아니한 때에도 마찬가지입니다. 이러한 법리는 임대차 종료 당시 임대차 목적물 반환의무가 이행불능 상태는 아니지만 반환된 임차 건물이 화재로 인하여 훼손되었음을 이유로 손해배상을 구하는 경우에도 동일하게 적용됩니다.[401]

그런데, 2024. 1. 10. 화재가 발생되어 이 사건 점포가 소훼되었고 이로 인하여 원고가 수리비 1억 원을 지출하였습니다. 위 법리에 비추어 볼 때, 이 사건 임대차의 목적물인 이 사건 점포에 화재로 발생한 손해 부분에 대하여는 임차인인 피고가 자신의 귀책사유가 없음을 주장·증명하지 못하는 이상 임대인인 원고에 대하여 손해배상책임을 져야 하므로 이 사건 점포의 수리비 상당액 1억 원은 위 임대차보증금에서 공제되어야 합니다.

따라서 피고의 위 주장은 이 사건 점포 부분에 해당하는 1억 원의 범위 내에서는 타당하지 않습니다.[402]

---

400 대법원 2004. 12. 23. 선고 2004다56554 판결 등

401 대법원 2023. 11. 2. 선고 2023다244895 판결

402 임차 외 건물 102호, 103호 점포 부분에 해당하는 2억 원에 대한 피고의 위 주장은 타당하다. 즉 이 부분에 관한 원고의 공제 주장은 타당하지 않다. 그 이유는 아래와 같다.
임차인이 임대인 소유 건물의 일부를 임차하여 사용·수익하던 중 임차 건물 부분에서 화재가 발생하여 임차 건물 부분이 아닌 건물 부분(이하 '임차 외 건물 부분'이라고 한다)까지 불에 타 그로 인해 임대인에게 재산상 손해가 발생한 경우에, 임차인이 보존·관리의무를 위반하여 화재가 발생한 원인을 제공하는 등 화재 발생과 관련된 임차인의 계약상 의무 위반이 있었음이 증명되고, 그러한 의무 위반과 임차 외 건물 부분의 손해 사이에 상당인과관계가 있으며, 임차 외 건물 부분의

3) 소결론

2024. 11. 1.부터 연체된 월 100만 원 상당의 차임 내지 임료 상당의 부당이득금과 화재로 인한 손해배상금 중 이 사건 점포에 해당하는 1억 원은 이 사건 임대차보증금에서 공제되어야 합니다.

3. 결론

그렇다면, 피고는 원고로부터 이 사건 임대차보증금 중 8억 원(= 이 사건 임대차보증금 9억 원 - 위 손해배상금 1억 원)에서 2024. 11. 1.부터 이 사건 점포의 인도 완료일까지 차임 및 차임 상당 부당이득금 월 100만 원의 비율로 계산한 돈을 공제한 나머지 돈을 지급받음과 동시에 원고에게 이 사건 점포를 인도할 의무가 있습니다.

원고는 이상과 같은 이유로 청구취지와 같은 판결을 구하니 원고의 청구를 인용하여 주시기 바랍니다.

증명방법 및 첨부서류 (생략)

2025. 9. 30.

원고 소송대리인 변호사 전승혜 ㊞

서울중앙지방법원[403] 귀중

손해가 그러한 의무 위반에 따른 통상의 손해에 해당하거나, 임차인이 그 사정을 알았거나 알 수 있었을 특별한 사정으로 인한 손해에 해당한다고 볼 수 있는 경우라면, 임차인은 임차 외 건물 부분의 손해에 대해서도 민법 제390조, 제393조에 따라 임대인에게 손해배상책임을 부담하게 된다(대법원 2017. 5. 18. 선고 2012다86895,86901 전원합의체 판결). 따라서 임대인인 원고가 임차인인 피고가 보존·관리의무를 위반하여 화재가 발생한 원인을 제공하는 등 화재 발생과 관련된 임차인의 계약상 의무 위반이 있었고, 그러한 의무 위반과 임차 외 건물 부분인 위 102호, 103호 점포 부분의 손해 사이에 상당인과관계가 있으며, 임차 외 건물 부분의 손해가 의무 위반에 따라 민법 제393조에 의하여 배상하여야 할 손해의 범위 내에 있다는 점을 주장·증명하지 못하는 이상 이를 공제할 수 없다.

403 피고의 보통재판적(법 제2조), 이행의무지의 특별재판적(금전채권의 경우 채권자의 주소지)(법 제8조) 모두가 서울중앙지방법원의 관할에 속한다.

기록 8

<문제 2> 귀하는 변호사 전승혜로서, 의뢰인 김갑동과의 상담을 통해 아래 【상담내용】과 같은 사실관계를 청취하고, 【의뢰인 희망사항】 기재사항에 관한 본안소송의 대리권을 수여받고, 첨부된 서류를 자료로 받았습니다.

의뢰인을 위한 본안의 소를 제기하기 위한 <u>소장</u>을 작성하시오.

【작성요령】

1. 소장 작성일 및 소제기일은 <u>2025. 9. 30.</u>로 하시오.
2. 부동산의 표기는 다음 [별지 목록]을 소장 말미에 첨부함을 전제로 하고, [별지 목록]을 별도로 작성하지 마시오. 부동산의 표시는 아래와 같이 기재하기로 한다.
3. 그 밖의 작성방식은 【공통된 작성요령】과 같습니다.

목록

1. [1동의 건물의 표시]

   서울 서초구 양재동 50 양재아파트 제1동 철근콘크리트구조 콘크리트슬래브지붕 4층 아파트, 1 내지 4층 각 2270.72m²

   [대지권의 목적인 토지의 표시]

   서울 서초구 양재동 50 대 5,165.3m²

   [전유부분의 건물의 표시]

   제3층 제301호 철근콘크리트구조 165.29m²

   [대지권의 표시]

   소유권대지권 9,082.88분의 165.29
2. 서울 서초구 논현로 100 지상 철근콘크리트구조 단층 상가 1층 101호 80m²
3. 서울 서초구 신원동 100(청계산로 10) 대 500m²
4. 위 제3항 기재 대지 지상 철근콘크리트조 슬래브지붕 단층 근린생활시설 100m²
5. 위 제3항 기재 대지 지상 부속건물 경량철골조(컨테이너) 창고 31.5m² 끝.

의뢰인 상담일지

변호사 전 승 혜 법률사무소

서울 서초구 서초대로10길 11, 1200호 (서초동, 완승빌딩)

☎ : 02-532-3000, 팩스 : 02-532-3001, e-mail : jsh0909@naver.com

접수번호	2025-150	**상담일시**	2025. 9. 1.
의뢰인	김갑동 (서울 서초구 논현로 500)	**내방경위**	지인소개

김갑동은 다음과 같은 상담을 위해 자료들을 가지고 변호사 사무실에 찾아왔다.

1. **양재아파트 관련**

김갑동은 2022. 12. 15. 이을남과 공동으로 한승찬으로부터 서울 서초구 바우뫼로 100, 3층 301호(양재동, 양재아파트)(이하 '이 사건 양재아파트'라고 한다)를 임차하였다(이하 '이 사건 제1임대차'라고 한다). 이때 공동임차인들의 임대차보증금 지분을 별도로 정하지는 않았다. 김갑동과 이을남은 2023. 1. 1. 한승찬에게 임대차보증금으로 각 2억 원씩을 지급하였고, 2023. 1. 1. 이 사건 양재아파트로 이사를 왔으며, 이을남만 2023. 1. 4. 이 사건 양재아파트에 관하여 전입신고를 마쳤다.

그 후 김갑동과 이을남은 2024. 10. 1. 한승찬에게 이 사건 제1임대차계약의 갱신을 거절하는 의사표시가 기재된 내용증명우편을 보냈다. 그 후 김갑동과 이을남은 이 사건 양재아파트에 관한 소유자가 한승찬에서 김수진으로 변경되었음을 알게 되었고 이에 2025. 2. 1. 김수진을 상대로 임대차보증금의 반환을 요청하였다. 그러자 김수진은 2025. 2. 20. 그 반환을 거절하는 내용증명우편을 보내왔다.

김갑동과 이을남은 2025. 8. 10. 김수진에게 이 사건 양재아파트를 인도하였다.

2. **수정상가 관련**

김갑동은 2020. 5. 1. 서지연으로부터 서울 서초구 논현로 100, 수정상가 1층 101호(양재동)(이하 '이 사건 수정상가'라고 한다)를 임차하였다(이하 '이 사건 제2임대차'라고 한다). 김갑동은 이 사건 수정상가에서 '대박포차'라는 상호로 사업자등록을 하고 일반음식점업을 하였다. 김갑동은 2020. 5. 4. 서지연의 협력을 받아 이 사건 수정상가에 관하여 민법 제621조에 따라 임차권등기를 마쳤다. 그 후 김갑동은 2024. 12.경 권리금을 수령할 목적으로 후임 임차인을 구하기 위하여 인근 부동산중개사사무소에 이 사건 수정상가의 임대 건을 의뢰하였다. 그런데 서지연은 2025. 3. 10. 김갑동의 주선으로 신규 임차인이 되려고 하였던 김성욱과 임대차계약 체결을 위한 협의를 거쳤으나, 서지연이 협의과정에서 철거계획을 언급하는 바람에 김성욱은 끝내 김갑동과 권리금계약을 체결하지 않았다. 김갑동은 2025. 4. 15. 서지연에게 이 사건 제2임대차계약의 갱신을 거절하는 의사를 통보하였고, 2025. 4. 30. 서지연에게 이 사건 수정상가를 인도하였다.

3. 청계상가 관련

김갑동은 2021. 8. 1. 이종사촌 동생 정길성에게 서울 서초구 신원동 100(청계산로 10) 대 500m^2(이하 '이 사건 대지'라고 한다) 및 그 지상 철근콘크리트조 슬래브지붕 단층 근린생활시설 100m^2(이하 '이 사건 청계상가'라고 한다)를 임대하였다(이하 '이 사건 제3임대차'라고 한다). 정길성은 2021. 8. 30.경 김갑동의 동의를 받아 이 사건 대지 위에 부속건물 경량철골조(컨테이너) 창고 31.5m^2(이하 '이 사건 창고'라고 한다)를 건축하였다. 한편 정길성은 당시 이 사건 청계상가의 목재출입문을 유리출입문으로 교체하고 매립형 천장 에어컨을 설치하는 등 유익비를 지출하여 이 사건 청계상가의 객관적 가치가 증대하였다. 그런데 정길성이 2022년 5월분부터 현재까지 월 차임을 지급하지 않고 있다. 이에 김갑동은 2025. 5. 30. 정길성에게 차임 연체를 이유로 이 사건 제3임대차의 해지를 통보하면서, 이 사건 대지 및 청계상가의 반환과 이 사건 창고의 철거를 요청하였다. 그러자 정길성은 김갑동의 요청에 관하여 거부의 의사를 표시하였다.

【사건관계인의 주장】

1. 양재아파트 관련

김수진의 주장의 요지는 다음과 같다. ① 한승찬 명의의 등기는 계약명의신탁에 따른 것으로 말소되었고 그 후 윤종주로부터 직접 소유권을 이전받은 김수진은 주택임대차보호법 제3조 제4항의 임차주택의 '양수인'에 해당하지 아니한다고 봄이 타당하므로, 김수진은 임대인인 한승찬의 지위를 승계하지 아니한다. ② 공동임차인 중 이을남만 대항력 요건을 갖춘 이상, 나머지 공동임차인인 김갑동은 대항력을 취득할 수 없으므로, 보증금반환채무가 여전히 한승찬에게 남아 있다.

2. 수정상가 관련

서지연의 주장의 요지는 다음과 같다. ① 상가건물 임대차보호법이 적용되는 이 사건 제2임대차계약은 기간만료일 전 1개월이 경과함으로서 묵시적으로 갱신되었다. 서지연은 김갑동에게 이 사건 제2임대차보증금을 반환할 이유가 없다. ② 설령 이 사건 제2임대차계약이 종료되었다고 하더라도, 김갑동은 이 사건 수정상가에 관하여 마친 임차권설정등기를 말소할 의무를 부담하는데 위 임차권등기를 말소할 때까지 이 사건 제2임대차보증금을 반환할 수 없다.

3. **청계상가 관련**

정길성의 주장의 요지는 다음과 같다. ① 이 사건 청계상가에 관하여 지출한 유익비 5,000만 원을 상환받을 때까지는 유치권에 기초하여 이 사건 청계상가의 반환청구에 응할 수 없다. ② 이 사건 대지 위에 건축된 이 사건 창고가 현존하고 있어 지상물매수청구권을 행사한다. 이로써 정길성은 이 사건 창고에 대한 매매대금을 지급받을 때까지는 이 사건 대지의 인도와 이 사건 창고의 철거청구에 응할 수 없다. ③ 정길성이 연체한 차임 중 적어도 2022년 5월분부터 2022년 8월분까지 합계 400만 원은 3년의 단기소멸시효로 소멸하였으므로, 임대인인 김갑동이 이에 관하여 공제할 수 없다.

【의뢰인 희망사항】

김갑동은 ① 이 사건 양재아파트에 관하여 김수진으로부터 이 사건 제1임대차보증금 전액과 '이 사건 소장 부본 송달일 다음 날부터의 지연손해금'을 지급받고 싶다. ② 이 사건 수정상가에 관하여 최대한 빠른 시한 내에 이 사건 제2임대차보증금 전액을 반환받고 서지연을 상대로 법률상 가능하다면 권리금 회수 방해행위로 인한 손해배상금 8,000만 원을 지급받고 싶다. 한편, 김갑동은 김갑동의 임차권설정등기말소의무보다 서지연의 이 사건 제2임대차보증금반환의무가 선이행되어야 한다고 주장한다. ③ 정길성이 이 사건 청계상가의 출입문을 유리로 교체하는 등 유익비를 지출하여 건물의 객관적 가치가 증대된 것은 인정하나, 정길성으로부터 이 사건 대지와 이 사건 청계상가를 가능한 한 빠른 시일 내에 반환받고 이 사건 창고를 철거하기를 원하며, 월 차임이나 차임 상당 부당이득금은 이 사건 제3임대차보증금에서 모두 공제하기를 바라나, 임대차보증금으로 충당하고도 남는 월 차임이나 차임 상당 부당이득금이 생기더라도 그에 대해서는 굳이 금전지급청구를 원하지 않는다.

등기사항전부증명서(말소사항 포함) - 집합건물

[집합건물] 서울특별시 서초구 양재동 50 양재아파트 제3층 제301호　　고유번호 1109-2005-129835

【 표　제　부 】　(1동의 건물의 표시)

표시번호	접 수	소재지번, 건물명칭 및 번호	건물내역	등기원인 및 기타사항
~~1~~	~~2005년 12월 22일~~	~~서울특별시 서초구~~ ~~양재동 50~~ ~~양재아파트 제1동~~	~~철근콘크리트구조~~ ~~콘크리트슬래브지붕~~ ~~4층 아파트~~ ~~1층 2270.72m²~~ ~~2층 2270.72m²~~ ~~3층 2270.72m²~~ ~~4층 2270.72m²~~	~~도면편철장 제5책 제922장~~
2		서울특별시 서초구 양재동 50 [도로명주소] 서울특별시 서초구 바우뫼로 100	철근콘크리트구조 콘크리트슬래브지붕 4층 아파트 1층 2270.72m² 2층 2270.72m² 3층 2270.72m² 4층 2270.72m²	도로명주소 2012년 6월 29일 등기 도면편철장 제5책 제922장

(대지권의 목적인 토지의 표시)

표시번호	소재지번	지 목	면 적	등기원인 및 기타사항
1	서울특별시 서초구 양재동 50	대	5,165.3m²	2005년 12월 22일

【 표　제　부 】　(전유부분의 건물의 표시)

표시번호	접 수	건물번호	건물내역	등기원인 및 기타사항
1	2005년 12월 22일	제3층 제301호	철근콘크리트구조 165.29m²	도면편철장 제5책 제1053장

(대지권의 표시)

표시번호	대지권 종류	대지권 비율	등기원인 및 기타사항
1	소유권 대지권	9,082.88분의 165.29	2005년 12월 22일 대지권

* 실선으로 그어진 부분은 말소사항을 표시함.　* 등기부에 기록된 사항이 없는 갑구 또는 을구는 생략함.

[집합건물] 서울특별시 서초구 양재동 50 양재아파트 제3층 제301호 고유번호 1109-2005-129835

【 갑 구 】 (소유권에 관한 사항)				
순위번호	등기목적	접 수	등기원인	권리자 및 기타사항
1	소유권보존	2005년 12월 22일 제14647호		소유자 정채무 600111-1026289 서울 서초구 반포동 400 달님 아파트 104동 908호
2	소유권이전	2014년 2월 26일 제29876호	2014년 1월 2일 매매	소유자 윤종주 730624-1662156 서울 서초구 서초로 100 거래가액 1,000,000,000원
~~3~~	~~소유권이전~~	~~2019년 12월 26일~~ ~~제37771호~~	~~2019년 11월 2일~~ ~~매매~~	~~소유자 한승찬 830521-1562188~~ ~~서울 강남구 학동로 300~~ ~~거래가액 1,100,000,000원~~
4	3번소유권 이전등기말소	2024년 12월 2일 제17999호	2024년 10월 22일 확정판결	
5	소유권이전	2024년 12월 2일 제19221호	2019년 11월 2일 매매	소유자 김수진 831102-2780719 서울 강남구 잠원로 200 거래가액 1,100,000,000원

--- 이하 생략 ---

회 신 서

발신인 : 김수진

수신인 : 김갑동, 이을남

1. 귀하들의 2025. 2. 1.자 통고서를 잘 받았습니다.
2. 발신인은 한승찬과 계약명의신탁 약정을 체결하고 2019. 11. 2. 윤종주로부터 한승찬의 명의로 이 사건 양재아파트를 매수하였습니다. 그 후 발신인은 2024년 1월 한승찬과 윤종주를 상대로 등기소송을 제기하였고 별첨 판결문 사본과 같이 2024. 10. 22. 승소판결을 받았고 그 판결은 2024. 11. 25. 확정되었습니다. 이에 따라 한승찬의 이 사건 양재아파트에 관한 소유권이전등기는 2024. 12. 2. 말소되었고 발신인은 2024. 12. 2. 윤종주로부터 이 사건 양재아파트에 관하여 매매를 원인으로 하여 소유권이전등기를 마쳤습니다.
3. 무효인 명의신탁약정에 기초한 한승찬의 이 사건 양재아파트에 관한 소유권이전등기를 말소하여 임차주택인 이 사건 양재아파트의 등기명의를 회복한 것을 두고 임차주택의 '양수'라고 볼 수 없습니다. 만일 임대인 지위의 승계가 이루어져 기존 임대인으로서 명의수탁자인 한승찬이 임대차관계에서 탈퇴하게 될 경우, 명의신탁약정 및 이에 기한 물권변동의 무효를 제3자에게 대항하지 못하도록 규정한 부동산 실권리자명의 등기에 관한 법률 제4조 제3항의 입법취지가 몰각될 수 있습니다. 따라서, 발신인은 주택임대차보호법 제3조 제4항에서 정한 임차주택의 '양수인'에 해당하지 않으므로, 임대인인 한승찬의 지위를 승계하지 않습니다.
4. 게다가 공동임차인인 귀하들 중 이을남 씨만 전입신고를 마치고 김갑동 씨는 전입신고를 마치지 않았으므로, 임대차계약 전체에 대하여 대항력이 발생되지 않았습니다. 이런 이유로도 발신인은 한승찬으로부터 임대인의 지위를 승계하지 않습니다.
5. 따라서 어느 모로 보나, 발신인은 귀하들에게 이 사건 양재아파트에 관한 임대차계약에서 정한 임대차보증금을 반환할 의무가 전혀 없습니다.

별첨 판결문 사본 1통

2025. 2. 20.

발신인 김수진 (인)

서울중앙지방법원
판 결

사 건 2024가단108890 소유권이전등기등
원 고 김수진 (주소 등 기재 생략)
피 고 1. 한승찬
2. 윤종주 (각 주소 기재 생략)
변 론 종 결 2024. 10. 8.
판 결 선 고 2024. 10. 22.

주 문

1. 원고에게 별지 목록 기재 부동산에 관하여,
   가. 피고 한승찬은 서울중앙지방법원 2019. 12. 26. 접수 제37771호로 마친 소유권이전등기의 말소등기절차를 이행하고,
   나. 피고 윤종주는 2019. 11. 2. 매매를 원인으로 한 소유권이전등기절차를 이행하라.
2. 소송비용은 피고들이 부담한다.

청 구 취 지

주문과 같다.

이 유

갑 제1 내지 5호증의 각 기재 및 변론 전체의 취지를 종합하면, 원고는 피고 한승찬과 2019. 11. 2. 별지 목록 기재 부동산(이하 '이 사건 양재아파트'라고 한다)에 관하여 계약명의신탁 약정을 체결하고 피고 윤종주로부터 이 사건 양재아파트를 매수하였는데, 다만 직접 그 명의를 넘겨받기 어려운 사정이 있어서 피고 윤종주의 허락을 얻어 피고 한승찬의 명의로 이 사건 양재아파트에 관한 매매계약을 체결하고, 피고 한승찬 명의로 소유권이전등기를 마친 사실을 인정할 수 있다.

따라서, 원고와 피고 한승찬 사이의 위 계약명의신탁약정과 피고 한승찬 명의로 마쳐진

주문 제1의 가.항 기재 소유권이전등기는 부동산 실권리자명의 등기에 관한 법률 제4조 제1항 및 제2항 본문에 따라 모두 무효이다. 그렇다면 원고에게 이 사건 양재아파트에 관하여, 피고 한승찬은 주문 제1의 가.항 기재 소유권이전등기의 말소등기절차를 이행하고, 피고 윤종주는 2019. 11. 2. 매매를 원인으로 한 소유권이전등기절차를 이행할 의무가 있다.
(나머지 기재 생략)

별지 목록 첨부 생략

부동산 임대차계약서

임대인 서지연[서울 서초구 반포대로 100]과
임차인 김갑동[서울 서초구 논현로 500]은
임대인 소유인 아래 물건에 대하여 다음과 같이 임대차계약을 체결한다.

제1조 (임대차 물건)

임대차 목적물은 서울 서초구 논현로 100(양재동) 지상 3층 상가건물('수정상가') 중 1층 101호 80m² 이다.

제2조 (목적물의 인도와 임대차 기간)

임대인은 2020년 5월 1일 목적물을 임차인에게 인도하며, 임대차계약기간은 그때부터 2025년 4월 30일까지 5년으로 한다.

제3조 (임대료)

임차인은 임대인에게 임대료를 월세로 매월 말일에 일백만(1,000,000) 원을 지급한다.

제4조 (임대차보증금)

① 임대차보증금은 오천만(50,000,000) 원으로 하고, 임차인은 2020. 5. 1. 임대인에게 이를 지급한다.

② 임차인에게 임대료 연체, 기타 본 계약에 의한 채무의 불이행 또는 손해배상 채무가 있을 때는 임차인의 동의 없이 임대차보증금으로 충당할 수 있다.

제5조 (양도금지)

임차인은 임차보증금 반환채권을 임대인의 승낙 없이 제3자에게 양도하지 못한다.

제6조 (사용용도)

임차인은 임대차 목적물을 '일반음식점업' 용도로만 사용하기로 한다.

2020. 5. 1.

임대인 : 서지연 (인)
주민등록번호 710808-2914355
주소 서울 서초구 반포대로 100

임차인 : 김갑동 (인)
주민등록번호 790811-1231230
주소 서울 서초구 논현로 500

등기사항전부증명서(말소사항 포함) - 집합건물

[집합건물] 서울특별시 서초구 논현로 100 수정상가 제1층 제101호 고유번호 1109-2005-129835

【 표 제 부 】 (1동의 건물의 표시)				
표시번호	접 수	소재지번, 건물명칭 및 번호	건물내역	등기원인 및 기타사항
(기재 생략)				
(대지권의 목적인 토지의 표시)				
표시번호	소재지번	지 목	면 적	등기원인 및 기타사항
1	(기재 생략)			

【 표 제 부 】 (전유부분의 건물의 표시)				
표시번호	접 수	건물번호	건물내역	등기원인 및 기타사항
1	2005년 12월 22일	제1층 제101호	철근콘크리트구조 80m²	도면편철장 제5책 제1053장
(대지권의 표시)				
표시번호	대지권 종류	대지권 비율		등기원인 및 기타사항
(기재 생략)				

【 갑 구 】 (소유권에 관한 사항)				
순위번호	등기목적	접 수	등기원인	권리자 및 기타사항
1	(기재 생략)			
2	소유권이전	2009년 12월 26일 제29876호	2009년 11월 2일 매매	소유자 서지연 710808-2914355 서울 서초구 반포대로 100 거래가액 1,100,000,000원

<table>
<tr><td colspan="5">【 을 구 】 (소유권 이외의 권리에 관한 사항)</td></tr>
<tr><td>순위번호</td><td>등기목적</td><td>접 수</td><td>등기원인</td><td>권리자 및 기타사항</td></tr>
<tr><td>1</td><td colspan="4" rowspan="2">(기재 생략)</td></tr>
<tr><td>2</td></tr>
<tr><td>3</td><td>상가건물임차권 설정</td><td>2020년 5월 4일
제51000호</td><td>2020년 5월 1일
설정계약</td><td>임차보증금 금50,000,000원
차임 월 금 1,000,000원
차임지급시기 매월 말일
범위 상가건물 전부
존속기간 2020년 5월 1일부터 2025년 4월 30일
사업자등록신청일자 2020년 5월 2일
점유개시일자 2020년 5월 2일
확정일자 2020년 5월 2일
임차권자 김갑동 790811-1231230
서울 서초구 논현로 500</td></tr>
</table>

감정평가서

수신 : 김갑동 귀하

1. 감정 목적물 : 서울 서초구 논현로 100(양재동) 지상 3층 상가건물(수정상가) 중 1층 101호 80m²

2. 감정의 목적 : 감정기준일 현재의 권리금 가액의 평가 (감정기준일 : 2025. 2. 20.)

3. 감정결과

구분	금액(단위 : 원)
유형재산 권리금	4,000만 원
무형재산 권리금	4,000만 원
합계	8,000만 원

의뢰하신 상가의 권리금을 위와 같이 감정평가하여 회신합니다.

2025. 2. 20.

안심감정평가사사무소

감정평가사 고정밀 (인)

통고서에 대한 회신

발신인 : 서지연

수신인 : 김갑동

1. 귀하의 2025. 5. 20.자 통고서를 잘 받았습니다.
2. 임대인인 본인이 귀하와의 임대차계약의 임대차 기간이 만료되기 6개월 전부터 1개월 전까지 사이에 갱신거절의 통지 등 적극적인 조치를 취하지 아니하였습니다만, 임차인인 귀하께서도 임대차 기간이 만료되기 6개월 전부터 1개월 전까지 사이에는 갱신 여부에 관하여 아무런 의사표시를 하지 않으셨고, 계약종료 15일 전에야 비로소 갱신거절의 통지를 하였을 뿐입니다. 따라서 상가건물 임대차보호법이 적용되는 이 사건 수정상가에 관한 임대차계약은 기간만료일 전 1개월이 경과함으로써 묵시적으로 갱신되었습니다. 임대차계약이 종료되지 않은 이상, 본인이 귀하에게 임대차보증금을 반환할 이유가 없습니다. 오히려 임대차계약이 살아 있으니, 월 차임을 계속 지급해 주시기 바랍니다.
3. 설령, 귀하의 주장대로 귀하와의 임대차계약이 종료되었다고 하더라도, 귀하가 이 사건 수정상가에 관하여 마친 임차권등기를 말소할 때까지는 임대차보증금을 돌려 줄 수 없습니다.
4. 한편, 본인은 귀하의 권리금 회수를 방해한 적이 없습니다. 본인이 2025. 3. 10. 귀하의 주선으로 신규 임차인이 되려고 하였던 김성욱과 임대차계약 체결을 위한 협의과정에서, 김성욱에게 이 사건 수정상가의 철거 등 계획을 고지한 것은 사실입니다만, 귀하도 잘 아시다시피 이 사건 수정상가는 준공허가를 1983년에 받은 건물로서 실제로 건물안전에 대한 우려가 있는 상태입니다. 그러므로 그러한 사정을 신규 임차인이 되려는 분에게 알려 드린 것만으로는, 권리금 회수 방해행위라고 보기 어렵습니다. 귀하의 손해배상금 8,000만 원 청구는 부당합니다.

별첨 사실확인서 1통

2025. 7. 12.

발신인 서지연 (인)

사실확인서

1. 서울 서초구 논현로 100(양재동) 지상 3층 상가건물 '수정상가'는, 2022년 5월 '시설물의 안전 및 유지관리에 관한 특별법'에 따라 시행된 건물안전진단에서 D등급(미흡)을 받았습니다. D등급은 주요부재에 결함이 발생하여 긴급한 보수·보강이 필요한 상태로서 사용제한 여부를 결정해야 하는 상태에 있는 건물 등 구조물에 부여됩니다.

2. 위 수정상가에 관하여 2025년 6월 현재 다시 건물안전진단을 실시한다면, 최하등급인 E등급(불량)이 나올 수도 있는 상태로 평가될 것으로 판단됩니다.

2025. 6. 28.

확인인 한국시설안전평가원

안전진단팀 팀장 최성호 ㊞

상가 임대차계약서

임대인 김갑동[서울 서초구 논현로 500]과
임차인 정길성[서울 성동구 성수이로 100]은
임대인 소유인 아래 물건에 대하여 다음과 같이 임대차계약을 체결한다.

제1조 (임대차 물건)

임대차 목적물은 서울 서초구 청계산로 10(신원동 100) 대 500㎡ 및 그 지상 철근콘크리트조 슬래브지붕 단층 근린생활시설 100m²이다.

제2조 (목적물의 인도와 임대차 기간)

임대인은 2021년 8월 1일 목적물을 임차인에게 인도하며, 임대차계약기간은 그때부터 2025년 7월 31일까지 4년으로 한다.

제3조 (임대료)

임차인은 임대인에게 임대료를 월세로 매월 일백만(1,000,000) 원을 지급한다.

제4조 (임대차보증금)

① 임대차보증금은 삼천만(30,000,000) 원으로 하고, 임차인은 2021. 8. 1. 임대인에게 이를 지급한다.

② 임차인에게 임대료 연체, 기타 본 계약에 의한 채무의 불이행 또는 손해배상 채무가 있을 때는 임차인의 동의 없이 임대차보증금으로 충당할 수 있다.

제5조 (양도금지)

임차인은 임차보증금 반환채권을 임대인의 승낙 없이 제3자에게 양도하지 못한다.

[특약사항]

1) 임대인은 서울 서초구 신원동 100(청계산로 10) 대 500㎡ 위에 임차인의 필요에 따라 임시 창고건물(컨테이너)을 건축하여 사용하는 것에 동의한다.
2) 임차인은 임대차 목적물의 반환기일 전에 임차인의 부담으로 원상복구하기로 한다.

2021. 8. 1.

임대인 : **김갑동** (인)
주민등록번호 790811-1231230
주소 서울 서초구 논현로 500

임차인 : **정길성** (인)
주민등록번호 801029-1987230
주소 서울 성동구 성수이로 100

통고서에 대한 답변

발신인 : 정길성

수신인 : 김갑동

1. 형님, 보내 주신 2025. 5. 30.자 통고서는 2025. 5. 30.에 잘 받았습니다. 제가 2022년 5월분부터 현재까지 월 차임을 지급하지 못하였는데도 형님께서 많이 참아주신 점은 깊이 감사하게 생각하고 있습니다.
2. 그러나 형님도 잘 아시겠지만, 제가 형님의 동의하에 카페영업을 위해 이 사건 청계상가의 목재 출입문을 유리 출입문으로 교체하고 매립형 천장 에어컨을 설치하였으며 pvc배관을 구리 배관으로 교체하는 공사를 마쳤습니다. 제가 이 사건 청계상가에 들인 비용만 해도 최소한 5,000만 원이 넘고, 제가 최근에 이 사건 청계상가의 가치평가액에 대하여 감정평가를 의뢰하여 본 결과 현존하는 그 가치증가액이 아무리 적게 잡아도 5,000만 원은 된다고 합니다. 저로서는 부득이 그 지출비용 중 5,000만 원에 관하여 유치권을 행사하겠습니다. 저는 5,000만 원을 상환받을 때까지는 이 사건 청계상가를 돌려 드릴 수 없습니다.
3. 또, 형님께서 이 사건 임대차계약을 체결할 당시에 저에게 이 사건 대지 위에 컨테이너로 임시 창고건물을 건축하여 사용하는 것에 동의하였습니다. 제가 이 사건 대지 위에 이 사건 창고를 축조하는 데만도 2,000만 원의 비용이 들었습니다. 저는 이 사건 창고에 관하여 지상물매수청구권을 행사합니다.
4. 마지막으로 제가 연체한 월 차임 중 적어도 2022년 5월분부터 2022년 8월분까지 합계 400만 원은 시효소멸하였으므로, 형님께서 이에 관하여는 이 사건 임대차보증금에서 공제할 수 없습니다.

별첨 1) 청계상가 공사 영수증 및 감정평가서 각 1통

2) 창고신축공사 영수증 1통

2025. 8. 31.

발신인 정길성 (인)

청계상가 공사 영수증

정길성 귀하

2021. 8. 15. 귀하로부터 서울 서초구 청계산로 10 지상 철근콘크리트조 슬래브지붕 단층 근린생활시설 100m^2 점포에 관하여 공사비로 5,080만 원을 지급받았음을 확인합니다.

2021. 8. 15.

영수인 주식회사 한솔인테리어
대표이사 정한솔 (직인)

감정평가서

수신 : 정길성 귀하

1. 감정 목적물: 서울 서초구 청계산로 10 지상 철근콘크리트조 슬래브지붕 단층 근린생활시설 100m^2 점포

2. 감정의 목적: 위 점포에 관한 2021. 8. 15.자 공사로 인한 현존하는 가치증가액의 평가

3. 감정결과: 현존하는 가치증가액은 최소 5,000만 원 내지 6,000만 원

위와 같이 감정평가하여 회신합니다.

2025. 7. 20.

무오감정평가사사무소
감정평가사 최무오 (인)

창고신축공사 영수증

정길성 귀하

2021. 8. 30. 귀하로부터 서울 서초구 청계산로 10 지상 임시 창고 건축공사에 대한 공사대금으로 2,000만 원을 지급받았음을 확인합니다.

2021. 8. 30.

영수인 토브건축

대표 장세훈 (인)

문제 2 해설

[양재아파트 관련]

1. 사안의 개요

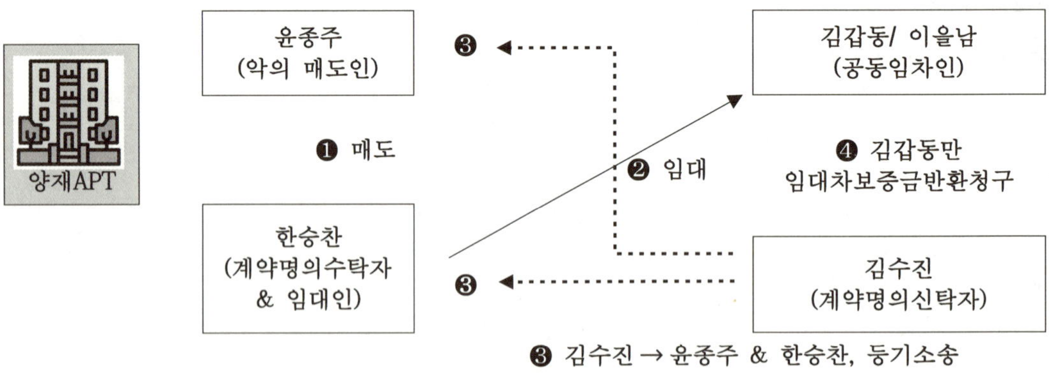

김수진이 한승찬과 계약명의신탁약정을 맺고 윤종주로부터 이 사건 양재아파트를 매수하였는데(❶), 계약명의수탁자인 한승찬이 의뢰인 김갑동과 이을남에게 이 사건 양재아파트를 임대하였다. 이때 공동임차인 중 이을남만 전입신고를 마쳤다(❷). 그 후 계약명의신탁자인 김수진이 계약명의신탁 약정의 무효 주장을 기초로 이 사건 양재아파트에 관하여, 한승찬을 상대로 소유권이전등기의 말소를, 윤종주를 상대로 소유권이전등기를 구하는 등기소송을 제기하였다가 승소판결을 받아 그 확정판결에 따라 한승찬의 위 등기가 말소되고 김수진은 윤종주로부터 이 사건 양재아파트에 관하여 소유권이전등기를 마쳤다(❸). 그 후 김갑동이 김수진을 상대로 임대차보증금반환을 청구하였다(❹).

2. 쟁점과 설명

가. 계약명의신탁에 관한 법리와 주택임대차보호법 제3조 제4항에서의 '양수'

김수진이 무효인 계약명의신탁약정에 기초한 한승찬의 이 사건 양재아파트에 관한 소유권이전등기를 말소하여 이 사건 양재아파트의 등기명의를 회복한 것이, 주택임대차보호법 제3조 제4항에서 정한 임차주택의 '양수'라고 볼 수 있는가? 주택임대차보호법 제3조 제4항은 주택의 인도와 주민등록의 대항요건을 갖춘 임대차의 목적이 된 임차주택의 양수인은 임대인의 지위를 승계한 것으로 본다고 규정하고 있다. 이는 법률상 당연승계 규정으로 보아야 하므로, 임대주택이 양도된 경우에 그 양수인은 주택의 소유권과 결합하여 임대인의 임대차계약상의 권리·의무 일체를 그대로 승계한다. 그 결과 양수인은 임대차보증금 반환채무를 면책적으로 인수하고, 양도인은 임대차관계에서 탈퇴하여 임차인에 대한 임대차보증금 반환채무를 면하게 된다(대법원 2021. 11. 11. 선고 2021다251929 판결 등). 이러한 법리가 우리 사안에도 적용될 수 있는지 문제된다. 만일 우리 사안에서 임대인 지위의 승계가 이루어져 기존 임대인으로서 명의수탁자인 한승찬이 임대차관계에서 탈퇴하게 될 경우, 명의신탁약정 및 이에 기한 물권변동의 무효를 제3자에게 대항하지 못하도록 규정한 부동산 실권리자명의 등기에 관한 법률(이하 '부동산실명법'이라고 한다) 제4조 제3항의 입법취지가 몰각되는 것은 아닌지 의문이 들기 때문이다.

그런데 이에 관하여 우리 대법원은 임차인을 두텁게 보호하고자 하는 주택임대차보호법 제3조 제4항의 개정 취지 등을 근거로, 위의 방법으로 소유권이전등기를 마친 명의신탁자는 주택임대차보호법 제3조 제4항에 따라 임대인의 지위를 승계한다고 판시하였다(대법원 2022. 3. 17. 선고 2021다210720 판결, 상세한 판결요지는 모범답안 참조). 따라서 김갑동의 소송대리인으로서는 이러한 논증을 기초로 소장을 작성하여야 한다.

나. 공동임차인 중 1인의 전입신고와 대항력의 범위

김갑동과 이을남이 이 사건 양재아파트를 공동으로 임차하였는데, 이을남만 대항력을 구비하였다. 이러한 경우 실제 대항력을 갖추지 못한 김갑동에게도 대항력이 미치는지 문제된다. 공동임차인 중 1인이 취득한 대항력이 임대차 전체에 미친다고 보더라도 주택임대차보호법에 따른 공시의 목적, 거래관행 등에 비추어 임대차계약을 전제로 법률행위를 하고자 하는 제3자의 권리가 침해된다고 볼 수도 없다(대법원 2021. 10. 28. 선고 2021다238650 판결).[404] 따라서 김갑동의 소송대리인으로서는 이러한 법리를 기초로 하여 김수진의 반박을 배척하는 취지의 변론을 하여야 한다.

404 이러한 법리는 계약당사자 사이에 공동임차인의 임대차보증금 지분을 별도로 정한 경우에도 마찬가지이다. 공동임차인으로서 임대차계약을 체결한 것은 기본적으로 임대차계약에 따른 권리 · 의무를 함께하겠다는 것이고, 임대차보증금에 관한 지분을 정하여 그 지분에 따라 임대차보증금을 지급하거나 반환받기로 약정하였다고 하더라도 임대차계약 자체를 지분에 따라 분리하겠다는 것이라고 볼 수는 없다(대법원 2021. 10. 28. 선고 2021다238650 판결).

[수정상가 관련]

1. 사안의 개요

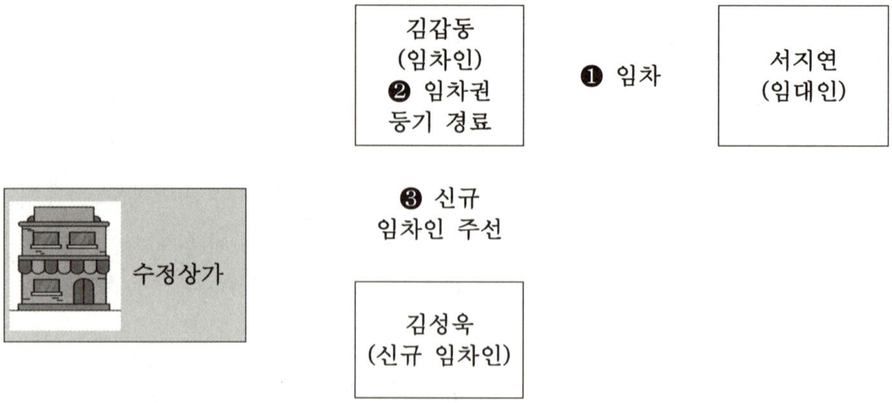

의뢰인 김갑동이 서지연으로부터 상가건물 임대차보호법(이하 '상가임대차법'이라고 한다) 적용대상인 이 사건 수정상가를 임차하고, 임대차계약 당시 서지연의 협조를 받아 임차권등기를 마쳤다. 김갑동은 그 후 서지연에게 이 사건 수정상가에 관하여 신규 임차인이 되려고 하는 김성욱과 임대차계약을 체결할 수 있도록 주선하였다. 그러나 김성욱은 서지연과 신규 임대차계약을 체결하지 못하였고, 김갑동과 서지연 사이의 임대차계약기간이 만료되기 6개월 전부터 1개월 전까지 사이에 김갑동과 서지연 모두 계약종료통지 내지 갱신거절의 통지 등 별다른 조치를 취하지 아니하였다.

2. 쟁점과 설명

가. 묵시적 갱신 여부

상가임대차법이 적용되는 이 사건 수정상가에 대한 임대차계약의 임대차 기간이 만료되기 6개월 전부터 1개월 전까지 사이에 김갑동과 서지연이 모두 계약종료통지 내지 갱신거절의 통지 등 별다른 조치를 취하지 아니한 경우, 묵시적 갱신이 인정되는가? 상가임대차법은 제10조 제1항에서 임차인의 계약갱신 요구권을 인정할 뿐이고, 제10조 제4항에서는 묵시적 갱신을 규정하면서 임대인의 갱신거절 또는 조건변경의 통지기간을 제한하였을 뿐, 주택임대차보호법 제6조 제1항 후문과 달리 상가의 임차인에 대하여는 기간의 제한을 두지 않은 이상, 상가의 임차인이 임대차 기간 만료 1개월 전부터 만료일 사이에 갱신거절의 통지를 한 경우 해당 임대차계약은 묵시적 갱신이 인정되지 않고 임대차 기간의 만료일에 종료한다고 보아야 한다(대법원 2024. 6. 27. 선고 2023다307024 판결, 상세한 판결요지는 모범답안 참조). 이러한 법리에 비추어 볼 때 이 사건 제2임대차계약은 갱신되지 않고 기간만료로 종료하였다고 봄이 타당하다.

나. 임차권등기 말소의무와 임대차보증금반환의무의 관계

김갑동의 이 사건 수정상가에 관한 임차권설정등기 말소의무와 서지연의 임대차보증금반환의무가 동시이행관계에 있는가? 주택임대차보호법 제3조의3 규정(임차권등기명령)에 의한 임차권등기는 이미 임대차계약이 종료하였음에도 임대인이 그 보증금을 반환하지 않는 상태에서 경료되게 되므로, 이미 사실상 이행지체에 빠진 임대인의 임대차보증금의 반환의무와 그에 대응하는 임차인의 권리를 보전하기 위하여 새로이 경료하는 임차권등기에 대한 임차인의 말소의무를 동시이행관계에 있는 것으로 해석할 것은 아니고, 특히 위 임차권등기는 임차인으로 하여금 기왕의 대항력이나 우선변제권을 유지하도록 해 주는 담보적 기능만을 주목적으로 하는 점 등에 비추어 볼 때, 임대인의 임대차보증금의 반환의무가 임차인의 임차권등기 말소의무보다 먼저 이행되어야 할 의무이다(대법원 2005. 6. 9. 선고 2005다4529 판결). 이러한 법리는 상가임대차법 제6조에서 정한 임차권등기명령에 관하여도 동일하게 적용된다고 봄이 타당하다.

그에 반하여 임차인이 민법 제621조에 의하여 임차권등기를 마친 경우 당사자 사이에 다른 약정이 없는 한 임대차 종료 후 임대인의 임차보증금 반환의무와 임차인의 임차권등기 말소의무는 동시이행관계에 있다(대법원 2024. 12. 12. 선고 2024다261989 판결). 민법 제621조는 임대인의 협력(즉, 부동산등기법상 이른바 공동신청주의에 따라 임대인이 임차권등기에 필요한 서류들을 제공하는 것을 의미한다)을 받아 임차권등기를 마치는 경우이고, 주택임대차보호법 제3조의3 규정과 상가임대차법 제6조 규정은 임대인의 등기신청 없이 임차인이 일방적으로 관할법원으로부터 임차권등기명령을 받아서 임차권등기를 마치는 경우이다. 양자를 구분하여 법리를 숙지하도록 하자.

다. 권리금 회수 방해행위 여부

상가임대차법 제10조의4 제1항 본문은 임차인이 주선한 신규임차인으로부터 권리금을 지급받는 것을 방해하는 임대인의 행위들을 열거하고, 같은 조 단서에서 상가임대차법 제10조 제1항의 각 호를 예외로 두고 있다.[405] 서지연이 김갑동의 주선으로 신규 임차인이 되려던 김성욱

---

405 상가임대차법

제10조의4 ① 임대인은 임대차 기간이 끝나기 6개월 전부터 임대차 종료 시까지 다음 각 호의 어느 하나에 해당하는 행위를 함으로써 권리금 계약에 따라 임차인이 주선한 신규임차인이 되려는 자로부터 권리금을 지급받는 것을 방해하여서

에게 임대차계약 체결과정에서 이 사건 수정상가의 철거 및 재건축 계획과 시점을 고지한 행위가 상가임대차법 제10조의4 제1항 제4호에서 정한 '정당한 사유 없이 신규임차인과의 임대차계약 체결을 거절하는 행위'에 해당하는지 문제된다. 이에 관하여 대법원 2022. 8. 11. 선고 2022다202498 판결은, 다른 특별한 사정이 없는 한 임대인이 신규 임차인이 되려는 사람에게 철거·재건축 계획 및 그 시점을 고지하였다는 사정만으로는 권리금 회수 방해행위가 아니라고 판시하였다(상세한 판결요지는 모범답안 참조). 이를 지적하는 서지연의 주장은 타당하다. 따라서 이러한 검토결과를 바탕으로 소장을 작성할 때 이에 관하여는 청구하지 않도록 한다.

[청계상가 관련]

1. 사안의 개요

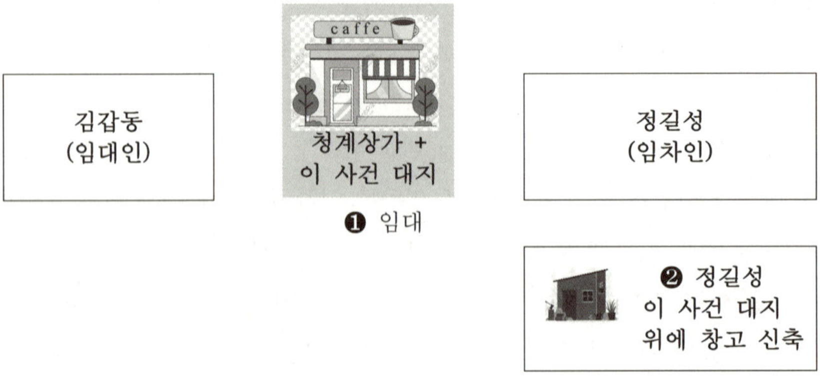

는 아니 된다. 다만, 제10조 제1항 각 호의 어느 하나에 해당하는 사유가 있는 경우에는 그러하지 아니하다.
1. 임차인이 주선한 신규임차인이 되려는 자에게 권리금을 요구하거나 임차인이 주선한 신규임차인이 되려는 자로부터 권리금을 수수하는 행위
2. 임차인이 주선한 신규임차인이 되려는 자로 하여금 임차인에게 권리금을 지급하지 못하게 하는 행위
3. 임차인이 주선한 신규임차인이 되려는 자에게 상가건물에 관한 조세, 공과금, 주변 상가건물의 차임 및 보증금, 그 밖의 부담에 따른 금액에 비추어 현저히 고액의 차임과 보증금을 요구하는 행위
4. 그 밖에 정당한 사유 없이 임대인이 임차인이 주선한 신규임차인이 되려는 자와 임대차계약의 체결을 거절하는 행위

제10조 ① 임대인은 임차인이 임대차 기간이 만료되기 6개월 전부터 1개월 전까지 사이에 계약갱신을 요구할 경우 정당한 사유 없이 거절하지 못한다. 다만, 다음 각 호의 어느 하나의 경우에는 그러하지 아니하다.
7. 임대인이 다음 각 목의 어느 하나에 해당하는 사유로 목적 건물의 전부 또는 대부분을 철거하거나 재건축하기 위하여 목적 건물의 점유를 회복할 필요가 있는 경우
   가. 임대차계약 체결 당시 공사시기 및 소요기간 등을 포함한 철거 또는 재건축 계획을 임차인에게 구체적으로 고지하고 그 계획에 따르는 경우
   나. 건물이 노후·훼손 또는 일부 멸실되는 등 안전사고의 우려가 있는 경우
   다. 다른 법령에 따라 철거 또는 재건축이 이루어지는 경우

의뢰인 김갑동이 정길성에게 이 사건 대지와 이 사건 청계상가를 임대하였다(원상복구약정 포함). 정길성은 김갑동의 동의를 받아 이 사건 대지 위에 창고를 신축하였고 이 사건 청계상가의 출입문을 유리문으로 교체하는 등 유익비를 지출하여 이 사건 청계상가의 객관적 가치가 증대하였다. 그런데 정길성이 2022년 5월분부터 월 차임을 지급하지 않았다. 이에 김갑동은 정길성에게 차임 연체를 이유로 임대차계약의 해지를 통보하였다.

2. 쟁점과 설명

가. 원상복구약정과 유익비상환청구권의 포기

임대차계약 당시 원상복구약정을 체결한 임차인 정길성이 지출한 유익비상환청구권에 기초하여 임대인인 김갑동을 상대로 유치권을 행사할 수 있는지 문제되나, 대법원 1995. 6. 30. 선고 95다12927 판결 등(상세한 판결요지는 모범답안 참조)의 법리에 비추어 볼 때, 이 사건 제3임대차계약에는 원상복구약정이 포함되어 있으므로 임차인인 피고 정길성이 그 유익비상환청구권을 포기하였다고 평가함이 타당하다. 따라서 피고 정길성은 그러한 유익비상환청구권을 피담보채권으로 하는 유치권을 행사할 수 없다.

나. 지상물매수청구권의 인정 여부

건물의 소유를 목적으로 하는 이 사건 토지임대차에 있어서 임차인 정길성의 채무불이행을 이유로 계약이 해지된 경우 정길성에게 지상물매수청구권이 인정되는가? 정길성은 김갑동으로부터 이 사건 청계상가와 함께 이 사건 대지를 창고건축을 목적으로 임차하였고 이 사건 대지 위에 이 사건 창고를 건축하여 임대차계약 종료 당시 이 사건 창고가 현존하고 있다. 그러나, 공작물의 소유 등을 목적으로 하는 토지임대차에 있어서 임차인의 채무불이행을 이유로 계약이 해지된 경우에는 임차인은 임대인에 대하여 민법 제283조, 제643조에 의한 매수청구권을 가지지 아니한다(대법원 2003. 4. 22. 선고 2003다7685 판결 등). 따라서 정길성은 김갑동을 상대로 이 사건 창고에 관하여 지상물매수청구권을 행사할 수 없다.

다. 시효소멸된 연체차임의 공제

임대인이 소멸시효가 완성된 연체차임채무를 임대차보증금에서 공제할 수 있는가? 임대인이 소멸시효가 완성된 차임채권을 자동채권으로 삼아 임대차보증금 반환채무와 상계할 수는 없으나 민법 제495조를 유추적용하여 그 연체차임을 임대차보증금에서 공제할 수는 있다는 것이 법리이다(대법원 2016. 11. 25. 선고 2016다211309 판결, 상세한 판결요지는 모범답안 참조). 따라서 이 사건 제3임대차에 있어서 2022년 5월분부터 2022년 8월분까지 발생된 월 차임들은 3년의 소멸시효가 경과하였으나, 임대인인 김갑동으로서는 민법 제495조를 유추적용하여 임대차보증금에서 위 연체차임들을 공제할 수 있다.

문제 2 모범답안

소 장

원 고 김갑동

서울 서초구 논현로 500

소송대리인 변호사 전승혜

서울 서초구 서초대로10길 11, 1200호 (서초동, 완승빌딩)

전화 02)532-3000, 팩스 02)532-3001, E-mail : jsh0909@naver.com

피 고 1. 김수진

서울 강남구 잠원로 200

2. 서지연

서울 서초구 반포대로 100

3. 정길성

서울 성동구 성수이로 100

임대차보증금반환청구 등의 소

청 구 취 지

1. 피고 김수진은 원고에게 400,000,000원 및 이에 대하여 이 사건 소장 부본 송달일 다음 날부터 다 갚는 날까지 연 12%의 비율로 계산한 돈을 지급하라.
2. 피고 서지연은 원고로부터 별지 목록 제2항 기재 건물에 관하여 서울중앙지방법원 등기국 2020. 5. 4. 접수 제51000호로 마친 임차권설정등기의 말소등기절차를 이행받음과

동시에 원고에게 50,000,000원을 지급하라.

3. 피고 정길성은 원고에게,

가. 별지 목록 제3항 기재 토지와 같은 목록 제4항 기재 건물을 각 인도하고,

나. 별지 목록 제5항 기재 건물을 철거하라.

4. 소송비용은 피고들이 부담한다.

5. 제1 내지 3항은 가집행할 수 있다.

라는 판결을 구합니다.

청 구 원 인

1. 피고 김수진에 대한 청구

가. 임대차보증금반환청구권의 발생

원고는 2022. 12. 15. 이을남과 공동으로 한승찬으로부터 이 사건 양재아파트를 임대차보증금 4억 원, 임대차 기간 2023. 1. 1.부터 2024. 12. 31.까지 2년간으로 정하여 임차하였습니다(이하 '이 사건 제1임대차'라고 합니다). 원고와 이을남은 2023. 1. 1. 한승찬에게 임대차보증금 4억 원을 지급하였고, 2023. 1. 1. 이 사건 양재아파트로 이사를 왔으며, 이을남이 2023. 1. 4. 이 사건 양재아파트에 관하여 전입신고를 마쳤습니다. 그 후 한승찬의 이 사건 양재아파트에 관한 소유권이전등기가 2024. 12. 2. 말소되었고 전 등기명의인인 윤종주로부터 2024. 12. 2. 피고 김수진에게 이 사건 양재아파트에 관하여 2019. 11. 2. 매매를 원인으로 하여 소유권이전등기가 마쳐졌습니다.[406] 원고는 2025. 8. 10. 피고 김수진에게 이 사건 양재아파트를 인도하였습니다.[407]

따라서, 피고 김수진은 주택임대차보호법 제3조 제1항, 제4항에 따라 이 사건 제1임대차계약 상 한승찬의 임대인의 지위를 승계하였고, 이 사건 제1임대차는 위 계약기간의 경과로 종료하였습니다.

그렇다면, 피고 김수진은 공동임차인으로서 불가분채권자인[408] 원고에게 이 사건 제1임

---

406 임대차 기간만료를 원인으로 하는 임대차보증금반환청구의 요건사실(임대차계약의 체결사실/ 임대차보증금의 지급사실/ 임대차의 종료사실)을 기재하되, 임대인의 지위가 승계된 이 사안에서는 '임대인의 지위 승계'라는 별개의 법률효과에 상응하는 법률요건인 주택임대차보호법 제3조 제1항에서 정한 요건사실[주택의 인도와 주민등록(전입신고)을 마친 사실]을 기재하여야 한다.

407 의뢰인 김갑동이 소장 부본 송달일 다음 날부터의 지연손해금을 구하기를 희망하였으므로, 임차인 김갑동이 임대인 김수진에게 이 사건 양재아파트를 인도하여 그 동시이행관계가 해소된 사실도 기재하여야 한다.

대차보증금 400,000,000원 및 이에 대하여 원고가 이 사건 양재아파트를 인도한 날 이후로서 원고가 구하는 이 사건 소장 부본 송달일 다음 날부터 다 갚는 날까지 소송촉진 등에 관한 특례법에서 정한 연 12%의 비율로 계산한 지연손해금을 지급할 의무가 있습니다.

나. 피고 김수진의 예상되는 주장과 반박

1) 계약명의신탁 약정 무효와 관련하여 주택임대차보호법 제3조 제4항의 임차주택의 '양수인'에 해당하지 아니한다는 주장

피고 김수진은, 무효인 계약명의신탁약정에 기초한 한승찬의 이 사건 양재아파트에 관한 소유권이전등기를 말소하여 이 사건 양재아파트의 등기명의를 회복한 것을 두고 임차주택의 '양수'라고 볼 수 없다고 주장할 것으로 예상됩니다.

그러나, 매도인이 악의인 계약명의신탁에서 명의수탁자로부터 명의신탁의 목적물인 주택을 임차하여 주택 인도와 주민등록을 마침으로써 주택임대차보호법 제3조 제1항에 의한 대항요건을 갖춘 임차인은 '부동산 실권리자명의 등기에 관한 법률' 제4조 제3항의 규정에 따라 명의신탁약정 및 그에 따른 물권변동의 무효를 대항할 수 없는 제3자에 해당하므로 명의수탁자의 소유권이전등기가 말소됨으로써 등기명의를 회복하게 된 매도인 및 매도인으로부터 다시 소유권이전등기를 마친 명의신탁자에 대해 자신의 임차권을 대항할 수 있고, 이 경우 임차인 보호를 위한 주택임대차보호법의 입법 목적 및 임차인이 보증금반환청구권을 행사하는 때의 임차주택 소유자로 하여금 임차보증금반환채무를 부담하게 함으로써 임차인을 두텁게 보호하고자 하는 주택임대차보호법 제3조 제4항의 개정 취지 등을 종합하면 위의 방법으로 소유권이전등기를 마친 명의신탁자는 주택임대차보호법 제3조 제4항에 따라 임대인의 지위를 승계합니다.[409]

그런데 원고는, 피고 김수진과의 계약명의신탁약정에 따라 명의수탁자인 한승찬으로부터 명의신탁의 목적물인 이 사건 양재아파트를 임차하여 주택 인도와 주민등록을 마쳤습니다. 이 사건 양재아파트를 한승찬에게 매도한 윤종주가 위 계약명의신탁약정 사실을 알고 있었던 이상, 원고는 주택임대차보호법 제3조 제1항에 의한 대항요건을 갖춘 임차인으로

408 공동임차인의 경우 임대차보증금반환채권에 대하여 불가분채권자라고 봄이 타당하다(대법원 2023. 3. 30. 선고 2021다264253 판결 참조). 불가분채권의 경우 각 채권자는 모든 채권자를 위하여 이행을 청구할 수 있고 채무자는 모든 채권자를 위하여 각 채권자에게 이행할 수 있다(민법 제409조).

409 대법원 2022. 3. 17. 선고 2021다210720 판결

서 부동산 실권리자명의 등기에 관한 법률 제4조 제3항에 따라 명의신탁약정 및 그에 따른 물권변동의 무효를 대항할 수 없는 제3자에 해당합니다. 이에 원고는 명의수탁자 한승찬의 소유권이전등기가 말소됨으로써 등기명의를 회복하게 된 매도인 윤종주와 윤종주로부터 다시 소유권이전등기를 마친 명의신탁자인 피고 김수진에 대하여 자신의 임차권을 대항할 수 있습니다.

피고 김수진의 위 주장은 타당하지 않습니다.

2) 공동임차인 중 1인만 대항력을 갖추어 이 사건 제1임대차 전체에 대하여 대항력이 없다는 주장

피고 김수진은, 공동임차인 중 이을남만 대항력 요건을 갖춘 이상 공동임차인 중 김갑동은 대항력을 취득할 수 없으므로 보증금반환채무가 승계되지 않고 여전히 한승찬에게 남아 있다고 주장할 것으로 예상됩니다.

그러나 주택의 공동임차인 중 1인이라도 주택임대차보호법 제3조 제1항에서 정한 대항력 요건을 갖추게 되면 그 대항력은 임대차 전체에 미치므로, 임차 건물이 양도되는 경우 특별한 사정이 없는 한 공동임차인에 대한 보증금반환채무 전부가 임대인 지위를 승계한 양수인에게 이전되고 양도인의 채무는 소멸합니다. 공동임차인 중 1인이 취득한 대항력이 임대차 전체에 미친다고 보더라도 주택임대차보호법에 따른 공시의 목적, 거래관행 등에 비추어 임대차계약을 전제로 법률행위를 하고자 하는 제3자의 권리가 침해된다고 볼 수도 없습니다.[410]

앞서 본 것처럼 이 사건 제1임대차에 있어서 공동임차인인 원고와 이을남은 2023. 1. 1. 이 사건 양재아파트에 이사를 마쳤고, 공동임차인 중 이을남만 2023. 1. 4. 이 사건 양재아파트에 관하여 전입신고를 마쳤습니다. 위 법리에 따르면, 공동임차인 중 1인이라도 주택임대차보호법 제3조 제1항에서 정한 대항력 요건을 갖추면 그 대항력은 임대차 전체에 미치므로, 공동임차인 이을남이 대항력 요건을 갖춘 이상, 그 대항력은 이 사건 제1임대차 전체에 미칩니다.

피고 김수진의 위 주장도 타당하지 않습니다.

---

410 대법원 2021. 10. 28. 선고 2021다238650 판결

2. 피고 서지연에 대한 청구

가. 임대차보증금반환청구권의 발생

원고는 2020. 5. 1. 피고 서지연으로터 별지 목록 제2항 기재 건물(이하 '이 사건 수정상가'라고 합니다)을 임대차보증금 5,000만 원, 월 차임 100만 원, 임대차 기간 2020. 5. 1.부터 2025. 4. 30.까지로 정하여 임차하였습니다(이하 '이 사건 제2임대차'라고 합니다). 원고는 2020. 5. 1. 피고 서지연에게 임대차보증금 5,000만 원을 지급하였습니다. 원고는 이 사건 수정상가에 관하여 피고 서지연의 협력을 받아 서울중앙지방법원 등기국 2020. 5. 4. 접수 제51000호로 임차권설정등기를 마쳤습니다.[411] 그 후 이 사건 제2임대차는 계약기간의 만료로 종료되었습니다.

따라서, 임차인이 민법 제621조에 의하여 임차권등기를 마친 경우 당사자 사이에 다른 약정이 없는 한 임대차 종료 후 임대인의 임차보증금 반환의무와 임차인의 임차권등기 말소의무는 동시이행관계에 있으므로, 피고 서지연은 원고로부터 이 사건 수정상가에 관하여 위 임차권설정등기의 말소등기절차를 이행받음과 동시에 원고에게 이 사건 제2임대차보증금 50,000,000원[412]을 지급할 의무가 있습니다.

나. 피고 서지연의 예상되는 주장(묵시적 갱신 주장) 및 반박

피고 서지연은, 이 사건 제2임대차계약의 임대차 기간이 만료되기 6개월 전부터 1개월 전까지 사이에 임대인과 임차인이 계약종료통지 내지 갱신거절의 통지 등 별다른 조치를 취하지 아니한 이상, 상가건물 임대차보호법(이하 '상가임대차법'이라 한다)이 적용되는 이 사건 제2임대차계약은 기간만료일 전 1개월이 경과함으로서 묵시적으로 갱신되었으므로, 피고 서지연은 김갑동에게 이 사건 제2임대차보증금을 반환할 이유가 없다고 주장할 것으로 예상됩니다.

그러나, 상가임대차법은 제10조 제1항에서 임차인의 계약갱신 요구권을 인정할 뿐이고,

---

411 피고 서지연의 예상되는 주장 중 원고의 임차권설정등기의 말소의무와 피고 서지연의 임대차보증금반환채무가 동시이행되어야 한다는 항변은 타당하므로 이를 반영하여 소장을 작성하여야 한다. 따라서 이와 관련된 사실관계도 함께 기재하였다.

412 이 사건 제2임대차보증금반환채무는 위 임차권설정등기말소의무와 동시이행관계에 있으므로, 이 사건 제2임대차보증금반환채무에 대한 지연손해금은 원고가 위 임차권설정등기말소의무를 이행하거나 이행제공할 때까지는 발생하지 아니함에 유의하자[쌍무계약에서 쌍방의 채무가 동시이행관계에 있는 경우 일방의 채무의 이행기가 도래하더라도 상대방 채무의 이행제공이 있을 때까지는 그 채무를 이행하지 않아도 이행지체의 책임을 지지 않는 것이며, 이와 같은 효과는 이행지체의 책임이 없다고 주장하는 자가 반드시 동시이행의 항변권을 행사하여야만 발생하는 것은 아니므로, 동시이행관계에 있는 쌍무계약상 자기채무의 이행을 제공하는 경우 그 채무를 이행함에 있어 상대방의 행위를 필요로 할 때에는 언제든지 현실로 이행을 할 수 있는 준비를 완료하고 그 뜻을 상대방에게 통지하여 그 수령을 최고하여야만 상대방으로 하여금 이행지체에 빠지게 할 수 있는 것이다(대법원 2001. 7. 10. 선고 2001다3764 판결 등)].

제10조 제4항에서는 묵시적 갱신을 규정하면서 임대인의 갱신거절 또는 조건변경의 통지기간을 제한하였을 뿐, 주택임대차보호법 제6조 제1항 후문과 달리 상가의 임차인에 대하여는 기간의 제한을 두지 않은 이상, 상가의 임차인이 임대차 기간 만료 1개월 전부터 만료일 사이에 갱신거절의 통지를 한 경우 해당 임대차계약은 묵시적 갱신이 인정되지 않고 임대차 기간의 만료일에 종료한다고 보아야 합니다.[413]

임차인인 원고는 이 사건 제2임대차가 종료되기 15일 전인 2025. 4. 15. 임대인인 피고 서지연에게 계약갱신 거절의 의사표시를 기재한 내용증명우편을 보내었고, 그 내용증명우편이 같은 날 피고 서지연에게 도달하였습니다. 위 법리에 비추어 보면, 상가임대차법이 적용되는 이 사건 제2임대차에 있어서 임차인인 원고에게는 갱신거절 통지기간의 제한이 없으므로 원고의 2025. 4. 15.자 갱신거절 의사표시로써 이 사건 제2임대차는 기간만료로 종료되었다고 봄이 타당합니다.

피고 서지연의 위 주장은 타당하지 않습니다.

3. 피고 정길성에 대한 청구

가. 이 사건 제3임대차 목적물반환청구

원고가 2021. 8. 1. 피고 정길성에게 별지 목록 제3항 기재 토지(이하 '이 사건 대지'라

---

413 대법원 2024. 6. 27. 선고 2023다307024 판결: 상가의 임차인이 임대차 기간 만료 1개월 전부터 만료일 사이에 갱신거절의 통지를 한 경우 해당 임대차계약은 묵시적 갱신이 인정되지 않고 임대차 기간의 만료일에 종료한다고 보아야 한다. 그 이유는 다음과 같다. ① 기간을 정한 임대차계약은 법률의 특별한 규정이 없는 한 기간이 만료함으로써 종료합니다. 민법 제639조는 임대차 기간이 만료한 후 임차인이 임차물의 사용, 수익을 계속하는 경우에 임대인이 상당한 기간 안에 이의를 하지 아니하는 때에는 묵시의 갱신을 인정하고 있다. 민법에 의하면 임차인이 임대차 기간 만료 전에 갱신거절의 통지를 하는 경우에는 묵시의 갱신이 인정될 여지가 없다. ② 상가임대차법 제10조 제1항은 "임대인은 임차인이 임대차 기간이 만료되기 6개월 전부터 1개월 전까지 사이에 계약갱신을 요구할 경우 정당한 사유 없이 거절하지 못한다."라고 정하여 임차인의 계약갱신 요구권을 인정할 뿐이고, 임차인이 갱신거절의 통지를 할 수 있는 기간은 제한하지 않았다. 상가임대차법 제10조 제4항은 "임대인이 제1항의 기간 이내에 임차인에게 갱신거절의 통지 또는 조건변경의 통지를 하지 아니한 경우에는 그 기간이 만료된 때에 전 임대차와 동일한 조건으로 다시 임대차한 것으로 본다."라고 정하여 묵시적 갱신을 규정하면서 임대인의 갱신거절 또는 조건변경의 통지기간을 제한하였을 뿐, 주택임대차보호법 제6조 제1항 후문과 달리 상가의 임차인에 대하여는 기간의 제한을 두지 않았다. 상가임대차법에 임차인의 갱신거절 통지기간에 대하여 명시적인 규정이 없는 이상 원칙으로 돌아가 임차인의 갱신거절 통지기간은 제한이 없다고 보아야 한다. ③ 임대차 기간이 만료되기 6개월 전부터 1개월 전까지 사이에 임차인이 별다른 조치를 취하지 아니한 경우, 임대차계약이 기간만료일 전 1개월이 경과하여 묵시적으로 갱신된다고 판단하는 것은 문언해석에 반한다. 또한 상가임대차법 제10조 제1항이 임차인의 갱신거절 통지기간도 한정한 것으로 해석한다면, 위 기간 이후 임대차 기간 만료 전에 갱신거절 통지를 한 임차인의 의사에 반하여 상가임대차법 제10조 제4항에 따른 묵시적 갱신을 강제하는 결과가 되고, 이는 상가건물 임차인을 보호함으로써 그 경제생활의 안정을 보장하고자 하는 상가임대차법의 입법 취지에도 반한다.

고 합니다) 및 그 지상 별지 목록 제4항 기재 건물(이하 '이 사건 청계상가'라고 합니다)을 임대차보증금 3,000만 원, 월 차임 100만 원(매월 말일에 후불 지급), 임대차 기간 2021. 8. 1.부터 2025. 7. 31.까지로 정하여 임대하였습니다. 한편, 피고 정길성은 2021. 8. 30.경 이 사건 대지 위에 별지 목록 제5항 기재 건물(이하 '이 사건 창고'라고 합니다)을 신축하였습니다. 그런데 피고 정길성이 2022년 5월분부터 현재까지 월 차임을 지급하지 않았습니다. 이에 원고는 2025. 5. 30. 피고 정길성에게 차임 연체를 이유로 이 사건 제3임대차의 해지를 통보하였습니다.

따라서 이 사건 제3임대차는 종료하였고, 그 원상회복으로서 피고 정길성은 원고에게 이 사건 대지와 이 사건 청계상가를 인도하고 이 사건 창고를 철거할 의무가 있습니다.[414]

나. 피고 정길성의 예상되는 주장 및 반박

1) 유익비상환청구권에 기초한 유치권 주장

피고 정길성은, 이 사건 청계상가에 유리 출입문을 설치하는 등 인테리어 공사를 마쳤는데 이로써 이 사건 청계상가의 객관적 가치가 증대되었으므로 유익비 5,000만 원을 상환받을 때까지 이 사건 청계상가를 인도할 수 없다고 주장할 것으로 예상됩니다.

살피건대, 피고 정길성이 이 사건 청계상가에 유리 출입문을 설치하는 등 인테리어 공사를 마쳤는데 그 비용으로 5,080만 원이 소요되었고 이로써 이 사건 청계상가의 객관적 가치가 증대되었습니다. 그러나 한편, 임대차계약에서 '임차인은 임대인의 승인하에 개축 또는 변조할 수 있으나 부동산의 반환기일 전에 임차인의 부담으로 원상복구키로 한다'라고 약정한 경우, 이는 임차인이 임차 목적물에 지출한 각종 유익비의 상환청구권을 미리 포기하기로 한 취지의 특약이라고 봄이 상당합니다.[415]

피고 정길성은 이 사건 제3임대차계약 당시 이 사건 청계상가 등에 관하여 '부동산의 반환기일 전에 임차인의 부담으로 원상복구하기로 한다.'는 내용의 특약을 원고와 체결하였습니다. 위 법리에 비추어 볼 때, 피고 정길성은 이러한 특약을 맺음으로써 유익비상환청구권을 포기하였다고 봄이 타당합니다. 따라서 피고 정길성이 주장하는 유익비상환청구권은 포기되었고 이를 기초로 한 유치권도 성립하지 않습니다.

---

414 부동산 등 물건의 소유자가 임대한 물건을 반환받으려 할 경우, 위와 같이 임대차계약의 종료에 따른 채권적 권리(민법 제654조, 제615조)를 행사할 수도 있고 그 외에 소유자로서 물권적 권리를 행사할 수도 있음은 물론이다.

415 대법원 1995. 6. 30. 선고 95다12927 판결 등

피고 정길성의 위 주장은 타당하지 않습니다.

2) 지상물매수청구권 주장

피고 정길성은, 이 사건 창고의 소유를 목적으로 이 사건 대지를 임차하였는데 그 위에 건축된 이 사건 창고가 현존하고 있어 지상물매수청구권을 행사함으로써 이 사건 창고에 대한 매매대금을 지급받을 때까지 이 사건 대지의 인도와 이 사건 창고의 철거청구에 응할 수 없다고 주장할 것으로 예상됩니다.

살피건대, 피고 정길성은 2021. 8. 1. 원고로부터 이 사건 청계상가와 함께 이 사건 대지를 창고건축을 목적으로 임차하였고 이 사건 대지 위에 이 사건 창고를 건축하여 이 사건 제3임대차계약 종료 당시 이 사건 창고가 현존하고 있습니다.

그러나 한편, 공작물의 소유 등을 목적으로 하는 토지임대차에 있어서 임차인의 채무불이행을 이유로 계약이 해지된 경우에는 임차인은 임대인에 대하여 민법 제283조, 제643조에 의한 매수청구권을 가지지 아니합니다.[416] 피고 정길성은 2022년 5월분부터 현재까지 이 사건 제3임대차계약에 따른 월 차임을 지급하지 않았고, 원고는 이를 이유로 2025. 5. 30. 이 사건 제3임대차계약을 해지하였습니다. 위 법리에 비추어 볼 때, 피고 정길성은 이 사건 대지와 이 사건 창고에 관하여 지상물매수청구권을 가지지 않습니다.

피고 정길성의 위 주장도 타당하지 않습니다.

3) 연체차임의 시효소멸 주장

피고 정길성은, 연체한 차임 중 2022년 5월분부터 2022년 8월분까지 합계 400만원은 민법 제163조 제1호에 따라 시효소멸하였으므로, 원고가 이에 관하여 공제할 수 없다고 주장합니다.

살피건대, 임대인이 소멸시효가 완성된 차임채권을 자동채권으로 삼아 임대차보증금 반환채무와 상계할 수는 없으나, 임대차 존속 중 차임이 연체되고 있음에도 임대차보증금에서 연체차임을 충당하지 않고 있었던 임대인의 신뢰와 차임연체 상태에서 임대차관계를 지속해 온 임차인의 묵시적 의사를 감안하면, 임대인은 민법 제495조를 유추적용하여 그 연체차임을 임대차보증금에서 공제할 수는 있습니다.[417]

---

416 대법원 2003. 4. 22. 선고 2003다7685 판결 등

417 대법원 2016. 11. 25. 선고 2016다211309 판결: 민법 제495조에 따라 소멸시효가 완성된 채권이 그 완성 전에 상계할 수 있었던 것이면 채권자는 상계할 수 있다. 이는 '자동채권의 소멸시효완성 전에 양 채권이 상계적상에 이르렀을 것'을

2022년 5월분부터 2022년 8월분까지 발생된 월 차임들은 이 사건 소장 작성일인 2025. 9. 30.에서 역산하여 3년의 소멸시효가 경과하였음은 역수상 명백합니다. 그러나 위 법리에 비추어 볼 때, 임대인인 원고로서는 민법 제495조를 유추적용하여 임대차보증금에서 위 연체차임들을 이 사건 제3임대차보증금에서 공제할 수 있다고 봄이 타당합니다.

피고 정길성의 위 주장도 타당하지 않습니다.

4. 결론

원고는 이상과 같은 이유로 청구취지와 같은 판결을 구하니 원고의 청구를 모두 인용하여 주시기 바랍니다.

증명방법 및 첨부서류 (생략)

2025. 9. 30.

원고 소송대리인

변호사 전승혜 ㊞

서울중앙지방법원[418] 귀중

요건으로 하는 것인데, 임대인의 임대차보증금 반환채무는 임대차계약이 종료된 때에 비로소 이행기에 도달하므로, 임대차 존속 중 차임채권의 소멸시효가 완성된 경우에는 소멸시효완성 전에 임대인이 임대차보증금 반환채무에 관한 기한의 이익을 실제로 포기하였다는 등의 특별한 사정이 없는 한 양 채권이 상계할 수 있는 상태에 있었다고 할 수 없다. 그러므로 그 이후에 임대인이 이미 소멸시효가 완성된 차임채권을 자동채권으로 삼아 임대차보증금 반환채무와 상계하는 것은 민법 제495조에 따르더라도 인정될 수 없다. 그러나 임대차 존속 중 차임이 연체되고 있음에도 임대차보증금에서 연체차임을 충당하지 않고 있었던 임대인의 신뢰와 차임연체 상태에서 임대차관계를 지속해 온 임차인의 묵시적 의사를 감안하면, 그 연체차임은 민법 제495조를 유추적용하여 임대차보증금에서 공제할 수는 있다.

418 원고의 주소지는 피고 김수진, 서지연에 대한 금전지급청구에 있어서 법 제8조에서 정한 의무이행지에 해당하고, 서울중앙지방법원의 관할에 속한다. 한편, 법 제2조에 따라, 피고 김수진, 서지연의 주소지는 서울중앙지방법원의 관할에, 피고 정길성의 주소지는 서울동부지방법원의 관할에 속한다. 법 제25조 관련재판적 규정에 따라 서울중앙지방법원이나 서울동부지방법원 중 어느 법원을 상대로도 소를 제기할 수 있다.

9

기록

채권자취소권 / 수익자 선의 항변, 가액배상

기록 9

<문제 1> 귀하는 변호사 전승혜로서, 의뢰인 김갑동과의 상담을 통해 아래 【상담내용】과 같은 사실관계를 청취하고, 【의뢰인 희망사항】 기재사항에 관한 본안소송의 대리권을 수여받고, 첨부된 서류를 자료로 받았습니다.

의뢰인을 위하여 본안의 소를 제기하기 위한 **소장**을 작성하시오.

【작성요령】

1. 소장 작성일 및 소제기일은 2025. 3. 31.로 하시오.
2. 부동산의 표시는 아래 [목록(부동산의 표시)]을 소장 말미에 첨부함을 전제로 하여 작성하므로 소장에 해당 [목록(부동산의 표시)]을 기재하지 마시오.
3. 그 밖의 작성방식은 【공통된 작성요령】과 같습니다.

목록(부동산의 표시)

[1동의 건물의 표시]

서울 강남구 압구정동 88 압구정아파트 제1동 철근콘크리트구조 콘크리트슬래브지붕 4층 아파트, 1 내지 4층 각 2270.72m²

[대지권의 목적인 토지의 표시]

서울 강남구 압구정동 88 대 5,165.3m²

[전유부분의 건물의 표시]

제2층 제201호 철근콘크리트구조 165.29m²

[대지권의 표시]

소유권대지권 5,165.3분의 165.29. 끝.

의뢰인 상담일지

변호사 전 승 혜 법률사무소

서울 서초구 서초대로10길 11, 1200호 (서초동, 완승빌딩)

☎ : 02)532-3000, 팩스 : 02)532-3001, E-mail : jsh0909@naver.com

접수번호	2025-100	**상담일시**	2025. 3. 17.
상담인	김갑동 010-1456-3960	**내방경위**	지인소개

【상 담 내 용】

1. 김갑동은 다음과 같은 상담을 위해 증거를 갖고 변호사 사무실에 찾아왔다.

2. 김갑동은 정채무에 대하여 대여금채권을 갖고 있다.

3. 이을남은 고등학교 동창인 정채무로부터 서울 강남구 압구정동 88 압구정아파트 제201호를 20억 원에 매수하였다.

4. 이을남은 갑자기 연로하신 모친을 모시고 살기로 하면서 넓은 집을 구하려 하였고, 친구인 정채무의 배려로 시세보다 싸게 위 아파트를 매수하였으며, 정채무의 채무관계는 전혀 몰랐다고 주장한다.

5. 정채무의 적극재산은 위 아파트가 유일하였다고 한다.

【의뢰인 희망사항】

김갑동은 위 압구정동 아파트에 관한 소유권이전등기 명의를 정채무 앞으로 돌리고 싶다. 김갑동은 정채무 또는 이을남을 상대로 소를 제기하고 싶다.

차용증

채권자 김갑동(770301-1010143)

주소 서울 서초구 잠원로 567, 102동 1801호

(잠원동, 태양아파트)

채무자 정채무(600111-1026289)

주소 서울 서초구 반포대로 234, 104동 908호

(반포동, 달님아파트)

채권자는 2024. 1. 4. 채무자에게 7억 원을 이자 월 1%, 변제기 2024. 3. 3.로 정하여 대여한다.

2024. 1. 4.

채권자 김갑동 (인)

채무자 정채무 (인)

등기사항전부증명서(말소사항 포함) - 집합건물

[집합건물] 서울특별시 강남구 압구정동 88 압구정아파트 제2층 제201호　　고유번호 1109-2005-129835

【 표 제 부 】 (1동의 건물의 표시)				
표시번호	접 수	소재지번, 건물명칭 및 번호	건물내역	등기원인 및 기타사항
1	~~2005년 12월 22일~~	~~서울특별시 강남구 압구정동 88~~ ~~압구정아파트 제1동~~	~~철근콘크리트구조 콘크리트슬래브지붕~~ ~~4층 아파트~~ ~~1층 2270.72m²~~ ~~2층 2270.72m²~~ ~~3층 2270.72m²~~ ~~4층 2270.72m²~~	~~도면편철장 제5책 제922장~~
2		서울특별시 강남구 압구정동 88 [도로명주소] 서울특별시 강남구 압구정로10길 50	철근콘크리트구조 콘크리트슬래브지붕 4층 아파트 1층 2270.72m² 2층 2270.72m² 3층 2270.72m² 4층 2270.72m²	도로명주소 2012년 6월 29일 등기 도면편철장 제5책 제922장

(대지권의 목적인 토지의 표시)				
표시번호	소재지번	지 목	면 적	등기원인 및 기타사항
1	서울특별시 강남구 압구정동 88	대	5,165.3m²	2005년 12월 22일

【 표 제 부 】 (전유부분의 건물의 표시)				
표시번호	접 수	건물번호	건물내역	등기원인 및 기타사항
1	2005년 12월 22일	제2층 제201호	철근콘크리트구조 165.29m²	도면편철장 제5책 제1053장

(대지권의 표시)			
표시번호	대지권 종류	대지권 비율	등기원인 및 기타사항
1	소유권 대지권	5,165.3분의 165.29	2005년 12월 22일 대지권

＊실선으로 그어진 부분은 말소사항을 표시함.　＊등기부에 기록된 사항이 없는 갑구 또는 을구는 생략함.

문서 하단의 바코드를 스캐너로 확인하거나 인터넷등기소(http://iros.go.kr)의 발급확인 메뉴에서 발급확인번호를 입력하여 위·변조 여부를 확인할 수 있습니다. 발급확인번호를 통한 확인은 발행일부터 3개월까지 5회에 한하여 가능합니다.

[집합건물] 서울특별시 강남구 압구정동 88 압구정아파트 제2층 제201호　　고유번호 1109-2005-129835

【 갑 구 】 (소유권에 관한 사항)				
순위번호	등기목적	접 수	등기원인	권리자 및 기타사항
1	소유권보존	2005년12월22일 제14647호		소유자 정채무 600111-1026289 서울 서초구 반포동 400 달님아파트 104동 908호
2	소유권이전	2024년12월26일 제29876호	2024년11월2일 매매	소유자 이을남 600624-1662156 서울 서초구 서초로 100 거래가액 2,000,000,000원

【 을 구 】 (소유권 이외의 권리에 관한 사항)				
순위번호	등기목적	접 수	등 기 원 인	권리자 및 기타사항
1	근저당권설정	2021년12월10일 제96597호	2021년12월10일 설정계약	채권최고액 1,000,000,000원 채무자 정채무 서울 서초구 반포동 400 달님아파트 104동 908호 근저당권자 주식회사 하남은행 110111-0****** 서울특별시 중구 을지로 300
2	근저당권설정	2023년3월1일 제26597호	2023년3월1일 설정계약	채권최고액 1,000,000,000원 채무자 정채무 (위 주소와 동일) 근저당권자 주식회사 신만은행 110345-0****** 서울특별시 중구 세종대로900길 20

관할등기소 서울중앙지방법원 등기국 / 발행등기소 법원행정처 등기정보중앙관리소

통고서

발신인 : 김갑동

서울 서초구 잠원로 567, 102동 1801호 (잠원동, 태양아파트)

수신인 : 정채무

서울 서초구 반포대로 234, 104동 908호 (반포동, 달님아파트)

1. 저는 귀하에게 채권이 있습니다.
2. 귀하가 이을남에게 유일한 아파트를 매도한 것은 사해행위에 해당합니다. 이을남과 고등학교 동창이라 하니 이을남도 사해의사로 아파트를 매수한 것이 틀림없습니다. 원상회복을 바라고, 그렇지 않으면 소를 제기할 수밖에 없음을 양지하시기 바랍니다.

2025. 2. 20.

발신인 김갑동 (인)

서울서초우체국
2025. 2. 20.
25 - 73548

본 우편물은 2025-02-20
제73548호에 의하여
내용증명우편물로 발송하였음을 증명함
서울서초우체국장

통고서에 대한 회신서

발신인 : 정채무

서울 서초구 반포대로 234, 104동 908호 (반포동, 달님아파트)

수신인 : 김갑동

서울 서초구 잠원로 567, 102동 1801호 (잠원동, 태양아파트)

1. 귀하가 보낸 통고서는 잘 받아 보았습니다.
2. 제가 요즘 약간 채무 문제 때문에 어려운 사정에 처한 것은 맞습니다. 잘 아시다시피 귀하에게 7억 원의 채무가 있고, 체납된 국세채무가 2억 원이 있습니다. 말씀하신 제 아파트에도 합계 20억 원의 근저당채무가 있었습니다. 제가 비록 저의 유일한 재산을 고등학교 동창인 이을남에게 넘기기는 했지만, 이을남이 위 근저당채무를 인수했기 때문에 저는 채무자의 지위에서 일부 벗어났습니다.
3. 이을남 씨가 노모를 모시기 위해 급해서 아파트를 20억 원에 매수했는데, 제가 위 아파트를 원상회복하여야 할 의무가 있는지 의문입니다.

2025. 2. 26.

발신인 정채무 (인)

서울서초우체국
2025. 2. 26.
25 - 82651

본 우편물은 2025-02-26
제82651호에 의하여 내용증명우편물로
발송하였음을 증명함
서울서초우체국장

확인서

확인인은 고등학교 친구인 '정채무'로부터 유일한 재산인 압구정동 아파트를 매수하였지만 정채무의 채무관계에 관하여 전혀 몰랐습니다.
확인인은 위 아파트를 매수하면서 등기부상에 있는 근저당권들의 피담보채무를 인수하는 방법으로 매수대금을 지급하였습니다.

2025. 2. 27.

확인인 이을남 (주소 서울 서초구 서초로 100) ㊞

사실확인서

1. 확인인은 2000년부터 서울 강남구 압구정동 100에 있는 '현대부동산중개사무소'를 운영하고 있는 공인중개사입니다.
2. 확인인은 정채무를 오랜 기간 알고 지냈는데 2024. 11. 2. 정채무가 저희 사무실에 찾아와 정채무와 이울남 명의의 매매계약서를 작성해 달라고 부탁하였습니다. 정채무가 이울남에게 아파트를 팔았는데 등기를 위해 서류가 필요하다고 하여 제가 친분 때문에 작성해 주었습니다.
3. 김갑동님의 부탁을 받고 확인인은 2025. 3. 3. 이울남에게 2025. 2. 27.자 확인서의 진위를 묻기 위해 위 아파트를 방문하였는데 정채무가 집에서 나와 정채무가 여전히 위 아파트에서 거주함을 확인하였습니다.

2025.　　3.　　16.

확인인　최중개 ㊞

아파트 실거래가 조회

서울 강남구 압구정동 88 압구정아파트 201호(전용면적 165.29m²)의 2024년 4/4분기 평균 실거래가는 25억 원임. 나머지 기재는 생략

〈국토교통부 실거래가 공개시스템(http://rt.molit.go.kr) 제공〉

기록 9

해설

문제 1 해설

1. 사안의 개요

의뢰인 김갑동이 정채무에 대한 대여금채권을 피보전채권으로 하여 이을남을 상대로 정채무의 이을남에 대한 이 사건 아파트 매도행위를 사해행위로 취소하고 원상회복으로 정채무에게 이 사건 아파트에 관한 소유권이전등기의 말소등기를 구하는 소를 제기할 수 있는지 문제가 되는 사안이다.

2. 소장 기재에 필요한 요건사실

요건사실	① 피보전채권의 존재 ② 채무자의 사해행위 ③ 채무자의 사해의사

채권자가 채권자취소권을 행사하려면 사해행위로 인하여 이익을 받은 자나 전득한 자를 상대로 그 법률행위의 취소를 구하는 소를 제기하여야 하고 채무자를 상대로 그 소를 제기할 수는 없다(대법원 1991. 8. 13. 선고 91다13717 판결, 대법원 2009. 1. 15. 선고 2008다72394 판결 등). 그러나 실무에서는 채무자를 피고로 삼아 피보전채권의 이행을 구하는 소를 제기하면서 수익자나 전득자를 상대로도 사해행위 취소소송을 제기하는 병합소송이 많다.

한편, 성질상 주요사실을 바로 인정하는 것이 불가능하거나 어려운 경우에는 간접사실을 인정한 다음 인정된 간접사실에 의하여 주요사실을 추인하는 방법을 취하게 된다. 예를 들어 사해의사나 수익자의 선의와 같은 주관적 구성요건이 그러하다. 다만 사해행위가 인정되는 경우 수익자의 악의는 추정되므로, 수익자의 선의는 수익자가 요건사실을 증명해야 하는 항변사항이 된다(대법원 1997. 5. 23. 선고 95다51908 판결 등 참조).[419] 따라서 수익자 측을 대리하게 될 경

419 수익자의 선의에 관해서 수익자가 증명책임을 지는 이유는 민법 제406조 제1항 단서에서 '수익자가 ~ 채권자를 해함을 알

우 소송대리인으로서는, 수익자가 채무자와의 법률행위의 반대급부로 적정한 금전을 실제로 지급한 사실, 부동산 공인중개사가 그 법률행위를 중개한 사실, 수익자가 채무자와 가족관계 등 아무런 인적관계가 없고 채무자와 처음 법률행위를 하게 된 사실 등 최대한 많은 간접사실을 제시하고 그러한 간접사실에 의하여 주요사실인 '수익자의 선의'가 추인된다는 논리로 변론을 하여야 한다.

지 못한 경우에는 그러하지 아니하다.'라고 규정하여 수익자로 하여금 선의를 증명하면 취소권이 이유 없도록 했기 때문이지, 채무자의 사해행위가 인정된다고 반드시 수익자의 악의가 추정되는 것으로 볼 수 없다는 견해도 있다.

문제 1 모범답안

소 장

원 고 김갑동

서울 서초구 잠원로 567, 102동 1801호 (잠원동, 태양아파트)

소송대리인 변호사 전승혜

서울 서초구 서초대로10길 11, 1200호 (서초동, 완승빌딩)

전화 02)532-3000, 팩스 02)532-3001, E-mail : jah0909@naver.com

피 고 이을남[420]

서울 서초구 서초로 100

사해행위취소 등 청구의 소

청 구 취 지

1. 정채무와 피고 사이에 별지 목록 기재 부동산에 관하여 2024. 11. 2. 체결된 매매계약을 취소한다.
2. 피고는 정채무에게 별지 목록 기재 부동산에 관하여 서울중앙지방법원 등기국 2024. 12. 26. 접수 제29876호로 마친 소유권이전등기의 말소등기절차를 이행하라.
3. 소송비용은 피고가 부담한다.

라는 판결을 구합니다.

420 채권자가 채권자취소권을 행사하려면 사해행위로 인하여 이익을 받은 자나 전득한 자를 상대로 그 법률행위의 취소를 구하는 소를 제기하여야 하고 채무자를 상대로 그 소를 제기할 수는 없다(대법원 1991. 8. 13. 선고 91다13717 판결, 대법원 2009. 1. 15. 선고 2008다72394 판결 등).

청 구 원 인

1. 사해행위취소청구권의 발생

원고는 정채무에게 2024. 1. 4. 금 7억 원을 이자 월 1%, 변제기 2024. 3. 3.로 정하여 대여하였습니다.

정채무는 이자와 원금을 갚지 아니한 채 변제기를 넘겼습니다.

그런데 정채무는 그의 유일한 재산인 별지 목록 기재 부동산[서울 강남구 압구정동 88 소재 압구정아파트 제201호(이하 '이 사건 아파트'라고 합니다)]을 2024. 11. 2. 피고에게 대금 20억 원에 매도하였고, 2024. 12. 26. 그에 따른 소유권이전등기를 마쳤습니다. 정채무는 피고와 고등학교 동창인 자로, 채무초과 상태의 채무자가 유일한 재산인 이 사건 아파트를 제3자에게 소유권이전등기를 마쳐준 것은 채권자를 해한다는 것을 알고서 한 사해행위에 해당합니다.

정채무는 사해행위 당시 채무초과 상태에 있었고 자신의 유일한 재산인 이 사건 아파트를 처분하게 되면 정채무의 채권자들의 공동담보에 부족이 생긴다는 점을 충분히 알고 있었다고 할 것이며, 유일한 재산을 처분하여 채무초과 상태를 초래하였으므로 정채무의 사해의사는 추정됩니다. 또한 수익자인 피고의 악의도 추정됩니다.

이에 원고는 사해행위인 정채무와 피고 사이에 체결된 이 사건 아파트에 관한 2024. 11. 2.자 매매계약의 취소를 구하고, 피고가 정채무에게 원상회복으로서 이 사건 아파트에 관하여 서울중앙지방법원 등기국 2024. 12. 26. 접수 제29876호로 마친 소유권이전등기의 말소등기절차를 이행할 것을 구합니다.

2. 피고의 예상되는 주장과 반박

피고는 정채무의 채무관계를 알지 못하였으므로 이 사건 아파트에 관한 매매계약으로 인해 채권자인 원고를 해함을 알지 못하였다고 주장할 것으로 예상됩니다.

사해행위취소소송에서 수익자의 악의는 추정되므로 수익자로서는 자신의 책임을 면하려면 자신의 선의를 증명할 책임이 있다 할 것인데, 이 경우 수익자의 선의 여부는 채무자와 수익자의 관계, 채무자와 수익자 사이의 처분행위의 내용과 그에 이르게 된 경위 또는 동기, 그 처분행위의 거래조건이 정상적이고 이를 의심할 만한 특별한 사정이 없으며 정상적인 거래관계임을 뒷받침할만한 객관적인 자료가 있는지 여부, 그 처분행위 이후의 정황 등 여러

사정을 종합적으로 고려하여 논리칙·경험칙에 비추어 합리적으로 판단하여야 할 것입니다.[421]

정채무는 피고와 고등학교 동창입니다. 피고는 정채무가 유일한 재산인 이 사건 아파트를 매도하는 것을 알고 있었습니다. 피고는 매매대금 20억 원을 이 사건 아파트에 설정된 근저당권의 피담보채무들을 인수하는 방법으로 지급하였다고 하나 이를 입증할 증거가 부족하고, 돈을 지급하지 않고 아파트를 매수하는 방식은 이례적입니다. 이 사건 아파트에 관한 매매대금 20억 원은 이 사건 아파트의 2024년 4/4분기 평균 실거래가 25억 원에 미치지 못합니다. 피고가 노모를 모시기 위하여 이 사건 아파트를 매수하였다고 하나 2025. 3. 3. 당시에도 여전히 정채무가 이 사건 아파트에 살고 있었습니다.

그렇다면 피고가 사해행위에 대하여 선의라고 볼 수 없습니다. 피고의 위 항변은 타당하지 않습니다.

3. 결론

원고는 이와 같은 이유로 청구취지와 같은 판결을 구하니 원고의 청구를 인용하여 주시기 바랍니다.

증명방법 및 첨부서류 (생략)

2025. 3. 31.

원고 소송대리인

변호사 전승혜 ㊞

서울중앙지방법원[422] 귀중

421 대법원 2008. 7. 10. 선고 2007다74621 판결

422 피고의 보통재판적(법 제2조), 부동산이 있는 곳의 특별재판적(법 제20조) 모두 서울중앙지방법원의 관할에 속하므로, 서울중앙지방법원에 소장을 접수하여야 한다.

<문제 2> 귀하는 변호사 전승혜로서, 의뢰인 김갑동과의 상담을 통해 아래 【상담내용】과 같은 사실관계를 청취하고, 【의뢰인 희망사항】 기재사항에 관한 본안소송의 대리권을 수여받고, 첨부된 서류를 자료로 받았습니다.

의뢰인을 위하여 본안의 소를 제기하기 위한 <u>소장</u>을 작성하시오.

【작성요령】

1. 소장 작성일 및 소제기일은 <u>2025. 3. 31.</u>로 하시오.
2. 문제1에서 제시한 차용증, 아파트 실거래가 조회는 <문제 2>에서도 그대로 제시된 것으로 보시오. 등기사항증명서는 【의뢰인 상담일지】 내용대로 변경되어 제시된 것으로 보시오. 그 밖에 나머지 증거는 <문제 1>과 다르게 【의뢰인 상담일지】 아래 제시된 대로 판단하시오.
3. 부동산의 표시는 아래 [목록(부동산의 표시)]을 소장 말미에 첨부함을 전제로 하여 작성하므로 소장에 해당 [목록(부동산의 표시)]을 기재하지 마시오.
4. 그 밖의 작성방식은 【공통된 작성요령】과 같습니다.

목록(부동산의 표시)

[1동의 건물의 표시]

서울 강남구 압구정동 88 압구정아파트 제1동 철근콘크리트구조 콘크리트슬래브지붕 4층 아파트, 1 내지 4층 각 2270.72㎡

[대지권의 목적인 토지의 표시]

서울 강남구 압구정동 88 대 5,165.3㎡

[전유부분의 건물의 표시]

제2층 제201호 철근콘크리트구조 165.29㎡

[대지권의 표시]

소유권대지권 5,165.3분의 165.29. 끝.

의뢰인 상담일지

변호사 전 승 혜 법률사무소

서울 서초구 서초대로10길 11, 1200호 (서초동, 완승빌딩)

☎ : 02)532-3000, 팩스 : 02)532-3001, E-mail : jsh0909@naver.com

접수번호	2025-100	상담일시	2025. 3. 17.
상담인	김갑동 010-1456-3960	내방경위	지인소개

【상 담 내 용】

1. 김갑동은 다음과 같은 상담을 위해 증거를 갖고 변호사 사무실에 찾아왔다.

2. 김갑동은 정채무에 대하여 대여금채권을 갖고 있다.

3. 이을남은 고등학교 동창인 정채무로부터 서울 강남구 압구정동 88 압구정아파트 제1동 제201호를 20억 원에 매수하였다.

4. 정채무의 적극재산은 위 아파트가 유일하였다고 한다. 이을남은 이 사건 아파트를 매수한 직후 1순위 근저당권의 피담보채무를 변제하고 근저당권을 말소시켰다고 하는데 등기사항증명서를 확인한 결과 2025. 2. 19. 1순위 근저당권설정등기가 말소된 것은 사실이었다.

【의뢰인 희망사항】

김갑동은 위 압구정동 아파트에 관한 소유권이전등기 명의를 정채무 앞으로 돌리고 싶다. 만약 그 방법이 어렵거나 자신에게 더 유리한 해결책이 있다면 적절한 방향으로 해결하고 싶다. 김갑동은 정채무나 이을남을 상대로 소를 제기하고 싶다(정채무에 대한 대여금 반환 소송은 생각하지 마시오).

통고서

발신인 : 김갑동

서울 서초구 잠원로 567, 102동 1801호 (잠원동, 태양아파트)

수신인 : 이을남

서울 서초구 서초로 100

1. 안녕하십니까. 본인은 정채무에게 2024. 1. 4. 금 7억 원을 이자 월 1%, 변제기 2024. 3. 3.로 정하여 대여한 채권자입니다.
2. 본인은 정채무로부터 변제기 이후 돈을 받지 못하고 있었는데 부동산등기사항증명서를 확인해보니 정채무가 2024. 11. 2. 피고에게 서울 강남구 압구정동 88 압구정아파트 1동 202호를 대금 20억 원에 매도하였고, 2024. 12. 26. 그에 따른 소유권이전등기를 마친 사실을 알았습니다.
3. 위 아파트는 정채무의 유일한 재산입니다. 정채무가 귀하에게 위 아파트를 매도한 것은 사해행위에 해당합니다. 귀하가 정채무와 고등학교 동창이라고 들었습니다. 귀하가 조속하게 정채무 앞으로 아파트의 소유권을 원상회복하길 바라고, 그렇게 하지 않겠다면 본인에게 7억 원과 이에 대한 상당한 이자를 부가하여 지급해 주시길 바랍니다.

2025. 2. 20.

발신인 김갑동 (인)

서울서초우체국
2025. 2. 20.
25 - 73548

본 우편물은 2025-02-20
제73548호에 의하여
내용증명우편물로 발송하였음을 증명함
서울서초우체국장

통고서에 대한 회신서

발신인 : 이을남

서울 서초구 서초로 100

수신인 : 김갑동

서울 서초구 잠원로 567, 102동 1801호 (잠원동, 태양아파트)

1. 귀하가 보낸 통고서는 잘 받아 보았습니다.
2. 제가 채무초과인 정채무로부터 그의 유일한 재산인 압구정동 아파트를 매수한 것은 맞습니다. 그러나 저는 귀하에게 위 아파트의 소유권이전등기를 회복시켜드릴 수 없습니다.
3. 저는 2020. 4. 1. 정채무에게 5억 원을 월 이자 5%, 변제기 2020. 12. 31.로 정하여 빌려주었는데 그 돈을 받지 못하였습니다. 저는 위 아파트에 대한 제1순위 근저당권자에게 정채무의 채무인 원리금 11억 원을 변제하고 2025. 2. 19. 위 근저당권설정등기를 말소시켰습니다. 현재도 2순위 근저당권의 피담보채권액은 채권최고액을 넘어 존재합니다.
4. 귀하가 저로부터 귀하의 채권 상당액을 받기 원하신다면 저는 정채무에 대한 위 채권을 상계하여 드릴 수밖에 없음을 양지하여 주시기 바랍니다.

2025. 2. 26.

발신인 이을남 (인)

서울서초우체국
2025. 2. 26.
25 - 82651

본 우편물은 2025-02-26
제82651호에 의하여 내용증명우편물로
발송하였음을 증명함
서울서초우체국장

문제 2 해설

1. 사안의 개요

정채무가 이을남에게 이 사건 아파트를 매도한 행위가 사해행위에 해당하는데, 그 이후 이을남이 이 사건 아파트에 관하여 설정된 근저당권들 중 일부를 말소시킨 경우 의뢰인 김갑동이 이을남을 상대로 사해행위 취소에 따른 원상회복 방법으로 가액배상을 청구할 수 있는지, 가액배상의 범위는 어떻게 설정하여 청구해야 하는지 쟁점이 되는 사안이다.

2. 해설

가. 원상회복의 방법 - 가액배상

근저당권이 설정되어 있는 부동산을 매매한 행위가 사해행위에 해당하는 경우, 그 부동산이 매매된 후 근저당권설정등기가 말소되었다면, 매매계약을 취소하고 부동산의 소유권 자체를 채무자에게 환원시키는 것은 당초 일반채권자들의 공동담보로 제공되지 아니한 부분까지 회복시키는 결과가 되어 불공평하므로, 채권자는 그 부동산의 가액에서 근저당권의 피담보채무액을 공제한 잔액의 한도 내에서 증여계약의 일부 취소와 그 가액의 배상을 청구할 수밖에 없다.

채권자취소권은 채무자의 사해행위를 채권자와 수익자 또는 전득자 사이에서 상대적으로 취소하고 채무자의 책임재산에서 일탈한 재산을 회복하여 채권자의 강제집행이 가능하도록 하는 것을 본질로 하는 권리이므로, 원상회복을 가액배상으로 하는 경우에 그 이행의 상대방은 채권자이어야 한다(대법원 2008. 4. 24. 선고 2007다84352 판결).

나. 가액배상의 범위

저당권 말소 등으로 사해행위의 일부를 취소하고 가액배상을 하여야 하는 경우, 특별한 사정이 없는 한 그 취소 및 가액배상은 ㉠ '사해행위의 목적물이 가지는 공동담보가액'과 ㉡ '채권자의 피보전채권액'의 각 범위 내에서 그중 적은 금액을 한도로 한다.[423·424]

사해행위의 목적인 부동산에 수개의 저당권이 설정되어 있다가 사해행위 후 그중 일부의 저당권만이 말소된 경우 배상하여야 할 가액은 사실심 변론종결시[425]를 기준으로 하여 그 부동산의 가액에서 말소된 저당권의 실제 피담보채권액[426]과 말소되지 아니한 저당권의 실제 피담보채권액을 모두 공제하여 산정한다.[427]

사해행위취소의 범위는 특별한 사정[428]이 없는 한 취소채권자의 채권액을 한도로 하므로, 가액배상의 방법으로 원상회복을 하는 경우 그 배상액 역시 취소채권자의 채권액 범위 내로 제한되고, 이때 채권자의 채권액에는 사해행위 이후 변론종결시까지 발생한 이자나 지연손해금이 포함된다.

이 사안에서는 원고의 피보전채권액은 소제기 즈음 대여원금 7억 원과 발생한 이자의 합계액이다. 반면 이 사건 아파트의 가액은 사실심 변론종결일에 가까운 현재 25억 원으로 추정되고, 이 사건 아파트에 설정된 근저당권들의 각 채권최고액 합계는 20억이며, 근저당권들에 의해 담보되는 각 피담보채권액은 채권최고액 10억 원을 넘긴 액수들이다. 그렇다면 일반채권자들의 공동담보가액에 해당하는 부분은 5억 원(=25억 원 - 20억 원)이다.

따라서 가액배상액은 원고의 피보전채권보다 적은 5억 원으로 보아야 한다.

---

423 단, 사해행위 후 근저당권을 취득한 전득자의 경우에는 그가 취한 이익, 즉 근저당권의 피담보채권액 한도 내에서 가액배상의무를 지게 된다(대법원 2001. 9. 4. 선고 2000다66416 판결).

424 원칙적으로 가액배상은 ㉠ '사해행위의 목적물이 가지는 공동담보가액'과 ㉡ '채권자의 피보전채권액' 및 ㉢ '수익자나 전득자가 취득한 이익'의 각 범위 내에서 그중 적은 금액을 한도로 하여야 한다. 전득자 등이 근저당권자인 경우에는 위 3가지 범위가 모두 다르므로 그중 적은 금액을 한도로 하여야 하지만, 수익자나 전득자가 소유자인 경우에는 '그가 취한 이익(㉢)'은 '사해행위의 목적물이 가지는 공동담보가액(㉠)'과 일치한다(㉠=㉢). 이 사안에서는 수익자인 피고가 근저당권자가 아닌 소유자이므로 ㉠과 ㉡만을 살펴본 것이다.

425 대법원 1998. 2. 13. 선고 97다6711 판결

426 대법원 1998. 2. 13. 선고 97다6711 판결, 2001. 9. 4. 선고 2000다66416 판결 등. 실제 피담보채권액이 채권최고액을 초과하는 경우 '채권최고액을 한도로 하는 피담보채권액'이 정확할 것이다(대법원 2023. 9. 21. 선고 2023다249739 판결 참조). 실무상 피담보채권액이 밝혀지지 않은 경우에는 채권최고액에 의하여 계산하기도 한다.

427 대법원 1998. 2. 13. 선고 97다6711 판결

428 다른 채권자가 있고 그 채권자가 배당요구를 할 것이 명백한 경우에는 그 채권자의 채권액도 합산한다(대법원 1997. 9. 9. 선고 97다10864 판결, 2001. 9. 4. 선고 2000다66416 판결). 또 목적물이 불가분인 경우 취소채권자의 채권액을 넘어서까지도 그 전부를 취소할 수 있다(대법원 1997. 9. 9. 선고 97다10864 판결).

문제 2 모범답안

소 장

원 고 김갑동

서울 서초구 잠원로 567, 102동 1801호 (잠원동, 태양아파트)

소송대리인 변호사 전승혜

서울 서초구 서초대로10길 11, 1200호 (서초동, 완승빌딩)

전화 02)532-3000, 팩스 02)532-3001, E-mail : jah0909@naver.com

피 고 이을남

서울 서초구 서초로 100

사해행위취소 등 청구의 소

청 구 취 지

1. 정채무와 피고 사이에 별지 목록 기재 부동산에 관하여 2024. 11. 2. 체결된 매매계약을 500,000,000원 한도 내에서 취소한다.
2. 피고는 원고에게 500,000,000원 및 이에 대하여 이 판결확정일 다음 날부터 다 갚는 날까지 연 5%의 비율[429]에 의한 돈을 지급하라.
3. 소송비용은 피고가 부담한다.

라는 판결을 구합니다.

429 가액배상의무는 사해행위의 취소를 명하는 판결이 확정된 때에 비로소 발생하므로 그 판결이 확정된 다음 날부터 이행지체 책임을 지게 되고, 따라서 소송촉진 등에 관한 특례법 소정의 이율은 적용되지 않고 민법 소정의 법정이율이 적용된다(대법원 2009. 1. 15. 선고 2007다61618 판결 등).

청 구 원 인

1. 사해행위취소 및 원상회복 청구

가. 사해행위 성립

원고는 정채무에게 2024. 1. 4. 금 7억 원을 이자 월 1%, 변제기 2024. 3. 3.로 정하여 대여하였습니다.

정채무는 이자와 원금을 갚지 아니한 채 변제기를 넘겼습니다.

그런데 정채무는 그의 유일한 재산인 별지 목록 기재 부동산[서울 강남구 압구정동 88 소재 압구정아파트 제201호(이하 '이 사건 아파트'라고 합니다)]을 2024. 11. 2. 피고에게 대금 20억 원에 매도하였고, 2024. 12. 26. 그에 따른 소유권이전등기를 마쳤습니다. 정채무는 피고와 고등학교 동창인 자로, 채무초과 상태의 채무자가 유일한 재산인 이 사건 아파트를 제3자에게 소유권이전등기를 마쳐준 것은 채권자를 해한다는 것을 알고서 한 사해행위에 해당합니다.

정채무는 사해행위 당시 채무초과 상태에 있었고 자신의 유일한 재산인 이 사건 아파트를 처분하게 되면 정채무의 채권자들의 공동담보에 부족이 생긴다는 점을 충분히 알고 있었다고 할 것이며, 유일한 재산을 처분하여 채무초과 상태를 초래하였으므로 정채무의 사해의사는 추정됩니다. 또한 수익자인 피고의 악의도 추정됩니다. 따라서 특별한 사정이 없는 한 정채무와 피고 사이의 위 매매계약은 취소되어야 합니다.

나. 원상회복의 방법 및 범위

저당권이 설정되어 있는 부동산에 관하여 사해행위가 이루어진 경우에 그 사해행위는 부동산의 가액에서 저당권의 피담보채권액을 공제한 잔액의 범위 내에서만 성립한다고 보아야 하므로, 사해행위 후 변제 등에 의하여 저당권설정등기가 말소된 경우 사해행위를 취소하여 그 부동산 자체의 회복을 명하는 것은 당초 일반채권자들의 공동담보로 되어 있지 않던 부분까지 회복시키는 것이라서 공평에 반하는 결과가 되고, 따라서 그 부동산의 가액에서 저당권의 피담보채권액을 공제한 잔액의 한도에서 사해행위를 취소하고 그 가액의 배상을 명할 수 있을 뿐입니다.[430]

정채무와 피고가 이 사건 매매계약을 체결할 당시 위 아파트에 관하여는 주식회사 하남

---

430 대법원 2001. 12. 27. 선고 2001다33734 판결 참조

은행과 주식회사 신만은행의 1, 2순위 근저당권이 설정되어 있었습니다. 그런데 피고 앞으로 소유권이전등기가 마쳐진 이후 주식회사 하남은행의 1순위 근저당권이 말소되었으므로 위 매매계약도 일부 취소 및 가액배상의 방법에 따른 원상회복이 이루어져야 합니다.

사해행위 취소로 인한 원상회복으로 가액배상을 명하는 경우 취소채권자는 직접 자기에게 가액배상금을 청구하여야 하고 다만 채권자는 자신의 피보전채권액을 초과하여 가액배상을 구할 수 없습니다. 사해행위의 취소 및 가액배상은 취소채권자의 피보전채권액과 사해행위 목적물이 가지는 공동담보가액을 비교하여 그중 적은 금액을 한도로 이루어져야 합니다.[431] 근저당권이 설정되어 있는 부동산에 관하여 사해행위가 이루어진 후 근저당권이 말소되어 그 부동산의 가액에서 근저당권 피담보채무액을 공제한 나머지 금액의 한도에서 사해행위를 취소하고 가액의 배상을 명하는 경우, 배상하여야 할 가액은 목적물의 가액에서 말소된 사해행위 취소시인 사실심 변론종결시를 기준으로 하여 그 부동산의 가액에서 말소된 저당권의 피담보채권액과 말소되지 아니한 저당권의 피담보채권액을 모두 공제하여 산정하여야 하고, 이때 목적물의 가액 및 피담보채권액 산정 기준시점은 사실심 변론종결시입니다.[432]

원고의 피보전채권액은 원금 7억 원 및 이에 대하여 2024. 1. 4.부터 사실심 변론종결일까지 약정된 월 1%의 비율로 계산한 이자와 지연손해금입니다. 한편 이 사건 아파트의 사실심 변론종결일에 가까운 현재 시가는 25억 원인데 1순위 근저당권과 2순위 근저당권 모두 그 실제 피담보채권액이 각 채권최고액을 초과하므로, 사해행위 이후 말소된 1순위 근저당권의 채권최고액인 10억 원과 존속 중인 2순위 근저당권의 채권최고액인 10억 원을 각 공제하면, 이 사건 아파트에 대하여 일반채권자가 갖는 공동담보가액은 5억 원입니다. 따라서 수익자인 피고가 배상하여야 할 가액은 위 공동담보가액으로서 원고의 피보전채권액 범위 내에 있는 5억 원입니다.

다. 소결

그렇다면 정채무와 피고 사이에 체결된 이 사건 매매계약은 5억 원의 한도 내에서 사해행위로 취소되어야 하고, 그에 따른 원상회복으로서 피고는 원고에게 가액배상금 5억 원 및 이에 대하여 이 판결 확정일 다음 날부터 다 갚는 날까지 민법이 정한 연 5%의 비율로 계산한 지연손해금을 지급할 의무가 있습니다.

431 대법원 2001. 9. 4. 선고 2000다66416 판결 참조
432 대법원 2007. 7. 12. 선고 2005다65197 판결 참조

2. 피고의 예상 주장에 대한 검토

피고는 2020. 4. 1. 정채무에게 5억 원을 월 이자 5%, 변제기 2020. 12. 31.로 정하여 빌려주었는데 그 돈을 받지 못하여 위 채권을 자동채권으로 하여 원고의 가액배상금채권과 상계하겠다고 주장할 것으로 예상됩니다.

그러나 채권자취소권은 채권의 공동담보인 채무자의 책임재산을 보전하기 위하여 채무자와 수익자 사이의 사해행위를 취소하고 채무자의 일반재산으로부터 일탈된 재산을 모든 채권자를 위하여 수익자 또는 전득자로부터 환원시키는 제도로서, 수익자로 하여금 자기의 채무자에 대한 반대채권으로써 상계를 허용하는 것은 사해행위에 의하여 이익을 받은 수익자를 보호하고 다른 채권자의 이익을 무시하는 결과가 되어 위 제도의 취지에 반하므로, 수익자가 채권자취소에 따른 원상회복으로서 가액배상을 할 때에 채무자에 대한 채권자라는 이유로 채무자에 대하여 가지는 자기의 채권과의 상계를 주장할 수는 없습니다.[433] 따라서 피고의 위 주장은 이유 없습니다.

3. 결론

원고는 이와 같은 이유로 청구취지와 같은 판결을 구하니 원고의 청구를 인용하여 주시기 바랍니다.

증명방법 및 첨부서류 (생략)

2025. 3. 31.

원고 소송대리인

변호사 전승혜 ㊞

서울중앙지방법원 귀중

433 대법원 2001. 6. 1. 선고 99다63183 판결 참조

10

기록

추심금 / 임대차보증금 공제, 동시이행항변

기록 10

<문제 1> 귀하는 변호사 전승혜로서, 의뢰인 김갑동과의 상담을 통해 아래 【상담내용】과 같은 사실관계를 청취하고, 【의뢰인 희망사항】 기재사항에 관한 본안소송의 대리권을 수여받고, 첨부된 서류를 자료로 받았습니다.

의뢰인을 위하여 본안의 소를 제기하기 위한 <u>소장</u>을 작성하시오.

【작성요령】

1. 소장 작성일 및 소제기일은 <u>2025. 3. 11.</u>로 하시오.
2. 그 밖의 작성방식은 【공통된 작성요령】과 같습니다.

의뢰인 상담일지

변호사 전 승 혜 법률사무소

서울 서초구 서초대로10길 11, 1200호 (서초동, 완승빌딩)

☎ : 02-532-3000, 팩스 : 02-532-3001, e-mail : jsh0909@naver.com

접수번호	2025-100	**상담일시**	2025. 3. 3.
상담인	김갑동 010-4563-9601	**내방경위**	지인소개

【상 담 내 용】

1. 김갑동은 다음과 같은 상담을 위해 증거를 갖고 변호사 사무실에 찾아왔다.

2. 김갑동은 2022. 9. 1. 이을남에게 3억 원을 이자 연 5%, 변제기 2023. 8. 31.로 정하여 빌려주었다. 김갑동은 이을남이 돈을 갚지 않자 이을남을 상대로 지급명령을 신청하였고, 서울중앙지방법원은 이을남을 상대로 지급명령을 내렸다. 김갑동은 위 지급명령에 터잡아 이을남이 최대인에 대하여 가지는 임대차보증금반환채권(임대차 목적물 : 서울 강남구 신사로 100 반도아파트 301호)에 관하여 2024. 12. 11. 채권압류 및 추심명령을 받았다. 이을남은 그 임대차계약 기간만료일인 2024. 9. 30. 최대인에게 위 반도아파트 301호를 인도하였다. 그런데 최대인은 현재까지 김갑동에게 위 임대차보증금을 지급하지 않고 있다.

【의뢰인 희망사항】

김갑동은 이을남이 최대인에 대하여 가지는 임대차보증금을 직접 수령할 수 있도록 하는 판결을 받고 싶다(지연손해금은 받기를 원하지 않는다).

임대차계약서

2022 년 10 월 1 일 서울특별시 강남구 신사로 100 반도아파트 301호 최대인(이하 임대인이라 칭함)과 서울특별시 관악구 봉천로 100 이을남 (이하 임차인이라 칭함)은 임대인 소유인 아래 표시 임대차 물건에 대하여 아래 조항과 같이 임대차계약을 체결함.

제1조(임대차 건물의 표시)

서울 강남구 신사로 100 반도아파트 제1동 철근콘크리트구조 콘크리트슬래브 지붕 4층 아파트, 1 내지 4층 각 2270.72m² 중 제3층 제301호 100㎡

[대지권의 목적인 토지의 표시]

서울 강남구 신사동 88 대 5,165.3m²

[대지권의 표시]

소유권대지권 5,165.3분의 100. 끝.

제2조(임대차 기간)

임대차계약은 2022. 10. 1. 시작하여 24 개월간 유효하며 2024. 9. 30.로서 종료한다.

제3조(임대료)

임대료는 월세로 금 오백만 원(₩ 5,000,000) 정으로 하여 매월 말일 지급한다.

제4조(임차보증금)

① 임차인은 본 계약과 동시에 임대인에게 임대차보증금 이억 오천만 원 (₩250,000,000)을 지급한다.

② 임차인에게 임대료 연체, 기타 본 계약에 의한 채무의 불이행 또는 손해배상 채무가 있을 때는 임차인의 동의 없이 기납된 임차인의 보증금을 이에 충당할 수 있다.

제5조(관리유지비)

관리비는 임차인이 계약체결과 동시에 해당월분을 납부하여야 하며, 임대인은 이의

징구를 목적으로 건물 내의 공공시설 기타 제반설비의 이용을 제한할 수 있고 이와 같은 제한에 대하여 임차인은 하등의 이의를 제기할 수 없다.

제6조(양도금지)

임차인은 임차보증금 반환채권을 임대인의 승낙 없이 제3자에게 양도하지 못한다.

임대인

주소 : 서울특별시 강남구 압구정로 100

성명 : 최대인 ㊞

임차인

주소 : 서울특별시 관악구 봉천로 100

성명 : 이을남 ㊞

서 울 중 앙 지 방 법 원
결　　　정

사　　건　　2024타채9500 채권압류 및 추심명령

채 권 자　　김갑동

서울 서초구 서초로 200

채 무 자　　이을남

서울 관악구 봉천로 100

제3채무자　　최대인

서울 강남구 압구정로 100

주　　문

채무자의 제3채무자에 대한 별지 기재 채권을 압류한다.

제3채무자는 채무자에 대하여 별지 기재 채권의 지급을 하여서는 아니 된다.

채무자는 위 채권의 처분과 영수를 하여서는 아니 된다.

채권자는 위 압류채권을 추심할 수 있다.

청구금액

금 3억 원(2022. 9. 1.자 대여금)

이　　유

채권자가 위 청구금액을 변제받기 위하여 서울중앙지방법원 2023차5000호 지급명령에 터잡아 한 이 사건 신청은 이유 있으므로 주문과 같이 결정한다.

2024. 12. 11.

사법보좌관 박수경 ㊞

정 본 입 니 다.

2024. 12. 11.

법원주사 배민철 ㊞

별 지

압류 및 추심할 채권의 표시

채무자(임차인)가 아래 임대차계약이 종료되는 경우에 제3채무자(임대인)에 대하여 가지는 임대차보증금 반환채권

서울 강남구 신사로 100 반도아파트 301호
임대차보증금 2억 5,000만 원
임대차 기간 2022. 10. 1. - 2024. 9. 30. 끝.

송달 및 확정 증명원

사　　　건　　: 서울중앙지방법원 2024타채9500 채권압류 및 추심명령
채 권 자　　: 김갑동
채 무 자　　: 이을남
제3채무자　　: 최대인
증명신청인　　: 김갑동

위 사건에 관하여 아래와 같이 송달 및 확정되었음을 증명합니다.

채무자 이을남　　2024. 12. 16. 채권압류 및 추심명령 정본 송달
제3채무자 최대인　　2024. 12. 16. 채권압류 및 추심명령 정본 송달
2024. 12. 24. 확정. 끝.

2025. 2. 8.

서울중앙지방법원

법원주사 오대성　[서울중앙 지방법원 법원주사]

통 고 서

발신인 : 김갑동

수신인 : 최대인

1. 발신인은 이을남에 대하여 대여금채권을 보유하고 있습니다.
1. 이을남은 2022. 10. 1. 귀하로부터 서울 강남구 신사로 100 반도아파트 301호를 임대차 보증금 2억 5,000만 원, 임대차 기간 2022. 10. 1.부터 2024. 9. 30.까지로 정하여 임차하였고, 같은 날 위 보증금을 지급하고 이사를 와서 전입신고를 마쳤습니다.
1. 그 후 이을남은 위 임대차 기간이 종료함에 따라 2024. 9. 30. 귀하에게 위 반도아파트 301호를 인도하여 주었습니다.
1. 따라서 귀하는 2024. 12. 11.자 서울중앙지방법원 2024타채9500호 채권압류 및 추심명령에 따라 발신인에게 위 임대차보증금 2억 5,000만 원을 지급하여야 합니다. 귀하는 본 통고서를 받은 날부터 14일 이내에 위 임대차보증금을 지급하여 주시기 바랍니다.

2025. 2. 16.

발신인 김갑동 (인)

통고서에 대한 답신

발신인 최대인

서울 강남구 압구정로 100

수신인 김갑동

서울 서초구 서초로 200

귀하가 추심명령에 기하여 추심금의 지급을 구하는 2025. 2. 16.자 통고서를 받아보았습니다.

그런데 본인이 이을남에게 확인해보니 이을남은 2024. 12. 31. 귀하에게 대여원리금 1억원을 지급하였다고 합니다.

따라서 저는 이을남이 변제한 부분에 한하여는 추심명령이 무효이므로 귀하에게 임대차보증금을 지급할 수 없습니다.

첨부 : 사실확인서 1부

2025. 2. 23.

최 대 인 (인)

서울강남우체국

2025. 2. 23.

25 - 7121

본 우편물은 2025-2-23
제7121호에 의하여
내용증명우편물로 발송하였음을 증명함
서울강남우체국장

사실확인서

확인인 : 이을남

서울 관악구 봉천로 100

1. 확인인은 2022. 9. 1. 김갑동으로부터 3억 원을 이자 연 5%, 변제기 2023. 8. 31.로 정하여 차용하였습니다.
1. 확인인은 2024. 12. 31. 김갑동에게 그때까지 발생한 이자와 원금 변제조로 1억 원을 지급하였습니다.

2025. 2. 22.

확인인 이을남 (인)

첨부 인감증명서 1통(첨부 생략)

기록 10

해설

문제 1 해설

1. 사안의 개요

의뢰인 김갑동이 이을남에 대한 대여금채권에 관하여 지급명령을 받고서 이을남의 최대인에 대한 임대차보증금반환채권에 관하여 압류·추심명령을 받았다. 김갑동은 최대인으로부터 임대차보증금을 직접 수령하기를 원하고 있다. 상정가능한 소는 채권자대위청구의 소와 추심금청구의 소인데, 이 사안에서 피대위자로서 채무자인 이을남의 무자력사실, 이을남의 권리 불행사사실을 확인할 아무런 자료가 현출되지 않은 이상, 채권자대위청구의 소를 제기할 수는 없다. 따라서 추심금청구의 소를 제기하려고 할 때 어떠한 요건사실에 착안하여야 하는지, 추심금청구의 소의 피고인 제3채무자가 집행채권의 부존재나 소멸을 주장할 수 있는지 문제된다.

2. 소장 기재에 필요한 요건사실

요건사실	① 피추심채권의 존재사실 ② 추심명령사실 ③ 제3채무자에 대한 추심명령의 송달사실

추심금청구소송에서 집행채권의 존재사실은 요건사실이 아님에 유의하자. 다만 추심명령의 발령사실(②)을 서술할 때에 추심명령을 신청하게 된 근거인 집행권원에서 간접적으로 표시될 뿐이다. 추심명령은 전부명령과 달리 제3채무자에게 송달되면, 채무자에게 송달되지 않아도 그 효력이 발생한다(민사집행법 제229조 제4항 전단, 제227조 제3항).

문제 1 모범답안

소 장

원 고 김갑동
서울 서초구 서초로 200
소송대리인 변호사 전승혜
서울 서초구 서초대로10길 11, 1200호 (서초동, 완승빌딩)
전화 02)532-3000, 팩스 02)532-3001, E-mail : jsh0909@naver.com

피 고 최대인
서울 강남구 압구정로 100

추심금 청구의 소

청 구 취 지

1. 피고는 원고에게 2억 5,000만 원을 지급하라.
2. 소송비용은 피고가 부담한다.
3. 제1항은 가집행할 수 있다.

라는 판결을 구합니다.

청 구 원 인

1. 추심금청구

이을남은 2022. 10. 1. 피고로부터 서울 강남구 신사로 100 반도아파트 301호를 임대차보증금 2억 5,000만 원, 임대차 기간 2022. 10. 1.부터 2024. 9. 30.까지로 정하여 임차하였습니다. 이을남은 2022. 10. 1. 피고에게 위 임대차보증금 2억 5,000만 원을 지급하였습니다.

원고는 이을남에 대한 서울중앙지방법원 2024차5000호 지급명령에 기초하여 2024. 12.

11. 위 법원 2024타채9500호로 이을남의 피고에 대한 위 임대차보증금반환채권에 관하여 채권압류 및 추심명령(이하 '이 사건 압류 및 추심명령'이라 한다)을 받았습니다. 이 사건 압류 및 추심명령은 2024. 12. 16. 제3채무자인 피고에게 송달되었습니다.

그렇다면, 제3채무자인 피고는 추심채권자 원고에게 위 임대차보증금 2억 5,000만 원을 지급할 의무가 있습니다.

2. 피고의 예상되는 주장과 반박

피고가 집행채권의 일부 소멸로 인하여 이 사건 추심명령이 일부 무효라고 주장할 것으로 예상됩니다.

그러나 집행채권의 부존재나 소멸은 집행채무자가 청구이의의 소에서 주장할 사유이지 추심의 소에서 제3채무자인 피고가 이를 항변으로 주장하여 채무의 변제를 거절할 수 있는 것이 아닙니다.[434]

따라서 피고의 주장과 같이 집행채권인 원고의 이을남에 대한 2022. 9. 1.자 대여금채권이 2024. 12. 31.자 1억 원 변제로 일부 소멸하였다고 하더라도 이는 집행채무자인 이을남이 청구이의의 소에서 주장할 사유에 해당할 뿐이고, 이로써 제3채무자인 피고가 추심금청구의 소에서 채무의 변제를 일부 거절할 수 없습니다.

피고의 위 주장은 이유 없습니다.

3. 결론

원고는 이와 같은 이유로 청구취지와 같은 판결을 구하니 원고의 청구를 인용하여 주시기 바랍니다.

증명방법 및 첨부서류 (생략)

2025. 3. 11.

원고 소송대리인

변호사 전승혜 ㊞

서울중앙지방법원[435] 귀중

434 대법원 1996. 9. 24. 선고 96다13781 판결

435 피고의 보통재판적(법 제2조), 의무이행지의 특별재판적(금전채권의 경우 채권자의 주소지)(법 제8조) 모두가 서울중앙지방법원의 관할구역이다.

기록 10

<문제 2> 귀하는 변호사 전승혜로서, 의뢰인 김갑동과의 상담을 통해 아래 【상담내용】과 같은 사실관계를 청취하고, 【의뢰인 희망사항】 기재사항에 관한 본안소송의 대리권을 수여받고, 첨부된 서류를 자료로 받았습니다.
의뢰인을 위하여 본안의 소를 제기하기 위한 <u>소장</u>을 작성하시오.

【작성요령】

1. 소장 작성일 및 소제기일은 <u>2025. 3. 11.</u>로 하시오.
2. <문제 1>의 임대차계약서, 채권압류 및 추심명령, 송달 및 확정증명원, 통고서는 그대로 있고, 나머지 증거는 【의뢰인 상담일지】 이하에 있는 것을 참조하시오.
3. 부동산의 표시는 아래 [목록(부동산의 표시)]을 소장 말미에 첨부함을 전제로 하여 작성하므로 소장에 해당 [목록(부동산의 표시)]을 기재하지 마시오.
4. 그 밖의 작성방식은 【공통된 작성요령】과 같습니다.

목록(부동산의 표시)
서울 강남구 신사로 100 반도아파트 제1동 철근콘크리트구조 콘크리트슬래브지붕 4층 아파트, 1 내지 4층 각 2270.72㎡ [대지권의 목적인 토지의 표시] 서울 강남구 신사동 88 대 5,165.3㎡ [전유부분의 건물의 표시] 제3층 제301호 철근콘크리트구조 100㎡ [대지권의 표시] 소유권대지권 5,165.3분의 100. 끝.

의뢰인 상담일지

변호사 전 승 혜 법률사무소

서울 서초구 서초대로10길 11, 1200호 (서초동, 완승빌딩)
☎ : 02-532-3000, 팩스 : 02-532-3001, e-mail : jsh0909@naver.com

접수번호	2025-100	상담일시	2025. 3. 3.
상담인	김갑동 010-4563-9601	내방경위	지인소개

【상 담 내 용】

1. 김갑동은 다음과 같은 상담을 위해 증거를 갖고 변호사 사무실에 찾아왔다.

2. 김갑동은 2022. 9. 1. 이을남에게 3억 원을 이자 연 5%, 변제기 2023. 8. 31.로 정하여 빌려주었다. 김갑동은 이을남이 돈을 갚지 않자 이을남을 상대로 지급명령을 신청하였고, 서울중앙지방법원은 이을남을 상대로 지급명령을 내렸다. 김갑동은 위 지급명령에 터잡아 이을남이 최대인에 대하여 가지는 임대차보증금반환채권(임대차 목적물 : 서울 강남구 신사로 100 반도아파트 301호)에 관하여 2024. 12. 11. 채권압류 및 추심명령을 받았다. 이을남은 그 임대차계약 기간만료일인 2024. 9. 30. 최대인에게 위 반도아파트 301호를 인도하지 않고 거주하고 있다. 최대인은 현재까지 김갑동에게 위 임대차보증금을 지급하지 않고 있다.

【의뢰인 희망사항】

김갑동은 이을남이 최대인에 대하여 가지는 임대차보증금을 수령할 수 있는 판결을 신속하게 받고 싶고 그것을 위해서는 이을남에 대한 소송까지 고려하고 있다.

통고서에 대한 답신

발신인 최대인

서울 강남구 압구정로 100

수신인 김갑동

서울 서초구 서초로 200

귀하가 추심명령에 기하여 추심금의 지급을 구하는 2025. 2. 16.자 통고서를 받아보았습니다.

그런데 위 추심명령은 다음과 같은 이유로 무효입니다.

첫째, 귀하의 채권자라고 주장하는 유성근이 귀하가 저를 상대로 받은 추심채권에 대하여 다시 압류 및 추심명령을 발령받아 본인이 이를 송달받은 바 있습니다. 주변에 아는 변호사 형님이 있어 물어보니 귀하의 채권자가 추심명령을 받으면 귀하는 소송을 제기할 수 있는 당사자적격이 없어진다고 합니다. 따라서 위 금액에 대해서는 귀하가 저에게 추심금을 달라고 청구할 수는 없는 것 같으니, 잘 확인해보시기 바랍니다.

둘째, 이을남의 채권자 궁민은행이, 이을남이 본인에게 가지는 임대차보증금에 관하여 채권압류 및 추심명령을 받았는데 귀하의 추심명령보다 빠른 2024. 12. 14. 저에게 송달되었습니다. 압류가 경합하므로 귀하의 추심명령은 무효이고 궁민은행과 귀하의 각 집행채권 액수 비율에 따라 공평하게 안분변제하겠습니다.

셋째, 이을남이 2024. 9. 30. 저에게 반도아파트 301호를 인도하지 않고 계속 거주하고 있습니다. 이을남이 2024. 9. 30.까지는 월 임료를 모두 지급했으나 그 이후에는 무상으로 거주하고 있으므로 저는 귀하에게 보증금을 지급하더라도, 감정평가사가 평가한 대로 월 700만 원의 부당이득금을 공제하고 지급해야 합니다. 설령 월 700만 원의 부당이득금이 인정되지 않더라도 적어도 원래 계약한 임료로서 월 500만 원씩은 공제되어야 합니다.

또한 저는 건물을 인도받음과 동시에 위 돈을 지급하겠습니다.

첨부 : 1. 채권압류 및 추심명령 각 1부

2. 감정평가사 최감정 작성 2025년 현재 반도아파트 임료확인서

2025. 2. 22.

최 대 인 (인)

서울강남우체국
2025. 2. 22.
25 - 7121

본 우편물은 2025-2-22
제7121호에 의하여
내용증명우편물로 발송하였음을 증명함
서울강남우체국장

서울중앙지방법원

결 정

사 건 2024타채8500 채권압류 및 추심명령

채 권 자 주식회사 궁민은행

서울 영등포구 국제금융로 100

대표자 은행장 이궁민

채 무 자 이을남

서울 관악구 봉천로 100

제3채무자 최대인

서울 강남구 압구정로 100

주 문

채무자의 제3채무자에 대한 별지 기재 채권을 압류한다.

제3채무자는 채무자에 대하여 별지 기재 채권의 지급을 하여서는 아니 된다.

채무자는 위 채권의 처분과 영수를 하여서는 아니 된다.

채권자는 위 압류채권을 추심할 수 있다.

청구금액

금 1억 원(2021. 5. 10.자 대출금)

이 유

채권자가 위 청구금액을 변제받기 위하여 서울중앙지방법원 2024차3000호 지급명령에 터잡아 한 이 사건 신청은 이유 있으므로 주문과 같이 결정한다.

2024. 11. 21.

사법보좌관 이창수 ㊞

정 본 입 니 다.
2024. 11. 21.
법원주사 김희균 ㊞

별 지

압류 및 추심할 채권의 표시

채무자(임차인)가 아래 임대차계약이 종료되는 경우에 제3채무자(임대인)에 대하여 가지는 임대차보증금 반환채권

서울 강남구 신사로 100 반도아파트 301호
임대차보증금 2억 5,000만 원
임대차 기간 2022. 10. 1. - 2024. 9. 30. 끝.

서 울 중 앙 지 방 법 원

결 정

사 건	2024타채10000 채권압류 및 추심명령
채 권 자	유성근
	서울 서초구 방배로 123, 105호 (방배동, 방배빌라)
채 무 자	김갑동
	서울 서초구 서초로 200
제3채무자	최대인
	서울 강남구 압구정로 100

주 문

1. 채무자의 제3채무자에 대한 별지 기재 채권을 압류한다.
2. 제3채무자는 채무자에게 위 채권에 관한 지급을 하여서는 아니 된다.
3. 채무자는 위 채권의 처분과 영수를 하여서는 아니 된다.
4. 위 압류된 채권은 채권자가 추심할 수 있다.

청구금액

금 50,000,000원(약정금채권)

이 유

채권자가 위 청구금액을 변제받기 위하여 이 법원 2024. 10. 10.자 2024차2000호 집행력 있는 지급명령 정본에 기하여 한 이 사건 신청은 이유 있으므로 주문과 같이 결정한다.

2024. 12. 20.

사법보좌관 최강민 (인)

정 본 입 니 다.
2024. 12. 20.
법원주사 신유미

서울중앙
지방법원
법원주사

별 지

금 50,000,000원

채무자가 추심채권자로서 아래 압류 및 추심명령에 따라 제3채무자에 대해 가지는 추심금 채권

추 심 명 령 : 서울중앙지방법원 2024타채9500 채권압류 및 추심명령
추심채권자 : 김갑동
추심채무자 : 이을남
제3채무자 : 최대인
피압류 및 추심채권 : 채무자가 2022. 10. 1.자 서울 강남구 신사로100 반도아파트 301호 임대차계약에 따라 제3채무자에 대하여 가지는 임대차보증금반환채권 2억 5,000만 원. 끝.

송 달 증 명 원

사 건	서울중앙지방법원 2024타채10000 채권압류 및 추심명령
채 권 자	유성근
채 무 자	김갑동
제3채무자	최대인
증명신청인	최대인

위 사건에 관하여 아래와 같이 송달되었음을 증명합니다.

채무자 김갑동	2024. 12. 24. 채권압류 및 추심명령정본 송달
제3채무자 최대인	2024. 12. 24. 채권압류 및 추심명령정본 송달. 끝.

위 증명합니다.

2025. 2. 15.

서울중앙지방법원

법원주사 김증명 (인)

서울중앙 지방법원 주사

반도아파트 임료확인서

2025년 1월과 2월 현재 서울 강남구 신사로 100 반도아파트 301호(전용면적 100㎡)의 월 임료 시가는 700만 원임을 확인합니다.

2025. 2. 20.

작성인 감정평가사 최감정 (인)

이행촉구서

발신인 김갑동

서울 서초구 서초로 200

수신인 이을남

서울 강남구 신사로 100 반도아파트 301호

1. 저는 귀하에게 대여금채권을 보유하고 있습니다.
2. 귀하는 2022. 10. 1. 최대인으로부터 서울 강남구 신사로 100 반도아파트 301호를 임대차보증금 2억 5,000만 원, 월 차임 500만 원, 임대차 기간 2022. 10. 1.부터 2024. 9. 30.까지로 정하여 임차하였고, 같은 날 위 보증금을 지급하고 이사를 와서 전입신고를 마쳤습니다.
3. 귀하는 위 임대차 기간이 종료하였음에도 불구하고 2024. 9. 30. 최대인에게 위 반도아파트 301호를 인도하지 않고 있습니다.
4. 저는 2024. 12. 11.자 서울중앙지방법원 2024타채9500호 채권압류 및 추심명령에 따라 최대인으로부터 임대차보증금 2억 5,000만 원을 지급받아야 합니다. 최대인을 대위하여 저는 귀하가 최대인에게 위 반도아파트 301호를 인도하여 주기를 바랍니다.

2025. 2. 22.

발신인 김갑동 (인)

이행촉구서에 대한 답신

발신인 이을남

서울 강남구 신사로 100 반도아파트 301호

수신인 김갑동

서울 서초구 서초로 200

귀하가 건물인도를 구하는 2025. 2. 22.자 이행촉구서를 받아보았습니다.

본인이 최대인과의 임대차계약에 따라 반도아파트 301호에서 거주하다 위 계약을 갱신하지 않기로 하였는데, 만기인 2024. 9. 30.이 지나도 계속 월 임료를 내지 않고 거주하고 있는 것은 사실입니다.

그러나 귀하는 금전채권인 임대차보증금반환채권을 피보전채권으로 하여 최대인을 대위하여 저에게 건물인도를 청구하고 있으나 피대위자인 최대인이 무자력이 아니므로 귀하가 저에게 최대인을 대위하여 인도를 청구할 필요성이 없습니다.

따라서 본인이 가까운 시일 내 최대인에게 알아서 건물을 인도하도록 하겠습니다.

2025. 2. 24.

발 신 인 이 을 남 (인)

문제 2 해설

1. 사안의 개요

의뢰인 김갑동은 추심명령에 기하여 최대인에 대하여 임대차보증금반환을 청구할 수 있다. 다만 최대인은 추심명령 송달 전 채무자인 이을남에 대하여 발생한 항변 사유(임대차보증금 공제 주장, 동시이행항변 주장)를 김갑동에게 주장할 수 있다. 따라서 김갑동이 최대인으로부터 추심금을 받기 위하여 이을남에 대하여 건물인도를 구할 수 있는지, 최대인으로부터 받을 수 있는 추심금 액수는 어떠한지, 최대인이 건물을 인도받기 전까지 돈을 지급할 수 없다면 어떻게 청구취지를 구성할지 쟁점이 되는 사안이다.

2. 해설

가. 임대차보증금반환채권에 기하여 임대인을 대위하여 임차인에게 건물인도를 구하는 경우 '보전의 필요성'

채권자대위권 소송에서는 '보전의 필요성'이 소송요건으로 구비되어야 하고, 피보전권리가 금전채권인 경우 '보전의 필요성'은 '채무자의 책임재산을 보전할 필요성'을 말한다.

그런데 대법원 1989. 4. 25. 선고 88다카4253, 4260 판결은 "채권자가 양수한 임대차보증금 반환채권의 이행을 청구하기 위하여 임차인의 임차 목적물 명도가 이행되어야 할 필요가 있어서 그 명도를 구하는 경우에는 그 채권의 보전과 채무자인 임대인의 자력 유무는 관계가 없다"는 이유로 임대차보증금반환채권을 피보전권리로 하여 임대인의 임차목적물반환청구를 대위행사하는 경우에는 무자력 요건이 불필요하다고 판시하였다.

나. 임대차보증금에서의 공제, 동시이행 관계와 그에 따른 청구취지 작성

부동산 임대차에서 수수된 보증금은 임대차 존속 중의 차임뿐만 아니라 건물인도 의무이행에 이르기까지 발생한 임료 상당 손해배상금 또는 부당이득금, 목적물의 멸실·훼손 등으로 인한 손해배상채무 등 임대차관계에 따른 임차인의 모든 채무를 담보하는 것이므로, 임대인으로서는 임대차보증금에서 그 피담보채무를 공제한 나머지만을 임차인에게 반환할 의무가 있다고 할 것인데, 임대인으로서는 그 임대차보증금에 의하여 담보되는 차임, 부당이득반환채권 및 손해배상채권의 발생에 관하여 주장·입증책임을 부담한다(대법원 1995. 7. 25. 선고 95다14664, 14671 판결 등). 이와 같은 담보적 효력의 반사적 결과로서 임대인은 임대차보증금으로부터 임대차에 관련된 모든 채권을 우선변제 받을 수 있는 것이다. 임대인이 행사하는 권리는 상계권의 행사가 아니고, 임대차보증금의 담보적 효력에 기한 우선변제권의 행사이며, 통상 이를 '공제'라고 표현한다.

다만 주택임대차에 있어 기간만료나 당사자의 합의 등으로 임대차가 종료된 경우에도 주택임대차보호법 제4조 제2항에 의하여 임차인은 보증금을 반환받을 때까지 임대차관계가 존속하는 것으로 의제되므로(대법원 2002. 9. 4. 선고 2001다64615 판결 등 참조), 임차인이 임대차 종료 이후에 보증금을 반환받기 전에 임차 목적물을 점유하고 있다고 하더라도 임차인에게 차임 상당의 부당이득이 성립한다고 할 수 없다(대법원 2011. 7. 14. 선고 2010다82745 판결). 따라서 임대차가 기간만료나 당사자의 합의, 해지 등으로 종료된 경우에도 보증금을 반환받을 때까지 임차 목적물을 계속 점유하면서 사용·수익한 임차인은 종전 임대차계약에서 정한 차임을 지급할 의무를 부담할 뿐이다.[436]

임대차가 종료된 경우 임대차보증금 반환채무와 임차 목적물 인도채무는 동시이행 관계에 있다. 위에서 본 바와 같이 임대인으로서는 임대차보증금에서 임료 액수를 공제한 나머지만을 임차인에게 반환할 의무가 있고, 변론종결시에도 임차인의 임료 미지급 발생이 예견된다면 다음 소장과 같이 장래 발생하는 임료 상당액의 공제를 예정한 청구취지를 작성할 수밖에 없다.

436 참고로 임대차 종료 이후의 부당이득금을 공제할 경우가 문제된다면, 임대인이 공제항변으로 주장·입증할 요건사실은 임대차 종료 후 임차인이 본래 용법대로 계속 사용·수익하고 있는 사실이다. 그리고, 통상 부당이득액은 임료 상당액으로 보므로 별도의 감정 결과 없이 약정 임료가 있는 경우에는 약정 임료 상당액이 부당이득액으로 추인된다.

문제 2 모범답안

소 장

원 고 김갑동
서울 서초구 서초로 200
소송대리인 변호사 전승혜
서울 서초구 서초대로10길 11, 1200호 (서초동, 완승빌딩)
전화 02)532-3000, 팩스 02)532-3001, E-mail : jsh0909@naver.com

피 고 1. 이을남
서울 강남구 신사로 100 반도아파트 301호
2. 최대인
서울 강남구 압구정로 100

추심금 청구의 소

청 구 취 지

1. 피고 이을남은 피고 최대인에게 별지 목록 기재 부동산을 인도하라.
2. 피고 최대인은 피고 이을남으로부터 별지 목록 기재 부동산을 인도받음과 동시에 원고에게 2억 5,000만 원에서 2024. 10. 1.부터 별지 목록 기재 부동산의 인도 완료일까지 월 500만 원의 비율로 계산한 금액을 공제한 나머지 돈을 지급하라.[437]

437 임대차 목적물 인도의무와 임대차보증금 반환채무가 동시이행관계에 있는 이상(동시이행항변권의 행사 여부와 무관, 존재효과설), 비록 임대차보증금 반환채무의 이행기가 지났다고 하더라도 임차인은 임대인에게 목적물을 인도하거나 현실의 이행제공을 하여 임대인의 임대차보증금 반환채무를 지체에 빠뜨리지 않는 한 그 지연손해금을 청구할 수 없다(대법원 1989. 10. 27. 선고 89다카4298 판결 참조).

3. 소송비용은 피고들이 부담한다.

4. 제1, 2항은 가집행할 수 있다.

라는 판결을 구합니다.

청 구 원 인

1. 추심금청구

피고 이을남은 2022. 10. 1. 피고 최대인으로부터 별지 목록 기재 부동산(이하 '이 사건 아파트'라고 합니다)을 임대차보증금 2억 5,000만 원, 월 임료 500만 원, 임대차 기간 2022. 10. 1.부터 2024. 9. 30.까지로 정하여 임차하였습니다(이하 '이 사건 임대차계약'이라고 합니다). 피고 이을남은 2022. 10. 1. 이 사건 아파트를 인도받고 전입신고를 한 후 피고 최대인에게 위 임대차보증금 2억 5,000만 원을 지급하였습니다.

원고는 피고 이을남에 대한 서울중앙지방법원 2024차5000호 지급명령에 기초하여 2024. 12. 11. 위 법원 2024타채9500호로 피고 이을남의 피고 최대인에 대한 위 임대차보증금반환채권에 관하여 채권압류 및 추심명령(이하 '이 사건 추심명령'이라 한다)을 받았습니다. 이 사건 추심명령은 2024. 12. 16. 제3채무자인 피고 최대인에게 송달되었습니다.

그렇다면, 특별한 사정이 없는 한 이 사건 임대차계약은 2024. 9. 30. 기간만료로 종료되었으므로, 제3채무자인 피고 최대인은 추심채권자 원고에게 위 임대차보증금 2억 5,000만 원을 지급할 의무가 있고, 원고가 위 채권을 보전하기 위하여 피고 최대인을 대위하여 청구하는 이 사건에서 임차인인 피고 이을남은 임대인인 피고 최대인에게 이 사건 아파트를 인도할 의무가 있습니다.

2. 피고들의 예상되는 주장과 반박

가. 보전의 필요성이 없다는 주장

피고 이을남은, 금전채권인 임대차보증금 반환채권을 피보전채권으로 하여 대위청구하는 이 사건에서 피대위자인 피고 최대인이 무자력이 아니므로 원고에게는 채권자대위권을 행사할 보전의 필요성이 없어 위 소가 부적법하다고 주장할 것으로 예상됩니다.

추심채권자가 피추심채권인 임대차보증금 반환채권을 보전하기 위하여 임차인의 임대차 목적물 인도가 이행되어야 할 필요가 있어서 임대인을 대위하여 임차인에게 그 인도를 구하는 경우에는 임대차보증금 반환채권의 보전과 채무자인 임대인의 자력 유무는 관계가 없으

므로 임대인의 무자력을 그 요건으로 한다고 할 수 없습니다.[438]

따라서 피고 이을남의 위 주장은 이유 없습니다.

나. 원고의 추심채권에 대한 압류 및 추심명령 주장

피고 최대인은, 원고의 채권자 유성근이 원고의 피고 최대인에 대한 추심채권에 대하여 압류 및 추심명령을 받았으므로, 위 부분에 대한 소는 원고의 당사자적격이 없어 부적법하다는 본안 전 항변을 할 것으로 예상됩니다.

그러나 금전채권에 대한 압류 및 추심명령이 있었다고 하더라도 이는 강제집행절차에서 압류채권자에게 채무자의 제3채무자에 대한 채권을 추심할 권능만을 부여하는 것으로서 강제집행절차상의 환가처분의 실현행위에 지나지 아니한 것이며, 이로 인하여 채무자가 제3채무자에 대하여 가지는 채권이 압류채권자에게 이전되거나 귀속되는 것이 아니므로, 이와 같은 추심권능은 그 자체로서 독립적으로 처분하여 환가할 수 있는 것이 아니어서 압류할 수 없는 성질의 것이고,[439] 따라서 이에 대한 유성근의 압류 및 추심명령은 무효이며 원고의 추심권 행사에 아무런 영향을 미칠 수 없다고 보아야 합니다.

따라서 피고 최대인의 위 주장은 이유 없습니다.

다. 압류경합으로 인한 추심명령 무효 및 안분변제 주장

피고 최대인은 궁민은행의 채권압류 및 추심명령이 이 사건 채권압류 및 추심명령이 피고 최대인에게 송달되기 이전에 발령되어 압류경합으로 인해 이 사건 추심명령이 무효이고, 궁민은행과 원고의 각 집행채권액의 비율에 따라 안분변제되어야 한다고 주장할 것으로 예상됩니다.

그러나 같은 채권에 관하여 추심명령이 여러 번 발부되더라도 그 사이에는 순위의 우열이 없고, 추심명령을 받아 채권을 추심하는 채권자는 자기채권의 만족을 위하여서 뿐만 아니라 압류가 경합되거나 배당요구가 있는 경우에는 집행법원의 수권에 따라 일종의 추심기관으로서 압류나 배당에 참가한 모든 채권자를 위하여 제3채무자로부터 추심을 하는 것이므로 그 추심권능은 압류된 채권 전액에 미치며, 제3채무자로서도 정당한 추심권자에게 변제하면 그 효력은 위 모든 채권자에게 미치므로 압류된 채권을 경합된 압류채권자 및 또 다른 추심권자의 집행채권액에 안분하여 변제하여야 하는 것도 아닙니다.

---

438 대법원 1989. 4. 25. 선고 88다카4253, 4260 판결. 이 판결은 임대차보증금 반환채권의 양수인이 인도소송을 제기한 사안에 대한 것이나, 임대차보증금 반환채권이 추심된 경우에도 법리는 마찬가지이다.

439 대법원 1997. 3. 14. 선고 96다54300 판결, 대법원 2019. 12. 12. 선고 2019다256471 판결

따라서 피고 최대인의 주장처럼 압류의 경합이 있다고 하더라도 제3채무자인 피고 최대인으로서는 정당한 추심권자 중 1인인 원고에게 이를 변제하면 그 효력이 모든 채권자들에게 미치므로, 다른 추심권자들의 집행채권액에 안분하여 변제하여야 하는 것도 아닙니다.

그러므로 피고 최대인의 위 주장도 이유 없습니다.

라. 공제 주장

임대차보증금은 성질상 임대차 종료로 목적물을 반환할 때까지 임대차와 관련하여 발생하는 차임, 부당이득 등 임차인의 모든 채무를 담보하는 것이므로, 임대인은 임대차보증금에서 차임, 부당이득을 공제한 잔액만을 반환할 의무가 있습니다.

피고 이을남이 이 사건 임대차가 종료된 후에도 이 사건 아파트를 점유하면서 사용하고 있는바, 피고 이을남은 피고 최대인에게 이 사건 임대차 종료 다음 날인 2024. 10. 1.부터 이 사건 아파트 인도완료일까지의 임료 월 500만 원을 지급할 의무가 있습니다.

피고 최대인은 반환하여야 할 임대차보증금에서 2024. 10. 1.부터 이 사건 아파트 인도일까지 월 700만 원의 비율로 계산한 시가 임료 상당 부당이득금이 공제되어야 한다고 주장할 것으로 예상됩니다.

그러나 주택임대차에 있어 기간만료나 당사자의 합의 등으로 임대차가 종료된 경우에도 주택임대차보호법 제4조 제2항에 의하여 임차인은 보증금을 반환받을 때까지 임대차관계가 존속하는 것으로 의제되므로, 임차인이 임대차 종료 이후에 보증금을 반환받기 전에 임차목적물을 점유하고 있다고 하더라도 보증금을 반환받을 때까지 임차 목적물을 계속 점유하면서 사용·수익한 임차인은 종전 임대차계약에서 정한 차임을 지급할 의무를 부담할 뿐이고, 시가에 따른 차임에 상응하는 부당이득금을 지급할 의무를 부담하는 것은 아닙니다.[440]

앞서 인정한 것과 같이 이 사건 임대차계약이 2024. 9. 30. 기간 만료되었으나, 피고 이을남이 현재까지 피고 최대인으로부터 그 임대차보증금을 반환받지 않은 이상, 위 법리에 따라 이 사건 임대차계약은 피고 이을남이 임대차보증금을 반환받을 때까지 존속합니다.

따라서 이와 다른 전제 위에 있는 피고 최대인의 위 주장은 이유 없습니다.

마. 동시이행의 주장

피고 최대인은 피고 이을남으로부터 이 사건 아파트를 인도받을 때까지는 원고의 청구에 응할 수 없다고 주장할 것으로 예상됩니다.

---

440 대법원 2011. 7. 14. 선고 2010다82745 판결, 대법원 2023. 11. 9. 선고 2023다257600 판결

피고 최대인이 이 사건 임대차에 따라 피고 이을남에게 이 사건 아파트를 인도하였고, 이후 이 사건 임대차가 종료되었음은 앞에서 본 바와 같습니다.

따라서 피고 이을남은 피고 최대인에게 이 사건 아파트를 인도할 의무가 있고, 통상 임대차가 종료한 경우에 발생하는 임차인의 임대차 목적물 인도의무와 임대인의 임대차보증금 반환의무는 서로 동시이행의 관계에 있습니다.[441]

그러므로 피고 최대인의 위 나머지 임대차보증금 반환의무는 피고 이을남의 이 사건 아파트 인도의무와 동시이행의 관계에 있다 할 것이어서, 피고 최대인의 위 주장은 이유 있습니다.

3. 결론

따라서 피고 이을남은 피고 최대인에게 이 사건 아파트를 인도할 의무가 있습니다. 피고 최대인은 피고 이을남으로부터 이 사건 아파트를 인도받음과 동시에 원고에게 임대차보증금 2억 5,000만 원에서 2024. 10. 1.부터 이 사건 아파트의 인도 완료일까지 월 500만 원[442]의 비율로 계산한 임료를 공제한 나머지 돈을 지급할 의무가 있습니다.

원고는 이와 같은 이유로 청구취지와 같은 판결을 구하니 원고의 청구들을 모두 인용하여 주시기 바랍니다.

증명방법 및 첨부서류 (생략)

2025. 3. 11.

원고 소송대리인

변호사 전승혜 ㊞

서울중앙지방법원[443] 귀중

441 이 사건에서 당사자 사이에 임대차 종료시 임대차목적물 반환의무와 임대차보증금 반환의무를 동시에 이행하기로 하는 약정이 없으나, 그와 같은 약정이 없다고 하더라도 임대차계약의 종료에 의하여 발생된 임차인의 임대차목적물 반환의무와 임대인의 연체차임을 공제한 나머지 보증금의 반환의무는 동시이행의 관계에 있다(대법원 1990. 12. 21. 선고 90다카24076 판결 등 참조).

442 월 차임 500만 원씩 공제되어야 한다는 피고 최대인의 예비적 항변은 이유 있으므로 이를 반영하였다.

443 피고의 보통재판적(법 제2조), 부동산이 있는 곳의 특별재판적(법 제20조) 모두 서울중앙지방법원의 관할에 속한다.

11

기록

전부금 / 상계항변, 압류의 경합

기록 11

<문제 1> 귀하는 변호사 전승혜로서, 의뢰인 김갑동과의 상담을 통해 아래 【상담내용】과 같은 사실관계를 청취하고, 【의뢰인 희망사항】 기재사항에 관한 본안소송의 대리권을 수여받고, 첨부된 서류를 자료로 받았습니다.

의뢰인을 위하여 본안의 소를 제기하기 위한 <u>소장</u>을 작성하시오.

【작성요령】

1. 소장 작성일 및 소제기일은 <u>2025. 3. 11.</u>로 하시오.
2. 그 밖의 작성방식은 【공통된 작성요령】과 같습니다.

의뢰인 상담일지

변호사 전 승 혜 법률사무소

서울 서초구 서초대로10길 11, 1200호 (서초동, 완승빌딩)

☎ : 02-532-3000, 팩스 : 02-532-3001, e-mail : jsh0909@naver.com

접수번호	2025-100	**상담일시**	2025. 3. 3.
상담인	김갑동 010-4563-9601	**내방경위**	지인소개

【상 담 내 용】

1. 김갑동은 다음과 같은 상담을 위해 증거를 갖고 변호사 사무실에 찾아왔다.
2. 박병서는 제지업자로서 2020년경부터 김갑동으로부터 폐지 등 원재료를 공급받았다. 박병서는 영업부진으로 대금을 결제하지 못하고 있다가 2022. 8. 1. 김갑동과 그때까지 지급하지 못한 대금을 2억 원으로 정산하고, 위 정산금의 지급을 위하여 2022. 8. 3. 김갑동에게 액면금 2억 원, 지급기일 2023. 8. 3.로 된 약속어음을 발행하였고, 같은 날 공증인가 서울합동법률사무소 증서 2022년 제4000호로 위 약속어음에 대한 공정증서를 작성하였다.
3. 김갑동은 박병서가 돈을 갚지 않자 박병서가 발행한 약속어음을 가지고 박병서의 정차용에 대한 2022. 7. 1.자 대여금채권에 관하여 2024. 12. 4. 압류 및 전부명령을 받았다.
4. 김갑동은 2024. 12. 17. 정차용에게 전부금의 이행을 구하는 취지의 통고서를 발송하였는데 정차용은 2024. 12. 22.자 회신서를 보내왔다. 김갑동은 2024. 12. 24. 그 회신서를 송달받았다.
5. 정차용은 아직까지 김갑동에게 전부명령에 따른 이행을 거부하고 있다.

【의뢰인 희망사항】

김갑동은 전부명령에 따른 대여금채권의 원금을 지급받을 수 있도록 소를 제기하고 싶다.

차용증

채권자 박병서

채무자 정차용

채권자는 2022. 7. 1. 채무자에게 3억 원을 변제기 2023. 6. 30.로 정하여 대여한다.

2022. 7. 1.

채권자 박병서 (인)

채무자 정차용 (인)

서 울 중 앙 지 방 법 원

결 정

사 건 2024타채9000 채권압류 및 전부명령

채 권 자 김갑동

서울 서초구 서초로 200

채 무 자 박병서

서울 서초구 남부순환로 300

제3채무자 정차용

서울 강남구 학동로 700

주 문

채무자의 제3채무자에 대한 별지 기재 채권을 압류한다.

제3채무자는 채무자에 대하여 별지 기재 채권의 지급을 하여서는 아니 된다.

채무자는 위 채권의 처분과 영수를 하여서는 아니 된다.

위 압류된 채권은 지급에 갈음하여 채권자에게 전부한다.

청구금액

금 2억 원(2022. 8. 3.자 약속어음금)

이 유

채권자가 위 청구금액을 변제받기 위하여 공증인가 서울합동법률사무소 증서 제2022년 제4000호로 작성한 집행력 있는 약속어음공정증서 정본에 기초하여 한 이 사건 신청은 이유 있으므로 주문과 같이 결정한다.

2024. 12. 4.

정 본 입 니 다.

사법보좌관 김재철 ㊞

2024. 12. 4.

법원주사 오대성 ㊞

별 지

압류 및 전부할 채권의 표시

채무자가 제3채무자에 대하여 가지고 있는 아래 2022. 7. 1.자 대여금의 원금 반환채권 중 청구금액에 이르기까지의 금액

대여일 : 2022. 7. 1.

원금 : 3억 원

이자 : 없음

변제기 : 2023. 6. 30. 끝.

송달 및 확정 증명원

사　　건　　: 서울중앙지방법원 2024타채9000 채권압류 및 전부명령
채 권 자　　: 김갑동
채 무 자　　: 박병서
제3채무자　　: 정차용
증명신청인　　: 김갑동

위 사건에 관하여 아래와 같이 송달 및 확정되었음을 증명합니다.

채무자 박병서　　2024. 12. 8. 채권압류 및 전부명령 정본 송달
제3채무자 정차용　　2024. 12. 8. 채권압류 및 전부명령 정본 송달
2024. 12. 16. 확정. 끝.

2025. 2. 24.

서울중앙지방법원

법원주사　오대성　서울중앙 지방법원 법원주사

통 고 서

발신인 : 김갑동

수신인 : 정차용

1. 저는 박병서에 대하여 공증인가 서울합동법률사무소 증서 제2022년 제4000호로 작성한 집행력 있는 약속어음공정증서 정본에 기초하여 2024. 12. 4. 서울중앙지방법원 2024타채9000호로 박병서의 귀하에 대한 2022. 7. 1.자 대여금채권에 관하여 채권압류 및 전부명령을 받았습니다. 위 채권압류 및 전부명령은 박병서가 즉시항고를 하지 않아 2024. 12. 16. 확정되었습니다.
1. 따라서 귀하는 위 전부명령에 따라 발신인에게 대여금 중 2억 원을 지급하여야 하므로 이를 이행하여 주시기 바랍니다.

2024. 12. 17.

발신인 김갑동 (인)

회 신 서

발신인 : 정차용

수신인 : 김갑동

1. 발신인은 2024. 12. 20. 귀하의 통고서를 수령하였습니다.
1. 제가 2022. 7. 1. 박병서로부터 3억 원을 변제기 2023. 6. 30.로 정하여 차용한 사실, 귀하가 박병서의 저에 대한 2022. 7. 1.자 대여금채권에 관하여 채권압류 및 전부명령을 받아 그 전부명령이 2024. 12. 8. 박병서와 저에게 송달된 사실은 인정합니다.
1. 그러나 저는 2023. 6. 25. 박병서에게 BMW 승용차 1대를 대금 5,000만 원에 판매하면서 2023. 6. 30. 위 승용차를 인도하고 소유권등록명의를 이전하여 줌과 동시에 박병서로부터 위 대금을 받기로 약정하였습니다. 저는 2023. 6. 30. 박병서에게 위 승용차를 인도하고 등록명의를 옮겨 주었는데, 박병서는 대금을 지급하지 않았습니다. 당시 저도 위 대여금채무를 변제하지 못하고 있던 터라, 박병서에게 특별히 독촉하지 못하고 자동차판매대금을 받지 못한 채로 지금까지 시간이 흘렀습니다.
   저는 본 회신서의 송달로써 위 승용차판매대금 채권을 자동채권으로 하여 전부된 박병서의 위 대여금채권 및 이에 대한 부대채권과 대등액에서 상계하고자 합니다.

2024. 12. 22.

발신인 정차용 (인)

첨부서류 : 1. 판매계약서(정차용이 2023. 6. 25. BMW 승용차 1대를 대금 5,000만 원에 박병서에게 판매하였다는 취지. 첨부 생략)

2. 자동차등록증(박병서 앞으로 2023. 6. 30. 위 승용차에 대하여 소유권이전등록하였다는 취지. 첨부 생략)

기록 11
해설

문제 1 해설

1. 소장 기재에 필요한 요건사실

가. 전부금

요건사실	① 피전부채권의 존재 ② 전부명령사실 ③ 제3채무자에 대한 전부명령의 송달 ④ 채무자에 대한 전부명령의 송달[444]

나. 상계항변

요건사실	① 자동채권의 발생사실 ② 자동채권과 수동채권이 상계적상에 있는 사실 ③ 피고가 원고에게 수동채권과의 상계의 의사표시를 한 사실

2. 전부명령 제3채무자의 상계

채권압류 및 전부명령에 있어 제3채무자는 그 명령이 송달되기 이전에 채무자에 대하여 상계적상에 있었던 반대채권을 가지고 있었다면 그 명령이 송달된 이후에 상계로서 전부채권자에게 대항할 수 있다(대법원 1973. 11. 13. 선고 73다518 전원합의체 판결). 또한 가분적인 금전채권의 일부에 대한 전부명령이 확정되면 특별한 사정이 없는 한 전부명령이 제3채무자에 송달된 때에 소급하여 전부된 채권 부분과 전부되지 않은 채권 부분에 대하여 각기 독립한 분할채권이 성립하게 되므로, 그 채권에 대하여 압류채무자에 대한 반대채권으로 상계하고자 하는 제3

444 전부명령의 확정사실도 요건사실이므로 추심금청구에서와 달리 '채무자에 대한 송달일'을 기재하여야 한다. 채무자에게 송달되고 7일 이내 채무자가 즉시항고하지 않을 경우 해당 전부명령이 확정되기 때문이다(민사집행법 제15조 제1항, 제2항, 제229조 제1항, 제6항, 제7항 참조).

채무자로서는 전부채권자 혹은 압류채무자 중 어느 누구도 상계의 상대방으로 지정하여 상계하거나 상계로 대항할 수 있고, 그러한 제3채무자의 상계 의사표시를 수령한 전부채권자는 압류채무자에 잔존한 채권 부분이 먼저 상계되어야 한다거나 각 분할채권액의 채권 총액에 대한 비율에 따라 상계되어야 한다는 이의를 할 수 없다(대법원 2010. 3. 25. 선고 2007다35152 판결).

문제 1 모범답안

소 장

원 고 김갑동
서울 서초구 서초로 200
소송대리인 변호사 전승혜
서울 서초구 서초대로10길 11, 1200호 (서초동, 완승빌딩)
전화 02)532-3000, 팩스 02)532-3001, E-mail : jsh0909@naver.com

피 고 정차용
서울 강남구 학동로 700

전부금 청구의 소

청 구 취 지

1. 피고는 원고에게 150,000,000원을 지급하라.
2. 소송비용은 피고가 부담한다.
3. 제1항은 가집행할 수 있다.

라는 판결을 구합니다.

청 구 원 인

1. 전부금청구[445]

박병서는 2022. 7. 1. 피고에게 3억 원을 변제기 2023. 6. 30.로 정하여 빌려주었습니다.

원고는 공증인가 서울합동법률사무소 증서 제2022년 제4000호로 작성한 집행력 있는 약속어음공정증서 정본에 기초하여 2024. 12. 4. 서울중앙지방법원 2024타채9000호로 박병서의 피고에 대한 위 대여원금채권 중 2억 원에 관하여 채권압류 및 전부명령(이하 '이 사건 압류 및 전부명령'이라고 합니다)을 받았습니다. 이 사건 압류 및 전부명령은 2024. 12. 8. 채무자인 박병서와 제3채무자인 피고에게 각 송달되어 2024. 12. 16. 확정되었습니다.

2. 피고의 예상되는 주장(상계항변)[446]

피고는 전부된 위 대여금채권이 박병서에 대한 승용차판매대금 채권으로 상계되었다고 항변할 것으로 예상됩니다.

피고는 2023. 6. 25. 박병서에게 BMW 승용차 1대를 대금 5,000만 원에 매도하면서 2023. 6. 30. 위 승용차를 인도하고 소유권등록명의를 이전하여 줌과 동시에 박병서로부터 위 대금을 받기로 약정하였습니다. 피고는 2023. 6. 30. 박병서에게 위 승용차를 인도하고 소유권등록명의를 옮겨 주었습니다. 위 승용차판매대금 채권과 원고가 전부받은 위 대여금채권의 각 변제기는 2023. 6. 30. 도래하여 양 채권은 같은 날 상계적상에 이르렀습니다. 피고가 원고에 대하여 위 승용차판매대금 채권으로 원고의 전부받은 위 대여금채권과 대등액에서 상계한다는 의사표시가 기재된 2024. 12. 22.자 회신서가 2024. 12. 24. 원고에게 송달되었습니다.

따라서 원고의 위 전부금채권 중 5,000만 원은 상계적상일인 2023. 6. 30.에 소급하여 위 승용차판매대금 채권과 대등액의 범위에서 소멸하였습니다.[447]

---

445 전부금청구는 요건사실과 기재방식에 관하여는 [부록] 제1항 중 순번 18번을 참조하라.

446 상계항변의 요건사실과 기재방식에 관하여는 [부록] 제2항 중 상계항변 부분을 참조하라.

447 이 사건의 경우 대여금 3억 원 중 2억 원에 관하여 전부명령이 확정되었으므로, 원고의 전부금채권과 전부되지 않은 채권은 각기 독립한 분할채권이 성립되고, 이때 제3채무자인 피고는 전부채권자인 원고나 잔존한 부분의 채권자인 박병서 중 상대방을 지정하여 상계할 수 있고, 이와 같은 상계 의사표시를 수령한 전부채권자는 위 전액의 상계를 인정해야 할 것이다.

3. 결론

그렇다면, 피고는 전부채권자인 원고에게 나머지 전부금 1억 5,000만 원(=2억 원-5,000만 원)을 지급할 의무가 있습니다. 원고는 이와 같은 이유로 청구취지와 같은 판결을 구하니 원고의 청구를 인용하여 주시기 바랍니다.

증명방법 및 첨부서류 (생략)

2025. 3. 11.

원고 소송대리인
변호사 전승혜 ㊞

서울중앙지방법원[448] 귀중

448 피고의 보통재판적(법 제2조), 의무이행지의 특별재판적(금전채권의 경우 채권자의 주소지)(법 제8조) 모두가 서울중앙지방법원의 관할구역이다.

기록 11

<문제 2> 귀하는 변호사 전승혜로서, 의뢰인 김갑동과의 상담을 통해 아래 【상담내용】과 같은 사실관계를 청취하고, 【의뢰인 희망사항】 기재사항에 관한 본안소송의 대리권을 수여받고, 첨부된 서류를 자료로 받았습니다.

의뢰인을 위하여 본안의 소를 제기하기 위한 **소장**을 작성하시오.

【작성요령】

1. 소장 작성일 및 소제기일은 2025. 3. 11.로 하시오.
2. <문제 2>에 제시된 **증거는** 【의뢰인 상담일지】아래 제시된 대로 판단하시오.
3. 그 밖의 작성방식은 【공통된 작성요령】과 같습니다.

의뢰인 상담일지

변호사 전 승 혜 법률사무소

서울 서초구 서초대로10길 11, 1200호 (서초동, 완승빌딩)

☎ : 02-532-3000, 팩스 : 02-532-3001, e-mail : jsh0909@naver.com

접수번호	2025-100	**상담일시**	2025. 2. 25.
상담인	김갑동 010-4563-9601	**내방경위**	지인소개

【상 담 내 용】

1. 김갑동은 다음과 같은 상담을 위해 증거를 갖고 변호사 사무실에 찾아왔다.
2. 박병서는 제지업자로서 2020년경부터 김갑동으로부터 폐지 등 원재료를 공급받았다. 박병서는 영업부진으로 대금을 결제하지 못하고 있다가 2022. 8. 1. 김갑동과 그때까지 지급하지 못한 대금을 2억 원으로 정산하고, 위 정산금의 지급을 위하여 2022. 8. 8. 김갑동에게 액면금 2억 원, 지급기일 2023. 8. 8.로 된 약속어음을 발행하였고, 같은 날 공증인가 서울합동법률사무소 증서 2022년 제4000호로 위 약속어음에 대한 공정증서를 작성하였다.
3. 김갑동은 박병서가 돈을 갚지 않자 박병서가 발행한 약속어음을 가지고 박병서의 정차용에 대한 2022. 7. 9.자 대여금채권에 관하여 2024. 12. 8. 압류 및 전부명령을 받았다.
4. 김갑동은 2024. 12. 17. 정차용에게 전부금의 이행을 구하는 취지의 통고서를 발송하였는데 정차용은 2024. 12. 22.자 회신서를 보내왔다. 김갑동은 2024. 12. 24. 그 회신서를 송달받았다.
5. 정차용은 아직까지 김갑동에게 전부명령에 따른 이행을 거부하고 있다.

【의뢰인 희망사항】

김갑동은 전부명령에 따른 전부금의 지급을 받을 수 있는 소의 제기를 원한다. 다만 지연손해금은 소장부본 송달일 다음 날부터 청구하기를 원한다.

차용증

채권자 박병서

채무자 정차용

채권자는 2022. 7. 9. 채무자에게 3억 원을 이자 월 1%, 변제기 2023. 6. 8.로 정하여 대여한다.

2022. 7. 9.

채권자 박병서 (인)

채무자 정차용 (인)

서 울 중 앙 지 방 법 원
결　　정

사　　건	2024타채9000　채권압류 및 전부명령
채 권 자	김갑동
	서울 서초구 서초로 200
채 무 자	박병서
	서울 서초구 남부순환로 300
제3채무자	정차용
	서울 강남구 학동로 700

주　　문

채무자의 제3채무자에 대한 별지 기재 채권을 압류한다.

제3채무자는 채무자에 대하여 별지 기재 채권의 지급을 하여서는 아니 된다.

채무자는 위 채권의 처분과 영수를 하여서는 아니 된다.

위 압류된 채권은 지급에 갈음하여 채권자에게 전부한다.

청구금액

금 2억 원(2022. 8. 8.자 약속어음금)

이　　유

채권자가 위 청구금액을 변제받기 위하여 공증인가 서울합동법률사무소 증서 제2022년 제4000호로 작성한 집행력 있는 약속어음공정증서 정본에 기초하여 한 이 사건 신청은 이유 있으므로 주문과 같이 결정한다.

2024.　12.　4.

정 본 입 니 다.

사법보좌관　김재철 ㊞　　2024. 12. 4.

법원주사 오대성 ㊞

별 지

압류 및 전부할 채권의 표시

채무자가 제3채무자에 대하여 가지고 있는 아래 2022. 7. 9.자 대여금채권 중 청구금액에 이르기까지의 금액

대여일 : 2022. 7. 9.

원금 : 3억 원

이자 : 월 1%

변제기 : 2023. 6. 8. 끝.

송달 및 확정 증명원

사　　건　　: 서울중앙지방법원 2024타채9000 채권압류 및 전부명령
채 권 자　　: 김갑동
채 무 자　　: 박병서
제3채무자　　: 정차용
증명신청인　　: 김갑동

위 사건에 관하여 아래와 같이 송달 및 확정되었음을 증명합니다.

채무자 박병서　　2024. 12. 8. 채권압류 및 전부명령 정본 송달
제3채무자 정차용　　2024. 12. 8. 채권압류 및 전부명령 정본 송달
2024. 12. 16. 확정. 끝.

2025. 2. 24.

서울중앙지방법원

법원주사 오대성 [서울중앙지방법원 법원주사]

통 고 서

발신인 : 김갑동

수신인 : 정차용

1. 저는 박병서에 대하여 공증인가 서울합동법률사무소 증서 제2022년 제4000호로 작성한 집행력 있는 약속어음공정증서 정본에 기초하여 2024. 12. 4. 서울중앙지방법원 2024타채9000호로 박병서의 귀하에 대한 2022. 7. 9.자 대여금채권에 관하여 채권압류 및 전부명령을 받았습니다. 위 채권압류 및 전부명령은 박병서가 즉시항고를 하지 않아 2024. 12. 16. 확정되었습니다.
2. 따라서 귀하는 위 전부명령에 따라 저에게 대여금 중 2억 원 및 그에 대한 이자 또는 지연손해금을 지급하여야 하므로 이를 이행하여 주시기 바랍니다.

2024. 12. 17.

발신인 김갑동 (인)

회 신 서

발신인 : 정차용

수신인 : 김갑동

1. 저는 2024. 12. 20. 귀하의 통고서를 수령하였습니다.
2. 제가 2022. 7. 9. 박병서로부터 3억 원을 이자 월 1%, 변제기 2023. 6. 8.로 정하여 차용한 사실, 귀하가 박병서의 저에 대한 2022. 7. 9.자 대여금채권에 관하여 채권압류 및 전부명령을 받아 그 전부명령이 2024. 12. 8. 박병서와 저에게 송달된 사실은 인정합니다.
3. 그런데 저는, 박병서가 김영미에게 위 대여금채권 중 1억 원을 양도하였다는 내용의 2024. 12. 1.자 확정일자 있는 채권양도통지와 박성준의 신청에 의한 위 대여금채권 중 9,000만 원에 대한 서울중앙지방법원 2024타채9001 채권압류 및 전부명령을 2024. 12. 8. 송달받았으므로 귀하의 전부명령은 채권양도 및 압류가 경합되어 무효입니다. 제가 전부금을 지급할 이유가 없습니다.
4. 원만한 해결을 기대합니다.

2024. 12. 22.

발신인 정차용 (인)

첨부서류 :

1. 채권양도통지
2. 박성준이 받은 채권압류 및 전부명령

채권양도통지

발신인 박병서

수신인 정차용

1. 안녕하십니까. 발신인은 2022. 7. 9. 귀하에게 3억 원을 이자 월 1%, 변제기 2023. 6. 8.로 정하여 대여하였습니다.
2. 발신인은 2024. 11. 28. 김영미에게 위 대여금채권 중 1억 원과 그 이자 등을 양도하였고, 이를 귀하에게 통지합니다.

2024. 12. 1.

박병서 (인) 서박印병

서초우체국
2024. 12. 1.
24 - 17146

본 우편물은 2024-12-1
제17146호에 의하여
내용증명우편물로 발송하였음을 증명함
서초우체국장

서 울 중 앙 지 방 법 원
결　　정

사　　건　　2024타채9001　채권압류 및 전부명령
채 권 자　　박성준
서울 서초구 서리풀로 100
채 무 자　　박병서
서울 서초구 남부순환로 300
제3채무자　　정차용
서울 강남구 학동로 700

주　　문

채무자의 제3채무자에 대한 별지 기재 채권을 압류한다.
제3채무자는 채무자에 대하여 별지 기재 채권의 지급을 하여서는 아니 된다.
채무자는 위 채권의 처분과 영수를 하여서는 아니 된다.
위 압류된 채권은 지급에 갈음하여 채권자에게 전부한다.

청구금액

금 9,000만 원(2023. 10. 2.자 약속어음금)

이　　유

채권자가 위 청구금액을 변제받기 위하여 공증인가 서울합동법률사무소 증서 제2023년 제3000호로 작성한 집행력 있는 약속어음공정증서 정본에 기초하여 한 이 사건 신청은 이유 있으므로 주문과 같이 결정한다.

2024.　12.　4.

사법보좌관　김재철　㊞

정 본 입 니 다.
2024. 12. 4.
법원주사 오대성 ㊞

별 지

압류 및 전부할 채권의 표시

채무자가 제3채무자에 대하여 가지고 있는 아래 2022. 7. 9.자 대여금의 원금 반환채권 중 청구금액에 이르기까지의 금액

대여일 : 2022. 7. 9.

원금 : 3억 원

이자 : 월 1%

변제기 : 2023. 6. 8. 끝.

송달 및 확정 증명원

사　　건　　: 서울중앙지방법원 2024타채9001 채권압류 및 전부명령
채 권 자　　: 박성준
채 무 자　　: 박병서
제3채무자　　: 정차용
증명신청인　　: 정차용

위 사건에 관하여 아래와 같이 송달 및 확정되었음을 증명합니다.

채무자 박병서　　2024. 12. 8. 채권압류 및 전부명령 정본 송달
제3채무자 정차용　　2024. 12. 8. 채권압류 및 전부명령 정본 송달
2024. 12. 16. 확정. 끝.

2024. 12. 20.

서울중앙지방법원

법원주사 오대성　[서울중앙 지방법원 법원주사]

문제 2 해설

1. 사안의 개요

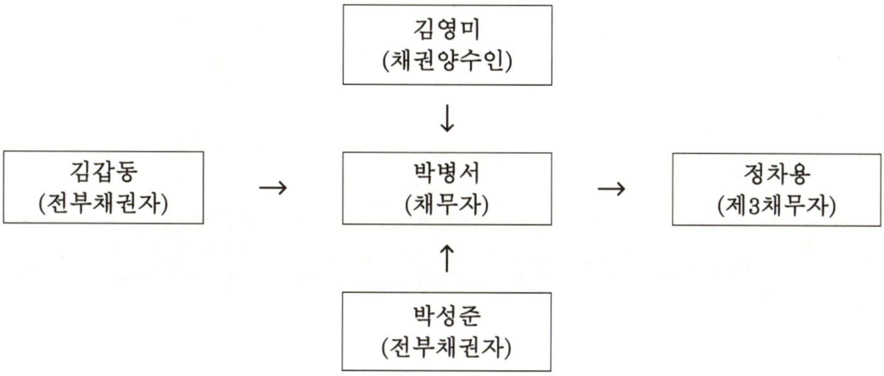

의뢰인 김갑동이 박병서에 대한 대여금채권을 집행채권으로 하여 박병서의 정차용에 대한 대여금채권 중 일부(2억 원)에 대하여 압류 및 전부명령을 받았다. 그런데 박병서는 김영미에게 정차용에 대한 위 대여금채권 중 원금 1억 원과 그에 대한 이자 등 채권을 양도하였고, 박병서의 다른 채권자 박성준은 박병서의 정차용에 대한 위 대여금채권 중 9,000만 원에 관하여 압류 및 전부명령을 받았다. 그런데 위 채권양도통지와 김갑동과 박성준의 각 압류 및 전부명령이 모두 같은 날 정차용에게 송달되었다. 이러한 경우 압류의 경합이 인정되는지 문제된다.

2. 피압류채권 일부가 채권양도 되었을 경우 압류의 경합

모범 답안 참조.

문제 2 모범답안

소 장

원 고 김갑동
서울 서초구 서초로 200
소송대리인 변호사 전승혜
서울 서초구 서초대로10길 11, 1200호 (서초동, 완승빌딩)
전화 02)532-3000, 팩스 02)532-3001, E-mail : jsh0909@naver.com

피 고 정차용
서울 강남구 학동로 700

전부금 청구의 소

청 구 취 지

1. 피고는 원고에게 2억 원 및 이에 대하여 이 사건 소장 부본 송달 다음 날부터 다 갚는 날까지 연 12%의 비율에 의한 돈을 지급하라.
2. 소송비용은 피고가 부담한다.
3. 제1항은 가집행할 수 있다.

라는 판결을 구합니다.

청 구 원 인

1. 전부금청구

박병서는 2022. 7. 9. 피고에게 3억 원을 이자 월 1%, 변제기 2023. 6. 8.로 정하여 빌려주었습니다.

원고는 공증인가 서울합동법률사무소 증서 제2022년 제4000호로 작성한 집행력 있는 약속어음공정증서 정본에 기초하여 2024. 12. 4. 서울중앙지방법원 2024타채9000호로 박병서의 피고에 대한 위 대여금채권 중 2억 원에 관하여 채권압류 및 전부명령(이하 '이 사건 압류 및 전부명령'이라고 합니다)을 받았습니다. 이 사건 압류 및 전부명령은 2024. 12. 8. 채무자인 박병서와 제3채무자인 피고에게 각 송달되어 2024. 12. 16. 확정되었습니다.

2. 피고의 예상되는 주장(압류의 경합으로 전부명령이 무효)과 검토

피고는, 박병서가 김영미에게 위 대여금채권 중 1억 원을 양도하였다는 내용의 2024. 12. 1.자 확정일자 있는 채권양도통지와 박성준의 신청에 의한 위 대여금채권 중 9,000만 원에 대한 서울중앙지방법원 2024타채9001 채권압류 및 전부명령을 2024. 12. 8. 송달받았으므로 이 사건 압류 및 전부명령은 채권양도 및 압류가 경합되어 무효라고 주장할 것으로 예상됩니다.

확정일자 있는 채권양도통지와 서로 다른 채권압류 및 전부명령들이 같은 날 제3채무자에게 도달하였다면,[449] 특별한 사정이 없는 한 이들은 모두 동시에 도달한 것으로 추정되어 위 채권양수인과 전부채권자들 상호간에 우열이 없습니다.[450]

동일한 채권에 관하여 확정일자 있는 채권양도통지와 두 개 이상의 채권압류 및 전부명령 정본이 동시에 송달된 경우 채권의 양도는 채권에 대한 압류명령과는 그 성질이 다르므로 당해 전부명령이 채권의 압류가 경합된 상태에서 발령된 것으로서 무효인지의 여부를 판단함에 있어 압류액에 채권양도의 대상이 된 금액을 합산하여 피압류채권액과 비교하거나 피압류채권액에서 채권양도의 대상이 된 금액 부분을 공제하고 나머지 부분만을 압류액의 합계와 비교할 것이 아니라, 압류액만을 합한 금액이 피압류채권액을 초과하는지 여부로 압류의 경합을 판단하여야 합니다.[451]

피고의 주장에 의하더라도 그러하듯이, 박병서의 채권양도통지와 박성준의 채권압류 및

449 임대차보증금 반환채권과 같은 장래의 채권에 대한 전부명령도 일반채권에 대한 전부명령과 마찬가지로 그 효력이 제3채무자에 대한 전부명령의 송달시로 소급하여 발생하는 것이므로, 압류의 경합으로 전부명령이 무효인지 여부도 나중에 확정된 피압류채권액을 기준으로 판단할 것이 아니라 전부명령이 제3채무자에게 송달된 당시의 계약상의 피압류채권액을 기준으로 판단하여야 한다(대법원 1995. 9. 26. 선고 95다4681 판결, 2010. 5. 13. 선고 2009다98980 판결 등 참조).

450 대법원 1994. 4. 26. 선고 93다24223 판결 참조

451 대법원 2002. 7. 26. 선고 2001다68839 판결 참조

전부명령, 그리고 이 사건 압류 및 전부명령이 모두 2024. 12. 8. 같은 날 피고에게 송달된 사실이 인정됩니다. 달리 도달한 시간을 알 수 없는 이상 이들은 모두 동시에 도달된 것으로 추정되고, 이 사건 압류 및 전부명령의 압류액과 박성준의 위 전부명령의 압류액을 합한 금액은 290,000,000원(= 200,000,000원 + 90,000,000원)이므로 피압류채권액의 원금과 이자 및 지연손해금 합계 387,000,000원[= 원금 300,000,000원 + 이자 및 지연손해금 87,000,000원(= 300,000,000원 × 월 1% × 위 대여금채권 발생일인 2022. 7. 9.부터 이 사건 압류 및 전부명령 송달일인 2024. 12. 8.까지 29개월)]을 초과하지 않아, 이 사건 압류 및 전부명령이 압류가 경합된 상태에서 발령된 것으로 볼 수 없습니다. 따라서 위 주장은 이유 없습니다.

3. 결론

그렇다면, 피고는 전부채권자인 원고에게 전부금 2억 원 및 이에 대하여 이 사건 소장부본 송달 다음 날부터 다 갚는 날까지 소송촉진 등에 관한 특례법이 정한 연 12%의 비율에 의한 지연손해금을 지급할 의무가 있습니다.

원고는 이와 같은 이유로 청구취지와 같은 판결을 구하니 원고의 청구를 인용하여 주시기 바랍니다.

증명방법 및 첨부서류 (생략)

2025. 3. 11.

원고 소송대리인

변호사 전승혜 ㊞

서울중앙지방법원[452] 귀중

452 피고의 보통재판적(법 제2조), 의무이행지의 특별재판적(금전채권의 경우 채권자의 주소지)(법 제8조) 모두가 서울중앙지방법원의 관할구역이다.

12

기록

확인의 소 / 확인의 이익, 경매절차와 유치권

기록 12

<문제 1> 귀하는 변호사 전승혜로서, 의뢰인 김갑동과의 상담을 통해 아래 【상담내용】과 같은 사실관계를 청취하고, 【의뢰인 희망사항】 기재사항에 관한 본안소송의 대리권을 수여 받고, 첨부된 서류를 자료로 받았습니다.
의뢰인을 위한 본안의 소를 제기하기 위한 <u>소장</u>을 작성하시오.

【작성요령】

1. 소장 작성일 및 소제기일은 <u>2025. 4. 1.</u>로 하시오.
2. 부동산의 표기는 다음 [별지 목록]을 소장 말미에 첨부함을 전제로 하고, [별지 목록]을 별도로 작성하지 마시오.
3. 그 밖의 작성방식은 【공통된 작성요령】과 같습니다.

별지

부동산의 표시

서울 서초구 신원동 100([도로명주소] 서울 서초구 청계산길 10) 지상
경량철골조 샌드위치패널지붕 단층 상가 200m². 끝.

의뢰인 상담일지

변호사 전 승 혜 법률사무소
서울 서초구 서초대로10길 11, 1200호 (서초동, 완승빌딩)
☎ : 02-532-3000, 팩스 : 02-532-3001, e-mail : jsh0909@naver.com

접수번호	2025-100	**상담일시**	2025. 3. 25.
상담인	김갑동 010-4563-9601	**내방경위**	지인소개

【상 담 내 용】

1. 김갑동은 오랫동안 알고 지내던 동생 이을서가 청계산 입구에 땅이 있으니 그 지상에 상가건물을 지어 등산용품 판매점을 운영해보겠다고 야심찬 사업계획을 밝혀 이을서에게 건축비용 등 명목으로 3억 원을 빌려주고, 건물 완공 후 바로 근저당권을 설정받았다.
2. 그런데 이을서는 계획대로 사업을 진행하지 못하고, 돈을 갚지 못하였으며, 상의 끝에 건물을 경매하여 김갑동이 빌려준 돈을 회수하기로 하였다.
3. 이 사건 상가건물에 관한 경매절차가 진행되어 최매수가 이를 3억 원에 매수하여 김갑동은 선순위 저당권자로서 비용을 공제하고 2억 7,500만 원의 채권을 회수하였다.
4. 그런데 최매수 측 연락에 의하면, 이 사건 상가건물 공사업자 중 한 사람인 박병남이 이 사건 상가건물에 "유치권 행사중입니다"라는 플래카드를 붙이고 이 사건 상가건물을 점유하고 있다고 한다.
5. 경매절차에서는 점유자라든지, 유치권자가 전혀 조사되지 않았었다.
6. 김갑동은 최매수 측으로부터 항의를 받고 박병남을 퇴거시킬 수 있는 방법을 모색 중이다.
7. 김갑동이 알기로는, 박병남이 담당한 공사 부분은 이 사건 상가건물의 내부 인테리어에 대한 공사로, 김갑동이 저당권에 기해 임의경매절차를 개시한 이후에 발생한 공사대금채권에 관한 것이다.

【의뢰인 희망사항】

최매수가 이을서는 아무 자력이 없어 김갑동에게 책임을 묻겠다고 하니, 김갑동으로서는 박병남의 유치권이 유효한 것인지, 박병남을 상대로 유치권의 효력 여부에 대한 확인 판결을 받고 싶다.

등기사항전부증명서 (말소사항 포함) - 건물 [제출용]

[건물] 서울 서초구 신원동 100 고유번호 1345-2001-141537

【 표 제 부 】 (건물의 표시)

표시번호	접 수	소 재 지 번	건 물 내 역	등기원인 및 기타사항
1	2023년 11월 1일	서울 서초구 신원동 100 [도로명 주소] 서울 서초구 청계산길 10	철근콘크리트조 슬래브 지붕 1층 근린생활시설 1층 200㎡	

【 갑 구 】 (소유권에 관한 사항)

순위번호	등기목적	접 수	등 기 원 인	권리자 및 기타사항
1	소유권보존	2023년11월1일 제13847호		소유자 이을서 881114-1****** 서울 관악구 봉천로 100
~~2~~	~~임의경매개시결정~~	~~2024년1월10일~~ ~~제3745호~~	~~2024년1월10일~~ ~~서울중앙지방법원~~ ~~임의경매개시결정~~ ~~(2024타경5867)~~	~~채권자 김갑동 800311-1******~~ ~~서울 강남구 압구정로 100~~
3	소유권이전	2024년10월25일 제48586호	2024년10월10일 임의경매로 인한 매각	소유자 최매수 810426-1****** 서울 동작구 동작대로 20, 501호
4	2번임의경매개시결정 등기말소	2024년10월25일 제48586호	2024년10월10일 임의경매로 인한 매각	

【 을 구 】 (소유권 이외의 권리에 관한 사항)

순위번호	등기목적	접 수	등 기 원 인	권리자 및 기타사항
~~1~~	~~근저당권설정~~	~~2023년11월5일~~ ~~제26597호~~	~~2023년10월5일~~ ~~설정계약~~	~~채권최고액 360,000,000원~~ ~~채무자 이을서~~ ~~서울 관악구 봉천로 100~~ ~~근저당권자~~ ~~김갑동800311-1******~~ ~~서울 강남구 압구정로 100~~
2	1번근저당권설정 등기말소	2024년10월25일 제48586호	2024년10월10일 임의경매로 인한 매각	

--- 이 하 여 백 ---

수수료 금 1,000원 영수함

관할등기소 서울중앙지방법원 등기국 / 발행등기소 법원행정처 등기정보중앙관리소

내용증명

발신인 : 최매수

수신인 : 김갑동

1. 발신인은 귀하의 적극적인 추천만을 믿고 서울 서초구 신원동 100 지상 근린생활시설 상가건물을 낙찰받은 경락인입니다.
2. 그런데 귀하의 설명과 공개된 현황조사서 등의 자료와는 다르게, 위 상가건물에는 유치권을 주장하는 자가 있습니다.
3. 본인은 졸지에 유치권자를 내보내기 위한 수천만 원의 손해를 추가로 부담해야 하는 상황에 처했습니다.
4. 본인이 알아보니, 임의경매절차를 통한 매매도 사법상 매매이기 때문에, 민법상 매도인의 하자담보책임이 인정되고, 유치권의 존재는 명백한 경매 목적물의 하자로 취급될 수 있는 것입니다.
5. 이 사건 상가의 전소유자인 이을서는 아무런 자력이 없는 상태임이 인정되므로, 근저당권자로서 경락 대금을 배당받은 귀하가 조속히 이를 책임지고 이를 변상해 주시기 바랍니다.
6. 지금 이을서를 비롯하여 귀하도 본인의 연락을 피하고 해결책을 제시해 주지 않고 있는데, 수일 내에 구체적인 계획을 말씀주시지 않는다면, 본인으로서는 형사고소를 비롯하여 바로 민형사상 조치를 취하지 않을 수 없음을 알려드립니다.

※ 첨부문서: 현장 사진 (생략)

2025. 2. 20.

서울동작우체국
2025. 2. 20.
25 - 25501

발신인 최매수 (인)

본 우편물은 2025-2-20
제25501호에 의하여
내용증명우편물로 발송하였음을 증명함
서울동작우체국장

서울동작우체국장인

통 고 서

발신인 : 김갑동

수신인 : 박병남

1. 발신인은 이을서에게 3억 원을 빌려주고 서울 서초구 신원동 100 지상 근린생활시설 상가건물에 근저당권을 설정한 이을서에 대한 근저당권자입니다.
2. 귀하는 위 상가건물의 내부 인테리어 공사를 담당했던 공사업자로서 유치권을 주장하나, 위 상가건물에 관한 임의경매절차가 한창 진행 중일 때는 아무런 권리를 주장하지 않더니 이제 와서 유치권 운운하는 것은 법적으로 보호받을 수 없습니다.
3. 특히 첨부한 공사도급계약서를 보시면 알 수 있듯이, 귀하는 이 사건 상가건물에 관한 경매절차가 개시된 이후인 2024. 1. 31.까지 지급기일이 도래하는 공사대금채권을 가지고 있는 자로서, 아무리 당해 건물에 대한 공사를 진행하고 이 사건 상가건물을 점유하고 있었다고 하더라도, 정당한 유치권자가 될 수 없습니다.
4. 따라서 모두를 힘들게 하지 마시고, 이을서로부터 공사대금을 받으시지 완력으로 이 사건 상가건물에서 버티지는 말아주시기 바랍니다.
5. 저 또한 이을서에 대한 채권을 모두 회수하지 못한 피해자 중 한 사람입니다.

※ 첨부문서: 공사도급계약서

2025. 3. 5.

발신인 김갑동 (인)

본 우편물은 2025-3-5
제25501호에 의하여
내용증명우편물로 발송하였음을 증명함
서울강남우체국장

서울강남우체국
2025. 3. 5.
25 - 25501

서울강남우체국장인

공사도급계약서

제1항(공사 목적물)

서울 서초구 신원동 100 지상 철근콘크리트 슬래브지붕 단층 근린생활시설 200㎡ 내부 인테리어 공사

제2항(공사내역)

위 건물 내부 주방 편의시설, 바닥, 벽면 내장재, 조명 등 인테리어 공사

※ 자세한 사항은 첨부한 공사내역서 대로 진행함(공사내역서 첨부 생략)

제3항(공사기간)

2023. 12. ~ 2024. 1.

2024. 1. 말까지 완공하도록 합니다.

제4항(대금지급)

총 공사금: 일억 (100,000,000) 원

지급방법: 선급금으로 삼천만 (30,000,000)원을 지급하고, 잔금은 완공과 동시에 (2024. 1. 31.) 지급하기로 한다.

제5항(기타사항)

- 甲(건축주)는 2023. 12. 1.까지 乙에게 현장을 인도해주기로 한다.
- 乙은 2024년 1월 말까지 완공하도록 한다.
- 공사기간은 전공정 중 상호 협의하에 조정할 수 있다.

-이하 계약내용 생략-

2023. 11. 10.

甲(도급인): 이을서 (인) [인: 이을서印]

서울 관악구 봉천로 100

전화: 010-****-****

3천만 원 선급금으로 영수함

23. 12. 1. 박병남 (인)

乙(수급인): 박병남 (인) [인: 박병남印]

서울 관악구 신림로 200, 청계인테리어

전화: 010-****-****

통 고 서

수신인: 김갑동(서울특별시 강남구 압구정로 100)

1. 귀하가 보낸 내용증명은 2025. 3. 8. 잘 받아보았습니다.
2. 본인이 알아본 바에 의하면 오히려 귀하가 잘못된 주장을 하고 있는 것입니다.
3. 첫째, 이 사건 상가건물에 관하여 본인은 그 공사대금을 받지 못한 가장 우선적으로 보호되어야 하는 권리자입니다. 경매절차에서 본인이 유치권자로 신고되지 않았다고 하는데, 무슨 착오가 있었는지는 모르겠지만 본인은 2024. 1. 31. 공사 완공 이후로 오늘까지 하루도 빠짐없이 이 사건 상가건물을 점유, 관리 중입니다.
4. 둘째, 이 사건 상가건물에 관한 경매절차는 진즉에 완료되어 최매수라는 자가(다 이을서, 김갑동이 짜고 내세운 인물이라고 생각합니다) 등기부상 소유자가 되었습니다. 이미 돈을 배당받아 간 근저당권자 귀하는 하등 본인의 유치권에 대해 왈가왈부할 권리가 없습니다. 이를 법률용어로 '법률상의 이익이 없다'고 한답니다!
5. 따라서 본인은 정당한 공사대금채권자이자 민사, 상사유치권자로서, 남은 공사대금 7,000만 원을 받을 때까지 절대로 물러날 생각이 없음을 밝힙니다.

2025년 3월 10일

발신인 청계인테리어 박병남 (인)

서울관악우체국
2025. 3. 10.
25 - 14501

본 우편물은 2025-3-10
제14501호에 의하여
내용증명우편물로 발송하였음을 증명함
서울관악우체국장

서울관악우체국장

기록 12

해설

문제 1 해설

1. 사안의 개요

① 김갑동 이 사건 건물에 근저당권 설정
② 박병남 이 사건 건물 인테리어 공사 시작(점유 시작)
③ 이 사건 건물 임의경매개시결정
④ 박병남의 공사대금 지급기일 도래
⑤ 경매절차에서 최매수 매수
☞ 박병남이 이 사건 건물의 민·상사 유치권자로서 경매절차의 매수인 최매수에게 대항할 수 있는지
☞ 이 사건 건물의 근저당권자인 김갑동에게 박병남의 유치권 부존재의 확인의 이익이 있는지

2. 쟁점 및 설명

가. 경매절차와 유치권

이하에서 확인할 수 있듯이, 박병남은 이 사건 경매개시결정 이후 민사유치권을 취득한 자로서 이 사건 경매절차에서 유치권을 주장할 수 없고, 상사유치권자라고 하더라도 선행 근저당권자인 김갑동의 경매 신청에 의해 진행된 이 사건 경매절차에서 그 유치권을 주장할 수 없다. 즉 박병남은 이 사건 경매절차의 매수인 최매수나 이 사건 경매신청인인 의뢰인 김갑동에게 유치권으로 대항할 수 없다. 자세한 내용은 소장 기재 부분 참조.

경매절차와 유치권에 관한 판례 법리를 간단히 소개한다.

① **(압류와 유치권)** 채무자 소유의 건물 등 부동산에 강제경매개시결정의 기입등기가 경료되어 압류의 효력이 발생한 이후에 채무자가 위 부동산에 관한 공사대금채권자에게 그 점유를 이전함으로써 그로 하여금 유치권을 취득하게 한 경우, 그와 같은 점유의 이전은 목적물의 교환가치를 감소시킬 우려가 있는 처분행위에 해당하여 민사집행법 제92조 제1항, 제83조 제4항에 따른 압류의 처분금지효에 저촉되므로 점유자로서는 위 유치권을 내세워 그 부동산에 관한 경매절차의 매수인에게 대항할 수 없다(대법원 2005. 8. 19. 선고 2005다22688 판결). 이 경우 위 부동산에 경매개시결정의 기입등기가 경료되어 있음을 채권자가 알았는지 여부 또는 이를 알

지 못한 것에 관하여 과실이 있는지 여부 등은 채권자가 그 유치권을 매수인에게 대항할 수 없다는 결론에 아무런 영향을 미치지 못한다(대법원 2006. 8. 25. 선고 2006다22050 판결). 유치권은 목적물에 관하여 생긴 채권이 변제기에 있는 경우에 비로소 성립하고(민법 제320조), 한편 채무자 소유의 부동산에 경매개시결정의 기입등기가 마쳐져 압류의 효력이 발생한 후에 유치권을 취득한 경우에는 그로써 부동산에 관한 경매절차의 매수인에게 대항할 수 없는데, 채무자 소유의 건물에 관하여 증·개축 등 공사를 도급받은 수급인이 경매개시결정의 기입등기가 마쳐지기 전에 채무자에게서 건물의 점유를 이전받았다 하더라도 경매개시결정의 기입등기가 마쳐져 압류의 효력이 발생한 후에 공사를 완공하여 공사대금채권을 취득함으로써 그때 비로소 유치권이 성립한 경우에는, 수급인은 유치권을 내세워 경매절차의 매수인에게 대항할 수 없다(대법원 2011. 10. 13. 선고 2011다55214판결).

② **(근저당, 가압류와 유치권)** 이러한 법리는 경매로 인한 압류의 효력이 발생하기 전에 유치권을 취득한 경우에는 적용되지 아니하고, 유치권 취득시기가 근저당권설정 후라거나 유치권 취득 전에 설정된 근저당권에 기하여 경매절차가 개시되었다고 하여 달리 볼 것은 아니다(대법원 2009. 1. 15. 선고 2008다70763 판결). 또한 부동산에 가압류등기가 경료되어 있을 뿐 현실적인 매각절차가 이루어지지 않고 있는 상황하에서는 채무자의 점유이전으로 인하여 제3자가 유치권을 취득하게 된다고 하더라도 이를 처분행위로 볼 수는 없으므로, 유치권자는 이후 가압류에 기한 압류로 경매절차가 진행된 경우라고 하더라도 그 매수인에게 대항할 수 있다(대법원 2011. 11. 24. 선고 2009다19246 판결).

③ **(근저당권과 상사유치권)** 한편, 목적물과 피담보채권 사이의 견련관계가 완화됨으로써 피담보채권의 목적물에 대한 공익비용적 성질을 가지지 않아도 인정되는 상사유치권의 특성상, 유치권 성립 당시에 이미 목적물에 대하여 제3자가 권리자인 제한물권이 설정되어 있다면, 상사유치권은 그와 같이 제한된 채무자의 소유권에 기초하여 성립할 뿐이고, 기존의 제한물권이 확보하고 있는 담보가치를 사후적으로 침탈하지는 못한다고 보아야 한다. 그러므로 채무자 소유의 부동산에 관하여 이미 선행저당권이 설정되어 있는 상태에서 채권자의 상사유치권이 성립한 경우, 상사유치권자는 채무자 및 그 이후 채무자로부터 부동산을 양수하거나 제한물권을 설정받는 자에 대해서는 대항할 수 있지만, 선행저당권자 또는 선행저당권에 기한 임의경매절차에서 부동산을 취득한 매수인에 대한 관계에서는 상사유치권으로 대항할 수 없다(대법원 2013. 2. 28. 선고 2010다57350 판결 참조).

나. 유치권 존부 확인의 이익

경매절차에서 유치권이 주장되지 아니한 경우에는, 담보 목적물이 매각되어 그 소유권이 이전됨으로써 근저당권이 소멸하였더라도 채권자는 유치권의 존재를 알지 못한 매수인으로부터 민법 제575조, 제578조 제1항, 제2항에 의한 담보책임을 추급당할 우려가 있고, 위와 같은 위험은 채권자의 법률상 지위를 불안정하게 하는 것이므로, 채권자인 근저당권자로서는 위 불안을 제거하기 위하여 유치권 부존재 확인을 구할 법률상 이익이 있다(대법원 2020. 1. 16. 선고 2019다247385 판결). 따라서 근저당권자(채권자)인 김갑동은 박병남의 유치권이 존재하지 않는 것의 확인을 구할 법률상 이익이 있으므로, 박병남을 상대로 유치권부존재확인의 소를 제기하여야 한다.

기록 12
모범답안

문제 1 모범답안

소　장

원 고　김갑동
서울 강남구 압구정로 100
소송대리인 변호사 전승혜
서울 서초구 서초대로10길 11, 1200호 (서초동, 완승빌딩)
전화 02)532-3000, 팩스 02)532-3001, E-mail : jsh0909@naver.com

피 고　박병남
서울 관악구 신림로 200

유치권부존재확인의 소

청 구 취 지

1. 별지 목록 기재 부동산에 관한 피고의 유치권은 존재하지 아니함을 확인한다.
2. 소송비용은 피고가 부담한다.

라는 판결을 구합니다.

청 구 원 인

1. 원고의 임의경매절차 진행

원고는 이을서에 대한 대여금채권을 피담보채권으로 하여 별지 목록 기재 부동산(이하 '이 사건 상가건물'이라고 합니다)에 관하여 2023. 10. 5.자 설정계약을 원인으로 한 서울중앙지방법원 등기국 2023. 11. 5. 접수 제26597호로 근저당권설정등기를 마친 근저당권자입니다.

원고는, 이을서가 대여원리금을 변제기에 지급하지 않자 이 사건 상가건물에 관한 임의

경매를 신청하였고, 서울중앙지방법원 2024. 1. 10. 접수 제3745호로 임의경매개시결정의 기입등기가 마쳐지면서 같은 법원 2024타경5867호로 임의경매절차가 진행되었습니다(이하 '이 사건 경매절차'라고 합니다). 이 사건 경매절차에서 최매수가 2024. 10. 10. 매각허가결정을 받아 매각대금을 납부하여 그 명의로 같은 법원 2024. 10. 25. 접수 제48586호로 소유권이전등기를 마쳤습니다.[453]

2. 피고의 유치권 부존재

1) 한편 피고는 이 사건 상가건물의 인테리어 공사를 수행한 공사업자로서, 현재 이 사건 상가건물을 점유하면서 이 사건 상가건물에 관한 민사, 상사유치권을 주장하고 있습니다.

2) 민사유치권은 목적물에 관하여 생긴 채권이 변제기에 있는 경우에 비로소 성립하고(민법 제320조), 채무자 소유의 부동산에 경매개시결정의 기입등기가 마쳐져 압류의 효력이 발생한 후에 유치권을 취득한 경우에는 그로써 부동산에 관한 경매절차의 매수인에게 대항할 수 없으며, 채무자 소유의 건물에 관하여 증·개축 등 공사를 도급받은 수급인이 경매개시결정의 기입등기가 마쳐지기 전에 채무자에게서 건물의 점유를 이전받았다 하더라도 경매개시결정의 기입등기가 마쳐져 압류의 효력이 발생한 후에 공사를 완공하여 공사대금채권을 취득함으로써 그때 비로소 유치권이 성립한 경우에는, 수급인은 유치권을 내세워 경매절차의 매수인에게 대항할 수 없습니다.[454]

피고는 2023. 11. 5. 이을서와 사이에 이 사건 상가건물의 인테리어 공사를 대금 1억 원에 시행하되, 선급금 3,000만 원을 제외한 잔금은 2024. 1. 31. 공사의 완공과 동시에 지급받기로 하는 공사도급계약을 체결하였습니다. 또한 피고는 2023. 12. 1. 이 사건 상가건물을 인도받아 인테리어 공사를 진행하여 2024. 1. 31.경 완공한 사실이 인정됩니다.

그렇다면 피고는 2024. 1. 10. 이 사건 경매절차의 개시결정 기입등기가 마쳐져 압류의 효력이 발생한 후인 2024. 1. 31.에서야 공사대금채권을 취득하여 그시경 비로소 유치권자가 되었다고 할 것이므로, 이 사건 경매절차의 매수인인 최매수에게 대항할 수 없는 유치권자입니다.

---

453 경매절차의 매수인의 소유권 취득시는 매각대금 납부시이므로(민사집행법 제135조), 매수인 명의의 소유권이전등기가 마쳐진 사실은 엄밀히 보면 요건사실은 아니나, 경위사실로 기재할 실익이 없지 않고, 이 사건의 경우 매각대금납부시기가 명확치 않아 기재해 주는 것이 좋다.

454 대법원 2011. 10. 13. 선고 2011다55214 판결

3) 상인간의 상행위로 인한 채권이 변제기에 있는 때에는 채권자는 변제를 받을 때까지 그 채무자에 대한 상행위로 인하여 자기가 점유하고 있는 채무자 소유의 물건에 대하여 상사유치권이 성립하는 것이고(상법 제58조), 피고가 상사유치권을 주장하는 것으로 볼 여지도 있습니다.

그러나 목적물과 피담보채권 사이의 견련관계가 완화됨으로써 피담보채권의 목적물에 대한 공익비용적 성질을 가지지 않아도 인정되는 상사유치권의 특성상, 유치권 성립 당시에 이미 목적물에 대하여 제3자가 권리자인 제한물권이 설정되어 있다면, 상사유치권은 그와 같이 제한된 채무자의 소유권에 기초하여 성립할 뿐이고, 기존의 제한물권이 확보하고 있는 담보가치를 사후적으로 침탈하지는 못한다고 보아야 합니다. 그러므로 채무자 소유의 부동산에 관하여 이미 선행저당권이 설정되어 있는 상태에서 채권자의 상사유치권이 성립한 경우, 상사유치권자는 채무자 및 그 이후 채무자로부터 부동산을 양수하거나 제한물권을 설정받는 자에 대해서는 대항할 수 있지만, 선행저당권자 또는 선행저당권에 기한 임의경매절차에서 부동산을 취득한 매수인에 대한 관계에서는 상사유치권으로 대항할 수 없습니다.[455]

따라서 이 사건 경매절차의 선행저당권자인 원고, 또는 원고가 신청한 임의경매절차에서 부동산을 취득한 매수인인 최매수에 대한 관계에서 피고는 상사유치권으로도 대항할 수 없습니다.

4) 즉, 이 사건 상가건물에 관하여 피고의 민사, 상사유치권은 존재하지 아니한다고 할 것입니다.

3. 확인의 이익(피고의 예상 주장에 대한 반박)[456]

피고는 이 사건 경매절차가 모두 종료되어 원고의 근저당권이 소멸되었으므로, 원고에게는 피고의 유치권의 부존재 확인을 구할 법률상 이익이 없다고 주장할 것으로 예상됩니다.

그러나 경매절차에서 유치권이 주장되지 아니한 경우에는, 담보 목적물이 매각되어 그 소유권이 이전됨으로써 근저당권이 소멸하였더라도 채권자는 유치권의 존재를 알지 못한 매수인으로부터 민법 제575조, 제578조 제1항, 제2항에 의한 담보책임을 추급당할 우려가 있

455 대법원 2013. 2. 28. 선고 2010다57350 판결

456 피고가 주장할 것으로 예상되는 쟁점이기도 하나, 피고의 주장이 없더라도 확인의 소에 있어서, 그 소의 이익(확인의 이익)은 충족 여부에 대한 검토 결과를 설시하는 것이 실무례이다.

고, 위와 같은 위험은 채권자의 법률상 지위를 불안정하게 하는 것이므로, 채권자인 근저당권자로서는 위 불안을 제거하기 위하여 유치권 부존재 확인을 구할 법률상 이익이 있습니다.[457]

이 사건 경매절차가 모두 종료되어 원고의 근저당권이 소멸된 사실은 인정되나, 피고의 유치권은 이 사건 경매절차에서 주장되지 않았고, 원고는 이 사건 임의경매절차를 신청한 근저당권자로서, 최매수로부터 피고의 유치권 주장으로 인한 담보책임을 추급당할 우려가 있습니다. 또한 앞서 본 바와 같이 피고가 이 사건 상가건물에 관한 민사, 상사유치권을 주장하면서 이 사건 상가건물의 반환을 거부하고 있습니다.

따라서, 이와 같은 불안과 위험을 제거하기 위한 가장 유효적절한 수단으로서, 원고에게는 피고의 유치권 부존재의 확인을 구할 법률상 이익이 있습니다. 이에 피고의 위 주장은 타당하지 않습니다.

4. 결론

원고는 이상과 같은 이유로 청구취지와 같은 판결을 구하니 원고의 청구를 모두 인용하여 주시기 바랍니다.

증명방법 및 첨부서류 (생략)

2025. 4. 1.

원고 소송대리인

변호사 전승혜 ㊞

서울중앙지방법원[458] 귀중

457 대법원 2020. 1. 16. 선고 2019다247385 판결

458 이 사건은 보통재판적인 피고의 주소지, 특별재판적인 계쟁 부동산의 소재지 모두 그 관할법원은 서울중앙지방법원이다.

<문제 2> 귀하는 의뢰인 이을남과의 1차 상담을 마치고, **소장을 접수하기 전**에 이을남으로부터 추가 자료가 있어 추가 상담이 필요하다는 연락을 받고, 2차 상담을 진행하였습니다. 추가로 제출된 서류를 검토하여 【의뢰인 희망사항】과 같은 내용의 **소장**을 작성하시오.

【작성요령】

1. 소장 작성일 및 소제기일은 2025. 6. 1.로 하시오.
2. <문제 1>에서 주어진 사실관계와 자료를 그대로 전제합니다.
3. 그 밖의 작성방식은 【공통된 작성요령】과 같습니다.

의뢰인 상담일지

변호사 전 승 혜 법률사무소

서울 서초구 서초대로10길 11, 1200호 (서초동, 완승빌딩)

☎ : 02-532-3000, 팩스 : 02-532-3001, e-mail : jsh0909@naver.com

접수번호	2025-100	**상담일시**	1차: 2025. 3. 25. 2차: 2025. 5. 10.
상담인	김갑동 010-4563-9601	**내방경위**	지인소개

【상 담 내 용】

1. 지난 상담 이후 현장에 임장하여 자세히 살펴보니, 이 사건 상가건물에서 "등산용품 땡처리"라는 플래카드를 걸고 임시 가판대를 여기저기 설치하고는 등산용품을 판매하는 업자가 있었다.
2. 알고 보니 "유치권 행사 중입니다"라는 플래카드를 붙이고 이 사건 상가건물을 관리한 자는 이 사건 상가건물을 신축한 또 다른 공사업자인 최정북이었고, 등산용품을 판매하고 있던 자는 최정북에게서 이 사건 상가건물을 임차하여 장사를 하고 있다고 했다.
3. 박병남에게 따지니 박병남은 이러한 상황을 순순히 인정하였다.
4. 오히려 최정북에게 연락하니, 최정북은 못 받은 공사대금이 2억 원에 육박하고, 자신은 정당한 유치권자이니 절대로 임의로 이 사건 상가건물을 인도하여 줄 수는 없다고 주장한다.
5. 한편 채무자 이을서에게 알아보니, 최정북에게 공사대금 대신 상가건물을 임대하여 충당하라고 하여 공사대금은 얼마 남아 있지 않다고 한다.

【의뢰인 희망사항】

이제는 최정북의 유치권이 유효한지 여부를 검토해 주고, 가능한 한도에서 유치권의 효력 여부에 대한 확인 판결을 받고 싶다.

통 고 서

발신인 : 김갑동

수신인 : 최정북

1. 귀하는 이 사건 상가건물의 신축공사를 담당했던 공사업자로서 유치권을 주장하나, 위 상가건물에 관한 임의경매절차가 한창 진행 중일 때는 아무런 권리를 주장하지 않더니 이제 와서 유치권 운운하는 것은 법적으로 보호받을 수 없습니다.
2. 특히 첨부한 공사도급계약서를 보시면 알 수 있듯이, 귀하는 이 사건 상가건물에 관한 경매절차가 개시된 이후인 2024. 3. 31.까지 지급기일이 도래하는 공사대금채권을 가지고 있는 자로서, 아무리 당해 건물에 대한 공사를 진행하고 이 사건 상가건물을 점유하고 있었다고 하더라도, 정당한 유치권자가 될 수 없습니다.
3. 또한 귀하가 정당한 유치권자라고 하더라도 유치권자는 유치물에 대한 선량한 관리자로서의 관리의무를 가지고 있는데, 엉뚱한 자에게 이 사건 상가건물을 임대해 주었으니, 그 자체로 귀하의 유치권은 소멸되어야 합니다.
4. 그렇지 않더라도 무단으로 임료를 받은 부분은 공사대금에서 공제해야 하고, 그렇다면 어느 모로 보나 이 사건 상가건물을 유치할 권한은 없는 것입니다.
5. 따라서 하루 빨리 정당한 소유자에게 이 사건 상가건물을 넘겨주시기 바랍니다.

※ 첨부문서: 공사도급계약서

2025. 4. 20.

발신인 김갑동 (인)

서울강남우체국
2025. 4. 20.
25 - 25501

본 우편물은 2025-4-20
제25501호에 의하여
내용증명우편물로 발송하였음을 증명함
서울강남우체국장

서울강남우체국장인

공사도급 계약서

공사 목적물	• 위치: 서울 서초구 신원동 100 지상 철근콘크리트 슬래브지붕 단층 근린생활시설 200㎡ 신축사업
공사기간	• 2023. 6. ~ 2023. 10. • 2023. 10. 말까지 완공
공사대금	• 총 공사금: 3억 원 (300,000,000원) • 지급방법: 선급금으로 1억 원 (100,000,000원)을 지급하고, ~~잔금은 완공일에 건물인도와 동시에 지급한다.~~ 잔금 이억은 2024. 3. 31.까지 틀림없이 지급하기로 한다. 이을서 (인)
기타	• 신축건물의 건축인허가 관련 사항은 甲(건축주)이 주관한다. • 乙은 2023년 10월 말까지 완공하도록 하고, 건축인허가 절차에 최대한 협조한다. • 공사기간은 전공정 중 상호 협의하에 조정할 수 있다.

2023. 5. 5.

甲(도급인): 이을서 (인)
서울 관악구 봉천로 100
전화: 010-****-****

乙(수급인): 최정북 (인)
서울 서초구 서초로 200
전화: 010-****-****

1억 원 선급금으로
영수함
23. 5. 5. 최정북 (인)

내 용 증 명

수신인: 김갑동 (서울 강남구 압구정로 100)

1. 일전에 김갑동 씨가 신축건물(서울 서초구 신원동 100 지상 상가건물)에 찾아와 공사대금을 주기는커녕, 본인이 새 소유자 최매수에게 대항할 수 없으니 골치 아프게 하지 말고 건물을 넘기라는 요구를 하였습니다.
2. 당시에는 경황이 없어 제대로 따지지 못했지만, 김갑동 씨가 잘못된 주장을 하고 있는 것입니다.
3. 첫째, 이 사건 상가건물의 공사대금은 당초 이 사건 건물의 완공시입니다. 이을서의 요청으로 2023. 12. 말경에 어쩔 수 없이 연장해 준 것일 뿐입니다. 본인은 공사를 마친 2023. 10. 31.경부터 오늘에 이르기까지 하루도 빠짐없이 공사대금의 담보 목적으로 이 사건 상가건물을 유치하고 있는 정당한 유치권자입니다.
4. 둘째, 이 사건 상가건물에 관한 경매절차는 완료되어 최매수가 등기부상 소유자가 되었습니다. 귀하는 더 이상 본인의 유치권에 대해 다툴 이해관계자가 아닙니다.
5. 본인이 장사신에게 이 사건 상가건물을 임대해 준 것은 모두 채무자 이을서의 동의하에 진행된 것입니다. 본인이 유치물을 무단으로 임대해 준 것이 아니고, 채무자의 동의하에 임료나마 공사비에서 공제할 요량으로 어쩔 수 없이 뒤늦게 임대해 준 것입니다. 하지만 그마저도 장사신은 생각만큼 장사가 되지도 않고, 여러 사람이 찾아와 너무 힘들게 한다는 이유로 계약해지를 원해, 임대차계약은 2025. 4. 30.자로 합의해지되었고, 다시 이 사건 상가건물을 반환받았습니다.
6. 그간 수령한 임료는 월 500만 원, 10개월 치 5,000만 원에 불과합니다.
7. 공사대금을 마저 다 받을 때까지 절대로 이 사건 신축건물에서 한발자국도 나갈 수 없음을 알려드립니다.

※ 첨부: 도급계약서, 임대차계약서

2025년 5월 3일

발신인 최정북 (인)

서초우체국
2025. 5. 3.
25 - 14501

본 우편물은 2025-5-3
제14501호에 의하여
내용증명우편물로 발송하였음을 증명함
서초우체국장

서초우체국장

공사도급 계약서

공사 목적물	• 위치: 서울 서초구 신원동 100 지상 철근콘크리트 슬래브지붕 단층 근린생활시설 200㎡ 신축사업
공사기간	• 2023. 6. ~ 2023. 10. • 2023. 10. 말까지 완공
공사대금	• 총 공사금: 3억 원 (300,000,000원) • 지급방법: 선급금으로 1억 원 (100,000,000원)을 지급하고, 잔금은 완공일에 건물인도와 동시에 지급한다.
기타	• 신축건물의 건축인허가 관련 사항은 甲(건축주)이 주관한다. • 乙은 2023년 10월 말까지 완공하도록 하고, 건축인허가 절차에 최대한 협조한다. • 공사기간은 전공정 중 상호 협의하에 조정할 수 있다.

2023. 5. 5.

甲(도급인): 이을서 (인) 서이印을

서울 관악구 봉천로 100

전화: 010-****-****

乙(수급인): 최정북 (인) 북최印정

서울 서초구 서초로 200

전화: 010-****-****

1억 원 선급금으로
영수함
23. 5. 5. 최정북 (인)

임대차계약서

2024년 7월 1일 서울 서초구 서초로 200 최정북(이하 임대인이라 칭함)과 서울 구로구 가마산로 245, 203호 장사신(이하 임차인이라 칭함)은 아래 표시 임대차 물건에 대하여 아래 조항과 같이 임대차계약을 체결한다.

제1조(임대차 물건의 표시)

서울 서초구 신원동 100([도로명주소] 서울 서초구 청계산길 10) 지상

철근콘크리트조 슬래브지붕 1층 근린생활시설 200㎡

제2조(임대차 기간)

임대차계약은 2024년 7월 1일 발효하여 24개월간 유효하며 2026년 6월 30일에 종료한다.

제3조(임대료)

임대료는 월 오백만 원(₩5,000,000)으로 하여 매월 말일 후불한다.

제4조(임대차보증금)

① 임차인은 본 계약과 동시에 임대인에게 임대차보증금 일천만 원(₩10,000,000)정을 지급한다.

※ 계약 당일 보증금 전액 지급하였음은 쌍방 확인함. 최정북 (인), 장사신 (인)

② 임차인에게 임대료 연체, 기타 본 계약에 의한 채무의 불이행 또는 손해배상 채무가 있을 때는 임차인의 동의 없이 임차인의 보증금을 이에 충당할 수 있다.

(이하 생략)

2024. 7. 1.

임대인 : 최정북 (인)

서울 서초구 서초로 200

임차인 : 장사신 (인)

서울 구로구 가마산로 245, 203호

※ 건물의 소유자 이을서, 임대차계약에 동의합니다. 단 공사대금의 지연손해금은 없고, 차임 등은 공사대금 원금에서 공제하기로 합니다.

24. 7. 1. 이을서 (인), 최정북 (인)

문제 2 해설

1. 사안의 개요

① 최정북 이 사건 건물 신축공사 完 ② 김갑동 이 사건 건물에 근저당권 설정 ③ 최정북 이 사건 건물 공사대금 기한 연기 ④ 이 사건 건물 임의경매개시결정 ⑤ 이 사건 건물 공사대금 지급기일 도래 ⑥ 경매절차에서 최매수 매수 ☞ 최정북이 이 사건 건물의 유치권자로서 경매절차의 매수인 최매수에게 대항할 수 있는지 ☞ 이 사건 건물의 근저당권자인 김갑동에게 최정북의 유치권 부존재의 확인의 이익이 있는지

2. 쟁점 및 설명

민사집행법 제91조 제3항이 "지상권·지역권·전세권 및 등기된 임차권은 저당권·압류채권·가압류채권에 대항할 수 없는 경우에는 매각으로 소멸된다."라고 규정하고 있는 것과는 달리, 같은 조 제5항은 "매수인은 유치권자에게 그 유치권으로 담보하는 채권을 변제할 책임이 있다."라고 규정하고 있으므로, 유치권은 특별한 사정이 없는 한 그 성립시기에 관계없이 경매절차에서 매각으로 인하여 소멸하지 않는다.

다만 경매절차에 대한 신뢰와 절차적 안정성을 보호하기 위한 다소 정책적인 목적 하에 경매개시결정등기가 이루어진 뒤에 비로소 부동산의 점유를 이전받거나 피담보채권이 발생하여 유치권을 취득한 경우에만 예외적으로 경매절차의 매수인에 대하여 유치권을 행사할 수 없다고 보는 것이다. 따라서 유치권의 행사를 허용하더라도 경매절차의 이해관계인에게 예상하지 못한 손해를 주지 않고 집행절차의 법적 안정성을 해치지 않는 경우에는 유치권의 행사를 제한할 필요가 없다. 이에 변제기 유예 전에 공사대금채권의 변제기가 도래하여 경매개시결정등기 전에 유치권을 취득한 적이 있는 공사업자가 경매개시결정 전후로 경매 목적물을 계속 점유하면서 그 변제기를 유예해준 것에 불과하고 경매개시결정 이후 변제기가 재차 도래함으로써 다시 유치권을 취득하는 경우라면, 경매절차의 매수인에게 유치권을 대항할 수 있다고 볼 수 있겠다(대법원 2022. 12. 29. 선고 2021다253710 판결 참조).[459]

459 다만 대상 판결의 사안은, 유치권자가 점유와 피담보채권 성립의 유치권 성립요건을 모두 갖춘 상태에서 선행 경매절차에서 유치권신고를 마쳤고, 채권의 변제기를 유예해 준 후, 새로운 경매절차에서 다시 유치권신고를 하였는데, 압류 후 유예해 준 기한이 도래한 사안이다. 유치권자가 유치권 관련 요건을 갖추고 당해 경매절차에서 유치권신고를 하였던 사안이라는 점에서, 이 사례 사안의 사실관계와는 다소 다른 점이 있다.

문제 2 모범답안[460]

소 장

원 고 김갑동
서울 강남구 압구정로 100
소송대리인 변호사 전승혜
서울 서초구 서초대로10길 11, 1200호 (서초동, 완승빌딩)
전화 02)532-3000, 팩스 02)532-3001, E-mail : jsh0909@naver.com

피 고 최정북
서울 서초구 서초로 200

유치권부존재확인의 소

청 구 취 지

1. 별지 목록 기재 부동산에 관한 피고의 유치권은 150,000,000원[461]을 피담보채권으로 하는 부분을 초과하여서는 존재하지 아니함을 확인한다.[462]

---

460 임의경매를 신청한 근저당권자는 경매절차에서의 유치권의 부존재 확인을 구할 법률상 이익이 있고, 경매절차에서 유치권이 주장되지 아니한 경우에는, 근저당권이 소멸된 이후라도 매수인으로부터 담보책임을 추급당할 우려가 있으므로, 여전히 위 불안을 제거하기 위한 유치권 부존재 확인을 구할 법률상 이익이 있다(대법원 2020. 1. 16. 선고 2019다247385 판결 등 참조). 따라서 근저당권자(채권자)인 의뢰인은 최정북의 유치권이 존재하지 않는 것의 확인을 구할 법률상 이익이 있고, 최정북의 유치권은 일응 경매개시결정(압류) 이전에 성립한 것으로 매수인에게 대항할 수 있는 것으로 보이나, 그 피담보채권의 범위가 문제되므로, 의뢰인으로서는 일부에 대한 부존재확인의 소를 제기할 수 있다.

461 유치권자는 유치물의 과실을 피담보채권에 변제충당시킬 수 있는바, 채무자의 동의 하에 유치물을 임대하여 주고 얻은 10개월 치 월 임료 합계 5,000만 원을 원금에 충당한 결과 남은 피담보채무액이다.

462 민사집행법 제268조에 의하여 담보권의 실행을 위한 경매절차에 준용되는 같은 법 제91조 제5항에 의하면 유치권자는 경락인에 대하여 피담보채권의 변제를 청구할 수는 없지만 자신의 피담보채권이 변제될 때까지 유치 목적물인 부동산의 인도를 거절할 수 있어 경매절차의 입찰인들은 낙찰 후 유치권자로부터 경매목적물을 쉽게 인도받을 수 없다는 점을 고려하여 입찰하게 되고 그에 따라 경매목적 부동산이 그만큼 낮은 가격에 낙찰될 우려가 있다. 이와 같이 저가낙찰로 인해 경매

2. 소송비용은 피고가 부담한다.
라는 판결을 구합니다.

청 구 원 인

1. 원고의 임의경매절차 진행

원고는 이을서에 대한 대여금채권을 피담보채권으로 하여 별지 목록 기재 부동산(이하 '이 사건 상가건물'이라고 합니다)에 관하여 2023. 10. 5.자 설정계약을 원인으로 한 서울중앙지방법원 등기국 2023. 11. 5. 접수 제26597호로 근저당권설정등기를 마친 근저당권자입니다.

원고는 이을서의 대여원리금 미지급으로 이 사건 상가건물에 관한 임의경매를 신청하였고, 서울중앙지방법원 2024. 1. 10. 접수 제3745호로 임의경매개시결정의 기입등기가 마쳐지면서 같은 법원 2024타경5867호로 임의경매절차가 진행되었습니다(이하 '이 사건 경매절차'라고 합니다). 이 사건 경매절차에서 최매수가 2024. 10. 10. 매각허가결정을 받아 매각대금을 납부하여 그 명의로 같은 법원 2024. 10. 25. 접수 제48586호로 소유권이전등기를 마쳤습니다.

2. 피고의 유치권 및 그 범위

1) 한편 피고는 현재 이 사건 상가건물을 점유하면서 이 사건 상가건물에 관한 유치권을 주장하고 있습니다.

2) 피고는 2023. 5. 5. 이을서와 사이에 이 사건 상가건물을 대금 3억 원에 신축하기로 하는 공사도급계약을 체결하고, 계약상 이 사건 상가건물은 2023. 10. 말까지 완공하여 인도하되, 대금은 선급금으로 1억 원을 수령하는 외에 잔금 2억 원은 완공일에 건물인도와 동시에 지급받기로 하였다가, 2023. 12. 말경에 그 지급기한을 2024. 3. 31.까지로 연장하여

를 신청한 근저당권자의 배당액이 줄어들거나 경매 목적물 가액과 비교하여 거액의 유치권 신고로 매각 자체가 불가능하게 될 위험은 경매절차에서 근저당권자의 법률상 지위를 불안정하게 하는 것이므로 위 불안을 제거하는 근저당권자의 이익을 단순한 사실상·경제상의 이익이라고 볼 수는 없다. 따라서 근저당권자는 유치권 신고를 한 사람을 상대로 유치권 전부의 부존재뿐만 아니라 경매절차에서 유치권을 내세워 대항할 수 있는 범위를 초과하는 유치권의 부존재 확인을 구할 법률상 이익이 있고, 심리 결과 유치권 신고를 한 사람이 유치권의 피담보채권으로 주장하는 금액의 일부만이 경매절차에서 유치권으로 대항할 수 있는 것으로 인정되는 경우에는 법원은 특별한 사정이 없는 한 그 유치권 부분에 대하여 일부패소의 판결을 하여야 한다(대법원 2016. 3. 10. 선고 2013다99409 판결).

주었습니다(이하 위 잔금을 '이 사건 공사대금'이라고 합니다).

그렇다면 피고는 이 사건 경매절차의 개시결정 전부터 이 사건 공사대금채권을 가지고 점유를 개시하고 이어온 자로서,[463] 일응 이 사건 경매절차에서 대항할 수 있는 유치권자라고 할 것입니다.[464]

3) 다만 피고는 2024. 7. 1. 채무자 이을서와 이 사건 공사대금의 지연손해금을 받지 않고 대신 이 사건 상가건물을 임대하고 그 차임을 이 사건 공사대금의 원금에 충당하기로 합의하였습니다. 이에 따라 피고는 2024. 7. 1. 장사신에게 이 사건 상가건물을 보증금 1,000만 원, 임료 월 500만 원, 임대차 기간 2024. 7. 1.부터 2년간으로 정하여 임대하였고, 이후 2025. 4. 30. 장사신과 사이에 위 임대차계약을 해지하고 이 사건 상가건물을 인도받으면서, 2024. 7. 1.부터 2025. 4. 30.까지의 임료 5,000만 원(= 월 500만 원 × 10개월)을 수령하여 이 사건 공사대금의 원금에 충당하였습니다.

따라서 피고가 정당한 유치권자라고 하더라도 그 범위는 1억 5,000만 원(= 2억 원 - 5,000만 원)의 피담보채권을 담보하기 위한 것에 한하고, 이를 초과하여서는 그 유치권으로 이 사건 경매절차의 매수인인 최매수에게 대항할 수 없다고 할 것입니다.

3. 소의 이익(피고의 예상 주장에 대한 반박)

피고는 이 사건 경매절차가 모두 종료되어 원고의 근저당권이 소멸되었으므로, 원고에게는 피고의 유치권의 부존재 확인을 구할 법률상 이익이 없다고 주장할 것으로 예상됩니다.

그러나 경매절차에서 유치권이 주장되지 아니한 경우에는, 담보 목적물이 매각되어 그 소유권이 이전됨으로써 근저당권이 소멸하였더라도 채권자는 유치권의 존재를 알지 못한 매수인으로부터 민법 제575조, 제578조 제1항, 제2항에 의한 담보책임을 추급당할 우려가 있고, 위와 같은 위험은 채권자의 법률상 지위를 불안정하게 하는 것이므로, 채권자인 근저당권자로서는 위 불안을 제거하기 위하여 유치권 부존재 확인을 구할 법률상 이익이 있습니다.[465]

이 사건 경매절차가 모두 종료되어 원고의 근저당권이 소멸된 사실은 인정되나, 피고의

463 대법원 2022. 12. 29. 선고 2021다253710 판결 참조

464 의뢰인은 유치물의 무단임대를 이유로 한 유치권 소멸을 주장하기도 하였으나, 이는 이을서와의 합의에 의한 임대였음이 밝혀진 상황으로 소장에 담지 않았다.

465 대법원 2020. 1. 16. 선고 2019다247385 판결

유치권은 이 사건 경매절차에서 주장되지 않았고, 원고는 이 사건 임의경매절차를 신청한 근저당권자로서, 최매수로부터 피고의 유치권 주장으로 인한 담보책임을 추급당할 우려가 있습니다. 또한 앞서 본 바와 같이 피고가 이 사건 상가건물에 관한 유치권을 주장하면서 이 사건 상가건물의 반환을 거부하고 있습니다.

따라서, 이와 같은 불안과 위험을 제거하기 위한 가장 유효적절한 수단으로서, 원고에게는 피고의 유치권 부존재의 확인을 구할 법률상 이익이 있습니다. 이에 피고의 위 주장은 타당하지 않습니다.

4. 결론

원고는 이상과 같은 이유로 청구취지와 같은 판결을 구하니 원고의 청구를 모두 인용하여 주시기 바랍니다.

증명방법 및 첨부서류 (생략)

2025. 4. 1.

원고 소송대리인

변호사 전승혜 ㊞

서울중앙지방법원 귀중

부록

요건사실 기재례

1. 주요 청구별 요건사실 기재례

순번	유형	법률요건	실제 기재 요건사실(기재례)
1	매매대금 및 지연손해금 청구	매매계약 체결사실(+소유권이전의무의 이행 또는 이행의 제공사실)+대금지급기한의 도래사실+목적물의 인도사실(+손해의 발생 및 그 범위)	○ 원고는 2025. 2. 1. 피고에게 제네시스 승용차 1대를 5,000만 원에 매도하면서, 2025. 2. 15. 위 승용차를 인도하고 위 대금을 지급받기로 약정하였다. ○ 원고는 2025. 2. 15. 피고에게 위 승용차를 인도하였다.
2	매수인의 소유권이전등기 청구	매매계약의 체결사실	○ 원고는 2025. 2. 1. 피고로부터 서울 서초구 신원동 100 답 500㎡를 대금 3억 원에 매수하였다.
3	매매계약해제에 따른 매매대금 반환청구	피고의 이행지체 사실(ⓐ 이행기의 약정, ⓑ 이행기에 채무의 이행 또는 이행제공이 없을 것, ⓒ 원고가 동시이행관계에 있는 자기 채무를 이행 또는 이행제공하였을 것)+상당한 기간을 정하여 이행을 최고한 사실+최고기간 내에 이행 또는 이행제공이 없을 것+해제의 의사표시를 한 사실	○ 원고가 2024. 1. 7. 피고로부터 X토지를 대금 2억 원에 매수하면서 계약금 2,000만 원은 당일 지급하고, 중도금 8,000만 원은 2024. 2. 7. 잔금 1억 원은 2024. 3. 7.에 각 지급하되, 소유권이전등기에 필요한 일체의 서류는 2024. 3. 7. 14:00경 정법무 법무사사무소에서 잔금지급과 교환으로 교부받기로 약정하였다. ○ 원고는 피고에게, 2024. 1. 7. 위 계약금을, 2024. 2. 7. 위 중도금을 각 지급하였다. ○ 원고가 2024. 3. 7. 14:00경 잔금 1억 원을 준비하여 위 법무사사무소를 방문하였으나 피고는 위 약속장소에 나타나지 않았고 소유권이전등기에 필요한 서류도 제공하지 않았다. ○ 원고가 다시 2024. 3. 8. 피고에게 2024. 3. 15.까지 X토지에 관한 소유권이전등기절차를 이행할 것을 최고하였다. ○ 피고가 위 최고를 받고도 위 기간이 경과할 때까지 X토지에 관한 소유권이전등기절차를 이행하거나 그 이행의 제공을 하지 않았다. ○ 피고의 이행지체를 원인으로 위 매매계약을 해제한다는 원고의 의사표시가 기재된 이 사건 소장 부본이 2024. 4. 10. 피고에게 송달되었다.
4	대여원금/ 이자/ 지연손해금 청구	원금채권의 발생사실+이자약정사실+목적물의 인도사실 및 인도시기+반환시기 및 그 도과사실+손해의 발생과 그 범위	○ 원고는 2025. 2. 1. 피고에게 1억 원을 이자 월 1%, 변제기 2025. 4. 30.로 정하여 대여하였다.

5	보증채무이행 청구	주채무의 발생사실＋보증계약의 체결사실＋ 보증인의 기명날인 또는 서명이 있는 서면으로 표시된 보증의 의사[466]	○ 원고는 2025. 2. 1. 피고 甲에게 1억 원을 이자 월 1%, 변제기 2025. 4. 30.로 정하여 대여하였다(주채무가 대여금채무인 경우). ○ 피고 乙은 계약 당시 원고에게 기명날인이 있는 서면으로 피고 甲의 위 대여금채무를 연대보증하였다.
6	양수금청구	양도대상 채권의 존재＋채권양도의 약정사실＋ 채권양도의 통지/ 통지의 도달 사실	○ 甲이 2024. 5. 1. 피고에게 1억 원을 이자 없이 변제기 2024. 11. 30.로 정하여 대여하였다. ○ 甲이 2024. 12. 10. 원고에게 위 대여금채권을 양도하였다. ○ 甲이 2024. 12. 10. 피고에게 위 채권양도 사실을 통지하여 그 통지가 2025. 12. 13. 피고에게 도달하였다.
7	소유권에 기한 부동산인도 청구	원고의 목적물 소유사실＋ 피고의 목적물 점유사실	○ 원고는 서울 서초구 신월동 50 대 100㎡를 소유하고 있다. ○ 피고는 위 토지에서 마늘 밭을 경작하고 있다.
8	소유권에 기한 건물철거청구	원고의 토지 소유사실＋피고의 지상 건물 소유사실	○ 원고는 서울 서초구 신월동 50 대 100㎡를 소유하고 있다. ○ 피고는 위 토지 위에 목조 슬레이트지붕 단층 주택 100㎡를 소유하고 있다.
9	소유권에 기한 건물퇴거청구	원고의 토지 소유사실＋ 피고의 제3자 소유 건물 점유사실	○ 원고는 별지 목록 기재 토지를 소유하고 있다. ○ 피고는 2024. 10. 1. 위 토지 위에 별지 목록 기재 건물에 거주하고 있다.
10	부당이득 반환청구	피고의 수익＋원고의 손해＋인과관계의 존재＋이득액＋법률상 원인 흠결[467]	〈임차인이 임대차 종료 이후 점포를 실질적으로 사용하고 있는 경우〉 1. 부당이득반환의무의 발생[468] [인정사실] ○ 피고가 위 임대차가 종료된 2024. 11. 30. 이후에도 현재까지 별지 목록 기재 점포를 점유하면서 임대차 당시와 같이 카센터를 운영하고 있다. 2. 부당이득반환의 범위 ○ 임차인인 피고는 위 점포를 점유·사용함으로써 그 사용이익 상당의 이익을 얻고 이로 인하여 임대인인 원고에게 같은 금액 상당의 손해를 가하였다.

466 민법 제428조의2 제1항 참조

467 급부부당이득(자신의 의사에 따라 급부를 한 다음 부당이득의 반환을 청구하는 경우)에 관하여는 이를 청구하는 자가 법률상 원인이 없다는 점에 대한 증명책임이 있다. 반면, 침해부당이득(타인의 재산권 등을 침해하여 이익을 얻었음을 이유로 부당이득을 청구하는 경우)에 관하여는 반환청구의 상대방이 이익을 보유할 정당한 권원이 있다는 점에 대한 증명책임이 있다(대법원 2018. 1. 24. 선고 2017다373214 판결 참조).

468 부당이득반환청구의 경우 그 의무의 발생 여부와 반환의무의 범위로 나누어서 기재하는 것이 일반적이다(민사재판실무 203쪽 참조).

			○ 통상 부동산의 점유·사용으로 인한 이득액은 그 부동산의 차임 상당액이다. 위 임대차 종료 당시 위 점포의 차임이 월 100만 원인사실은 앞에서 본 바와 같고 그 후의 차임도 같은 액수일 것으로 추인된다. 3. 소결론[469] 따라서 피고가 반환하여야 할 부당이득의 액수는 위 임대차 종료 다음 날인 2024. 12. 1.부터 이 사건 점포의 인도 완료일까지 월 100만 원의 비율로 계산한 돈이 된다.
11	**소유권에 기한 소유권이전 등기말소청구**	원고의 소유사실+피고의 소유권이전등기 경료사실+등기의 원인무효사실	○ 피고는 매매계약서, 위임장 등 소유권이전등기에 필요한 서류를 위조하여 ○ 원고의 소유이던(원고 명의로 소유권이전등기가 마쳐져 있던)[470] ○ 서울 서초구 신월동 50 대 100㎡에 관하여 서울중앙지방법원 등기국 2025. 3. 19. 접수 제4000호로 피고 명의의 소유권이전등기를 마쳤다. [소결론][471] 따라서 위 소유권이전등기는 원인무효의 등기이다.
12	**시효취득 원인 소유권이전 등기청구**	20년간(자주·평온·공연) 점유사실	○ 원고는 1998. 5. 1.부터 현재까지 20년 이상 서울 서초구 신월동 50 대 100㎡를 마늘 밭으로 경작하였다.
13	**소유권에 기한 근저당권 설정등기 말소청구**	원고의 소유사실+피고의 근저당권설정등기 사실+근저당권의 소멸사실	○ 원고는 별지 목록 기재 부동산을 소유하고 있다. ○ 원고는 2014. 2. 1. 피고로부터 1억 원을 이자 연 10%, 변제기 2015. 1. 31.로 정하여 차용하면서 피고에게 별지 목록 기재 부동산에 관하여 채권최고액 2억 원, 근저당권자 피고, 채무자 원고로 하는 근저당권설정등기를 마쳐 주었다. ○ 위 대여금채무의 변제기인 2015. 1. 31.부터 10년이 경과하였다. [소결론][472] 따라서 피고의 근저당권은 피담보채무인 위 대여금채무가 소멸하여 부종성에 따라 소멸하였다.

469 부당이득금의 계산결과에 해당하므로 법률효과를 기재하는 '소결론'란에 기재하는 것이 자연스럽다.

470 피고가 '특정 부동산이 원고의 소유이었던 사실'을 자백하면 전자와 같이, '원고 명의로 소유권이전등기가 되어 있는 사실'만 자백하는 경우에는 후자와 같이 기재한다.

471 세 번째 요건사실인 '등기의 원인무효'와 관련하여서는, '피고 명의의 등기는 ~ 서류를 위조하여 마쳤으므로 적법한 절차를 거치지 않아 무효의 등기인 사실'과 같이 사실인정과 법률판단을 구분하지 않고 함께 기술하여서는 아니 된다. 서류를 위조하여 등기를 마친 사실은 '인정사실'란에 기재하고 그에 따른 법률효과에 해당하는 그 등기가 적법한 절차를 거치지 않아 무효인 사정은 '소결론'란에 기재한다.

472 세 번째 요건사실인 '근저당권의 소멸사실'은, 근저당권설정계약 자체가 무효·취소되거나 피고 명의의 근저당권설정등기가 원인무효의 소유권이전등기에 기초하고 있는 경우와 피담보채무가 소멸함에 따라 부종성의 원리(민법 제369조)에 따라 근저당권도 소멸한 경우로 나누어 볼 수 있다. 실무상 후자가 더 많이 발생하는 것으로 보인다. 후자의 경우 부종성의 적용

14	**임대차계약에 기한 임대차보증금 반환청구**	임대차계약의 체결사실+임대차보증금의 지급사실+임대차의 종료사실	○ 원고는 2023. 2. 1. 피고로부터 별지 목록 기재 건물을 임대차보증금 2억 원, 차임 월 100만 원, 기간 2023. 2. 1.부터 2025. 1. 31.까지로 정하여 임차하였다. ○ 원고는 같은 날 피고에게 위 임대차보증금을 지급하였다. [소결론][473] 따라서 위 임대차계약은 2025. 1. 31. 기간만료로 종료되었다.
15	**임대차계약에 기한 임대차 목적물 반환청구**	임대차계약의 체결사실+목적물의 인도사실+임대차의 종료사실	○ 원고는 2023. 5. 1. 피고에게 별지 목록 기재 건물을 임대차보증금 3억 원, 차임 월 150만 원, 기간 2023. 5. 1.부터 2025. 4. 30.까지로 정하여 임대하였다. ○ 원고는 같은 날 피고에게 위 건물을 인도하였다. [소결론] 따라서 위 임대차계약은 2025. 4. 30. 기간만료로 종료되었다.
16	**사해행위취소 청구**	피보전채권의 존재사실+채무자의 사해행위+채무자의 사해의사	[관련 법리] 채무자가 자기의 유일한 재산인 부동산을 매각하여 소비하기 쉬운 금전으로 바꾸거나 타인에게 무상으로 이전하여 주는 행위는 특별한 사정이 없는 한 채권자에 대하여 사해행위가 된다고 볼 것이므로 채무자의 사해의 의사는 추정된다.[474] [인정사실] ○ 원고는 2022. 7. 1. 甲에게 2억 원을 이자 월 1.5%, 변제기 2024. 6. 30.로 정하여 대여하였다. ○ 甲은 2024. 8. 1. 자신의 장모인 피고에게 별지 목록 기재 부동산을 매도하고 같은 날 피고에게 그 소유권이전등기를 마쳐 주었다. ○ 위 매매 당시 별지 목록 기재 부동산은 甲의 유일한 재산이었다. [소결론][475] 위 인정사실을 위 관련 법리에 비추어 보면, 甲의 위 매매는 사해행위에 해당하고 甲의 사해의사는 추정된다.

이라는 법률판단 작용이 함께 기재되어야 하므로 피담보채무가 변제되었거나 소멸시효기간이 경과하였다는 점은 '인정사실'란에 기술하고 그로 인한 근저당권의 소멸은 법률효과를 기재하는 '소결론'란에 기재하는 것이 타당하다. 참고로 근저당권의 피담보채무가 당초부터 특정채무인 경우에는 '피담보채무의 확정'을 요구하지 않는 것이 실무이다(민사재판실무 403쪽).

473 세 번째 요건사실인 '임대차의 종료사실'과 관련하여 임대차 기간만료로 인하여 임대차가 종료된 경우 그 해당 요건사실을 기술하는 방식은, 첫 번째 요건사실인 '임대차 기간을 언제까지 정하여 임차한 사실'에서 기간만료일이 드러나므로 그 후 기간이 만료된 사실은 역수(曆數)상 판단되는 대상으로 보아 '소결론'란에 기재하는 형태를 주로 취한다.

474 대법원 2001. 4. 24. 선고 2000다41875 판결 등

475 요건사실 중 '사해행위'와 '사해의사'와 관련하여 채무자의 어떠한 법률행위가 사해의사에 기초한 사해행위인지 여부는 대체로

17	**채권자대위 청구**	피대위채권의 존재사실 (+피보전채권의 존재사실[476])	[인정사실] ○ 甲은 2023. 10. 8. 피고로부터 이 사건 대지를 대금 8,000만 원에 매수하였다. ○ 원고는 2024. 4. 1. 甲으로부터 이 사건 대지를 대금 8,500만 원에 매수하였다. [소결론] 위 인정사실에 의하면, 甲은 원고에게 이 사건 대지에 관하여 2024. 4. 1. 매매를 원인으로 한 소유권이전등기절차를 이행할 의무가 있고, 원고가 甲에 대한 소유권이전등기청구권을 보전하기 위하여 甲을 대위하여 청구하는 이 사건에서, 특별한 사정이 없는 한 피고는 甲에게 이 사건 대지에 관하여 2023. 10. 8. 매매를 원인으로 한 소유권이전등기절차를 이행할 의무가 있다.
18	**전부금청구**	피전부채권의 존재사실 + 전부명령사실 + 제3채무자에 대한 전부명령의 송달사실+전부명령의 확정사실(=채무자에 대한 전부명령의 송달 사실)	○ 甲은 2024. 3. 11. 피고에게 1억 원을 이자 연 3%, 변제기 2025. 3. 10.로 정하여 대여하였다. ○ 원고는 2025. 11. 1. 공증인가 서울합동법률사무소 증서 2024년 제5000호로 작성된 집행력 있는 약속어음공정증서 정본에 기초하여 2025. 4. 10. 서울중앙지방법원 2025타채7000호로 甲의 피고에 대한 위 대여금채권에 대하여 채권압류 및 전부명령을 받았다. ○ 위 채권압류 및 전부명령이 2025. 4. 14. 피고와 甲에게 송달된 후 2025. 4. 22. 확정되었다.
19	**추심금청구**	피추심채권의 존재사실+추심명령사실+제3채무자에 대한 추심명령의 송달사실	○ 甲은 2023. 11. 1. 피고에게 1억 원을 이자 연 2%, 변제기 2024. 10. 31.로 정하여 대여하였다. ○ 원고는 甲에 대한 2억 원의 대여금채권을 집행채권으로 하여 2025. 3. 15. 서울중앙지방법원 2025타채5000호로 甲의 피고에 대한 위 대여금채권에 대하여 채권압류 및 추심명령을 받았다. ○ 위 채권압류 및 추심명령이 2025. 3. 20. 피고에게 송달되었다.

여러 간접사실들을 종합하여 판단하게 된다. 따라서 이를 기술할 때에는 일반적으로 '채무자가 어떠한 사해행위를 사해의사를 가지고 하였다.'라고 곧바로 기재하지 아니하고 법률행위 당시 채무자가 채무초과 상태였는지, 그 목적물이 당시 채무자의 유일한 재산이었는지, 채무자와 수익자인 피고 상호 간에 친인척관계가 있는지 등에 관하여 사실인정을 한 다음, 판례 법리에 비추어 그러한 상태에서의 채무자의 해당 법률행위는 사해행위에 해당하고 사해의사는 추정된다는 방식으로 서술한다.

476 채권자대위소송에서 피보전채권의 발생에 관한 사실을 요건사실로 볼 것인지에 관하여는 견해가 나뉘고 있으나, 일반적으로 실무에서는 사실관계 파악을 쉽게 하고 자연스러운 설시를 위하여 피보전채권의 발생에 관한 사실을 청구원인사실의 인정단계에서 경위사실처럼 기재하고 있다(민사재판실무 189쪽 각주14).
참고로, 채권자대위청구의 소에 관한 소장을 작성함에 있어서는 피보전권리의 존재사실 이외에 채무자의 무자력 등 보전의 필요성도 함께 기재하는 것이 바람직하다.

2. 주요 항변별 기재례

<table>
<tr><th>유형</th><th>법률요건</th><th colspan="2">기 재 례</th></tr>
<tr><td rowspan="4">변제 항변</td><td rowspan="4">채무의 내용에 좇은 급부가 현실적으로 제공될 것(+급부가 당해 채무에 관하여 행하여질 것)[477]</td><td>[항변의 요지]
피고는 위 대여금을 변제하였다고 항변한다.[478]</td><td></td></tr>
<tr><td>[인정사실]
피고는 2024. 10. 1. 원고에게 위 대여금 2,000만 원과 그때까지의 약정이자 200만 원을 변제하였다.[479]</td><td></td></tr>
<tr><td>[소결론][480]
(○ 위 대여금채권은 소멸하였다.)</td><td>☜ 법률효과 기재</td></tr>
<tr><td>○ 피고의 위 항변은 이유 있다.</td><td>☜ 항변의 당부판단</td></tr>
<tr><td rowspan="5">소멸 시효 항변</td><td rowspan="5">특정시점에 당해 권리를 행사할 수 있었던 사실+그때부터 소멸시효기간이 도과된 사실[481]</td><td>[항변의 요지]
피고는 위 대여금채권이 시효로 소멸하였다고 항변한다.</td><td></td></tr>
<tr><td>[인정사실]
○ 위 대여금채권의 변제기는 2014. 9. 30.이다.[482]</td><td>☜ 특정시점에 당해 권리를 행사할 수 있었던 사실</td></tr>
<tr><td>○ 원고의 이 사건 소는 그로부터 10년(5년/ 3년)이 경과된 후인 2025. 1. 10. 제기되었다.</td><td>☜ 그때부터 소멸시효 기간이 도과된 사실</td></tr>
<tr><td>[소결론]
○ 위 대여금채권은 시효로 소멸하였다.</td><td>☜ 법률효과 기재</td></tr>
<tr><td>○ 피고의 위 항변은 이유 있다.</td><td>☜ 항변의 당부판단</td></tr>
</table>

477 민사재판실무 337쪽

478 이 기재례는 항변이 받아들여지는 것을 전제로 한 것이다. 만일 항변이 배척되는 경우라면 항변의 요지에 요건사실이 드러나도록 구체적으로 적어 주어야 한다.

479 민사재판실무 210쪽의 판결서 기재례를 검토보고서 형식에 맞추어 변형하였다.

480 검토보고서를 작성할 때에 "항변의 소결론"에서는 〈인정사실에 따른 법률효과〉와 〈항변의 당부판단〉 2가지를 기재함이 원칙이다. 그러나 판결서의 경우 누구나 그에 기한 법률효과를 알 수 있는 정형화된 항변 등의 경우에는 그 법률효과를 기재하지 않는 것이 일반적이다. 이러한 예외의 대표적인 경우가 변제항변이다. 전부 변제항변이든 일부 변제항변이든 그 변제항변이 모두 받아들여지는 경우에는 채무소멸이라는 법률효과를 따로 기재하지 않아도 무방하다(민사재판실무 210쪽 각주 45). 따라서 검토보고서를 작성함에 있어서도 변제항변의 소결론에서는 **변제항변이 전부 받아들여진 경우** 그 법률효과를 기재하지 않아도 무방하다.

481 민사재판실무 351쪽

482 대여금채권에 관한 청구원인을 판단한 이후에 피고의 소멸시효 항변을 판단하게 되므로, 그 대여금채권의 변제기가 언제인지에 관하여는 이미 청구원인 단계에서 사실인정되어 적시되는 것이 일반적이다. 따라서 실제 검토보고서를 작성하는 때에는 보통 「위 대여금채권의 변제기가 2014. 9. 30.인 사실은 앞서 본 바와 같다.」와 같이 서술한다.

동시 이행 항변	반대의무의 발생+항변권을 행사한다는 취지의 당사자의 의사표시[483]	[항변의 요지] 피고는 원고로부터 잔금을 지급받을 때까지는 원고의 청구에 응할 수 없다고 항변한다.	
		[인정사실] ○ 피고가 매매계약 당시 원고로부터 잔금 3억 원을 2024. 12. 1. 지급받기로 약정하였다.	☜ 반대채무의 발생 사실
		○ 피고는 원고로부터 잔금을 지급받음과 동시에 원고에게 소유권이전등기절차를 이행하기로 약정하였다.	☜ 반대채무와의 동시이행관계인 사실
		[소결론] ○ 원고는 피고에게 잔금 3억 원을 지급할 의무가 있고, 피고의 소유권이전등기절차이행의무는 원고의 잔금 지급 의무와 동시이행의 관계에 있다.	☜ 법률효과(위 각 요건사실에 상응하게 '반대채무 발생'+'양 채무가 동시이행관계에 있음'으로 법률효과도 2가지로 각각 기재)
		○ 피고의 위 항변은 이유 있다.	☜ 항변의 당부판단
		〈자동채권의 변제기가 먼저 도래한 경우〉	
		[항변의 요지] 피고는 원고에 대한 대여금채권으로 위 매매잔대금채권과 상계한다고 항변한다.	
		[인정사실] ○ 피고가 2024. 3. 1. 원고에게 2,000만 원을 이자 월 2%, 변제기 2024. 5. 31.로 정하여 대여하였다.	☜ 자동채권의 발생 사실
		○ 위 매매잔대금채권의 변제기가 2024. 8. 31.인 사실은 앞서 본 바와 같다. ○ 위 매매잔대금채권의 변제기가 2024. 8. 31. 도래함으로써 원·피고의 양 채권은 모두 변제기에 도달하여 같은 날 상계적상에 있었다.	☜ 자동채권과 수동채권이 상계적상에 있는 사실
		○ 원·피고의 위 각 채권을 대등액에서 상계한다는 의사표시가 기재된 이 사건 2025. 2. 1.자 준비서면이 같은 날 원고에게 송달되었다.	☜ 피고가 원고에게 수동채권과의 상계의 의사표시를 한 사실

483 민사재판실무 339쪽

상계 항변	자동채권의 발생사실+자동채권과 수동채권이 상계적상에 있는 사실+피고가 원고에게 수동채권과의 상계의 의사표시를 한 사실[484]	[소결론] ○ 이로써 원고의 위 매매잔대금채권은 위 상계적상일인 2024. 8. 31.에 소급하여 피고의 대여금채권의 위 상계적상일까지의 원리금 2,240만 원[=2,000만 원×(1+0.02×6개월)]과 대등액의 범위에서 소멸하였다.	☜ 법률효과
		○ 피고의 위 항변은 이유 있다.	☜ 항변의 당부판단
		〈자동채권의 변제기가 나중에 도래한 경우(수동채권이 2개인 경우)〉	
		[항변의 요지] 피고는 원고에 대한 승용차대금채권으로 원고의 위 각 대여금채권과 상계한다고 항변한다.	
		[인정사실] ○ 피고가 2024. 11. 30. 원고에게 중고 제네시스 승용차를 4,000만 원에 매도하면서 2024. 12. 31. 위 승용차를 인도함과 동시에 원고로부터 위 대금을 지급받기로 약정하였고, 2024. 12. 31. 원고에게 위 약정에 따라 위 승용차를 인도하였다.	☜ 자동채권의 발생사실
		○ 원고의 피고에 대한 제1대여금채권의 변제기가 2024. 10. 31.이고 제2대여금채권의 변제기가 2024. 8. 31.인 사실은 앞서 본 바와 같다. ○ 피고의 위 승용차대금채권의 변제기가 2024. 12. 31. 도래함으로써 원·피고의 각 채권이 모두 변제기에 도달하여 같은 날 상계적상에 있었다.	☜ 자동채권과 수동채권이 상계적상에 있는 사실
		○ 위 승용차대금채권과 위 각 대여금채권을 대등액에서 상계한다는 의사표시가 기재된 이 사건 2025. 2. 1.자 준비서면이 2025. 2. 5. 원고에게 송달되었다.	☜ 피고가 원고에게 수동채권과의 상계의 의사표시를 한 사실
		[소결론] ○ 이로써 원고의 위 각 대여금채권의 원리금 중 40,000,000원은 위 상계적상일인 2024. 12. 31.에 소급하여 피고의 위 승용차대금채권과 대등액의 범위에서 소멸하였다.	
		○ 상계로 소멸하는 수동채권의 범위 (1) 상계적상일 현재 수동채권의 액수 위 상계적상일 현재 원고의 위 각 대여금채권의 원리금의 액수는, 제1대여금 원금 4,000만 원, 이자 및 지연손해금 480만 원(=4,000만 원×월 1.5%×8개월), 제2대여금 원금 8,000만 원, 이자 및 지연손해금 400만 원(=8,000만 원×월 1%×5개월)이다.	☜ 상계로 소멸하는 상계적상일 현재 수동채권의 범위, 계산내역 포함하여 구체적으로 기재 cf) 제1대여금의 대여일 2024. 5. 1./ 제2대여금의 대여일 2024. 8. 1.

		(2) 상계에서의 법정변제충당 수동채권이 둘 이상이고 자동채권으로 그 전부를 소멸하게 하지 못하는 경우 상계로 인한 수동채권의 소멸은 법정변제충당의 순서에 의하므로, 민법 제499조, 제479조 제1항에 의하여 총비용, 총이자, 총원본 순으로 소멸하고, 원본 상호 간에는 모두 변제기가 도래하였으므로, 민법 제499조, 민법 제477조 제2호에 의하여 변제이익이 더 많은 채무가 먼저 소멸한다.	☜관련 법리
		따라서 피고의 승용차대금 채권 4,000만 원은 원고의 위 각 대여금채권의 이자 및 지연손해금 합계 880만 원(=480만 원+400만 원)에 우선적으로 충당되고, 나머지 3,120만 원(=4,000만 원 -880만 원)은 이율이 더 높아 채무자에게 변제이익이 많은 제1대여금 채무의 원금에 충당된다.	☜상계충당 내용 기재
		○ 피고의 위 항변은 이유 있다.	☜항변의 당부판단

484 민사재판실무 360쪽

저자약력

박광서

서울대학교 법과대학 사법학과 졸업
서울대학교 대학원 법학과 수료
제43회 사법시험 합격
사법연수원 33기
제7회, 제9회 변호사시험 출제위원
전 사법연수원 교수(2017~2020)
현 수원고등법원 고법판사

송백현

서울대학교 법과대학 법학과 졸업
서울대학교 대학원 법학과 졸업
제43회 사법시험 합격
사법연수원 33기
제8회 변호사시험 출제위원
전 사법연수원 교수(2017~2020)
전 수원지방법원 부장판사
현 법무법인(유한) 동인 변호사

이경호

고려대학교 법과대학 법학과 졸업
고려대학교 대학원 법학과 수료
제42회 사법시험 합격
사법연수원 32기
제8회 변호사시험 출제위원
전 사법연수원 교수(2016~2019, 2021~2024)
전 대구지방법원 김천지원 부장판사
현 고려대학교 법학전문대학원 민법 교수

최종원

서울대학교 법과대학 사법학과 졸업
서울대학교 대학원 법학과 졸업
제43회 사법시험 합격
사법연수원 33기
제59회 사법시험 출제위원
제9회 변호사시험 출제위원
전 사법연수원 교수(2017~2020)
현 수원고등법원 고법판사

개정판
민사기록의 이해

초판발행 2021년 1월 27일
초판2쇄발행 2023년 2월 15일
개정판발행 2025년 11월 28일

지은이 박광서 · 송백현 · 이경호 · 최종원
펴낸이 안종만 · 안상준

편 집 나세현
기획/마케팅 정연환
표지디자인 권아린
제 작 고철민 · 김원표

펴낸곳 (주) 박영사
서울특별시 금천구 가산디지털2로 53, 210호(가산동, 한라시그마밸리)
등록 1959. 3. 11. 제300-1959-1호(倫)
전 화 02)733-6771
f a x 02)736-4818
e-mail pys@pybook.co.kr
homepage www.pybook.co.kr
ISBN 979-11-303-9869-3 93360

정 가 32,000원